陈高华　徐吉军　主编

全彩插图本中国风俗通史丛书
两周风俗

陈绍棣　著

上海文艺出版社

《全彩插图本中国风俗通史丛书》
编辑委员会

陈高华　徐吉军　史金波　宋镇豪　宋德金　宋兆麟

陈绍棣　彭　卫　杨振红　张承宗　吴玉贵　方建新

方　健　吕凤棠　陈宝良　林永匡　徐华龙　高洪兴

总　序

《中国风俗通史》由上海文艺出版社2001年出版至今已有十多年的时间，其间承蒙读者的厚爱，多次加印，被学术界推称为中国风俗史研究具有代表性的著作。

众所周知，风俗的内涵极其丰富，涉及物质生活和精神生活诸多层面，历来有关研究著作论述的范围颇有出入。我们与各卷作者经过多次的认真讨论和深入研究，在认真吸取前人成果的基础上，力求有所突破。按其内容和形式，将其分为饮食、服饰穿着、居住与建筑、行旅交通、生育、婚姻、寿诞、卫生保健与养老、丧葬、岁时节日、交际、经济生产、娱乐、宗教信仰等大项，并努力探讨各个时代风俗的基本特征及演变规律。在写作时，力图用洗练和平实的语言，详尽的文献和考古史料，以及丰富多彩的历史图像，对中国古代社会生活和风俗的各个方面作细致入微的整体揭示和准确考证，由于种种原因，存在着一些不如意的地方。

本次修订改版，我们仍按历史断代划分，定为原始社会、夏商、两周、秦汉、魏晋南北朝、隋唐五代、宋、辽金、西夏、元、明、清、民国十三卷，力图更加全面、科学、深入、系统地反映各个时代的风俗特点，同时又呈现不同时期、不同地区、不同民族的风俗差异，将每一段历史时期中最值得探索的热点、最能反映当时社会生活风尚的事例加以发掘和论述，进而从风俗角度对整个中国历史提供一种诠释。

21世纪，是学术大发展的时期，也是一个学术创新的时代，一个读图的时代。如何适应时代的需要，使学术图书走向市场，贴近大众，并让他们更易读懂，并获得快感和美感，是值得我们探索的，也是我们努力的目标。为此，我们与出版方一起对各卷图书的插图进行了大幅度的调整，增加了大量第一手的、精美的、存世罕见的文物历史绘画、书法及碑刻等方面的图片，使丛书的文字与图片相得益彰，更好地展示中国风俗的历史画面。

需要说明的是，由于历史的关系和条件的限制，要在每一卷的相关内容里都配上插图，并非易事。特别是有的朝代距今甚远，如史前时期、夏商时期，距今三四千年以上，不仅史料不足征，探索当时的风俗是一件很困难的事情，要进行图片收集更是难上加难，而这些正是需要读者谅解的。

陈高华　徐吉军

目 录

总序 ………………………………… 1

【 导 言 】

第一节　风俗形成的社会历史背景 ……… 2
　一、两周的历史变迁 …………… 2
　二、两周风俗发展的历程 ……… 6
第二节　民俗政策和民俗观念 …………… 8
　一、民俗政策与民俗制度 ……… 8
　二、民间的风俗观念和思想 …… 14

【 第一章　饮 食 】

第一节　饮食结构与方式 ………………… 22
　一、饮食结构 …………………… 22
　二、饮食方式 …………………… 24
　三、饮食器具 …………………… 31
第二节　社会各阶层的饮食生活 ………… 45
　一、天子的饮食 ………………… 45
　二、王公贵族的饮食 …………… 46
　三、士大夫的饮食 ……………… 48
　四、农民的饮食 ………………… 49
　五、商人的饮食 ………………… 50
第三节　南北食系与饮酒风俗 …………… 52
　一、南北食系 …………………… 52

二、饮酒风俗 ……………………… 55

【 第二章　服 饰 】

第一节　西周穿着风俗概述 ……………… 60
第二节　东周的冠履、服式和穿着方法 … 65
　一、男子的冠履和服式 ………… 65
　二、女子的首服和服式 ………… 80
　三、穿着方法 …………………… 83
第三节　服以旌礼 ………………………… 86
　一、不同场合服用不同的衣服 … 86
　二、服饰的等级差别明显 ……… 89
第四节　首饰和佩饰 ……………………… 93
　一、发饰 ………………………… 93
　二、耳饰 ………………………… 95
　三、颈饰 ………………………… 96
　四、手镯和指环 ………………… 96
　五、臂钏 ………………………… 97
　六、腰饰带钩 …………………… 97
　七、佩玉 ………………………… 100
　八、佩剑 ………………………… 104
　九、佩花草 ……………………… 105
第五节　化妆风俗 ………………………… 107
　一、沐发涂发 …………………… 107
　二、画眉 ………………………… 108
　三、施粉 ………………………… 108

四、丹唇 …………………… 110
第六节　发式风俗 ……………… 111
　　一、辫发 …………………… 111
　　二、发髻 …………………… 111
　　三、假髻 …………………… 115
　　四、鬓发的修饰 …………… 116

第三章　居住与建筑

第一节　择居和建房习俗 ……… 118
　　一、择居习俗 ……………… 118
　　二、建房习俗 ……………… 128
第二节　住居的建筑 …………… 132
　　一、宫殿建筑 ……………… 132
　　二、贵族官僚等的第宅建筑 … 142
　　三、平民百姓的住宅建筑 … 144
第三节　住宅的装饰与起居用具 … 149
　　一、住宅的装饰 …………… 149
　　二、室内陈设 ……………… 151
第四节　室内起居 ……………… 167
　　一、坐的礼节 ……………… 167
　　二、站立、睡觉等的礼节 … 168

第四章　行旅交通

第一节　出行的礼仪 …………… 172
　　一、行装和旅费的筹集 …… 172
　　二、卜行 …………………… 173
　　三、出行禁忌 ……………… 173
　　四、祖道 …………………… 174
　　五、饯别与赠别 …………… 176

　　六、赠言与赋诗 …………… 178
　　七、执手与涕泣 …………… 178
第二节　行旅方式 ……………… 180
　　一、陆路旅行 ……………… 180
　　二、水路旅行 ……………… 191
第三节　旅食和旅宿 …………… 199
　　一、行旅饮食 ……………… 199
　　二、宿息 …………………… 202
第四节　乘车和走路礼俗 ……… 205
　　一、乘车礼俗 ……………… 205
　　二、走路礼俗 ……………… 208
第五节、通信方式 ……………… 210
　　一、西周的通信方式 ……… 210
　　二、春秋战国的通信方式 … 211

第五章　婚　姻

第一节　择偶标准 ……………… 218
　　一、门当户对 ……………… 218
　　二、壮勇英武 ……………… 220
　　三、相敬偕老 ……………… 221
　　四、注重人品 ……………… 222
　　五、父母健在 ……………… 222
　　六、年轻貌美 ……………… 223
　　七、能生儿育女 …………… 223
第二节　婚姻形式 ……………… 225
　　一、一夫一妻制 …………… 225
　　二、陪媵制 ………………… 226
　　三、烝报制 ………………… 227
　　四、交换婚 ………………… 228
　　五、掠夺婚 ………………… 229
　　六、兄妹婚 ………………… 229

七、贡献婚 …………………… 230
　　八、赠婚 ……………………… 232
　　九、赘婿婚 …………………… 232
　　十、巫儿 ……………………… 232
　　十一、一夫二妻制 …………… 233
　　十二、冥婚 …………………… 233
第三节　婚姻程序 ………………… 234
　　一、适婚年龄 ………………… 234
　　二、父母之命与媒妁之言 …… 235
　　三、婚姻禁规 ………………… 237
　　四、六礼 ……………………… 238
第四节　离婚与再婚 ……………… 241
　　一、离婚 ……………………… 241
　　二、再婚 ……………………… 247
第五节　性爱风俗 ………………… 249
　　一、相对自由的男女交往 …… 249
　　二、大量存在的原始群婚遗俗 … 251
　　三、蓄妓、男嬖、男宠成风 … 252
　　四、周边地区的恋爱风情 …… 253

第六章　生　育

第一节　求子和胎教风俗 ………… 256
　　一、生育观念 ………………… 256
　　二、胎教 ……………………… 259
第二节　诞生风俗 ………………… 262
　　一、产房风俗 ………………… 262
　　二、诞生礼仪 ………………… 262
　　三、命名风俗 ………………… 264
第三节　育儿风俗 ………………… 265
　　一、育儿之道 ………………… 265
　　二、育儿的内容 ……………… 268

第四节　成人礼俗 ………………… 277
　　一、冠礼 ……………………… 277
　　二、笄礼 ……………………… 279

第七章　卫生保健和养老

第一节　卫生保健风俗 …………… 282
　　一、居住卫生 ………………… 282
　　二、环境卫生 ………………… 283
　　三、预防流疫 ………………… 285
　　四、改善饮用水 ……………… 285
　　五、饮食方面 ………………… 286
　　六、婚制婚俗 ………………… 290
　　七、日常生活 ………………… 290
　　八、精神修养 ………………… 291
　　九、形体养生 ………………… 293
第二节　疾病医疗风俗 …………… 295
　　一、对疾病的认识 …………… 295
　　二、医学与巫术的决裂 ……… 296
　　三、医疗的俗信 ……………… 297
第三节　敬老风俗与寿诞风俗 …… 300
　　一、敬老风俗 ………………… 300
　　二、寿诞风俗 ………………… 303

第八章　丧　葬

第一节　丧葬观念 ………………… 308
　　一、鬼神观念的盛行 ………… 308
　　二、诸子的丧葬观 …………… 310
第二节　丧葬礼仪 ………………… 314
　　一、隆重而繁琐的丧葬程序 … 314

二、等级森严的礼制规定 ………… 318
　　三、明器僭越与礼崩乐坏 ………… 321
第三节　葬法与葬式 ……………………… 322
　　一、葬法 …………………………… 322
　　二、葬式 …………………………… 329
第四节　墓室与棺椁 ……………………… 331
　　一、墓地制度 ……………………… 331
　　二、墓室 …………………………… 335
　　三、棺椁 …………………………… 337
　　四、墓上建筑 ……………………… 339
第五节　服丧 ……………………………… 341
　　一、丧服制度 ……………………… 341
　　二、居丧生活 ……………………… 343
第六节　明器与殉葬 ……………………… 347
　　一、明器 …………………………… 347
　　二、殉葬 …………………………… 352

第九章　物质生产

第一节　农业风俗 ………………………… 360
　　一、农业耕作的时序、节令习俗 … 360
　　二、预卜降雨 ……………………… 365
　　三、农业禁忌 ……………………… 365
　　四、祈祷丰收的习俗 ……………… 368
　　五、禳灾风俗 ……………………… 368
第二节　畜牧、狩猎和渔业习俗 ………… 370
　　一、畜牧习俗 ……………………… 370
　　二、狩猎习尚 ……………………… 374
　　三、渔业习俗 ……………………… 377
第三节　手工业、商业习俗 ……………… 380
　　一、手工业习俗 …………………… 380
　　二、商业习俗 ……………………… 385

第十章　信　仰

第一节　图腾崇拜 ………………………… 392
　　一、周人的虎崇拜 ………………… 393
　　二、楚人的龙凤崇拜 ……………… 394
　　三、越人的蛇、鸟崇拜 …………… 397
　　四、其他民族的图腾崇拜 ………… 400
第二节　自然崇拜与灵物崇拜 …………… 403
　　一、天地崇拜 ……………………… 403
　　二、日月星辰崇拜 ………………… 405
　　三、气象崇拜 ……………………… 408
　　四、山川水火崇拜 ………………… 412
　　五、海仙崇拜 ……………………… 416
第三节　灵魂崇拜和祖先崇拜 …………… 418
　　一、灵魂崇拜 ……………………… 418
　　二、祖先崇拜 ……………………… 419
第四节　巫 ………………………………… 422
　　一、巫的地位与分类 ……………… 423
　　二、巫术 …………………………… 424
第五节　禁忌 ……………………………… 431
　　一、人体禁忌 ……………………… 431
　　二、性别禁忌 ……………………… 432
　　三、房事禁忌 ……………………… 432
　　四、生养禁忌 ……………………… 433
　　五、饮食禁忌 ……………………… 433
　　六、服饰禁忌 ……………………… 435
　　七、居住禁忌 ……………………… 435
　　八、语言禁忌 ……………………… 436
第六节　占卜 ……………………………… 438
　　一、星占 …………………………… 438
　　二、龟卜 …………………………… 439
　　三、筮占 …………………………… 441
　　四、相术 …………………………… 442

第七节 祭祀 ………………… 443
　一、祭祀的对象 ………………… 443
　二、祭祀的目的和物品 ………… 449

【 第十一章　岁时节日 】

第一节 两周节日概貌 …………… 454
第二节 上巳节 …………………… 457
　一、上巳节的源头 ……………… 457
　二、上巳节的习俗 ……………… 457
第三节 社日节 …………………… 460
　一、社日节的日期 ……………… 460
　二、社神的流变 ………………… 461
　三、社主的实体 ………………… 462
　四、祭社的目的 ………………… 463
第四节 蜡日节 …………………… 469
　一、蜡日节产生于锄农业时期 … 469
　二、蜡祭和腊祭的关系 ………… 469
　三、周代蜡日节风尚 …………… 471
第五节 酝酿中的节日 …………… 473
　一、年节 ………………………… 473
　二、端午节 ……………………… 474
　三、七夕节 ……………………… 477
　四、重阳节 ……………………… 479

【 第十二章　游　艺 】

第一节 语言风俗 ………………… 482
　一、方言 ………………………… 482
　二、避讳语 ……………………… 484
　三、谜语 ………………………… 485

　四、谚语 ………………………… 486
　五、称谓语 ……………………… 487
　六、姓与氏 ……………………… 489
　七、委婉语 ……………………… 493
第二节 工艺美术风俗 …………… 496
　一、书法绘画 …………………… 496
　二、民间工艺 …………………… 503
第三节 音乐歌舞风俗 …………… 510
　一、音乐 ………………………… 510
　二、舞蹈 ………………………… 514
　三、曲艺的滥觞 ………………… 520
　四、戏剧的萌芽 ………………… 522
第四节 武术与体育风俗 ………… 524
　一、剑术 ………………………… 524
　二、射箭 ………………………… 525
　三、角力、相搏 ………………… 527
　四、负重、举重物 ……………… 528
　五、奔走、窜高、投石、超距 … 529
　六、赛马 ………………………… 530
　七、田猎 ………………………… 531
　八、游泳 ………………………… 534
　九、钩强 ………………………… 535
　十、竞渡 ………………………… 535
　十一、蹴鞠 ……………………… 536
　十二、杂技 ……………………… 536
　十三、登山 ……………………… 537
第五节 娱乐风俗 ………………… 538
　一、比赛娱乐 …………………… 538
　二、劳动娱乐 …………………… 542

第十三章　游　览

第一节　天子、诸侯、贵族出游 …… 546
- 一、西周天子的巡游 …… 546
- 二、春秋战国诸侯的游览 …… 550
- 三、宫廷婚旅 …… 551
- 四、晋文公流亡式的旅游 …… 552
- 五、季札的聘问旅行 …… 553
- 六、屈原的流放式旅行 …… 553

第二节　士阶层的文化旅游 …… 556
- 一、士阶层的形成 …… 556
- 二、游学之旅 …… 558
- 三、游说之旅 …… 560
- 四、隐士游山玩水 …… 568

第三节　其他阶层的旅游 …… 569
- 一、商旅 …… 569
- 二、青年男女的郊野游 …… 570
- 三、平民出游 …… 571

第十四章　其　他

第一节　聚徒讲学和著书立说之风 …… 574
第二节　从师和处士横议 …… 576
第三节　论辩盛行 …… 579
第四节　赋《诗》言志和引《诗》言志 …… 582
第五节　爱玉风尚 …… 587
第六节　色尚赤、事尚火 …… 593
第七节　战国世风三题 …… 595
- 一、拜金主义的盛行 …… 595
- 二、家庭伦理道德动摇 …… 599
- 三、社会刑事犯罪严重 …… 601

结　语

第一节　两周风俗的基本特征 …… 606
- 一、地区的差异性 …… 606
- 二、扩布性与融汇性 …… 613
- 三、传承性与变异性 …… 619
- 四、开放性 …… 621

第二节　两周风俗的精神风貌 …… 622
- 一、奋发进取 …… 622
- 二、敬贤和养士 …… 623
- 三、从尚文到尚武 …… 624
- 四、尚游侠、尚游说 …… 628

后记 …… 631

导 言

【 第一节　风俗形成的社会历史背景 】

一、两周的历史变迁

周族兴起于渭水支流漆水流域，姬姓。始祖后稷，名弃，长于种植。以后周人先迁豳（今陕西旬邑），再迁岐山（今陕西岐山）周原，进入阶级社会，渐渐兴盛起来。周文王名昌，重农业，"笃仁，敬老，慈少"[1]，团结民众，广揽人才，形成"济济多士，文王以宁"[2]的领导和参谋集团。对外联合诸侯，打击不友好的方国，戡黎，伐邘，灭崇，开拓疆土。迁都于丰（今西安之西）。同时，以"事纣"的策略麻痹纣王，以取得纣王的信任。武王即位后，建镐都于丰之东，并积极策划灭商的大业。恰逢"纣愈淫乱不止"[3]，致使内部分崩离析，而纣又倾全国兵力伐东夷，武王趁势在公元前1046年与诸侯第二次孟津会师，灭商建周，史称西周。西周传十一世十二王，历时二百七十五年。

西周建立初期，以周公为代表的统治集团，审时度势，全力推行分封制和宗法制。分封制即古书中所说的"封建"，周王把自己的子弟、同姓和戚属，分封为诸侯或公卿大夫，划定他们的封国、封采领地，通过分封以屏藩周，并扩大周朝影响。而分封制的基础则是宗法。宗法是中国古代社会血缘关系的基本原则，其主要内容是嫡长子继承制。行宗法其目的在于巩固和提高王权。"商代已有嫡长继承的雏形。西周时期，宗法发展成为系统的制度。"[4]王国维先生说："欲观周之所以定天下，必自其制度始矣。周

---

[1] 《史记·周本纪》。
[2] 《诗经·大雅·文王》。
[3] 《史记·殷本纪》。
[4] 《中国大百科全书·中国历史卷Ⅲ》，第1288页，中国大百科全书出版社1992年版。

周公像

人制度之大异于商者，一曰立子立嫡之制，由是而生宗法及丧服之制，并由是而有封建子弟之制、君天子臣诸侯之制。"①这个说法，颇有见地，较精辟地说明了宗法观念下周朝文化的特征。的确，"周朝文化的各个方面都打上宗法观念的烙印"②。孔子说："周监于二代，郁郁乎文哉！吾从周。"③其意是：周朝文化是在夏、商两代的基础上发展而成的，所以丰富而有文采，因此我赞成。

西周的国家将土地分授给耕种者，有井田之制。井田制实质上是一种农村公社，和行政组织、军事组织密不可分。井田制下的农夫，负担战时的兵役。西周的农具主要还是用石蚌、骨木制成，有一些青铜农具。农业是最重要的生产部门，畜牧在经济中的比重较之商代下降。

公元前770年周平王自镐京东迁洛邑，春秋时期开始。其后，王室衰微，在一百四十多个诸侯国中出现了大国争霸的局面。齐、晋、楚、吴、越，史称五霸。④公元前475年至前221年为战国时期，十余国中齐、楚、燕、秦、韩、赵、魏七国称雄，争战不断。春秋和战国合称东周。

伴随着私田的垦辟增加，井田制趋于破坏。租税制也出现相应改变。春秋战国之际是社会变化的关键时期，但对于变化的性质学术界迄无定论，有说是封建领主制转向封建地主制，有说是奴隶制转向封建制，有说是奴隶制由较低级阶段转向较高级阶段⑤。

此时铁器广泛使用，牛耕、施肥、水利应用于农业，农业生产显著提高。冶铁、制铜、纺织、陶器、漆器等手工业都相当发达。市场商品种类增多，金属货币大量使用。城市人口激增。商人兼并农民、农民弃本（农）逐末（商）的现象与日俱增，重农抑商成了许多国家的对策。

社会结构发生了显著变化。小自耕农成为农业生产主力。手工业者、商人具有独立的身份。宗法贵族分化为享有俸禄的官僚和各种士。雇佣劳动不时出现，奴隶劳动广泛使用。

各国竞用士人，实行变法。其中以秦用商鞅变法最彻底，收效亦最显著。商鞅变法使落后的秦国富强起来。

与此同时，文化学术也有相应的变化，出现了儒、墨、道、法、兵等学术流派。其中儒家的创始人孔子是中国古代伟大的思想家和教育家。他的政治理论，对后世也发生了长远的深刻的影响。在文学方面，屈原的《离骚》等作品，不仅是中国文化中的

---

① 王国维《殷周制度论》，《观堂集林》卷10。
② 晁福林《夏商西周的社会变迁》，第17页，北京师范大学出版社1996年版。
③ 《论语·八佾》。
④ 一说五霸为齐、晋、宋、秦、楚。
⑤ 《中国大百科全书·中国历史卷Ⅰ》，第3页，中国大百科全书出版社1992年版。

孔子像

瑰宝，也是世界文学的奇葩。史学、天文历算和其他科学技术也都作出了贡献。

各国经济的发展刺激了兼并的欲望，因此战争的规模更大、更频繁，也更惨烈。战国前期魏国最强。秦国后来居上，陆续吞灭韩、赵、魏、燕、楚、齐，统一天下。

二、两周风俗发展的历程

风俗，又称礼俗，是指社会上长期形成的风尚、礼节、习惯等的总和。人们在生活、生产和社会交际等各种活动中遵循必要的社会规则和道德规范。这些规则规范需要一定的礼节和形式来表现。这些礼节规范随着岁月的流逝，日益辐射，渐渐沿袭成为人们普遍认可并遵照实行的社会风俗。

我国古代风俗的起源可以上溯到远古的原始社会时期，但其形成系统的风俗则是在周朝。[①] 周朝礼俗的形成，是多种因素共同作用的结果。统治者对礼仪的强化、古代思想家对礼节的倡导，构成了礼俗形成的合力。

据学者研究，西周初年还保留不少原始社会的风俗习惯，例如婚姻形态上还处在一夫一妻制的初期，对偶婚制的残余仍然存在。西周之后，历史进入了春秋时代，犹有西周流风遗韵。顾炎武《日知录》卷一三《周末风俗》云：

> 春秋时犹尊礼重信，而七国则绝不言礼与信矣；春秋时犹宗周王，而七国则绝不言王矣；春秋时犹严祭祀，重聘享，而七国则无其事矣；春秋时犹论宗姓氏族，而七国则无一言及之矣；春秋时犹宴会赋诗，而七国则不闻矣；春秋时犹有赴告策书，而七国则无有矣。

对于战国风俗，张亮采先生在《中国风俗史》第二编第一章第一节概论云：

> 李康《运命论》所谓辨诈之伪，成于七国者也。盖至七国时，文武周公之礼乐刑政荡然扫地，攻伐争斗，较春秋尤甚。诈力权谋，公行而无所讳惮。脱仁义道德之假相，而露出弱肉强食之真面目。英雄豪杰，互相见于战争场里，演极惨烈之活剧。诸侯自称王号，各不相下，周虽有其名，而天下早已无王矣。然则以春秋较诸战国，犹觉彼胜于此。今以《国风》证之……以视战国之薄俗何如哉！

---

 ① 王炜民《中国古代礼俗》，第4页，商务印书馆1997年版。

顾炎武、张亮采等以为战国时风俗浇薄败坏，不如西周春秋时期风俗纯厚质朴。是为风俗观中的厚古薄今说。其实是社会在发展，风俗人情亦随之而变。如云"春秋时犹尊周王，而七国则绝不言王矣"，其实西周天子并非秦汉以后的皇帝，所谓政治上的"大一统"无非松散之联邦而已，但王纲未解，诸侯尊王。到春秋时代，戎狄给华夏诸国带来了很大的威胁，即"南夷与北狄交，中国不绝若线"。① 于是齐桓公、晋文公以"尊王攘夷"相号召。及至战国，七国强大，原来的周天子徒有其名，不再被各国所尊重。秦始皇统一中国已成水到渠成之势。又如作为社会组织形式的宗族的变化。伴随着世官世禄制逐渐为官僚制所取代，世族失去了存在的基础，渐趋瓦解。宗族丧失了在国家政治中的地位和权力，从政治舞台上走下来，变成单纯的国民社会生活的基层组织②。这就为平民登上政治舞台，开创布衣将相之局创造了条件。

---

① 《公羊传·僖公四年》。
② 参冯尔康等《中国宗族社会》，第85—86页，浙江人民出版社1994年版。

第二节　民俗政策和民俗观念

一、民俗政策与民俗制度

（一）周公制礼作乐

《左传·文公十八年》云："先君周公制周礼曰：'则以观德，德以处事，事以度功，功以食民。'"这是周公制礼的最早记载。此事出于季文子之口，他是春秋时鲁国大夫、季友之孙，自鲁宣公八年（前601年）执政，历宣公、成公、襄公三朝。鲁为周公子伯禽封国，且春秋距西周不远，这一记载自然可信。又，《礼记·明堂位》也说："武王崩，成王幼弱，周公践天子之位以治天下。六年朝诸侯于明堂，制礼作乐，颁度量，而天下大服。"也鲜明指出周公"制礼作乐"。今传《三礼》为《周礼》、《仪礼》和《礼记》。《周礼》又称《周官》，叙述西周职官及政治、经济制度，分《天官》、《地官》、《春官》、《夏官》、《秋官》、《冬官》六部分，相传为周公所作。[①]《仪礼》简称《礼》，亦名《礼经》或《士礼》。周代通行的礼仪汇编，内容多数是士礼，现存十七篇。相传《经》出于周公，《记》出于孔子及后学。[②]《礼记》又称《小戴礼》、《小戴记》、《小戴礼记》，共四十九篇，是秦汉以前各种礼仪论著的选辑，相传为西汉戴圣编纂。据学者研究，礼仪制度的系统化、理想化不会早于战国，即《仪礼》不可能为周公所作，但周初的统治者确曾对古礼加工改造，以适应社会的需要。从这个意义说，周公制礼作乐是可信的。也就是说，"以现存《仪礼》作为周公'制礼作乐'的部分内容，是说得通的"。[③]

[①] 学者多认为《周礼》撰成于战国时期。
[②] 现一般认为《仪礼》成书于战国初期至中期。
[③] 杨向奎《宗周社会与礼乐文明》，第293页，人民出版社1992年版。

（二）周代的采风

采风的说法，首先出自《国语·周语》："故天子听政，使公卿至于列士献诗。"此后《礼记·王制》载有："天子五年一巡守……命大师陈诗，以观民风。"《汉书·食货志》又有："行人振木铎徇于路，以采诗。"《艺文志》有"故古有采诗之官"。这一古制是可信的。因为《诗经》中的诗，上下几千年，纵横数千里。西周、春秋时代交通极不方便，又无印刷术，诗不可能自行汇集在一起，必有采录之人，从民间把诗搜集而来再保存于王宫。否则，《诗经》又怎么能长期完整地保存下来？

对于采诗之谜，著名文化史家阴法鲁先生说："西周王朝为了了解社会情况，已经有采诗献诗的活动。这个传说不是没有根据的，否则，这些诗是怎样集中起来的呢？当时的音乐和文学都达到相当高的成就，周王室和各诸侯国的乐师不断地搜集并整理各地的民间音乐和诗歌。中经东周迁都（公元前770年），进入春秋时期，社会日益动荡，但这项事业并未中断。大概各国所搜集的作品，除在当地保存采用外，也送献给周王室，由王室乐官保管整理并演奏，成为周乐的主要来源。又古书中关于公卿列士献诗的记载，基本上也应当是可信的。《诗经》中的《颂》都是对贵族歌功颂德的作品，《大雅》、《小雅》中也有一些歌功颂德或讽谏规劝的作品，而且还有留下作者的名字的。这些就是公卿列士奉献或写作的诗。"① 既然是采诗，绝对不可能只有三百首。其中当有删削。对此阴法鲁先生指出："鲁国是周公姬旦的世袭封地，一直保存着一套周乐。《左传》记载鲁襄公二十九年（前544年），吴国的公子季札访问鲁国，'请观于周乐'，演奏的内容大致和今本《诗经》相同。……孔子几次提到《诗三百》，可见在孔子时，《诗经》的规模已大致定型，这是经过长期流传整理所保留下来的成果，并不是孔子删诗的结果。但孔子是整理过《诗经》的。他说，他从卫国返回鲁国（事在前484年），'然后乐正，《雅》、《颂》各得其所'。可见在这以前《雅》、《颂》曾出现混乱情况。孔子整理的底本大概是鲁国乐官所保存使用的底本。整理工作也许是他和鲁国乐官太师挚合作进行的。"② 杨向奎先生说："'所谓乐正，《雅》、《颂》各得其所'是正乐而不是正诗，《雅》、《颂》混乱也是音乐上的问题，而不是诗的篇章。"③ 我们认为：这是对采献来的诗歌在文字、音韵等方面作进一步的加工整理，配上乐谱，使之更适合歌唱和舞蹈，即作"雅言化"和"诗合乐"的工作，以适应礼乐教化、礼乐制度的需要。

（三）从"因其风俗"到移风易俗

西周初年的政治家高瞻远瞩，充分认识到民俗具有统一群体的行为与思想，稳定

---

① 阴法鲁《诗经》，《文史知识》1982年第12期。
② 同上。
③ 杨向奎《宗周社会与礼乐文明》，第364页，人民出版社1992年版。

社会生活，使群体内全部成员保持向心力和凝聚力的维系功能，当周初建立诸侯国的时候，已强调尊重当地的民俗。周武王五年（前1042年）封姜太公于齐。太公"简其礼，从其俗"。①这里的"从其俗"，即因循齐地的民俗。同时封伯禽于鲁。又周成王四年（前1039年），封康叔于卫，"皆启以商政，疆以周索"。②杜注"皆启以商政"谓："皆，鲁、卫也。启，开也。居殷故地，因其风俗，开用其政。"这里的风俗自然是殷地的风俗。周成王十年（前1033年），成王封其弟叔虞于唐，"命以《唐诰》"，"启以夏政，疆以戎索"。③有学者推测"启以夏政"亦即因循夏民的风俗而"开用其政"。④上述文化多元现象，"是周初姬周统治集团最高统治者明确表示的、为适应统治需要而做出的入乡随俗式的文化适应"。⑤

西周时方国部族林立。各方国部族可以长期保留自己的礼制习俗而不求变易风俗。《礼记·曲礼下》说："君子行礼，不求变俗"；《王制》也说："修其教，不易其俗；齐其政，不易其宜。中国戎夷五方之民，皆有性也，不可推移。"因此各个方国的祭礼亦有所不同，据《墨子·明鬼下》，燕国人的祭祖习俗，相当于齐国之祭社稷，宋国之祭桑林，楚国之祭云梦泽一样，这也是男女聚会和游观的盛会。在这种情况下，周王室也不移风易俗，并且在太庙广泛吸收少数民族音乐。《礼记·明堂位》说："升歌清庙，下管象。朱干玉戚，冕而舞大武；皮弁素积，裼而舞大夏。昧，东夷之乐也；任，南蛮之乐也。纳夷蛮之乐于大庙，言广鲁于天下也。"清庙、象、大武是周人之乐，大夏是夏人之乐，昧是东夷之乐，任是南蛮之乐，然而皆用于鲁人大庙之中，而鲁传周礼，周礼在鲁，⑥这正反映了西周统治者保留并接纳各种风俗，也反映了周代文化多元化的特点。⑦

春秋战国时期，伴随着生产力的发展和井田制的破坏，旧的宗法制度和分封制度发生动摇，甚至瓦解，中小地主出现，新贵族崛起，成为政治主宰和价值观念的引导者。旧的礼仪内容和形式发生分离，"一方面新贵族肆意僭越礼仪规范，另一方面新思想又改变了对礼的本质的理解，充实了更富理性色彩的自然物本观念和'民本论'为代表的政治观念"。⑧除了"礼崩乐坏"，还有陋俗、恶俗的蔓延。在这种情况下，处乱

---

① 《史记·鲁周公世家》。
② 《左传·定公四年》。
③ 同上。
④ 晁福林《先秦民俗史》，第12页，上海人民出版社2001年版。
⑤ 王晖《商周文化比较研究》，第210页，人民出版社2000年版。
⑥ 《左传·文公六年》云："秋，季文子将聘于晋，使求遭丧之礼以行。"
⑦ 王晖《商周文化比较研究》，第211页。
⑧ 刘东主编《中华文明》，第77页，社会科学文献出版社1994年版。

鹰兽刀

西周早期，北京昌平区白浮村出土，首都博物馆藏

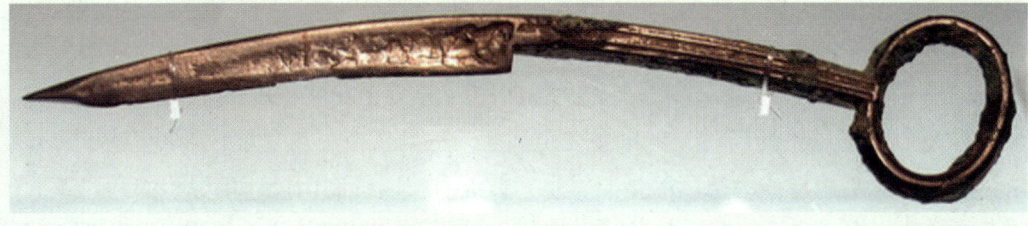

环首削刀

春秋，首都博物馆藏

拱背，狭身，尖锋，刃利。柄几与身同长，下弧，接大环。

环首削刀

春秋，首都博物馆藏

思治，变革礼制，移风易俗，改造社会风气，就成了一些思想家、政治家关注的一个焦点。如孔子云："圣人之举事也，可以移风易俗，而教导可施于百姓。非独适其身之行也。"①荀子说："移风易俗，天下皆宁，美善相乐。"②《孝经·广要道章第十二》云："移风易俗，莫善于乐。"可见儒家提倡移风易俗，注意德行的教化作用，要求统治者自己修身养性，以身作则。又如《云梦秦简·语书》云："圣王作为法度，以矫端民心，去其邪避，除其恶俗。"这说明法家宣扬以立法来清除恶俗。

当时，移风易俗成了各诸侯国进行变法，实施社会改革的有机组成部分，也是当时社会进步的一个标志。春秋时人郭偃佐晋文公变法，著有法书，其中说："论至德者不和于俗。成大功者不谋于众。"③战国时吴起辅助魏文侯变法革新即是"治四境之内，成训教，变习俗，使君臣有义，父子有序"。④所谓"成训教，变习俗"意为完成教化，改变习俗。又据《史记·滑稽列传褚少孙补》，西门豹在邺县县令任上，废除给河伯娶妇的陋习，惩办贪官，移风易俗。后吴起到楚国被任为令尹，佐悼王变法图强，针对楚国的习俗"大臣太重，封君太重，若此则上逼主，而下虐民，此贫国弱兵之道也"，⑤于是"为楚悼罢无能，废无用，损不急之官，塞私门之请，一楚国之俗"。⑥众所周知，楚国是个幅员辽阔、民族众多的国家，各族的经济文化发展程度不平衡，风俗不一。吴起在整顿官场风气的同时，提出要在全国之内一其风俗，就是要改革社会风气，以法为教，使法治思想成为楚国的指导思想，扩大君权以统制国民，消除积弊和"逼主"的政治危机。秦孝公任用商鞅在秦国"变法以治，更礼以教百姓"，鼓吹"治世不一道，便国不法古"。⑦有学者指出："在商鞅所颁布的变法命令中，有许多涉及了移风易俗的内容。"⑧例如，变法命令规定："民有二男以上不分异者，倍其赋"，"令民父子兄弟同室内息者为禁"。⑨其目的就在于革除秦国残留的戎狄落后风俗，不再聚族而居，造就更多的个体家庭，以利于发展生产，征收赋税。其后果正如汉代贾谊所说"秦人家富子壮则出分，家贫子壮则出赘"。⑩战国中期赵武灵王的"胡服骑射"亦是移风易俗的壮举。他向全赵国颁发《胡服令》，变服骑射。此举遭到守旧大臣的反对，所谓理由是

---

① 《说苑·政理》。
② 《荀子·乐论》。
③ 《商君书·更法》载商鞅引语。
④ 《吕氏春秋·审分览·执一》。
⑤ 《韩非子·和氏》。
⑥ 《战国策·秦策三》"蔡泽见逐于赵"条。
⑦ 《商君书·更法》。
⑧ 晁福林《先秦民俗史》，第13页。
⑨ 《史记·商君列传》。
⑩ 《汉书·贾谊传》。

"变古之教，易古之道"，"且服奇者志淫，俗辟者乱民"，"非所以教民而成礼也"。① 意即违背了属于传统典章制度之一的贵族服饰等级礼制。对于上述陈腐的谬论，赵武灵王予以有的放矢地驳斥："古今不同俗，何古之法？帝王不相袭，何礼之循？""三代不同服而王，五伯不同教而政"，这是用历史事实来批驳守旧大臣的理论之不能成立，指出"观时而制法，因事而制礼；法度制令，各顺其宜；衣服器械，各便其用"，才是理世便国的正道，从而得出"循法之功不足以高世，法古之学不足以制今"②的变法理论。是否移风易俗是春秋战国时代革新与守旧两派争论的焦点之一，那个时代的社会发展正是在移易风俗中高歌猛进。③正如战国末年，李斯在《谏逐客疏》中所说："孝公用商鞅之法，移风易俗，民以殷盛，国以富强。"④这里，李斯把商鞅变法从总体上用"移风易俗"四个字来概括。这一概括，实际上代表了战国时期致力于社会改革的理论家和实践家的共同认识：他们把改变社会风气看作是变法的重要内容，⑤视为是促进社会进步，达到民富国强的一个动力。

（四）礼仪机构和礼仪制度

据《礼记·礼运》，孔子曾说：礼本来是先王用以代表自然法则而控制人类生活行为的。人类既是自然的产物，所以失去这法则便不能生存；得到这法则便不至于消灭。由此看来，礼必须是根据着天，仿效着地，配合着过去未来，而表现于丧、祭、射、飨、冠、婚、朝聘等等礼仪上。圣人就是用这些礼仪来代表天道和人情，而天下国家才能做到有条有理。荀子说得更明确："人命在天，国之命在礼。"礼既然对治国安邦有如此重要的作用，统治者自然会尽力确立礼制，完善礼仪机构，使之成为维护等级秩序的工具。

据《周礼》的记载，周代专门设置了管理礼制的官职大宗伯和小宗伯。由于有专职官员管理礼仪，又由于统治者对礼制十分重视，因而到东周时礼仪已颇为系统化、完备化。据《礼记》的说法，大礼即达300种，而小礼竟至3000种。这众多的礼节虽然非常繁缛，但归纳起来大体可分五类，即《周礼》所说的"吉、嘉、宾、军、凶"五礼。

吉礼，就是祭祀之礼。周人认为天神、地祇、人鬼关系到国家的命运、宗族的前途，所以排列在五礼之首。《礼记·祭统》说："礼有五经，莫重于祭。"按照《周礼·春

---

① 《战国策·赵策二》"武灵王平昼闲居"条。
② 《战国策·赵策二》"武灵王平昼闲居"条。
③ 晁福林《先秦民俗史》，第14页。
④ 《史记·李斯列传》。
⑤ 黄中业《战国盛世》，第147页，河南人民出版社1998年版。

官·大宗伯》的说法，吉礼用以"事邦国之鬼神示（祇）"，是祝祈福祥之礼。① 嘉礼，是喜庆欢会活动中的礼仪，也是和合人际关系，沟通、联络感情的礼仪。《周礼》说，嘉礼是用以"亲万民"的。不过，亲万民并不是要对万民一视同仁，恰恰相反，嘉礼的目的正是为了在各种重要的人际关系交往场合体现出贵贱尊卑的等级差别。嘉礼的内容比较复杂，据《周礼》，有饮食之礼、婚冠之礼、宾射之礼、飨燕（宴）之礼、脤膰之礼（举行祀典后将祭肉分赐给助祭者的礼仪）、贺庆之礼。

宾礼，是接待宾客之礼。《周礼·春官·大宗伯》说："以宾礼亲邦国。"这是天子与诸侯国以及诸侯国之间的往来交际之礼。据《春官·大宗伯》，宾礼的内容包括朝、宗、觐、遇、会、同、问、视八类。"朝"是诸侯在春天朝见天子的礼仪；"宗"是诸侯夏天朝见天子的礼仪；"觐"是诸侯秋天朝见天子的礼仪；"遇"是诸侯冬天朝见天子的礼仪；"会"指天子有事约定时间会见的礼仪；"同"指各方诸侯一齐会见天子的礼仪；"问"指诸侯不定期派遣使臣朝见天子，请安行礼；"视"指诸侯定期派遣使臣看望天子的礼仪。此外，各诸侯国之间的聘问会盟也属于宾礼。

军礼，是与军事有密切关系的礼仪制度。② 其内容包括五类：大师礼，指军队的征伐行动；大均礼，指均土地，征赋税；大田礼，指定期的狩猎活动，实质是旨在训练士卒的军事演习；大役礼，指营造、修建工程的活动；大封礼，是指勘定疆界的活动。

凶礼，是哀悯吊唁、抗灾救患之礼。可分五类：丧礼，是哀悼死者的礼仪；荒礼，是指年谷不登或疫疠流行时，天子和臣下以减膳、撤乐等礼仪表示同情；吊礼，是当诸侯国或盟友发生水旱风火灾害时，天子或国君派遣使者表示慰问；禬礼，指某一诸侯国遭到外来侵略，造成财产损失时，天子或其他诸侯国筹集财货，予以救援；恤礼，是指某一诸侯国内部发生动乱或遭外敌入侵后，天子或盟国派遣使者慰问、存恤。

上述"五礼"表明：周代的礼仪制度已经渗透到社会生活的方方面面。只要人们遵照这套礼仪制度处世行事，社会便不会出现动乱。

二、民间的风俗观念和思想

（一）古籍所见两周民俗观念

两周时期，古籍杂陈，对于当时民间的风俗观念有多方面的反映。

《诗经》"既是诗歌，也是民歌，更是民俗。是歌中有俗，俗中有歌的民间生活文

---

① 阴法鲁、许树安主编《中国古代文化史2》，第2页，北京大学出版社1991年版。
② 王炜民《中国古代礼俗》，第11页，商务印书馆1997年版。

化传承的记录，其民俗之价值是十分重要的"。①如《大雅·生民》、《小雅·斯干》即是周人始祖诞生传说的材料，它们既反映了周先祖以熊为图腾的信仰，又反映出原始氏族制度从母系到父系的变化，②以及生子要祈祭和占梦等习俗。又如《豳风·七月》描写受奴役者从事的养蚕、织布、狩猎、制裘等劳动，已见生产之俗。而《周颂·载芟》为"春籍田祈社稷之所歌"，《良耜》是"秋报社稷之所歌"。又如《大雅·公刘》，具有祖先崇拜性质。总之，《诗经》中的民歌反映了北方的民俗。

《礼记》中对民俗学资料的记载较早。其中《月令》、《乐记》等篇对民俗资料的记载尤多。而《郊特牲》篇则对蜡祭有全面的阐述。蜡祭是古代十二月举行的一种庆祝农业丰收的盛大典礼。蜡祭的对象都是与农业生产关系密切的神，主要是庄稼神和收获神。而蜡辞则抒发了人们同自然作斗争的强烈愿望。又《檀弓》篇记载了著名的"杞梁妻故事"，它后来演绎为孟姜女的传说。

《周易》是周代卜筮用书，卦、爻辞是西周早期所作，其中所载故事及社会情况除有早于周代者外，有不少是西周初期的。彖辞、象辞晚于《左传》，可能是战国时资料。系辞等篇更晚。③从民俗学角度看，它的爻辞、系辞、彖象之辞中，民俗资料的记载实在不少。如《系辞》上所记"乾道成男，坤道成女"，是周代男尊女卑民俗观念的表现。"雷泽归妹"卦中的爻辞："归妹，天地之大义也，天地不交而万物不兴，归妹，人之终始也。"表现出妇女要出嫁是合情合理的习俗。"妇人谓嫁曰归"，归妹，是少女要嫁与男方，这是以男系为中心和从夫居习俗的表现。"风火家人"卦爻辞所载一家人，女子在家内居正当之位，男子在家外居正当之位；男女居位都正当得体，这是天地阴阳的大道理。一家人有严正的君长，指的是父母。父亲尽父亲的责任，儿子尽儿子的责任，丈夫尽丈夫的责任，妻子尽妻子的责任，这样家道就能端正；端正了家道，天下就能安定。《易经·归妹》"上六"爻辞载有"女承筐，无实；士刲羊，无血"，这是一个生动的劳动画面，从一个角度反映了驯养家畜的家庭经济——剪羊毛的生产习俗。又《屯卦》"六二"中的"屯如，邅如，乘马斑如，匪寇，婚媾。乘马斑如，泣血涟如"，描写了一个掠婚的场景，反映了掠夺婚初期的习俗。

《穆天子传》叙述周穆王西行途中经历和见西王母的故事，反映周代与西北少数民族交往旅游情况和有关地理。该书所载民俗有重要意义。例如穆天子到昆仑之丘以观黄帝之宫时所献之朱带、贝饰和工布等物，所见之春山赤豹、白虎、熊罴、豺狼、野

---

① 张紫晨《中国民俗与民俗学》，第192页，浙江人民出版社1985年版。
② 孙作云《周先祖以熊为图腾考——〈诗经·大雅·生民〉、〈小雅·斯干〉新解》，载《〈诗经〉与周代社会研究》，中华书局1966年版。
③ 陈高华、陈智超主编《中国古代史史料学》，第53页，北京出版社1983年版。

马、野牛、山羊、野豕等兽,和所见西王母时所执之白圭、玄璧,及与西王母之对歌,都是比较重要的民俗记载。

《楚辞》是战国时期楚国文学的总集。是现实理性思想和巫祭感性形式的美妙结合。[1]《楚辞》在题材、内容和语言形式方面,反映的南方民俗、楚地文化颇多。大体可分楚歌、楚俗和神话三方面。

楚歌即南音、南风,也就是土歌土俗。屈原的《九歌》就是在楚国民歌的基础上创作的。王逸在《楚辞章句·九歌序》中曾说:"昔楚国南郢之邑,沅湘之间,其俗信鬼而好祠。其祠必作歌乐,鼓舞以乐诸神。屈原放逐。……出见俗人祭祀之礼,歌舞之乐,其词鄙陋,因为作九歌之曲。"朱熹则认为"蛮荆陋俗,词既鄙俚……原既放逐,见而感之,故颇为更定其词,去其泰甚"。经过屈原改作的这些祠神乐歌,真实地再现了楚地沅湘间崇信巫鬼的风俗,反映了原乐舞的程序。人们用这些歌娱人,还用它娱神。表现了诗歌与乐舞及巫术祭祀的结合,它是春秋战国楚民族文化的写照。

至于神话,在《天问》中特别集中。它问的题目有一百七十二个,其中不少是关于原始神话的问题。此外,还多处问到夏商周三代的历史及其他天地日月、神怪异说等。

在两周古籍中,《山海经》载有丰富的民俗资料,鲁迅先生曾称其为"巫书"。《山海经》多方面反映了民俗,若从民俗角度看问题,该书可以说是一部古代人观念中的民俗志。它以地望走向为线索,详述各山之况,熔地理、历史、神话、民族、宗教、医药、物产于一炉。其民俗价值表现在五方面:一是古山古水中之服饰、信仰、巫术民俗;二是对山神及风云雷雨等自然神的崇拜;三是对医药民俗的记录和保存,四是对巫和巫术的记载;五是对古代神话的记录和保存。[2]

此外,《尚书》、《禹贡》、《国语》、《庄子》、《韩非子》、《竹书纪年》等两周古籍也都记载了当时的民俗观念。限于篇幅,不能一一。

(二)诸子的民俗观

两周时期,不仅有民俗的记载,而且有某些议论民俗的见解,或称之为民俗观。儒家、道家对民俗意义和作用的不同认识,集中反映了这一时期民俗学的理论特色。

1. 儒家的民俗观

(1)孔子的民俗观　孔子(前551—前479年)是儒家的创始人。春秋晚期鲁国陬邑(今山东曲阜东南)人,名丘,字仲尼。他是我国儒家的创始人。据学者研究,"孔子是从人学的角度来使用民俗资料的。他主要是在阐明人治的过程中,力图把原始民俗观改造成与礼制体制有关的学问"。他不仅"用人文历史的观点解释神话",而且"以

---

[1] 过常宝《楚辞与原始宗教》,第18页,东方出版社1997年版。
[2] 以上多处引用了张紫晨《中国民俗与民俗学》,第191—204页的研究成果,特此说明。

'民教俗朴'说为前提,致力于贯彻男女、父子、君臣、礼仪、仁德的纲常模式",他"理解民俗,还涉及社会生活的其他层面,如冠、婚、丧、祭等人生仪礼。他尤其重视丧礼,提倡通过隆葬厚仪,建立个人的家庭观念与社会理想相结合的群体经验,并由此自觉接受一套相应的礼仪规范"。①孔子还非常重视诗乐,他曾经说:"兴于诗,立于礼,成于乐。"②还说过"不学诗,无以言。……不学礼,无以立"。③诗、礼并是教育的手段,《诗》、《乐》不分,服从于礼,合于礼的要求,体现仁的精神,以辅助礼治。此外,孔子还提出"移风易俗,莫善于乐;安上治民,莫善于礼"。这是一种有代表性的论俗见解,对于鲁人社会风俗不能不发生深刻的影响,在"化成民俗"方面产生某种效应。

(2)荀子的民俗观　荀子(约前313—前238年),战国末期赵国人。名况,字卿。荀子基本上属于儒家。就社会政治伦理思想而言,荀子思想中突出的是"礼"。他认为,礼是学习的中心内容,道德修养的标准。④所谓君主之道德,即实行礼义,对人民宽厚、恩惠。他提出民俗道德标准的新命题,主张按照美、丑、善、恶的道德概念,去为民俗事象分类。⑤他认为每一个国家都有美好的风俗和败坏的风俗,二者同时并存。如果前者占优势,国家就安泰;否则,国家就危殆。如果统治者能够实行仁义,选择美俗善政,那么就能做到"其法治,其佐贤,其民愿,其俗美",⑥并取得良好的政治、军事效果。

荀子以道德民俗为社会评价,还导入对于民俗的社会标记和一般性质的推理判断。⑦他曾应聘至秦,赞赏秦国之民风淳朴。他说:"入境,观其风俗,其百姓朴,其声乐不流污,其服不挑,甚畏有司而顺,古之民也。"⑧可见他认为民俗是由民众的性情、气质、服饰、器具、歌舞、仪式和管理惯制等群体标记显示的。他还认为,民俗具有自己的"习俗之所积"。⑨

荀子虽然讲礼而转向法,偏离了孔子的全面礼乐文明,但他还是继承了孔子的诗乐教化思想。《乐论》篇论述了音乐的社会作用,强调音乐对于维护社会秩序的必要性。他认为音乐能够调整君臣上下、父子兄弟、乡里族党之间的关系,引导人们遵守

---

① 钟敬文主编《民俗学概论》,第394—395页,上海文艺出版社1998年版。
② 《论语·泰伯》。
③ 《论语·季氏》。
④ 姜法曾《中国伦理学史略》,第75页,中华书局1991年版。
⑤ 钟敬文主编《民俗学概论》,第395页。
⑥ 《荀子·王霸》。
⑦ 同⑤。
⑧ 《荀子·强国》。
⑨ 《荀子·荣辱》。

封建的礼义道德，具有"入人也深"、"化人也速"、"移风易俗"的力量。《王制》篇还提出"论礼乐，正身行，广教化，美风俗"的见解。又《劝学》篇也说："生而同声，长而异俗，教使之然也。"强调风俗教化。

荀子又很注意向民间文学学习，在此基础上作有《成相》和《赋篇》两篇韵文。《成相》是以"三三七、四四三"为节奏的六句四韵体，形式类似民间说唱文学，当为弹词之祖。《赋篇》现存五篇，"遁词以隐意，谲譬以指事"，带有谜语的色彩。

有学者认为，荀子道德民俗观的特点，还在于他发现，不是一切民俗价值都隶属于政治价值的。例如，他说：鲁国用盉盛酒，卫国用盂盛酒，齐国用皮囊盛酒；土地形势不同，因而器用的装制就不能不有所不同。所以中原各国，供奉相同，制度相同；遥远的属国，供奉相同，制度不同。这是由于他用朴素唯物主义世界观认识民俗。[①]

2. 道家

据学者研究，道家的社会方案是无为而治，他们并由此提出了自己的自然民俗观的见解。[②]

道家的代表人物是老子和庄子，兹分述于下。

（1）老子的民俗观　老子是春秋时楚国苦县（今河南鹿邑东）人。传说为李氏，名耳，字聃，或称老聃。曾任周王朝的守藏史，孔子曾向其问礼。[③]据研究，老子民俗观的核心是反智主义，即主张"无知无欲"。而民俗的实质，在于保存自然的人性。[④]他认为处于原始状态的人，不识不知，无为无欲，像婴儿一样，是最能体"道"而有"德"的。又指出仁义礼乐，都是违反人的自然本性的，只能带来社会的混乱，因而应当废弃。他说："大道废，有仁义。智慧出，有大伪。"[⑤]又说："绝圣弃智，民利百倍；绝仁弃义，民复孝慈；绝巧弃利，盗贼无有。"[⑥]他鼓吹小国寡民、封闭、倒退的社会模式，他理想的社会是："使民有什伯之器而不用，使民重死而不远徙。虽有舟舆，无所乘之……使民复结绳而用之。甘其食，美其服，安其居，乐其俗。邻国相望，鸡犬之声相闻，民至老死不相往来。"[⑦]

（2）庄子的民俗观　庄子（约前369—前286年），战国时宋国蒙（今河南商丘东北）人。名周，字子休。同老子一样，庄子也主张弃仁背义，废礼毁智，听其自然，

---

① 钟敬文主编《民俗学概论》，第396页。
② 钟敬文主编《民俗学概论》，第397页。
③ 或说即老莱子或秦献公时周太史儋。
④ 钟敬文主编《民俗学概论》，第397页。
⑤ 《老子》第十八章。
⑥ 《老子》第十九章。
⑦ 《老子》第八十章。

无为而为，随遇而安。他"从强调个体自身的价值入手，呼唤人性的复归。这种人性复归，是要回到人所自来的原始社会，回到生命的本真状态"。① 他向往着"民知其母，不知其父，与麋鹿共处，耕而食，织而衣，无有相害之心"② 的原始时代。

有学者指出，庄子也不追求民俗知识的历史确定性。他的著作大量地运用了寓言。这些寓言大多虚构了人物与故事情节，有动作，有对话，还有肖像、表情的描绘，把民俗的知识与自然人的知识作为同一类型的知识进行处理。

由于以上观点在后世的传播，"老庄的自然民俗观逐渐演变成了我国古代民俗理论中的'天籁说'的源头"。③

---

① 冯天瑜、何晓明、周积明《中华文化史》，第384页，上海人民出版社1990年版。
② 《庄子·盗跖》。
③ 钟敬文主编《民俗学概论》，第397页。

第一章
饮 食

  西周是中国古代文明大厦创建的时期,中华饮食风俗的主体部分便是在这一时期奠基的。然而,由于文献记载简略,迄今为止,西周文明中的许多问题尚未得到确认,[①]其中饮食风俗便是如此。

  东周时期饮食资源得到了进一步的开发。饮食器具造型各异,质地不同,纹饰丰富多彩,风格姿态纷呈,具有等级性、实用性、多元性、变异性和融合性的特点。食品加工和烹调技术也都较以前有了很大的提高,出现了多种烹调方法和烹调名家。同时调味品也增加了一些新味型的原料。那时实行一日两餐(或三餐)制与分餐制。普通民众受粮食定量的制约,艰难度日;而贵族们则经常举行各种宴饮活动,并有规范的礼仪。那时的饮食风俗既有社会层次的差异,又有地域和民族的差异,对后世产生了深远的影响。

---

① 宋健《超越疑古,走出迷茫》,1996年5月16日在夏商周断代工程会议的发言提纲,《光明日报》1996年5月21日。

第一节 饮食结构与方式

一、饮食结构

（一）植物性食物

1. 粮食

在两周的饮食结构中，粮食居于主体的地位。除了新石器和夏商时期常见的粟（稷）、黍外，麦（包括大、小麦）、麻、菽、稻的种植日益普遍。到东周时，菽的地位有所提高，"黍稷"并提被"菽粟"并提所代替。此外，还有苽、赤豆、薏苡等。

2. 蔬菜

蔬菜都是由野生种经过天然淘汰和人工培育而成为栽培作物的。其中一些品种长期以来都是野生与栽培并存。两周时期的蔬菜种植业已相当发达，见于文献记载的品种有二十几种，其中属于栽培的有葵、韭、藿、薤、葱、芸、甜瓜、瓠、莳、姜、笋、蒲、芹、莲、藕、茭白、菱、芡、菲、芋等。此外，属于野生或可能是野生的蔬菜有荋（蓴、莼）、薇、蘩、藻、蕨、荇菜、堇、藜、苄、荼、苣、苯、苢、卷耳、芝、菖蒲、蒬、莪等。

3. 果实

两周时期，水果种植业有了进一步的发展，其时可以确定为人工栽培的有桃、李、杏、枣、棘、梨、柤、栗、榛、梅、桔、柚等。除上述栽培果实外，当时还有桑葚、樲、甘棠、杜、沙棠、山樆、郁、薁、唐棣、杞、苌楚等。其中绝大多数是野生的。

（二）动物性食物

1. 肉类

两周时期，畜牧业、养禽业和渔业在前代的基础上继续发展。《墨子·天志》说："四海之内，粒食之民，莫不犓牛羊，豢犬彘。"《荀子·荣辱》云："今人之生也，方知畜鸡狗猪彘，又畜牛羊。"可见那时民间已普遍饲养畜禽。除了中原的畜牧业，北方的游牧业获得了长足的发展。历史进入战国，伴随着匈奴、东胡等游牧民族在我国北方地区的勃然兴起，农牧分区的新格局取代了"华夷杂处"的老框架。后世主要的家畜、家禽品种那时都已具有，其中主要的有猪、牛、羊、犬、鸡、鸭、鹅、鸽等。①

2. 鱼类

两周时期，伴随着捕捞工具的改进、人工养鱼的开始、近海捕鱼的开展，不仅鱼产量上升，而且鱼的品种增多。仅《诗经》所载，主要生活在黄河流域的鱼类就有：鲤、鲂、鳏、鲔、鲌、鳟、鲿、鳢、鳣、鲜、鳊、鲨、鲦、甲鱼、嘉鱼等18种之多。据屈赋记载，楚人常食的鱼类有鲮（鲤）、鲭（鲫）等。考古亦出土了不少鱼骨，仅近数十年来，湖南、湖北考古发现的鱼类就有鳡、鳜、鲤、鲫、刺鳊、银鲴、鲢、鳙等。② 其中嘉鱼、鲂鱼、鲌鱼、鲤鱼，在当时就成了名贵的佳肴。

鱼类之外，龟、鳖、蚌、蛤等水产动物也是人们很早就经常捕捞的食物。《诗经·小雅·六月》："饮御诸友，炰鳖脍鲤。"《礼记·内则》："食：蜗醢，而苽食、雉羹。"其意是蜗肉酱与雕胡米饭和野鸡羹相配食是一种美味食品。

3. 野味

西周至战国，田猎依然是人们补充动物食物的途径之一。那时的狩猎一般在农闲进行，且与军事演习结合。

据《诗经》所载，那时常见的野兽有：象、虎、豹、狼、熊、罴、麕、麋、鹿、貆、狐、兔、兕、驺虞等；常见的野禽有鸤鸠、鸤鸠、鸠、雉、鸿、雁、凫鹥、鸧、鹭、鹈、仓庚、鹤、鸢、鹙、鸳鸯、鸥、鹊、雀、黄鸟、鸱鸮等。这些野兽、野禽被猎取后，主要供食用，其中的珍稀动物，则成为美味佳肴的原料。

春秋晚期至战国，随着农业和畜牧业的发展，田猎在食物来源中的重要性日益减低了。但楚国由于气候温暖，野生动物的种类和数量远远多于北方，捕猎物在饮食中依然占有较大的比重。③ 据《战国策》、《左传》、《楚史梼杌》、《国语》等的记载，楚国的猎物有犀、兕、麋、鹿、熊、虎、豹、兔、猩猩、牦牛、大象、鸱、凫、鸩（鸽鹤）等。

（三）饮食的构成

我国自古以农立国，两周亦不例外。农业是两周的社会经济命脉，也是食物的主要来源，而两周的畜牧业并不发达。当时家畜、家禽主要是马、牛、羊、鸡、犬、豕（猪），称为"六畜"，其数量也不是太多。因此《礼记·王制》规定："诸侯无故不杀牛，

---

① 谢成侠《中国养禽史》，第64—65页，中国农业出版社1995年版。
② 后德俊《楚人和鱼》，《中国烹饪》，1980年第5期。
③ 宋公文、张君《楚国风俗志》，第15页，湖北教育出版社1995年版。

大夫无故不杀羊，士无故不杀犬豕，庶人无故不食珍。"可见当时对杀食六牲是有限制的，虽然执行不一定严格。即使到战国中期，六牲的饲养依然不多。《孟子·梁惠王上》说："鸡豚狗彘之畜，无失其时，七十者可以食肉矣。"这说明当时受人尊敬的七十岁以上的老者也难于吃到肉，更不用说其他的人了。从这一实际情况出发，当时建立了如下的膳食结构："五谷为养，五果为助，五畜为益，五菜为充。"[①]这里的五谷指各种谷物和大豆等，是最主要的养分；"五果"、"五菜"和"五畜"是泛指各种蔬菜瓜果肉类鱼虾，能在营养中起辅助补益作用。其意是要求人们杂食，食品多样化，但有主次的不同。"谷"是主食，"果"、"畜"、"菜"是副食。且主食在地位上高于副食。

需要指出的是，上述以素食为主，以肉食为辅的饮食结构，当时无论贫富大都如此，只不过富贵之家肉食比例比一般人家高一些。在两周时代，人们把士大夫阶层以上的人称为"肉食者"，但他们的主食仍是粮食，并非肉类。[②]

这种饮食结构，一起延续到民国时期，学者认为，这种以粮食、蔬菜和水果等植物性食物为主的传统饮食结构能使人健康而长寿。其原因由可从两个侧面看。

首先，从营养的视角说，植物富含人体所需要的蛋白质、脂肪、碳水化合物、矿物质微量元素、维生素和纤维素。以蛋白质为例，麦谷类约含 8%—12%，许多坚果、种子与豆类含 30% 的蛋白质，而大豆蛋白质含量高达 40%，是肉类的两倍多。而且，豆类和粮食掺和吃，能形成人体所需的完全蛋白质。

其次，从健康的视角讲，粮食、蔬菜、水果等植物性食物不含胆固醇，可极大地减少患高血压、心脏病等病症的风险。而植物油含不饱和脂肪，有降低胆固醇的积极作用，能减少动脉粥样硬化。此外，除稻米等极少数粮食外，其余的植物全都属于碱性食物，可让人体的体液变成碱性，减少患各种慢性病的机会。又粮食、蔬菜、水果中的大量纤维素，能刺激肠蠕动加快，利于通便，使体内有害物质及时排出，从而降低了有害物质对肠壁的刺激和损害。[③]

二、饮食方式

（一）餐制

早在商代，粮食消费定时定量已皆成俗。此俗到春秋战国，犹为下层社会所沿袭。

[①]《黄帝内经·素问·脏气法时论篇》。
[②] 参杨存田《中国风俗概观》，第 54 页，北京大学出版社 1994 年版。
[③] 田永胜《回归传统饮食，走健康之路》，《中国社会科学报》，2013 年 3 月 22 日。

孔子所说"不食不时",其中就有定时吃饭这层意思。

1. 一日两餐制

《睡虎地秦墓竹简·日书》乙种记时法云:"食时辰(即7—9点)"、"下市申(即15—17点)","下市"一云"铺时"(简684)。甘肃天水放马滩秦简《日书》记时法云:"夙时"(7—9点)、"暮食"(19点左右)。较之云梦秦简,后一餐推后,大概因当地日照长、习俗稍异之故,但也是一日两餐制。①《睡虎地秦墓竹简·仓律》说:城旦筑墙和做其他强度与筑墙相当的劳作的,早饭半斗,晚饭三分之一斗;站岗和做其他事的,早晚饭各三分之一斗。有病的,酌情给予口粮,由吏主管。城旦舂、舂司寇、白粲作土工,早晚饭各三分之一斗;不作土工,按法律规定给予口粮。②由此可见,直到战国末年,下层社会仍沿袭着一日两餐的习俗,并且一般实行早饭稍多而晚饭稍少,以与"日出而作,日入而息"的劳作制度相适应。但也有早饭、晚饭所吃粮食数量一样的。

2. 一日三餐制

与下层社会一日两餐制并行的,是中上层社会的一日三餐制,即在两餐之外,又增加一夜餐。如齐景公喝酒,夜晚把酒宴移到梁丘据家。③《庄子》云:"三餐而返,腹犹果然。"《战国策·齐策》云:"士三食不得餍。"这些材料说明,从国君到士,为一日三餐制。《韩非子·外储说左上》云:"夫婴儿相与戏也,以尘为饭,以涂为羹,以木为胾,然至日晚必归饷者,尘饭涂羹可以戏而不可食也。"小孩在一起嬉戏,但是到天晚了,必然要回家吃饭,这似可说明中层人家亦有夜餐,为一日三餐制。又,《黄帝内经·素问》载战国行一日十六时制,除有"早食"、"下铺"之称外,还有"晏铺"(19—21点),即夜食。大概在战国末年,一日三餐制已得到社会的广泛认可而得以推广开来。④

3. 分餐制

两周时期,人们实行分餐制。不仅贫士箪食壶饮,自得其乐,就是宾客如云的盛大宴会,也是各吃各的,互不干扰。人们往往席地而坐(讲究的铺上筵席),凭案而食,人各一份,与后世的聚餐会食不同。如"(燕)太子尝与荆轲等案而食"。⑤"等案",自然是质量相同、尺寸一样的案,可见是各用一案,分别饮食。又如,据《史记·孟尝君列传》的记载,孟尝君的食客有几千人,不分贵贱,待遇一律和他相等。孟尝君曾经有一次在晚上招待客人吃饭,有人把火光遮着了,客人以为自己的饭食和孟尝君的不一样,大为生气,放下不吃,告辞要走。孟尝君站起身,亲自端着自己的饭食去和

---

① 宋镇豪《中国春秋战国习俗史》,第114页,人民出版社1994年版。
② 《睡虎地秦墓竹简》,第52页,文物出版社1978年版。
③ 《晏子春秋·内篇杂上》。
④ 宋镇豪《中国春秋战国习俗史》,第117页。
⑤ 《艺文类聚》卷69引《说文》。

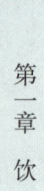

第一章 饮食

春秋战国盛酒器提梁卣

春秋西南夷食器双耳陶罐

客人的相比，结果并无两样。客人十分惭愧，自刭而死。试想：如果不是实行分食制，而是同案共食，怎么会发生如是的误会。

（二）宴饮礼仪

古代饮食方面的礼俗主要表现在宴会上。两周也不例外。因为"在举行宴会时，座位要分尊卑主次，敬酒也要依照宾客的身份地位区别先后"。① 周代的宴会有乡饮酒礼、燕礼，公食大夫礼等。

乡饮酒礼是乡人以时聚会宴饮的礼仪。孔颖达认为这种礼在四种情况下举行："一则三年宾贤能，二则乡大夫饮国中贤者，三则州长习射饮酒也，四则党正腊祭饮酒。"② 有学者指出："这都是根据《周礼》立说，并不完全符合实际。"③ 而"西周、春秋时，天子、诸侯、卿大夫间流行着一种飨礼，作为招待贵宾的隆重礼节"。这种"飨礼"为高级的"乡饮酒礼"。④

燕礼是诸侯宴饮的礼节仪式。宴饮有四等：一是诸侯无事而宴饮以乐；二是卿大夫有勤劳之功，君与之宴饮；三是卿大夫出聘邻国而还，君之宴饮；四是宴饮来聘的四方宾客。《仪礼·燕礼》主要讲第一种宴饮。⑤

按照礼的规定，各种宴会都有规范的节仪。如《仪礼》所载的"乡饮酒礼"就有"谋宾"、"戒宾"、"陈设"、"迎宾"、"拜至"、"拜赐"等二十四节程序。据《左传》的记载，参加诸侯国朝聘宴飨的人都必须知道并遵守有关的礼节，无论是问答辞令还是赋诗言志，都要按照严格的礼的规定，如果不慎失言、失坐或失态，都被认为是有辱君命、有失身份的事。如果有违于当时的等级制度，那当然更是失礼的严重事件了。⑥

宴会上饮食的品种、数量、器具的优劣、多少，及其搭配方式，都必须按照礼的规定，即依消费者的社会地位、政治身份和宗法等级为转移，以体现"明贵贱，辨等列"的功能。

当时人席地坐食。《论语·乡党》载孔子称"席不正，不坐"；"君赐食，必正席先尝之"。这说明宴会上的正席坐食，是显示仪态的食礼的一个侧面。此外，宴会上还十分讲究礼仪的得体和进食环境的优美。《国语·周语中》载春秋时周王室接待诸侯国朝聘时的宴饮是这样的："择其柔嘉，选其馨香，洁其酒醴，品其百笾，修其簠簋，奉其牺

---

① 王炜民《中国古代礼俗》，第71页，商务印书馆1997年版。
② 《礼记·乡饮酒正义》。
③ 杨宽《西周史》，第747页，上海人民出版社1999年版。
④ 杨宽《西周史》，第754页。
⑤ 李景林、邵汉明、王素玲注释《仪礼译注》，第130页，吉林文史出版社1995年版。
⑥ 曾纵野《中国饮馔史》第一卷，第295页，中国商业出版社1988年版。

西周铜方彝

象,出其樽彝,陈其鼎俎,净其巾幂,敬其祓除,体解节折而共饮食之。"

在宴会上饮食的摆设没有全面、系统的记载。《礼记·曲礼上》说:"凡进食之礼,左殽右胾,食居人之左,羹居人之右,脍炙处外,醯酱处内,葱渫处末,酒浆处右,以脯脩置者,左朐右末。"郑玄注:"此大夫士与宾客燕食之礼。"此乃小型便宴的陈列。①又,《管子·弟子职》云:"置酱错食,陈膳毋悖……羹胾中别,胾在酱前;其设要方。"《礼记·内则》云:"子能食食,教之右手。"古人进食,常用右手,因此将习惯上常食的胾(烧肉块)、菜羹、醯酱、酒浆等置于接近右手的位置,以便取用,而把殽(带骨的肉)、脍炙、葱、饭等次食置于左手附近。由于当时实行分餐制,人们席地而坐,面前摆着一张低矮的小食案,案上放着轻巧的食具(重而大的器具放在席子外的地上),故"其设要方",摆置食品要方整,所谓左右内外只是相对于进食者而言的,常根据各人的饮食嗜好和进餐时的方便摆放,不一定那么绝对化。②

酒肉饭食次序,大抵是先酒次肉再饭,在《仪礼》中的《公食大夫礼》、《乡饮酒礼》、《乡射礼》、《大射礼》、《燕礼》等大抵如此。③

---

① 曾纵野《中国饮馔史》,第1卷,第297页。
② 宋镇豪《中国春秋战国习俗史》,第126页。
③ 郭宝钧《中国青铜器时代》,第120页,生活·新知·读书三联书店1978年版。

天子、诸侯以及大夫举行宴会时，都要以乐侑食，以活跃气氛，培养情绪，增进食欲。据学者研究，《诗经·大雅》是用于周王室大典宴会的歌辞，《小雅》是用于诸侯国宫廷宴会的歌辞。《左传·桓公九年》云："(鲁)享曹太子，初献，乐奏而叹。""初献"，杨伯峻先生注："酒始献。"这是春秋时中等诸侯国设享礼招待小国太子奏乐。战国时期，魏文侯与田子方"饮酒而称乐"，文侯曾指出："钟声不比乎？左高。"[①]即辨知编钟之悬左方高造成其声不协和。

　　在宴饮的过程中，还有祝对劝进之仪。[②]如："梁王魏婴觞诸侯于范台。酒酣，请鲁君举觞。鲁君兴，避席择言。"[③]这段话是说魏王在范台向诸侯敬酒，并请鲁共公致祝酒辞。又如："魏襄王与群臣饮，酒酣，王为群臣祝，令群臣皆得志。史起兴而对。"[④]据《仪礼》所载，周代敬酒已有了一整套礼节程序，并有专用名词。[⑤]凡主人以酒敬客，称为"献"，敬一次称为一献，献用奇数，有严格的等级尊卑之分。劝客饮酒，称为"酬"。客以酒还敬主人，称为"酢"。饮而不相酬酢，叫做"醮"。敬酒的酒器亦有区别，"献"酒与"酢"酒用爵，"酬"酒用觯。为了区分尊卑、男女，还规定："凡饮酒，君臣不相袭爵，男女不相袭爵。"当时还有罚酒的习尚，称为"浮"。如晏子"衣缁布之衣，麋鹿之裘，栈轸之车，而驾驽马以朝"，田桓子对齐景公说，这是"隐君之赐"，"请浮晏子"，于是酌者奉觞进于晏子说："君命浮子。"[⑥]

（三）进食礼仪

　　《周礼·大宗伯》说："以饮食之礼，亲宗族兄弟。"饮食是人际之间的润滑剂，是伦理教化的一个侧面。

　　居家的日常进食节仪，讲究事亲敬师。据《礼记·内则》的记载，妇人事奉舅姑，如同事奉父母一样。要和颜悦色地请示一天的饭食，三餐都尽量依照父母舅姑的心意安排，并用枣、栗子、蜜糖等来调和饮食，使食物甘滑可口，又有营养。请父母舅姑用餐，必待其品尝以后才能告退。又《管子·弟子职》说，先生将食，弟子把饭菜送上。挽起衣袖洗漱之后，跪坐把饭菜献给师长。摆放酱和饭菜，陈列起来不可违背规章。饭菜上完即可退下，拱手站立一旁。一般是三碗饭和两斗酒，弟子将酒饭轮流添上。待先生吃饭完毕，弟子便撤下食具，赶忙为先生送来漱器，再清扫席前并把祭品收起。先生吩咐之后，弟子才开始进餐。上述节仪说明，子女侍食父母，弟子侍食师长，都

---

① 《战国策·魏策一》，"魏文侯与田子方饮酒而称乐"条。
② 宋镇豪《中国春秋战国习俗史》，第128页。
③ 《战国策·魏策二》，"梁王魏婴觞诸侯于范台"条。
④ 《吕氏春秋·先识览·乐成》。
⑤ 王炜民《中国古代礼俗》，第73页。
⑥ 《晏子春秋·内篇杂下》。

要尽心竭力，恭谨周详。这些理想化的规定与实际生活可能有区别。

当时人的进食，讲究礼貌，并有种种禁忌。

食前要"摄衽盥漱"。摄衽是敛好衣襟，盥漱是净手漱口。①若是袒裘带剑上席，均属不敬。春秋时卫庄公请浑良夫吃饭，良夫"紫衣狐裘，至，袒裘，不释剑而食"，"太子使牵以退，数之以三罪而杀之"。②除"摄衽盥漱"外，还要"食座尽前"，即尽量坐得靠前一些，靠近摆放饭馔的食案，以便进食，并避免因不慎掉落的食物弄脏了座席。

食前一般得先象征性地荐祭先人，称为泛祭。《论语·乡党》载孔子说："虽疏食菜羹，必祭，必斋如也。""君赐腥，必熟而荐之。""侍食于君，君祭，先饭。"而祭品在祭祀后可以分吃掉。如《诗经·小雅·楚茨》写贵族秋冬陈上牛羊俎豆酒食等祭品，向神灵致祭。待神灵归去，大家宴饮欢乐，所谓"废彻不迟"，"备言燕私"即是。据《礼记·曲礼》的记载，进食中还有如下礼仪：

（1）宴会开始，食品端上来时，客人要起立；若有贵客到来，其他客人都要起立，以示恭迎。主人让食，要热情取用。

（2）姑母姊妹等，凡是已经出嫁的回了娘家，兄弟就不要和他们同用一个器皿吃饭。

（3）如果客人谦让，端着饭碗起立，表示不敢当此席位，主人务应起身以尊敬的话语请客人复坐，然后客人坐定。

（4）吃过三口饭后，主人要请客人吃切成块的肉，然后品尝带骨的肉，如果主人还没有吃完，客人切不要漱口表示不吃。

（5）陪伴长者劝其食，凡是遇到主人亲取菜肴给你时，你就得拜谢而后吃。如果不是这样，就不必拜谢，但由自己端取。

（6）大家一起聚餐，不可只顾自己吃饱；如果和别人一起吃饭，要格外注意手的清洁。

（7）不要用手搓饭团，不要把多余的饭放回饭的盛器，不要喝得满嘴淋漓。

（8）咀嚼时不要喷喷作响，不要把咬过的鱼肉又放回盛器里，不要把骨头扔给狗去啃，不要专挑爱吃的而必取之。

（9）不要为了能吃得快些，就用食具扬起饭粒以散去热气，吃黍饭不要用筷子，但也不要用手抓，而是用匙。

（10）喝肉汤，不可牛饮般地过快且出大声，也不可在主人面前调和羹味。不可当众剔牙（要等到饭后再剔），也不要喝淹渍的肉酱。

---

① 《礼记·内则》云："进盥，少者奉槃，长者奉水，请沃盥，盥卒授巾。"沃盥时盘匜（或盉）相需为用，即用匜（或盉）浇水于手，以盘承接弃水。

② 《左传·哀公十七年》。

（11）湿软的烧肉炖肉，可直接用牙齿咬断；而干肉则不能直接用牙齿咬断，须用刀匕帮忙。

（12）羹中有菜，用筷子取食；如果无菜，不必用筷子，直饮即可。

（13）父母有病的时候，吃肉只是稍尝那味道，饮酒也不再喝到脸红。

（14）吃饭时不要唉声叹气。

上述《礼记》等古籍中所载的食礼，体现了当时饮食养生观、社会地位差异、伦理道德等独具特色的中国古代文化面貌的诸多侧面，并对后代中国人的饮食礼仪习惯发生了深远的影响。

三、饮食器具

饮食器具，是饮食史研究的重要对象之一。在历史的长河里，作为文物的器具是幸存者，因为只有它们才突破了时间和空间的限制，从一个方面给后人展示古代人类社会生活的实相。两周时期的食器文化，主要体现在青铜饮食器具的制作和使用上。

（一）青铜饮食器具的种类

两周是青铜饮食器具的发展和繁荣期。青铜饮食器具可分炊器、食器和酒器三类。

1. 炊器

炊器是煮牲肉和蒸煮黍、稷、稻、粱等饭食的器具，有鼎、鬲、甗、鍪等，兹分述于下：

（1）鼎　鼎是两周最常用的炊器，大致与现代的铁锅相当。鼎分镬鼎、升鼎和陪鼎三大类，用于烹煮肉食或宴享时作为盛食或盛汤之器。镬鼎的形体硕大，专用在烹煮牲肉，乃厨房用器。《周礼·天官·烹人》："掌共鼎镬。"郑玄注："镬所以煮肉及鱼腊之器，既熟，乃脀于鼎。"因此，《淮南子·说山训》说："尝一脔肉，知一镬之味。"高诱注："有足曰鼎，无足曰镬。"升鼎是盛放镬鼎煮熟肉的器具，乃盛食之器，吃肉时仍可在其腹底加火，以保持食温。陪鼎专用于盛汤。鼎的形制多为双耳，圆腹，三足，但也有方腹四足的。鼎是当时饮食器具的典型代表，也是饮食礼制的重要标志，具有"别上下，明贵贱"的政治功能。

（2）鬲　鬲产生于鼎之后，其用途主要是煮粥。此外，还和甗配套蒸煮食物。鬲与鼎相似，主要区别在于足部，《尔雅·释器》指款足鼎谓之鬲。款足即空足，与腹相通。鬲发达于殷代，常见于西周。春秋战国之际，鬲多以偶数组合与列鼎同墓随葬，

---

① 李瑞兰主编《中国社会通史·先秦卷》，第259页，山西教育出版社1996年版。

第一章 饮食

"成周"铭铜鼎

陕西扶风出土西周铜方鬲

一般以二、四器与列鼎五器配合,起着陪鼎的作用。到了战国晚期,青铜鬲便从祭器和生活用器的行列中消失了。①

(3)甗　甗相当于现在的蒸锅,用于蒸制食物。甗由两部分组成,上为甑,盆状,放置食物;下为鬲,内盛水。甑与鬲之间称箅,箅上留有通气孔。在鬲底部加火,即可蒸食。甗主要流行于商至战国时。②

(4)鍪　鍪原系巴蜀文化所具有特色的饮食器类,在战国中晚期以后,秦人亦开始使用,一直沿用到西汉早期。鍪的形制为敛口,口有唇缘,束颈,圆扁,鼓腹,圜底。肩部有环形耳。战国时期的一耳。秦汉时期的两耳,一般踊耳较小,另一耳较大。

2.食器

食器是盛饭、盛菜、盛水和用以进食的器具。其数量较大,种类较多。包括簋、簠、盨、豆、敦、铺、盂、盆、铪、鉴等。兹分述于后。

(1)簋　簋是盛放煮熟的黍、稷、稻、粱等饭食的器具。其形制一般为侈口,圆腹,圈足,有的足下有座,或圆或方,有的腹部两侧各有一环耳,锥形盖,盖顶上有一圆形捉手。簋盛行于商周,春秋战国整个数量不多。簋不仅是生活实用器,还常常与鼎、甗等器物配套,是标志等级身份的重要礼器。

(2)簠　簠是祭祀和宴飨时盛放黍、稷、稻、粱等饭食的器具。《周礼·地官·舍人》云:"凡祭祀共簠簋。"簠为长方形,有四短足。有盖,盖与器身形制相似,大小一

西周方座铜簋

1965年陕西长安县沣西出土饕餮纹甗

---

① 马承源主编《中国青铜器》,第114页,上海古籍出版社1991年版。
② 李瑞兰主编《中国社会通史·先秦卷》,第260页。

33

样，上下对称，合则为一体，分则为两个器皿。簠流行于西周末至战国时期。①

（3）盨　盨是盛放黍、稷、稻、粱等饭食的器具。其基本形制是体呈椭方，敛口，鼓腹，双耳，圈足，有盖，盖与器身形制相似，合为一器，分开可作两器使用。盨流行于西周中期至春秋初期。②

（4）豆　豆是盛放熟制肉肴、调味品和腌菜的专用器皿。《诗经·大雅·生民》："卬盛于豆。"《传》："豆，荐菹醢也。"菹，即咸菜、酸菜一类。醢即肉酱之类。豆出现在商代晚期，盛行于春秋战国。春秋战国时期豆的变化较大，形制较多，主要有短柄豆、长柄豆、方豆、浅盘豆等形式。③

（5）敦　敦系盛放黍、稷、稻、粱等饭食的器皿。其造型兼有鼎和簋的共同特征。产生于春秋中期，盛行于春秋晚期到战国晚期，秦代以后消失。④

（6）铺　铺系盛食器，与豆相似。其特点是盘浅，且圈足粗而矮，多为镂空。见于西周中期至春秋时代。

（7）盂　盂用于盛放饭食或液体食物。《史记·滑稽列传》："操一豚蹄，酒一盂。"

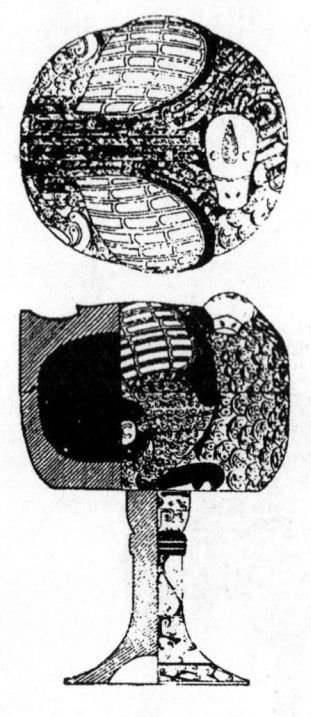

漆豆

---

① 马承源主编《中国青铜器》，第149页。
② 中国历史博物馆《中国历史博物馆》，文物出版社、日本株式会社讲谈社1984年版。
③ 马承源主编《中国青铜器》，第159—161页。
④ 马承源主编《中国青铜器》，第152页。

形体较大,侈口,深腹,圈足,有兽首耳或附耳。见于西周至春秋时期。

(8) 盆　盆用于盛食或盛水,此外,还作为量器来使用。① 盆的形制与盂相似,但较盂口沿平折明显,器腹宽敞,器体略大。② 盆盛行于春秋时期。

(9) 铺　铺用于盛膳羞。形制似盆。铺出现于春秋时期,沿用到战国前期。

(10) 鉴　《说文》金部:"鉴,大盆也。"用以盛水。据《周礼·天官·凌人》,鉴亦用于盛冰。鉴初为陶质,春秋中期出现青铜鉴。春秋晚期和战国时期最为流行。③

(11) 匕　据《三礼》记述,周代的匕有饭匕、挑匕、牲匕、疏匕四种,形状相类,大小有别。对于这些匕的用途,容庚认为可分三种,即载鼎实,别出牲体,匕黍稷;④ 陈梦家则归纳为两种,即牲匕和饭匕。⑤ 王仁湘以为挑匕、牲匕和疏匕都属大匕,是祭祀或宴享宾客时,由鼎中镬中出肉于俎所用。这些匕都铸成尖勺状,正是为了匕肉的方便。⑥ 春秋晚期起出现了窄柄舌形匕,战国起这种匕成为中国食匕之主流。⑦

西周齐侯铜鉴

---

① 《荀子·富国》:"今是土之生五谷也,人善治之,则亩数盆。"
② 王学理等主编《秦物质文化史》,第237页,三秦出版社1994年版。
③ 马承源主编《中国青铜器》,第278页。
④ 容庚《商周彝器通考》,第372页,哈佛燕京学社1941年版。
⑤ 陈梦家《寿县蔡侯墓铜器》,《考古学报》1956年第2期。
⑥ 王仁湘《中国古代进食具匕箸叉研究·匕篇》,《考古学报》1990年第3期。
⑦ 马宏伟《中国饮食文化》,第146页,内蒙古人民出版社1992年版。

第一章 饮食

齐侯铜鉴铭文拓片

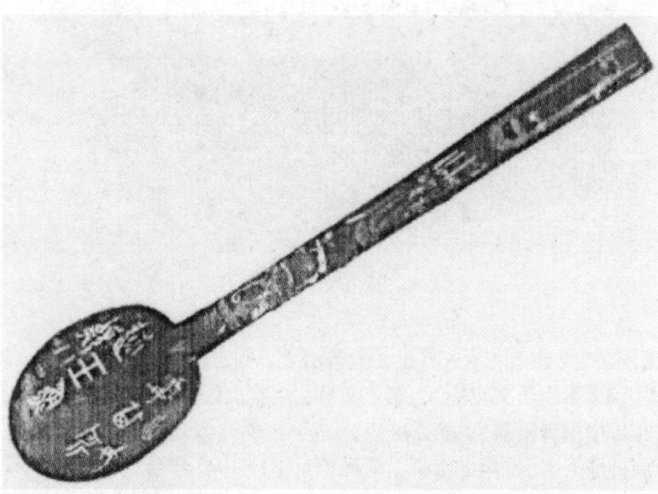

鱼鼎匕

（12）梜　梜即箸。在两周时期主要用于夹菜。《礼记·曲礼上》说："羹之有菜者用梜，其无菜者不用梜。"前引郑玄注曰："梜，犹箸也。"其原因是在羹汤里用箸捞菜方便。又《管子·弟子职》："右执梜匕。"知古人习惯用右手执梜夹菜。

3. 酒器

酒器是古代人们用来温酒、盛酒、饮酒的器具，其中有的酒器还兼有盛水的功能。两周时期酒器的种类主要有尊、壶、爵、角、觚、觯、斝、杯、罍等。

（1）尊　尊为大型或中型的容酒器。《周礼·春官·司尊彝》载六尊：牺尊、象尊、

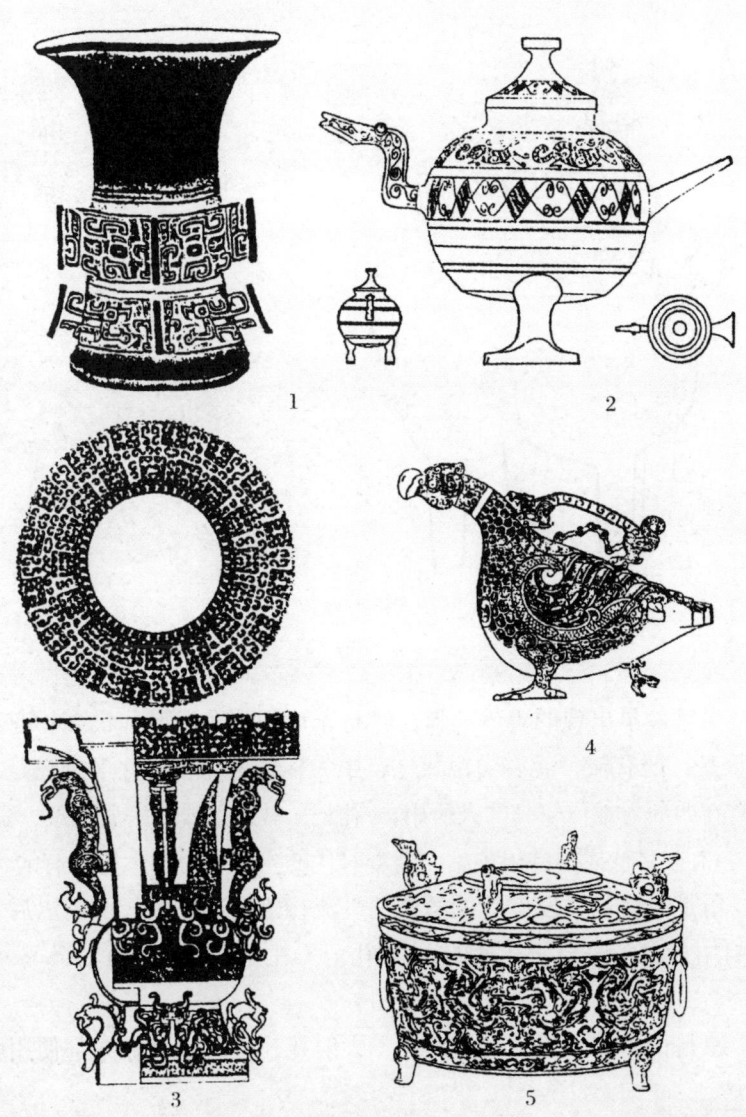

两周时期的酒尊
1.饕餮纹尊。 2.黑陶鸭形尊。 3.青铜酒尊。 4.青铜鸟尊。 5.嵌错凤纹铜酒尊。

箸尊、壶尊、大尊、山尊，以待祭祀宾客之礼。尊有鸟兽形器。还有有肩大口和瓠形等器形。尊的形体基本特征为：侈口，鼓腹，有肩，圈足。尊流行的时间很长。

（2）壶　壶大都是容酒器，但也有汲水、注水和盛水的壶。此指盛酒之壶。《诗经·大雅·韩奕》："清酒百壶。"壶流行的时间相当长久。形体较大，其基本特征是束颈，鼓腹，有耳及圈足，多数有盖。春秋早期的壶变化不大。春秋中、晚期，壶的形式较多，主要分为圆壶和扁壶两大类。① 战国早、中期的壶也富于变化，晚期趋向简朴。可分圆壶、扁壶、方壶、瓠壶等。②

1980—1981年陕西长安县出土的西周早中期青铜鸟盖盉　　陕西省绥德县发现的鸟盖瓠形壶

（3）爵　爵是最早出现的青铜礼器。盛行于商周，尤以商代最多。商和西周早期爵的共同特点是：前有流，后有尖锐状尾，中为杯，一侧有鋬，下有三足，流与杯口之际有柱。爵在西周为地位较高的人所用，《礼记·礼器》云："宗庙之祭，贵者献以爵，贱者献以散。"爵在春秋战国已很少见。随着时代的变迁，爵的形制也有演化。

（4）角　角是由盛酒器发展为饮酒器的。流行于商周之际。西周以后，角就逐渐减少了。饮酒用角大多是身份较低的人，《礼记·礼器》说："宗庙之祭……尊者举觯，卑者举角。"

（5）觚　觚是饮酒器。西周时的燕礼、大射礼、特牲馈食礼中都使用觚。觚与爵

---

① 马承源主编《中国青铜器》，第214页。
② 马承源主编《中国青铜器》，第216页。

西周铜爵

是一组最基本的青铜器,也有和觯成组合的。①觚在商和西周盛行,西周中期以后减少,可能被漆木觚所代替。

(6)觯 觯是饮酒器,《礼记·礼器》:"尊者举觯。"觯也是礼器,《仪礼》十七篇中用觯之例颇多。青铜觯有两类:一类是扁体的;一类是圆体的。此两类器商代晚期和西周早期皆有,后者且沿用至东周。②

(7)斝 斝是一种温酒器,也可用于饮酒,兼用于祭祀时的祼礼。《礼记·明堂位》:"灌尊,夏后氏以鸡夷(彝),殷以斝,周以黄目。"按:灌与祼同音通假字。斝流行于商代至西周早期,其间"形体有一定变化"。③

(8)杯 杯本作桮。杯在春秋战国期间,因地域不同而名称有异。《大戴礼记·曾子事父母》:"执觞、觚、杯、豆而不醉。"这说明杯是一种小型的饮酒器。杯还兼有盛水、盛羹的作用。杯的使用年代大约从商到汉,可分圆体执杯、无耳杯和椭形杯三类。其中椭形杯自春秋至战国早期最为盛行,其基本类型有平底和圈足两种,后者出现较晚。

---

① 马承源主编《中国青铜器》,第182页。
② 马承源主编《中国青铜器》,第186页。
③ 马承源主编《中国青铜器》,第193页。

东周时期的酒杯
1. 彩绘凤凰漆杯。 2. 凤纹漆耳杯。 3. 彩凤双联杯。 4. 彩绘凤凰漆杯。

（9）罍　盛酒器。《诗经·周南·卷耳》："我姑酌彼金罍。"又《诗经·小雅·蓼莪》："瓶之罄矣，唯罍之耻。"《毛传》："瓶小而罍大。"这是说罍为大型容酒器。《尔雅·释器》郭璞注："罍形似壶，大者受一斛。"《周礼·春官·鬯人》："凡祭祀社壝用大罍。"可见它用于祭祀。罍的数量不多，流行于商代晚期至战国中期，其基本形式有圆形和方形两类。

（二）"器以藏礼"

《左传·成公二年》载孔子云："器以藏礼。"杨伯峻先生注："制定各种器物，以示尊卑贵贱，体现当时之礼。"[1]周代以饮食器具质量的优劣、数量的多少，和所盛食品的种类，及其搭配方式，来标志消费者的政治身份、社会地位和宗法等级，因此食器餐具体现了礼制，也称为礼器。[2]礼器的使用有"明贵贱，辨等列"[3]的功用，这种"器以藏礼"规定的核心就是用鼎制度。[4]

---

[1] 杨伯峻《春秋左传注》，第788页，中华书局1981年版。
[2] 李瑞兰主编《中国社会通史·先秦篇》，第260页。
[3] 《左传·隐公五年》。
[4] 俞伟超、高明《周代用鼎制度研究》，载《先秦两汉考古学论文集》，第62页，文物出版社1985年版。

西周青瓷罍

西周铜罍

鼎本是原始社会就已出现的普通炊器，到周代被赋予神圣意义而成为重器。

鼎可分为镬鼎、升鼎、羞鼎（陪鼎）三大类。因此，用鼎制度就是这三大类鼎的使用制度与鼎、簋的相配制度。

东周带盖鼎

东周错金银铜鼎

（一）镬鼎的使用制度

镬鼎是专作炊具的鼎。据清代学者孙诒让的考证："王举牢鼎九，当有七镬：牛、羊、豕、鱼、腊、鲜鱼、鲜腊也，肠胃与牛、羊同镬，肤与豕同镬，其脀之则异鼎耳。"①镬鼎的使用制度为：升鼎九鼎用七镬；升鼎七鼎用五镬；升鼎五鼎用四镬；升鼎三鼎用三镬；升鼎一鼎用一镬。②

（二）升鼎的使用制度

升鼎又名"正鼎"，是周代各级贵族用鼎制度的中心。据《仪礼》等战国书籍所记，东周制度为：诸侯用大牢九鼎；卿、上大夫用大牢七鼎；下大夫用少牢五鼎；士用牲三鼎或特一鼎。③南宋杨复《礼仪旁通图·鼎数图》云："一鼎（特豚无配）特豚。……三鼎（特豚而以腊、鱼配之）：豚、鱼、腊。……五鼎（羊、豕曰少牢。凡五鼎皆用羊、豕，而以鱼、腊配之）：羊、豕、鱼、腊、肤。……七鼎：牛、羊、豕、鱼、腊、肠胃、肤。……九鼎：牛、羊、豕、鱼、腊、肠胃、肤、鲜鱼、鲜腊。"

（三）羞鼎（陪鼎）的使用制度

羞鼎是指升鼎以外的一种加馔之鼎。羞鼎之羞，义为滋味备致。羞鼎出现的原因，在于升鼎所盛肉羹为白煮的肉羹，淡而无味。羞鼎既陪正鼎而用，其使用制度就和正鼎相配：正鼎用大牢，羞鼎也可用牛、羊、豕；正鼎用少牢，羞鼎则亦用羊、豕；正鼎是特牲，羞鼎就能用豚。《仪礼》中羞鼎的使用制度大略为：正鼎是大牢九鼎或七鼎，可陪羞鼎三，即牛、羊、豕俱全；正鼎是少牢五鼎，因少牢无牛，羞鼎就只有羊、豕二鼎；正鼎为牲三鼎或特一鼎，无牛、羊，只能陪豕一鼎。④

（四）鼎与簋的相配制度

鼎盛牲肉，簋置黍稷，都是食为主，在周代的古礼中自然把二者作为标志贵族等级的主要礼器。古籍中有关它们的相配制度也记载得最明确。"三礼"中所见的这种制度是：大牢九鼎配八簋；大牢七鼎配六簋；少牢五鼎配四簋；牲三鼎或特一鼎配二簋（特一鼎有时无簋相配）。⑤

除鼎、簋外，豆亦能体现礼制。据《周礼·秋官·掌客》：凡诸侯之礼，上公豆四十，侯伯三十又二，子男二十又四。《礼记·礼器》："礼有以多为贵者……天子之豆二十有六，诸公十有六，诸侯十二有六，上大夫八，下大夫六。"可见当时用豆的多

---

① 孙诒让《周礼正义》，《万有文库》本第 3 册，第 9—10 页，商务印书馆 1933 年版。
② 俞伟超《先秦两汉考古学论文集》，第 67 页。
③ 何休注《公羊传·桓公二年》所云："礼祭：天子九鼎，诸侯七，卿大夫五，元士三也。"是西周古制。
④ 俞伟超《先秦两汉考古学论文集》，第 73—76 页。
⑤ 俞伟超《先秦两汉考古学论文集》，第 76—78 页。

少，是以身份和地位的贵贱为转移的。又《礼记·乡饮酒义》云："乡饮酒之礼，六十者三豆，七十者四豆，八十者五豆，九十者六豆，所以明养老也。"这说明豆还能体现尊老、养老的礼制。

　　需要指出的是，从西周后期，尤其是从春秋中期开始，社会发生巨大变化：通过兼并一些诸侯强大起来，而王室则衰弱下去；旧贵族没落了，新贵族兴起了；庶人则从村社中脱身为自由小农。于是西周初年建立的天子、诸侯、卿、大夫、士和庶人的等级制度愈来愈动荡起来，从属它的以用鼎制度为中心的"器以藏礼"的规定就自然受到了越来越严重的破坏。诸侯和诸侯之卿僭用天子鼎制的违礼事件屡见不鲜。因此在政治上保守的孔子，对于这种"礼乐征伐自诸侯出"的局面，就不能不发出"礼崩乐坏"的哀叹！

第一章　饮食

第二节　社会各阶层的饮食生活

一、天子的饮食

周代宫廷中，建有庞大而完善的饮食管理与服务机构。其中包括负责食源的机构、负责屠宰及烹饪的机构、负责酿造及供给饪料的机构、负责膳馐的机构、负责饮食用具的机构、负责营养卫生的机构。①

《周礼·天官·膳夫》记载："凡王之馈，食用六谷，膳用六牲，饮用六清，羞用百有二十品，珍用八物，酱用百有二十瓮。王日一举，鼎十有二物，皆有俎，以乐侑食。"《礼记·内则》对天子膳食有较具体的记载，所谓"六谷"，即黍、稷、稻、粱、麦（小麦）、苽（薏米）；"六牲"，即豕、牛、羊、鸡、鱼、雁（鹅）；"六清"，即稻、黍、粱三种粮食酿的清酒及连糟酒；"珍用八物"即"八珍"：淳熬、淳母、炮、捣珍、渍、为熬、糁、肝膋。②羞用"百有二十品"，即有120个菜目轮番享用。③天子享用的谷物，除上述的"六谷"外，还有白黍、黄粱；享用的荤菜，除了上举的"六牲"，还有狗、兔、马、鹿、四不像（麋鹿）、獐子、狼、野猪、野鸡、鹌鹑、麻雀、蝉、蜂等，还有龟、鳖和多种鱼类等。肉酱有螺酱、鱼酱、鱼子酱、蚁酱、兔酱、猪肉酱等。配菜有芝栭（木耳）、楪（龙须菜）、葱、韭、芥、桂皮等。瓜果品有枣、栗、榛、柤（小栗）、菱角、柿子、山楂、梨子、桃、李、梅、杏、甜瓜等。④

---

① 马宏伟《中国饮食文化》，第353—355页。
② "八珍"的烹调方法。详见《礼记·内则》
③ 林乃燊《中国饮食文化》，第62页，上海人民出版社1989年版。
④ 《礼记·内则》。

《周礼·天官·膳夫》云："王日一举……以乐侑食……卒食，以乐彻于造。"其意是说，每天给王者供给其菜肴所需。进食的时候，要奏乐，以调和气氛。待王者进食完毕，再奏乐，并负责将剩余的菜肴收入厨房之中。又《礼记·王制》记载："天子食，日举侑乐。"周王室遇有重要宴飨，还必须举乐唱诗。学者普遍认为，《诗经·大雅》就是用于王室大典宴会的歌词。

二、王公贵族的饮食

据《仪礼·公食大夫礼》的记载，国君宴请前来访问的其他国家的大夫，如果是上大夫，宴请他的食物的数目就有：八个豆、八个簋、六个铏、九个俎案，鱼和腊肉皆各有两个俎案；鱼、肠胃、伦肤的数目或者是九种（再命大夫），或者是十一种（三命大夫），如果是下大夫，就或者是七种（一命大夫），或者是九种（再命大夫）。各种珍味食物，西面和东面不超过四排。上大夫食用的各种珍味食物有二十种，比下大夫有所增加，就用野鸡、兔、鹌鹑、鴽。①又《墨子·辞过》记诸侯国国君的饮食说："厚敛于百姓，以为美食刍豢，蒸炙鱼鳖，大国累百器，小国累十器，前方丈，目不能遍视，手不能遍操，口不能遍味。"上行下效，"人君为饮食如此，故左右象之，是以富贵者奢侈"。如孟尝君田文曾劝告他的父亲田婴说："今君……仆妾余粱肉，而士不厌糟糠。"②据说齐相宗卫的豪侈也不下于田婴，门尉指责他："厨下有臭肉，则门下无死士；今夫三升之稷不足于士，而君雁鹜有余粟；……果园梨栗，后宫夫人摭以相擿，而士曾不得一尝。"③亦步亦趋效法国君穷极奢侈的不限于权贵大臣，还有公子、大夫等等。那时一等诸侯国的公子旅居他国，仍可享有一百个人口粮的食禄。《左传·昭公元年》载："（楚右尹）子干奔晋，从车五乘，叔向使与秦公子同食，皆百人之饩。"且春秋时贵人尽肉食。④《左传·襄公二十八年》："公膳，日双鸡。"杨伯峻先生注："公膳为一词，即在公朝办事用餐，由朝廷供给伙食。六朝谓之客食，唐朝谓之堂餐。每日双鸡，盖大夫之膳食。"⑤又《左传·庄公十年》："齐师伐我，公将战，曹刿请见。其乡人曰：'肉食者谋之，又何间焉？'刿曰：'肉食者鄙，未能远谋。'"又《昭公四年》："肉食之禄，冰皆与焉。"又《说苑》："晋献公时，有祖朝者上书，公使告之曰：'肉食者已虑之矣。'"由此可

---

① 参见关永礼主编《白话十三经》，第 660 页，济南出版社 1994 年版。
② 《史记·孟尝君列传》。
③ 《说苑·尊贤》。
④ 尚秉和《历代社会风俗事物考》，第 85 页，岳麓书社 1991 年版。
⑤ 杨伯峻《春秋左传注》，第 1146 页。

见，当时在公朝办事用餐，虽非宴会，亦肉食，故以肉食为公卿大夫的代名词。

据《楚辞》的《招魂》、《大招》记述，楚王享用的名菜肴就有十多种。这些菜肴：一是"肥牛之腱，臑若芳些"；二是"和酸若苦，陈吴羹些"；三是"胹鳖炮羔，有柘浆些"；四是"鹄酸臇凫，煎鸿鸧些"；五是"露鸡臛蠵，厉而不爽些"；六是"内鸧鸽鹄，味豺羹只"；七是"鲜蠵甘鸡，和楚酪只"；八是"醢豚若狗，脍苴莼只"；九是"吴酸蒿蒌，不沾薄只"；十是"炙鸹烝凫，煔鹑敶只"；十一是"煎鰿膗雀，遽爽存只"。上述十余道美食佳肴非常讲究，烹饪技艺，用了臑、羹、炮、醢、脍、炙、蒸、煔、煎等十种手法。①

有的诸侯王还享用奇味。②《淮南子·说山训》载："齐王食鸡，必食其蹠（足踵）数

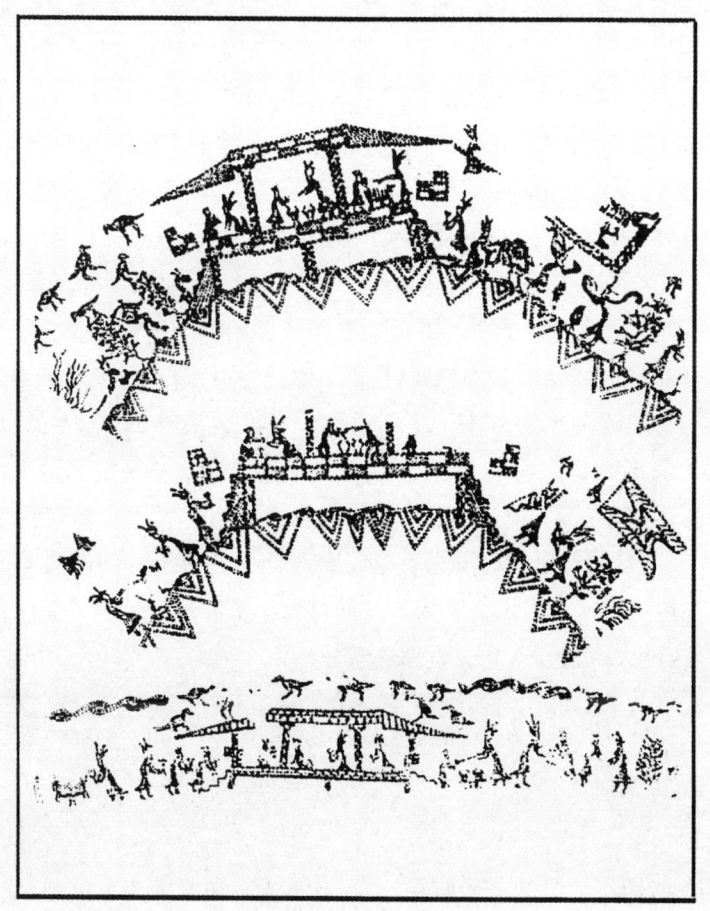

战国时代铜器刻纹中的钟鸣鼎食的情况

---

① 参见宋公文、张君《楚国风俗志》，第21—23页。
② 林乃燊《中国饮食文化》，第63页。

47

十而后足。"鲁僖公厌肉食,转而猎田泽菜蔬素物为奇味。他飨来聘的周公阅"昌歜（昌蒲菹）、白黑（白米糕、黑黍糕）、形盐（虎形块盐）",称"荐五味、羞嘉谷,盐虎形,以献其功"。[①]

有的诸侯王饮酒无度。如据《晏子春秋·内篇谏上》记载:"(齐)景公饮酒,酲,三日而后发",甚至"饮酒,七日七夜不止","置酒于泰山之阳,酒酣"。在社会上层的宴饮中,熊掌是诸侯王贵族公卿爱吃的菜。如《左传·文公元年》载楚太子商臣"以宫甲围成王。王请食熊蹯（熊掌）而死"。《左传·宣公二年》记载"宰夫胹熊蹯,不熟,（晋灵公）杀之"。曾一度为齐宣王客卿的孟子也说过:"鱼,我所欲也;熊掌,亦我所欲也。二者不可得兼,舍鱼而取熊掌也。"[②]甲鱼也是王公贵族的一道美味佳肴。《国语·鲁语》说:"公父文伯饮南宫敬叔酒。以露睹父为客,羞鳖焉,小,睹父怒,相延食鳖,辞曰:'将使鳖长而后食之!'遂出。"又《左传·宣公四年》说:"楚人献鼋于郑灵公。公子宋与子家将见,子公之食指动,以示子家,曰:'他日我如此,必尝异味。'……及食大夫鼋,召子公而弗与也。子公怒,染指于鼎,尝之而出。"文中的"鼋",即甲鱼。

王公贵族饮食以乐舞相伴。《左传·桓公九年》:"(鲁)享曹太子,初献,乐奏而叹。"这是中等诸侯国设享礼招待小国太子奏乐。《左传·庄公二十一年》:"郑伯享王於阙西辟,乐备。"这是诸侯国君设享礼招待周天子,全套乐舞一样不缺。《左传·成公十二年》:"晋郤至如楚聘,且莅盟。楚子享之,子反相,为地室而县焉。郤至将登,金奏作于下。"杨伯峻先生解释"为地室而县焉"说:"'县'同悬。于地下室悬挂钟鼓。地下室当在堂下。"又解释"金奏作于下"说:"金奏,金指钟镈（似钟）,奏九种《夏》乐,先击钟镈,后击鼓磬,谓之金奏。"这是大国国君设享礼招待其他大国来聘问的大臣,在地下音乐厅奏乐。又《礼记·檀弓下》记载:"知悼子卒,未葬,平公饮酒,师旷、李调侍,鼓钟。"这是国君宴饮时奏乐。学者普遍认为,《诗经·小雅》是用于诸侯宴会的歌词。又《左传·襄公十四年》:"(宋)左师每食,击钟。闻钟声,公曰:'夫子将食。'既食,又奏。"这是大臣饮食奏乐,食罢亦奏乐。

三、士大夫的饮食

战国时代,士是最活跃的一个阶层。"礼贤下士"和养士为食客成风。根据士的活动方式,大致可分为文士、武士与方伎士三类。限于篇幅,这里只讨论文士的饮食。

---

① 《左传·僖公三十年》。
② 《孟子·告子上》。

文士一旦被大臣推荐或国君招徕，并得到任用，就会成为大夫，甚至登上卿相的宝座。如淳于髡、田骈、接子（一作捷子）、环渊、宋钘（一作宋轻）、慎到等人，在齐威王、宣王时，被尊称为"稷下先生"，"皆命曰列大夫"。①

齐国稷下学宫先生的饮食，据《管子·弟子职》所载，是"凡置彼食：鸟兽鱼鳖，必先菜羹。羹胾中别，胾在酱前，其设要方。饭是为卒，左酒右浆。告具而退，奉手而立。三饭二斗，左执虚豆，右执挟匕，周还而贰，唯嗛之视"。可见每餐有酒有肉，而且蔬菜羹酱齐备。没有受到任用的文士，如墨子"量腹而食"，其弟子食"藜藿之羹"。②又如孔子的得意门生颜回"一箪食，一瓢饮"。③可见生活都是简朴的。

而那些不肯仕于官府的士子，即隐士，如《论语》中出现的长沮、桀溺、石门守、荷蓧丈人，《庄子》中的抱瓮老人等均为此类。他们往往自食其力，如长沮、桀溺是"耦而耕"，抱瓮老人是"抱瓮灌园"。鲍焦也是耕田而食，穿井而饮。④战国时，鲁都城南的隐者吴虑也是"冬陶夏耕"。⑤齐宣王左右也曾讲到："今夫士之高者，乃称匹夫，徒步而处农亩。"他们的饮食生活当与农民相同。即使是招待客人，也不过"杀鸡为黍而食之"。⑥

但也有一部分隐士，经济条件较为优裕。⑦如钟离子"有粮者亦食，无粮者亦食"，叶阳子"哀鳏寡，恤孤独，振困穷，补不足"。⑧他们的饮食水平虽不及社会上层，但却高于社会下层。

四、农民的饮食

春秋时期，是奴隶制瓦解和封建生产关系发生的时期。伴随着以血缘关系为基础的宗法制度在政治生活中失去了作用，庶人⑨的地位有了提高。但是他们的饮食生活水平依然是相对低下的。其常食，不过羹饭。《礼记·王制》曰："羹食，自诸侯以下至于

---

① 《史记·孟子荀卿列传》。
② 《墨子·鲁问》。
③ 《论语·雍也》。
④ 《韩诗外传·一》。
⑤ 《墨子·鲁问》。
⑥ 《论语·微子》。
⑦ 马力《略论春秋战国时代的隐士》，《文史哲》1993年第1期。
⑧ 《战国策·齐策四》"齐王使使者问赵威后"条。
⑨ 庶人：农业劳动者。《国语·周语》记周王耕种籍田，而"庶民终于千亩"。又《管子·君臣上》："务四肢之力，修耕农之业以待令者，庶人也。"

庶人，无等。"《注》云："羹食，食之主也。"《疏》曰："此谓每日常食。"又《国语·楚语》载观射父曰："庶人食菜，祀以鱼。"可见庶人日常是吃不到鱼的，鱼是其祭祀祖先和神灵的祭食。然而在统治者腐败奢靡的诸侯国，庶民连这种低下的生活也难以维持。如《左传·昭公三年》载晋国叔向感慨地说："庶民罢敝，而宫室滋侈，道殣相望，而女富溢尤。民闻公命，如逃寇仇。"晋公豪奢，百姓饿死的很多，相率逃亡。此外，大国争霸也使百姓陷入苦难的深渊，既要作战死伤，又要忍饿破产，有时甚至穷困到"易子而食，析骸以爨"。①

战国是封建制确立的时期，随着封建制生产方式的出现，形成了农民阶级。在战国早期，由于封建统治者尚能体恤以一家一户为单位的个体小农，而且各诸侯国间冲突甚少，战争规模也不大，社会还算安定，农民获得某种程度的休养生息。但即使在当时号称富强的魏国，据李悝的估计，小农百亩的收入也不敷一家的支出。只是由于他善理平籴，才使得魏国"虽遇饥馑水旱，籴不贵而民不散，取有余以补不足也"。②仅亦维持小农的基本温饱。后来吴起在楚国"损其有余而继其不足"，③大概也取得了相近的成效。

到了战国中后期，各诸侯国之间的战争，规模愈来愈大，次数愈来愈多，其激烈、残酷的程度愈来愈高。在这样的背景下，小农在国内须负担沉重的赋税、徭役、兵役，还经常受到敌军的种种袭击，诸如破坏庄稼，砍伐树木，填塞水井，残害生命等。因此，战死、饿死的很多。于是纷纷逃亡，投奔私门，耕种豪民之田，见税什伍，"常衣牛马之衣，而食犬彘之食"。④至于孟子所鼓吹的"鸡豚狗彘之畜，无失其时，七十者可以食肉"，与"不违农时，谷不可胜食"⑤等，不过是一种理想罢了。⑥在那长年累月战火不熄、刀光剑影的年代，"民之所食，大抵豆饭藿羹"，⑦已经是很幸运的了。

五、商人的饮食

春秋战国时期商人的饮食，是随着商人社会地位的变化而改变的。西周时期，商

---

① 《左传·哀公八年》。
② 《汉书·食货志》。
③ 《说苑·指武》。
④ 《汉书·食货志》。
⑤ 《孟子·梁惠王上》。
⑥ 参见杜正胜《试论山东地区编户齐民之困厄与残破》，台湾《历史语文研究所集刊》第58本第4分，1987年。
⑦ 《战国策·韩策一》"张仪为秦连横说韩王"条。

贾作为种族奴隶，和手工业奴隶一样，都隶属于官府，并被其驱使。王室或各封国当政的奴隶主贵族从剥削来的产品中匀出一点点，供给他们的生活，其饮食生活水平自然是低下的。春秋早中期，商人依然食于官，即有官府之廪给，其家属则须耕种官府颁发的"贾田"方能生活。直到春秋晚期，由于经济的发展，商人逐渐从官府的羁绊中解脱出来，而走向独立经营，"工商食官"才被打破了。那时候，出现了一些富商大贾。如晋平公时（前557—532年），绛之富商其财足以"金玉其车，文错其服"。[①] 孔子的弟子子贡，经商于曹、鲁之间，成为孔门弟子之中最富裕者，"家累千金"。[②] 越国的范蠡弃官从商，"十九年之中，三致千金"。后来衰老，他的子孙继续经商，家财"遂至巨万"。[③] 但富商大贾毕竟是个别的，绝大多数商人只能靠赚一点蝇头微利来养家糊口，不过勉强维持举家的温饱罢了。

战国时期，农业、手工业分工的加强，促进了商品交换的发达。当时的商人不耕田也能得到粮食。正如《荀子·王制》所说"工贾不耕田，而足菽粟"。这也说明一般商人的主食是菽（大豆）和粟（小米）。商人靠剥削农民和手工业者致富，所谓"万乘之国必有万金之贾；千乘之国必有千金之贾"。[④] 大商人食必粱肉，但在致富的过程中有时要过比较艰苦的物质生活（其中包括饮食）。如著名的大商人白圭为了抓住时机，贱买贵卖，获取厚利，"能薄饮食，忍嗜欲……与用事僮仆同苦乐"。[⑤]

需要指出的是，战国晚期的著名大商人吕不韦还是一位美食家。他主持纂集了《吕氏春秋》一书。《吕氏春秋》的思想基本上就是吕不韦的思想。《吕氏春秋·本味篇》描述了烹饪技艺理论，诸如水的运用、五味的调和、火候的掌握，还较详细地罗列了天下的名产特产，诸如"肉之美者"、"鱼之美者"、"菜之美者"、"和之美者"、"饭之美者"、"水之美者"、"果之美者"等，从中折射出吕不韦等大商人崇尚美食、追求美味的饮食生活。

---

① 《国语·晋语八》
② 《史记·货殖列传》。
③ 《史记·货殖列传》。
④ 《管子·轻重甲》。
⑤ 《史记·货殖列传》。

第三节 南北食系与饮酒风俗

一、南北食系

春秋战国时期,由于自然地理的差异,各地出产的不同,加以地方经济的发展,于是"出现了具有地方风味的饮食"[①]。其中最典型的是南北食系,即中原食系和荆楚(含吴、越)食系。

中原食系以粟(小米)、小麦为主食。肉食菜肴的核心是西周的八珍,八珍包括:淳熬、淳母、炮豚、炮牂、捣珍、渍、熬、肝膋。淳熬、淳母分别是用黍米、稻米做成的肉酱盖浇饭。炮豚是先烧烤后煎炸再炖煮的乳猪,最后以肉酱调之。炮牂程序与炮豚相同,只是将乳猪换成羔羊。捣珍是经过反复捶打,去其筋腱,油煎而成的里脊肉块。渍是将牛肉片在酒中浸一夜,次日早晨蘸醋、梅浆、酱等佐料吃。熬是用姜、桂皮、盐腌制而成的牛、羊、麋、鹿、麇肉干,亦可用肉酱煎食。肝膋是把狗肝用网子油(狗肠油)紧裹包好,蘸水后加以烘烤,再涂以稻米粉糊,与稻米肉糜粥一起食用。[②]

"八珍"以外还有一珍,即"糁"。所谓"糁"就是将牛、羊、猪肉切成碎丁,与稻米屑调和在一起,先煎后蒸而成的肉饼。

有学者认为,"八珍"是中原食俗的体现。它主要使用家畜肉,野味极少。烹饪方法以煎、炮、烤为主,调味品以咸、酸为主,辛香为次。除"炮豚"、"炮牂"工序多,较难制外,其余均工序少而易制。而"淳熬"、"淳母"、"肝膋"皆为主副食二位一体,

---

① 顾德融、朱顺龙《春秋史》,第 508 页,上海人民出版社 2001 年版。
② 参王学太《华夏饮食文化》,第 67—68 页,中华书局 1993 年版。

春秋盛水器三轮铜盘

春秋盛食器薛子仲安铜簠

渍是生牛肉片，这些烹饪技术都较为原始。①

八珍是八种供周王使用的肴馔，自然使用了多种烹饪方法制作。但当时在社会上广泛使用的却只有烤和煮。烤煮做熟的肉一般是大块的（称之为胾），无味，要先切成薄片（称之为脍），无味，再蘸醢（肉酱）、酱而食。不同的肉各有与之相应的醢、酱相搭配，所以孔子说"不得其酱不食"。大块的"胾"不能入味，因此"脍"只有切得薄才能充分入味，所以孔子又说："脍不厌细。"②

与北方风格不同，南方的楚、吴、越以稻米为主食，以鱼类为主要副食。《史记·货殖列传》正义："楚越水乡，足螺、鱼鳖，民多采捕积聚，種叠包裹，煮而食之。"晋张华《博物志·五方人民》："东南之人食水产，……食水产者，鱼、蛤、螺、蚌以为珍味，不觉其腥臊也。"《盐铁论》："越人美蠃蚌。"《左传·宣公四年》载："楚人献鼋於郑灵公。"《吴越春秋》中记载伍子胥流亡途中吃了楚国渔夫的麦饭和鲍鱼羹，吃了吴国寡妇的米饭和盎浆。又《史记·吴太伯世家》载阖闾为夺取王权，使善烹炙鱼的勇士专诸"置匕首于炙鱼中以进食"，趁机刺杀王僚。以上史料说明，当时在南方无论贵族还是百姓主要食鱼、米。由此可见，东周时南北的饮食传统已经不同。③

最能体现荆楚饮食风尚的是《楚辞》的《招魂》和《大招》的有关记载。据王学太先生研究，楚人除食粥饭外还重视饼饵，且做得较精致。副食上重视野味和水产品。两诗中提到的肉食共二十二种，其中用野味制成的菜肴有十二种（鸿、鸽、鹑、鸹、雀、豺各一种，鹄、凫、鸽各二种）、水产品四种（鳖、鲭各一种，鲈二种）。在口味上，重视苦味、酸味和辛味。此外，楚人还爱吃甜食，调甜味的材料有蜜、饴、甘蔗浆，其中后者是北方所没有的。《楚辞·招魂》谓："大苦咸酸，辛甘行些。……和酸若苦，陈吴羹些。……粔籹蜜饵，有餦餭些。"《淮南子·本经训》说："煎熬焚炙，调齐和之适，以穷荆吴甘酸之变。"《齐俗训》说："荆吴芬馨，以啖其口。"《黄帝内经·素问·异法方宜论》也说南方之人"嗜酸"。在饮馔风格上，《招魂》的菜单比"八珍"奢华而气派大，这可能是南方受"礼"的约束较少和物产比北方丰富的缘由所致。④

---

① 参王学太《华夏饮食文化》，第69页。
② 参王学太《菜肴菜系》，载于刘东主编《中华文明》，社会科学文献出版社1994年8月版。
③ 参顾德融、朱顺龙《春秋史》，第508页，上海人民出版社2001年版。
④ 王学太《华夏饮食文化》，第71—78页

二、饮酒风俗

西周初年,周王鉴于殷亡于酒,曾经一度禁止酗酒,但在社会上少量饮酒的现象还是存在的。周王室设有不少掌管酒的生产和政令的官职和专业生产者,诸如"酒正"、"酒人"、"鬯人"等等,为周王室的饮酒奔忙操劳,周王室消费酒的数量自然是很大的。周王还用酒来赏赐臣属,如西周大盂鼎铭文中,有"锡(赐)汝鬯一卣"的内容。西周末年,贵族们无视周公禁酒的命令,开始酗酒。《诗经·小雅·宾之初筵》淋漓尽致地描绘了幽王时贵族酗酒的场面。其中云:"宾既醉止,载号载呶。乱我笾豆,屡舞僛僛。是曰既醉,不知其邮。"大意是:宾客已经喝醉了,又是叫来又是闹。打翻杯盘和碗盏,跌跌撞撞把舞跳。还说这是喝醉酒,糊里糊涂不害臊。真是丑态百出,行为放荡。这样的失仪纵酒,在当时贵族间,绝不是个别的、偶然的现象。

西周以后,在社会下层也有酿酒饮酒的风习。《诗经·豳风·七月》云:"十月获稻,为此春酒。""十月涤场,朋酒斯飨。"又《小雅·伐木》云:"有酒湑我。无酒酤我。……迨我暇矣,饮此湑矣。"这些都说的是劳动人民(农夫、伐木者)在收获或完工后偶有闲暇饮酒作乐的情况,表现了他们热爱生活的情怀。同时,嗜酒之风日盛。孔子说:"惟酒无量,不及乱。"[①]规劝人们适量饮酒,这是针对时弊发出的正确议论。

战国以后,伴随着酿酒业的发展,饮酒之风更盛。如齐威王"好为淫乐长夜之饮,沉湎不治"。[②]魏公子无忌"与宾客为长夜饮,饮醇酒,多近妇女。日夜为乐。饮者四岁,竟病酒而卒"。[③]又如"滑稽多辩"的淳于髡嗜酒豪放,酒量惊人,动辄以斗、石计。《史记·滑稽列传》载淳于髡回答楚威王说:"赐酒大王之前,执法在傍,御史在后,髡恐惧俯伏而饮,不过一斗径醉矣。若亲有严客,髡帣韝鞠䣛,侍酒于前,时赐余沥,奉觞上寿,数起,饮不过二斗径醉矣。若朋友交游,久不相见,卒然相睹,欢然道故,私情相语,饮可五六斗径醉矣。若乃州闾之会,男女杂坐,行酒稽留,六博投壶,相引为曹,握手无罚,目眙不禁,前有堕珥,后有遗簪,髡窃乐此,饮可八斗而醉二参。日暮酒阑,合尊促坐,男女同席,履舄交错,杯盘狼藉,堂上烛灭,主人留髡而送客,罗襦襟解,微闻芗泽,当此之时,髡心最欢,能饮一石。"可见饮酒的多少是以时间、场合和情绪为转移的。

需要指出的是,古人之所以有如此大的酒量,并不是因为他们有特异功能,或对

---

① 《论语·乡党》。
② 《史记·滑稽列传》。
③ 《史记·魏公子列传》。

第一章 饮食

春秋盛酒器铜尊壶

酒精有比现代人更强的承受能力，而是因为：第一，古籍所载有文人夸张的成分；第二，由于那时的酒全部是采用发酵法酿造的，酒中水分很大，酒度数很低。①

那时候人们在祭祀、节日、大酺日、人生礼俗日、迎宾待客和出师时都要饮酒。限于篇幅，这里只谈大酺日、迎宾待客和出师时饮酒。

（一）大酺

大酺，也称赐酺，是古代君王在有酒禁的情况下，因改朝换代等喜庆大事而下诏，特许全国或局部地区的人们饮酒的日子。《说文》云："酺，王者布德大饮酒也。出钱为醵，出食为酺。"《汉书·文帝纪》颜师古注："酺之为言布也。王德布于天下，而合聚饮食为酺。"大酺源于战国时期。《史记·赵世家》云："赵惠文王三年，灭中山……置酒酺五日。"《史记·秦始皇本纪》载："二十五年五月，天下大酺。"张守节《正义》曰："天下欢乐大饮酒也。秦既平韩、赵、魏、燕、楚五国，故天下大酺也。"

（二）迎宾待客

中国自古就有好客礼宾的优良传统，两周时期亦不例外。《论语·学而》载孔子说："有朋自远方来，不亦乐乎！"因此，凡有宾客来访，只要有条件的，必热情迎接，以酒招待。《诗经·小雅·鹿鸣》云："我有旨酒，以燕乐嘉宾之心。"《礼记·乡饮酒义》云："乡饮酒之义：主人拜迎宾于庠门之外，入，三揖而后至阶，三让而后升，所以致尊让也。盥洗扬觯，所以致洁也。拜至，拜洗，拜受，拜送，拜既，所以致敬也。"其大意是：主人拜迎宾客，主人洗爵，向宾客献酒，以表达敬意。

（三）出师

春秋战国时期，由于战争频繁而激烈，军人经常出没于刀光剑影之中，拼杀苦斗于两军阵前，随时有受伤乃至战死的危险。即使和平时期，他们也要手持兵器，身穿重甲，披星戴月进行严格的军训，其生活之艰苦、寂寞和单调乏味，自然是不言而喻的。在这种情况下，能喝上点酒，自然是他们生活中的一大乐趣。酒还能刺激神经，振奋精神，有助于壮胆抒豪，增强斗志。当时的统治者深明此理，往往在军队出征时赐酒，以激励将士，鼓舞士气。如《艺文类聚》卷七十二《食物部·酒》引《王孙子新书》说：楚庄王攻宋，厨有臭肉，樽有败酒。将军子重谏曰："今君厨肉臭而不可食，樽酒败而不可饮，而三军之士皆有饥色，欲以胜敌，不亦难乎！"庄王觉得他的话很有道理，就把酒肉犒赏三军将士，以示关照慰劳。

---

① 刘军、莫福山、吴雅芝《中国古代的酒与饮酒》，第32页，商务印书馆国际有限公司1995年版。

第二章
服　饰

在两周时期服饰的演化史上，以冠的变化最为显著。冠是服饰中重要的组成部分，有冕、弁、冠之别。

远离中原的少数民族不戴冠，披发或断发，即"披发左衽"。而中原的华夏族是上衣下裳，束发右衽。上衣下裳在西周时流行。到春秋战国时，虽然这种制式仍然存在，但社会流行的已是上衣与下裳合成一体的深衣了。深衣是士阶层以上的常服，也是庶民朝祭的礼服。一般人平时穿短上衣，称之为襦。襦有两种，一种齐腰，一种至膝盖。而贴身穿的上衣叫亵衣。服装也有单、夹之分。单衣叫禅，夹衣叫袷或複，夹衣有里子，有的还可以加絮。御寒的衣服有裘、袍、褥茧。冕服是周天子在祭祀、登基、婚礼、朝会、寿日、册封等重大活动时穿的衣服，由冕冠、玄衣及纁裳组成。战国时期服装发生大的变革。其标志是胡服盛行。王公贵族夏天穿锦、绢、缟、细麻布等衣料作的锦衣长衫，冬天穿狐裘绵袍。而劳动者只能穿葛、粗麻和乱毛织的短衣，称之为褐。

两周时期的下衣有裳、绔、裈。裳即裙子。绔是没有裆的裤子，出现于西周。裈是有裆的裤子，当是由绔演变而成。人们穿的鞋，是用草、麻、皮、丝制作的，单底鞋叫屦，复底的叫舄。至于胡人，则穿长筒靴。袜子是用熟皮和布帛作的。富贵人家可穿丝质的袜子。

以玉石等作原料制成的佩饰是服饰文化的重要组成部分。它具有实用、审美和标志社会地位的作用。

【 第一节　西周穿着风俗概述 】

衣服的质料，有皮毛、麻、葛和丝织品。据陕西岐山董家村发现的属于恭王时期的《九年卫鼎》铭文，皮裘衣服的原料有虎皮、鹿皮、老羊皮、羔羊皮、猪皮等，[①] 皮制品有披肩、围裙、鞋桶子、车幔、虎皮罩等。[②] 蚕丝和丝织品，考古所见多种多样，大致有绢、纱、绨、缣、绉、罗、组、绮、锦绣等。[③] 在辽宁朝阳魏营子西周早期墓、河南浚县辛村和陕西宝鸡茹家庄西周中期墓葬和岐山贺家庄遗址都有发

---

① 《陕西岐山县董家村新出西周重要青铜器铭辞的译文和注释》，《文物》1976 年第 5 期。
② 周瑗《矩伯裘卫两家族的消长与周礼的崩坏》，《文物》第 1976 年第 6 期。
③ 朱新予《中国丝绸史通论》[M]，第 33 页，北京：纺织工业出版社 1992 年版。

现。①其中有玉蚕、平纹绢、斜纹提花织物、锦和用辫子股绣的兼有朱红和石黄两种颜色的刺绣。山西绛县西周倗国墓地出土有刺绣的荒帷遗迹，是目前我国保存最好、面积最大的西周时期荒帷遗迹。②麻布在陕西泾阳高家堡、宝鸡茹家庄、岐山贺家庄和河南浚县辛村墓葬均有出土。③河南三门峡上村岭虢国墓葬出土有合裆麻裤，是我国出土年代最早的裤，显示出当时的麻纺织技术已达到相当高的水平。④葛料见于《诗经·周南·葛覃》："葛之覃兮，施于中谷；维叶莫莫，是刈是濩。为絺为绤，服之无斁。"毛亨注："精曰絺，粗曰绤。"可见葛布有细有粗。

西周的首服，据文献记载，有冕、弁、冠、巾、帻多种。⑤冕、弁、冠是社会上层的首服，但庶人也有戴冠的，据《礼记·郊特牲》所载，野夫蜡祭时戴"黄冠"。野夫，即村野农夫。至于巾帻，则是社会下层的首服。有学者根据现有的考古资料，认为西周的首服有两种：一种是前高后低的"高冠"，⑥另一种呈"山"字形。⑦

西周的体衣，为上衣下裳，上衣右衽。体衣亦见于西周金文所载，金文中有"虎冕练里"、"玄衣黹屯，赤市朱黄"、"衮衣"、"玄裳"、"玄衣带束"等词语。玄衣即冕服中的玄色上衣，衮衣即衣服上画有卷龙者，裳即冕服中下身所穿的裙，赤市指垂于腰带下的韠或韨，带束即腰间束带。因此，其发展内容显然比商代更丰富复杂。⑧有学者据

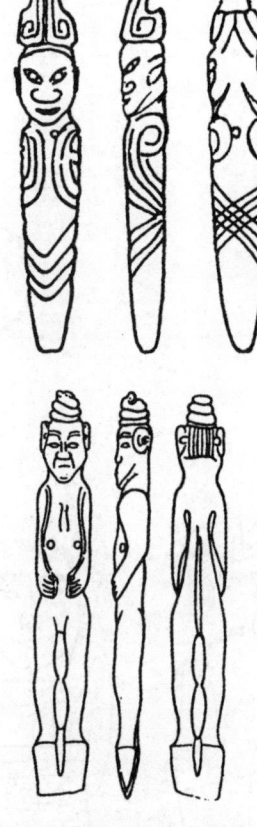

灵台白草坡西周墓出土的玉人

---

① 辽宁博物馆文物工作队《辽宁朝阳魏营子西周墓和古遗址》，《考古》1977年第5期，第306页；郭宝钧《浚县辛村》，科学出版社1964年版；葛今《泾阳高家堡早周墓葬发掘记》，《文物》1972年第7期；赵承泽等《关于西周丝织物（岐山和朝阳出土）的初步探讨》，[J]，《北京纺织》1979年第2期，第11页。

② 山西省考古研究所等《山西绛县西周墓地》，《考古》2006年第7期，第17页；葛今《泾阳高家堡早周墓葬发掘记》，《文物》1972年第7期。

③ 葛今《泾阳高家堡早周墓葬发掘记》，《文物》1972年第7期；郭宝钧《浚县新村》，科学出版社1960年版；徐锡台《岐山贺家村周墓发挥简报》，《考古与文物》1980年第1期。

④ 河南省文物考古研究所、三门峡文物工作队《三门峡虢国墓地》[M]，第109页，北京：文物出版社1994年版。

⑤ 许倬云《西周史》（增订本），第260页，生活·读书·新知三联书店1994年版。

⑥ 甘肃省博物馆文件队《甘肃省灵台白草坡西周墓》，《考古学报》1977年第2期。

⑦ 彭浩《楚人的纺织与服饰》，第148页，湖北教育出版社1996年版。

⑧ 郑若葵《中国远古暨三代习俗史》，第141页，人民出版社1994年版。

陕西宝鸡出土西周玉人

第二章 服饰

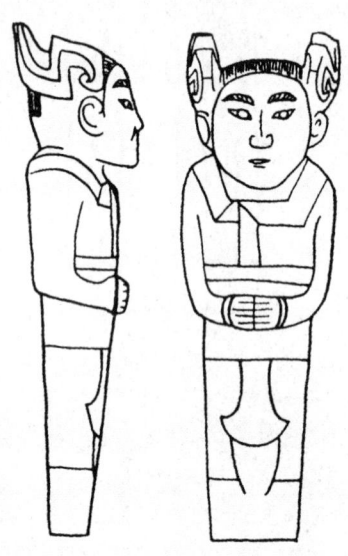

周代戴冠、穿上衣下裳、佩鞢玉人

金文记载，结合《诗经》有关资料，认为西周时期是冕服的形成时期。甚是。至于冕冠的形象资料，有待今后的考古发现。

西周一般民众的衣服形制，流行上衣与下裳连成一体的服式。[①] 陕西宝鸡茹家庄一、二号墓出土的青铜人所着服装，即其例证。这两个铜人的衣服都是左襟压右襟，对襟略偏右侧。上衣的领宽及肩，作圆角方形。二号墓的青铜人穿上衣与下裳相连的服式，长拂地面，袖长而宽大。一号墓的青铜人所穿上衣，仅在领口的下部可看出有襟缘，其服式是否与二号墓铜人相近还难判断。窄袖。腰系带，腰下悬"鞢"。[②] 这种服饰形式还见于洛阳发现的一件西周玉人的衣着，[③] 以及相当于西周早期的辛店文化的彩陶人形纹。

此外，还有另一种服装式样。[④] 茹家庄一号车马坑一号车，青铜轭饰上有一蹲伏的小人，穿着窄袖的上衣，系方格纹腰带。值得注意的是，此人的两脚左右分开，呈蹲伏状，在腿、脚部饰

---

① 彭浩《楚人的纺织与服饰》，第146页，湖北教育出版社1996年版。
② 卢连成、胡智生《宝鸡㙛国墓地》，文物出版社1988年版。
③ 傅永魁《洛阳东郊西周墓发掘简报》，《考古》1959年第4期。
④ 卢连成等《宝鸡㙛国墓地》，文物出版社1988年版。

62

有明显的回字形衣纹。彭浩认为小人下部所着的应该是"袴",其形制与现今的套裤相似。袴脚的长度至脚踝。①

西周的鞋,有舄、屦两种。②《周礼·天官·屦人》载周王和王后穿着的鞋子有:赤舄、黑舄、素屦、葛屦。舄、屦上的装饰物有赤繶、黄繶、青絇。舄和屦的区别在于:前者是双层底,而后者是单层底。赤舄常用于赏赐。《诗经·大雅·韩奕》云:"王锡韩侯,……玄衮赤舄",这与金文所载赏赐项目可以互相印证。③

西周贵族的衣着上佩玉。所谓"君子无故玉不去身"。④祭祀时,主祭者执持或佩戴玉器以为符号。"君子于玉比德焉",⑤玉为完美品格的象征。温润如玉,洁身如玉,则成为对人格的最美赞誉。

河南洛阳北窑庞家沟车器上铜俑

---

① 彭浩《楚人的纺织与服饰》,第147—148页。原报告认为小人所着为短裤。
② 许倬云《西周史》,第262页,生活·读书·新知三联书店1994年版。
③ 参黄然伟《殷周青铜器赏赐铭文研究》,第172—173页,香港龙门书店1978年版。
④ 《礼记·玉藻》。
⑤ 《礼记·玉藻》。

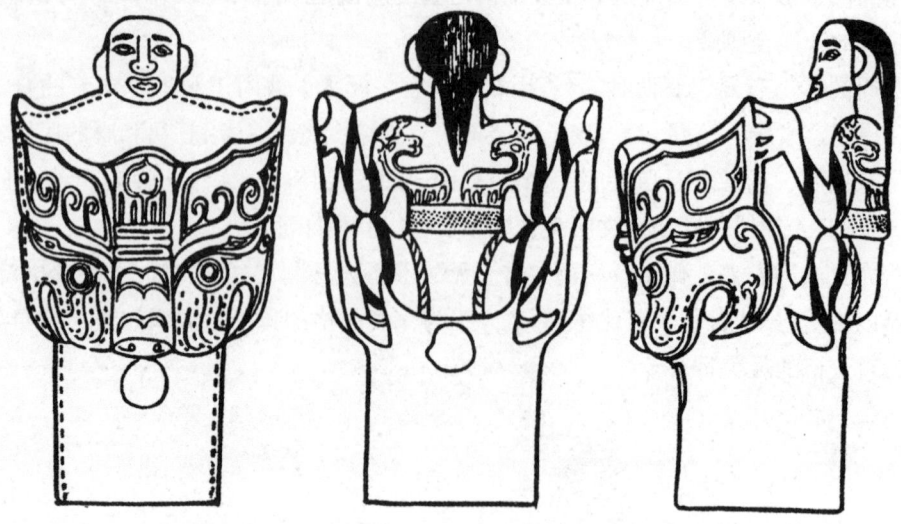

茹家庄一号车马坑一号车青铜轵轭上的俑饰

  那时贵族服饰有等级的制度，出于周天子以命令按照所任命的官爵来规定，故称为"命服"。此种制度，主要用两件服饰来规定等级的上下，一件是佩挂在"裳"之前的"韍"（韠、韨、巿）；另一件是佩挂在"韍"前面的"珩"（衡、璜）。据杨宽先生研究，西周中期以后的"命服"制度有下列等级：第一等是"朱韍葱珩"（"朱巿恩黄（璜）"），是赏给公爵的执政大臣的；第二等是"赤韍"，是赏给"卿"一级和诸侯的；第三等是赤韍巿，是赏给"大夫"一级的；第四等是戠巿同黄（黑巿和素黄），是赏给"司工"、"司辅"、"官司邑人"的官吏的；第五等是"叔巿金黄"（白巿和金色的珩），是赏给小官吏的。总之，"命服"的等级是以各种不同色彩的"巿"和"黄"来区别的。[①]

  西周的发式，学者指出有三种：第一种是把头发在头顶两边盘成丱形，与商代丱形"总角"相同；第二种是在头顶盘成锥髻；[②] 第三种是在脑后披发。[③]

  综上所述，可以看出，西周时期的服饰具有等级性。而此时期流行的服式，则是一般民众的服式，即上衣下裳式或原始的深衣式，同时出现了袴。这对春秋战国的服饰发生了一定的影响。

---

① 杨宽《西周史》，第 479 页，上海人民出版社 1999 年版。
② 甘肃省博物馆文物队《甘肃灵台白草坡西周墓》，《考古学报》1977 年第 2 期。
③ 彭浩《楚人的纺织与服饰》，第 148 页。

第二节 东周的冠履、服式和穿着方法

一、男子的冠履和服式

（一）首服

首服即帽子，只是春秋战国时代还没有帽子的名称。《晏子春秋·内篇谏下》载："首服足以修敬。"首服又称元服。《仪礼·士冠礼》载："令月吉日始加元服。"郑玄注云："元，首也。"元服或首服主要有冠、冕、弁、胄、巾、帻、笠等。

1. 冠

《说文》云："冠，絭也，所以絭发。"冠有一个冠圈，中间有一个二寸长的冠梁，其作用主要是将头发束住，而不是把头顶全罩住。古代蓄长发，戴冠首先要用笄将头发绾住，然后用布绕发际自前而后头顶，冠圈两旁有两根丝绳作的小系带称为缨，可以在颔下打结。《史记·滑稽列传》云："淳于髡仰天大笑，冠缨索绝。"《晏子春秋·外篇上》亦载：齐人盆成适"脱衰绖，冠条缨，墨缘"，拜见齐景公。

春秋战国时冠样可随意制作，[①]有獬豸冠、鸡冠、鹬冠、高山冠、远游冠、巨冠、缁布冠、皮冠、高冠等。兹分述于下。

（1）獬豸冠　应劭《汉官仪》曰："秦灭楚，以其冠赐近臣、御史服之，即今獬豸冠。古有獬豸兽，触不直者，故执宪以其角形为冠，令触人也。"董说《七国考》卷八《楚器服》曰："《通典》：'獬豸冠，秦灭楚，获其君冠，赐御史，以缅为展筩，铁为柱卷，取其不曲挠也，执法者服之。谓之"獬豸冠"者，獬豸，神羊一角，能别曲直，楚王获之以为冠。'……《淮南子》云：'楚文王好服獬豸冠，楚国效之。'"孙机认为："长

[①] 尚秉和《历代社会风俗事物考》，第23页，岳麓书社1991年版。

沙马王堆一号墓所出俑,大部分都在冠上直立一角形木棒,或即獬冠遗制。"①此说似有一定道理。

（2）鸡冠 《史记·仲尼弟子列传》云:"子路性鄙,好勇力,志伉直,冠雄鸡,佩猳豚。"尚秉和先生认为"以雄鸡为冠,取其勇猛。其形状之可畏,亦獬豸之亚。"②

（3）鹖冠 是战国与汉代武官之冠。《后汉书·舆服志》云:"武冠,俗谓之大冠。环缨无蕤,以青系为绲,加双鹖尾,竖左右,为鹖冠云。鹖者勇雉也,其斗对一死乃止,故赵武灵王以表武士。"鹖冠还是隐士之冠。《汉书·艺文志》道家类有《鹖冠子》一篇,颜师古注:"楚人,居深山,以鹖为冠。"洛阳金村出土的铜镜上的武士骑马刺虎图像就有此冠式。③

战国刺虎镜骑士的鹖冠

（4）高山冠 齐王冠名。亦称侧注冠。《后汉书·舆服志》云:"高山冠,一曰侧注。制如通天,(顶)不邪却,直竖,无山述展筩……太傅胡广说曰:'高山冠,盖齐王冠也。秦灭齐,以其君冠赐近臣谒者服之。'"后世沿用之,或略有改动。

（5）远游冠 楚国冠名。《后汉书·舆服志》云:"远游冠,制如通天,有展筩横之于前,无山述,诸王所服也。"《通典·礼十七·君臣冠冕巾帻等制度》曰:"远游冠。秦采楚制。楚庄王通梁组缨,似通天冠,而无山述,有展筩横之于前。"后世因之。汉武梁祠石刻画像中有"荆轲刺秦王图",秦王戴通天冠,亦即远游冠。

长沙子弹库楚墓帛画中头戴"8"字形高冠的贵族男子
（选自彭浩《楚人的纺织与服饰》）

（6）巨冠 齐国冠名。齐人喜戴巨冠,以示高贵。《晏子春秋·内篇谏下》记述,齐景公临朝听政时,"为巨冠长衣"。巨冠又称大冠。《战国策·齐策》云:"田单攻狄,三月不克之也,齐婴儿谣曰:'大冠若箕,修剑拄颐……'"巨冠亦名元冠。《晏子春秋·内篇杂下》曰:"逢于何遂葬其母路寝之楹下,……元冠茈武,踊而不哭……"

---

① 孙机《深衣与楚服》,《考古与文物》1982年第1期。
② 《历代社会风俗事物考》,第23页。
③ 参见王学理《秦俑军服考》,《陕西省考古学会第一届年会论文集》,《考古与文物》丛刊第3号,1983年。

战国中期对凤对龙纹浅黄绢面绵袍

（7）缁布冠　《仪礼·士冠礼》云："始冠，缁布之冠也……冠而敝之，可也。"郑玄注："缁布冠，今小吏冠其遗像也。"缁布冠亦称缁撮。朱熹集传中曰："缁撮，缁布冠也，其制小，仅可撮其髻也。"可见缁布冠只是一种束发的小帽而已。这种小帽在楚国木俑与绘画中非常多见。熊传新认为这种冠是楚国"身份较低的人所戴"。[①]

（8）皮冠　皮冠是田猎之冠。《左传·昭公十二年》云："楚子狩于州来……雨雪，王皮冠……右尹子革夕，王见之，去冠被，舍鞭。"其意是说，楚王在州来狩猎阅兵，下雪，楚王头戴皮帽子。右尹子革晚上朝见，楚王接见他，脱去帽子、披肩，丢掉鞭子。这就是一个例证。

（9）切云冠　《楚辞·涉江》云："带长铗之陆离兮，冠切云之崔嵬。"可见楚国有切云冠，即高冠。此冠见于湖南长沙子弹库楚墓帛画，画中人头戴"8"字形高冠，颚下系以丝带。

此外，河南信阳长台头楚墓出土漆瑟上巫师作法时头戴一种"前有鸟首，后有鹊尾的（黄）帽子"，[②]这种帽子似可称为鸟形冠。有学者认为，"其冠后有二翅者，或属

信阳楚墓中漆瑟上头戴鸟形冠的人
物（选自彭浩《楚人的纺织与服饰》）

---

① 熊传新《长沙出土楚服饰浅析》，《湖南考古辑刊》第 2 期。
② 裴明相《楚人服饰考》，《楚文化觅综》，中州古籍出版社 1986 年版。

于用羽尾加饰，以示神化者"。① 漆瑟上所绘人物的冠中还有一种侧视作"工"字状的冠，它与曾侯乙墓鸳鸯盒上所绘人物头上的冠式有些类似。戴这种"工"字形冠的人物似乎有乐舞人物和习射者。② 又，内蒙古伊克昭盟杭锦旗阿鲁柴登出土鹰形金冠饰和金冠带。金冠顶高 7.1 厘米，金冠带直径 16.5 厘米，重 1022.4 克。这是迄今为止发现的惟一完整的胡冠。③

2. 冕

冕是古代帝王、诸侯及卿大夫祭祀时所戴的礼冠，宋以后专指皇冠。《说文》云："冕，大夫以上冠也。"冕的形制与一般的冠不同，其顶部盖一木板，名叫"延"。延的形制为长形，前圆后方，象征天圆地方；前低而后高，呈前倾之势，以示俯伏谦虚。延的表面则裱以细布，上面漆成玄色，下面漆成纁色（一种红色）。两端则分别垂挂数串玉珠，称"旒"。旒的多少以戴冕者的身份为转移。《礼记·礼器》规定：周代天子用 12 旒，诸侯 9 旒，上大夫 7 旒，下大夫 5 旒，士 3 旒。所用玉珠也有制度。

3. 弁

弁是当时贵族戴的比较尊贵的帽子，有皮弁、爵弁之分。皮弁由几块白鹿皮拼接制成，形制上锐小，下广大，若人之两手作相合状，又有些像近代的瓜皮帽。在皮弁的接合处，往往用五彩玉饰之，望去宛如明亮的星星。所以《诗经·卫风·淇奥》歌赞卫武公"会弁如星"。楚人制作的皮弁质地名贵，技艺考究，样式奇特。《左传·僖公二十八年》载："楚子玉自为琼弁、玉缨。""琼弁"是饰以琼玉的皮弁；"玉缨"则指皮弁两侧的缨组上饰着美玉。④《国语·楚语上》云：楚灵王以"巴浦之犀、牦、兕、象"为"瑱"。杜预《注》曰："瑱，所以塞耳。言四兽之牙角可以为瑱难尽。"由于上述两条材料记载的是同一时间的事情，因而灵王以四兽牙角做成的瑱，当是系在皮弁的纮组上了。⑤ 爵弁的形制与冕基本相同，其区别在于顶上的延无前低之势，且又无旒。其颜色为赤多黑少，即红中带黑。

4. 胄

一名兜鍪。俗称头盔。为古代防御用装备。春秋时以青铜铸成。也有皮革制的。战国时期出现铁胄。

---

① 周锡保《中国古代服饰史》，第 67 页，中国戏剧出版社 1984 年版。
② 彭浩《楚人的纺织与服饰》，第 173 页。
③ 金维诺主编《中国美术全集·雕塑编 1》，人民美术出版社 1988 年版。
④ 从杜预《注》；两物汉代人皆解为马饰。
⑤ 宋公文、张君《楚国风俗志》，第 56 页。

西周的青铜胄曾出土过一些。其中北京昌平白浮西周墓中出土的堪称典型标本。[①]二号墓中的那一件通高23厘米，脊高3厘米，脊长18厘米。其左右两侧向下伸展，形成护耳，在胄顶中央纵置网状长脊，脊的中部有可以系缨的环孔，全胄素面无纹饰。三号墓的那一件通高23厘米。其形制大致和前一件相同。唯胄顶没有纵脊，而置一穿孔圆钮，用以系缨。胄面亦无纹饰。除北京地区西周墓里出土的青铜胄外，更多的发

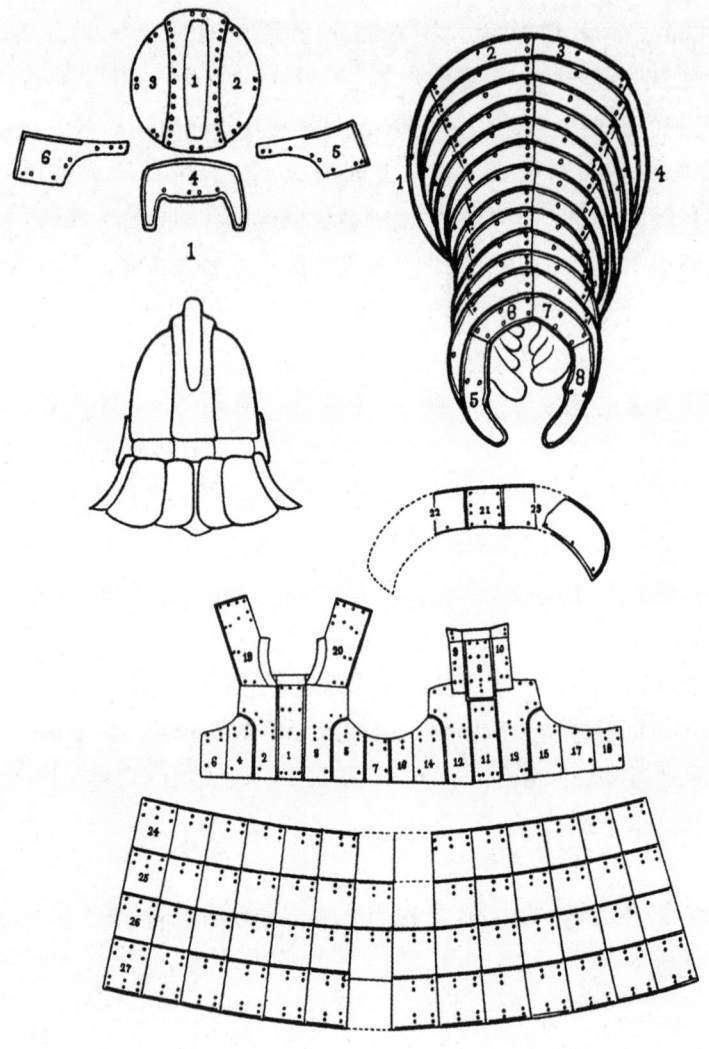

曾侯乙墓出土的甲胄复原图
（选自彭浩《楚人的纺织与服饰》）

---

① 北京市文物管理处《北京地区的又一重要考古收获——昌平白浮西周木椁墓的新启示》，《考古》1976年第4期。

现是在东北地区。在昭盟赤峰市美丽河、辽宁锦西乌金塘东周墓和昭乌达盟宁城县南山根西周晚期到春秋早期墓都先后发现了铜胄。其中南山根 101 号石椁墓出土的铜胄高 23.8 厘米，前后两面大致相同，为对称的半圆形开口。左右两侧下垂，形成护耳，在两侧附耳的下角，各有一小纽，顶中心竖立方纽，上穿一孔。出土时胄上还附有四根皮条的痕迹，说明戴胄之后用皮条结扎。① 由于铜胄里面凸凹不平，推测士兵戴铜胄时，头上还要加裹头巾，或许胄内还附有软的织物作衬里。②

战国皮胄 1978 年在湖北省随县（今随州市）曾侯乙墓出土。其中Ⅲ号皮胄堪称典型标本。它是由甲片编缀成的，中有脊梁，下有垂缘护颈，共用甲片十八片编成。③

战国铁胄于 1965 年在河北省易县燕下都 44 号丛葬坑出土。铁胄用八十九片铁甲片编成。全高 26 厘米。顶部用两片半圆形甲片合缀成圆形平顶，以下主要用圆角长方形的甲片自顶向下编缀，共七层。甲片的编法都是上层压下层，前片压后片。只有用于护颏、护额的五片甲片形状较特殊，并在额部正中一片甲片向下伸出一个护住眉心的突出部分。从出土时的朽痕看，甲片间用丝线或皮条串穿；胄里面残留有织物的痕迹，原来当有软的垫套。④《左传·成公十六年》记载："郤至见客，免胄承命。"见客而摘掉头盔是友好的表示。

5. 巾·帻

《说文》云："发有巾曰帻。"巾与帻是物同而名异。春秋战国时庶民不戴冠，发髻上裹以巾。《释名·释首饰》："二十成人，士冠，庶人巾。"巾兼用于劳动时擦汗。巾·帻葛布制。庶人的帻是青色或黑色的，所以战国时也称人民为"黔首"。《吕氏春秋·孟秋纪·振乱》："天子既绝，贤者废伏，世主恣行，与民相离，黔首无所告愬。"《说文解字·黑部》："黔，黎也。从黑，今声。秦谓民为黔首，谓黑色也。周谓之黎民。""由于帻有压头发定冠的作用，后来贵族也戴帻，帻上再加冠。"⑤

6. 笠

笠是遮蔽风雨的雨帽。《诗经·小雅·无羊》云："何蓑何笠，或负其餱。"《仪礼·既夕礼》："道车载朝服，稿车载蓑笠。""蓑"指蓑衣，笠指笠帽。这种笠帽一般用竹篾编织，上覆竹叶等不易渗水的材料，并被做成似斗的尖锥体，以防积水，因此也称"斗笠"。

---

① 《中国古代青铜器选》，文物出版社 1976 年版。
② 杨泓《中国古兵器论丛》，第 8—9 页，文物出版社 1985 年版。
③ 随县擂鼓墩一号墓考古发掘队《湖北随县曾侯乙墓发掘简报》，《文物》1979 年第 7 期；湖北省博物馆等《湖北随县擂鼓墩一号墓皮甲胄的清理和复原》，《考古》1979 年第 6 期。
④ 河北省文物管理处《河北省易县燕下都 44 号墓发掘报告》，《考古》1975 年第 4 期。
⑤ 《中华文明史·先秦卷》，第 637 页，河北教育出版社 1994 年版。

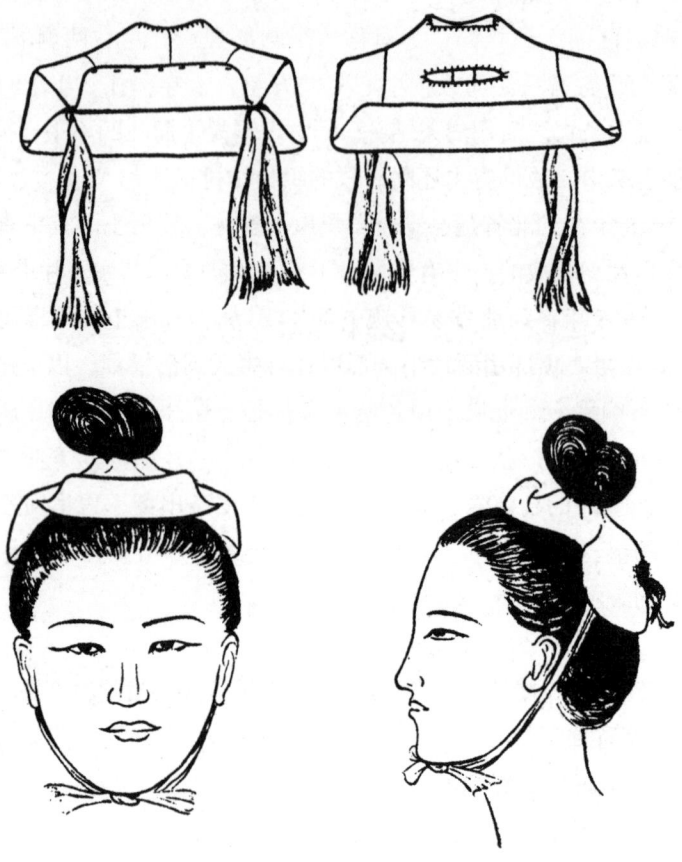

江陵马山一号楚墓出土的帻和帻的服用
（选自彭浩《楚人的纺织与服饰》）

除竹篾外，草也是那时编制笠帽的常用材料。用草编成的笠帽，称"草笠"。《礼记·郊特牲》云："草笠而至，尊野服也。"由于草常随着时间的推移由青变黄，所以人们又称草笠为"黄冠"。《礼记·郊特牲》中就有"黄衣黄冠而祭"的记载。

春秋战国的笠帽，既有用台草制成的，也有用苎麻和蒲草合编的，时名"苎蒲"。《管子·小匡》云："今夫农群萃而州处……首戴苎蒲，身服袯襫。"可证。[1]

（二）体衣

体衣即通常所说的衣裳，上衣名衣，下裙称裳。当衣裳并举时，仅指上衣而言。《诗经·齐风·东方未明》说："东方未明，颠倒衣裳。"其意是说因黑暗看不清，衣裙

---

[1] 参周汛、高春明《中国古代服饰大观》，第53页，重庆出版社1995年版。

互相穿错。春秋战国时中原地区华夏族的服装是上衣下裳,束发右衽。而当时各少数族则多左衽。孔子曾经赞扬齐国管仲帮助齐桓公攘除夷狄对于中原地区华夏诸侯国侵袭的大功绩。他说:"微管仲,吾其披发左衽矣。"①"衽",就是衣襟。可见当时关于衣的习俗里面,"衽"是相当重要的一项。

1. 上衣

上衣的式样有以下七种。

(1)襦　襦是短上衣,《说文》云:"襦,短衣也。"这种短衣的长度不同,或齐腰,或至膝盖。为常人平时所穿。因为楚地等南方地区天气炎热,所以楚人等在夏季盛行穿"汗襦",即贴身内衣。《方言》云:"汗襦,陈、魏、宋、楚之间或谓之单襦。"

如果襦连带裳,那么战国时期在南方则称为"禅裙襦"。云梦睡虎地4号秦墓出土有两封战国末年的秦木牍家信,其中内容之一是从征士卒名惊者向家中索要"禅裙襦",也就是"夏衣"的事。言及做两套"禅裙襦","谨善者毋下二丈五尺",即起码需要二丈五尺布。秦代一尺当23.1厘米,则当时的"二丈五尺"合5.775米,即作两套"禅裙襦"所需的布料。②

(2)褐　褐是用兽毛或粗麻编织的短衣。《诗经·豳风·七月》:"无衣无褐,何以卒岁?"褐是一种粗劣服装,只有贫贱的人才穿。《晏子春秋·内篇谏上》记述,齐景公时,大雨接连下了十七天,"坏室乡有数十,饥氓里有数家。百姓老弱,冻寒不得短褐,饥饿不得糟糠,敝撤无走,四顾无告"。

(3)单衣　单衣的单字在古籍中也写作禅。《说文》云:"禅,衣不重也。"可见单衣是没有衣里的。又包山楚简载"一缟衣……亡里",③说明此件缟衣以白绢作衣料,没有衣里。单衣可作内衣,也可在春、夏、秋三季用于外穿。《楚辞·九歌·云中君》云"华采衣兮若英",《大司命》云"灵衣兮被被",都是指的外穿的单衣。④《九歌·湘夫人》:"遗余褋兮澧浦。""褋"也是单衣。《方言》:"禅衣,江、淮南楚之间谓之褋。"《释名·释衣服》:"无里曰禅。"楚人对单衣的制作十分讲究,湖北江陵马砖一号墓出土的单衣有"绣绢单衣"和"龙凤虎纹绣罗单衣"等。⑤楚国制作单衣主要用绢、罗、纱等丝织品,因为这些质料轻而薄,所以在领缘、袖缘都铺上了一层厚实的锦。⑥

---

① 《论语·宪问》。
② 《睡虎地秦墓》;参见晁福林《夏商西周的社会变迁》,第207页,北京师范大学出版社1996年版。
③ 湖北荆沙铁路考古队《包山楚墓·包山二号墓楚简》,文物出版社1991年版。
④ 宋公文、张君《楚国风俗志》,第49页,湖北教育出版社1995年版。
⑤ 《江陵马砖1号墓出土的战国丝织品》,《文物》1982年第10期。
⑥ 宋公文、张君《楚国风俗志》,第49页。

江陵马山砖厂一号墓出土的一凤一龙相蟠纹绣紫红绢禅衣

（4）夹衣 夹衣叫袷（夹的异体字），或複。《释名·释衣服》："有里曰複。"夹衣有里子，有的还可以加絮。夹衣在战国时期的楚地称绪。据湖南长沙仰天湖战国楚墓遣策记载，楚国的短衣里边有"绪"。绪，即春、春服。《史记·仲尼弟子列传》载曾皙曰："春服既成。"《集解》引包氏曰："暮春者，季春三月也。春服既成，衣单袷之时。"袷即夹衣，也就是春服。

（5）裹衣 裹衣是贴身穿的上衣，又叫私（衣）。《诗经·周南·葛覃》："薄污我私。"意即快清理我的内衣。裹衣又称衷衣。《说文》："衷，里裹衣。"裹衣复名泽（衣）。《诗经·秦风·无衣》："岂曰无衣，与子共泽。"朱熹："泽，里衣也。以其亲肤泽，故谓之泽。"范处义《诗补传》："泽，裹服，如汗衫之类。"

（6）袍 袍是一种长衣，通常制为两层，中纳绵絮，用来御寒。《诗经·秦风·无衣》云："岂曰无衣，与子同袍。""同袍"意即共战袍。袍最初被当作内衣，穿着时必须加罩衣。《礼记·丧大纪》："袍必有表"，讲的就是这个意思。湖北江陵马砖一号楚墓出土袍服有：绣绢绵袍、纱面绵袍、棕色绣绢绵袍、棕色锦面绵袍。[1]又河南信阳长台关楚墓锦瑟图案中绘有猎人穿着的银灰色长衣，乐人穿着的银灰色窄袖长衣，巫师身穿的红色长衣。[2]这些长衣也都属于袍。宋公文、张君认为，楚国袍衣的共同特点是：交领（圆三角或直三角），右衽，细腰，下摆长可掩履，衣袖和襟衽、下摆均缝有宽边锦

---

① 《江陵马砖1号墓出土的战国丝织品》，《文物》1982年第10期。
② 裴明相《楚人服饰考》，《楚文化觅综》，中国州古籍出版社1986年版。

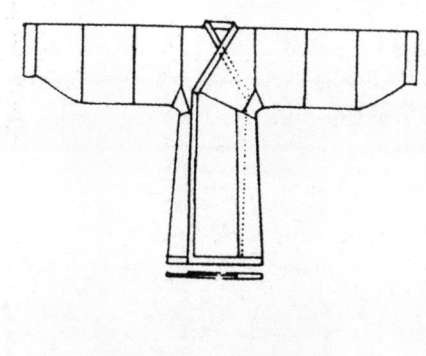

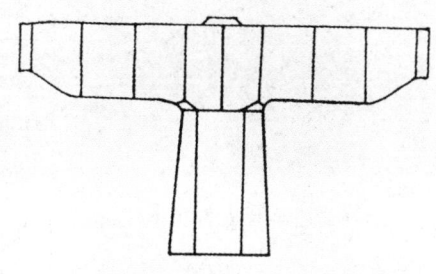

湖北江陵马山砖厂1号战国楚墓出土绵袍正裁法示意图

缘。[①]其中右衽、直裾衣袍式样与周代服式有相当多的共同之处，两者之间存在着明显的继承关系。

（7）裘　裘是皮衣。当时服裘毛向外。《说文》在"表"字下说："古者衣裘以毛为表。"刘向《新序》载："魏文侯出游，见路人反裘而负刍。文侯曰：'胡为反裘而负刍？'对曰：'臣爱其毛。'"可见裘毛向内被认为反常。裘以狐皮为贵，狐皮之中白狐皮尤贵。《晏子春秋·内篇谏上》曰："景公之时，雨雪三日不霁，公被狐白之裘，坐于堂侧阶。"又曰："景公赐晏子狐白之裘，元豹之茈，其赀千金。"《史记·孟尝君列传》记述，孟尝君到秦国被囚，于是派人向秦昭王幸姬求救，幸姬愿得孟尝君狐白裘，孟尝君又派人偷回已送秦昭王的价值千金的白狐裘，献给昭王幸姬，才得以逃脱。由于兽毛外露不好看，古代贵族在行礼迎宾时须在裘外加裼衣（类似今之罩衣），否则就会被认为是不敬。裼与裘的颜色应相配合。

（8）緅衣　1982年湖北江陵马山砖厂一号墓一件竹笥中存放了一件衣服。衣长45.5、袖展52、袖宽10.7、腰宽26厘米。衣面料是凤鸟践蛇纹绣红棕绢，领缘为大菱形纹锦，袖缘用条纹锦，两襟和下摆缘用红棕绢绣。款式与其他衣袍都不相同，对襟，后领凹，袖短而平直。此衣出土时置于一小竹笥中，外系竹签牌。自名緅衣，其

---

① 宋公文、张君《楚国风俗志》，第51页。

江陵马山一号楚墓中出土的䘳衣

实是古籍记载中的"裑褕"。① 《方言》云:"襜褕,其短者,自关之西谓之裑褕。"郭注:"俗名褔掖。""䘳"字从秋声,借作屈。《淮南子·原道训》注:"屈读如秋。"可证。由此看来,"䘳衣"即"屈衣",乃"裑褕"、"褔掖"的别称。

2. 下衣

春秋战国时的下衣包括裳、袴、裈、蔽膝、邪幅等。

(1) 裳 如前所述,春秋战国时华夏诸国男女下身均穿裳。汉刘熙《释名·释衣服》称:"裳,障也,所以自障蔽也。"裳是当时男女遮蔽下体的主要服装。它的形制颇像后世的裙子。由于古代布帛幅度较窄,所以蔽前的一片用三幅布帛连缀,蔽后的一片面积稍大,共用四幅连缀。在裳的上端,施有折裥,另外还有一条用来系结的腰带。在裳的两侧,各有一道可以开合的缝隙。② 江陵马砖一号楚墓出土有绢裙。③ 裙即裳,裳内着袴。

山西长治分水岭出土战国青铜佩剑武士

---

① 王㐨《深衣释袿》,《国际服饰学会志》,1987年第4期,国际服饰学会编。
② 参周汛、高春明《中国古代服饰大观》,第344页。
③ 《江陵马砖1号墓出土的战国丝织品》,《文物》1982年第10期。

（2）袴　袴也可写作绔，《释名》云："袴，跨也，两股各跨别也。"段注云："绔，所谓套裤也。"即套在两腿上，可以蔽胫，具有御寒作用的"套裤"或"护腿"。江陵马砖一号墓出土有朱绢绣袴。① 袴即裤的初型，裤在古时称为裈。

（3）裈　裈是有裆的裤子，与无裆的"袴"不同。《释名·释衣服》："裈，贯也，贯两脚，上系要（腰）中也。"相当于今天的长裤。江陵马砖一号楚墓出土了一条朱红长裤，② 这是我国目前发现的时代最早的裤子实物。另有所谓"犊鼻裈"，相当于今天的短裤，是人们为劳作方便所穿。《吴越春秋·勾践入臣外传》云："越王、范蠡趋入石室。越王服犊鼻，着樵头。……斫到养马……三年不愠怒，面无恨色。"

信阳楚墓中漆瑟上着裈的猎户

（4）蔽膝　蔽膝又称芾、袚、韠等。其形制上狭下宽，底部如斧形，呈条状。既能遮着大腿及膝部，又有装饰作用。《诗经·小雅·采菽》云："赤芾在股。"郑玄注云："以韦为之，其制上广一尺，下广二尺，长三尺，其颈五寸。"此句诗意为朱红色的蔽膝盖在大腿上。

（5）邪幅　邪幅与后代的绑腿相似，从足到膝，以一窄幅斜缠数层。《诗经·小雅·采菽》："邪幅在下。"郑玄注："邪幅，如今行縢也。偪束其胫，自足至膝，故曰在下。"这句诗意为裹腿一道道斜着绑。

（三）深衣

衣与裳相连不分称深衣。深衣下垂到足踝部，与今日的连衣裙颇相似。《经典释义》云："深衣者，连衣裳而纯之以采也。"深衣的领、袖、襟、裾（身后下摆）等部位皆镶以彩色边缘。《礼记》中的《深衣》及其疏文对深衣的制度详解如下："身脊至肩但尺一寸也，从肩覆臂又尺一寸，是衣幅之畔，覆臂将尽今又属袂于衣又二尺二寸半。"深衣

---

① 《江陵县马砖1号墓出土的战国丝织品》，《文物》1982年第10期。
② 同上。

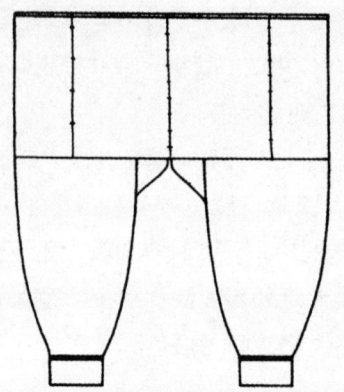
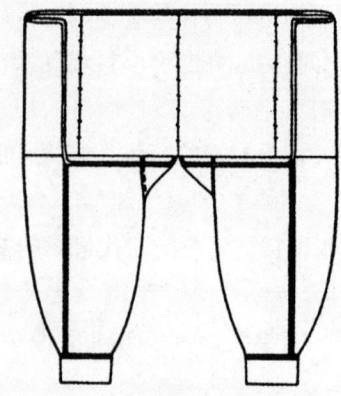

江陵马山一号楚墓出土的凤鸟花卉纹绣红棕绢面绵袴
（选自彭浩《楚人的纺织与服饰》）

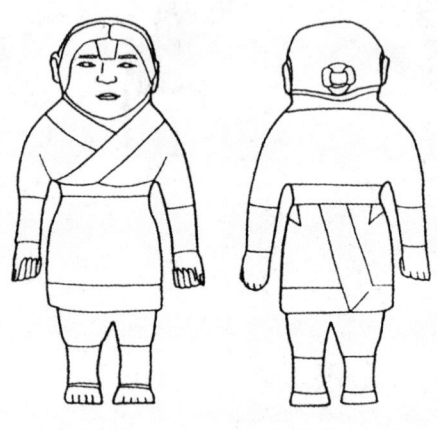

洛阳金村出土银着衣人像（正、背）

与袍共同点较多：上衣与下裳合成一体，右衽，广袖，衣长垂地，整体通裁，①但深衣皆为曲裾，而袍有曲裾的，也有直裾的。两者之间的因袭关系尚待研究。深衣"可以为衣，可以为武，可以摈相，可以治军旅，完且弗费"，②用途非常广泛。不仅士以上的统治者可以服用，即便是庶人，也可用作吉服（常礼服）。但深衣衣袖宽大，且下摆宽度有限，于骑射不便。

（三）足衣

足衣指鞋与袜。

---

① 参宋公文、张君《楚国风俗志》，第52页。
② 《礼记·深衣》。

1. 鞋

春秋战国人们穿的鞋有屦、屝、舄、屐、靴等。兹分述于下：

（1）屦　屦是用麻、葛粗制而成的单底鞋。《诗经·魏风·葛屦》："纤纤葛屦，可以履霜。"余冠英先生注："纤纤，犹缭缭，绳索缠结缭绕之状。形容屦上的絇（屦头上的装饰）或綦（系屦的绳）。"① 可见葛鞋是有带儿可以扎起来的。一般的屦用麻绳编成，为了结实起见，在编时要一边编，一边扎紧。因此《孟子·滕文公上》有"捆屦织席"的说法。屦也有用皮和草制的。湖北江陵楚墓中曾出土过一双细茅编成的屦，精巧轻便，堪称上品。

（2）屝　上古指草鞋，亦作"蹝"。《孟子·尽心上》："舜视弃天下犹弃敝蹝也。"杨伯峻先生注："蹝……草鞋。"② 屝又名屩。《释名·释衣服》："屩，草履也……出行著之，屩屩轻便，因以为名也。"《史记·孟尝君列传》："冯驩闻孟尝君好客，蹑屩而见之。"

（3）履　《方言》云："丝作之曰履。"公侯显贵穿的履十分讲究，追求华丽堂皇。《晏子春秋·内篇谏下》说："景公为履，黄金之綦，饰以银，连以珠，良玉之絇，其长尺，冰月服之以听朝。晏子朝，公迎之，履重，仅能举足。"这履满饰金银珠玉，既大且重，大概要价值连城了。又《史记·春申君列传》云："赵平原君使人于春申君，春申君舍之于上舍。赵使欲夸楚，为玳瑁簪，刀剑室以珠玉饰之，请命春申君客。春申君客三千余人，其上客皆蹑珠履以见赵使，赵使大惭。"这里的"珠履"应是缀着宝珠的履，它当然也是十分名贵的了。

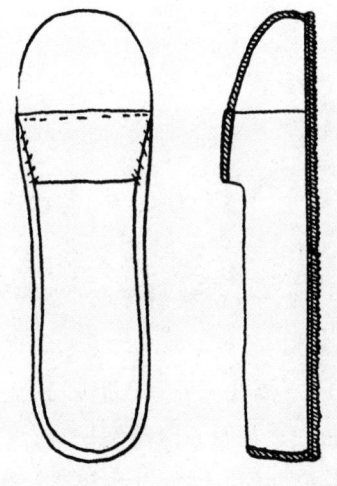

马山一号楚墓中出土的锦面麻屦
（选自彭浩《楚人的纺织与服饰》）

（4）舄　舄是上古的一种重底鞋。《周礼·天官·屦人》注："复下曰舄"。"复下"就是双层底，即在单层底的屦下加一块木板作为重底，穿着它可以在泥地上行走而不怕沾湿。崔豹《古今注·舆服》云："舄，以木置履下，干腊不畏泥湿也。"据说舄在诸鞋中最为尊贵，是帝王重臣穿的。《周礼·天官·屦人》注："舄止于朝觐祭祀时服之，而屦则无时不用也。"郑众说："舄有三等，赤舄为上，下有白舄、黑舄。王后唯祭服有舄，玄舄为上，下有青舄、赤舄。"

（5）屐　一般是木底的，底有前后两齿，下雨天在泥泞地行走甚便。屐出现于战

---

① 转引自金启华译注《诗经全译》，第228—229页，江苏出版社1990年版。
② 《孟子译注》下，第317页，中华书局1960年版。

国时期。《庄子·天下》说墨子之徒"以跂跻为服","跂"即屐。需要指出的是，屐与舃不同，舃是在履下加一个实心木底。屐则基本上是用木头做成的，且前后有齿。两相比较，屐更为轻便，更适合于走路。①

（6）靴　亦写作鞾、鞳。《古今韵会举要》卷四："《说文》：'鞾，革履也，从革是声。'胡人履连胫（小腿），谓之'络鞮'。"络鞮就是后代所谓的长筒靴。靴原是北方游牧民族所穿，在赵武灵王实行胡服骑射后，开始传入中原地区。

2.袜

与韤同。最早用熟皮制成，后来用布帛（绫、罗）为原料。长沙马王堆一号汉墓出土的两双短统夹绢袜的袜口附有二带，由此推测战国当有用以系缚足胫的带子。古代有登堂入室时，以脱袜示礼敬之风。据《左传·哀公二十五年》记载，褚声子因著袜登席去见卫侯，卫侯认为大不敬，非断其足不可。

此外，值得一提的还有寝衣。所谓寝衣，是专为人们睡眠时盖的被子。《论语·乡党》："必有寝衣，长一身有半。"集解引孔安国曰："今之被也。"睡虎地秦简《日书》甲种127正："夫妻同衣"，说的也是被子。

二、女子的首服和服式

（一）贵族妇女的首服和服式

1.首服

《周礼·天官·追师》云："掌王后之首服。为副、编、次，追衡笄，为九嫔及外内命妇之首服，以待祭祀宾客。""副、编、次，"三者皆妇人头上之服饰，副者以发编为假髻，饰以饰物，如衡笄六珈。有学者认为，衡笄六珈其遗像若汉时的假纻步摇。② 按《诗经·鄘风·君子偕老》有"副笄六珈"，即贵族女子的假髻上有横插饰六珈的笄，由此推之，后笄之饰当为十二珈。这自然是首服中最高档次的首饰。编者亦编发为假髻覆于真髻之上，唯无衡笄六珈等饰物。次者则以假发及己发相合编列为髻，但与编稍有不同。"追衡笄"：追，治也，谓治玉，衡笄皆妇人之首饰，以玉为之，衡，垂于假髻之两旁，下以纮悬瑱而塞耳，笄即今之所谓簪，用为系发者。③

---

① 参宋公文、张君《楚国风俗志》，第 59 页。
② 周锡保《中国古代服饰史》，第 52 页，中国戏剧出版社 1986 年版。
③ 从郑玄说。

2. 服式

《周礼·天官·内司服》云："掌王后之六服，袆衣、揄狄、阙狄、鞠衣、展衣、褖衣、素纱。辨外内命妇之服，鞠衣、展衣、褖衣、素纱。"其中袆衣、揄狄、阙狄三种服饰是为祭服。鞠衣为告桑之服，后在季春服之向先帝祷告养蚕之事；展衣，色白，是后礼见王及宾客时所服之服。褖衣，色黑，是后御于王之服，也用于作燕居之服。上述六服皆用素纱衬里，以显示六服的色彩。六服皆采用衣与裳相连不异其色的袍制，意寓妇人尚专一。

王后之外，内命妇则九嫔服鞠衣，世妇服展衣，女御服褖衣。外命妇视其夫的封命而定，如其夫孤则服鞠衣，其夫卿、大夫则服展衣，其夫士则服褖衣；三夫人及公之妻或服阙狄；侯伯之夫人服揄狄；子男之夫人亦服阙狄。上述礼书所载关于内外命妇的服饰，迄今在早期的文物考古资料中得不到印证。①

（二）平民妇女的首服和服式

平民妇女的首服和服式多有遗物或图像保存下来，尤其是楚国。

湖南长沙楚墓出土的战国彩绘漆奁上女性形象众多，其中有些女性着有首服，双缨下垂，结于颔下。值得注意的是，画中有的女性的头衣上作凸起状，有的则略呈弧形。前者可能是因为发髻隆起，而后者可能因发髻较少。江陵马山一号楚墓曾发现过一件帻，展开后作不规则的圆台形，折叠时呈前高后低状，顶部外凸，上有圆孔，用来容发髻，帽后部有两个小孔，用来容发辫。这就揭示了长沙彩绘漆奁上所绘女性首服的奥秘。②这些女性均作细腰，着深衣，而内衣则呈白色。③

漆画之外，女性服式还见于帛画。1949年湖南长沙市陈家大山战国楚墓出土少女龙凤帛画，少女穿曲裾袍，袖有垂胡。④

除绘画外，女性服式还见于木俑。如江陵马

湖南长沙楚墓出土穿曲裾深衣的彩绘木俑

---

① 参周锡保《中国古代服饰史》，第51—52页，中国戏剧出版社1986年版。
② 参彭浩《楚人的纺织与服饰》，第176页。
③ 参周锡保《中国古代服饰史》，第74页。
④ 张安治主编《中国美术全集·绘画一》，人民美术出版社1986年版。

山一号墓出土的一组四件着衣女俑，头上安装了假发，梳在脑后。俑体雕成溜肩、挺胸、细腰等基本轮廓，体现了楚国尚细腰的审美追求。躯体上披裹丝织的衣服。

最外层是红棕绢绣、绣凤鸾花卉纹的长袍，大襟和下摆饰塔形纹锦缘，华美异常。在长沙楚墓中发现有衣着的女木俑，也有这种服式。其头饰发髻作垂披而中约以双鬘。衣袍的下缘一侧较低，而另一侧较高。衽部呈三角形，逐渐向身后收敛。由此可见，曲裾衣袍也是楚国妇女习用的一种服式。① 需要补充说明的是，长沙仰天湖楚墓第29号简有"一结衣"的记载。②《广雅·释诂一》："结，曲也。""结衣"即曲裾衣。此可谓旁证。

楚国之外，有关妇女服式的图像也不少。

1928年河南洛阳市金村出土的战国青铜女孩像，穿立领式上衣，衣下中短裙作襞褶，足穿革靴。③ 又，金村出土的战国金链舞女玉佩舞女着交领曲裾长衣。④

故宫博物院所藏采桑渔猎攻战燕乐图铜壶、上海博物馆所藏战国铜栖等铜器上有不少妇女像，据周锡保先生研究，大都作上衣下裳的形式，是一种日常之服饰。⑤

此外，1975年河北省平山县中山国王墓出土的玉人，戴角形冠饰，穿方格花裙，

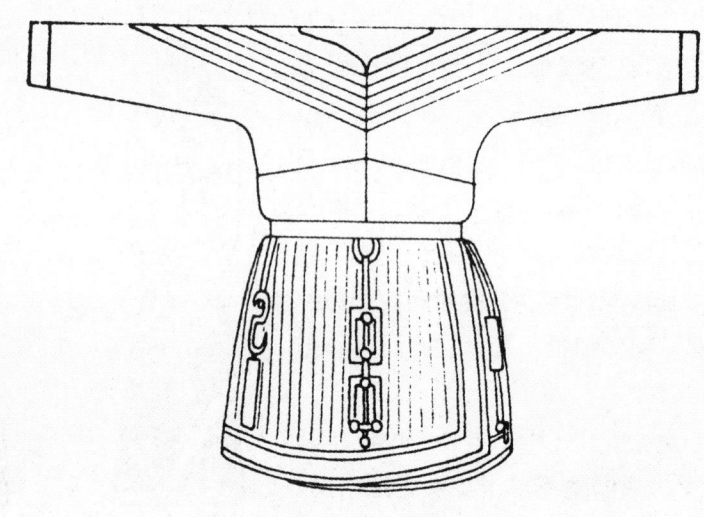

窄袖短袍加束革带的胡服示意图

---

① 彭浩《楚人的纺织与服饰》，第156页。
② 湖南省文管会《长沙仰天湖第25号木椁墓》，《考古学报》1957年第2期，图版陆，29。
③ 黄能馥、陈娟娟《中华服饰艺术源流》，第70页，高等教育出版社1994年版。
④ 一说服饰似为上衣下裳式。见周锡保《中国古代服饰史》。第75页。
⑤ 周锡保《中国古代服饰史》，第73页。

当为古代鲜虞族妇女服饰。①

综上所述，春秋战国妇女的服式，似是深衣、曲裾长袍和上衣下裳并行。

三、穿着方法

贵族服饰的颜色和搭配有一定规范，不准随便穿戴。冠是贵族共用的首服，其平时是用玄黑色，有丧服则用缟素。《礼记·玉藻》云："玄冠朱组缨，天子之冠也。缁布冠缋緌，诸侯之冠也。玄冠丹组缨，诸侯之斋冠也。玄冠綦组缨，士之斋冠也。"其意是说，玄色的冠，配上朱色的冠带子，是天子的冠。缁布冠加上采色的冠带，是诸侯的冠。玄色的冠，配上赤色的冠带，适合诸侯斋祭时戴。玄色的冠，配上苍艾色的冠卷，适合士人斋祭时戴。《礼记·玉藻》又云"缟冠玄武，子姓之冠也。缟冠素纰，既祥之冠也。垂緌五寸，惰游之士也，玄冠缟武，不齿之服也。"其意是说，要是祖父辈居丧有服，子孙无服，或是已经除服了，就戴白绢的冠，配上一条玄色的冠卷，这样上白下玄取意于半凶半吉的意思。孝子除首服以后，就戴白绢冠，在冠缘上加一道白绫的滚边。惰游之士，冠制与上相同，可是冠带下垂部分，只准有五寸长。犯罪的囚犯，在被释以后，改戴玄色的冠，配用白绢的冠卷。②

古人上衣下裳，上衣右衽。关于衣裳的穿着方法，据《礼记·玉藻》的记载，士的阶层，衣服不能穿织锦的，只能穿染缯。去国的士大夫，衣裳上下一色，不能用二种颜色。一般上衣可以用的颜色，是青、赤、黄、白、黑等五种正色，下裳则可以用兼杂的颜色。朝见国君是件十分慎重的事，一定要穿上不同色的衣裳。如果以裘和葛为外衣，不另穿中衣和礼衣的话，是不能入公门的。③

至于深衣的穿着方法，据《礼记·深衣》的记述，深衣的长短有一定，短不要在足踝以上，

洛阳金村出土的周代玉佩

---

① 金维诺主编《中国美术全集·雕塑编一》，人民美术出版社1988年版。
② 王梦鸥注译《礼记今注今译》（上册），第496—497页，台湾商务印书馆1984年版。
③ 王梦鸥注译《礼记今注今译》（上册），第496—497页。

长亦不可拖到地面。裳的两旁有宽大的余幅，穿着时前后交叠起来。腰身的宽度，等于裳下缉的一半；袖子与上衣在腋下连合处的高低，以可以使手肘运转自如为原则。袖子的长度，除了手长，其余部分屈褶回来，应该到手肘。腰间的大带，下面不要盖到髀，上面不要盖到肋骨，应相当于下腹没有骨头的地方。①又，父母亲及祖父母同时健在的人，所穿的深衣以花纹来滚边；只有父母亲健在的人，所穿的深衣，以青色作滚边；未满三十岁而父亲已去世的人，所穿的深衣以白色作滚边。袖口、裳下缉及裳边的滚边，都是半寸宽。②

为了御寒，两周时期社会上存在穿着皮衣（即裘）的习俗。这种习俗自然与上古披兽皮的习俗有关，但制作确日益精良。据《周礼·考工记》的记载，做成裘的毛皮不仅质量要求很高，而且要经过一系列的加工过程才能合用。

河北平山三汲出土中山国穿襦裙的女子玉人

当时的裘衣，由于其珍贵，所以穿的时候十分爱惜，多在裘外加上一件外衣以保护裘衣的本色。这保护皮毛的外衣称为裼衣。按照春秋时期贵族的要求，裘衣不但要用外衣保护，而且多注意与其他服饰的配合，尤其是与裼衣的配合。《论语·乡党》云："缁衣，羔裘；素衣，麑裘；黄衣，狐裘。亵裘长，短右袂。"其意是说：为了使裼衣与裘衣相称，就要黑色的裼衣配黑色的羔羊毛皮；白色的裼衣，配白色的鹿毛皮；黄色的裼衣，配黄色的狐皮袍。家居时所穿的裘要做得长一些，可是右边的袖子要短一些，这样才方便。需要补充的是：孔子所说的缁衣、素衣、黄衣以及羔裘、鹿裘等，只是一般贵族的服装，君主则要更好些。《礼记·玉藻》云："锦衣狐裘，诸侯之服也。"可见狐裘饰以锦衣不是一般人所能服用的。③至于庶人穿的犬羊皮裘，自然没有在外加裼衣的必要。

需要指出的是，遇到吊祭的时候，因为要哀戚，所以要加穿一件单衣，罩在外面，掩盖着里面的文绣，这就叫做"袭"。袭衣的意思，为的是藏美，在神圣庄严的场合，反而要去掉文饰，才能表示敬意，所以尸象征鬼神的尊严，一定要袭衣，执玉圭将命的时候，执龟甲将卜的时候，都是很慎重的事，也要袭衣表示尊敬，可是事情完了以

---

① 王梦鸥注译《礼记今注今译》（下册），第933页。
② 王梦鸥注译《礼记今注今译》（下册），第933页。
③ 参晁福林《夏商西周的社会变迁》，第208—209页，北京师范大学出版社1996年版。

后，又要裼衣，不敢掩美，才合乎礼节。①

此外，两周衣着的附件不少，其中最多的自然是佩带的玉件。

《礼记·玉藻》云："天子佩白玉而玄组绶，公侯佩山玄玉而朱组绶，大夫佩水苍玉而纯组绶，世子佩瑜玉而綦组绶，士佩瓀玟而缊组绶，孔子佩象环五寸，而綦组绶。"大意是说：天子佩用的是白玉，玄色的组绶；诸侯佩用的是山玄色的玉，朱色的组绶；大夫佩用的是水苍玉，缁色的组绶；世子佩用的是瑜玉，杂采的组绶；士佩用的是仅次于玉的美石，用赤黄色的组绶。自世子以下，玉佩只论玉质，不明玉色，因为他们所用的玉色并不一定，不像天子能用纯色，孔子不佩玉，佩的是象牙做的环，有五寸大，配上杂采的组绶。② 这说明：不同身份的人，佩带不同质量和不同颜色的玉，并且分别与不同颜色的组绶相配合。

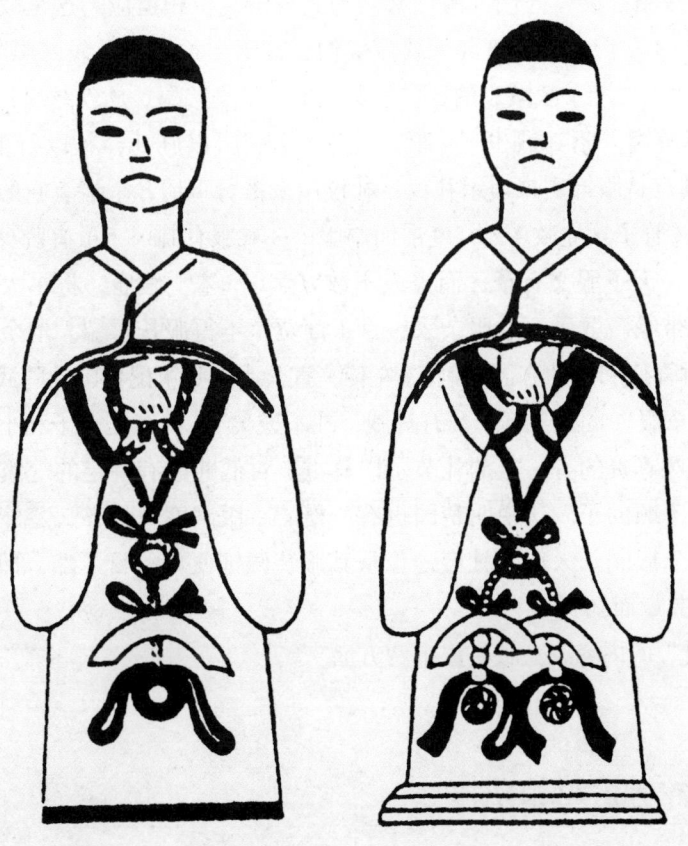

战国时期彩绘服带玉佩的木俑

---

① 《礼记·玉藻》云："裘之裼也，见美也。吊则袭，不尽饰也，君在则裼，尽饰也。服之袭也，充美也，是故尸袭，执玉龟袭，无事则裼，弗敢充也。"
② 王梦鸥注译《礼记今注今译》（上册），第512页。

【第三节　服以旌礼】

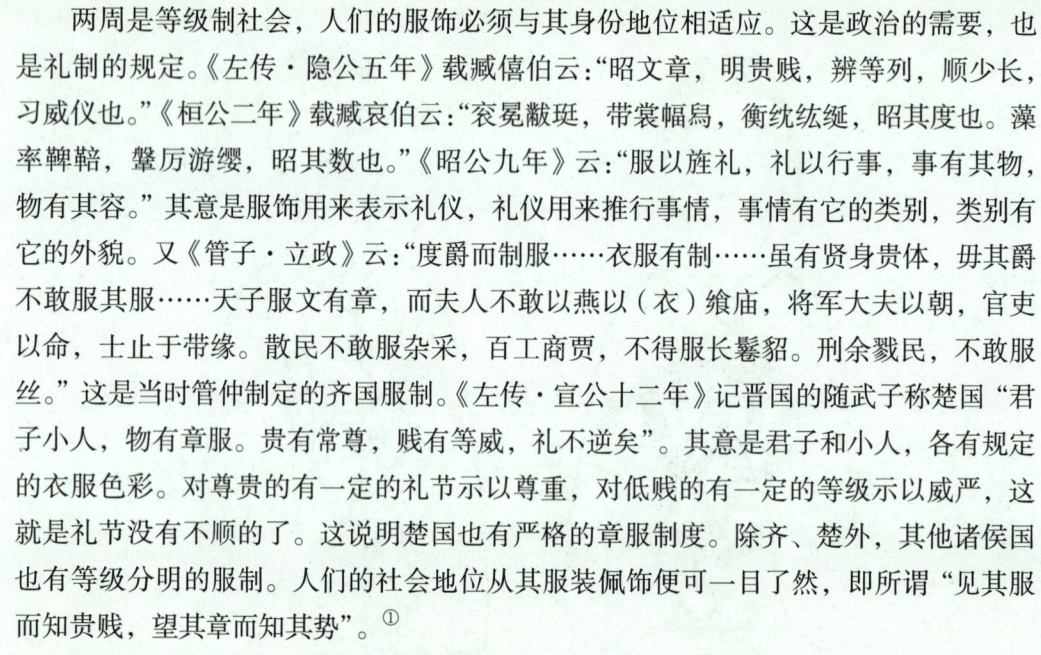

两周是等级制社会，人们的服饰必须与其身份地位相适应。这是政治的需要，也是礼制的规定。《左传·隐公五年》载臧僖伯云："昭文章，明贵贱，辨等列，顺少长，习威仪也。"《桓公二年》载臧哀伯云："衮冕黻珽，带裳幅舄，衡紞纮綖，昭其度也。藻率鞞鞛，鞶厉游缨，昭其数也。"《昭公九年》云："服以旌礼，礼以行事，事有其物，物有其容。"其意是服饰用来表示礼仪，礼仪用来推行事情，事情有它的类别，类别有它的外貌。又《管子·立政》云："度爵而制服……衣服有制……虽有贤身贵体，毋其爵不敢服其服……天子服文有章，而夫人不敢以燕以（衣）飨庙，将军大夫以朝，官吏以命，士止于带缘。散民不敢服杂采，百工商贾，不得服长鬈貂。刑余戮民，不敢服丝。"这是当时管仲制定的齐国服制。《左传·宣公十二年》记晋国的随武子称楚国"君子小人，物有章服。贵有常尊，贱有等威，礼不逆矣"。其意是君子和小人，各有规定的衣服色彩。对尊贵的有一定的礼节示以尊重，对低贱的有一定的等级示以威严，这就是礼节没有不顺的了。这说明楚国也有严格的章服制度。除齐、楚外，其他诸侯国也有等级分明的服制。人们的社会地位从其服装佩饰便可一目了然，即所谓"见其服而知贵贱，望其章而知其势"。[①]

"服以旌礼"的内容，大致有以下两方面。

一、不同场合服用不同的衣服

中国以礼仪之邦闻名于世。周代将礼划分为五类，即吉礼、嘉礼、宾礼、军礼、凶礼。合称"五礼"。其中吉礼是祭祀的典礼。古人认为祭祀是"国之大事"，因此置于五

---

① 《新书·服疑》。

战国中晚期身穿袍服的贵妇

礼之首。嘉礼是喜庆之礼。宾礼是接待宾客之礼。军礼是师旅操演、征伐之礼。凶礼是哀悯吊唁忧患之礼。与上述礼仪活动相适应，便出现了各种冠服制度。如祭祀有祭服，婚嫁有吉服，朝会有朝服，从戎有军服，服丧有凶服等。穿着时是不许有差错的。

（一）祭服

祭服是从事祭祀活动所穿的衣服，在服制中最为贵重。据《周礼·春官·司服》的记载，周代君王的祭服有六种形制：大裘冕、衮冕、鷩冕、毳冕、希冕、玄冕。是为"六服"。

大裘冕是帝王的祭天之服。关于冕，我们在本章第二节已有阐述，此处不赘。大裘为玄衣纁裳，衣画日、月、星、山、龙、华虫等六章，裳绣宗彝、藻、火、粉米、黼、黻等六章。

衮冕是祭祀先王之服，其制次于大裘。玄衣纁裳，衣画以龙、山、华虫、火、宗彝五章，裳绣以藻、粉米、黼、黻四章，共九章。

鷩冕是祭祀先公，行飨射（飨宾客及与诸侯射）典礼时所着之服。服制又次衮冕一等。玄衣纁裳，衣画以华虫、火、宗彝三章，裳绣以藻、粉米、黼、黻四章，共七章。

毳冕是遥祀山川时所著之服。服制又次鷩冕一等。衣画以宗彝、藻、粉米三章，裳绣以黼、黻二章，共五章。

希冕是祭祀社稷和五种神时所着之服。服制较毳冕又低一级。玄衣纁裳。衣绣以粉米一章，裳绣以黼、黻二章。

玄冕是祭祀林泽坟衍四方百物等小祀时所著之服。其服制较希冕又低一级。玄衣纁裳。其衣无画绣，裳绣以黻一章。

据《周礼·春官·司服》所载，公、侯、伯、子、男和孤（诸侯）、卿、大夫等在从王祭祀时，亦各有其祭服。

贵妇的祭服亦有规定。据《周礼·天官》的记载，在内司服管理的六种命妇礼服之中，有三种服饰用于祭祀，即袆衣、揄狄和阙狄。据林尹注，袆衣是王后从王祭先王时所穿的服装，"刻缯为翚雉形而以五采画之，缀于衣上以为饰"。"揄狄是王后从王祭先公所著的服装"，"刻缯为摇雉形而以五采画之，缀於服上以为饰"，"翚摇皆雉类，唯其采色稍有不同"。"阙狄是王后从王祭群小祀所著的服装"，"刻缯为雉形，唯不画以采色，缀於服上以为饰"。"女服式样与男服不同，男服分上衣和下裳两截，女服则上下连属为一。隐喻女性德贵专一。所用衣料为黑色纱縠，为了衬托出衣上的纹彩，特别在衣内缀一层"素纱"作为夹里，与这些服装相配用的还有大带、蔽膝和袜舄等。①

---

① 参周汛、高春明《中国古代服饰大观》，第258页。

（二）朝服

朝服是古代君臣百官的议政之服，其主要用途在于朝会。从周代开始，凡是重大朝会，全体赴会的人都应穿着朝服，即使君王也不能例外。

古代文献资料表明，早在周代已有朝服。《周礼·春官·司服》云："掌王之吉凶衣服，……视朝，则皮弁服。"皮弁服即是最早的朝服。这种衣服衣裳分制，"白布为衣，素缯为裳，辟蹙其腰中"。① 和这种衣服相搭配，头上也戴白色的冠帽，名叫弁。

春秋战国时期的朝会之服，大多用黑色布帛制作，其形端庄方正，因称"玄端"。和玄端配套的首服称作委貌，这是以黑色绢缯制作，造型与皮弁相似的一种冠饰。《礼记·玉藻》云："玄端而朝日于东门之外。"《周礼·春官》云："司服掌王之吉凶衣服……其斋服，有玄端素端。"《穀梁传·僖公三年》："阳谷之会，桓公委端、搢笏而朝诸侯"。晋范宁注："委，委貌之冠也。端，玄端之服。"《国语·周语上》载周襄王使太宰文公为晋侯重耳加冕，"晋侯端委以入，太宰以王命命冕服，内史赞之，三命而后即冕服"。

不仅国君以端委为礼服，而且卿大夫一般也以"端委"礼衣礼帽为朝服。如周景王正卿刘定公曾对晋卿赵孟说："吾与子弁冕端委以治民临诸侯。"② 齐相晏平仲"端委立于虎门（路寝南门）外"，③ 等待上朝。

朝服并非男子的专用之服，女子也可以穿着，自然仅限于内外命妇。如展衣（白色）就是王后在朝见天子及礼见宾客时所服的朝服，也是卿大夫之妻的朝服。又如鞠衣（其色浅黄，像桑叶初生之色），王后着之以躬亲蚕（主持向先帝祷告蚕桑之事的一种仪式），九嫔、孤（诸侯）妻则用于朝会。④

二、服饰的等级差别明显

在服式上，不同身份的人穿着不同服式的衣服。

周天子和诸侯以华衮大裘博袍鲜冠为服。⑤《周礼·天官》："司裘掌为大裘，以供王祀天之服。"《左传·闵公二年》载："卫文公大布之衣，大帛之冠。"《墨子》云："齐桓公高冠博带，金剑木盾，以治其国"；"楚庄王鲜冠组缨，衮衣博袍，以治其国"。⑥《左

---

① 林尹《周礼今注今译》，第 222—223 页，书目文献出版社 1985 年版。
② 《左传·昭公元年》。
③ 《左传·昭公十年》。
④ （清）孙诒让《周礼正义》卷 15。
⑤ 宋镇豪《中国春秋战国习俗史》，第 182 页。
⑥ 《墨子·公孟篇》。

传·昭公十二年》载：楚灵王冬狩于州来，"雨雪，王皮冠，秦复陶，翠被，豹舄"。"复陶"，杜预注："秦所遗羽衣也。""翠被"，杜预注："以翠羽饰被。"据今人杨伯峻先生注："复陶乃以禽兽毛绒为之，衣以御寒者。"翠被之"被当读为帔，《释名·释衣服》云：'帔，披也，披之肩背不及下也。'盖以翠毛为之，所以御雨雪，若今之斗篷或清时妇女所著之披风"。有学者认为，"上述灵王的装束中，皮冠是田猎和征战时专用的一种冠帽，翠被、豹舄是为了御寒所备的衣履，只有'复陶'（羽衣）可能具有王公冕服的性质"。① 他们还以《周礼·春官·司服》所载"（王）享先公，飨射，则鷩冕"为据，提出"鷩冕疑即复陶"。② 并且结合《说苑·善说》记述的"（楚）襄成君始封之日，衣翠衣，带玉剑，履缟舄，立于游水之上"的史实，指出"羽毛织成的翠衣、复陶便是春秋中后期以降楚国王、公、封君的朝服"。③ 其说不无道理。又《左传·定公三年》说："蔡昭侯为两佩与两裘以入楚，献一佩一裘於昭王，昭王服之，以享蔡侯，蔡侯亦服其一。""两裘"应是名贵而轻软的裘。

卿大夫以高等裘皮为服。如《战国策·楚策一》载："昔令尹子文，缁帛之衣以朝，鹿裘以处，未明而立于朝。""缁帛"即黑绢，缁帛之衣当是一种黑色的袍服。④《左传·襄公二十一年》记：楚大夫薳子冯"重茧衣裘"。意即穿两层新绵袍，又着皮裘。1987年湖北省荆门市包山二号楚墓出土的夹纻胎漆奁上彩绘的左尹邵舵（墓主），头戴圆形高冠，冠上又有一小圆球状的冠饰，领上系冠带，冠后似有长缨。身穿宽袖紧身的深衣。衣领交叉于胸前，领口较低，腰束宽带，下摆部分较宽大（呈喇叭形）。领口与袖口镶边，并与古文献所记的"衣作绣，锦为缘"相符。深衣作杏黄色，似是表示精美华丽的绣衣。⑤

士阶层以下一般以布衣、低等裘皮和短衣紧身裤为服。⑥《说苑·善说》载林既衣韦衣（用熟兽皮制的衣）说齐景公曰："昔者……齐短衣而遂偾之冠，管仲、隰朋出焉。"又，《新序》称齐桓公欲见隐士小臣稷："一日三至不得见也，从者曰：'万乘之主，布衣之士，一日三至而不得见，亦可以止矣。'"《史记·蔺相如列传》云："臣以为布衣之士尚不相欺。"这说明士是穿布衣（以麻葛织品制的衣）的。又，《吕氏春秋·先识览·观世》载齐国士人越石父"反裘负刍息于涂"。"反裘"，翻穿皮衣。可见士人亦穿裘。士以下的平民服装见于文献记载。如《吕氏春秋·审应览·离谓》说郑国之民有"大

---

① 宋公文、张君《楚国风俗志》，第48页。
② 同上。
③ 宋公文、张君《楚国风俗志》，第48页。
④ 宋公文、张君《楚国风俗志》，第47页。
⑤ 陈振裕《楚国车马出行图初论》，《江汉考古》1989年4期。
⑥ 参宋镇豪《中国春秋战国习俗史》，第183页。

狱一衣，小狱襦""而学讼者"。意即有献上上衣或短衣下衣以便学习狱讼的人。又，同书《淫辞》篇说宋国平民之衣有"纺緇"（黑色纺帛衣）和"禅緇"（黑色麻葛制禅衣）。河南信阳长台关战国楚墓出土的漆瑟上绘饰的猎人身着短衣紧身袴，帽作尖锥式。①

妇女的服饰是取决于夫的，其夫为官，便为命妇。《礼记·玉藻》云："唯世妇命于奠茧，其他则皆从男子。"可见由公侯夫人至士妻，她们的服制都按照自己丈夫的地位而穿应穿的命服。即卿的妻子穿鞠衣，士妻穿褖衣。

在服装色彩上，按照礼制，有尊卑贵贱的区分。

《礼记·玉藻》云："衣正色，裳间色，非列采不入公门。"孔《疏》："正谓青、赤、黄、白、黑五方正色也；不正谓五方间色也，绿、红、碧、紫、駵黄是也。"列采指有采色而不贰之正服。由此可知，古时以正色为尊贵，以间色为卑贱，②并十分看重衣之纯，贵一色而贱贰采。③《玉藻》又云："始冠缁布冠，自诸侯下达，冠而敝之可也。玄冠朱组缨，天子之冠也。缁布冠缋緌，诸侯之冠也。玄冠丹组缨，诸侯之斋冠也。玄冠綦组缨，士之斋冠也。缟冠玄武，子姓之冠也。"《荀子·富国》亦云："天子袾裷、衣冕，诸侯玄裷、衣冕，大夫裨、冕，士皮弁、服。"《礼记·玉藻》记有云："韠，君朱、大夫素、士爵韦。……天子素带，朱里，终辟；诸侯素带，终辟；大夫素带，辟垂；士练带，率下辟；居士锦带；弟子缟带。"以上资料说明，无论是冠服，还是蔽膝、束带，均以颜色的分别来指示衣着者的身份，④其中大红色和朱红色属于上色。

纹饰的不同是统治阶级衣服外在区别的主要内涵。

在周代以前，君王在祭天等重大活动时所穿的衣裳，绘绣有十二种纹样，名谓"十二章"，它们依次是日、月、星辰、山、龙、华虫、宗彝、藻、火、粉米、黼、黻。其中前六章绘于衣，后六章绣于裳。每一种纹样都有其含义，隐喻帝王贵族的风操品行。⑤如日、月、星辰，是谓"三星"，取照临光明之意；山，取其人的仰望，象征稳重；龙，取其应变；华虫为一种雉鸟，取其文采；宗彝是一种祭祀用的礼器，取其忠孝；藻为水草，取其洁净；火，取其光明；粉米，取其滋养万民，象征有济世之德；黼，斧形，取其决断；黻，作两己相背形，取其明辨。上述天子的专用服饰，三公诸侯不能穿着。公侯等从王祭祀，所用章纹逐级递减，如公之祭服，省去了日、月、星辰三章。根据这一原则，人们特将绘有日、月、星辰三种天象图纹的君王之服，称为"象服"。至于侯、伯，则只能用华虫以下五章；子、男用藻以下五章；卿、大夫用粉

---

① 沈从文《中国古代服饰研究》，第55页，上海世纪出版集团、上海书店出版社2002年版。
② 参吕思勉《先秦史》，第345页，上海古籍出版社1982年版。
③ 宋镇豪《中国春秋战略习俗史》，第185页。
④ 参瞿同祖《中国法律与中国社会》，第140页，中华书局1981年版。
⑤ 周汛、高春明《中国古代服饰大观》，第255页。

米以下三章。到了周代，因为日、月、星三章画于旌旗，所以不再施于衣服。君王在最隆重的祭祀等场合上，衣裳只有九章：前五章绘之，后四章绣之。臣下则相应递减，原来用九章的，只能用七章；原来用五章的，只能用三章。

锦绣绮罗一类质地精细的丝织品被视为上服，有许多人是不许服用的。《礼记·玉藻》云："士不衣织。"意即凡是士，不能穿织锦的而只能穿染缯的衣服。又，褐衣为贱者之服。① "刑余戮民，不敢服丝。"② 皮毛同样有一定的分寸。管子说："百工商贾不得服长鬈貂。"③ 又，裘服也有等级之分。④《诗经·小雅·都人士》云："彼都人士，狐裘黄黄。"《豳风·七月》云："取彼狐狸，为公子裘。"《礼记·玉藻》云："君衣狐白裘。"这说明狐狸裘是最贵之裘，为贵族所服，其中狐白裘系君王所服。《礼记·玉藻》还提到"虎裘"、"狼裘"、"鹿裘"、"羔裘"，这是次贵之裘，为士大夫所服。《礼记·玉藻》接着说："犬羊之裘不裼。"这是最次之裘，为庶人所服，人与裘俱贱，所以不加裘外之衣以为饰。

从春秋中、后期开始，在服饰上僭越礼制的事时有发生，但也常受到惩处。⑤ 如郑子华之弟子臧"好聚鹬冠"，"郑伯闻而恶之"，派人诱而杀之。⑥ 楚子玉自为琼弁、玉缨，人知其将得祸，后果被杀。⑦ 郑国的嬖大夫驷秦"富而侈"，"而常陈卿之车服于其庭。郑人恶而杀之"。⑧ 卫国孔文子的家奴浑良夫倚仗太子权势，一度"服冕"、"乘轩"，和大夫同，⑨ 后以"紫衣狐裘"、"袒裘"、"不释剑而食"等"三罪"被杀。⑩

礼制的破坏还表现在服色上，某些间色正在扰乱正色，甚至取而代之，以及白色被尚为吉色。《论语·阳货》云："恶紫之夺朱。"《孟子·尽心下》云："恶紫，恐其乱朱也。"又，《礼记·玉藻》云："玄冠紫緌，自鲁桓公始也。朝服之以缟（白色）也，自季康子始也。"

---

① 《诗经·豳风·七月》云："无衣无褐，何以卒岁？"
② 《管子·立政》。
③ 《管子·立政》。
④ 尚秉和《历代社会风俗事物考》，第41页。
⑤ 参宋镇豪《中国春秋战国习俗史》，第184页。
⑥ 《左传·僖公二十四年》。
⑦ 《左传·僖公二十八年》。
⑧ 《左传·哀公五年》。
⑨ 《左传·哀公十五年》。
⑩ 《左传·哀公十五年》。

第四节　首饰和佩饰

首饰和佩饰是装饰中最光彩夺目的部分。

装饰包括首饰与佩饰，其中主要是佩饰，有的装饰实际上是衣裳的有机组成部分。制造装饰的原料有玉石、玛瑙、珍珠、瑁瑎、珊瑚、琉璃珠（管）、象牙、犀角等。其中以玉石的使用最多、最普遍。此外，生动活泼的装饰性玉石制品，其材质之美还被用来与社会道德规范相比附，并用以表征佩戴者的社会等级地位。

一、发饰

（一）笄

笄是绾髻固冠的用具。古代妇女一般都是长发，在头顶两边结成两个小髻，宛如双角。周代称"总角"①按照古代礼制，女子年满十五岁，便改梳成人发髻，插上"笄"，把头发挽住。古人因此把女子成年称为"及笄"。春秋战国出土的实物，有木笄、竹笄、玉笄等。

在男子流行戴冠以后，笄还有固冠的作用，即把冠体和发髻相联固定。正如《释名·释首饰》所说："笄，系也，所以系冠，使之不坠也。"这种笄一般是横插在发髻之中的，故又称"衡笄"或"衡"。在周代，衡笄还是区分地位等级的标志之一，如天子、王后和诸侯用玉，士、大夫用象牙。《左传·桓公二年》载："衡、纮、纮、綖昭其度也。"说的就是这种情况。衡笄由于要贯穿整个冠体，所以比发笄长，且笄首的前端多附有一个挡板，以便在使用时固定位置。多出外面的一截，以系缚冠缨或玉瑱。②

---

① 《诗经·卫风·氓》："总角之宴，言笑晏晏。"
② 参周汛、高春明《中国古代服饰大观》，第148—149页。

(二) 钗

钗是插发的工具。它的式样为两股，与笄一般做成一股有别；另外在用途上也有所不同。现存较早的发钗实物，是山西侯马春秋墓出土的骨钗。其长12厘米，约在钗身的三分之一处分叉。正如《释名·释首饰》所云："叉，杈也，固形名之也。"

(三) 梳篦

梳篦的总名叫栉。是整理头发和胡子的用具。《释名》曰："梳，言其齿疏也；篦，言其细相比也。"可见梳和篦的主要区别是：梳齿粗稀，篦齿细密。这是与它们的用途梳理头发用梳、清理发垢用篦相适应的。70年代北京市琉璃河燕国墓地出土有象牙梳。通长16.9厘米。柄背两面雕兽面纹，背上端中央小柄两侧有穿孔，可备穿系悬挂。[①]这是西周时贵族使用的梳发器。据《礼记》的记载，男女不共用同一把梳篦。又《左传》载秦君使婢子嬴氏为在秦国做人质的晋国太子侍执巾栉，可见春秋战国继续使用梳篦。考古发现的春秋战国梳篦实物，有河南淅川春秋墓的玉梳、山西长治分水岭春

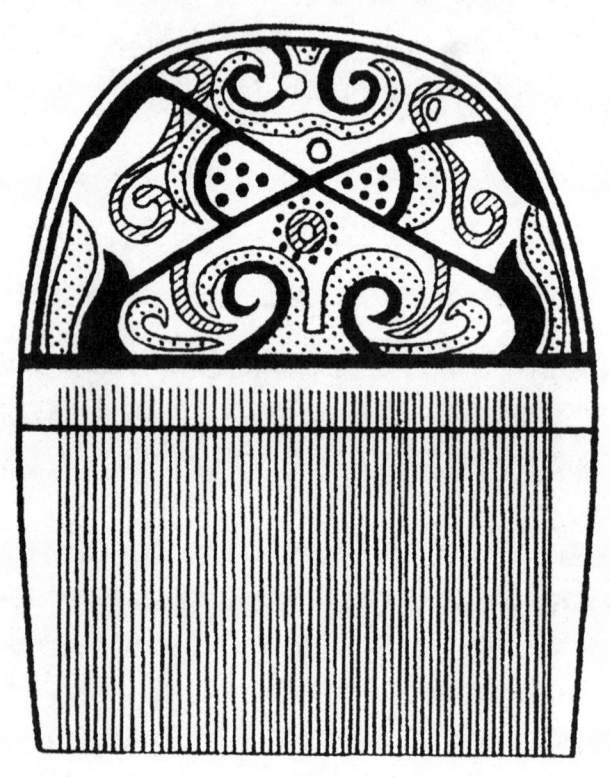

湖北江陵九店296号墓出土的卷云纹漆木篦

---

① 张永山、罗随祖《中国通史图说·原始社会夏商西周卷》，第388页，九洲图书出版社1999年版。

秋墓的竹梳、湖北江陵拍马山和四川青川、河南信阳战国墓的木梳，以及山西长治分水岭春秋晚期墓的竹篦和信阳战国墓的木篦。篦梳的形制，从信阳战国墓出土的看，木篦背作半圆形或平板状，齿较密；木梳背作半圆形，齿较疏。① 插梳实例，在新疆鄯善苏巴什以及四川昭化宝轮院等地的墓葬中还能看到，但并不普遍。② 此外，头插羽饰，是中国古代西南民族盛行的习俗。在滇池地区出土的青铜器上的人物，头插羽毛者相当多见。③

二、耳饰

当时的耳饰包括玦和耳坠。这里主要谈玦。

玦是一种开有缺口的圆环形饰物。因其多数和美玉制成，故名"玉玦"。玉玦的用途有两种：作耳饰；作佩饰。④ 作耳饰是玦的原始用途。考古出土有耳戴玉玦的谷物形象。作佩饰的玦，大多有寓意。一是用来表示生者与死者的诀别。如1974年在陕西户县春秋早期墓死者口内发现的几件小型玉玦即是。二是显示自己的决断。《史记·项羽本纪》云："范增数目项王，举所佩玉玦，以示之者三。项王默然不应。"三是用来表示朋友之间不再保持友好关系。《荀子·大略》云："绝人以玦，反绝以环。"讲的就是这个意思。春秋

战国变体两头龙纹玉玦

战国的玉玦，有素面的；也有雕琢纹饰的，1983年在河南光山县宝相寺春秋早期黄君孟墓出土的龙纹玉玦一双，堪称上品。

此外，战国时期的耳坠制作已相当精美。而河南光山宝相寺附近的春秋墓中，还出土有穿耳的玉雕人头。穿耳当是用以戴耳坠的。1980年广西壮族自治区灵山县石塘乡石滩出土的人首纹青铜剑；剑身饰人首纹，其头戴冠，双耳下垂挂二车轮形饰物，当是耳坠。⑤

---

① 河南省文物研究所《信阳楚墓》，第43、106页，文物出版社1986年版。
② 周汛、高春明《中国古代服饰大观》，第175页。
③ 云南省博物馆编《云南省博物馆》，文物出版社、日本株式会社讲谈社1991年版。
④ 周汛、高春明《中国古代服饰大观》，第189页。
⑤ 《中国文物精华》（1993），文物出版社1993年版。

三、颈饰

两周时期的颈饰发现不少。河南三门峡上村岭虢国墓地、山西省太原市晋卿赵氏墓、安徽寿县蔡侯墓、山西侯马上马村春秋墓、河北怀来北辛堡燕国墓、河南辉县固围村魏墓、河南叶县旧县一号墓、山东曲阜鲁故城、湖北随县曾侯乙墓、河北平山战国中山王国墓等处均有出土。上述颈饰皆属项链，是戴在头颈前面的。项链的形制比较复杂。如河北怀来北辛堡两座燕国墓，一座出土绿松石串珠264枚，除少数较大外，多数都很小，或像绿豆，或像粟粒，且皆有穿孔，出于人架颈部。[1]再如，河南叶县旧县一号墓出土的水晶、骨珠项饰，长约25.3厘米，珠粒长1.2厘米、径0.6厘米。此项饰是以磨光的紫晶珠、水晶珠和细圆的小骨管共同连缀而成。其中紫晶珠和水晶珠的数量比例是五紫三白，再与骨管反复串联成环形整体。共计珠子的总数为九十六枚，骨管为三枚。[2]紫、白与浅黄相映，色彩斑斓，光辉夺目。

河南省三门峡市上村岭虢国墓地1820号墓出土的春秋玉石项饰

四、手镯和指环

手镯在中国出现很早，然而这一名称却出现甚晚。在古代，不分男女，都可佩戴。

---

[1] 《河北怀来北辛堡战国墓》，《考古》1966年第5期。
[2] 贾峨主编《中国玉器全集》3《春秋战国》，河北美术出版社1993年。

既可戴在左手，也可戴在右手，亦或双手都戴。1972年云南江川李家山13号墓出土的猎猪铜扣饰，两猎者均佩戴多道手镯，颇具特色。①春秋战国的手镯，多呈扁形圆环状。既有金属镯，也有玉镯。"这个时期的玉镯，环面上多用谷纹、雷纹及蟠虺纹加以装饰。"②1986年江苏吴县严山出土的玉镯外径7.5厘米，内径5.3厘米，粗0.6厘米。正圆形。断面作扁圆形。通体呈绞丝状。玉料白色，夹有绿斑，有光泽。③手饰除手镯外，还有指环。山西侯马上马村春秋墓出土2件玛瑙指环，断面作六角形，血红色。④

又，河南洛阳中州路春秋第三期墓出土一件腕饰，其由十三颗大小、形状有别的小玉珠和一颗小玉瑚串连而成。出土时置于人架腕部。⑤这种腕饰装饰腕部的作用当与手镯大同小异。

五、臂钏

臂钏是我国古代妇女套在手臂上的一种环形装饰品，亦称"臂环"。河北怀来北辛堡战国墓曾出土这种装饰品：其物以0.5厘米粗的金丝盘绕成三圈，形如弹簧，环径4.2厘米。⑥戴着这种装饰物，望去宛如佩戴着几个手镯。这种臂钏，当是从手镯演变而来。⑦

六、腰饰带钩

带钩是革带上的钩，饰物。它是西周晚期至春秋早期由北方游牧民族传入中原的。到春秋中期已经普遍使用。⑧在北京、河北、河南、山西、山东、湖北等地的春秋战国墓中，都有带钩实物出土。古典文献中也常提到带钩的名称。如《管子·小匡》云："管夷吾亲射寡人中钩。"《史记·齐太公世家》云："射中小白带钩"等。

带钩的形制一般为一端曲首，背有圆纽。带钩长的尺余，短的寸许。制造带钩的

---

① 云南省博物馆编《云南省博物馆》，文物出版社、日本株式会社讲谈社1991年版。
② 周汛、高春明《中国古代服饰大观》，第245页。
③ 贾峨主编《中国玉器全集》3。
④ 山西省考古研究所《上马墓地》，文物出版社1994年版。
⑤ 《洛阳中州路》，科学出版社1959年版。
⑥ 《河北怀来北辛堡战国墓》，《考古》1966年第5期。
⑦ 周汛、高春明《中国古代服饰大观》，第251页。
⑧ 黄馥能、陈娟娟《中国服装史》，第73页，中国旅游出版社1995年版。

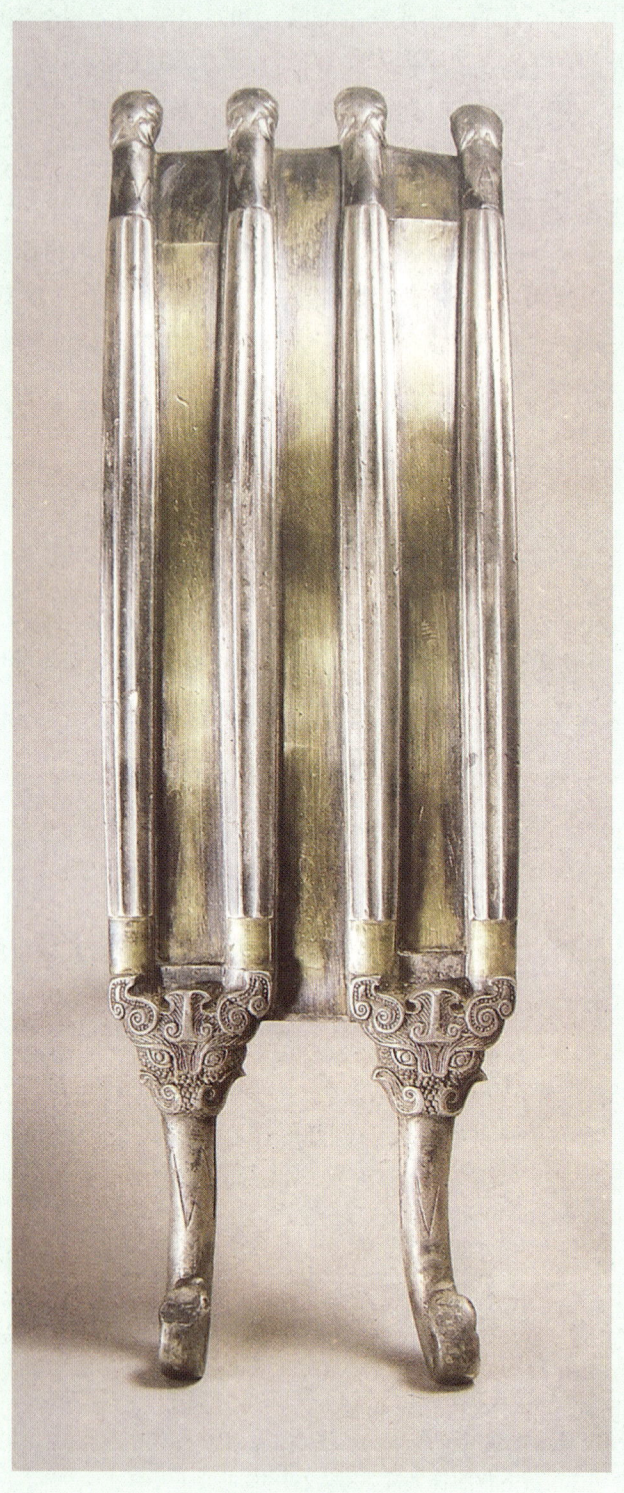

洛阳出土东周包银铜带钩

原料有金、银、铜、铁、玉、骨等。带钩的造型，因时代的早晚和地区的差异，而有明显的变化和不同。有棒形、竹节形、琵琶形、琴面形、兽形和圆形等等。制造工艺有错、镂、鎏、嵌、刻等等。《淮南子·说林训》云："满堂之坐，视钩各异。"说的就是这种情形，也反映了当时贵族们追求时髦，彼此争奇斗艳，显示富豪的社会风尚。

带钩中不乏制作精巧，装饰华美，艺术价值高超者。1951年河南省辉县固围村5号墓出土的包金镶玉嵌琉璃银带钩，长18.4厘米，中宽4.9厘米。呈琵琶形，底为银托，面为包金组成的浮雕兽首，两侧蟠绕着两条夔龙，在钩端合为龙首，口衔白玉琢成的鸿雁首形的弯钩作为钩首。夔龙的相反方向，有两个鹦鹉。脊背正中，嵌入三枚白玉玦。在玉玦中心，各镶一颗半球形玻璃彩珠（俗名蜻蜓眼）。由于使用了多种装饰手法，所以色彩丰富，透剔玲珑，雍容华贵。[①]1978年山东省曲阜鲁国故城东周墓出土的银猿形带钩，长16.7厘米，猿呈振臂回首跨进状，身微拱，十分生动。目嵌兰色料珠。全身鎏金。背面有一圆纽。[②]

带钩的大小不同，形态各异，反映了它们的使用方法和用途的差别。一般来说，短小的带钩，既可正置，又可反置，使用均方便。但大的带钩只有正面有华丽的雕饰，因此只有正置才能使用。带钩的主要用途是系连革带，使革带牢固地系着衣袍。带钩的钩首套入革带一端的小孔中，带钩的圆纽（一个或两个）则嵌

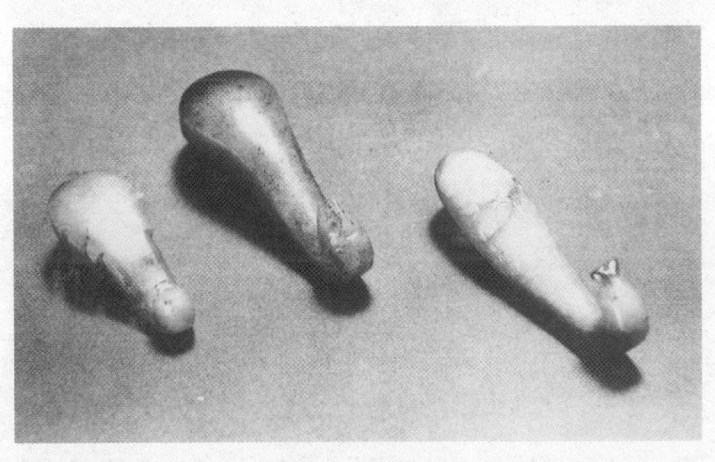

曾侯乙玉带钩

河南信阳楚墓出土的战国错金嵌玉铁带钩

---

① 中国科学院考古研究所《辉县发掘报告》，科学出版社1956年版。
② 文化部文物局等《全国出土文物珍品选》，文物出版社1987年版。

周代带钩

上：包金嵌玉银带钩（河南辉县出土）　下：嵌玉螭龙纹带钩（传世实物）。

山东省曲阜鲁国东周墓出土银猿形带钩

入革带另一端的圆孔中。带钩也用于佩挂剑、刀等短武器。带钩还用来佩挂印章、铜镜等随身的小物件。①

七、佩玉

玉材珍稀，其材质、色泽是"石之美者"。周代将玉的材质之美与社会道德规范相比附，所谓"君子于玉比德焉"，②"言念君子，温其如玉"③成为社会风尚。加以玉材加

---

① 《礼记·内则》对此有详细记载。
② 《礼记·玉藻》。
③ 《诗经·秦风·小戎》。

工难度高,所以玉器一直被视为珍宝。贵族男女佩戴玉石装饰品成风,所谓"古之君子必佩玉","凡带,必有佩玉,唯丧否"。① 佩玉有全佩、组佩及礼制以外的装饰性玉佩。② 兹分述于下。

(一) 全佩

也称"大佩"、"杂佩"。它是由珩、璜、琚、瑀、冲牙等玉器组合为一体的一种佩饰。《诗经·郑风·女曰鸡鸣》云:"知子之来之,杂佩以赠之。"毛传:"杂佩者,珩、璜、琚、瑀、冲牙之类。"说的就是这种佩饰。珩又写作"衡",多呈拱形,置于大佩上部,因此在两端或中间钻以一孔,下缀蝼珠、琚瑀等物。琚、瑀俱是用白玉制成的圆珠;蝼珠即珍珠。它们具有串连珩与璜、冲牙的作用。璜的形状为半个玉璧,多处于大佩底部,和冲牙并列;冲牙是呈牙状的一种玉佩。因为冲牙和玉璜的位置靠近,所以佩着大佩,伴随着步履的震动,两侧的冲牙就自然地撞击玉璜,从而发出有节奏的悦耳的声音。③ 近年考古发掘的山西侯马曲村晋侯墓地六十三号墓,被推定为春秋初年的晋文侯夫人之墓。该墓出土的整套玉佩饰由玛瑙和玉珠将四十七件玉璜、三件玉珩和二件玉鸭连缀,佩挂颈上,下部可长达膝下。精美华贵,堪称国宝。④ 又,郭沫若先生考证洛阳金村东周墓葬所出的金链舞女玉佩,以金链贯穿玉质舞女及璜、管、冲牙等组成佩饰,可挂于颈部垂于胸前。⑤ 战国全佩在河南辉县也出土过两件,于玉瑗上悬挂左右两

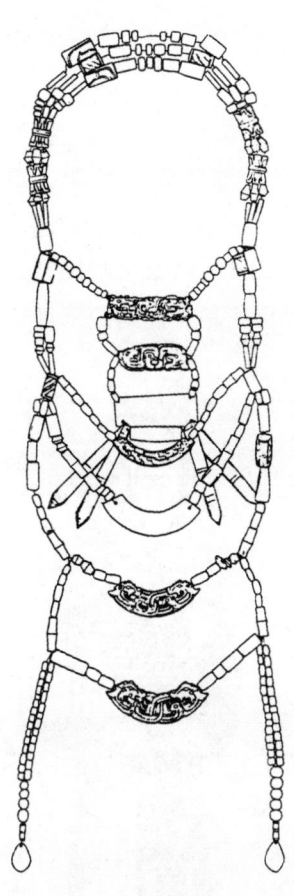

晋侯墓地出土的
四珩四璜联珠串饰

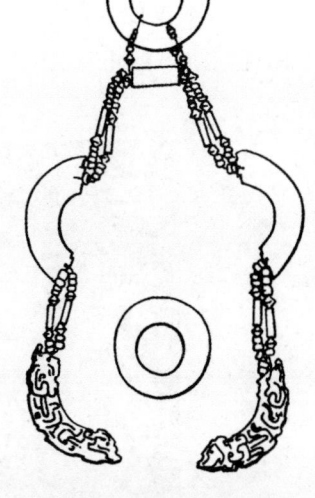

山西省曲沃县天马——
曲村西周晚期遗址出土
胸腹玉佩饰

---

① 《礼记·玉藻》。
② 黄能馥、陈娟娟《中国服装史》,第74页。
③ 关于大佩的组合方式,迄今尚无定论。此处从贾谊说。贾谊《新书·容经》云:"鸣玉者,佩玉也:上有双珩,下有双璜,冲牙蝼珠,以纳其间,琚瑀以杂之。"
④ 信立祥《〈全国考古新发现精品展〉巡礼》,《文物》1997年第10期。
⑤ 详见《金文丛考·释亢黄》。

个珩，左右珩下各挂一个璜，中央从瑗上直接悬挂一个冲牙，垂于珩和璜之间。以上出土的全佩，与《三礼图》等书所画全佩形制并不完全相符。[①]

（二）组佩

组佩是将数件佩玉用彩色丝线编成的组绶串联悬挂于革带上。《楚辞·离骚》云："解佩纕以结言兮。"王逸注曰："纕，佩带也。"同书《招魂》云："指陈组缨。"王逸注云："组，绶。"考古发掘为我们提供了直接的形象资料。河南信阳长台关2号战国楚墓出土了六件着彩俑，裴明相先生经过研究，描述如下："值得提出的是在俑的腹部饰有珠、璜、彩环等组成的成串的饰品。珠、璜为白色，彩结为红色，彩环和绳索为橙黄色。它们是以珠、璜为主、上下串联的方法，组成的彩绘图案，它的上端是以锦带挂于俑的颈部，带的下端联饰成串。"[②] 湖北江陵纪南城武昌义地6号战国楚墓出土彩绘偏衣木俑，在胸部以下左右各垂挂一组玉佩，于玉璜间有方形、圆形玉相隔组合。亦属组佩一类。组佩色彩斑斓，叮咛作响，不仅使人产生视觉、听觉上的美感，而且在举行典礼时能增添肃穆和庄严的气氛。

战国龙凤玉璧

江陵武昌义地6号楚墓
出土偏衣佩玉木俑

---

① 黄能馥、陈娟娟《中国服装史》，第74页。
② 裴明相《楚人服饰考》，《楚文化觅踪》，中州古籍出版社1986年版。

（三）装饰性玉佩

　　装饰性玉佩包括各种人和小型动物形象的小型圆雕或浮雕，是玉器中特别富于装饰意匠的部分。这些饰品玉质晶莹美观，形象栩栩如生，一般有孔，可以悬挂佩戴。曾侯乙墓出土的龙凤玉挂佩、四节龙凤玉佩等作品最为精美，颇具代表性。龙凤玉挂饰有人认为即古代贵族系帽的玉缨。此外，河北平山战国中山国王陪葬墓出土的三龙环形玉佩，三龙透空雕镂，作侧身回顾状，十分玲珑活泼。安徽长丰县杨公乡战国墓出土的青玉镂空龙凤纹珮、青玉镂空龙形佩、黄玉镂空龙形珮等饰品的龙凤形体生动

安徽省长丰县杨公乡战国墓出土的玉佩和玉璜
上　镂空龙凤纹玉佩
中　双凤纹玉璜
下　镂空龙凤玉佩

流畅而又雄浑遒劲。洛阳市博物馆藏的龙凤玉璧玲珑剔透，造型别致，线条流畅，给人以旋转飞动的感觉。①

八、佩剑

剑是进攻和防身兼备的武器。春秋战国时尚武，为了防身，并壮其威仪，士阶层及其以上的男子皆佩剑。《礼记·少仪》云："观君子之衣服，服剑，乘马，弗贾。"其意是说，看到尊长的衣服、佩剑及乘马，也不要评论其价值的贵贱。《史记·孟尝君列传》云："冯先生甚贫，犹有一剑耳，又蒯缑。""蒯缑"，是以蒯绳缠剑把。又，据考古发掘，湖北江陵士一级的楚国墓葬中皆随葬一剑。② 这说明士亦俱佩剑。剑不仅有防卫作用，还有装饰作用。剑的这种二重作用在楚国是相等的。③《说苑》记楚襄城君始封之日，"带玉剑"，这玉剑便纯为装饰品。秦国也有男子佩剑之俗。《史记·秦本纪》记秦简公六年（前409年），"令吏初带剑"。

湖北随县曾侯乙墓出土战国编钟钟架
佩剑人物

---

① 中国文物交流中心编《出土文物三百品》，新世界出版社1992年版。
② 参郭德维《楚系墓葬研究》，第138页，湖北教育出版社1995年版。
③ 宋公文、张君《楚国风俗志》，第63页。

九、佩花草

当时存在着佩饰香草的风尚,其中以楚国为最盛。《楚辞·离骚》中有不少这方面的诗句。如"扈江离与辟芷兮,纫秋兰以为佩"。"扈",王逸《楚辞章句》云:"扈,被也。楚人名被为扈。"即披;"江离"、"芷",皆是香草;"纫",《山带阁注》:"结也"。动词。"兰",香草名。类似的句子在同书中还有一些。如:"既替余以蕙纕兮,又申之以揽茝";"制芰荷以为衣兮,集芙蓉以为裳";"溘吾游此春宫兮,折琼枝以继佩"等。在屈赋中以香草为佩饰固然属于比喻,但却是有社会生活的依据。古时男女以芳香的花草作服饰,既有装饰的作用,又可以香气避邪、驱虫、除臭,以及引起男女相悦的生理反应。即所谓"佩缤纷其繁饰兮,芳菲菲其弥章"。① 此外,楚国的妇女还以佩饰芳香的花草研末制成的香囊为习俗,如马王堆汉墓出土有多种香囊,当系楚俗遗风。②

这一时期的服饰俗尚大致可以归纳为以下两点。

1. 追求时髦新奇

春秋战国时期,衣着穿戴组成了一种特殊的风土人情,反映出不同的习俗时尚和物质文化水准,也反映出人们的生活方式和价值观念。如"齐王(桓公)好衣紫,齐人皆好也";③"(齐)灵公好妇人而丈夫饰者,国人尽服之"。④ 又如"邹君好服长缨,左右皆服长缨"。⑤ 复如,"楚文王好服獬冠,楚国效之"。⑥ "楚灵王好细腰,而国中多饿人。"⑦ 以骄侈暴虐著称的楚灵王所好的,自然主要是女子细腰,所以后世诗人咏其事者颇多。⑧ 考古资料也可印证楚女之腰细。湖南常德德山晚期楚墓出土木俑二十三件,其中"女侍俑十件,体瘦,细腰长裙,下有一对薄木片制成的脚板,身高53—55厘米"。⑨ 但楚灵王所好的,也兼有男子的细腰。如《战国策·楚策》说:"(楚)灵王好小腰,楚士约食。"《墨子·兼爱中》说:"昔者楚灵王好士细腰,故灵王之臣,皆以一饭为节,胁息然后带,扶墙然后起。比期年,朝有黧黑之色。"再如:"赵武灵王贝带鵔鸃而朝,赵

---

① 《楚辞·离骚》。
② 宋公文、张君《楚国风俗志》,第63页。
③ 《韩非子·外储说左上》。
④ 《晏子春秋·内篇杂下》。
⑤ 《韩非子·外储说左上》。
⑥ 《淮南子·主术训》。
⑦ 《韩非子·二柄》。
⑧ 如李商隐诗云:"虚减宫厨为细腰";杜牧诗云:"楚腰纤细掌中轻";汪遵诗云:"贪向春风舞细腰"等。诗中所咏都是妙龄女郎。
⑨ 《湖南常德德山楚墓发掘报告》,《考古》1963年第9期。

国化之。"① 以上例证说明，当时人们对服饰的好恶取舍，随君上的爱好和提倡为转移，这正如墨子所云："上以为政，下以为俗。"② 于是服饰的流行构成了一种时尚，衣着的变化成为社会心理的一种反映。

2. 注重实用和审美的统一

服饰具有实用和审美相统一的功能，春秋战国的服装设计已注意到服装的这种功能。如洛阳金村出土、美国弗利尔美术馆藏的战国金链舞女玉佩，全长约42厘米，两舞女体态窈窕，着曲裾交领长衣，长袖相向，袖口宽博，袖筒呈波状，并渐变小。袖口内有折叠得整整齐齐，可以伸缩自如的"水袖"，"领、袖、下脚均有宽沿，斜裙绕襟，裙而不裳"，"用大带束腰"。③ 裙有重叠襞摺，便于在急骤旋转中展开。真是既实用又美观。又如山东章丘女郎山战国齐墓，④ 发现二十一件女性乐舞陶俑，有的双肩披红彩带，衣式分细瘦齐腕长袖和披肩短袖两种，也有超长袖几垂及地者，见于舞俑，乃是出于长袖曼舒舞姿的特殊考虑。再如山东长岛发现的战国齐国贵族墓，所出刻纹铜鉴上的人像服饰，狩猎者为上衣短袴，挑担者系齐膝长袍，乐舞者、御者、烹人等皆长衣曳地，也有身后拖"燕尾"的，反映了服饰的务实性。

---

① 《淮南子·主术训》。
② 《墨子·节葬下》。
③ 沈从文《中国古代服饰研究》，第34页，商务印书馆香港分馆1981年版。
④ 李日训《山东章丘女郎山战国墓出土乐舞陶俑及有关问题》，《文物》1993年第3期。

第五节 化妆风俗

爱美之心，人皆有之，而女性更具爱美的天性。同时，由于妇女在婚姻、家庭中的被动、卑下地位，由于上层社会男子多妻妾，这就迫使妇女，尤其是上层社会的妇女不得不加倍注意修饰自己，以博取男人的爱怜和欢心。于是梳妆就成了当时妇女生活中重要的一部分内容。

一、沐发涂发

沐发不仅可以去垢取洁，而且能够使发沃而舒长。因此，韩非认为头发得经常洗沐，"虽有弃发，必为之，爱弃发之费而忘长发之利"，不作沐洗，是"不知权者也"。①《淮南子》亦云："今沐者堕发，而犹为之不止，以所去少，所利者多也。"《礼记·内则》说："三日具沐，其间面垢，燂潘请靧。"燂潘是当时人发明的用温热米汁沐发洗面的方法。如春秋时齐人陈逆因杀人被囚，同族之人即"遗之潘沐"。②"潘沐"，即可以沐头的米汁。又，《玉藻》云："沐稷而靧粱。"汉郑玄注："沐头用稷汁，取其滑也。靧，洗面。洗面用粱汁，取其洁也。"《内则》云："三日具沐。"这大概是因为"发沐而干，干而栉，须时甚久，故不能日日为，须隔三日"。③人们沐发后还用膏油泽发，《诗经·卫风·伯兮》云："自伯之东，首如飞蓬。岂无膏沐？谁适为容。"这表明如果不用膏脂泽发，头发就会乱得如蓬草一样。又，《楚辞·大招》有"施芳泽只"句。王逸注曰："又施芳泽，其芳香郁渥也。"王夫之《楚辞通释》曰："芳泽香膏以涂发。"由此可见，楚女亦有涂发的香膏。

---

① 《韩非子·六反》。
② 《左传·哀公十四年》。
③ 尚秉和《历代社会风俗事物考》，第33页。

二、画眉

眉毛既可表达人们的喜怒哀乐，又能表现妇女的妩媚神态。早在春秋初年，《诗经·卫风·硕人》中已经出现了描写妇女眉毛之美的佳句："螓首蛾眉"。"蛾眉"一词，是对卫庄公之妻、齐庄公之女庄姜眉毛的形容。其意是说她的眉毛像蚕蛾的触须一样弯曲而细长。战国时蛾眉成了美人眉目姿态的代名词。如屈原《离骚》自喻曰："众女嫉余之蛾眉兮"，《招魂》言宫女"蛾眉曼睩"。又如宋玉《神女赋》云"眉联娟以蛾扬兮"。这种眉是用墨黛勾勒出来的。画眉的风俗，起码在战国时期已经出现。《楚辞·大招》中就有"粉白墨黑，施芳泽只"的记载。《韩非子·显学》也明确说："故善毛嫱、西施之美，无益吾面；用脂泽粉黛，则倍其初。"除了细曲眉外，当时的俗尚还有直眉。《大招》云："青色直眉，美目婳只。"在画眉前一般要剃去天然的眉毛，《释名》："黛，代也。灭眉而去之，以此画代其处也。"长沙马王堆汉墓出土有梳妆盒，内置小刀，疑其具有剃眉的作用。[1]

三、施粉

用粉搽敷脸上以其具有变媸为妍的作用，而成为古代妇女化妆的又一重要手段。学者认为，这一化妆手段始于战国时期。[2]《战国策·楚策三》"张仪之楚贫"条载张仪谓楚王曰："彼郑、周之女，粉白黛黑立于衢闾，非知而见之者以为神。"又《楚辞·大招》："粉白墨黑，施芳泽只。"清王夫之注："粉，以涂面；黛，以画眉。"《大招》又云楚国宫女"稺朱颜只"，意即宫女的面色红嫩而光润。而《招魂》云："美人既醉，朱颜酡些。"王逸注曰："朱，赤也。酡，著也。言美女饮啗醉饱，则面著赤色而鲜好也。"这虽是说楚国宫女醉酒后面部自然泛起了红润，但也表明在楚人的审美观中，女子以朱颜为美。由此可以推定在楚女施抹的脂粉中有用茜草浸染过的红色米粉，先用白粉敷底，而以红粉施面，可收白里透红的"朱颜"效果。[3]这种相当精妙的化妆术也流行齐国。如山东章丘女郎山齐墓出土乐舞陶俑，面部均施粉红彩。[4]

---

[1] 宋公文、张君《楚国风俗志》，第67页。
[2] 参周汛、高春明《中国古代服饰大观》，第118页。
[3] 宋公文、张君《楚国风俗志》，第67页。
[4] 《山东章丘女郎山战国墓出土陶俑及有关问题》，《文物》第1993年第3期。

湖南长沙楚墓出土彩绘女木俑（1）　　湖南长沙楚墓出土彩绘女木俑（2）

四、丹唇

用朱色脂膏涂唇，称为丹唇。宋玉《神女赋》描写神女："眸子炯其精朗兮，瞭多美可视。眉联娟以蛾扬兮，朱唇的其若丹。"此处的"丹"即朱砂，又作"渥丹"或"渥赭"，是古代女子妆唇用的主要原料。朱砂妆唇后口唇会更加红润。[1] 这在考古材料中亦可得到印证。如山东章丘女郎山齐墓出土的乐舞陶俑，面部均樱唇涂朱。[2] 而湖南长沙市陈家大山出土的古帛画中，也可看到画中女性唇部涂朱。又，湖南长沙马王堆汉墓出土的竹简上，记有"小付萎三，盛节、脂、粉"之语，这里的"脂"，指的就是唇脂，而不是胭脂，因为在此时期，胭脂尚未在中国出现。又，墓中随葬的九子奁中的一个小圆盒内，盛有唇脂实物，[3] 可与上述判断互见。这当是楚国习俗的积淀。

---

[1] 谷文彬、王齐洲《崔莺莺们的唇膏——关于口脂的文学考察》，《光明日报》2013 年 7 月 29 日。

[2] 《山东章丘女郎山战国墓出土陶俑及有关问题》，《文物》1993 年第 3 期。

[3] 《长沙马王堆一号汉墓发掘简报》，文物出版社 1972 年版。

【第六节　发式风俗】

春秋战国时期的发式有以下四种。

一、辫发

辫发的习俗，源远流长，可以追溯到原始社会的马家窑时期。此后各代都有结辫的习俗。春秋战国时期的辫发样式较之前代有了明显的变化，其特点是把辫发梳成双股，且蓄得绵长。如洛阳金村战国墓出土的青铜女俑，发辫垂到腰际。故宫博物院收藏的战国白玉人像，脑后辫发上挽，包入冠内。

二、发髻

古代妇女一般从小留长发，长大后在头顶两边结成两个小髻，其形状和牛角有点相似，故名"总角"。《诗经·齐风·甫田》云："婉兮娈兮，总角丱兮。"朱熹解释说："婉娈，少好貌。卯，两角貌。"可见少女时代一般都梳这种对称的双髻。发髻也可以向下移到头的两侧或垂于两侧。依照古礼，女子年满15岁，便改梳成人发髻，插上笄，把头发挽住，称作"上头"。古人因此把女子成年称为"及笄"。不过，后世女子多是结婚时才上头，将双环合成一个发髻。

妇女的发髻式样不可胜数。春秋战国亦不例外。《诗经·小雅·都人士》云："彼君子女，卷发如虿。"郑玄注："虿，螫虫也。尾末揵然，似妇人发末曲卷上扬。"同篇又

---

① 黄能馥、陈娟娟《中华服饰艺术源流》，第71页，高等教育出版社1994年版。

第二章 服饰

云南晋宁石寨山战国梳长辫青铜女子

云:"匪伊卷之,发则有旟。"毛亨注:"旟,扬也。"可见卷发就是发末曲卷上扬,宛如蝥虫模样。又,传洛阳金村东周王室墓出土的战国金链舞女玉佩之两舞女,短发覆额,两鬓有盛髾,后发卷曲如蝎子尾,分段束缚下垂发辫。齐鲁地区的女性好绾偏左高髻。① 山东临淄郎家庄一号春秋战国之际大墓出土的一批女性陶俑,其发型就是如此样式。② 又,山东章丘女郎山战国齐墓发现二十一件女性乐舞陶俑,除一件发式为无髻短发外,余二十件一律为偏左高髻,先将长发理成两缕,右缕挽一小髻,在头后向左缠绕,与左缕合成一束,再绾成扁圆饼状偏高髻。③ 山东长岛发现的战国齐国贵族墓,所出女性陶俑发式则有高髻、双丫髻和后垂发三种。④ 河南光山春秋早期偏晚黄君夫妇墓,黄夫人的发型为偏左高髻。⑤ 而湖北包山楚墓出土的人擎铜灯的楚女形象则为偏右高髻。⑥ 长沙陈家大山楚墓出土《人物龙凤帛画》上女子的发式是"椎髻",其形态与结束方式是"椎髻挽于脑后,在髻的中间用巾系着,使髻稳固而上翘"。⑦ 秦代女性的发髻,从文献记载看,有神仙髻、凌云髻、垂云髻、迎春髻、望仙九鬟髻、参鸾髻、黄罗髻等。⑧ 秦代

周代妇女的辫发样式

短命,由此亦大致可溯而观两周秦国女性传统的发髻形态。

少数民族的发髻。在文物与考古材料中可以见到。1982 年浙江绍兴坡塘 306 号墓

---

① 宋镇豪《中国春秋战国习俗史》,第 202 页。
② 山东省博物馆《临淄郎家庄一号东周墓》,《考古学报》1977 年 1 期。
③ 李曰训《山东章丘女郎山战国墓出土乐舞俑及有关问题》,《文物》1993 年第 3 期。
④ 烟台市文物管理委员会《山东长岛王沟东周墓群》,《考古学报》1993 年 1 期。
⑤ 《春秋早期黄君孟夫妇墓发掘报告》,《考古》1984 年 4 期。
⑥ 《包山楚墓》,文物出版社 1991 年版。
⑦ 《长沙出土楚服饰浅析》,《湖南考古辑刊》第 2 辑。
⑧ 《中华文明史·秦汉卷》,第 702 页,河北教育出版社 1994 年版。

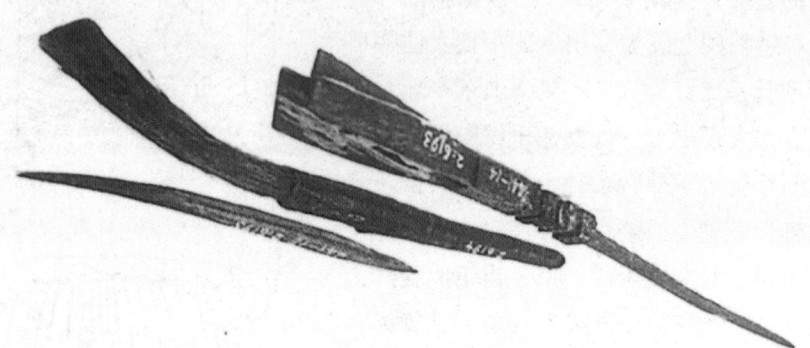

战国楚墓发簪

战国楚墓化妆盒

出土的伎乐铜屋，屋内六个铜人裸身跪坐，分前、后两排。前排两人头顶椎髻，后排三人皆有脑后髻。①这当是越人的发髻。1972年云南江川李家山13号墓出土的猎猪铜扣饰，两猎猪者均梳螺状高髻。②同墓出土的猎鹿铜扣饰，猎者俱梳高髻。③这应是滇人的发髻。又，湖北江陵马山一号墓的2号木俑和信阳长台关1号楚墓的二件木俑，均有长发在脑后梳拢，自然下垂。④这种发式可能是"髽。"《淮南子·齐俗训》云："三苗髽首"，高诱注："髽，以枲束发也。"楚地有土著民族三苗，髽发当是三苗女性原有的发式，并流行于楚地。⑤

三、假髻

所谓假髻，是以他人的头发，来增补短而稀的己发，使自己的发髻达到时尚的标准。如《事物原始》所称："妇人寡发，假人之发以为己发，名曰假发。"使人假发的习俗，大约出现于周初，使用者为贵妇人。⑥《仪礼·少牢馈食礼》云："主妇赞者一人，亦被锡。"汉郑玄注："被锡，读为髲鬄。古者剔贱者、刑者之发，以被妇人之紒（同结）为饰，故名髲鬄焉。"这说明贵妇是戴假发的。到春秋时期假发盛行。⑦《诗经·鄘风·君子偕老》云："鬒发如云，不屑髢也。"其意为己发乌黑如云，不屑于结上假发。又，《左传·哀公十七年》云："初，（卫庄）公自城上见己氏之妻发美，使髡之，以为吕姜髢。"晋杜预注："吕姜，庄公夫人。髢，髲也。"髢、髲，皆假发。其意是说，卫庄公看见别人妻子的头发秀美，于是令人剃下来，作为自己妻子的假发。假发的安法，

战国时期头梳圆形髻的玉童像

---

① 李学勤主编《中国美术全集·青铜器下》，文物出版社1986年版；杨权喜《绍兴306号墓文化性质的分析》载《国际百越文化研究》，中国社会科学出版社1992年版。
② 云南省博物馆《云南江川李家山古墓葬发掘报告》，《考古学报》1975年2期。
③ 云南省博物馆《云南江川李家山古墓葬发掘报告》，《考古学报》1975年2辑。
④ 河南省文物研究所《信阳楚墓》，第59页，文物出版社1986年版。
⑤ 彭浩《楚人的纺织与服饰》，第206页。
⑥ 参尚秉和《历代社会风俗事物考》，第36页。
⑦ 同上。

是以自身的头发为基础，增添部分假发，梳成发髻。正如清王念孙《广雅疏证》所说："假髻……皆取他人之发合己发以为结，则皆是假结也。"

用于箍发的铜发箍，1980年在云南省剑川沙溪156号墓出土。体呈"U"字形，两端各有一小穿孔。外侧饰怪兽八只，每边四只，相向而行。其时代为春秋晚期。①

四、鬓发的修饰

《楚辞·招魂》云："盛鬋不同制，实满宫些……长发曼鬋，艳陆离些。……激楚之结，独秀先些。"按"鬋"，即鬓发；"制"，样式"。洪兴祖补注曰："女鬓垂貌。"王逸注曰："言九侯之女，工巧妍雅，装饰两结垂鬓鬋下发，形貌奇异，不与众同。""长发"两句，王逸注云："言美人长发工结，鬋鬓滑泽，其状艳美，仪貌陆离，难具形也。"当代人黄寿祺、梅桐生注云："曼鬋"，曼长的鬓脚；"陆离"，形容女子打扮得五光十色，十分娇艳。② 这说明战国时期楚国的妇女除将头发挽成各种形式的髻鬟外，还对鬓发，即面颊两旁的头发，作了处理，修剪成各种形状。

此外，楚宫中还有郑、卫的美女，③ 她们工于服饰，其鬓发亦当会有各种形制。又，陕西临潼地区出土的秦代女陶俑中，大多数的鬓发被修剪成直角状，鬓角下部的头发全部被剃去，给人以庄重、朴实的感觉。④ 这应是秦国妇女鬓发修饰传统的积淀。

---

① 云南省博物馆编《云南省博物馆》，文物出版社、日本株式会社讲谈社1991年版。
② 《楚辞全译》，第168页。
③ 《楚辞·招魂》云："郑卫妖玩，来杂陈些。"
④ 周汛、高春明《中国古代服饰大观》，第98页。

第三章
居住与建筑

　　居住风俗是周代社会生活风俗的重要内容之一。周代居住风俗的一个突出特点是社会等级化。据考古所见西周时期的宫室遗址，王室居住基本上为"前堂后室"、"前朝后寝"式宫廷建筑格局。又据《尚书》记载，周王的宫殿有扆（屏风）、缀衣（帷帐）、嵌玉矮几等装饰器物和玉石、宝物等陈设。而平民居住的房屋则是长方形或圆形的半地穴式的坑。

到了春秋战国时代，城市勃兴，西周少见的砖、瓦逐渐成为常见的建筑材料，室内外的装饰日益精美豪华，台基较前有显著发展，贵族的宫室殿堂往往建在高耸的台基上，可谓筑台之风甚盛。楚国的章华台以其"崇高"、"彤镂"著称于世。此外，当时还建了不少榭、楼、亭等。国君的宫殿规模宏大，晋国的"铜鞮之宫数里"。那时的宫室往往附属有园囿，成为园林式建筑，其中以楚国的最园林化。宫室内部的装饰，刻镂施彩，绮缟帷帐，珠光宝气，还有壁画，以及几、案、床、座屏等髹漆的陈设器具。然而劳动人民大都住在半地穴或简陋的房屋里。诸侯宫室的奢丽，往往破坏了传统的礼制。如春秋初年，鲁庄公"丹桓宫楹"，"刻桓宫桷"，被认为非礼。然而，"礼崩乐坏"已成为不可抗拒的历史潮流。

第一节　择居和建房习俗

一、择居习俗

（一）都城地址的选择

早在殷商时代，已经重视建城选址。殷墟出土甲骨文有卜宅之文，如武丁相土作大邑的卜辞："贞：作大邑于唐土"（金611）；"己卯卜，争贞：王作邑，帝若，我从之唐"（乙570）；"庚午卜，丙贞：王易作邑，在兹，帝若"（丙86）等等。卜即占卜。但这种借占卜而反映天帝意志，以决定殷人是否迁都和作邑，在实际上，如学者所公认，根本原因在于战争、气候、水草及其他资源等因素所决定。《尚书·盘庚》为商代史籍，记商王盘庚迁都于殷（今河南安阳小屯一带）的训辞，谓"天其永我命于兹新邑"，就充分说明"卜"乃征服民心的手段而已，并不是全为迷信。周代承袭了殷商卜宅的风尚。《周礼·春官·筮人》说："凡国之大事，先筮而后卜。"所谓"国之大事"，除祭祀、战争外，自然也包括对建筑活动的占卜，即"卜宅"。其实，周人的"卜宅"早在先周就已经开始了。《诗经·大雅·公刘》叙述公刘迁豳（今陕西栒邑县）事迹，其中有察看地形、观其阴阳等内容。

自公刘起又传了九世，到了古公亶父时代。周人因受薰鬻戎狄的逼迫，不得不把豳放弃给这些游牧部落。古公亶父带领族人迁居到岐山之南的周原。周人在这里定居下来，规划了土田，营建了房舍居邑。《诗经·大雅·绵》云：

爰始爰谋，
爰契我龟。
曰止曰时，
筑室于兹。

该诗描写古公亶父从豳迁岐。通过占卜，在这里建筑宫室。

又，《诗经·大雅·文王有声》云：

考卜维王，
宅是镐京。
维龟正之，
武王成之。
武王烝哉！

上述诗句是说武王当初在选定镐为建都地点时使用了龟卜。

周武王灭商以后，周原来的都城丰镐远在黄河以西，已经不适应灭商以后的新形势。为了进一步巩固政权，就必须将政治中心向东迁移。《何尊》铭文就反映了武王灭商以后准备建都洛阳一带的设想。据《史记·周本纪》的记载，武王去世后，由周公执政。周公执政的第七年，成王长大了，周公把朝政交给成王。成王决定重新营建洛邑，委派召公主持营建工程。太保召公到洛地勘察营建的地址。他到达洛邑，就卜问所选的地址。得了吉兆，就开始营造。他还率领众殷民，在洛水与黄河汇合的地方测量、确定各建筑物的位置。① 继太保召公之后，周公全面视察了洛邑。他先占卜了涧水以东、瀍水以西地区，结果仅有洛地吉利。他又占卜了瀍水以东地区，也仅有洛地吉利。于是请成王来商量，并献上卜兆。成王看了卜兆，表示喜欢卜兆并吉。②

除太保相宅外，据《周礼·夏官》的记载，周代还有土方氏，也掌管相宅之法。有学者认为："土方氏的'相宅'方法已初具'科学'意念了。其中以致日景的'土圭法'用于辨方正位，而'土会法'、'土宜法'则用于辨别各种土地的性质。'土圭法'、'土

---

① 据《尚书·周书·召诰》。
② 据《尚书·周书·召诰》。

西周何尊

会法'、'土宜法'也就是早期'相宅'的基础，这些方法的运用亦开了风水中上究天文、下察地理的先河。"[1]

春秋时期，随着周天子威信的日益下降和礼制的僭越，卜宅出现了普及的趋势。《周礼·春官》有卜"大迁"一项，只有天子建都卜之；而一般的城邑，只需筮之。但是到了春秋时期，诸侯国都、大夫城邑，也都以龟卜之。[2]

据《左传》记载，春秋时期卜迁都的事件有以下两则：

1.《左传·僖公三十一年》云："冬，狄围卫，卫迁于帝丘。卜曰三百年。"

春秋时期，狄人四处侵扰。弱小的卫国自然难以抵御。公元前629年的冬天，狄人包围了卫国，卫国只得迁都帝丘（今河南濮阳市西南）。唐孔颖达认为卫人之所以迁到帝丘，是由于此处地势险要，可以抵御狄人之骚扰。迁都后，卫成公担心国家的存

---

[1] 何晓昕、罗隽《风水史》，第27页，上海文艺出版社1995年版。
[2] 刘玉建《中国古代龟卜文化》，第376页，广西师范大学出版社1992年版。

亡，于是占卜之，结果是，还可以立国三百年。①

2.《左传·文公十三年》："邾文公卜迁于绎。史曰：利于民而不利于君。邾子曰：'苟利于民，孤之利也。天生民而树之君，以利之也。……民苟利矣，迁也。吉莫如之！'遂迁于绎。"

此外，《史记·秦本纪》及《封禅书》载秦文公和秦德公曾分别占卜迁都。

秦文公四年（公元前762年），文公卜居汧水、渭水交汇处，占辞为吉，便营筑城邑。

秦德公元年（公元前677年），开始住在雍城（今陕西凤翔雍水北岸）。经过占卜，定居于雍。

龟卜在战国以后衰亡。这自然也包括卜建都邑在内。但城市选址并没有结束，而是获得了日新月异的发展，变得更合理了。这在《管子》的《乘马》篇中有论述：

> 凡立国都，非于大山之下，必于广川之上。高毋近旱而水用足。下毋近水而沟防省。

大意是说：凡是兴建都城，不是在大山之下，也必定在大河的近旁。高不可近于干旱，而保证水用充足；低不可近于水潦，而节省沟堤的修筑。

又，《度地篇》说：

> 圣人之处国者，必于不倾之地，而择地形之肥饶者，乡山，左右经水若泽。

大意是说，圣人营建都城，一定选在平稳可靠的地方，又是肥沃的土地。靠着山，左右有河流或湖泊沼泽。

上述说法表明，《管子》选择城址很重视地利，追求建设的经济效益。《管子》认为水、旱都是五害之一，②因此选择城址必须避免水旱之患。③《管子》的这一主张，大概在当时被采纳并付诸实施。从考古勘探和发掘可知，列国都城"或建于两条大河之间，或处在两河交汇的三角地带"。④如，洛阳王城南临洛河，西跨涧河。鲁国故城在洙水、泗水之间。齐国的临淄城紧靠淄河和系水。燕下都在北易水和中易水之间，其东城东

---

① 卫国从这年起到灭亡，共立国420年，大大超过了所谓"卜曰三百年"，可见龟卜毫无科学道理，纯属迷信而已。
② 见《管子·度地篇》。
③ 参贺业矩《中国古代城市规划史论丛》，第64页，中国建筑工业出版社1986年版。
④ 中国社会科学院考古研究所所编《新中国的考古发现和研究》，第271页，文物出版社1984年版。

西又有沟通北易水和中易水的古河道。赵邯郸故城位于滏阳河、沁河和渚河纵横交错的地方。侯马古城在汾河和浍河之间。魏国前期的都城安邑，在山西夏县西北的青龙河畔。楚都郢位于今湖北荆州城北五公里的朱河、新桥河、龙桥河纵横交汇处。秦雍城在雍水之北。秦栎阳城地处石川河畔。秦咸阳地处渭河之滨。

（二）都城的规划

周代曾出现两次城市（含都城）建设高潮。一次在西周开国之初，一次在春秋战国之际。[①]兹分述如下：

1. 西周初年的都城规划

关于王城规划的主要制度，据《周礼·考工记·匠人》的记载，有以下六点。

（1）王城的形制呈规整的正方形。每面各长9里，城周长36里，面积81平方里。城垣高七雉（丈），[②]城隅高九雉，墙高是厚度的三倍，每面各开三门，共十二座城门。

（2）全城规划的核心是宫城。宫城位于王城的中心。宫城城垣高五雉，宫隅高七雉，宫门门阿高五雉。宫城的南北中轴线即王城的主轴线。这条轴线从王城正南门起，经外朝、宫城、市，到王城正北门止。门、朝、寝、市，都依次坐落在这条主轴线上。

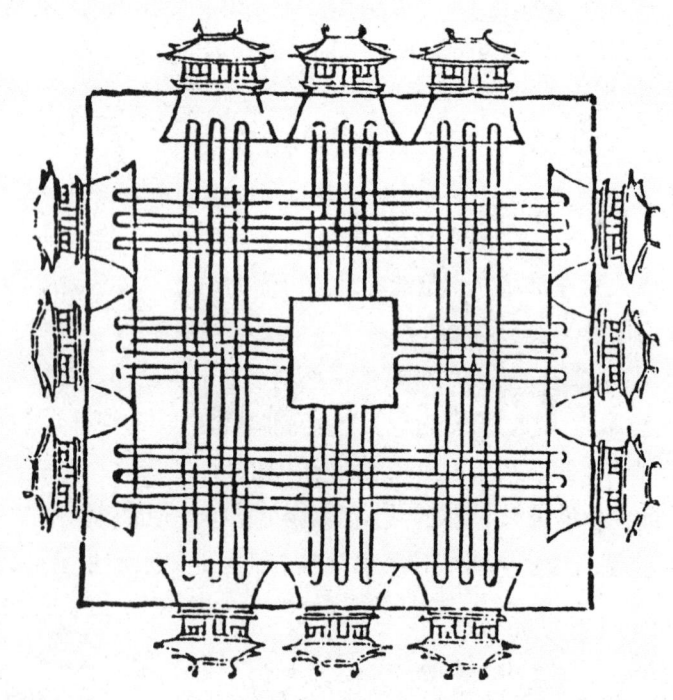

《考工记》中的王城图

---

① 贺业矩《中国古代城市规划史论丛》，第2页。
② 孙诒让《周礼正义·匠人·疏》。

（3）宫城前面为外朝，后面为市。朝即朝会群臣、诸侯的殿堂。市乃商业贸易的市场。朝会处和市场的面积各为"一夫"，即占地方百亩。宗庙、社稷依据主轴线，对称坐落在宫城前方的左右两侧。

（4）全城采用经纬涂制（即棋盘式）干道网，由三条南北及三条东西主干道（一道三涂）为骨干所组成。沿城开辟环城干道——"环途"，连接经纬干道，构成一个干道网。城外有"野涂"，沟通城内城外。经纬途宽九轨，即七丈二尺（周尺）。环涂宽七轨，即五丈六尺（周尺）。野涂宽五轨，即四丈（周尺）。诸侯城内大道宽度是王城环城大道的宽度；其他"都"邑城内大道宽度是王城郊外大道宽度。

（5）全城道路和里都环绕宫城这个核心，沿主轴线对称布置，以突出宫的地位，并衬托出主轴线的主导地位。①

（6）其他。一般建筑的墙高是厚度的三倍。②

《匠人》所载周人营建国都的制度，还散见于《周书》、《逸周书》、《诗经》、《国语》、《左传》等文献及小盂鼎铭等西周金文史料中。

有学者认为，王城规划技巧确有其独到之处。这就是"成功地运用了种种构图技巧，突出王宫的核心地位，表达了规划的主题思想"。"宫城是心脏，道路是动脉。这个动脉网从心脏出发，内联市里，外与野涂结合，直达王畿边陲"。从而"把全城乃至全畿，各个部分组织起来，聚结在宫城周围，有如众星拱月一般"，这就"显出宫城的核心地位"。③

此外，运用方位尊卑，按等级贵贱差别建立严谨的分区规划，是王城规划的又一特色。中央方位最尊，所以宫城区置于城中心，宗庙社坛置于宫前左右，以示一体。祖社以南离宫城稍远处设官署。宫的正东、西、南，其重要性又次之，故于此建宗室卿大夫府第。宫北端被认为是不重要的方位，因此设市。城的四隅离宫廷最远，方位最卑贱，所以作为居民闾里之地。④

不少学者认为，《考工记》记载了周朝的都城制度。这些制度有待考古印证，但现存春秋战国的城市遗址，如晋侯马、燕下都、赵邯郸王城等，确有以宫室为主体的情况。又，考古发掘勘探表明，秦的雍（今陕西凤翔县南）和栎阳（今陕西临潼县北栎阳镇）似乎都是先建造宫殿，再在若干建筑物的周匝围筑城廓；从历史文献看，秦的咸阳（今陕西咸阳县东北）也是这样起筑的。⑤加以"若干小城遗址还有整齐规则的街道

---

① 以上参贺业钜《考工记营国制度研究》，第28—29页，中国建筑工业出版社1985年版。
② 王世仁《考工记·匠人》，载《中国大百科全书·建筑、园林、城市规划卷》。
③ 贺业钜《考工记营国制度研究》，第50页。
④ 参贺业钜《考工记营国制度研究》，第58页。
⑤ 文物编辑委员会编《文物考古工作三十年》，第128—129页，文物出版社1981年版。

布局，因此《考工记》所记载的至少有若干事实作依据，而非完全出于臆造"。

2.春秋战国之际的都城规划

从春秋中叶以来，伴随着社会的发展，奴隶制日趋没落，封建制逐渐勃兴。在这种"礼崩乐坏"，社会剧变的形势下，城市规划也出现了崭新的局面，当时各诸侯国的新兴势力适应时代发展的需要，积极进行对城市规划制度的改革。由于各国的城市建设发展的不平衡，改革的方式有所不同，但力求冲破旧营国制度的束缚，探索建立新型的封建社会的城市规划制度，这个目标却是一致的。

（1）城市概念的更新

春秋以前的城，只是奴隶主阶级的政治、军事据点。此时所谓的"市"，不过是为宫廷生活服务的交换场所——"宫市"。商品交换由"官贾"经营。

进入春秋中叶以后，随着奴隶制向封建制的过渡，工商食官制解体，私营工商业的势力成长起来了。经济因素对城市规划的影响日益显著。

战国时期，随着封建制的确立，生产力得到了进一步的提高。商品经济初步有所发展。多种手工业作坊建立起来，市场不断建立，工商业人口日益增多。城的规模在扩大。城的闾里和工商业用地迅速增加，而宫室用地则相对有所减少。尤其是市已成为城市各阶层居民的公共交换场所，一跃而为城的一个相当重要的组成部分。城开始兼有工商业中心的性质。各国都出现了大的商业城市。随着城的性质的改变，人们对城的概念也和往昔有所差异。如西周时，划分城邑等级标准完全是从政治上据宗法封建体制和礼制等级原则而定，王城和诸侯城称"国"，卿大夫采邑城称"都"。而《管子》一书则与之不同，以城市人口多少作为分级标准，称人口多的城市为"国"，人口少的城市为"都"。即所谓"万室之国"、"千室之都"。

（2）新的城市规划理论

随着城市概念的变化，城市规划理论也随之发生了变革。在春秋战国文献中，有一些关于新的城市规划理论的记述，其中《管子》一书的论述比较全面。此外，《墨子》、《吴越春秋》中也有一些见解。

在土地的计算、分配、利用上，《商君书·算地》指出，治理国家利用土地的比例：山林占十分之一，池泽占十分之一，河涧流水占十分之一，城市村庄道路占十分之一，坏田占十分之二，好田占十分之四。此乃古代帝王的正确原则。这样办，耕垦的田足以供给人们的食粮，城市村庄道路足以供给人们的居住，山林池泽河流足以供给人们的利用，池泽的堤坝足以贮藏水量。这在当时可能是符合实际的。

在城市形制上，《管子》重视地利，讲求实效，务使其与周围环境相适应、相协

---

① 刘敦桢主编《中国古代建筑史》，第36页，中国建筑工业出版社1980年版。

调。《乘马篇》说："因天材，就地利"，"城廓不必中规矩"。其意是说，凡是营建都城，要依靠天然资源，要凭借地势之利。城郭的构筑，不必拘泥于合乎方圆的规矩。又，楚人伍子胥为吴王规划营建都城时，也是首先"相其阴阳之和，尝其水泉之味，观其草木之饶。然后营邑立城"。① 战国时期列国都城的建筑实践，就贯彻了这种重视自然条件，不受"王制"限制的主张。列国都城其平面或作不规则的长方形（如齐临淄大城、小城），或作磬形（如燕下都），或作梯形（如魏安邑），或作扁方形（如楚郢都），而均不作规整的正方形。②

在城市道路上，如上所述，因"城廓不必中规矩"，故城的形制自然难于呈规整的正方形。这样一来，城市的道路也就"不必中准绳"③了。换言之，城市的道路网不必追求形式上的整齐平直，而应随地形和城市总体布局来规划。列国都城道路的实际规划情况正是这样。如齐临淄大城北部的道路，弯曲而不平直。

在居住分区上，《管子·大匡篇》说："凡仕者近宫，不仕与耕者近门，工贾近市。"其意是说，官吏的居住地要靠近宫廷区，平民和农民的居住地要靠近郭门（即外城门），手工业者和商人的居住地要靠近市场。《管子》之所以要如此安排居住分区，是为了"定民之居，成民之事"。④《管子》认为："士农工商四民者，国之石民也，不可使杂处，杂处则其言哤，其事乱。"⑤ 其意是说，士、农、工、商四民，是国家的柱石之民，不可使他们杂居，如果杂居，那么说话、做事都不专一。为此必须把他们按职业区分，组织起来，聚居一起，以便子承父业，使其职业世袭化。以此使四民保持安定，巩固国家的社会基础。这样既有利于农民务农、工人作工和商人经商，使国家经济正常发展，又便于统治。这种规划显然体现了统治者的意图。它虽然包含着一定的科学成分和合理因素，但主要体现了封建秩序。

"城"与"廓"分离。《吴越春秋》说："筑城以卫君，造廓以守民。"《管子·度地篇》云："内为之城，外为之廓。"《墨子·非攻篇》、《战国策·齐策六》和《孟子·公孙丑下》都提到三里之城、五里或七里之廓。

列国都城一般可分为"城"和"廓"两部分。"城"指的是宫城、王城、内城；"廓"指的是外城、大城，主要是手工业区、商业区和居民区。"城"在"廓"的近旁（即王城居边），如齐临淄（今山东淄博市临淄区齐都镇的西、北面）、燕下都（今河北易县东南2.5公里处，介于中易水和北易水之间）、赵邯郸（今河北邯郸市区及其西南郊）；

---

① 《汉书·晁错传》。
② 见中国社科院考古所《新中国的考古发现和研究》，第270—278页。
③ 《管子·乘马篇》。
④ 《管子·小匡》。
⑤ 同上。

或在"廓"的中间，如魏安邑（今山西夏县西北 7.5 公里处）、楚郢（今湖北江陵县城北八公里）。

（三）王宫的规划

王宫区包括宫城区和宫前区两大部分。宫城区由王施政的朝、日常居处的寝和后妃的宫以及驻宫的官府次舍等组成。宫前区以外朝为中心，以宗庙和社稷为两翼。府库及王的左右六厩则是此区的附设部分。

《考工记·匠人》中关系宫城规划的，主要有以下内容：

1."王宫门阿之制五雉，宫隅之制七雉。"

此条讲的是王宫门阿和宫隅的营建制度。既有宫隅，当有宫垣。据清焦循解释，城隅高于城垣二丈。这个解释也适用于宫垣。既然宫隅高七雉，则宫垣当高五雉，即高五丈。宫垣与城垣一样，墙的高厚比仍为 1：1。据此，宫垣底部厚度应为五丈。①

宫隅的形制，很可能同城隅的形制一样。即从宫墙面突出出来，并扩充面积，以满足城防的需要。据学者推断："宫垣四隅都筑成凸出宫垣的四方形夯土台，台高与宫垣相同，也是五丈。台上建角楼，高二丈，距地面高七丈。楼的形式与城隅角楼同。"②

2."左祖右社，面朝后市。"

此条说，宗庙、社稷、外朝和市都不在宫城内。只有内朝、寝宫、有关的官府次舍以及为王室生活服务的设施在宫城内。这就确立了以宫为主体的中心区，充分体现了王权至尊的规划主题思想。依照"择国之中而立宫"的要求，把宫布置在全城中心位置上。围绕这个中心，对称安排前朝后市，左祖右社。

据《周礼》、《礼记》等文献的记载，西周宗庙为七庙制。即"祖庙"（亦称"大庙"，为周王室始祖的庙）、小庙（又称"四亲庙"，为高祖以下的庙）、"祧"（远祖迁主所藏的庙）。七庙虽然分置，但却都坐落在宗庙（金文称"京宗"或"京宫"）之内。七庙的布局为大庙居中，四亲庙及两祧庙按昭穆分列左右。昭庙居左，穆庙在右。各庙统统南向，各有庙门。③大庙和亲庙设有寝，但祧有庙无寝。庙藏主，寝则陈衣冠象生之具。④又，"京宫"门前有"戒社"，作为庙屏。⑤

据《礼记·王制》的记载，国都的宗庙区由七庙组成；诸侯城的宗庙区由五庙组成，即只有大庙和四亲庙，无祧庙；卿大夫采邑（都）的宗庙区则为三庙制，即只有

---

① 见《群经宫室图》。
② 贺业矩《考工记营国制度研究》，第 78 页。
③ 昭穆庙布置方式，历代学者解释不一，大致有二说。晋孙毓认为，大庙在北居中，昭穆纵列，依次而南。唐贾公彦主张，大庙居中，昭穆庙与大庙平列。
④ 见《独断》。
⑤ 见《谷梁传·哀公四年》"戒社"又称"胜国之社"，见《周礼·媒氏》。

大庙和两亲庙。

《匠人》规划的社是否包括稷？以往有不同的见解，有人认为稷不在内。但据《周礼》的记载，应是包括稷的。如《大司徒》："设其社稷之壝而树之田主。"《小司徒》："凡建邦国，立其社稷。"《小宗伯》："掌建国之神位，右社稷，左宗庙。"

社稷位于宫右，在皋门内应门外，之所以选择这样的位置，是体现"尊尊"的意思。①

据《周礼》的记载，社与稷是合起来设坛祭祀的。坛的四周建有矮墙，从而形成一个祭坛。关于坛的具体形制，汉蔡邕解释说："社稷二神同功，故同堂别坛，俱在未位。"②大意是，同一总坛内又分别为社坛和稷坛。又《五经异义》载，社坛在东，稷坛在西。

社稷坛是露天的。③坛上按方位铺五色土，东为青土，南为赤土，西为白土，北为黑土，中央为黄土，④以象征五方的土地。

3."庙门容大扃七个，闱门容小扃叁个。路门不容乘车之五个，应门二辙三个。内有九室，九嫔居之；外有九室，九卿朝焉。"

这条首先讲庙门、应门、路门之制。指出了宫廷区的三朝三门制度。所谓三朝，指外朝、内朝（治朝）、燕朝三朝（又称大朝、日朝、常朝）。所谓三门，指皋门、应门、路门三门。⑤外朝在皋门之后、宫城正门应门之前，门外有阙。内朝在宫内应、路门之间，路门内为寝，分王寝和后寝。王的正寝即路寝，前面的庭即燕朝。⑥至于闱门，因系庙中的门，故与宫廷规划无关。庙门的庙，即大庙。与大庙毗连的是大廷，即外朝。

其次提出了宫城内包括礼仪行政部分和王后居住部门，称前朝后寝之制。这一制度源远流长，可能是由居住建筑前堂后寝之制发展而来。据《匠人》，前朝与后寝以路门为界，路门内说"内有"，说"居之"；路门外说"外有"，说"朝焉"。"居之"无疑是指"寝"，而"朝焉"自然是指"朝"了。这个"朝"是内朝，与宫前区的外朝同属三朝之一。应门是内朝的朝门。应门内、路门外为内朝。路门是寝宫的总门。路门外为内朝，路门内为寝宫。这种朝寝的布局在《周书·顾命》中可得到印证。《顾命》说："王出在应门内。"其意是说康王从路寝出来受诸侯朝见之事。说明朝在路门外、应门

---

① 何休《公羊传·注》："右社稷，尚尊尊之义。"
② 《独断》。
③ 见《礼记·郊特牲》。
④ 见《逸周书·作雒》。
⑤ 《考工记》中所述的三门，经郑玄引用郑众的说法扩大为五门，即皋门、应门、路门、库门、雉门，故被后代附会、沿用，在很大程度上影响了隋朝以后历代宫室建筑的外朝布局。
⑥ 潘谷西《宫殿》，载于《中国大百科全书·建筑、园林、城市规划卷》，中国大百科全书出版社1988年版。

内。《顾命》记的正是西周时的宫廷布局。再从职官看，九卿是外官，九嫔为宫官。九卿入值治事的处所叫九室，位于路门外治朝两侧。九嫔所居九室在路门内后寝宫中。由此可见，宫城中一定设有官府次舍。又，《周礼·天官·宫人》有王六寝和后六寝的记载。可见寝宫区有王寝区和后寝区的区分。依照礼制，王寝区在南，后寝区居北。《春秋》载诸侯国有夫人宫，又称北宫，当是对这种规划格局的传承。①

以上所述表明，宫廷区规划是以朝为中心而构成的。王有象征政权的三朝。因其功能上的连续性，全都部署在同一条中轴线上。而皋门、应门及路门，依次由南而北，配合三朝，也坐落在这条中轴线上。这条线是宫城规划的中轴线，也是整个王城规划的主轴线。宫城内各部分的安排，也都以此轴线为主导。特别需要指出的是，宫城前方那组由外朝和庙社组成的宫前区，把宫城与王城联系成一个整体。同时又以此为前奏，引导出宫阙巍峨壮观的宫城。②

二、建房习俗

（一）选择吉日良辰

周代在颁朔、告朔基础上所逐渐形成的"月令"，是当时社会习俗的重要内容之一。③ 这些习俗与建筑有关的是若干月份的王命和农事以及禁忌。在古代文献中，保存这些内容最集中的是《礼记·月令》篇，其次是《吕氏春秋》十二纪。现将二书所载撮要依月次分别阐述如下

> 孟夏之月
> 是月也……无起土功，无发大众，无伐大树。

孟夏之月为夏季的首月，即夏历的四月。在这个月里不要征发庶民大众兴建土木工程，不要砍伐大树。

> 季夏之月
> 是月也……不可以兴土功。

---

① 以上据贺业矩《考工记营国制度研究》，第75—76页。
② 参贺业矩《考工记营国制度研究》，第76页。
③ 晁福林《先秦民俗史》，第210页。

季夏之月为夏季的末月，是夏历的六月。这个月正值农家大忙，因此不要兴建土木工程。

  孟秋之月
  是月也，命百官修宫室，附墙垣，补城郭。

孟秋之月是秋季的首月，为夏历的七月。在这个月里，天子命令百官修葺宫室；培高墙垣，修补城郭。

  仲秋之月
  是月也，可以筑城郭，建都邑，穿窦窖，修囷仓。

仲秋之月是秋季的次月，为夏历八月。这个月，可以修筑城郭，建置都邑，挖掘地窖，修葺仓廪。

  孟冬之月
  是月也……附城郭，……修键闭，……完要塞，……塞蹊径。

孟冬之月是冬季的首月，为夏历十月。在这个月里，要加高加厚城墙，维修门栓门鼻，修葺要塞，堵塞田间小路。

  仲冬之月
  是月也……涂阙庭门闾，筑囹圄，此所以助天地之闭藏也。

仲冬之月为冬季的次月，是夏历十一月。在这个月里，要涂塞宫阙朝廷的门户，修筑牢狱，这些都是帮助上天闭藏的措施。

  据学者研究，上述教令都是按四时五行的原理作的细密安排。这些烦琐的东西也正是阴阳家思想的主要内容。① 出土的云梦睡虎地秦简表明，直到战国末年，社会上的建筑禁忌依然有"月令"的形式存在。如《睡简日书》甲种云："五月、六月不可兴土攻（功），十一月、十二月不可兴土攻（功），必或死。"（简835）。

  （二）建房禁忌
  据《睡简》、《放简》，战国晚期的楚人、秦人，在起室、盖屋、筑仓、建门等等上

---

① 参侯外庐主编《中国思想史纲》上册，第110—111页，中国青年出版社1980年版。

面，都有禁忌。既有择月、择日的禁忌，又有建筑方位的禁忌。如据《睡简·日书》甲种《帝》篇，春三月的申日，夏三月的寅日，秋三月的巳日，冬三月的辰日，叫做"帝为室日"，都不能建房屋，否则就会有人丧生。据《睡简·日书》甲种《室忌》篇和乙种《室忌》篇，春三月庚辛、夏三月壬癸、秋三月甲乙、冬三月丙丁，都不要"筑室"，否则"大主死"。又据《睡简·日书》甲种《四向门》篇，修建东南西北方向的门，要选择月份和日子。为了进一步说明问题，现以粮仓建筑方面的禁忌为例予以具体阐述。粮仓建筑禁忌有以下两点：

1. 择月、择日禁忌

春秋战国时人认为修仓挖窖等事，均要选择吉日良辰进行，不可随意行动，以趋吉避凶。《吕氏春秋·仲秋纪·仲秋》云："是月也，可以……穿窦窌，修囷仓。"文中的"窦窌"，指地穴、地窖；"囷仓"，指存放粮食的仓库，圆的叫囷，方的称仓。《放简·日书》甲种云："凡甲申、乙酉、绝天气，不可起土"（简 24）；"凡可塞穴置鼠潞，囷日虽十二月子，五月、六月辛卯，皆可以为鼠"（简 72）。文中的"起土"即动土；"塞穴"，指塞鼠穴；"为鼠"，指治理鼠害。《睡简·日书》甲种《秦除》篇载："囷良日：甲午、乙未、乙，为囷大吉。"（简 753—754）甲种《星》篇载："胃，利入禾粟及为囷仓吉。"（简 813）甲种《反积》篇载："朔日……利为囷仓。"（简 741 反面）如此等等，不一而足。据研究，《放简》是纯秦《日书》，《睡简》是纯楚《日书》，尽管有秦的成分，"但主体不同于秦，它代表的是秦代楚人的思想"。①

2. 建筑方位禁忌

粮仓建筑要有合适恰当的建筑方位，包括门向与周围建筑的相对位置等。对此《睡简·日书》甲种《门》图所示甚为明晰。《直（置）室》篇对此图的解释如下："仓门、富、井居西南，囷居北，卿（乡）庡，庡毋绝，县（悬）肉。""获门，其主必富，八岁更，左井右囷，囷北卿（乡）庡。"门图诸门之内，位于东北方，标有一"囷"字。有学者认为：《门》图不是某城、镇、村或某建筑物的设计图，它概括了当时一般城镇或村落的建筑特征，其诸门中以"仓、获"作为门之名称，而且在此设计了粮仓在房屋建筑中的具体方位，此点很值得重视。②《日书》又指出："囷居宇西北陋，不利。""囷居宇东南陋，不盈，不利室。""囷居宇西南陋，吉。""囷居宇东北陋，吉。"（简 882—879 反面）这说明，当时习俗以粮仓建筑在房屋的西北和东南为不吉；以建于房屋的东

---

① 何双全《天水放马滩秦简甲种〈日书〉考述》，载《秦汉简牍论文集》，甘肃人民出版社 1989 年版。
② 贺润坤《云梦秦简〈日书·门〉图初探》、《从云梦秦简〈日书〉看秦国农业水利等有关情况》，均载台湾《简牍学报》第 15 期，1993 年 12 月。

北和西南为吉。《日书》还认为粮仓要与庢相对而建，而不与居室相连，二者应保持一定的距离。又《放简·日书》乙种《门忌》凡30条，专讲门的禁忌。① 其中云："仓门是富井，居西南困，居西北廥必南无（乙2）"；"南门是将军门，可聚粮，使客八岁更（乙4）"。上述讲究，是纯属迷信，还是与当时人的建房习惯及气候对建房的影响有关，还有待继续研究。

---

① 何双全《天水放马滩秦简综述》，载《文物》1989年第2期。

【第二节　住居的建筑】

一、宫殿建筑

（一）西周的宫殿

西周的宫殿包括岐邑宫殿、召陈宫殿和丰镐宫殿等。这些宫殿有以下特点

召陈西周中期宫殿建筑
（选自《中国建筑艺术史》上册，第165页）

1. 宫庙杂处，以庙为主。古典文献对西周宫室的格局有以下记载：
"国之大事，在祀与戎。"①
"乃召司空，乃召司徒，俾立室家。其绳则直，缩版以载，作庙翼翼。……乃立皋

---

① 《左传·成公十三年》。

门,皋门有伉,乃立应门,应门将将,乃立冢土,戎丑攸行。"①

"昔者虞夏商周,三代之圣王,其始建国营都,曰必择国之正坛,置以为宗庙。"②

"君将营宫室,宗庙为先,厩库为次,居室为后。"③

"人君之居,前有朝,后有寝;终则前置庙若朝,后制寝以象寝;庙以藏主,列昭穆;寝有衣冠几杖象生之具,总谓之宫。"④

上述记载说明西周宫室的格局是宫庙一体,庙寝相连,寝不逾庙,以庙为主。这在考古材料中也可得到印证。

凤雏岐邑西周宫殿建筑基址有甲、乙两组。乙组建筑位于甲组的西侧,甲、乙两组之间有墙隔开。乙组前堂的规模比甲组的更大,两侧前方则并无房屋。若按传统的"庙在寝东"的说法,则甲组建筑应是宗庙,而乙组建筑则是先人居住的寝宫。

凤雏甲组建筑基址坐落在一个夯土台基上。夯土台基南北长45.2米,东西宽32.5米,面积1469平方米。高1.3米。⑤

建筑群坐北朝南,以门道、前堂、后室为中轴、东西各八间厢房为两翼,并有回廊像一条纽带连接其间,从而构成一个前后两进、东西对称的封闭性院落。⑥这里的前堂即庙,后室即寝。庙寝前后相连,不同屋宇,同一大门。

2. 规划严格,布局封闭

如前所述,凤雏岐邑宫殿甲组建筑基址布局按中轴对称,规划甚是严谨。有学者将文献记载与凤雏村甲组建筑基址相比对,对该建筑的布局、结构、称谓、功能作了如下的勾勒。位于门道前4米处的短墙,应是《尔雅·释宫》的屏或树。屏与门之间的地方,《释宫》称为"宁"或"著",《诗经·齐风·著》所载少女盼盻情郎等候的地方,就是门屏之间的著。屏外的广场,叫大庭,又称为外朝,是大朝会时聚会的地方,平时任人通行。大门两侧有柱,自然也就有屋顶覆被。门道中间有三个柱洞,当是安置门扉及门所用。门塾是门旁两侧各有房三间,与《尔雅·释宫》相符合,也是《仪礼》"士冠礼"、"士丧礼"举行卜筮的地方。中庭即是门内的大院子,金文中屡见"中庭",是举行册命及赏赐的地点。中庭北有三组台阶,东为阼阶,西为宾阶,皆见礼经。东西各二组台阶则是侧阶。那座大堂则是大室,是整个建筑的中心,也是礼仪活动中最主要的地点。堂后两个小庭,也就是所谓东西庭。堂后的一排房屋,可隔为三间或五间,

---

① 《诗经·大雅·绵》。
② 《墨子·明鬼篇》。
③ 《礼记·曲礼下》。
④ (东汉)蔡邕《独断》。
⑤ 徐锡台《周原遗址》,载《中国大百科全书·文物博物馆》。
⑥ 张之恒、周裕兴《夏商周考古》,第211页,南京大学出版社1995年版。

即是"前堂后寝"的寝，如系宗庙，则不是燕处之所，而是"荐新"的地方，金文中也有在宗庙的寝举行"飨礼"的记载（如师遽彝）。寝的两侧，北墙上开两个小门，称为

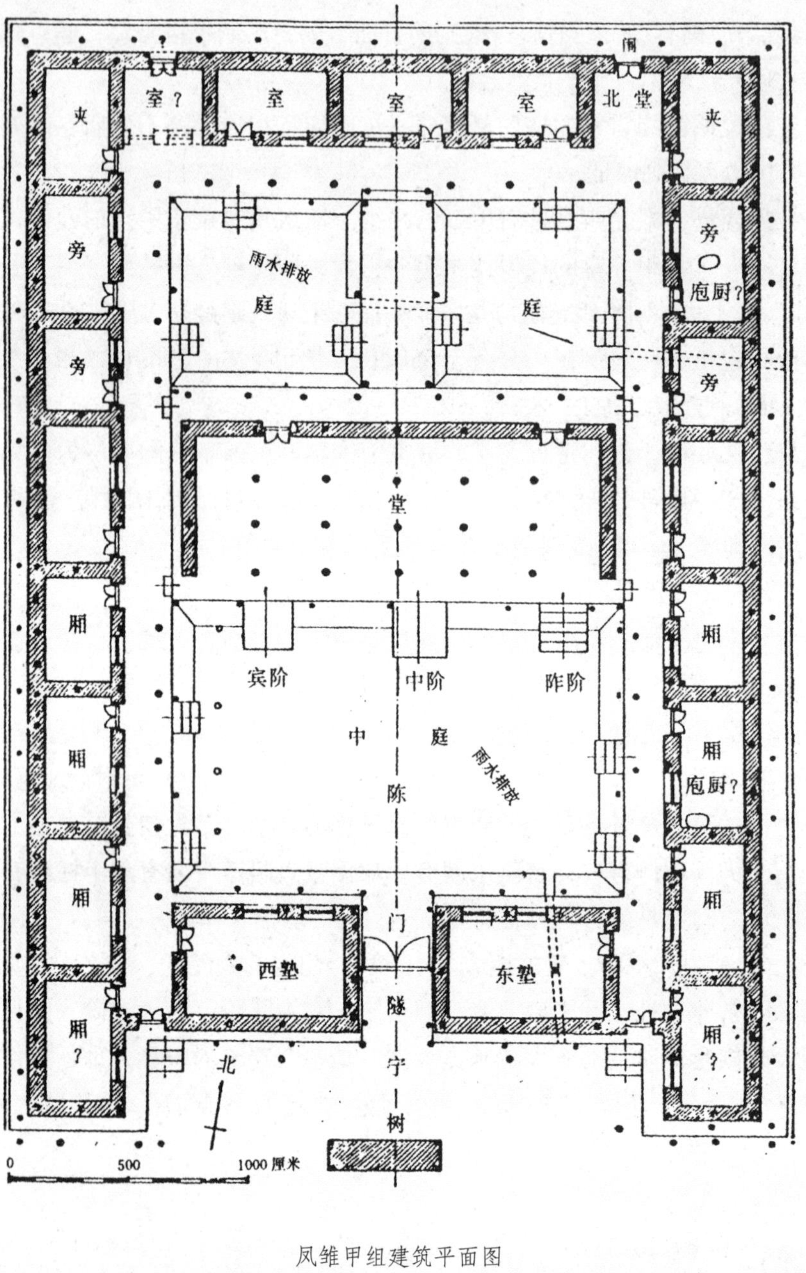

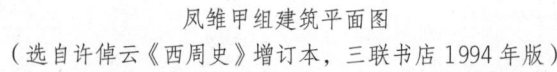

凤雏甲组建筑平面图
（选自许倬云《西周史》增订本，三联书店1994年版）

闱，妇人出入经此便门，东西两厢各有七间房门，或称厢，或称个，是待事之所。东西两列房舍，最南一室，突出门塾之外，可能是对峙双阙的位置。中庭和堂四周围绕

的回廊，则称为庑，也是宫室宗庙建筑常见的部分。①

3. 土木结构与大量用瓦

邑宫殿甲组建筑基址的墙是夯土坚筑。墙和地面皆用黄泥、细砂、石灰掺和的"三合土"涂抹，既光洁，又坚硬。房屋是用复杂的柱网，构成高耸的屋架。作为这组建筑主体的前堂，柱穴底部都以砾石为柱础。② 在房屋的堆积物中发现有少量的瓦，推测屋顶的某些部分如屋脊、天沟等是用瓦覆盖的。而其他部分则覆盖以芦苇把，再抹上几层草秸泥，厚7—8厘米，形成屋面。

召陈宫殿三号基址规模大且保存好，现以其为例加以具体说明。该基址是一座夯土高台建筑，台基高出当时地面0.7米左右。东西有7排柱础，南北纵列5—6个柱础。③这些柱础的直径均在1米左右，柱础底部皆用大块卵石垫底，上筑极坚硬的夯土。中室是方形，以中柱为圆心画圆形，可以通过八根柱基，而且中柱特别粗大，直径达1.9米。在一些房基上发现了用卵石铺成的散水。遗址出土大量的瓦，种类分为板瓦、筒瓦和瓦当三种。有些板瓦和筒瓦正面和背面带有固定位置的瓦钉或瓦环1—2个。板瓦饰细绳纹，筒瓦饰三角纹和回纹，瓦当饰菊花纹和回纹。看来这些建筑物的屋顶大都

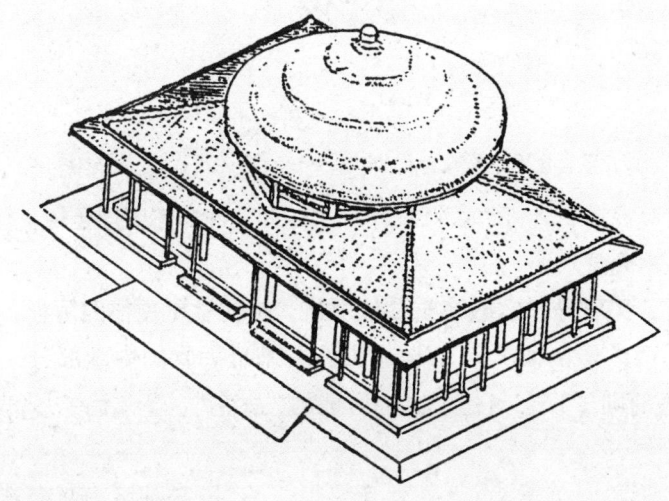

召陈西周中期宫殿建筑F3复原图
（选自《中国建筑艺术史》上册，第165页）

---

① 王恩田《岐山凤雏村西周建筑群基址的有关问题》，《文物》1981年第1期。
② 傅熹年《陕西岐山凤雏西周建筑遗址初探》，《文物》1981年第1期。
③ 徐锡台《周原遗址》。

用瓦覆盖。①

丰镐五号宫室基址坐落在夯土台上。由于原始地面南高北低,所以夯土层厚薄不一,一般在1.2米左右,最厚之处达5米左右。夯窝为圆形,排列呈梅花形,有学者认为是将五个夯锤绑扎在一起,进行夯打的。②该基址出土瓦片数以千计,有板瓦、筒瓦、

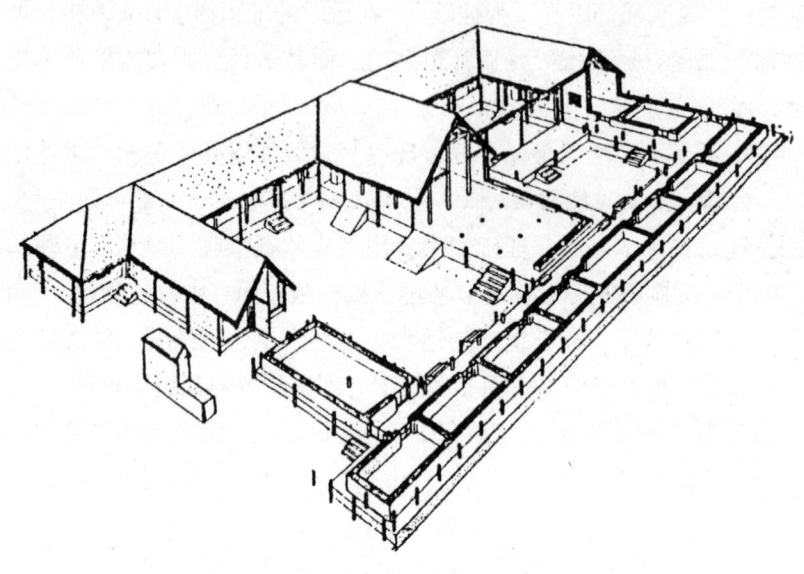

凤雏甲组建筑复原图
(选自许倬云《西周史》增订本,三联书店1994年版)

槽瓦三种,瓦钉有柱钉、乳钉、菌钉、环钉、榫钉五种,亦应用于覆盖屋顶。

4. 飞舞欲举的大屋顶

据学者研究,凤雏岐邑宫殿建筑基址甲组,其前堂屋顶作四阿形,而两庑则是两厦的屋顶(所谓两坡悬山顶)。③召陈宫殿三号基址大堂的中堂部分,在四阿顶的上部另有一层重叠的圆屋顶,当是金文中所谓的"太室"。④丰镐5号宫室亦是重檐式大屋顶。⑤

西周宫殿的形象,见于《诗经·小雅·斯干》:"筑室百堵,西南其户","约之阁阁,椓之橐橐","如跂斯翼,如矢斯棘,如鸟斯革,如翚斯飞","殖殖其庭,有觉其

---

① 张之恒、周裕兴《夏商周考古》,第215页;北京大学历史系考古教研室《商周考古》,第186—187页,文物出版社1979年版。
② 郑洪春等《镐京西周五号大型宫室基址初探》。
③ 傅熹年《陕西岐山凤雏西周建筑遗址初探》,《文物》1981年第1期。
④ 傅熹年《陕西扶风召陈西周建筑遗址初探》,《文物》1981年第3期。
⑤ 《中国考古学年鉴》(1993),第243页。

楹。哙哙其正，哕哕其冥"。有学者认为，从这个描写可以想象，建筑的艺术形象是有一种动态美的。从遗存的实物可以看到，中国大而且沉的屋顶之所以没有沉重压抑之感，正是由于屋顶飞舞欲举的造型，使人感到有一种巨栋凌空、檐宇雄飞的气势。古建筑这种檐口"反宇"、屋角"起翘、角柱升起的做法，并非产生于美的需要，而是有抛出檐霤，保护版筑土墙，防止不均匀沉陷的实用要求。也就是说，大屋顶的特殊造型，是在实用功能的基础上进行艺术加工的结果，是按照美的规律进行创造的一个杰出典范"。①

（二）春秋战国的宫殿

春秋战国时期，为满足王室及贵族的需要和寻求骄奢淫侈的生活，各国在各自的都邑都修建了当时经济水平和技术条件所能达到的豪华宫殿。近几十年来，考古工作者发现了许多座东周宫殿遗址，出土了大量反映宫殿建筑技术及其宫室文化的遗物。②

春秋战国的宫室建筑，大致有以下特点。

1. 宫殿和都城的关系（从内城外郭到城郭并列）。据一些学者研究，春秋时期城郭

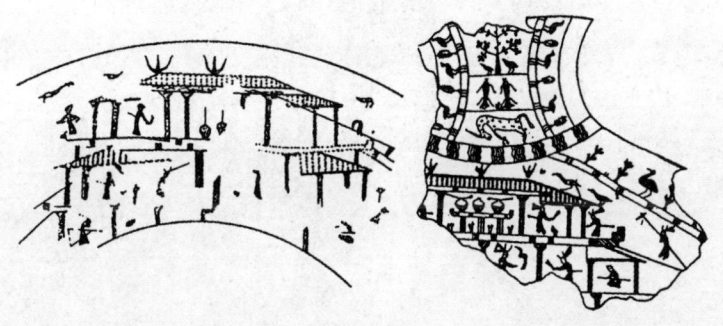

战国时期青铜器上的宫殿建筑形象
（选自《中国建筑艺术史》上册，第179页）

---

① 张家骥《中国造园史》，第23页，黑龙江人民出版社1986年版。
② 参雷从云、陈绍棣、林秀贞《中国宫殿史》，第42—43页，台湾文津出版社1995年版。

东周王城宫殿遗址

东周王城城垣

布局的正体是将宫城置于郭城之中。①如鲁宫城即鲁"城中城"之"中城"。而姜齐宫城位于春秋齐都城郭内中心地带。东周王城的宫城在王城中部。此外，始建于春秋晚期的楚郢都纪南城、魏都安邑禹王城和卫都濮阳都是城在郭内。

战国时期新建或改建的都城，格局都发生了变化，或把宫城迁至郭外，或划取郭城的一部分为宫城，从而出现了新的布局。

众所周知，内城外郭是春秋时期"卫君"设防的最佳格局。战国时期"城"与"郭"的分离和王城居边是兼并战争和阶级斗争的产物，是旨在使统治者当人民群众起来造反时免于四面被包围，而保护其统治巢穴、大本营和生命财产的安全。此外，肆意扩建宫殿，满足其穷奢极欲，也是一个原因。宫城的规模较之春秋时期大幅度扩展，构成了战国时期宫殿的一个显著特点。

2. 在布局上已经形成一定的制度。成书于战国时期的《周礼·考工记》对周代的都城宫室，作了如下的概括："匠人营国，方九里，旁三门。国中九经九纬，经涂九轨，左祖右社，面朝后市，市朝一夫。"这种规划理论在当时和以后的宫殿建设实践中得到体现。如春秋战国时期的齐都临淄、赵都邯郸就是这样。但这种制度并不完备，也没有固定下来。②

《左传》、《礼记》等书，对周代的宫室制度亦有论述。如宫殿前有体现封建礼仪的阙，接着是五重门（皋门、应门、路门、库门、雉门）和处理政务的三朝（大朝、外朝、内朝）。但学者认为，周人的"宫、寝、庙"常常混用、混称，不易区分。③平面组合非常规则。

列国宫殿都集中在一定区域，以其主体建筑为中心进行规划和布局，往往形成明显中轴线，中轴线上有高大的土台，台上坐落着主体建筑。而次要建筑组群则分布在主体建筑的周围，有的是左右对称的。因此显得主次分明，排列有序，整齐划一。匠师们运用了烘云托月的手法，衬托出主体建筑的庄严雄伟。如曲阜鲁故城宫殿、邯郸赵国故城宫殿、燕下都宫殿、楚纪南故城宫殿、秦咸阳宫殿等。多数宫殿建筑区筑有宫城，周长达几公里，墙基宽在10米左右。

3. 在建筑材料上，春秋的宫殿，已使用了大型砖瓦。春秋战国还出现了铜构件。在陕西春秋时代秦国宫殿建筑遗址附近三个窖穴里发现的，有内转角，外转角，尽端和中段四种，还有小型转角，梯形截面者，截面内盈16厘米见方，并有配木残存。说

---

① 马良民《试论战国都城的变化》，《山东大学学报》1988年第3期；曲英杰《先秦都城复原研究》，黑龙江人民出版社1991年版。
② 雷从云、陈绍棣、林秀贞《中国宫殿史》，第362页。
③ 王国维《明堂庙寝考》，载《观堂林集》卷3。

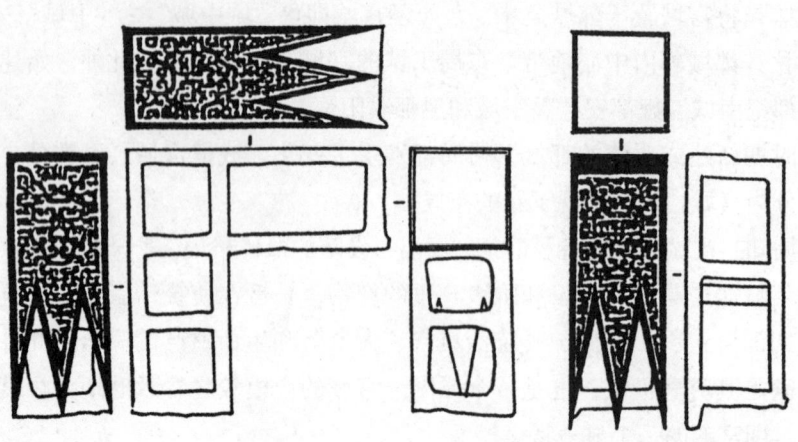

春秋秦雍都宫殿铜质建筑构件——金釭
（选自《中国建筑艺术史》上册，第179页）

明与木构结合使用的。在绍兴发现的青铜构件，属于大型构件。一端锯齿状，另一端是叉口。铜构件用于转角处可以提高建筑整体的牢固度，同时又起到装饰作用。位于横枋中段及端部则纯起装饰作用。战国以后，砖、瓦的数量和质量都有显著提高，还出现了大型石料、木料以及铜、铁等建筑材料，使建筑结构有了迅速的发展。

4. 在建筑技术上，随着时代的变迁而有所进步。战国时期宫室建筑及木构架，可从铜器上刻划的建筑图和铜器构架上知其一斑。上海博物馆收藏的战国铜椭杯，刻画出三个建筑物，都是建于高台上的宫室建筑物，两侧可沿梯级而上。河南辉县出土的战国铜鉴、山西长治出土的战国铜匜，都可以看出它们至少是三层高的宫室，没有设梯级而是沿平缓的坡道而上。由于器物残缺，仅知其中层两侧画出一面坡屋面；上层似为四阿屋面，但两侧的屋面檐口低，中部檐口高，两侧柱子矮而细，中部柱子高而粗。柱头都有栌斗形物，中部两柱上承纵向大梁。上下层的柱子不在一条中线上，可能是上层较下层后退的表示，从中部柱头上刻画的梁枋判断，其结构是在纵向构架之上再加排列较密的横向构架。根据这些组合与结构特征，古建筑专家推断，这一时期建造大面积大体量的建筑，是采用将它划分成若干小面积建筑的方式解决结构问题的。① 又，河北平山战国中山王䜮墓出土的一件宫廷实用器四龙四凤铜方案，四只龙头上各顶一组柱头，上置一斗二升的斗栱结构，成为了解当时建筑上斗栱组织的重要资料。铜方案的上部造型似一座四面出檐、挑檐的方形建筑，四个角上的龙头相当于挑出的插栱，龙头上立有圆形蜀柱，柱上承栌斗，栌斗上承四十五度的抹角栱，栱上两

---

① 中国科学院自然科学史研究所主编《中国古代建筑技术史》，科学出版社1985年版。

端各立圆形蜀柱，柱头托散斗，散斗上承铜方案边框檐坊。斗栱经过艺术加工，具有装饰作用。① 这些当表明当时的宫室建筑物上已采用了比较成熟的斗栱结构形式。战国时代的木槕已有各种精巧的榫卯，由此可见当时木构架建筑的施工技术达到了相当熟练的水平。② 木结构技术的迅速发展，为宫殿扩大面阔和进深提供了条件。与其相适应，在高七八米至十余米的阶梯形夯土台上逐层构筑木构架殿宇，形成建筑群，外有围墙和门。这种方法从春秋一直流传到战国秦汉。宫殿矗立在高大的夯土台基上，气势雄伟，气象万千，既是王权的象征，又是王室地位的标志，还能满足统治者观景、阅兵等的

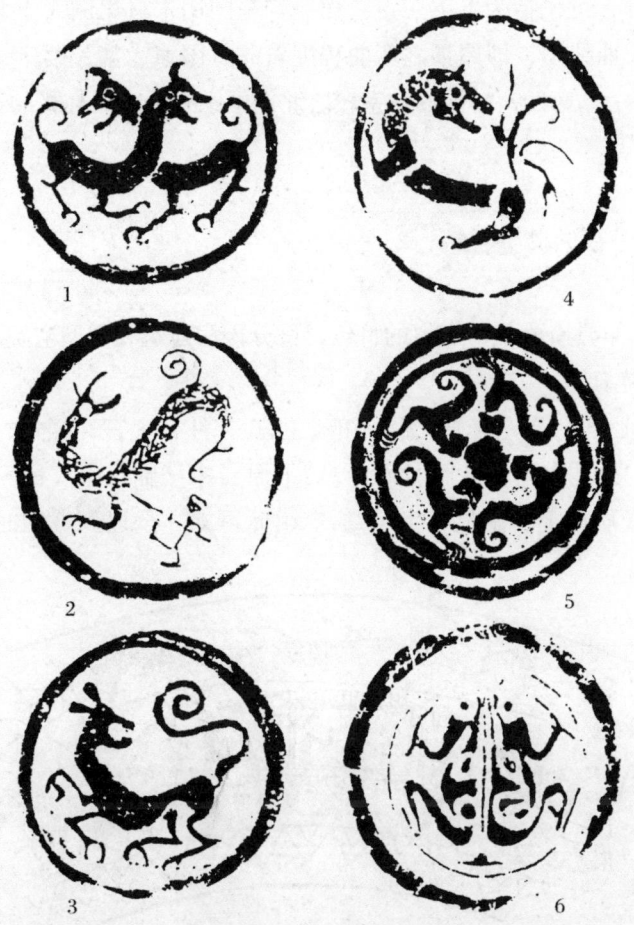

陕西凤翔县出土战国秦瓦当
1. 双獾纹瓦当。2. 猎人斗兽纹瓦当。3. 獾纹瓦当。4. 奔兽逐雁纹瓦当。
5. 四兽纹瓦当。6. 蟾蜍纹瓦当。

---

① 陈应祺等《战国中山国建筑用陶斗浅析》，《文物》1989 年第 11 期。
② 中国科学院考古研究所《辉县发掘报告》，科学出版社 1956 年。

需要，平时居高临下，远望开阔，便于俯瞰全城。战时是军事指挥中心和全城的制高点，可以有效地防御敌人的侵犯，尤其可避免水攻。

5. 在建筑类型上，从当时的砖瓦种类多（瓦有板瓦、筒瓦和瓦当，砖有条砖、方砖、栏杆砖和空心砖），大小极不一致（如瓦当直径大到尺余，小者只有数寸）看，当时的建筑规模和类型是多种多样的。文献记载和考古发掘表明，相当于后世的宫、寝、庙、堂、廊、楼、榭、馆等建筑造型，即建筑形象，当时都有了。

列国宫廷不仅有共性，而且有差异。据学者研究，主要是南北差异。其中楚国与北方国家的差异，可概括为以下三点：第一，楚国用木材比例大于北方；第二，楚国的屋脊造型富于曲线美，即屋顶之弯曲程度较北方国家为甚；第三，楚国的装饰手法较北方国家复杂；[①] 第四，楚国的宫室较之北方国家有居室园林化的特色。[②]

二、贵族官僚等的第宅建筑

贵族达官府第具有豪华、宏大的特点，可分楼房建筑和大型宅院两种形式。

（一）楼房建筑

《孟子·尽心下》云："孟子之滕，馆于上宫。"注："上宫，楼也，孟子舍止宾客所馆之楼上也。"又，《史记·平原君列传》："平原君家楼临民家。民家有躄者，盘散行汲。平原君美人居楼上，临见，大笑之。"由此可知，至迟到战国时期，我国中原地

春秋晚期吴国青铜器上的两层楼房纹饰
（选自高介华、刘玉堂《楚国的城市与建筑》）

---

① 详见伊东忠太《中国建筑史》，第 21、23 页，上海书店 1984 年版。
② 见郭仁成《屈赋中所见楚人的经济生活》，《求索》1983 年第 1 期。

区已出现了楼,但它并非当时的主流建筑样式。河南辉县、山西长治等地出土的铜器上,可看到当时楼房的建筑,有台基、栏杆、柱、斗拱、屋檐等构件,与后世楼房大致相似。①

(二)大型宅院

关于大型宅院的布局规范,文献颇多记载,但互有出入。谢维扬对之综合辨析后,认为这种布局的基本格式是:"整个布局为一封闭的院落;院落正面(一般为南面)有门;门前两旁有两座小屋,称为塾,是贵族家庭私学的教学场所;门内为庭,就是院子;庭后便是宅院的主体建筑——堂室。所谓堂室,实际上是一栋多开间的平房。前后分为两大部分。前半部分中央称为堂,相当于现代住宅中的会客和起居室(俗称客堂间)。堂的两旁有夹或厢。后半部分亦有数间,有室与房之分。室即卧室,房则兼有社交的功能。"②从而把这个问题的研究向前推进了一步。

文献所载周代大型宅院的规制,在总体上可与考古资料相印证。其典型的例证是1981年在陕西凤翔马家庄发现的春秋秦国宗庙建筑基址,即马家庄一号建筑群。③该基址"大门、中庭、朝寝及亭台由南而北依次排列,形成中轴线;东西两侧配置厢房,

楚彩绘漆奁上的建筑形象
(选自高介华、刘玉堂《楚国的城市与建筑》,湖北教育出版社1996年版)

---

① 参刘致平著、王其明增补《中国居住建设史——城市、住宅、园林》,第9页,中国建筑工业出版社1990年版。
② 谢维扬《周代家庭形态》,第280页,中国社会科学院出版社1990年版。前人对这个问题的研究,以宋代李如圭的《礼仪释宫》和清代张惠言的《仪礼图》影响最大。
③ 《凤翔马家庄一号建筑群遗址发掘简报》,载《文物》1985年第2期。

左右对称，东、西、南、北四面环以围墙，形成一个全封闭式的建筑群"。[①] 韩伟认为，此建筑群基址，前半部为堂，堂后有一封闭的室。堂左右有东西夹，室左右有东西房。其性质是春秋中、晚期秦的宗庙。[②] 但先秦庙寝宫室结构如一，惟大小不同、功用各异而已，所以它实际上也反映了春秋时期大型宅院的面貌。[③]

那时贵族官僚的住宅中还有影壁。影壁当时叫"屏"，又称"萧墙"。《荀子·大略》云："天子外屏，诸侯内屏。"其意是天子的影壁设在门外，诸侯的影壁设在门内。《论语·季氏》："吾恐季孙之忧不在颛臾，而在萧墙之内也。""萧墙之内"即影壁之内。

有的贵族府第还设有避暑的地下室，如楚国孙叔敖的从子蒍子冯为了装病，就身着两层绵袍，又着皮裘，食少而卧于地下室床上。由于床下置冰，寒气颇盛，故不觉闷热。[④] 而有的贵族又设有饮酒的地下室，如"郑伯有耆酒，为窟室，而夜饮酒，击钟焉"。[⑤]

官僚中有居宅简陋者。如春秋时期齐国的晏子"以节俭力行重于齐"，[⑥] 其"宅近市，湫隘嚣尘"。[⑦] 晏子身为相国，却住在低湿、狭小、喧闹和尘土飞扬的旧屋。齐景公认为此旧宅不可以居，打算把晏子迁到明亮高爽的新居，被晏子婉言谢绝。但景公坚持己见。等到晏子出使晋国，景公乘机为他建造新居。及至晏子回到齐国，新居已经建成。然而晏子还是没有接受。表现了高洁的品德。

三、平民百姓的住宅建筑

（一）西周平民百姓的住宅建筑

1. 北方中原地区的小型房屋建筑

西周时期的建筑技术取得了一定的成就，这在上述的一些大型建筑遗址中已有所披露，不过这些大型建筑只是供王室、贵族们居住。而西周时期一般平民奴隶所住的房子，却与之有十分明显的不同，显得非常简陋，这鲜明地反映了当时的阶级差别。

丰镐遗址中发现的小型建筑居址有土窑式和半地穴式两种。

---

① 《凤翔马家庄一号建筑群遗址发掘简报》，载《文物》1985年第2期。
② 韩伟《马家庄秦宗庙建筑制度研究》，《文物》1985年第2期。
③ 谢维扬《周代家庭形态》，第291页，中国社会科学出版社1990年版。
④ 见《左传·襄公二十一年》。
⑤ 《左传·襄公三十年》。
⑥ 《史记·管晏列传》。
⑦ 《左传·昭公三年》。

土窑式先在地面挖一口径 5—9 米、深约 5 米、平面为椭圆形的深坑,再从一壁掏出窑洞。洞内有一条供出入的土坡道将住室分为两半,坑底不平,常有 1—3 个灶。

半地穴式有方形、长方形和圆形三种,地面平坦,周壁垂直,屋内有灶坑有斜坡门道。这种半穴居和上述穴居状态,可能是周民族"陶覆陶穴"的传统生活习俗的反映。

与丰镐遗址相类似的半地穴式住屋居址,在河北隆尧县双碑和磁县下潘汪、北京琉璃河、邯郸龟台寺等西周遗址里都有发现。如隆尧县双碑西周遗址发现的房屋基址,有的较为完整,多为长方形半地穴式,包括灶、门道、柱洞等,其中有双联灶,较为常见。又如磁县下潘汪遗址 F2 房基,长 3.4 米、宽 2.13 米、深 0.84 米,平面近似长方形。东部有两级台阶,当为门道。室中大柱洞直径 18 厘米、深 14 厘米,以立中心柱。西南角和西北角各有一斜柱洞,能够立柱扎成人字形架。房内地面经火烤,坚实光滑。① 有学者由柱洞的大小及部位推测,土穴的上面应是四阿式的或圆锥式的木柱草顶,房屋低矮简陋。② 需要指出的是,遗址内经常有简单的生活用具及工具出现,沣西张家坡的土穴遗址附近就有手工业作坊出现。

2. 南方的干栏式建筑

居住方式的选择,与自然条件直接有关。南方气候潮湿多雨,土质又不够坚硬,故南方民族多采用干栏式建筑,房屋悬空构建在木柱之上,楼上住人,楼下关牲畜,放杂物。西周亦不例外。以毛家嘴干栏遗址为例,该遗址在水塘底部发现,范围有五千多平方米,建筑密度很高。房屋多建在水塘中,在水上立柱构房。从现存较完整的一二号房遗址的柱网可知,平面为长方形,排架由前后檐柱和中柱组成,圆木柱直

春秋晚期吴国铜盘上的干栏式建筑纹饰
(选自高介华、刘玉堂《楚国的城市与建筑》)

---

① 河北省文物管理处《磁县下潘汪遗址发掘报告》,《考古学报》1975 年 1 期。
② 许倬云《周代的衣食住行》,台湾省《历史语言研究所集刊》第 47 本第 3 分。

接埋入土中，面宽四间和五间，进深两间，朝西南向。遗址留有大量木板和方木，并有木楼梯的残迹。推测当是下面架空、上面搁置楼板的建筑，即后世所称的干栏式木构架建筑。在毛家嘴西北四公里左右的地方和荆门县车桥附近也有发现。可能是西周时长江中游一带常见的居住建筑类型。①

（二）春秋战国的平民住宅

春秋战国平民的住宅具有小型和简陋的特点，可分穴居和地上小宅院两种形式。

1. 穴居

《易系辞传》曰："上古穴居而野处。"到春秋战国时依然有穴居。这种穴居在山西省侯马北西庄东周遗址②和侯马牛村古城南东周遗址③、河北省丰润县东欢坨战国遗址④、湖北省襄樊市真武山两周遗址⑤均有发现。现以侯马和丰润为例加以说明。

侯马发现的房屋，共19座。按形制大致分为两类。一为竖穴式。其结构有两种，一种是长方形，一种是圆形。前者较多，后者少见。面积大小不等，通常在六七平方米，大者可达十五六平方米。都是以一个深1.45米至2.5米左右的土穴为房屋基面，然后以穴壁为房屋的半壁或整壁，立柱盖顶而成。面积较小的门口有台阶，面积较大的则有斜坡式门道。⑥

除竖穴式外，还有窑洞式。这种房子的修建首先是挖出门道，修好台阶。门道朝东，自上而下，向西倾斜，修成四层台阶。从第四层台阶底部，渐向外扩展，挖成南二、西一、北三的六个窑洞，大小不一，一般高0.9，宽0.92～2.2米。洞壁完整，底部均有一层硬面。⑦

河北省丰润县东欢坨战国遗址发现半地穴式房址30座，均分布于一条人工排水沟之北。房址分布为东西向排列，两座之间约距2—3米，由南向北分为五排，间距约3米。房址平面近似圆角方形，门道分斜坡和台阶式两种，四周均未发现柱洞，但个别屋内地面有柱洞，灶筑于屋内东北角，出烟口通向墙外。

上述穴居住址可能为当时农作者（即庶人）和手工工人所居住。

---

① 邓其生《毛家嘴干栏遗址》，载《中国大百科全书·建筑、园林、城市规划卷》。
② 山西省文管会侯马工作站《侯马北西庄东周遗址的清理》，《文物》1959年第6期。
③ 侯马市考古发掘委员会《侯马牛村古城南东周遗址发掘简报》，《考古》1962年第2期。
④ 《中国考古学年鉴（1990）》，第160—161页，文物出版社1991年版；《中国考古学年鉴（1990）》，第137页，文物出版社1992年版。
⑤ 《中国考古学年鉴（1990）》，第274页。
⑥ 《侯马北西庄东周遗址的清理》，《文物》1959年第6期；《侯马牛村古城南东周遗址发掘简报》，《考古》1962年第2期。
⑦ 《侯马牛村古城南东周遗址发掘简报》。

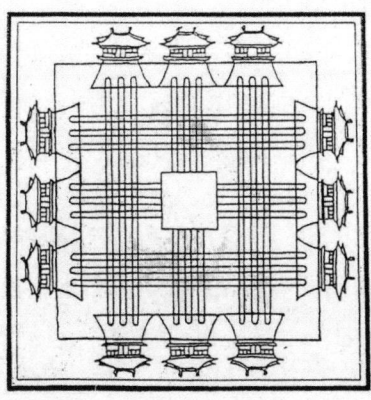

周王城"三礼图"(《永乐大典》)

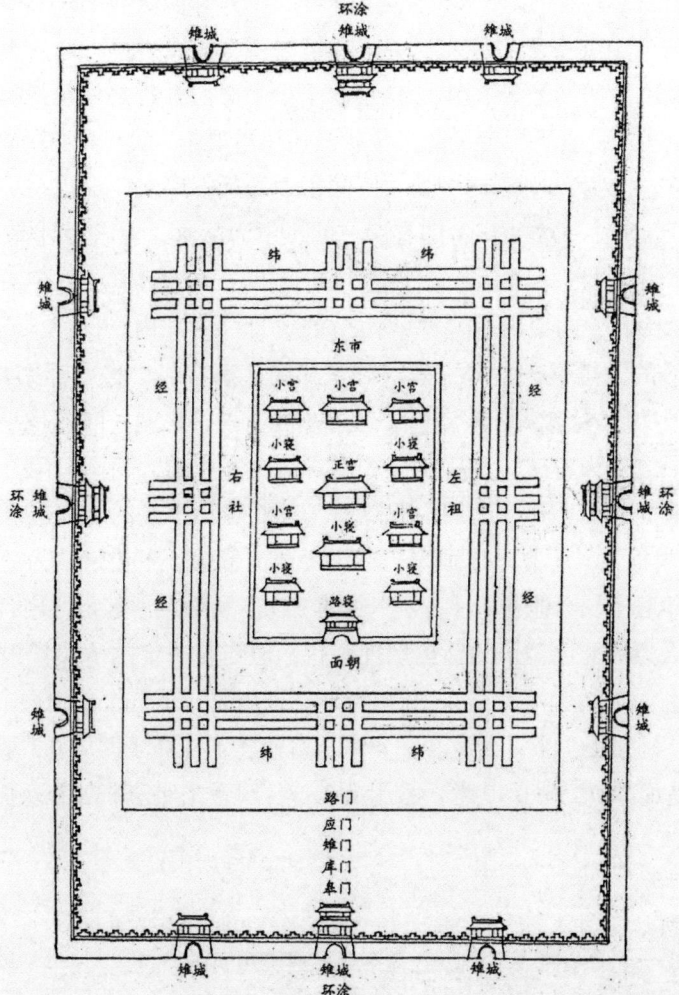

《元河南志》周王城图(庄璟)

2. 地上小型宅院

《礼记·儒行》曰:"儒有一亩之宫,环堵之室,筚门圭窬,蓬户瓮窗。"郑氏《注》曰:"五版为堵,五堵为雉。筚门,荆竹织门也。圭窬,门旁窬也,穿墙为之,如圭矣。"孔颖达《疏》云:"一亩,谓径一步,长百步为亩。若折而方之,则东西南北各十步为宅也。墙方六丈,故曰一亩之宫,谓墙垣也。环谓周迴。蓬户,谓编蓬为户,又以蓬塞门,谓之蓬户。瓮牖者,谓牖窗圆如瓮口也,又云以败瓮口为牖。"又《左传·襄公十年》载王叔之宰讯瑕禽曰:"筚门闺窦之人,而皆陵其上,其难为上矣。"杜预《注》:"筚门,柴门。闺窦,穿壁为户,上锐下方,状如圭也。"可见古代贫民的住宅都是一样的。又《左传·襄公十七年》宋子罕曰:"吾侪小人,皆有阖庐,以辟燥湿寒暑。"《注》云:"阖,谓门户闭塞。"孔颖达《疏》云:"《月令》仲春修阖扇,郑玄云:'用木曰阖,用竹苇曰扇。是阖谓门扇,所以闭塞庐舍之门户也。'"吕思勉认为:"此亦筚门之类也。"① 甚是。又,《庄子·让王》云:"原宪居鲁,环堵之室,茨以生草,蓬户不完,桑以为枢而瓮牖二室,褐以为塞,上漏下湿。"这反映下层平民的存身之处是简陋的草舍茅屋。以上例证充分说明,社会下层庶民的居住状况还相当艰苦②。然而春秋战国民宅的基本形式是一堂二室。《汉书·晁错传》云:"臣闻古之徙远方以实广虚也……先为筑室,家有一堂二内。"所谓"一堂二内",即有房三间,中为厅堂,左右为卧室。又,《睡虎地秦墓竹简·封诊式·封守》载有一个被查封财产的士伍的房屋:"一宇二内,各有户,内室皆瓦盖,木大具,门桑十木。""一宇二内",即一堂二内。"木大具",指房屋的木料齐备。这段话的大意是,堂屋一间,卧室二间,都有门,房屋都用瓦盖,木构齐备,门前有桑树十株。《封诊式·穴盗》又介绍一被盗人的房屋,同样是一堂二内。所不同的是,二内中之一为正房,正房东有侧室,与正房相连,朝南有门。堂在侧室后,系小堂。房屋平面呈曲尺形。房周围有院墙,其北墙距小堂的北部边缘为一丈,东墙距侧室五步。《封诊式》所载是战国末年秦国民居的形式。丁俊清认为,战国时期的平民"每一家都有院子"。③ 他并引《孟子·梁惠王上》所载的"五亩之宅,树之以桑"作为论据。我们认为,上述孟子的话虽然理想化,但当有一定的事实作根据。东周地上房屋基址在湖北襄樊和湖南平江红门皆有发现。前者是以红烧土作地面的方形房屋。④ 后者为房基一座,残长 7 米、残宽 2—4 米,直接建筑在高于四周 0.3 米左右的黄褐生土台地上,房基面厚 0.25—0.30 米,系用黄土掺拌少量木炭渣略加夯筑而成。

① 吕思勉《先秦史》,第 353 页,上海古籍出版社 1982 年版。
② 参李瑞兰主编《中国社会通史·先秦卷》,第 270 页。
③ 丁俊清《中国居住文化》,第 48 页,同济大学出版社 1997 年版。
④ 《中国考古学年鉴(1990)》,第 274 页。

第三节　住宅的装饰与起居用具

一、住宅的装饰

两周时期，宫室、宗庙的装修已经相当讲究，色彩和文饰比较丰富。

据《国语·晋语八》和《穀梁传》，古礼，天子宫庙之桷，砍之砻之，又加以细磨；诸侯宫庙之桷，砍之砻之，不加细磨；大夫之桷，只砍不砻；士人之桷，砍断树根而已。自天子以至大夫士，皆不雕刻桷，亦不红漆柱。这些规定是一定要遵守的，否则就是违礼。《左传·庄公二十三年》云，鲁庄公为了亲迎齐女，大肆装饰宗庙宫室，"秋，丹桓公楹"；第二年春天，又"刻其（桓公）桷"。①被认为"皆非礼也"，违反礼制就会受到天子的责难，如周康王"九年，唐迁于晋，作宫而美，王使人让之"。②

《论语·公冶长》说，春秋时鲁国大夫臧文仲藏龟壳用的房子，已是"山节藻棁"，即房子的斗栱雕成山形，大梁上的短柱饰有花草图案。一个中等国家的大夫尚且如此，大国和周王室的宗庙、宫室装饰自然更为豪华。《礼记·明堂位》云："山节、藻棁、复庙、重檐、刮楹、达乡、反坫出尊、崇坫康圭、疏屏，天子之庙饰也。"意思是说：房屋梁柱上刻有山和水藻的图案，双层的筐，重叠的檐，磨光的楹柱，八扇相对的窗户，反坫突出在酒尊之外，还有安放大圭的高坫，镂花的屏风，都是天子太庙的装饰。凤雏宫室基址内发现大量各种形状的玉石和蚌壳做的装饰物，其中有些饰件形体较大而雕饰相对简单，仿佛是用来组成一些较大的图案的。傅熹年先生认为："凤雏甲组遗址

---

① 《左传·庄公二十四年》。
② 《古本竹书纪年辑证》。

所出玉饰、贝饰很可能是建筑装饰。"①这与有的学者关于成王时已有木器镶嵌玉、贝饰件的推论可以相印证。

晋国也是这样。"晋灵公"厚敛以雕墙;②晋平公建"铜鞮之宫数里"。③

至于齐国管仲"镂簋朱纮,山节藻棁"。④齐景公"筑室于曲潢之上,高三仞,横木龙蛇,立木鸟兽","穷台榭之高,极汙池之深而不止,务于刻镂之巧,文章之观而不厌"。⑤

齐国漆器中绘制的建筑"斗栱"形象
(选自高介华、刘玉堂《楚国的城市与建筑》)

楚国宫室"网户朱缀,刻方连些。……仰观刻桷,画龙蛇些"。⑥"网户朱缀","网"即虚实相间的透空亮隔,则"网户"当是镂空作网格状的门。王逸注曰:"言门户之楣,皆刻镂绮文,朱丹其缘。"由此可知,楚宫门户除以透雕作装饰外,还在表面上涂上朱漆。"刻方连些","方连"即门楣,乃方角形的横木。王夫之《楚辞通释》说:"刻方连者,雕缀作四方相连,如今卐字。"桷即方椽(橼),是承载瓦片的木条。在桷上雕刻完成于安装上屋檩之前,这反映出楚贵族与王室对建筑细部美的追求。而越国,勾践臣吴归国后使人献与吴王的一双"神木",上有"巧工施校,制以规绳,雕治圆转,刻削磨砻,分以丹青,错画文章,婴以白璧,镂以黄金,状类龙蛇,文彩生光"⑦的生动记载,可以想见勾践在自己的宫殿中不会没有雕栋画梁。

除了雕梁画栋,壁画是装饰宫廷的一项重要手法。秦都咸阳宫殿调查与发掘持续了三十多年,发掘了 1 号、2 号、3 号建筑遗址,发现了回廊、宫殿等遗址,其中有大

---

① 傅熹年《陕西岐山凤雏西周建筑遗址初探》,《文物》1981 年第 1 期。
② 《左传·宣公二年》。
③ 《左传·襄公三十一年》。
④ 《礼记·礼器》。
⑤ 《晏子春秋·内篇谏下》。
⑥ 《楚辞·招魂》。
⑦ 《吴越春秋》卷 9。

批壁画,内容包括人物、动物、植物、建筑、神怪和边饰。色彩有红、黑、白、朱、紫红、石黄、石青、石绿等。①越国宫殿中也有壁画装饰技艺。据孔灵符《会稽记》载,在陈音墓中曾有骑射图像的壁画,推知越王宫殿中不会不用作装饰。而且,梁柱木构件上都有彩画装点的可能。②文献中关于楚国宫廷中的壁画装饰记载比较具体。王逸《天问章句》云:屈原"见楚有先王之庙及公卿祠堂,图画天地山川神灵,琦玮僪佹,及古贤圣怪物行事。周流罢倦,休息其下,仰见图画,因书其壁,呵而问之"。结合《天问》中屈原发问的对象,即上自开天辟地,女娲有体,贯穿夏、商、周三朝,及至楚国之现实,③说明楚人壁画的内容是很丰富的。其中最常见的母题是神龙和表现神龙盘旋飞升的云彩。④

墙帏是装饰宫廷的又一项手法。《楚辞·招魂》云:"翡阿拂壁,罗帱张些。纂组绮缟,结琦璜些。室中之观,多珍怪些。……翡帷翠帐,饰高堂些。"可见楚国的宫廷有墙帐、床帐和幕帐。这些帐用鲜艳而柔软的丝绸制成,帐上挂着一块块美玉。楚国之外,秦国也有墙帏。《史记·秦始皇本纪》正义引《庙记》载秦离宫别馆"木衣绨绣,土被朱紫",就反映了这种情况。秦都咸阳宫殿遗址出土有烧残的丝绸,⑤可与之相印证。

二、室内陈设

两周时期的室内陈设大致有家具、灯具、文具等名称。兹分述于下。

(一)家具

所谓家具,主要指漆木器。两周时期家具有床类、几案类、茵席类、箱柜类、屏风类和架子类。⑥

1. 床类

床是供人坐卧的家具。《释名》卷六云:"人所坐卧曰床。"床在古代较小较矮,跟现代的床不同。西周以后床的使用已很普遍。《诗经·豳风·七月》云:"十月蟋蟀入我床下。"床不仅用于休憩,而且是行军的必需品。《左传·宣公十五年》云:"宋人惧,使华

---

① 《新中国考古五十年》,第432页,文物出版社1999年版。
② 方杰主编《越国史》,第163页,上海社会科学院出版社1998年版。
③ 参聂石樵《屈原论稿》,第152页,人民文学出版社1992年版。
④ 宋公文、张君《楚国风俗志》,第103页。
⑤ 《新中国考古五十年》,第432页。
⑥ 参胡德生《中国古代家具》,上海文化出版社1992年版。

河南信阳战国墓出土的短脚木床形式

元夜入楚师,登子反之床,起之。"这说明楚军统帅是在床上睡眠的。

考古发现表明,当时主要流行三种形制的床。一种是固定式的木床,如河南省信阳长台关楚墓出土的漆木床,长2.18米,宽1.39米,足高0.19米,由床邦、床撑、床腿组成,周围有栏杆,前后留有上下床的口。床施以黑漆,有红色方形云纹。床上铺以竹编的床屉,配有竹枕。该床的特点是大而足短。工艺精湛,装饰华丽,[①] 这是供日常卧息的床;一种是折叠式的床,如1987年湖北省荆门包山二号楚墓出土的一架木折叠床,全长2.208米,宽1.356米,通高0.384米。整床可分床身、床栏和床屉三部分,由两个尺寸和结构完全相同的半边拼合而成。[②] 该床可以折叠,便于携带,可能为君王巡幸、游猎和贵族行军时所用;[③] 一种是木雕和竹编的笭床,湖南长沙楚墓出土过,这种床凉爽、通风、散汗,是夏季消暑、乘凉和睡眠用的床。

此外,还有豪华的象牙床。《战国策·齐策》说:"孟尝君出行国,至楚,献象床。"这种床当为楚王及其后妃所享用。

2. 几案

几与案在用途上有相通之处,在形制上较为相近。几分曲几和直几两种。曲几如湖南长沙楚墓出土的漆几,几面微凹,两端圆角向下延伸成二足,足下有横木承托。

---

① 河南省文物研究所《信阳楚墓》,第42页,文物出版社1986年版。
② 湖北荆沙铁路考古队《包山楚墓》,第118—122页,文物出版社1991年版。
③ 参宋公文、张君《楚国风俗志》,第106页。

河南信阳长台关1号楚墓出土的漆木几

几面黑漆为底，上绘彩漆花纹。这种几的造型延用很久，是典型的凭几。① 直几又称板式几，如湖北省随县曾侯乙墓出土的彩绘漆几。此几由三块木板榫接而成，竖立的两块木板为几足，中间横嵌一块木板作为几面。全身黑漆为地，朱绘云纹或几何纹，精美无比。此几既可凭依，又可用以放置器物。②

几的功能和现代椅子上的扶手和靠背相同。③ 古人席地而坐，老者尊者，累了就扶靠在几上，叫做"凭几"或"依几"。《说文》："凭，依几也。"《孟子·公孙丑下》："隐几而卧。"古代老人居则凭几，行则携杖，所以古籍中往往几杖并称。《礼记·曲礼上》："谋于长者，必操几杖以从之。"孔颖达疏："杖可以策身，几可以扶己，俱是养尊者之物。"

几的使用在西周时期已经开始。据《周书·顾命》的记载，西周时已有华玉仍几（饰彩玉的凭几）、文贝仍几（饰以贝壳的几）、雕玉仍几（刻玉的几）和漆仍几（漆几）。到春秋战国时期几的使用已相当普遍。《左传·襄公十年》云："诸侯之师久于偪阳，荀偃、士匄请于荀罃曰：'水潦将降，惧不能归，请班师。'知伯怒，投之以机（即几），

---

① 胡文彦《中国家具鉴定与欣赏》，第13页，上海古籍出版社1995年版。
② 胡文彦《中国家具鉴定与欣赏》，第13页，上海古籍出版社1995年版。
③ 参杨金鼎主编《中国文化史辞典》，第196页，浙江古籍出版社1987年版。

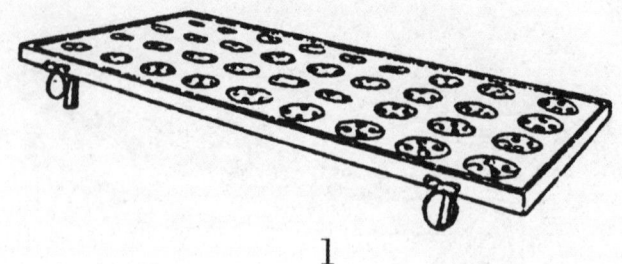

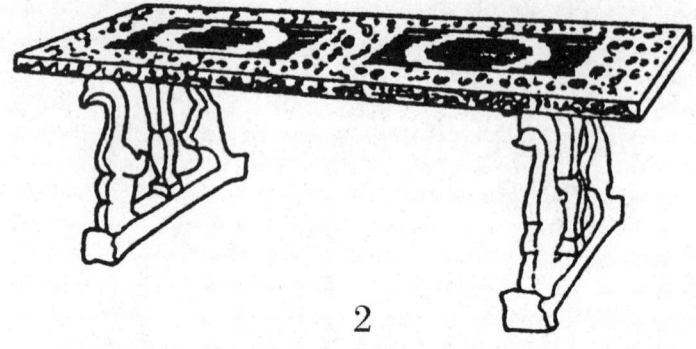

战国家具——案
1. 彩绘大食案（信阳楚墓）
2. 彩绘书案（随县曾侯乙墓）
（选自《中国建筑艺术史》上册，第187页）

战国凤纹漆案

错金银龙凤铜方案

出于其间。"又,《庄子》云:"南郭子綦,隐几而坐。"又,《战国策·燕策一》云:"郭隗谓燕昭王,'冯几据杖,眄视指使,则厮役之人至。'"

案是春秋战国时期新出现的家具,其中漆案十分流行,考古出土的漆木案相当多。当时案的种类依用途分,有食案、毡案、书案等。关于食案,我们已在第一章讨论过了。这里只介绍毡案。所谓毡案,是在案面上铺毡子,以供人坐。即把案当床用。《周礼·天官·掌次》云:"王大旅上帝,则张毡案。"郑氏注:"大旅上帝,祭天於圆丘,国有故而祭,亦曰旅此,以旅见祀也。张毡案,以毡为床于幄中。"《六书故》也作榻类解释。又说:"在今为香案之案,以毡饰之。"

在考古出土的案中,值得一提的是河北省平山县中山王墓出土的四龙四凤铜案。其高36.2厘米,长47.5厘米,宽47厘米,重18.6公斤。这是一张极为珍贵的案桌。它的底座造型优美,结构复杂,最下层是两牡两牝,昂首蹲卧的梅花鹿,其间由一扁平圆环连接;中层有传说中的神话动物——四条龙和四只凤,彼此互相纤结盘绕,形成双重结构的半球形,覆于圆环之上。凤头伸出,展翅欲飞;龙头向前探出,似欲游动。四条龙头分别顶有斗栱,由斗栱承托一个方形的错金银框架。可惜框架内的髹漆木质案面已朽毁。该案的制作集中了铸造、焊、铆、镶、错等多种工艺,且构思奇巧,花纹细致。此案设计独特,造型繁而不乱,既是实用品,又是精美的工艺品。①

---

① 李学勤主编《中国美术全集·青铜器下》,文物出版社1986年版;中国对外文物展览公司《中山国文物展》,日本经济新闻社1981年版。

3. 茵席

茵席，是指供坐卧铺垫的用具。席有编织席和纺织席两类。

（1）编织席

编织席分为凉席和暖席两种。凉席大多以竹、藤、苇、草编成，个别用丝麻加工而成。暖席则多以棉、毛、兽皮做成。据《事物纪原补》卷八的记载，周代有专管五席的官吏。所谓五席，即"莞席、藻席、次席、蒲席、熊席"。莞席是铺在下面垫地的"筵"。《诗经·小雅·斯干》："下莞上簟，乃安斯寝。"郑玄注："莞，小蒲之席也。竹苇曰簟。"其意是，把用未长大的蒲草所编的粗席铺在下面，用竹藤编的细密而花纹美丽的席铺在上面。藻席，是指花纹美丽、色彩鲜艳的席子。蒲席，是用昌蒲、香蒲的叶编成的席，较温柔，与冰凉的竹席差别明显。多在筵上铺设，也有编织较糙，铺在下层作筵的。熊席，即熊皮坐席。《周礼·春官·司几筵》："甸役，则设熊席。"学者认为，"除垫在下层的筵席外，其他四种席分别于春、夏、秋、冬四季使用。次席、蒲席、熊席的凉、温、暖之特点尤为明显"。①

（2）纺织席

纺织席主要有毡、毯、茵、褥等几种。其中茵和褥还有以兽皮制成的。毡以兽毛和麻混织而成。②《事物纪原补》卷八载周官掌皮供毳毛为毡，由此知周朝已有专为天子制作毡的官吏和工匠。毯以兽毛或丝麻织成，比毡薄而细密。茵即褥子，与席可并称茵席。《韩非子·十过》云："四壁垩墀，茵席雕文。"所谓"茵席雕文"，即有美丽花纹的精细席垫。西周春秋时的茵，常指车上的垫子。如《诗经·秦风·小戎》云："文茵畅毂。"孔颖达疏云："茵者车上之褥。"褥是坐卧的垫具，又是纺织席的统称。褥的制作材料有多种，或以布，或以罗锦，或以兽皮、兽毛。如《拾遗记》云："周灵王起昆昭之台，设紫罴文褥。"

4. 箱柜类

箱柜的使用大概始于西周初年。《尚书·周书·金縢》载："武王有疾，周公作《金縢》，……乃纳册于金縢之匮中。"春秋战国时期关于柜的记载不少，如《韩非子》云："楚人有卖其珠于郑者，为木兰之柜。薰以桂椒，缀以珠玉，饰以玫瑰，辑以翡翠。郑人买其椟，还其珠，可谓善卖椟矣，未可谓善鬻珠也。"考古发现的柜，有河南信阳长台关战国墓出土的小柜和随县曾侯乙墓出土的漆木衣柜。这些柜，颇像现代的箱。柜体呈长方形，柜盖隆起作弧形，盖和柜身四角均有突出柜身的把手，能合在一起，便于捆绑搬抬。两墓共出土衣柜五件。柜身黑漆为底，分别彩绘有扶桑、太阳、鸟、兽、

---

① 胡德生《中国古代家具》，第33页，上海文化出版社1992年版。
② 《事物纪原补》卷8载周官掌皮供毳毛为毡，由此知周朝已有专为天子制作毡的官吏和工匠。

蛇和人物等各种图案。有的盖上还刻有"紫锦之衣"四字。箱的使用始于西周或春秋初、中叶。《诗经·小雅·大东》云:"睆彼牵牛,不以服箱。"《方言》曰:"箱谓之䩄。"但古代的"箱",指车内存放东西的地方。《说文》:"箱,大车牝服也。"又,《玉海》:"车内容物处为箱。"

5. 屏风类

屏风是放在宽敞的室、堂进门不远处,用以挡风或隔断后部视线的一种用具。它有利于在室、堂前居中放置案等家具。一般用木头,竹子做边框,下面装有屏足或底座。框子内蒙以绢帛。屏风或单扇,或多扇,可以折叠,上面统一构图,作绘画、雕刻或文字等予以美饰。由于屏风具有使用和审美的双重价值,所以深为人们所喜爱。

屏风的使用在西周初期就已开始,不过当时没有屏风这个名称,而称其为"邸"或"扆"。①《周礼·掌次》:"设皇邸。""邸",即屏风。郑玄注:"邸,后板也。"后板者,为大方板于座后,有斧纹,即专为天子所设的屏风。皇邸,就是以彩绘凤凰花纹为装饰的屏风。屏风也可称为"扆"或"扆坐",是专指御坐后所设的屏风。《尚书·周书·顾命》:"狄设黼扆、缀衣。""黼",通斧。"黼扆",安放在王位后面饰有斧形花纹的屏风。《仪礼·觐礼》:"天子设斧依于户牖之间。"郑玄注:"依,如今绨素屏风也,有绣斧纹所示威也。"屏风之名出于战国时代。《史记·孟尝君列传》云:"孟尝君待客坐语,而屏风后常有侍史,主记君所与客语。"孟尝君为战国时齐国的相,这说明当时在社会上层已有在室内安置屏风的习惯。文物考古可与之相印证。1974年河北省平山中山王𰯼墓出土了三件青铜器座——错金银铜虎噬鹿器座、错金银铜犀器座、错金银铜牛器座。它们恰好构成一个屏风座足。其中错金银铜虎噬鹿器座是一件既具有实用功能又具有艺术价值的珍品。此器高21.9厘米,长51厘米,重26.6公斤。其造型为一只大虎捕攫了一只小鹿,小鹿则双目僵滞,低头哀鸣,虽奄奄一息,仍引颈蹬腿,企图逃脱。而虎双睛圆睁,两耳竖起,前躯下鞠,后腿用力蹬地,尾巴卷起,仿佛也使出了全身的力气。虎的贪婪、凶残,鹿的弱小、挣扎,都刻画入微,形象逼真。鹿饰以金银梅花斑点,虎错以金银片,金泽闪烁,更加富丽雅致。虎的前爪由于抓鹿而悬空,利用鹿腿支撑,保持了虎身的平衡,设计颇具匠心。虎头及臀部是空心,其余为厚重的实体,使器座安稳牢固。②此器座虽是屏风的一部分,但也能反映当时屏风制造的高超水平。

需要指出的是,战国时期,屏风的使用逐渐普遍,品种也在增加。不仅有高大的

---

① 胡德生《中国古代家具》,第51页。
② 高英民《石家庄文物大观》,新华出版社1992年版;中国对外文物展览公司《中山国文物展》、日本经济新闻社1981年版。

屏风，也有枕屏之类的小巧之物。有实用的，也有纯装饰性的陈设品。①湖北望山一号墓出土的彩绘透雕漆座屏就是典型的实例。此器通高 15 厘米、长 51.8 厘米，上宽 3 厘米，下宽 12 厘米，底座高 3 厘米。木胎，底座两端着地，中部悬空。座上为长方形外框。外框中间和底座共雕刻蟒、蛇、蛙、鹿、凤、雀等动物共五十一只。周身黑漆为地，彩绘朱红、灰绿、金银等色彩。这件漆座屏，运用透雕、浮雕相结合和左、右对称的艺术手法，在写实的基础上加以变化，加以协调的色彩，把各种动物的形态表现得生动逼真，妙趣横生。②

6. 衣架

衣架，起源于周代。其名称因形制不同而异。竖立的木杆用以挂衣叫"楎"。横架的木杆用以挂衣曰"椸"。《礼记·内则》："男女不同椸枷，不敢悬于夫之楎椸。"正义云："竿谓之椸；楎，杙也。"按：杙，小木桩。《尔雅·释器》："竿谓之椸。"疏曰："凡以竿为衣架者，名曰'椸'。"

两周时期的家具大致有以下四个特色：

低矮。据《考工记》记载："周人明堂，度九尺之筵。"若以周尺一尺为 19.91 厘米计，九尺之筵约为 180 厘米，可见当时室内高度是有限的，仅宜于坐卧。除筵外，置于筵上的席及几、案、屏风等，都比较低矮，而且是随用随置，根据需要作不同的陈设，不像后世的家具那样一般有固定的位置。③

髹漆。春秋战国的木、竹家具均髹漆和绘漆。以黑漆或红漆为底，彩绘动物、植物、太阳和人物等图案，色彩艳丽，相当华美，是我国漆家具史上灿烂的一章，并揭开了漆家具全盛时代——汉代家具的序幕。

雕刻。战国的漆木家具往往用透雕和浮雕的手法予以装饰。如湖北望山一号墓出土的彩绘透雕漆座屏、河南信阳长台关楚墓出土的雕花木几等。它们充分反映了战国时代雕刻技艺的精湛和高超，谱写了雕花家具的崭新篇章。④

实用和观赏兼具。春秋战国时的不少家具，既具有使用功能，又兼具装饰功能和观赏价值。如错金银龙凤座铜案、彩绘透雕漆座屏，都是精美华丽的小型家具。它们不仅是实用品，而且是以装饰或观赏为目的的小摆设，具有点缀起居生活的作用。⑤

---

① 参胡德生《中国古代家具》，第 52 页。
② 湖北省文化局文物工作队《湖北江陵三座楚墓出土大批重要文物》，《文物》1966 年第 58 期；王世襄等主编《中国美术全集·漆器》，文物出版社 1989 年版。
③ 参杨泓《家具演变和生活习俗》，载于《古代礼制风俗漫谈（四）》，中华书局 1992 年版。
④ 参胡文彦《中国家具鉴定与欣赏》，第 16 页。
⑤ 同上，第 17 页。

（二）灯具

灯具是古代的照明器具，其形制为下有座，中有柄，上用金属圆盘或小瓷碗，燃以膏油，可见系由烛台脱胎而来。但它并未完全取代烛。

在古代，灯的发明与火的发现和用火、照明密切有关。从文献记载和出土实物看，我国至迟在战国时期就已经开始使用灯来照明了。如《楚辞·招魂》云："兰膏明烛，华镫错些。""镫"同灯。"错"，《说文》："金涂也。"当时盛行铜灯，大约有十数件，它们分别出自河南洛阳、三门峡，河北平山、易县，湖北江陵、荆门，四川成都、涪陵和北京等地的战国中晚期墓中。① 按造型大致分成两类。

北京故宫博物院藏战国玉灯

一类取象生的形状，包括多枝灯、人俑持灯和兽形灯三种。多枝灯所见有三盏、三盏九烛和多至十五个灯盏的。② 人俑持灯，有河北平山中山王墓出土的银首铜俑灯③、湖北江陵望山二号墓出土的人骑骆驼灯④、山东诸城埠口村出土的人擎双灯⑤和河南三门峡上村岭出土的人漆绘灯。⑥ 兽形灯如1976年河北易县、燕下都出土的铜象灯。⑦ 上述灯具大多数形象生动，制作精巧，有的还以错金银、鎏金银为饰，既具有灯的实用价值，又是珍贵的工艺品，可供欣赏和陈设。如河北平山中山王墓出土的十五连盏铜灯，通高82.9厘米，宽47厘米，重13.85公斤。其造型犹如一棵茂盛的大树，错落有致，由大小八节安插而成，支撑十五盏灯盘。每节榫口的粗细、角度都不同，接插不会出错，不用时可以拆卸存放。每盏灯盘有一灯捻，如全点燃，光照如昼。灯座呈圆形，饰镂空透雕三虎六身夔龙纹，虎嘴各衔铺首一个。灯座上站二人，上身赤裸，下围短裙，腰系丝带，上扣带钩，仰头向上，抛食戏猴。树枝头上栖八只小猴、二只翠鸟、一条夔龙，猴耍，鸟鸣，龙游，充满生气，而又情态相异。灯的铸造者就是这样巧妙综合人、鸟、兽的各种形象，构成一幅生动活泼、妙趣横生的画面。该灯具外形美观，

---

① 熊传新、雷丛云《我国古代灯具概说》，《文物》1983年第7期。
② 同上。
③ 河北省文物管理处《河北平山县战国时期中山国墓葬发掘简报》，《文物》1979年第1期。
④ 湖北省文化局文物工作队《湖北江陵三座楚墓出土大批重要文物》，《文物》1966年第5期。
⑤ 既陶《山东省文物普查文物展览简介》，《文物》1959年第11期。
⑥ 河南省博物馆《河南三门峡上村岭出土的几件战国铜器》，《文物》1976年第3期。
⑦ 李学勤主编《中国美术全集·青铜器下》；中国对外文物展览公司：《中山国文物展》；中国文物交流中心编《出土文物三百品》，新世界出版社1992年。

河北省平山中山王墓出土的战国十五连盏铜灯

构思奇巧,从一个侧面反映当时中山国的文化已发展到相当高的水平。①

另一类取形于日用器皿,有豆形灯、盒形灯、簋形灯等种。这些灯具注重实用,造型简朴。如河北平山县三汲出土的簋形灯,高 15.2 厘米,径 20.6 厘米。器形如簋。有盖,子母口,深腹,圈足。器腹一侧有铺首衔环。盖、器皆饰瓦纹。器口用铰链与盖一边相连,盖顶上有可折动的柱,柱端贯环。若提环将盖揭开,则柱即成为灯的足。此器虽素朴无华,但设计别具匠心,便于携带。②又如湖北江陵望山二号墓出土的豆形灯,基本形制如豆,由灯盘、灯把和覆碗状灯盘三部分组成。灯盘外壁作瓦楞状,平底,底部正中有一尖状突起,供燃蜡之用。柄作竹节状,握手方便。③须要指出的是:豆形灯应是我国最早的灯的形制,也是使用最久、最普遍的形制。

此外,考古出土的有陶灯,如湖南长沙黄土岭魏家大堆战国墓出土两件,广西平乐银山岭战国墓中出土十五件。传世有玉灯,藏于故宫博物院,仅此一件,堪称珍宝。

(三)梳妆器具

两周时期的梳妆器具,种类较多。其中主要有铜镜、梳篦、簪笄、奁、盒等。兹分述于下。

1. 铜镜

铜镜是照面饰容,修正衣冠的主要用具,它与人们的日常生活关系甚为密切。它又是精美的工艺品,制作精良,外观华美,图纹绚丽,铭文丰富,是我国文化宝库的珍品之一。

在我国源远流长的铜镜史上,春秋战国是铜镜的发展阶段。此时文献史籍中有关铜镜的记载颇多。如《庄子·内篇·应帝王》云:"至人之用心若镜,不将不迎,应而不藏,故能胜物而不伤。"又如《楚辞·九辩》:"今修饰而窥镜兮。"《韩非子·观行》:"古之人,目短于自见,故以镜观面。"同书《饰邪》:"夫摇镜则不得为明。"上述记载都是通过窥镜修饰这种日常生活小事阐明某些人生哲理,它说明至少在战国晚期青铜镜已经相当流行了。这已为考古发现所证实。据不完全统计,考古出土的这一时期铜镜已有上千面,少数属春秋的,大量属战国的。这时期的铜镜多为圆形,少数为方形,镜面平直,边缘平或上卷,背面有钮和钮座。镜钮的形式有弓形钮、半环钮、镂空钮、弦纹钮等。其中弦纹纽最常见,其特点是钮足较宽,钮弓较窄,其上有一至四条顺弓形而突起的弦纹。弦纹钮中又以三弦钮数量最多。除全素镜、饕餮镜、多钮镜等少数

---

① 李学勤主编《中国美术全集·青铜器下》;中国对外文物展览公司:《中山国文物展》;中国文物交流中心编《出土文物三百品》,新世界出版社 1992 年。
② 《中国美术全集·青铜器下》。
③ 《湖北江陵三座楚墓出土大批重要文物》,《文物》1966 年第 5 期。

战国五山纹铜器

铜镜无钮座外，其他的镜子都有钮座。钮座的形式有小圆钮座、凹面形方钮座、单线圈钮座、透雕圆钮座、八连弧钮座等。铜镜质地薄而轻巧，但在战国中晚期，也出现了一些厚重的镜子。铜镜纹饰有几何图案、植物纹、动物纹、人物图像等，可谓内容丰富多彩。纹饰的表现手法多样化，有浅浮雕、高浮雕、透空雕、金银错、嵌石、彩绘等，其中浅浮雕最为常见。而且主纹和地纹配合和谐，结合完美，相映成趣。纹饰布局，常见的有双圈式、对称式和环绕式三种。

需要指出的是：南北铜镜有所差异。大致而言，北方铜镜较厚重，出土数量较少，但发现有嵌金银、镶绿松石的大铜镜；南方的铜镜质薄轻巧，出土数量较多。

2. 奁

周代的奁为漆木制。呈圆形。有盖，子母口。建国后在曾侯乙墓、青川秦墓、长沙烈士公园三号墓、包山二号楚墓均有出土。长沙烈士公园三号墓出土的漆奁内盛木梳和山字形铜镜。包山楚墓出土的漆奁内盛放花椒、铜镜、搽粉饰、骨笄等。[①] 这说明奁是梳妆用品的载体。

3. 刖人守囿首饰盒

周代的盒为铜制。1989年山西省闻喜上郭村出土的刖人守囿首饰盒，通高8.9，通长13.7，宽11.3厘米。盒体呈方箱式，箱盖中间有猴钮，旁有四个可随意转动的小鸟。盒箱中部俯伏一双小虎，四角置四双回首顾盼的熊罴。盒箱两帮铸有两对小鸟。

---

① 《包山楚墓》，第146页，文物出版社1991年版。

盒有六轮。前有两只卧虎抱四个小轮，后有一双大轮。盒箱后门上嵌有一赤裸全身的守门刖人，他左手拄拐，右手挟门闩，门可开启。盒箱前有一辅首衔环，作牵引用。全盒有十五处可以转动，装饰有虎、熊、鼍、鸟、猴等十四动物。当是《周礼》"域养禽兽"的苑囿。门扉上刖人，则是"刖者使守囿"的反映。此盒相当古书中的匮或椟，①乃收藏用具，如藏首饰。它虽小，但制作独具匠心。②

（四）文具

文具，即文房四宝——笔、墨、砚、简帛。

1. 笔

笔，滥觞于商。甲骨文上的文字即先用笔写，后用刀刻而成。古籍中有关于春秋战国时期使用毛笔的一些记载。例如《庄子》中就有"臣以秉笔事君"、"画者吮笔和墨"的记载，这里显然是指毛笔而言。此时各诸侯国对笔的称呼也不一致，汉许慎在《说文》中释"聿"云："聿，所以书也。楚谓之聿，吴谓之不律，燕谓之弗，……秦谓之笔。"

战国的毛笔先后在湖南长沙左家公山 15 号墓、河南信阳长台关 1 号墓和湖北荆门包山 2 号墓出土。长台关 1 号墓相当于战国早期，毛笔通长 23.4 厘米，笔锋长 2.5 厘米，笔毫是用绳捆绑在竹杆上，杆径 0.9 厘米。笔头套在竹管内。长沙左家公山 15 号墓相当于战国中期，出土时毛笔全身还套着一支小竹管制成的笔筒，笔杆长 18.5 厘米，径 0.4 厘米，毛长 2.5 厘米。笔毛用最好的兔毫做成，做法是将笔杆的一端劈成数开，把笔毛夹在中间，然后用细丝线缠着，外面再涂一层漆。包山二号楚墓的时代亦为战国中期。其出土的毛笔笔毫长 3.5 厘米，全长 22.3 厘米。笔筒直径 2.5 厘米，长 24.5 厘米。笔毫有尖锋，上端用丝线捆扎，插入笔杆下端的銎眼内。笔杆为苇质，细长，末端削尖。毛笔置于笔筒内。笔筒竹质，由两节竹筒套合而成。一端有竹节，另一端填以木塞，中间子母口套合。③将上述三支笔相比较，可以看出笔的发展趋势是：笔毛由捆绑在笔杆周围改为插入笔腔，这是适应文化迅速发展对改进书写工具必然提出的要求。

2. 墨与砚

墨是中国传统的书写工具之一，它适合毛笔用以着色、书写文字。一般人认为，原始的墨应是随毛笔同时出现的。考古发现的新石器时代绘有黑色花纹的陶器表明，先民们早在四五千年前就已经用黑色写画了。到了商代，墨开始用于写字。正如陈梦家先生在《殷墟卜辞综述》中所说："在卜用的甲或骨上，在刻辞以外还用朱或墨用'毛

---

① 《左传·昭公七年》："燕人归燕姬，赂以瑶瓮、玉椟、斝耳。"又《论语·季氏》："龟玉毁于椟中。"

② 《中国青铜器器全集 3》。

③ 《包山楚墓》，第 264 页，文物出版社 1991 年版。

笔'写字在甲骨的背面。"逮至春秋战国时期，既有简牍，又有帛书，就是分别在竹木简或丝织品上书写文字。这自然须用笔墨才能写成。《管子》、《庄子》两书都直接提到笔墨。可见那时随着文化的发展，笔墨的使用愈益广泛了。①

据文献记载，先秦的墨都是用天然石炭如煤炭等制成的，古人称为石墨。因此许慎在《说文解字》解释墨为"书墨也，从土、从黑"。石墨在使用时要用研石在砚中将它磨成粉末，再兑水稀释成墨汁。

砚是与中国的毛笔、墨相配合使用的写画工具。《释名》云："砚者，研也，可研墨使和濡也。"砚滥觞于原始社会后期，成熟于春秋战国。人们常把砚和研石并提。

春秋战国的墨、研墨石和砚往往一起出土。1966年河北省承德市平房出土战国石砚、研墨石各一件。石砚直径14厘米，厚1.7厘米。砚作长方椭圆形，沿微缺。研上有研墨石。研面与研墨石均有使用痕迹。②1976年湖北省云梦睡虎地4号秦墓出土战国末期墨、砚和研墨石各一件。墨呈圆柱状，色纯黑。砚石质，呈不规则的菱形。研墨石系鹅卵石加工制成。砚面和研墨石面均有使用痕迹与墨迹。③

3. 简帛

春秋战国时期，纸尚未发明，竹木简牍和帛是当时的书写材料，尤其是竹木简牍。

简牍这类材料，最初不作商品，往往需自己动手制作。因此，著述者或抄写者所必备的，除笔墨外，还有制作简牍的工具。

河南信阳长台头、湖北江陵望山和浙江绍兴坡塘狮子山等地战国墓出土的文物表明，战国时期，制作书写材料，起码需要备置锯、锛、刻刀、削刀（把写过的字删去）、锥、砺石（修磨锛、刀）和线锤（拉线夹简，以编织长册）等，比书写工具要多。

（五）纳凉器——扇子

周代的扇子有两种。一种是用鸟羽编织而成的。《拾遗记》说，周昭王时，"聚丹鹊毛羽为扇"，让两名侍女摇动，扫却炎暑，清凉自得。又，陆机在《羽扇赋》中写道："昔襄王会于章台之上，大夫宋玉、唐勒侍，皆操白鹤之羽以为扇。"这种扇虽有取风驱暑的作用，但"其主要功能在于仪仗，用以显示统治者的身份和地位"。④另一种扇则纯以竹片编织而成。1982年湖北省江陵马山砖厂一号墓出土的一枚竹扇，外侧长24.3厘米、内侧长30.4厘米、上下缘宽14.7厘米、中部宽16.8厘米。它由扇柄与扇面构成，整个扇子呈菜刀形。扇面用涂红黑漆的细薄篾片编织成矩形图案。制作十分精巧。

---

① 参许树安《文房四宝——笔墨纸砚》，载于《古代礼制风俗漫谈〈四〉》，中华书局1992年版。
② 河北省博物馆等《河北省出土文物选集》，文物出版社1980年版。
③ 《云梦睡虎地秦墓》，文物出版社1981年版。
④ 金维新、丁凤麟、吴少华《器物文化纪趣》，第63页，上海古籍出版社1990年版。

高 40.8 厘米

横 14.7—16.8 厘米

扇面纵 30.4—24.3 厘米

战国竹扇

战国金银错铜壶上的奴隶手执长柄扇

这种扇子当主要作为纳凉防暑的工具。

（六）取暖器——炭炉

圆盘或方盘，下承三、四兽足，或为圈底支足。盘两侧有链耳。铜制或铁铸。用燃烧木炭供人取暖。出土实物颇多，有的还残存着木炭。春秋时期的王子婴次炉，呈方形，炉盘底部有残足的断痕，可推知该炉原有斜柱式圈足。属于战国时期的中山王䁕墓出土的提链三足铜炉平面呈圆形，下有三个兽面纹蹄形足。该墓还出土一件铁火盆，平面呈长方形，下有四个兽蹄形足位于两侧。

第四节 室内起居

春秋战国时代，礼仪规范渗透于日常生活中的各个方面，就连室内起居，诸如行止坐卧，也有一整套准则。

一、坐的礼节

这方面的礼节在饮食上最为繁杂，这里只介绍一般情形下的礼节。（1）"夫为人子者，居不主奥"。① 奥是居室的西南隅。《尔雅·释宫》云："西南隅谓之奥，西北隅谓之屋漏，东北隅谓之宦，东南隅谓之窔。"奥位是祭祀户、雷、门、灶诸神的地方，祭权在于家长，因此父在子不能坐于奥位。（2）坐如尸，即坐的时候要端正、视正、严肃。《礼记·曲礼上》："坐如尸。"郑玄注云："视貌正。"贾公彦疏："尸居神位，坐必矜庄，言人虽不为尸，若所坐法必如尸之坐。"（3）坐不中席，② 即不能在席上居中而坐。古时席地而坐，一席坐四人。共坐时席端为尊，独坐则居席中。尊者一般独坐，故卑者不能居中；不居中而坐，也就是对人的礼貌之举。（4）席不正，不坐。③ 席子在室堂中要放正，即席的四边要与室堂的边、壁平行才坐。这是因为席子铺得平整不仅看去整洁雅致，而且也表示对客人的尊重。几个人坐于屋中，对于主人，亲者近坐，疏者远坐，《礼记·檀弓上》云："曾子寝疾，病。乐正子春坐于床下，曾元、曾参坐于足，童子隅坐而执烛。""坐于足"，就是坐于足下，"隅坐"，就是坐于角落里。其座位的安排是以关系的亲疏远近为转移的。（5）虚坐尽后，④ 即除吃饭之外，坐要尽量靠后，

---

① 《礼记·曲礼上》。
② 同上。
③ 《论语·乡党》。
④ 《礼记·曲礼上》。

表示谦敬。这是席地而坐与座椅之坐都可以通用的。《礼记·曲礼》贾公彦疏云:"虚,空也,空谓非饮食坐也。尽后,不敢前进,以为谦也。"(6)与以上准则相对,箕坐(亦称箕踞,指伸开腿而坐)则被认为是一种不合乎礼节的举动,所以《礼记·曲礼上》说"坐毋箕"。

此外,陪伴自己所敬仰的人,不妨挨近坐着。见到同班辈的人不必起身。但主人有上宾来,要起身。陪伴长者坐谈,凡是见到长者打呵欠,伸懒腰,或是准备拿起拐杖,或是探视时间的早晚,这时要告辞退出。陪伴尊长时,如果有人进来说,想占点儿时间,有所报告,侍坐者要退避一旁候着。

室内座次,"以东向为尊",① 即在西墙前铺席,坐在席上面向东。其次是在北墙前铺张席,面向南而坐。再其次是在南墙前席上面向北而坐。最卑的位置是东边面朝西的席位。由此就可以理解《史记·项羽本纪》写的鸿门宴的座次。项羽骄傲,以尊长自居,但又不能让叔父项伯坐在低于自己的位置上,所以与项伯朝东而坐,最尊;范增是项羽的军师,朝南而坐,仅次于项羽叔侄的位置;项羽藐视刘邦,不把他看作与自己地位一般高的宾客,所以让他朝北而坐,又卑于范增;张良作为刘邦的随从,是在场人中地位最卑下的,自然坐在面朝西的位置。②

然而,如果在堂上进行礼节性活动,座位就是"以南向为尊"了。而且西向位往往也比东向位尊。如《仪礼·乡饮酒礼》中的堂上的席位,宾席在户牖间,宾南向坐,介(副宾)席在西序前,介东向坐;主人在东序前,西向坐。实际上,宾和主人的座次都比介的座次为尊。又如《大射仪》中堂上的席位,南向坐的宾,西向坐的公,北向坐的诸公,都比东向坐的大夫尊。

二、站立、睡觉等的礼节

(1)立不中门,③ 即不站在门的当中,因为那里是尊者要通过的地方。《论语·乡党》也说:"立不中门,行不履阈(踩门坎)。"(2)堂上接武,堂下步武,④ 指在堂上行走的时候,要迈小步子,后脚紧跟前脚的一半;在堂下行走的时候则可自由迈步,跨出步

---

① 凌廷堪《礼经释例》。
② 王文锦《古人座次的尊卑和堂室制度》,载于《文史知识》编辑部《古代礼制风俗漫谈》,中华书局1983年版。
③ 《礼记·曲礼上》。
④ 同上。

伐来。(3)拾级聚足,^①指主人陪客人上台阶的时候,不一脚一个台阶,而是前登上一级、后脚与之并齐,然后再向上,相反,有急事的时候则要跨阶而上。(4)寝不尸,^②指睡觉应侧卧,微屈身体,不能伸展四肢像死人一样。《论语·乡党》包咸注:"尸,偃卧四体,布展手足似死人。"(5)寝毋伏,^③即睡时不要俯伏在床上。

除上述行止坐卧外,古礼还有一些关于言行的礼节。如"将上堂,声必扬,户外有二屦,言闻则入,言不闻则不入"。^④其意是说,将要上厅堂,声音要高些,以使屋内的人听见;如果门外有两双鞋,说明屋内有二人在谈话,进者须通报一声,让进则进,没有让进则不能进,以避免影响屋内人活动或谈话的进行。又如,"将入户,视必下"。^⑤其意是进门的时候要冲下看,以免看到人家的私物私事,造成不敬。^⑥

以上所述屋内起居主要是士大夫阶层的日常礼制,庶人是没有资格讲究礼制的。至于周天子、诸侯,其日常的起居已不仅仅是生活问题,而且也是一种政治活动了。^⑦

① 《礼记·曲礼上》。
② 《论语·乡党》。
③ 《礼记·曲礼上》。
④ 同上。
⑤ 同上。
⑥ 《礼记·曲礼上》孔颖达疏云:"虽闻言而入亦不得举目而视,恐睹人之私,故必下。"
⑦ 参李瑞兰主编《中国社会通史·先秦卷》,第273页。

第四章

行旅交通

西周时期，以镐京、洛邑为中心，修筑了许多道路，文献称之为"周行"、"周道"。各诸侯国内部也有许多道路以沟通各地。道路上有传舍供食宿。交通主要方式是步行。马车作为交通工具仅限于贵族。

东周时期几百年的分裂割据，使交通受到相当大的破坏。从全国范围看，各诸侯国间的边界形成了人为的阻隔，妨碍了人员与物资的流通。镐京、洛邑原来的交通中心地位下降，以其为中心的交通网络亦随之衰败，全国范围内出现了关卡林立的混乱局面。但同时，以各大诸侯国的都城为中心，形成了新的交通网络，陆路交通有了很大发展，驿传制度已相当健全，私营客舍发展起来，造车、造船及航海技术显著提高，近海航行已经出现。贵族出游于山水之间。从总体上看，此时的行旅交通业还是前进了。

【 第一节　出行的礼仪 】

一、行装和旅费的筹集

行旅之人，在启程之前，必需进行物质准备。在周代，为了满足行旅需要而准备的东西，称为"装"。那时装对于行旅的意义已经受到重视。

据《史记·越王勾践世家》记载，范蠡在辅佐越王勾践灭吴，并使勾践称霸中原之后，认为自己负有过大的名声，难以同勾践长期相处。况且勾践的为人，是可以与他共患难，难以同他共安乐。"乃装其轻宝珠玉"，独自同他手下的人一起乘船渡海走了，始终没有返回。后来定居在陶地，获得亿万资产。他的二儿子因杀人被囚禁在楚国。便告诉他的小儿子前去探视。"乃装黄金千镒，置褐器中，载以一牛车。"意即拿不显眼的粗糙器具装了千镒黄金，用一辆牛车拉着。又，《战国策·齐策四》记载，冯谖为孟尝君往薛地收债，"约车治装，载券契而行"。意即准备车辆，置办行装，载着收债契约出发了。《史记·魏公子列传》记述魏公子无忌的生平事迹，说他礼贤下士，因与平原君意见不同，认为像平原君这样的人不值得交往，"乃装为去"。又《史记·樗里子甘茂列传》记述了甘罗十二岁服事于秦国丞相文信侯吕不韦，说服张唐去燕国做丞相，张唐"令装治行"。意即张唐命令准备行装上路。《史记·刺客列传》载燕太子丹在做好谋刺秦王嬴政的种种准备工作之后，"乃装为遣荆卿"。意即于是收拾行装准备送荆卿启程。

有学者认为，在一般情况下，"行装"应选择轻便易于携带，而且随处可以交换的物品，范蠡"乃装其轻宝珠玉"的一个"轻"字，正体现了这样的原则。[①] 所言甚是，

---

① 王子今《中国古代行旅生活》，第20页，商务印书馆国际有限公司1996年版。

还可以举出一些例证。如《史记·平原君虞卿列传》载："虞卿者，游说之士也。蹑蹻檐簦说赵孝王。"所谓"蹑蹻檐簦"，就是脚穿草鞋，肩背长柄笠。草鞋、长柄笠，无疑都是轻便易于携带之物。

二、卜行

人生苦短。在人短暂的一生中，远行旅游自然是一件大事。因此，两周人在行前都要进行占卜，以知吉凶。遇凶则避，逢吉则行。《易》曰："利有攸往。"《左传》襄公十三年云："先王卜征五年，而岁习其祥，祥习则行。"据文献记载，周代卜行的内容，有卜问巡狩、卜问出征、卜问迁都等。如《左传·僖公三十一年》云："冬，狄围卫，卫迁于帝丘。卜曰三百年。"帝丘，在今河南濮阳县西南二十里。春秋时为卫邑。又《左传·文公十三年》云："邾文公卜迁于绎。"绎，在今山东邹城市东南。春秋邾邑。

三、出行禁忌

春秋战国时期战火不熄，尤其是战国晚期，战争更加频繁惨烈，出行当然异常危险，加以人们普遍迷信鬼神，因此出行有种种禁忌。

据彭卫、杨振红先生的研究，睡虎地秦简《日书》甲种对出行日子有十分具体的限定：正月丑日、二月戌日、三月未日、四月辰日、五月丑日、六月戌日、七月未日、八月辰日、十月戌日和丑日，十一月未日，十二月辰日，"凡此日不可以行，不吉"（134正）；"丁卯不可以船行"（97背贰）；"六壬不可以船行"（98背贰）。天水放马滩秦简《日书》也有类似禁忌，如"执日，不可行，行远必执而于公"；"凡黔首行远役，毋以甲子、戊辰、丙申，不死必亡"；"千里之行，毋以壬戌、癸亥"。不仅出行有忌日，归来也有忌日：正月七日、二月十四日、三月二十一日、四月八日、五月十六日、六月二十四日、七月九日、八月十八日、九月二十七日、十月十月、十一月廿日、十二月卅日"在行不可以归，在室不可以行，是是大凶"（107背—108背）。

此外，还有出行形式、出行方向以及行程的禁忌：

> 凡民将行，出其门，毋（无）敢颤（顾），毋（无）止。直述（术），吉，从道右吉，从左客。少（小）颤（顾）是胃（谓）少（小）楮，客；大颤（顾）是胃（谓）大楮，凶。
>
> 130正

毋以辛壬东南行，日之门也。毋以癸甲西南行，日（月）之门也。毋以乙丙西北行，星之门也。毋以丁庚东北行，辰之门也。　　　　　132 正

　　凡春三月己丑不可东，夏三月戊辰不可南，秋三月己未不可西，冬三月戊戌不可北。百中大凶，二百里外必死。岁忌。　　　　　131 正

简 130 正中的述（术）指大路，楮同伫，站立之意。简文大意是，出行离开大门后不能回头，也不能停步，要从大路的中间或右边行走，否则就会招致灾殃。睡虎地秦简《日书》乙种也有出邦门行禹步后"上车毋顾"的说法（107 贰），看来出行时不能回首大概是当时普遍遵循的禁忌。① 据王子今先生统计，《日书》所列行忌凡 14 种，"不可以行"的日数总和超过 355 天，排除可能重复的行忌，全年行忌日达 165 日，占全年日数的 45.2% 以上。② 可见出行禁忌是何等之繁密。

与不吉日相应的是出行良日：

　　禹须臾：戊己丙丁庚辛旦行，有二喜；甲乙壬癸丙丁日中行，有五喜；庚辛戊己壬癸铺时行，有七喜；壬癸庚辛甲乙夕行，有九喜。　　135 正

　　祠行良日，庚申是天昌，不出三岁必有大得。　　79 正贰

选择吉日，避免忌日，以保障行旅"大得"；否则，据说后果相当严重，如"不出三月必有死亡"（天水放马滩秦简 858），"百中大凶，二百里外必死"（简 860）。

四、祖道

祖道是出行前祭祀路神。祖亦曰軷、軷祭。《诗经·大雅·生民》："取萧祭脂，取羝以軷。"可证。《宋书·礼志》注引崔实《四民月令》云："祖，道神也。黄帝之子曰累祖，好远游，死道路，故祀以为道神，以求道路之福。"③

周代不乏祭祀路神的记载。《周礼·夏官》云："大驭：掌驭玉路以祀，及犯軷。王自左驭，驭下，祝登受辔。犯軷，遂驱之。"其意为，大驭的职务是：祭祀时驾驭王

---

① 彭卫《中国风俗通史·秦汉卷》，第 279—280 页，上海文艺出版社 2002 版。
② 王子今《秦汉交通史稿》，第 456 页，中央学校出版社 1994 年版。
③ 一说祖神为共工之子修。汉应邵《风俗通义》卷 8 云："共工之子曰修，好远游，舟车所至，足迹所达，靡不穷览，故祀以为祖神。"又一说祖神为黄帝妻嫘祖。唐王瓘《轩辕本纪》云："帝周游行时，元妃嫘祖死于道，帝祭之以为祖神。"

者所乘的玉路。行道祭后要驾车越过积土如山形的土堆时，王者亲自驾驭，大驭下车祝告神明。然后上车，接过王者手中所拿的辔绳驾车越过土堆，遂向前行。《诗经·大雅·韩奕》有"韩侯出祖"的诗句。又《大雅·烝民》也有"仲山甫出祖"的诗句。据《左传·昭公七年》的记载，楚王建成章华之台，邀请诸侯和自己一起举行落成典礼。鲁昭公打算前去，梦见鲁襄公为他出行祭祀路神。其臣下梓慎说：君王终究是去不了的。襄公去楚国的时候，梦见周公祭祀路神然后出行。现在襄公在祭祀路神，君王还是不去为好。另一个臣下子服惠伯说：去！先君从没有去过楚国，所以周公祭祀路神以引导他；襄公去到楚国了，然后祭祀路神来引导君王。不去，去哪里？这里所说到的"祖"，都是指"祖道"。《吴越春秋》云："勾践入臣于吴，群臣送至浙水上，临水祖道。"伟大史学家司马迁在《史记·刺客列传》中用充满激情、富有感染力的笔调，描述了荆轲千里迢迢，奔赴秦国，谋杀秦王嬴政，燕太子丹在易水之上为他饯行，并举行祖道仪式的悲壮一幕。大意是：太子和宾客中知道这件事的人都身穿白衣、头戴白帽前来送行。送到易水之滨，饯行并祭祀路神之后，荆轲上路，高渐离击筑，荆轲随着筑曲唱歌，唱出变徵的声调，人们都感动得流泪哭泣，荆轲又向前走去，唱道："风萧萧啊易水寒，壮士一去啊不再回来！"又发出慷慨的羽声，送行的人个个怒目圆睁，头发根根竖起，直冲帽顶。于是荆轲登车而去，直到最后，连头也不回一下。

关于祭祀路神的具体程式，传世文献和出土文献均有记载。

《仪礼·聘礼》记载使者接受出使的任命，"出祖，释軷，祭酒脯，乃饮酒于其侧"。其意为出发开始，祭路神，把酒和干肉放在神位前，然后在神位旁饮酒。可见祭祀祖神的活动通常伴有差别宴饮的。正如《汉书·刘屈氂传》颜师古注："祖者，送行之祭，因设宴饮焉。"

睡虎地秦简《日书》甲种有记录出行前祠道仪式的简文：

行行祠：行祠，东行南［行］，祠道左；西北行，祠道右；其讆（号）曰：大常行，合三土皇，耐为四席。席毁（馈），其后，亦席三毁（馈）。其祝　　145
曰："毋（无）王事，唯福是司，勉饮食，多投福。"　　146

根据简文所述，这种行前祭祀活动包括出行方位、祭祀酒食和祝辞三个要素，祭祀的对象是三土皇。

为了使出行者的紧张心理得到舒缓，在祭祀时还实行了禹步除灾术。所谓"禹步"是巫师作法时的特殊步伐。《法言·重黎篇》云："姒氏治水土，而巫步多禹。"李轨注："俗巫步多效禹步。"《抱朴子·仙药篇》记禹步法云："前举左，右过左，左就右。次举右，左过右，右就左。次举右，右过左，左就右。如此三步，当满二丈一尺，后有九迹。"睡虎地秦简《日书》甲种 111 背、112 背有行禹步除灾术："行到邦国困（阃），禹步三，勉壹步譚（呼）皋，敢告曰：某行毋咎，先为禹除道，即五画地，掇其画中央土而怀之。"放马滩秦简《日书》也有类似方术："禹须臾。臾臾行，得择日，出邑门，禹步三，向北斗质画地，视之曰：'禹有直五横，今利行，行毋咎，为禹前除得吉。'"[①]可见这是一种巫术和宗教仪式。[②]

除"禹步"外，还有"禹符"等巫术的方法，其原因是禹是当时民间信仰中的"行神"。[③]

巫术活动不仅存在于出行之际，还开展于行旅之中。睡虎地秦简《日书》甲种 46 背贰云："鬼恒从人游，不可以辞，取女笔以拓之，则不来矣。"又 46 背叁云："人行而鬼当道以立，解发奋以过之，则已矣。"为行人提供了对付令人畏惧的鬼的手段，以抚慰出行的决心。

五、饯别与赠别

古代行旅生活的序幕，往往由饯别或赠别揭开。周代亦不例外。

《诗经·大雅·韩奕》前三章写韩侯入朝、受赐、饯返情况。其中饯行的场面相当盛大：

> 韩侯出祖，
> 出宿于屠。
> 显父饯之，
> 清酒百壶。
> 其肴维何？
> 炰鳖鲜鱼。
> 其蔌维何？
> 维笋及蒲。
> 其赠维何？

---

① 秦简整理小组《天水放马滩秦简甲种〈日书〉释文》，载《秦汉简牍论文集》，甘肃人民出版社 1989 年版。
② 彭卫、杨振红《中国风俗通史·秦汉卷》，第 281 页。
③ 蒲慕州《睡虎地〈日书〉的世界》，载中国台湾《历史语言研究所集刊》，第六十二卷第四分。

> 乘马路车。
> 笾豆有且,
> 侯氏燕胥。

美食美器美味,气氛热烈欢腾,在座的尽是达官显贵。这是一幅上层社会饯行的生动写照。

《诗经·大雅·崧高》描述宣王之舅申伯出封于谢,赏赐有加,王复为他饯行嘉勉。所谓"申伯信迈,王饯于郿",其意为:申伯毅然往南方,周王在郿县来饯行。《诗经·邶风·泉水》叙述出嫁后的女子许穆公夫人对祖国的怀念,想回来探望,但不可得,于是出游排忧,亲友为之饯别。所谓"出宿于泲,饮饯于祢"。意即我出来寄宿在泲地,饮酒饯行在祢邑。又"出宿于干,饮饯于言"。其意为我出来寄宿在干地,饮酒饯行在言邑。

除了饯别,还有送别。如《诗经·卫风·氓》:"送子涉淇,至于顿丘。"其意为我送您渡过了淇水,一直到那顿丘。

周代又有送行时赠物、赠言的礼俗,往往统称为"赠送"。如《诗经·秦风·渭阳》记述舅甥惜别。从《毛传》、《郑笺》到朱熹《诗集传》都认为是秦穆公太子䓨送其舅晋公子重耳的诗,该是可信的。其诗云:

> 我送舅氏,
> 曰至渭阳。
> 何以赠之?
> 路车乘黄。
>
> 我送舅氏,
> 悠悠我思。
> 何以赠之?
> 琼瑰玉佩。

赠物数量之多,档次之高,十分罕见。这大概只适用于高级贵族之间。

"赠送"和"饯行"往往相互结合,同时进行,以使彼此情谊更加厚重。《国语·周语上》说,"宾飨赠饯","而加之以宴好",就反映了这种情况。

六、赠言与赋诗

学者认为，赠言是中国古代一种送别习俗。高尚而脱俗，在士大夫中有较大的市场。[①] 甚是。两周亦不例外。如《孔子家语》载："孔子去周，而老子送之。曰：'我闻富贵者送之以财，仁者送之以言。吾虽不能富贵，而窃仁者之号，请送子以言。'"又："子路将行，辞于孔子。曰：'赠汝以帛乎，赠汝以言乎？'对曰：'请以言'。"此外，《晏子春秋》载："曾子将行，晏子送曰：'君子赠人以轩，不如赠人以言。'"

春秋时期士大夫中盛行赋诗送别的风俗。如《左传·昭公十六年》载"郑六卿饯（韩）宣子於郊。宣子曰：'二三君子请皆赋，起（韩宣子）亦以知郑志。'"于是郑子蟜赋《野有蔓草》，子产赋郑之《羔裘》，子大叔赋《褰裳》，子游赋《风雨》，子旗赋《有女同车》，子柳赋《萚兮》。而宣子赋《我将》。

七、执手与涕泣

执手就是握手。告别时握手也是中国古代流行的一种送别程式。[②] 两周亦不例外。《诗经·郑风·遵大路》："遵大路兮，掺执子之手兮。无我魗兮，不寁好兮。"意思是拉着情人手，恳求情人不要断情。又《邶风·击鼓》"死生契阔"，"执子之手"。意思是生呀死呀又离别，紧紧握着你的手。也是离别握手。

别离常使人伤心，伤心、思念则涕泣落泪。传承久之，形成一种时尚。[③]《诗经·邶风·燕燕》云：

  燕燕于飞，
  差池其羽。
  之子于归，
  远送于野，
  瞻望弗及，
  泣涕如雨。

---

① 参沈祖祥主编《旅游与中国文化》，第 328 页，旅游教育出版社 1996 年版。
② 沈祖祥主编《旅游与中国文化》，第 329 页。
③ 同上。

燕燕于飞,
颉之颃之。
之子于归,
远于将之。
瞻望弗及,
伫立以泣。

该诗表现了送妹妹出嫁时依依难舍的心情。这是姐妹因别离而涕泣。①

又《吴越春秋》云:"勾践入臣于吴,将与大夫种、范蠡入臣于吴,群臣皆送至浙江之上。……越王仰天太息,举杯垂涕。"这是君臣为别离而垂涕。

又《孔丛子》卷中《儒服》记子高游赵曰:"子高游赵,平原君客有邹文、季节者与子高相善,及将还鲁,诸故人诀,既毕,文、节送行三宿。临别,文、节流涕。交顾子高,徒抗手而已,分背就路。其徒问曰,先生与彼二子善,彼有恋恋之心,未知后会何期,凄怆流涕,而先生属声高揖,此无乃非亲亲之谓乎?"离别不流涕,就被认为"非亲亲之谓",这说明战国时期盛行离别涕泣之风。

---

① 从《毛诗序》所说:"《燕燕》,卫庄姜送归妾也。"

【第二节 行旅方式】

一、陆路旅行

（一）路线

两周时期，道路交通得到大规模开发。其表现有以下四点。

1. 整齐划一的城市交通

据学者研究，西周"王城采用经纬涂制道路网，以九经九纬组成的三条大道为主干，配以与之平行的南北和东西的次干道，结合顺城的环途构成。这个道路网是环绕城的中心区对称布置的，中经、中纬大道便是它的纵横轴线，宫廷区即位于两轴线交汇地带"。[①]考古发掘表明：西周鲁城有十条道路，即南北与东西道各五条。这些道路大都连接城门与城门，或城门与主要建筑。此外，在鲁城城垣外侧和各城门附近都发现一些路土遗迹，基本上为沿城环行，可能是"环涂"。由此可知，鲁城是采取经纬制的道路网的。[②]春秋战国时期的主要城市，如齐临淄、赵邯郸、燕下都、楚郢都（纪南城）、郑韩新郑，虽然从总的看，这些城市的规划与以往西周营国制度的城邑规划大不相同，但规划结构仍以不同形式体现了以宫为中心，突出中轴线主导作用，以及前朝后市等传统格调。从这个意义上说，这几座春秋战国名城的交通规划又都体现了与鲁都规划相似的营国制度格局。

2. 中原地区各国之间交通四通八达

周代的道路，据文献记载，周先王在殷商中叶，迁居岐山后，一面开荒，一面筑

---

① 贺业矩《中国古代城市规划史论丛》，第10页，中国建筑工业出版社1986年版。
② 同上书，第47页。

路。《诗经·大雅·緜》云："柞棫拔矣，行道兑矣。"其意为拔掉柞树、棫树，建筑道路以供通行。周人建国后，更将道路的修建作为一件大事。杨升南认为，周人在商代"王道"的基础上，以丰镐为中心向四方修建了七条国家干道，称"周道"或"周行"。（1）向西、西南，自丰镐出发经宝鸡至巴蜀;（2）向东有两条道路，一条从周都丰镐至成周；一条自成周经桧、谭到齐。（3）向南，自成周出发经鄂、申、曾至江汉之浒;（4）向东南，自成周出发经坯、陈、蔡到魝（胡）;（5）向北有两条道路，一通晋地，一通邢、燕。

洛邑早在西周时就居"天下之中，四方入贡道里均"。① 可见其在全国经济交通体系中的重要地位，联络各地区的主要交通干线"周行"与"周道"多归结于此，成为全国交通网的又一中心。周代的道路是以平坦正直著称的。《诗经·小雅·鹿鸣》云："人之好我，示我周行。"《诗经·小雅·大车》云："周道如砥，其直如矢。君子所履，小人所视。""行彼周行，既来既往。"诗所描写的就是人们在"周行"上来来往往的情景。春秋战国时期，以洛阳为中心的道路纵横交错，洛阳"为天下之大凑"，② "东贾齐、鲁，南贾梁、楚"，"街居在齐秦楚赵之中"，③ 是当时政治斗争、经济文化交往最重要的舞台。列国征战往往以此为经由之地，洛阳商人更是"转毂以百数，贾郡国，无所不至"。④ 交通运输的繁荣由此可见一斑。

除了周的洛邑，魏国的交通亦是四通八达。《战国策·魏策一》载张仪说魏王云："魏地方不至千里……诸侯四通，条达辐辏，无有名山大川之阻。从郑至梁，不过百里；从陈至梁，二百余里；马驰人趋，不待倦而至梁。"此处虽然讲的仅是魏国的情况，其实战国时期各大国彼此之间都有多条陆路交通相通。

3. 桥梁

桥梁是道路的组成部分。中国的地理环境复杂，山河众多。山川阻隔，给人们的活动造成了困难。桥梁就是为克服这一困难而出现的交通建筑。中国的桥梁产生于新石器时代，在夏商周三代日益增加。春秋、战国时代，桥梁建设已经普遍。秦有河桥，建于黄河之上。《史记·秦本纪》载："秦昭襄王五十年，初作河桥。"可能这是春秋战国时期黄河中上游第一座桥梁了。据研究，此桥的位置应在今山西省永济县蒲津关的蒲津桥遗址处。唐人张守节《史记正义》说：秦昭襄王初作河桥"在同州临晋县东，渡河至蒲州，今蒲津桥也"。唐的蒲津桥已于近年发现，出土铁人、铁牛等文物，且有明

---

① 《史记·周本纪》。
② 《逸周书·作雒》。
③ 《史记·货殖列传》。
④ 《史记·货殖列传》。

确的文字记载。①四川盆地的桥梁建筑比中原还多。秦李冰治蜀,除兴建都江堰外,还建有七座桥梁。此七桥被古人比作七星。汉人扬雄在《蜀记》中说:"一长星桥,今名万里;二贞星桥,今名安乐;三玑星桥,今名建昌;四夷星桥,今名笮桥;五尾星桥,今名禅尼;六冲星桥,今名永平;七曲星桥,今名升仙。"秦国以外的其他国家也有不少桥梁。如晋国有汾桥。《史记正义》说:"汾桥下架水,在并州晋阳县东十里。"当时著名的大桥有淏梁,在今河南济源市西北。《春秋》襄公十六年(前557年):"公会晋侯、宋公……于淏梁。"《尔雅·释地》云:"梁莫大于淏梁。"②又,《睡虎地秦墓竹简·为吏之道》有"千(阡)佰(陌)津桥"句,这说明建设桥梁是地方官吏的职责之一。有此要求,桥梁的发展必然是快的。③

除了数量的增加,桥梁的发展还表现在种类的创立上。西周至战国时期的基本桥型是梁柱式桥。不仅出现了原始的石柱木梁,而且出现了原始的木柱木梁。战国秦汉之际已出现规模宏大的多跨梁柱式桥。④同时,还创立了中国古代桥梁中舟桥和索桥这两大种类。浮桥也称舟桥,是在不能修建固定桥梁的条件下产生的。浮桥的建造方法是把许多船排列在河上,用绳索固定起来,上面放上木板,供人通过。《诗经·大雅·大明》云:"亲迎于渭,造舟为梁。"就是指这种浮桥。《尔雅·释水》:"天子造舟,诸侯维舟,大夫方舟。"注曰:"造舟比船为桥,维舟连四船,方舟并两船。"当时架设浮桥的记载颇多。如《左传·昭公元年》(前541年),秦后子铖出奔晋,"造舟于河"。其后,秦昭襄王五十年(前257年),秦"初作河桥"。⑤与浮桥同等地位的索桥,是由于中国西南峡谷之地,岸峭流激滩险,无法树立墩柱架桥而产生的。索桥亦称绳桥,最早用藤萝为索,后来发展到以竹为索和以铁为索链。竹索古称笮,因而索桥又称笮桥。索桥产生于战国时期,如秦李冰在蜀地所造七桥,其中的笮桥就是一座有名的索桥,人们援索悬渡。总之,春秋战国时期是我国古代桥梁发展史上一个重要的时期,为秦汉桥梁的发展奠定了重要基础。⑥

(二)交通工具

两周时期的交通比起前代有了长足的进步,陆路和水路交通工具齐备,陆路交通工具以马和马车为主,而水路交通则以舟船为主。

---

① 木子《古代黄河上的浮桥》,载《中国文物报》1993年3月28日第三版。
② 一说"淏梁"是淏水之堤。郭璞注:"淏,水名;梁,堤也。"
③ 参赵云旗《中国古代交通》,第32—33页,新华出版社1992年版。
④ 刘西陵《古代桥梁》,载《中华文明》,社会科学文献出版社1994年版。
⑤ 《史记·秦本纪》。
⑥ 参赵云旗《中国古代交通》,第33—34页。

1. 马

骑马出行,既方便又快捷。夏商时期骑马出行已是较重要的交通方式。周人的祖先也是以骑马代步。《诗经·大雅·绵》云:"古公亶父,来朝走马,率西水浒,至于岐下。"顾炎武在《日知录》卷二十九中说:"马以驾车,不可言走,曰走者,单马之称。""走马"意即"骑马"。此事发生在殷商晚期。周灭商后规定了车服制度,贵族乘马车外出成为礼制与时尚,因此骑马作为交通方式在周代除用于驿传之外,其他领域应用较少,相对而言居于次要地位。①

2013年7月在湖北随州叶家山发现10匹3000年前马的骸骨。据判断,马坑内均为成年公马,最大14岁,最小5岁,平均身高1.37米,品种应来自中原地区。这是西周地区首次发现的西周马坑。叶家山墓地为高等级贵族墓地。② 马坑应系西周初年高等级贵族骑马的见证。

又1964年和1972在山东省淄博市临淄区齐故城五号东周墓发现大型殉马坑,共殉马228匹。马龄为6、7岁口。《史记·齐太公世家》载景公后期"好治宫室,聚狗马,奢侈,厚赋重刑"。大型殉马坑最可能是属于齐景公的。③ 这是东周高级贵族骑马的实证,

长沙出土战国漆奁上的坐驾图绘

---

① 参李瑞兰主编《中国社会通史·先秦卷》,第285页。
② 喻佩、王贤《湖北随州叶家山最大古墓葬揭秘,南方地区首次发现西周马坑口》,《中国文物报》2013年7月5日。
③ 山东省文物考古研究所《齐故城五号东周墓及大型殉马坑的发掘》,《文物》1984年第9期。

与文献所载"驾我乘马","乘我乘驹"①可以相印证。

前307年,赵武灵王胡服骑射以教百姓。这一军政改革猛烈地冲击了华夏民族传统的生活习尚和礼乐制度,其他国家纷起效法,于是骑马作为交通方式和作战方式在中原地区盛行开来。②《战国策·齐策四》载齐威王、齐宣王皆"好马"。正如苏秦所云"车千乘,骑万匹"。睡虎地秦墓竹简对马已建立了比较健全的档案,不仅规定了对马的饲养、保护、繁殖和评奖制度,而且对马病的防治和打击盗马行为等都有严格的要求。如此系统的管理体系和严密的组织形式说明,马在战国晚期已被广泛用于骑乘、邮驿、装备骑兵等。

2. 车

两周时期的车,按其用途分类,有乘车、战车、猎车等。

所谓乘车,主要指专门供人往来乘坐的车,包括社会各阶层的车。

(1) 天子、诸侯王乘车。据《周礼·春官·巾车》和《周礼·夏官》的记载,天子乘坐的车分为五路,即玉路、金路、象路、革路、木路。其中玉路用于祭祀,金路用于宾飨、朝觐、封建同姓诸侯仪式,象路用于朝暮听事和游燕,革路用于作战,木路用于田猎。五路之中的玉、金、象三路是分别用玉石、金银和象牙作为装饰的安车,革路是在车舆上蒙了一层革衣以避矢锋。木路最简陋,仅在车舆上涂了一层漆。

从春秋晚期开始,礼崩乐坏,诸侯王在用车上僭拟天子。如楚王在王室车乘上同样配备了五路。③《楚辞·离骚》云:"恐皇舆之败绩。""皇舆",王逸注:"皇,君也。舆,君之所乘……"河南淮阳马鞍冢第二号车马坑出土的第十三号车,"车厢的平面呈'凸'字形,厢内面积较大,约4.7平方米。厢分前后两室,前室是御者的驾驶室;后室为车主乘坐处,面积3.5平方米。估计可乘坐八至十二人左右。厢的四周用长方格子的木栏作壁,四周交角处用曲尺形的铁饰件相接。车门朝后,并在前后两室之间介一隔墙,把御者和车主隔开。另在车厢顶部覆盖以彩绘华丽的圆拱形车盖。这种特殊的车厢结构,是中原地区所少见的"。④又,马鞍冢车马坑中还出土了"一件错金、银的龙首铜车辕头,造型庄重,形象逼真,则为其他楚王墓中所不见"。⑤由于一些考古学者指认马鞍冢为楚顷襄王及其夫人墓,所以这辆装饰豪华的安车当是楚国"王舆"之一的金路。

此外,明代董说《七国考》引《孔丛子》曰:"楚昭王以安车象饰遗孔子。"这"象

---

① 《诗经·陈风·株林》。
② 参见李瑞兰《历史在推陈出新中延伸》,天津人民出版社1994年版。
③ 宋公文、张君《楚国风俗志》,第124页。
④ 裴明相《谈楚车》,载《楚文化研究论集》第一集,荆楚书社1987年版。
⑤ 张志华、骆崇礼《淮阳马鞍冢墓主考略》,载《楚文化觅综》,中州古籍出版社1986年版。

饰"的安车即是象路。《离骚》云："齐玉轪而并驰。"这以玉为车轪的安车自然是玉路。王者所乘田车即木路，所乘兵车即革路。二者在形制上十分相近，不同处仅在于前者没有鞔革，车轮略低三寸。①曾侯乙墓遣策载：楚"命尹之幣擎丽两黄"，擎，即楚令尹赠曾侯乙的田车。②

（2）周王后与诸侯王后乘的车。据《周礼·春官·巾车》，周王后所乘的车也分五路，但不以路为名，称重翟、厌翟、安车、翟车、辇车等。重翟饰以双层雉羽而得名。贾公彦疏云："凡言翟者，皆谓翟鸟之羽以为两旁之蔽，言重翟者皆二重。"马的装饰是：锡面、赤总。有车盖和裳帷。厌翟，其两旁铺设的是单层雉羽。马的装饰是：勒面、缋总。其他方面的形制与重翟相同。安车因坐乘而得名，郑锷曰："安车则饰不用翟，漆之而已，妇人坐乘，独此车名安。"③所谓坐乘，即坐在车厢里。安车有顶盖和裳帏。马的装饰是：彫面，鷖总。翟车，无顶盖，车上侧皆有屏蔽如屋，以雉羽蔽遮车舆两侧，马的装饰是贝面、组总。辇车，不用服马，而用人挽，故名。据郑玄注，周代辇车不装饰，只涂漆而已。后居宫中，从容所乘，人挽之以行。车高3尺3寸，有雉羽制成的大扇和顶盖以御风尘日晒。

据《离骚》、《九歌》、《远游》等的记载，上述周王后乘坐的这五种车，楚国后宫都配备有。此外，楚王后妃通常乘坐的车还有羊车、花车。所谓羊车，就是驾小马或羊的小车。《释名》曰："羊车，羊，祥也，善饰之车也。""骡车、羔（羊）车，各以所驾名之也。"湖北荆门包山二号战国楚墓遣策记有"羊车"，此"羊车"即是驾小马或小羊的车。河南辉县魏国五号墓出土了一乘儿童车，"它的形状……类似汉魏以后宫廷中儿童游戏用的驾羊车。车身短小，结构简单。车厢的四壁，只有立柱及柱上端的横木。厢后也无栏杆"。④这"儿童车"就是羊车。⑤所谓花车就是以香木制作、鲜花芳草装饰起来的车。《楚辞·山鬼》："辛夷车兮结桂旗。"洪兴祖《补注》曰："以辛夷香木为车，结桂枝以为旌旗也。"楚俗喜好香洁，有的学者推估《山鬼》描述的花车，也是楚王后妃所乘的。⑥在秦国的宫廷中，秦王后妃们有时也用辇车代步。1986年在陇县边家庄春秋中早期一座墓中就发现了一辆木辇车，作两个木制人俑推车的形状。车是单辕，辕前有横木；两个人俑在横木之后，推车而行。先秦时把这种人力车称为辇车。

（3）王者以下贵族乘的车。王者以下贵族乘的车，因爵等不同，在形制、装饰上

---

① 宋公文、张君《楚国风俗志》，第124—125页。
② 舒之海、罗运环《楚同各诸侯国关系的古文字资料简述》，《求索》1983年6期。
③ 《古今图书集成》，中华书局1934年影印本，第795册，第55页。
④ 裴明相《谈楚车》，载《楚文化研究论集》第一集，荆楚书社1987年版。
⑤ 宋公文、张君《楚国风俗志》，第128页。
⑥ 宋公文、张君《楚国风俗志》，第129页。

有别。《周礼·春官·巾车》载:"服车五乘:孤(诸侯)乘夏篆,卿乘夏缦,大夫乘墨车,士乘栈车,庶人乘役车(牛车)。""服车",林尹注:"服王事者所乘之车,指孤卿大夫士及庶人在官府服务者。"① 由此可见,贵族服车为夏篆、夏缦、墨车和栈车。据郑玄注、林尹注和《宋书·舆服志》,夏篆是毂刻画以五采之线纹的车;夏缦是毂间彩绘五采而又鞔革的车;墨车是无画而有黑漆且又鞔革的车;栈车是髹黑漆,但不鞔革的车。魏王所乘的夏车,便是沿用的周制。《战国策·秦策四》云:"魏伐邯郸,因退为逢泽之遇,乘夏车,称夏王。"夏车者,夏,篆也,篆其车而五采画也。② 夏车即夏篆。齐国的文车亦仿周制。《战国策·齐策四》云:"齐王遣太傅赍黄金千斤,文车二驷,服剑一,封书谢孟尝君。"鲍彪注:"文,彩绘也。"疑文车可能即夏缦。除文车外,齐国贵族大夫还以其他的车作为主要的交通工具。《管子·立政》说:"五属大夫,皆以行车朝,出朝不敢就舍。"《晏子春秋·内篇谏下》载:"(齐)景公树竹,令吏谨守之。公出,过之,有斩竹者焉,公以车逐,得而拘之,将加罪焉。"《晏子春秋·内篇杂下》云:"晏子朝,乘敝车,驾驽马。"齐国不但以车作为贵族的主要交通工具,而且对车马配备有明确规定。《晏子春秋·内篇杂上》说,齐景公在白天,"被发,乘六马,御妇人以出正闱",因为行为荒唐违礼,被守门人拦住。《管子·立政》亦言:"刑余戮民,不敢服丝,不敢畜连(同蓄辇)乘车。"其意是说,受过刑和正在服刑的人不能穿丝料的衣服,也

包山楚墓中漆奁上的车马

---

① 《周礼今注译》,第281页。
② (明)董说原著,缪文远订补《七国考订补》,518页,上海古籍出版社1987年版。

不敢备车和乘车。

秦国贵族大夫大量使用马车。1985年发现凤翔秦都雍城遗址中用马车作为祭祀祖先的祭祀品，反映人们对马重要性的共识。1976年发掘的户县宋村春秋大夫级秦墓中，随葬一套完整的马车，并配有御手相殉，这说明了马车在上层社会的普遍使用。1979年秦都咸阳第三号宫殿遗址廊壁发现七套车马图像，每套四马一车。马的颜色有枣红、黄、黑三种。画面艺术地再现了秦国贵族出行的盛大场面和壮观情景。① 楚国贵族士大夫乘的车，主要有轩、辌、乘车和軺车。轩是有雕花、髹漆、且可坐的安车。辌是比轩更为讲究、华丽的卧车。乘车是没有薄板挡蔽四周，凭轼而立的敞车。軺车是不巾不盖，车舆四围无藩蔽，只驾一马或二马的小车。②

（4）庶民百姓乘的车。庶民百姓乘的车是牛车。牛车在当时亦称大车，因车厢较大，故名。我国使用牛车的历史很悠久，《周易·系辞下》："服牛乘马，引重致远，以利天下。"牛能负重，但速度慢，所以牛车一般用来载运货物。同时又为庶民坐乘所用。在很长一个时期，牛车被认为是低贱的。牛车一般为双直辕、方车厢。在陕西凤翔八旗屯一座春秋战国时期的秦墓中，发现一辆比较小的陶车模型。陶车有左右厢板，无前后板，可能是双辕驾一牡牛的牛车。③

3. 舆轿

"舆轿"一词始出于汉代，④《汉书·严助传》载："舆轿而隃（逾）岭。"但在夏代已有之。它是一种独特的代步工具。利用它可以克服山路的艰险，翻越崇山峻岭。《史记·夏本纪》载大禹治水"山行乘檋"。集解引徐广曰："檋，一作'桥'。"这是因为檋是过山所用，负在前后二人肩上，远远望去，"状如桥中空离地也"。⑤ 而"桥"、"轿"二字古时可通用。此乃古文献中对舆轿类的最早记载。至于人们迄今所能见到的最早实物则是春秋战国时期的。1978年河南省固始侯古堆一座春秋战国时期的古墓陪葬坑中，发掘出三乘木质舆轿，⑥ 其形制为两种。一种是屋顶式的，下有长方形底座，周围有栏杆，并有立柱，栏杆由带榫眼的方木套合而成，再上用竹条、藤条相互打结，前开小门，供乘者出入。再上有顶盖，四面起坡。舆底铺竹篾编席，可能是就席而座。底座两侧有舆杆，前后两端皆有抬杠；另一种是伞顶式，下有方形底座，并有木制的

---

① 咸阳市文管会等《秦都咸阳第三号宫殿建筑遗址发掘简报》，《考古与文物》1980年第2期；刘庆柱《试谈秦都咸阳第三号宫殿建筑遗址壁画艺术》，《考古与文物》1980年第2期。
② 详见宋公文、张君《楚国风俗志》，第129—131页。
③ 王学理主编《秦物质文化史》，第219页，三秦出版社1984年版。
④ 《汉书·严助传》载："舆轿而隃（逾）岭。"
⑤ 《癸巳类稿·轿释名》。
⑥ 《河南固始侯古堆一号墓发掘简报》，《文物》1981年第1期。

小方格栏杆，四角有立柱，上有横木接连，底座和上沿均以透雕铜饰镶嵌扣合，既华丽，又坚固，再上为伞形顶。舆身作正方形，长宽均为0.9米，四周有较低的栏杆，制作十分精巧，两根舆杆分别置于底座两侧，八棱，顶端皆套有铜饰构件，另有抬杠两根，也按有兽形铜饰包头。① 轿杆捆在底座边框上，这与后来轿杆固定于轿身中部的形制不同，它是以后各式肩舆的滥觞。从该舆轿完备的结构看，那时制造舆轿的技术已相当成熟。而在它以前，必然还有一段孕育、发展和完善的过程。②

此外，值得一提的还有徒步。

在周代，步行是最基本、最一般的交通方式。劳苦大众和隐士出行交游主要靠徒步跋涉。如齐国隐士颜斶请求齐宣王让他返回故乡，说："晚食以当肉，安步以当车。"其意是迟一点吃饭，就权当吃肉，从容不迫地步行，就权当乘车。当时的道路，有的颇为难行。诚如《孟子·尽心下》所载："山径之蹊，间介然用之而成路，为间不用，则茅塞之矣。"其意是说，山坡的小路只一点点宽，经常去走它便变成了一条路；只要有一些时候不去走它，又会被茅草堵塞了。茅草茂盛，自然会有猛兽蛇蝎出没，威胁行人的安全，因此行人往往手执木棒出行。

贵族阶级虽有马骑，有车坐，有舟乘，但在日常生活中也不可避免地须徒步行走。和民众不同的是，贵族阶级的行走要受到礼制的约束。《尔雅·释宫》云："室中谓之时，堂上谓之行，堂下谓之步，门外谓之趋，中庭谓之走，大路谓之奔。"按：时，通跱，跱踏，指缓步。《释名》云："两脚进曰行。徐行曰步，疾行曰趋。疾趋曰走。奔，变也，有急变奔赴之也。"又，《礼记·曲礼上》云："帷薄之外不趋，堂上不趋，执玉不趋，堂上接武，堂下步武，室中不翔。""武"，指足迹。"接武"，指细步。"步武"，指正步。"不翔"，是比喻，指行走时不要大摇大摆。可见走路的方式因地点不同而有别。

（三）交通法规

1. 修治道路

西周春秋时期道路的兴建和维修已成为国家的基本政事之一。据《周礼·秋官》，当时设有野庐氏一职，"掌达国道路，至于四畿，比国郊及野之道路，宿息井树"。其意是说，野庐氏掌理通达王国的道路，及于王国的四畿，随时巡行检查国郊及野地的道路，供止宿的馆舍，供饮水的井和供乘凉的树。这在其他文献中可以得到印证，春秋时期各诸侯国确设有管理道路、桥梁等的专官。

如果一个国家道路不修，桥梁不备，就被认为是路政废弛，甚至有亡国的征兆。周王室使臣单襄公路过陈国时，看到道路上杂草丛生，不便行走，主管路政的司空不

---

① 参杨育彬《河南考古》，182页，中州古籍出版社1985年版。
② 参阴法鲁、许树安主编《中国古代文化史》（1），第366—367页，北京大学出版社1991年版。

巡视道路，河流上未架桥梁，路旁没有植树，国都没有宾馆，县里没有旅舍。回来向周定王汇报，断定陈侯必有大的灾难，国家也必定灭亡。① 前542年，郑国大臣子产到晋国后也说"司空以时平易道路"，并指责当时晋国由于道路不修，造成接待诸侯的宾馆"门不容车，而不可逾越"② 等弊病。

此外，周人对于修治道路还有种种规定。如"雨毕而除道，水涸而成梁"；③ 又如："列树以表道，立鄙食以守路"④，直到春秋时期，还为诸侯封国所遵循。前述陈国以道路为草秽所塞，而受到单襄公的批评，就是例证之一。1979年四川省青川县郝家坪50号战国秦墓出土木牍二件，其中一件正、背皆有墨书文字。正面是秦武王二年（前309年）颁布的、由丞相甘茂等修定的《为田律》。该法律规定，每年秋季八月修整"封"、"埒"，并铲除阡、陌道路上的荒草；九月，大规模修治道路和山路、险路；十月，造桥筑堤，修建池塘、渡口，清除杂草。⑤ 战国时期列国重视道路的管理，由此可见一斑。

2. 符节

（1）西周的节

西周时期，节是周王颁发的一种凭证。它象征着周王的权力，作为通行用的信物。《周礼·地官·序官》"掌节"，郑玄注："节，犹信也，行者所执之信。"孔颖达疏："凡节者，皆行道所用，无节者不达，有节乃得行，故云行者所执之信。"据《周礼·地官·掌节》和《周礼·秋官·小行人》，掌节掌管周王所用的玉节，辨别各种节的用途，以辅助行使周王的命令。守邦国的诸侯在境内可以用玉节；守采邑的大夫在境内可以用角节。凡诸侯国的使节出使用的节：山区的诸侯国用虎节；平原的诸侯国使臣用人节；多沼泽的诸侯国使臣用龙节。都用金属铸成，并以刻有文字的竹箭作为辅助的证件。出入门关（城门、关卡）用竹片制的节，道路通行用旄牛尾做饰的旌节，到都城边邑用截竹管制的管节，这些都用竹子制成。货物通行用玺节。各种节都有规定的有效日期，到期则归还注销。凡在天下各地通行的人，必须有节，并有"传"辅助，以为证明。没有节的人，门关及各地官吏都要检查，查出来就要坐牢。

（2）春秋战国的符节

春秋战国时期，列国往往"备边境，完要塞，谨关梁，塞蹊径"，⑥ 为防诈伪，设关

---

① 见《国语·周语中》。
② 《左传·襄公三十一年》。
③ 《国语·周语中》。
④ 同上。
⑤ 四川省博物馆等《青川县出土秦更修田律木牍——四川青川县战国墓发掘简报》，《文物》1982年第1期。
⑥ 《礼记·月令》。

189

盘查。乘传遣使，在通过关卡要塞之时，必须持有官府所颁发的符节作为凭证，才能通行。符节也是中央集权的产物，是朝廷传达命令或征调兵将用的凭证。

战国时期的节，传世的和迄今出土的，都是用青铜制成的，上有铭文，有竹节形、龙形、马形、熊形、雁形、鹰形、虎形等，①作为通行的证件。有学者指出，从铜节的形制看，显而易见是模仿竹节制成的，可以推想，当时社会上普通贵族以及平民大量使用的应是竹节。②甚是。此外，还有玉节。春秋末年，齐国公子阳生出奔，权臣田乞就"与之玉节而走之"。③"玉节"，即用玉制成的节。按照礼制，只有诸侯才能用玉节，田乞作为臣下用玉节，当属僭越。

鄂君启节是节中最有代表性的。它由二枚舟节、三枚车节组成。节皆青铜质，形如劈开的竹节，从每节弧度计算，应由五节合成一个圆筒，可知车节、舟节均非全器。二枚舟节铭文各165字，内容一样。三枚车节铭文各150字，内容相同。节铭都有"大

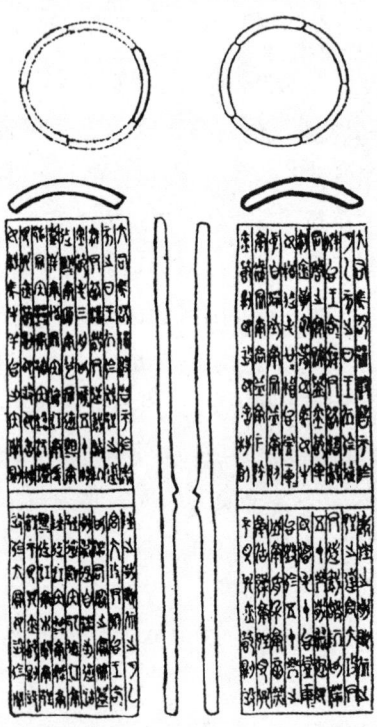

寿县丘家花园出土的鄂君启节

---

① 见《三代吉金文存》卷十八（杂器）和罗振玉《历代增订符牌图录》，东方学会影印1925年版。
② 晁福林《先秦民俗史》，第99—100页。
③ 《公羊传·哀公六年》。

司马昭阳败晋师于襄陵之岁"句，与文献所载楚怀王六年（前323年），使昭阳将兵攻魏，破之于襄陵的史实相合，故知此节作于前323年。鄂君启是楚国受封于湖北鄂城的一个封君。鄂君启节是楚王颁发给他的专门用于贸易货运的通行证和免税凭证。其中车节为陆路专用，舟节为水路专用。从铭文内容看，鄂君启具有贩贱鬻贵、免税通行、收受优待等特权，但同时又受到严格的限制。

鄂君启节之外，值得一提的还有王命传龙节。该节呈长条形，首端铸龙头形纹饰。正背两面分镌九字："王命，命传，赁一桯，饮之。"铭文表明：当时凡因公事往来之人，持之均可宿止驿传，并得饮食，是战国中期楚国的一种信节。

符是古代朝廷用以传达命令、调兵遣将的凭证。以竹木或金玉为之。上书文字，剖之为二，各存其一，用时相合以为征信。《孙子·九地》："夷关折符，无通其使。"已知的战国符系铜质，虎形，上有铭文，分为两半，作为给予将帅命令的凭证。魏国的信陵君窃符救赵的符，就是这种调兵的符。魏王把符白昼带在身上，夜晚藏于枕下，可见他对军权的珍重和控制的牢固。这在当时带有普遍性。国王就是通过合符节这种严密的制度，集军权于己身的。考古出土的有杜虎符，铸造于秦惠文王十四年（前324年）以前。传世的有新郪虎符，是战国晚期秦国颁发给驻守新郪（今安徽省太和北）的将领的兵符。以上各符均为调兵凭证。至于通过关卡的符至今尚未发现，但有关文献不少。如商鞅因受到守旧派的迫害要逃离秦国时，就是因为无符出不了边关，住不了客栈。

3. 禁止夜行

春秋战国时期禁止夜行，即使高贵的重臣、使者也不例外。如齐国的孟尝君在秦国罢相、获释后，急忙变造"封传"，从咸阳东逃。秦昭王旋即后悔，派兵追捕。函谷关是当时东西交通管制最严密的关隘。每天日暮闭关，鸡鸣开启。孟尝君一行奔到关前时正当夜半，眼见得追兵快到，幸亏门客中有善于模仿鸡叫的，假鸡一鸣而四处的真鸡啼声尽起。关吏闻声启关，孟尝君等方得脱身。①

二、水路旅行

（一）内河航运

1. 充分利用天然河道

春秋时利用天然河道运输，比以前有很大进步。如前647年，晋遇饥荒，秦穆公

---

① 见《史记·孟尝君列传》。

让秦的运粮船从渭水向东，到河渭交汇处，再从黄河溯汾水到晋都绛。由于运粮船自雍至绛，绵延几百里，络绎不绝，浩浩荡荡，十分壮观，史称"泛舟之役"。①又如前506年吴楚柏举（今湖北麻城东北）之战前，吴王阖闾率师会蔡（今安徽凤台县）、唐（今湖北枣阳东南）之师伐楚。吴师乘舟至蔡，舍舟取道豫章西进，攻打楚国。像上述大规模利用天然河道运粮、运送军队等情况，以前不见于记载，从春秋时才出现于史籍，这说明春秋时人们利用天然河道、开拓水路交通较前迈出了一大步。

到了战国时期，人们利用天然河道的地区扩大了，运输的种类也增加了。如楚国，据鄂君启舟节铭文所载，战国中期，鄂君启的船队从鄂（故址在今湖北鄂州市境，是长江中游通往下游的门户）出发，经过湖区，进入汉江，上溯至今襄樊可转入唐河、白河，再转入棘水而至棘（苎）阳，这是节文所示水程的最北点。然而，实际上水程可行路线不止于棘阳。由棘水返回，可折入白河另一支流鸭河。沿白河上溯，今航程终点是南阳市。与白河并行交会的唐河，亦为通航顺道，今航程终点是社旗县。古代水道上游河床沉积物较少，可通水程较远。因此，溯唐、白河北上，战国时水程可能直达方城附近。②船队由汉江回航后，顺江东下。在武穴转入长江汊道，经彭蠡古泽庚彭澎（望江），又进入长江正道。然而，自武穴以下的长江干流也是可以通航的。庚彭澎后，继续顺江东下，在今芜湖转入青衣江，南行经过今宣城。节文所示长江水程止于芜湖，但芜湖以下利于舟楫，水路交通应可直通东海。船队由长江下游返航，又从鄂出发，溯长江而上，至今湖南临湘西北进入湘江。溯湘江而上，可直达今广西全州县境。回航，由今洣河镇折入湘江支流洣水，再由湘江回航，溯长江而上，折入资水，资水水程不远。由资水返长江，再折入沅水。沅水通航条件良好，可直通贵州。由沅水返长江，入澧水，入油水，这两条河流的水程均有限。返航，转经木关，③到达终点郢。④

上述鄂君启舟节铭文所揭示的水程路线以长江、汉水为主，而这也正是楚国主要的水路交通线。由楚国沿江而上，可以西通巫、巴。沿江而下，可以直达吴越。

除长江、汉水外，楚人还利用了又一条重要水路——淮河。如前645年，楚人攻打江淮间强国——徐国，"败徐于娄林"⑤。娄林在今泗县东北，淮河之滨。又如吴楚交战，彼此争夺最为激烈的是州来、钟离和巢三邑。三邑位于淮河中游。楚国出兵，自

---

① 《左传·僖公十三年》；《史记·秦本纪》。
② 谭其骧《再论鄂君启节地理答黄盛璋同志》，《中华文史论丛》第5辑。
③ 谭其骧先生认为木关在今沙市、江陵以南的大江边，距郢都不远。见《鄂君启节铭文释地》，《中华文史论丛》第2辑。
④ 参张正明主编《楚文化志》，154—158页，湖北人民出版社1998年版。
⑤ 《左传·僖公十五年》。

然沿淮河水路而来。

又如齐国,由都城临淄向西沿黄河上溯,一路可以直达卫国的濮阳、宋国的陶、魏国的都城大梁、韩国的阳翟,以及周、郑的都城洛阳和新郑。

至于运输的种类,除粮食、士卒外,还有马、牛、羊等牲畜。

2. 运河

开凿运河是吴国和越国在交通事业上的突出成就之一。前486年,吴王夫差为了北上争霸,在长江北岸修筑了邗城(今江苏扬州市西,一说市之东南),接着在城下开凿沟渠——邗江(又名邗沟、邗溟沟、渠水、中渎水),南引江水,北过高邮西,折东北入射阳湖(今江苏淮安),又由射阳湖西北通到末口(今江苏淮阴)入淮,从而沟通了长江和淮河两大水系,以通漕运,邗江为我国最早的运河。① 前482年,吴国为了与晋国在黄池(今河南封丘)会盟,以争霸中原,又把邗江向北延伸,连接淮河以北的水系,尤其是济水和泗水,从而凿通了名叫菏水的第二条运河。这条运河成为沟通中原与东南地区的一条重要水道,也是东西水运必由之道。《国语·吴语》云:"乃起师北征,阙为流沟,通于商(宋)鲁之间,北属之沂,西属之济。"菏水运河开通之后,就可以由吴国乘舟北上,直达中原。

魏国在前360年开凿了另一条运河——鸿沟(亦称"大沟")。自今河南荥阳县北引黄河水南流入圃田泽(古大湖泊,今河南中牟西),又自泽引渠东流经中牟县、开封县北,折而南流经通许县东、太康县西,至淮阳县东南入颍水。联接济、濮、汳(获)、睢、涡、颍、汝、泗、荷等主要河道,形成了黄淮平原上以鸿沟为干线的水道交通网。鸿沟和荷水的开凿都充分利用了天然的河流湖泊,鸿沟实际上是许多沟渠水道系统的总名。

上述邗沟、荷水、鸿沟三条运河的开凿,沟通了江淮河济等大水系,是战国时代的重要交通水路。这几条运河所流经的地区,涉及宋、郑、陈、蔡、曹、卫诸国的地方,对于促进这一带地方经济、文化的发展,起了巨大的作用。陶、睢阳、彭城、陈、寿春等城市都获得极好的发展机会,而成为新的经济都会。

(二)海路交通的开拓

春秋时期交通方面的又一大成就,是海路交通的开拓。这方面见于记载的有吴、越两国。春秋末年,齐国出现内乱,吴大夫"徐承帅舟师,将自海入齐,齐人败之,吴师乃还"。② 越王勾践与吴争霸,趁吴国北上与晋争霸之时,"乃命范蠡、后庸率师沿

---

① 谭其骧先生认为胥溪(由太湖西通长江)的开凿要比邗江早二十多年。清光绪《高淳县志》云:"胥河——即胥溪,吴王阖闾伐楚,伍员开之,以通粮运。"

② 《左传·哀公十年》。

海溯淮，以绝吴路，败王子友于姑熊夷"。① 其意是派范蠡等率越师由海路溯淮水而上，以断绝吴军归路，又在吴都郊外大败吴王夫差的太子王子友。越王勾践灭吴后，范蠡退隐，"乃装其轻宝珠玉，自与其私徒属乘舟浮海以行，终不反。……范蠡浮海出齐，变姓名，自谓鸱夷子皮，耕于海畔"。② 这里透露范蠡离开越国乘舟自海路来到齐国的消息，上述三次记载皆是吴国、越国在开拓海上交通，其中前两次是二国的舟师，规模大，人数多，反映当时已有适于海上航行的船只，并具有海上运输的知识技能，这说明了海上交通技术的进步。此外，孔子说："道不行，乘桴浮于海。"③ 则当时必然有许多乘桴浮海的事实，否则，孔子不可能有如此的遐想和感叹。孔子"乘桴浮于海"去何处？《资治通鉴·汉纪十三》之班固曰："故孔子悼道不行，设浮于海，欲居九夷，有以也夫！""欲居九夷"并非班固之创造，此四字取之于《论语·子罕》中的"子欲居九夷"。九夷就是与北狄、西戎、南蛮并称的东夷。据当代学者宋志坚先生的研究，九夷就是朝鲜。④ 这说明当时中国与朝鲜之间的海上交通是相当发达的。

（三）水上交通工具

我国不仅陆疆辽阔，海域宽广，而且南方河流众多，湖泊星布。春秋战国时期亦不例外。此时不仅车的使用更加普遍，而且舟的形制、种类颇多。从使用对象来分，可分官用、民用、军用船等；从用途来分，又可分为战船、漕船、游船、民船四种。

1. 战船

船用于战争，早在殷商末年就已开始。到春秋时，开始制造专门用于战争的船只。古籍中有明确记载的水战发生在前549年。《左传·襄公二十四年》载："夏，楚子为舟师以伐吴。"杜注："舟师，水军。"这说明那时战船已登上历史舞台。当时的楚国、吴国、越国和齐国都建有强大的水军，并制造了大批战船，彼此之间经常发生船战，从此，船就成为水战中的重要交通工具乃至作战设备。战船由民船发展而来，但其结构和性能要比民船优越得多。因此，战船体现了当时造船技术的最高水平。⑤ 当时的战船包括"艅艎"、"三翼"、"突冒"、"楼船"、"戈船"、"桥舡"等。

春秋战国时期的战船实物，迄今没有发现。但战国时期的青铜器水陆攻战铜鉴、宴乐铜壶、嵌错图像铜壶上的舟战图案，形象地再现了当时战船的大致结构：船体瘦长，船头高昂似龙头，船尾翘起如龙尾或鱼尾，船分上、下两层，下层有三四个佩带短剑的划桨手，正弓身奋力划行。桨手均藏于船舱之内，以减少伤亡，保障战船进退

---

① 《国语·吴语》。
② 《史记·越王勾践世家》。
③ 《论语·公冶长》。
④ 《孔子"乘桴浮于海"去何处》，《文摘报》2016年5月12日。
⑤ 参阴法鲁、许树安主编《中国古代文化史》（1），第378页。

河南汲县山彪镇出土"水陆攻战鉴"船纹（线图）
（选自王冠倬编著《中国古船图谱》，三联书店 2000 年版）

自如。上层船头建旌旗，船尾树金鼓，中间站立几个操戈执矛的士兵，正与对方格斗。船上无帆无舵。因此，这种船很可能属于小翼战舰，体轻灵活，适于近战。①

2. 漕船

我国古代很早就利用水路运送货物，于是产生了专门运输货物的漕船或者货船。这种船只有货舱，没有客舱，除运货人外，没有乘客。

我国古代大量使用漕船始于春秋战国时期。② 如《左传·僖公十二年》云："秦输粟于晋，自雍及绛相继。"又如《史记·张仪列传》载张仪游说楚王曰："秦西有巴蜀，大船积粟，起于汶山，浮江已下，至楚三千余里。"不言而喻，这些运粟的大船多是漕船。战国时的漕船除单船外，还有舫。所谓舫，就是把两只单体船连接起来。《说文》云："舫，并舟也。"漕船之所以采用这种形式，是由于舫的宽度比原来增加一倍，可以增加航行的平稳性和负荷量。史载"舫船载卒，一舫载五十人与三月之食，下水而浮，一日行三百余里"。③ 乘舫船不仅可以在长江里航行，而且能够渡过黄河。《庄子·山木》："方舟而济于河。""方舟"，即舫船。"河"，即黄河。除单船、舫外，还有舸。《方言》说："南楚江湘，凡船大者谓之舸。"舸是将三船连为一体的大船。鄂君启舟节中有"屯三舟为一舿"句，舿即舸的古文。

---

① 参刘敦愿《青铜器舟战图像小释》，《文物天地》1988 年第 2 期。
② 参郑云旗《中国古代交通》，第 131 页。
③ 《史记·张仪列传》。

四川成都百花潭出土嵌错金铜壶船纹(线图)
(选自王冠倬编著《中国古船图谱》，三联书店 2000 年版)

3. 民船

楚国的民船有木筏、渔船、舲船、小船等。

木筏是一种用树干或竹子并排扎在一起的扁平状物体，置于水中可平稳漂浮且有一定的运载量，可载物，也可载人。《诗经·邶风·谷风》云："就其深矣，方之舟之，就其浅矣，泳之游之。"吕思勉先生认为："诗所谓方，即《淮南子》所谓方版，乃后世之筏。"① 又，《楚辞·九章·惜往日》："乘氾泭以下流兮"，"泭"，《说文》曰："编木以渡也"，可证"泭"即是木筏。

独木舟是用树干挖空凿成的渡河工具。独木舟开始使用大约在七千年前，其沿用的历史很长。江苏武进淹城河内曾出土过三艘独木舟，凿痕清晰。船长 10 米左右，经碳14 测定，距今 2900 年左右，约相当于春秋早期。独木舟的优点在于：舟身浑然一体，严整无缝，不易漏水，不会松散，而且制作工艺简单。

《越绝书·荆平王内传第二》载楚国人伍子胥为了逃避楚平王的迫害，"乃南奔吴。至江上，见渔者，曰：'来，渡我'"。文中渔者所乘的自然是捕鱼的渔船。这种船形体很小，即所谓一叶扁舟。

《楚辞·九章·涉江》："乘舲船余上沅兮。"王逸注曰："舲船，船有窗牖者。"洪兴祖补注曰："《淮南子》云：'越舲蜀艇。'注云：'舲，小船也。'"可见舲船是一种有窗牖的小船。1973——1974 年，在江陵凤凰山西汉墓中出土了两只木船模型，其平面呈梭形，头部较窄，尾部稍宽，两端呈流线型上翘；舱内置横梁，上有盖板，船面有活动舱房，房屋前后有山墙，上有悬山式房顶；舱房两侧有舷板，有桨，无舵。整个船体给人以

---

① 吕思勉《先秦史》，第 363 页，上海古籍出版社 1982 年版。

吴王采莲图

轻巧灵活、航速飞快的感觉。① 屈原所乘的"舲船"也许就是这种小船。舲船又可称为船屋,这是因为楚国有一些以捕鱼、摆渡和船运为生计的人,劳作、休息甚至居家皆在舲船上。②

4. 游船

春秋战国时期的游船为王室、贵族所专用。《史记·齐太公世家》说:"(齐桓公)二十九年,桓公与夫人蔡姬戏船中。蔡姬习水,荡公。公惧,止之,不止,出船,怒,归蔡姬,弗绝。蔡亦怒,嫁其女。"齐桓公与夫人蔡姬在船上游戏取乐,这船无疑属王室专有的游船。《史记·楚世家》云:楚灵王"乘舟将欲入鄢。"《左传·定公四年》载:"鍼尹固与王同舟。"均可证。楚国的王舟可能制作、雕凿成龙、凤两型,《楚辞》中的"驾龙"、"麾龙",皆是以龙舟为神话夸张的粉本。③《说苑·善说》云:"鄂君方泛舟于新波之上,乘青翰之舟……张翠盖。""青翰之舟",即鸟形的船。"翠盖",翠鸟羽毛装饰的船盖。可见"青翰之舟"实质上是一种凤舟。封君可乘凤舟,王室自然不言而喻。王舟在考古发掘中也有出土。1978 年在河北省平山县中山王𫵖墓葬船坑发现三只大船、二只小船,有的船上有桨。大船船板用铁箍联拼,用铅皮补缝。并发现有栏杆。④ 这船自然是中山王𫵖生前享用的王舟。

---

① 《湖北江陵凤凰山汉墓发掘简报》,《文物》1974 年第 6 期;《湖北江陵凤凰山一六八号汉墓发掘简报》,《文物》1975 年第 9 期。
② 宋公文、张君《楚国风俗志》,第 143 页。
③ 宋公文、张君《楚国风俗志》,第 144 页。
④ 河北省文物研究所《𫵖墓——战国中山国王之墓》,第 516、525 页,文物出版社 1995 年版。

第三节　旅食和旅宿

一、行旅饮食

行旅之人因身份不同而饮食有异。

两周时期迎止旅客的旅馆、客舍，称作"逆旅"，《左传·僖公二年》云："今虢为不道，保于逆旅。"杜预注云："逆旅，客舍也。"

舍是为行旅之人提供饮食的。《周礼·地官·遗人》云："凡国野之道，十里有庐，庐有饮食；三十里有宿，宿有路室，路室有委；五十里有市，市有候馆，候馆有积。"这里的"委"和"积"，都是为提供行旅饮食而准备的物质储备。汉代郑玄在注中指出，"庐"的作用，是"徒有庑也"，即庐是接待旅人的屋舍。又，《逸周书·大聚》说："二十里有舍。"而行军则以三十里为一舍，由此可见关于此种设施并没有严格的制度，然而其性质都在于为出行者提供包括饮食在内的服务。①

战国时期，秦国政府对传递文书者及其他因公出差人员，实行免费伙食供应，即所谓"传食"。据《睡虎地秦墓竹简·传食律》的记载，举凡中央官吏、地方官吏和有爵者等，均实行免费供应伙食。包括主食、副食两部分。其中主食有粺米、粝米，副食有酱、菜、羹、葱、韭、盐等。主食、副食供应的种类和数量，因出差者的官职高低和有无爵位而不同。爵位的高低与伙食供应标准的优劣成正比。而只有爵为大夫以上的，才可以享受特殊的伙食待遇。又《仓律》规定，按月领取口粮的有秩的吏，粮食已经发给，而因公出差，由沿途驿站供给饭食，以及休假而到月底仍不归来的，下月的口粮照发不停。因此有学者认为，《传食律》所规定的传食制度，具有鲜明的等级性

---

① 参王子今《中国古代行旅生活》，第73页。

和对官吏与高爵者的优惠性。后来导源于秦国的这些有利于官吏的传食制度,便凝固化与扩大化为封建官吏的特权制度。①

云梦秦简《传食律》是秦国关于驿传供应饮食的法律条文。按理讲,楚国也应该有这种类似的《传食律》。1946年湖南省长沙黄泥坑出土的王命传龙节,其正、背两面分镌九字:"王命、命传赁,一担食之。""一担食之"是楚国对从事驿传的雇佣人员饮食供应的规定,其性质与秦律《传食律》相同,颇疑"一担食之"就是楚国《传食律》的内容之一。《传食律》条文不仅担任司法的官吏要熟习,而且担任传舍的官吏也要熟习,他们才能很好地按照律文的规定,对不同身份的人供给不同的饮食。②

战国时期不仅国家设置有传舍,而且有的贵族也建造有传舍。这些传舍,或为养士之馆,或为旅店之馆,如战国四公子私置之传舍,即分上(代)舍、中(幸)舍、下(传)舍。

舍是提供饮食的。而饮食的品种和质量又因居舍者地位的差别而不同。《史记·范雎蔡泽列传》里也有一个例证。魏国人范雎初到咸阳,秦国谒者王稽把他推荐给秦昭王。然而秦昭王并不信任他,让他住在舍里而且给他吃粗劣的饭菜。范雎就这样等待了一年多。

在一般情况下,行旅之人大都自身携带轻便、干燥、不易腐坏变质的食品,以备旅途食用。《诗经·大雅·公刘》云:"乃裹糇粮,于橐于囊。"所谓"糇粮",严粲注:

长沙出土战国漆奁上旅舍余形标识

---

① 高敏《简牍研究入门》,第173页,广西人民出版社1989年版。
② 李家浩《传赁龙节铭文考释——战国符节铭文研究之三》,《考古学报》1998年1期。

"糗，干食也。……粮，食米也。"所谓"橐"、"囊"，朱熹注："无底曰橐，有底曰囊。"这两句诗写公刘率周人迁邠，开始出发时，包裹好了干粮，袋里装，囊里藏。

部队长途行军，途中不可能处处得到饮食供应，士卒携带"糗"等干粮。王充《论衡·艺增》云："且周殷士卒，皆齎干粮。""齎"，携带。又，《尚书·周书·费誓》载鲁公伯禽率师征伐淮夷、徐戎，在鲁国费地（今山东省费县西北）发布诰命。其中有"甲戌，我惟征徐戎。峙乃糗粮，无敢不逮。""糗粮"，当代学人钱宗武注："糗，炒熟的米、麦等谷物。糗粮，就是干粮。"①《吕氏春秋·先识览·悔过》说，秦穆公发兵行几千里去偷袭郑国，郑国商人弦高西行到周的都城去做买卖，在路上遇到秦国军队，自己就假托郑国国君的命令去慰劳秦军，说"惟恐士卒罢弊与糗粮匮乏"，并说"使人臣犒劳……膳以十二牛"。当代学人张双棣等注："糗粮：干粮。糗，炒熟的米麦等谷物。"②

行旅者因种种原因有时不得温饱，甚至被迫"乞于途"。③如晋公子重耳在政治流亡期间于行旅途中"乞食于野人"，④即向乡下人要饭。《史记·伍子胥列传》说伍子胥"未至吴而疾，止中道，乞食"。又据《列子·汤问》记载，韩国的著名歌唱家韩娥旅行到东方的齐国，因为"匮粮"，遂在齐国都城临淄的雍门"鬻歌假食"，即卖唱以换取食品。旅行者如果有幸，也会遇到善良的人供给饮食。有一次，子路随孔子外出旅行，相失于道，遇见一老翁，老翁"止子路宿，杀鸡为黍而食之"。⑤"为黍"，就是做黄黏米饭。

两周旅行，除了自带粮食，还须自带炊具自己作饭。这是当时的形势造成的。尚秉和先生说："古裹粮旅行，饭须自炊者，势也。自炊则须携釜鬲。"⑥釜、鬲，皆当时的炊器。釜似锅；鬲像鼎，足部中空。《孟子·万章下》云："孔子之去齐，接淅而行。"《说文》："淅，汰米也。""淅米、汰米，今曰淘米。"⑦孔子离开齐国，遇到突发事件，不等把米淘完，漉干就走。可见孔子旅行是自备炊具做饭的。又《史记·范雎蔡泽列传》载："蔡泽者，燕人也。游学于诸侯小大甚众，不遇。……去之赵，见逐。之韩、魏，遇夺釜、鬲于涂。"蔡泽在前往韩国、魏国的旅行途中，自带釜、鬲等炊器，不幸遇到坏人，竟被夺去。尚秉和先生推断说："盖春秋时虽有逆旅，而不鬻食。客至，假釜鬲为炊。少则可，众则有时不给，故必自携，始便于用。夫釜、鬲尚须自备，则匕箸碗勺之类，

---

① 江灏、钱宗武译注，周秉钧审校《今古文尚书全译》，第456页，贵州人民出版社1990年版。
② 张双棣等《吕氏春秋译注》（下），第514页，吉林文史出版社1986年版。
③ 《晏子春秋·内篇·杂上第五》。
④ 《左传·僖公二十三年》。
⑤ 《论语·微子》。
⑥ 尚秉和《历代社会风俗事物考》，第352页，岳麓书社1991年版。
⑦ 兰州大学中文系孟子译注小组《孟子译注》，第234页，中华书局1960年版。

更不待言。以是证古行李之繁多，过今日十倍。"① 极是。

二、宿息

旅行者在长距离行旅中，因困顿劳累必须歇宿。

据《周礼·秋官》的记载，西周春秋设有野庐氏，这一职官的责任，其中有随时巡行检查供止宿的馆室，供饮食的井，作为蕃蔽的树。如有宾客，征召所止宿馆室附近的人民击柝守卫。发现在馆室外面徘徊观望乘机盗窃的，加以诛罚。

周代的馆有三种类型："一是路途上的馆，二是都城的馆，三是养士的馆。"②

路途上设的馆，距离标准不等，或30里，或50里。这是供行人、使臣休息的处所。由管理人员（馆人）负责接待来往的使臣。如鲁国的重馆（在今山东鱼台县西）、燕昭王"卑身厚币以招贤者"而在都城近郊设置的招贤馆（遗址在北京大兴县礼贤镇），以及赵国在陶丘所设的馆，都是颇为有名的馆。馆人的地位低下。如晋文公分割曹国的土地给诸侯，鲁国使臣臧文仲由于听了重馆人的话，抢先到达晋国，分到的土地比别国多。他回国复命，向僖公请求赏赐重馆人，馆人因而得以出贱役，封爵位。③

都城内的馆豪华而舒适，由司里负责。春秋时期的霸主为了向会盟各国显示自己的强盛，都精心修建宾馆。如晋文公重耳担任盟主期间，宫室低小，没有可供观望的台榭，也不扩建改建，而把接待诸侯的宾馆修得又高又大，好似当时君王的寝宫一样；对宾馆内的库房马厩加以修缮，司空按时修整道路，泥瓦工按时粉刷墙壁；诸侯的宾客到达，甸人点起火把，仆人巡视宫馆；车马有一定的处所，宾客的随从有人替代，管理车子的官员为车辖加油，隶人、牧、圉各人照看自己份内的事情；百官各人陈列他的礼品；文公不让宾客耽搁，而是随到随见，也没有因为这样而荒废公务，忧宾客之忧，乐宾客之乐，万一有事就加以安抚；指点宾客所不知道的，周济宾客所缺乏的。④战国时期都城的馆称为"传舍"。传舍最具规模，专接待来往的使臣和官吏。例如《史记·蔺相如列传》说秦王"舍相如广成传舍"。凡入住传舍的官吏必须有政府所发的节，并有"传"辅助，以为证明。

养士的馆是贵族们私人开设的客舍。⑤如齐国靖郭君田婴、孟尝君田文、赵国平

---

① 尚秉和《历代社会风俗事物考》，第352页，岳麓书社1991年版。
② 刘广生、赵梅庄《中国古代邮驿史》（修订版），第73页，人民邮电出版社1999年版。
③ 《国语·鲁语上》"臧文仲请赏重馆人"条。
④ 见《左传·襄公三十一年》。
⑤ 白寿彝《中国交通史》，第28页，台湾商务印书馆1965年版。

原君赵胜、魏国信陵君魏无忌、楚国春申君黄歇等开的馆。这种馆旨在网罗天下人才，因此规模甚大。有的又把馆设置成三种等级：高级的是代舍（又称上舍）；中级的是幸舍；低级的是传舍。以安排才能与之相应的食客居住。如靖郭君尊重客人齐貌辨，亲自请他住上舍，并命长子为他赶车，侍候他的饮食。平原君的使者到楚国的春申君处联络，也被安排到上舍。《史记·孟尝君列传》载，当初冯驩投奔孟尝君，孟尝君把他安置在传舍，住了十天，因弹剑唱歌迁入幸舍，住了五天，又因弹剑唱歌迁入代舍。

此外，还有民间经营的旅店，一般平民就在那里歇息。据《庄子·山木》的记载，阳子到宋国，"宿于逆旅"，"逆旅人"有两个妾，一个美丽，一个丑陋，然而丑陋的受尊宠，美丽的被冷落。阳子问其缘故。"逆旅小子"回答说："那美丽的自以为美丽，但是我并不觉得她的美丽；那丑陋的自认为丑陋，但我并不觉得她丑陋。"这里的"逆旅"就是民间经营的旅店；而"逆旅人"和"逆旅小子"则是该旅店的主办者与经营者。

客舍设有舍长。如前所述，孟尝君的客舍就有舍长。又据《史记·扁鹊仓公列传》，扁鹊年轻时作过别人家客舍的"舍长"，"舍客"长桑君过往客舍时，扁鹊总是恭谨地对待他。长桑君于是传以秘方奇药。扁鹊从此有了非凡的诊断本领，成为神医。据学者研究，所谓"舍长"，是主持舍的经营管理者，所谓"舍客"是居于舍的旅客。① 然而秦国的情况则有所不同。《史记·商君列传》说，秦孝公二十三年（前339年）五月，秦孝公去世，太子即位，公子虔一帮人告发商君要谋反，国君就派出官吏逮捕商君。商君逃亡到边关之下，"欲舍客舍。客人不知其是商君也，曰：'商君之法：舍人无验者坐之。'商君喟然叹曰：'嗟呼，为法之敝一至此哉！'去之魏"。这里的"客人"是指"客舍"的主人，而"舍人"则指投宿客舍的旅客。客舍主人在留宿客人上受到国家法令的严格限制；留宿没有证件的客人要判罪。有学者认为，秦国的所谓"客舍"，"似乎已不仅是纯私人所有，并且已经很像一种私人公开经营的旅馆事业，和孟尝君的各种传舍，性质上又很不同了。"他进而推论说："但如轻商重农的秦，在战国时期已经有了这种私人经营的旅馆事业，则在商业昌盛的临淄、邯郸和大梁，这种事业还应该更为发达。"②

"去舍露宿"，或称"避舍露宿"，即离开住舍露宿野外，在西周初年是周武王"以示平易"③的方式，在春秋时期是贵族请罪自责的姿态。④ 而露宿对当时社会下层来说，则是其行旅生活中中途休宿的形式之一。如据《穆天子传》卷一的记载，周穆王北行，到达大概位于山西平定的盘石，当晚"载立不舍"，即侍从人员都随车露宿，不设帐

---

① 王子今《中国古代行旅生活》，第88—89页。
② 白寿彝《中国交通史》，第29页。
③ 《淮南子·道应训》。
④ 见《韩非子·外储说右上·说三》。

幕。至于部队出征时住宿野外，没有帐幕，蜷缩车下，则是司空见惯的普遍现象。《诗经·豳风·东山》云："蜎蜎者蠋，烝在桑野。敦彼独宿，亦在车下。"其意是说，士兵就像在桑树上露宿的蚕一样，每夜独宿在兵车的下边。

乘船旅行，休憩和住宿一般都在船舱中。《楚辞·九章·涉江》云："乘舲船余上沅兮，齐吴榜以击汰。船容与而不进兮，淹回水而疑滞。朝发枉陼兮，夕宿辰阳。"其大意是说，屈原乘小船在沅水溯流而上，早晨从枉陼出发，晚上到达辰阳，并住在那里。《水经》云：沅水东径辰长阳县东南，合辰水。旧治在辰水之阳，故取名焉。可见辰阳在沅水和辰水交汇处，而屈原乘坐的又是船，他晚上自然是宿在船上了。又，据《史记·越王勾践世家》的记载，越灭吴后，范蠡装上他的细软珠宝，独自同他手下的人一起乘船渡海来到齐国。从越到齐，迢迢千里，他无疑也是夜宿船舱了。

第四章 行旅交通

【 第四节　乘车和走路礼俗 】

一、乘车礼俗

　　周代在乘车、登车和行车上，各有规定和习尚。
　　先说乘车，西周用马的多少，等级分明：天子驾六，诸侯与卿驾四，大夫驾三，士驾二，庶人驾一。据考古发掘的各地车马坑，以驾二为常，次为驾四，用六马者只见于浚县辛村、洛阳车马坑和虢国墓地。到春秋时期，似普遍使用四马驾车，称"驷"，如《诗经·郑风·大叔于田》云："叔于田，乘乘黄。……两服上襄，两骖雁行。"还有使用三马驾车，称"骖"，如《小雅·采菽》："载骖载驷，君子所届。"亦有两马驾车的，如《孔子家语》所云"孔子一车两马"。又曾出现过以六马、十六马驾车的特例。如

东周"天子驾六"车马坑

洛阳东周"天子驾六"车马遗存

《晏子春秋·内篇杂上》载,齐景公白昼"被发,乘六马,御夫人以出正闺"。《晏子春秋·内篇谏上》又载:"翟王子羡臣以重驾。""重驾"谓十六马车。而《管子·立政》亦云:"刑余戮民,不敢畜连乘车。"意即受过刑和正在服刑的人不敢备车和坐车。在一般情况下,一车乘三人,驾车的在车的中间;其左为尊者;其右为陪乘者,称为"骖乘"或"车右"。战国时期,魏公子无忌为表示对于贤人大梁夷门侯生的敬意,于是"从车骑,虚左,自迎夷门侯生",[1]这是车上左侧为尊者所居的一例。如果在战场上,则君王或主将在车的中间;其左为驾车的;其右仍为陪乘者,负责执戈御敌,排除途中险情和障碍。那时打仗以旗鼓指挥进退,而主将所乘的战车上,鼓位于中间,因此主将要站立在它的下面。这种乘车的风俗,在战场上有时会因军情而变化。如鲁成公二年(前589年),齐、晋两国军队大战于鞌(今山东济南市西北),齐军大败,齐顷公所乘的战车即将被晋将韩厥追上,在这千钧一发之际,车右逢丑父"与公易位"。[2] 命令齐顷公到华泉去取水,齐顷公才幸免被俘。需要指出的是周妇人不立乘。《礼记·曲礼上》:"妇人不立乘。"疏:"妇人质弱,不倚乘,异男子也。男子倚乘,妇人坐乘,所以异也。"

---

[1] 《史记·魏公子列传》。
[2] 《左传·成公二年》。

为了妇人不外露，周妇人车有衣。《诗经·卫风·氓》："淇水汤汤，渐车帷裳。""帷裳"，即车帷幛。

周代贵族男子登车时要踏乘石（踏脚石）。如周公摄政时"践东宫，履乘石，摄天子之位，负扆而朝诸侯"。①周公的乘石应高而大。而一般贵族的乘石则矮而扁，所谓"有扁斯石，履之卑兮"。②也有先端正地站好，拉着扶手带登车的。③踏石上车以其在上层社会具有普遍性而成为贵族和官员身份的一个标志。如战国时赵武灵王立周绍为傅，他表彰周绍说："寡人始行县，过番吾，当子为子之时，践石以上者皆道子之孝。"④这里"践石以上者"即指社会上层。与贵族男子踏乘石相谐调，贵族女子乘车时则踏矮几。《仪礼·士昏礼》云："妇乘以几。从者二人坐持几，相对。"意思是：妇以几为阶，登几上车，两个从者相对而坐把几扶稳。⑤踏几上车的习俗在周代以后还在传承，汉朝还有"登几上舆"⑥的社会风气。此外，周代为妇人御和为国君御礼节不同。《礼记·曲礼上》云："仆御妇人则进左手，后右手。御国君则进右手，后左手。"所谓"进左手"，是以左手持辔。妇人在左，左手持辔则形相背，可避嫌。御国君则与此相反，能以面君示敬。⑦

再说行车。行车当中最重要的礼是"轼"，或作"式"。所谓"轼"就是行车途中扶轼低头，作注视之态，以表示向某贤或某地或某物致意。《礼记·曲礼上》云："国君抚式，大夫下之。大夫抚式，士下之。……兵车不式。"意思是说：国君凭轼致意，随从的大夫要下车致敬。大夫凭轼致意，随从的士要下车致敬。乘兵车不凭轼。《曲礼上》又云："君子式黄发，下卿位。……入里必式。"其意是乘车遇到老人，要凭轼致敬；乘车经过卿在公门所处的位置，要下车以示对卿的尊敬。晁福林先生指出："'下卿位'这一点，充分表现了等级制度对于礼俗的影响。"⑧甚是。里间是国人和一些贵族居住的地方，车过里门，必行轼礼，是为了表示对里间贤人的敬意。"魏文侯过段干木之间而轼之"，⑨就是一个典型的例证。魏文侯礼段干木，是因为段干木是个"光乎德"（在德行上显耀）的"贤者"。《曲礼上》接着云："乘君之乘车，不敢旷左，左必式。……式试马尾，顾不过毂。"其意是乘国君属车时，不可空出左边的位置，⑩必须站在左边，始终凭

———————————
① 《淮南子·齐俗训》。
② 《诗经·小雅·白华》。
③ 见《论语·乡党》。
④ 《战国策·赵策二》。
⑤ 参晁福林《先秦民俗史》，第104页。
⑥ 焦延寿《易林》。
⑦ 尚秉和《历代社会风俗事物考》，第112页。
⑧ 晁福林《先秦民俗史》，第103页。
⑨ 《吕氏春秋·开春论·期贤》。
⑩ 因为空左似祥车——生时所乘，葬时用为魂车。

轼。凭轼行礼时，目光只能看到马尾；回头望时，视线不能超过车毂。有学者认为"这样做，是为了保持虔强的姿态"。① 此说可取。《曲礼上》最后说："国君下宗庙，式齐牛；大夫士下公门，式路马。"大意是国君路过宗庙时要下车示敬，乘车路遇齐牛（祭祀时供祖先和神灵享用的牛牲）要行轼礼致敬。大夫、士路过诸侯国宫室之门口要下车，遇到路马（为国君驾车的马）要凭轼俯身行礼，旨在表示对国君的敬意。又春秋时，乘车有一定的规矩：在车中，不向内回顾，不很快地说话，不用手指指画画。② 此外，值得一提的还有西周时人们在衡或轭上装有一种叫銮的铃，车子行进时锵锵作响，后来成了贵族显示身份的象征。③ 当时最高级的马车要装有八个銮。《诗经·大雅·烝民》描述马车奔驰的情景为"四牡骙骙，八鸾喈喈"，由此可以想见当时马车富丽堂皇的气派和行进中发出的清脆悦耳声音。

二、走路礼俗

关于周代在家里、在堂上走路的礼俗，我们在第三章第四节已经讨论过了。这里仅阐述在户外走路的礼俗。一是趋。所谓"趋"，是周代人日常生活中常用的一种传统礼节。④ 指在一些特定场合，后辈、地主等，自觉遵照法律的规定或约定的习俗，用低头弯腰、小步快走的方式，向尊者、贵者，前辈、宾客表示恭敬。如《论语·乡党》描述孔子奉鲁君之命，接待外国贵宾的举止说："色勃如也，足躩如也。揖所与立，左右手，衣前后，襜如也，趋进，翼如也。"快步向前，仿佛鸟儿舒展了翅膀，这就是"趋"。又《论语·子罕》云："子见齐衰者、冕衣裳者与瞽者，见之，虽少，必作；过之，必趋。"意思是说：孔子看见穿丧服的人、穿戴着礼帽礼服的人以及瞎了眼睛的人，走过他们的时候，一定快走几步。又《论语·季氏》也载有孔鲤曾两次"趋而过庭"，同正独立庭院的父亲孔子对话，孔子要孔鲤"学诗"、"学礼"。从此以后，"趋庭"专指承受父亲的教诲；而"鲤对"专指儿子回答父亲的问话。⑤"趋"礼不仅用于外交、参谒等场合，而且用于两国交战的战场。如前575年，晋、楚战于鄢陵（今河南鄢陵北），晋

---

① 晁福林《先秦民俗史》，第103页。
② 《论语·乡党》。
③ 杨村等《漫话先秦时代的衣食住行》，载于《文史知识》编辑部编《古代礼制风俗漫谈》（四集），中华书局1992年版。
④ 建珉《"趋"和礼》，载《文史知识》编辑部编《古代礼制风俗漫谈》中华书局1983年版。
⑤ 王勃在《滕王阁序》中，便用"他日趋庭，叨陪鲤对"的文句，表明他要不了几天去探望父亲，他也要像孔鲤那样，接受父亲的教导。

将"卻至三遇楚子之卒,见楚子,必下,免胄而趋风"。① 卻至遇见楚共王,必下车,脱下头盔,向前快走,以"趋"礼表示恭敬,就是一例。趋礼之外,走路还有一些礼俗。如大于自己五岁的人,与他并肩而行要略退后。跟随先生行路,不可越过道路和别人说话。在路上遇到先生,要快步上前,正立拱手。先生和自己说话,要恭敬地回答,不和自己说话,就快步退下。跟随长者上高地,一定要面向长者看的方向看。走路不要露出傲慢的样子,站着时要两腿直立,不要一条腿偏斜。两人并坐或并立时,不要插身其间。两人并立时,不要从中间穿过。② 庶人见君要快步回避。③

此外,《礼记·王制》说:"道路,男子由右,妇人由左,车从中央。"《内则》也有同样的说法。传孔子初仕为鲁国中都宰时,还的确实行过"男、女别途"。④ 此外,似出秦惠文王以来秦国墨者之手的《墨子·号令》⑤云:"令行者男子行左,女子行右,无并行。"可见男女别道,各国不尽相同,大概其男尊女卑观念与各自的尚左尚右风俗有关。又成书于战国田齐稷下学士之手的《管子·八观》也指出:"宫墙毁坏,门户不闭,外内交通,则男女之别毋自正矣。"看来齐国也有与鲁国、秦国相似的男女别道之礼。

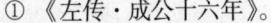

① 《左传·成公十六年》。
② 见《礼记·曲礼上》。
③ 见《礼记·曲礼下》。
④ 《孔子家语·相鲁》。
⑤ 参见李学勤《秦简与〈墨子〉城守各篇》,《云梦秦简研究》,中华书局1981年版。

【 第五节　通信方式 】

邮驿是古代政府为传递文书、接待使客、转运物资而设立的通信和交通组织。两周的邮驿具有以下共同特征：第一、官办、官管、官用，是两周政府机构的组成部分；第二、以"传命"为主旨，融通信、交通、馆舍三位于一体；第三、以人力或人力与物力（车、船、牲畜）相结合的方式，接力传送。这里只介绍通信方式。

一、西周的通信方式

西周的通信方式，大致有以下四种[①]。

（一）专人传递

专人传递是当时通信的主要方式，只有边境通信例外。担任专使通信的人，大多数是士以上级别高的官员。"行夫"是专使中级别最低的。至于被称"边人"、"候人"、"徒遽"、"虎士"[②]的百姓，则以服徭役的形式参与通信。主要从事通报军情、侦察等工作。

（二）"传"车

西周时期，传是指作为交通工具的车。[③]由于其属于轻车，速度快，所以在通信上应用甚广。如西周初年姜尚被封于齐，要杀两位不服统治的"贤士"，周公立即乘"急传"去制止。[④]显然，"急传"是紧急情况下乘的车子。又如散氏盘有"隐千罚千，传弃

[①] 参刘广生、赵梅庄《中国古代邮驿史》（修订版）63—67 页，人民邮电出版社 1999 年版。
[②] "虎士"，见《周礼·夏官》，不是"士"一级贵族，而是指百姓中身健力大的壮汉，因此被选作徒役。
[③] 《礼记·玉藻》谓"士曰传遽之臣"，注："古者以车驾马，乘之京师，谓之传车。"
[④] 《韩非子·外储说右上》。

之!"意为如不守信用,就叫我乘传车出车祸死去。

(三)烽火大鼓

烽燧大鼓是"声光"通信相结合的通信方式,用以传递紧急军情。西周为了防止犬戎族的入侵,在都城丰镐(今陕西长安县西沣河西岸一带)东部的骊山上建筑了烽火台,上面准备了许多狼粪、火把之类并派兵在台上驻守。一有敌情,守台士兵白天就燃起狼粪,一缕白烟便直冲云天,从很远的地方都能看见,夜晚,则点起火把,远处见到火光冲天,便也能知道发生了军事情况。西周末年,周幽王宠爱美妃褒姒,"褒姒不好笑,幽王欲其笑","为烽燧大鼓","诸侯悉至,至而无寇,褒姒乃大笑"。[①] 幽王为了能使褒姒继续发笑,又依法炮制了几次。因失去信用,诸侯们也就渐渐不再来了。后来犬戎进攻幽王,幽王燃烽火向诸侯们报警,但诸侯们都不来。幽王终于被杀,褒姒也被掳走。这就是堪称史鉴的周幽王骊山戏诸侯的故事。

二、春秋战国的通信方式

春秋战国时期,通信组织逐渐完善,邮传的范围扩大了,各诸侯国都有了以其都邑为中心的通信网,通信手段多样化,通信效率提高,军事通信更加完备。

(一)多样化、多渠道的信息传递

春秋时仍有步传。如前482年,吴晋会盟黄池(今河南封丘西南)时,"吴人告败于王夫差,夫差恶其闻也"。[②] 这里向吴王报告军情的吴人,当是战乱时维持通信的步递者。从吴国到黄池,千里迢迢,可见传遽的行进并不受本国版图的限制。

然而步递毕竟比西周少了,通信大量利用了车传。车有两种:传车;驲。传车用于征召大臣、传达君命和官员汇报情况。[③] 如据《左传·成公五年》的记载,梁山崩塌,晋侯用传车召见伯宗。伯宗在路上叫重车让路,躲开传车。这说明当时在道路上传车似有优先通行的惯例,又如鲁哀公打算与齐、邾在齐地会盟,来到齐地阳谷(今山东阳谷县东北三十里),齐臣闾丘息说:"将传遽以告寡君。"[④] 复如,战国初年,"赵襄子使新稚穆子伐狄,胜左人、中人,遽人来告"。[⑤] 这是将领让"遽人"向君主告捷的一个例证。驲比较华丽,高级贵族因急事或遇特殊情况而乘。如晋文公登极的初期,晋惠

---

① 《史记·周本纪》。
② 《史记·吴世家》。
③ 参刘广生等《中国古代邮驿史》,第77页;晁福林《先秦民俗史》,第97页。
④ 《左传·哀公二十一年》。
⑤ 《国语·晋语九》。

公的旧臣吕甥、冀芮策划谋反作乱，为了取得秦穆公的帮助，晋文公"乘驲自下，脱会秦伯于王城"。①"下"，是小道。"脱会"是脱身潜逃相会。这说明晋文公乘驲，是为了掩人耳目，与秦伯密谋。又如春秋中期，晋举仇非谄媚，荐子不为私的公族大夫祁奚，为了快速见到执政大臣韩宣子，以营救因弟羊舌虎为栾氏之党而被查办的大臣叔向，"乘驲而见宣子"，②宣子给他换了车，一同前往朝见晋平公。之所以将驲换成车，是因为乘驲不符合高级贵族的身份。

春秋后期，在通信中开始应用单骑。如前540年秋天，郑国贵族公孙黑将要作乱，执政大臣子产在"在鄙闻之，惧弗及，乘遽而至"。③意思是说怕乘公车来不及，改乘单骑而归。这里的遽应指马。前517年，"左师展将以公乘马而归"。④这是明明白白的骑马记载。⑤马的出现是通信工具上的一次飞跃。快马比传车速度更快，也更灵活机动，因而更适合传递"紧急文书"。但此时使用单骑还只是个别现象，尚未形成正式制度。⑥到战国通信工具中单骑逐渐增多。⑦

托人捎带也是一种通信方式。春秋时期，聘使、游士和富商大贾，出东入西，南来北往，官员便托他们捎信。如《左传·襄公二十四年》载"子产寓书于子西以告宣子"，意即子产托请子西给宣子捎信。而民间通信，则是托熟人捎转，但并不方便。如《诗经·小雅·采薇》描述戍边的兵士久历艰苦，在还乡的路上又饱受饥寒，接着写道："我戍未定，靡使归聘。"意思是说，驻防地没有一定，无人捎个家信，又遇不到归聘的使者。又如，《诗经·郑风·子衿》描写少女焦急地等待她的情人，在城阙上走来走去，一日不见，仿佛三个月了。其中云："纵我不往，子宁不嗣音？"意思是：纵然我没有去找你，你怎能不捎信问一声？复如《诗经·桧风·匪风》描述诗人远游外乡，西望故国，道路漫长，不禁乡愁满怀，接着写道："谁将西归，怀之好音。"意思是说，有谁回转西方故乡？请他捎个"平安"家信。

民间通信除《诗经》有记载外，还见于出土秦简中。

秦简中有秦军士卒的两封木牍家书。这两封木牍家书是1975年底至1976年春在湖北云梦睡虎地四号秦墓中发现的6号木牍和11号木牍。保存较好，两面均有墨书秦隶，字迹尚清晰可认，分别是87字和249字。

---

① 《国语·晋语四》。
② 《左传·襄公二十一年》。
③ 《左传·昭公二年》。
④ 《左传·昭公二十五年》。
⑤ 从杜注。一说"乘读去声，言以车一乘归鲁。"见宋翔凤《过庭录》。
⑥ 刘广生、赵梅庄《中国古代邮驿史》（修订本），第77页。
⑦ 《吕览》云："遽为卑者之传，用骑。"

这两封木牍的释文如下：

木牍甲（M4：11）

正面：

二月辛巳，黑夫、惊敢再拜问中，母毋恙也？黑夫、惊毋恙也。前日黑夫与惊别，今复会矣。黑夫寄益就书曰：遗黑夫钱，毋操夏衣来。今书节（即）到，母视安陆丝布贱，可以为禅裙襦者，母必为之，令与钱偕来。其丝布贵，徒（以）为钱来，黑夫自以布此。黑夫等直佐淮阳，攻反城久，伤未可智（知）也，愿母遗黑夫用勿少。书到皆为报，报必言相家爵来未来，告黑夫其未来状。闻王得苟得。

反面：

毋恙也？辞相家爵不也？书衣之南军毋……不也？

为黑夫、惊多问姑姊、康乐孝须（婴）故术长姑外内……

为黑夫、惊多问东室季须（婴）苟得毋恙也？

为黑夫、惊多问婴记季事可（何）知？定不定？

为黑夫、惊多问夕阳吕婴、匽里阎净丈人得毋恙……矣。

惊多问新负、婴得毋恙也？新负勉力视瞻丈人，毋与……勉力也。

木牍乙（M4：6）

正面：

惊敢大心问衷，母得毋恙也？家室外内同……以衷，母力毋恙也？与从军，与黑夫居，皆毋恙也。……钱衣，愿母幸遣钱五、六百，绤布谨善者毋下二丈五尺。……用垣柏钱矣，室弗遗，即死矣。急急急。惊多问新负、婴皆得毋恙也？新负勉力视瞻两老……

反面：

惊远家故，衷教诏婴，令毋敢远就，若取新（薪），衷令……闻新地城多空不实者，且令故民有为不如令者实……为惊祠祀，若大发（废）毁，以惊居反城中故。惊敢大心问姑姊（姊）子产得毋恙？新地人盗，衷唯母方行新地，急急。

第一封木牍的日期是"二月辛巳"，据黄盛璋先生考证，应为秦始皇二十四年（公元前223年）二月十九日。是黑夫和惊写给衷的。信中叙述了他们从军到淮阳（今河南淮阳）的情况，还说他们在冬季离家，现急需"禅裙襦"（夏衣）。这两封信都向他们的母亲要衣、布和钱，"母视安陆丝布贱，可以为禅裙襦者，母必为之"，制成衣服托人带来。假如"其丝布贵，徒（以）钱来，黑夫自以布此"，意思是如果安陆丝布价贵，就托人带钱给他们，在当地购买。

---

① 《睡虎地秦墓竹简》，文物出版社1977年版。

这两封信是如何从河南淮阳送到湖北云梦的呢？有学者认为，"是通过军队中服役期满的老乡归家时捎带去的"。①甚是。因为：第一，周代人民被征调服军役是轮流值班；第二，秦朝征发兵役，"先发里门之左，名闾左之戍"，再"发右"。②就是在一个居住单位里，先征发里中左半部去服兵役，期满后再征发里中右半部的人去服兵役。《秦律杂抄》规定："冗（应）募归，辞曰日已备，致未来，不如辞，赀日四月居边。"即应募的军士回乡，称服役期满，但证明其服役期满的文券未到，不符合本人所说，要罚居住边疆四个月。以上周、秦时征发人民服兵役的制度和法律表明，黑夫和惊所发出的两封木牍家书，是由服役期满的同乡士兵捎带转交的。两封木牍家书是战国时期民间通信艰难的实物见证。

此外，还有私人主持的情报通信。其开始出现在战国。战国时养士之风盛行，最著名的有所谓四公子，即齐国的孟尝君、赵国的平原君、楚国的春申君和魏国的信陵君。他们很可能从食客中挑选人担任传书递信等情报工作。《史记·魏公子列传》载有信陵君与魏王下棋的故事。魏国的官方通信燃起烽火来报赵国陈兵两国边界，魏王打算招集大臣来商议对策，公子劝阻魏王说："赵王猎耳，非为寇也。"不久从北方传来的官方报告证实了这一说法。信陵君解释说，这是由于有"客辄以报臣"。从赵魏边界到魏都大梁（今河南开封）有几百里远，魏王的"举烽"、"擂鼓"是接力的"声光"通信，速度还不及信陵君的"客"，说明信陵君拥有一批侦察邻国动态并能及时传递信息的人。前257年，秦围赵邯郸，平原君求救于魏。魏王慑于秦国的威胁，不肯救赵。这时信陵君的情报人员说，魏王的兵符常放在卧室内，可通过魏王侍妾如姬盗出，信陵君依计而行，果然盗得兵符，率领八万精兵解了邯郸之围。这期间情报的收集和传递者，就是魏公子的门客。③

（二）逐渐完善的军事通信

春秋较之西周，用声光通信在军事上得到广泛推广。旗和鼓是作战通信的主要手段。《孙子兵法》引《军政》说："言不相闻，故为金鼓，视不相见，故为旌旗。"并把金鼓旌旗喻为"一人之耳目也"。《孙膑兵法》也说发现敌情要"夜则举鼓，昼则举旗"。车战时，将领的车上有标明指挥位置的旌旗和指挥进攻的大鼓。鼓在车上横悬，旗在车的后部。

这种借助声音、光线的通信手段，事先都约定有信号，任何人不得违约。据《韩非子》记载，楚厉王（当为楚共王，他临终前，以鄢陵战败为楚之辱，遗命以"厉"或

---

① 黄盛璋《云梦秦墓两封家信中有关历史地理的问题》，《文物》1980年第8期。
② 《文献通考》《兵考一》引山斋易氏说。
③ 参刘广生等《中国古代邮驿史》（修订版），第85页。

"灵"为谥）有一次因醉酒擂鼓，郢城军民纷纷拿起武器聚集于王宫门前，楚共王立即告诉大家这是一场虚惊。

西周的烽火台在春秋以后演变为绵绵不断的长城。长城是由一个个烽火台和一座座防御城堡（亭障或徼亭障塞）等单体建筑，通过城墙连接起来，发展而成的建筑群。遇到敌情，前烽举火，后烽呼应，可以快速而准确的把紧急军情传递到后方。

战国中期以后，战争频繁，规模扩大，在军事通信方面有一些创造，其中以阴符和阴书最为著名。据战国时期人假托西周初年吕尚之名写成的《六韬》介绍，所谓阴符，就是没有文字的竹木简。阴符"凡八等：有大胜克敌之符，长一尺；破军擒将之符，长九寸；隆城得邑之符，长八寸；请粮益兵之符，长五寸；败军亡将之符，长四寸；失将亡士之符，长三寸"。[1]可见每等的长度和含义均不同。作战时为了使上下级或前后方及时沟通信息，并不让敌军万一截获知其内容，可把能准确表达当前军情的符交给使者，以传递简明的信息。所谓阴书，是中国古代最早的密信。《六韬》卷三《龙韬》第二十五《阴书》云："诸有阴事大虑，当用书，不用符。主以书遗将，将以书问主。书皆一合再离，三发而一知。再离者，分书为三部。三发而一知者，言三人，人操一分，相参而不知情也。"因此，使用阴书通信时，敌人俘虏一名或二名使者均无济于事，只有把三名使者全部抓到才能了解全意。阴书对于传递复杂详细的信息起了极大的作用。

---

[1] 《六韬》卷3《龙韬》第二十四《阴符》。

第五章
婚 姻

　　两周时代,妇女的社会地位相对较高。那时的婚姻风俗,不可能、也没有摆脱男尊女卑观念的影响和森严的等级制度的制约,但当时的社会环境较为开放,妇女所受束缚相对较为宽松,有较多的男女社交自由,婚制混乱,婚姻形式甚多,既有群婚制的遗俗,又未进入规范化的一夫一妻制,上层社会多妾现象司空见惯,以满足广继嗣的要求。

【 第一节　择偶标准 】

一、门当户对

婚姻是"权衡利害的婚姻"。[1]权衡的结果，就形成了婚姻中的门当户对。[2]

门当户对中首先是政治地位的对等。在中国古代，上层社会缔结婚姻时首先考虑的是政治利益，即是否能巩固自己的政权，是否能巩固或扩大其权势。周王室与诸侯国亦不例外。周王室与诸侯国、诸侯国与诸侯国联姻的颇多。

武王克商，在封同姓为兄弟之国后，就以婚姻为纽带联结异姓诸侯，从而彼此成为甥舅关系，[3]旨在以资弼辅。故《礼记·曲礼》云："天子，同姓谓之伯父，异姓谓之伯舅。"《周礼·秋官·司仪》郑玄注亦云："同姓，兄弟之国；异姓，婚姻甥舅之国。"

春秋以后（含春秋），诸侯贵族亦均以婚姻互结邻援。[4]《左传·僖公二十二年》云："晋太子圉为质于秦，将逃归，谓嬴氏曰：'与子归乎？'对曰：'……寡君之使婢子侍执巾栉，以固子也。从子而归，弃君命也。不敢从，亦不敢言。'遂逃归。"又《文公六年》："臧文仲以陈、卫之睦也，欲求好于陈。夏，季文子聘于陈，且娶焉。"又《成公十三年》："夏四月戊午，晋侯使吕相绝秦，曰：'昔逮我献公及穆公相好，戮力同心，申之以盟誓，重之以婚姻。'"又《昭公四年》："（楚）使椒举如晋求诸侯……椒举遂请昏（婚），晋侯许之。"又《秦诅楚文》云："昔我先君穆公以及楚成王，实戮力同心，两邦若一，

---

[1] 《马克思恩格斯选集》第 4 卷，第 60 页，人民出版社 1972 年版。
[2] 任寅虎《中国古代的婚姻》，第 56 页，商务印书馆国际有限公司 1996 年版。
[3] 《左传·成公二年》："夫齐甥舅之国也。"又《昭公十二年》："齐王舅也。"
[4] 参陈鹏《中国婚姻史稿》，第 30 页，中华书局 1994 年版。

绊以婚姻,袗以齐盟。"以上材料充分说明,以婚姻固盟誓资外援,在当时诸侯国之间具有普遍性,①故许穆夫人有苞苴援系之感概。《列女传》许穆夫人条云:"许穆夫人者,卫懿公之女,许穆公夫人也。初许求之,齐亦求之,懿公将与许,女因其傅母而言曰:'古者诸侯之有女子也,所以苞苴玩弄,系援于大国也。'"

历史进入战国,通过联姻,取得外援,显得尤为突出。②苏秦倡导合纵,游说六国以拒秦,秦则与燕、楚联婚以破之。《史记·燕召公世家》云:"(文公)二十八年,苏秦始来见,说文公。文公予车马金帛以至赵,赵肃侯用之。因约六国,为从长。秦惠王以其女为燕太子妇。"又同书《楚世家》云:"(张)仪因说楚王以叛从约,而与秦合亲,约婚姻。……秦昭王初立,乃厚赂于楚。楚往迎妇。……(楚顷襄王)七年,楚迎妇于秦,秦楚复平。……十四年,楚顷襄王与秦昭王好会于宛,结和亲。"又《史记·张仪列传》云:"(张)仪说楚王曰:'大王诚能听臣,闭关绝约于齐,臣请奉商于之地六百里,使秦女得为大王箕帚之妾,秦楚娶妇嫁女,长为兄弟之国。此北弱齐而西益秦也,计无便此者。'楚王大说而许之。"又《战国策·中山策》载赵国在长平之战战败后,为了争取外援以抵抗秦国的入侵,"卑辞重币,四面出嫁,结亲燕魏,连好齐楚"。可见此类婚姻是各诸侯国常用的外交手段。这原本就是为了国家一旦出现急难而作的准备,正如鲁臧文仲禀告庄公所说:"夫为四邻之援,结诸侯之信,重之以婚姻,申之以盟誓,固国之艰急是为。"③

重婚(重叠交互为婚姻)和世婚(累代相通婚)是门当户对婚的另一形态。④

据《春秋》的记载:庄公元年(周庄王四年)王姬归于齐。庄公十一年(周庄王十四年)冬,王姬归于齐。又据《左传》的记述,宣公六年(定王四年)夏,王使子服求后于齐,冬,召桓公逆王后于齐。襄公十五年(灵王十一年)春,官师从单靖公逆王后于齐。又《礼记·檀弓》:齐襄王姬之丧,鲁庄公为之大功。周、齐既然世代联姻,那么称齐为"甥舅之国"⑤、称齐侯为"王舅"⑥,就是自然的了。

春秋以后,诸侯更是世代互相结为婚媾,以资系援。鲁与薛、宋及齐,就是一个典型的例证。《左传·哀公二十四年》云:"周公及武公娶于薛,孝、惠娶于商,自桓以下娶于齐。"杜预《春秋释例》云:"鲁自惠以上,世娶于宋,自桓以下世娶于齐。"又崔述《补上古考信录》卷上云:"十二姓之见于传者,姬、祁、己、任、姞五姓而已,然

---

① 参陈鹏《中国婚姻史稿》,第31页。
② 参陈鹏《中国婚姻史稿》,第31页。
③ 《国语·鲁语上》。
④ 参陈鹏《中国婚姻史稿》,第69页。
⑤ 《左传·成公三年》。
⑥ 《左传·昭公十二年》。

皆相为婚姻。后稷取于姞，王季取于任，春秋时晋之栾与范昏，鲁之孟与己昏，而姬、刘、范、祁乃世为婚姻。"又《史记·秦本纪》云："（缪公）四年，迎妇于晋，晋太子申生姊也。……（缪公十五年）晋君夷吾……使太子圉为质于秦，秦妻子圉以宗女。……（缪公二十二年），晋公子圉闻晋君（夷吾）病，……乃亡归晋。……秦怨圉亡去，乃迎晋公子重耳于楚，而妻以故子圉妻。重耳初谢，后乃受。……（缪公三十三年）（晋）大破秦军，……虏秦三将以归。文公夫人，秦女也，为秦三囚将请。……康公元年，往岁缪公之卒，晋襄公亦卒，襄公之弟雍，秦出也。"因此，《说郛》卷二十二云："秦晋二国，继世通婚，所娶之女，非舅即姑，故曰舅姑。"

不宁惟是，有的诸侯国为了笼络少数民族，还与少数民族的上层通婚。如"（秦）惠王并巴中，以巴氏为蛮夷君长，世代尚秦女"。①

财力相当亦是门当户对的内容之一。在古代，男女缔结婚姻时，对对方家庭的财力是十分注重的。特别是女方，对此尤为重视。因为她一生要依赖于那个家庭，要在那个家庭中解决穿衣吃饭的问题。周代亦不例外。《仪礼·士昏礼》以纳征为缔婚之确定阶段（关于这个问题，我们在后面还要论及），《礼记·昏义》疏曰："纳征，纳娉财也。"程子曰："征，证也，成也，用皮帛以证成男女之礼也。"纳征用币，所以春秋又称纳币。《春秋》记纳币之例甚多。如"（庄公二十二年）冬，公如齐纳币。""（文公二年冬），公子遂如齐纳币。""（成公八年）夏，宋使公孙寿来纳币。"这大概是婚姻必先纳币而后才能迎女。

二、壮勇英武

春秋战国时期，战争频繁，尚武成为一时社会风气。女子择偶标准亦不例外。春秋时期郑国大夫徐无犯之妹在择婿时说的一段话颇为耐人寻味：

> 子晳盛饰入，布币而出。子南戎服入，左右射，超乘而出。女自房观之，曰："子晳信美矣，抑子南，夫也。夫夫妇妇，所谓顺也。"适子南氏。②

公孙黑装扮华丽的"盛饰"并没有引起徐无犯之妹的兴趣；恰恰相反，得到她青睐的倒是公孙楚的"戎服"、"左右射"和"超乘"。所谓"子晳信美矣，抑子南，夫也"。也

---

① （明）董说《七国考》。
② 《左传·昭公元年》。

就是说，女子在择夫时，主要标准不是男子之美，而是其勇武的英雄气概。这种英雄气概表现为"戎服，左右射，超乘而出"。"戎服"是英武气概的体现，"左右射"显示了高超的射技，"超乘而出"则表明其身手矫健过人，御车技术不同凡响。

除徐无犯之妹在择婿时尚武外，典型例证还有以下两例。孔子的父亲叔梁纥很有勇力，求婚于颜氏，"颜氏问三女，二女莫对，徵在进曰：'从父所制，将何问焉。'遂以妻之"。① 似也反映了当时女子在择偶上的尚武标准。勇武的男子，即使长相较差，也能赢得一些女子的爱心。如"昔贾大夫恶，娶妻而美，三年不言不笑。御以如皋，射雉，获之，其妻始笑而言。贾大夫曰：'才之不可以已。我不能射，女遂不言不笑夫'"。② 贾大夫虽然貌丑，但因善于驾车射猎，依然博得了长相标致妻子的欢心。

三、相敬偕老

那时男女在择偶标准和心态上，都期望婚后夫妇能够相敬如宾，相爱始终，白头偕老。《诗经·郑风·鸡鸣》言女子择偶，"宜言饮酒，与子偕老"。又，《左传·僖公三十三年》载，春秋时晋国有人名叫冀缺的，在土地上锄田除草，"其妻馌之，敬，相待如宾"。被文公大臣臼季誉为"敬，德之聚也。能敬必有德"。孟子亦说："良人者，所仰望而终身也。"③ 古者妇称夫曰良。《仪礼·士昏礼》云："媵御良席在东。"郑玄注云："妇人称夫曰良。"上述女子择偶的标准和心态，也适用于中下层社会的平民男性。云梦秦简《日书》甲种云："凡娶妻出女之日，冬三月奎、娄吉：以奎，夫爱妻；以娄：妻爱夫"（简6背壹）；"奎，祠及行，吉，以取妻，女子爱而口臭"，臭为气香之谓；"娄，利祠及行，百事吉，以取妻，男子爱"；"胃……吉，以取妻，妻爱"（分见简82—84）。有学者认为："这里，同视几种星相诹日成婚，可以夫妻生活恩恩爱爱，夫爱妻和妻爱夫，均属于吉，反映了当时男女择偶有共同的对等因素。"④ 甚是。此外，还反映了下层社会平民的男女平等观念。云梦秦简《日书》甲种又云："春三月季庚辛，夏三月季壬癸，秋三月季甲乙，冬三月季丙丁，此大败日，取妻不终。"（简1背）这里，把四时四个月里的八个十干季日视为婚姻忌日，否则娶妻将不能彼此相守到老，这与前述女子切望与良人终身相偕的理想是相同的。⑤ 这时姑娘出嫁，父母往往嘱咐其"往之女（汝）

---

① 《孔子家语》。
② 《左传·昭公二十八年》。
③ 《孟子·离娄下》。
④ 宋镇豪《中国春秋战国习俗史》，第155页，人民出版社1994年版。
⑤ 参宋镇豪《中国春秋战国习俗史》，第155页。

家，必敬必戒，无违夫子。以顺为正者，妾妇之道也"，①表现了长辈对小辈相敬偕老的衷心祝愿。

四、注重人品

当时女子择偶，有不计较男方地位权势，而只着眼于人品的。如春秋时，鲁臣声伯把异父妹妹嫁给施孝叔，恰巧晋国的郤犨前来聘问，向声伯求娶妻子。声伯就把施氏的妻子夺过来给了郤犨。妇人问原夫施氏："鸟兽犹不失俪，子将若何?"那知施氏恐得罪郤犨而被杀害或驱逐，竟答道："吾不能（为你）死亡。""妇人遂行。生二子于郤氏。郤氏亡，晋人归之施氏，施氏逆诸河，沉其二子，妇人怒曰：'己不能庇其伉俪而亡之，又不能字（慈爱）人之孤而杀之，将何以终！'"就约誓不再做施氏的妻子。②对于畏惧权势，胆小如鼠，既无人格尊严，又无慈爱之心的男子，女子拒为其妻，是很值得称道的。而对于人品高尚的，虽曾一度蒙冤被错判为罪人，女方家长仍有同意把女儿妻之的，如孔子曾将女儿嫁给"虽在缧绁之中，非其罪也"的门徒公冶长。③

五、父母健在

那时女子择偶，有希望男方父母皆健在的。④《国语·鲁语下》云："古之嫁者，不及舅姑，谓之不幸。夫妇，学於舅姑也。"舅者，夫之父；姑者，夫之母。这里，既不嫌弃老人，又向老人学习，自然是值得称道的。又，《大戴礼记·本命》云："女有五不取：逆家子不取，乱家子不取，世有刑人不取，世有恶疾不取，丧服长子不取。"其中属意点亦有男方双亲健在的内涵。

---

① 《孟子·滕文公下》。
② 《左传·成公十一年》。
③ 《论语·公冶长篇》。
④ 宋镇豪《中国春秋战国习俗史》，第154页。

六、年轻貌美

《礼记·礼运》说："合男女，颁爵位，必当年德。"所谓"年德"，年龄相当可合男女，德行相称可颁爵位。这自然是符合生理要求的。但这里又派生出成年男子对年轻貌美女子的偏爱和追求。那时的审美情趣集中体现在《诗经·卫风·硕人》一诗中。该诗是这样描写卫庄公夫人庄姜的美貌的："硕人其颀……手如柔荑，肤如凝脂，领如蝤蛴，齿如瓠犀，螓首蛾眉，巧笑倩兮！美目盼兮！"在《诗经》的其他篇章和《楚辞》中，也有对美女的描写和男子对美色的追求。如"有女如玉"、①"彼美淑姬，可与晤言"、②"有女同车，颜如舜华。……彼美孟姜，洵美且都（真是漂亮又大方）"、③"窈窕淑女，君子好逑"。④又如，《楚辞·招魂》是这样形容美女的："姱容修态"、"蛾眉曼睩"。《礼记·礼运》云："饮食男女，人之大欲存焉。"孟子云："好色，人之所欲"，"知好色，则慕少艾"。⑤"少艾"、"幼艾"，皆年轻貌美之人。云梦秦简《日书》甲种云："裻衣，丁丑媚人，丁亥灵（福），丁巳安於身"；"内居西南，妇不媚於君"。所谓"媚"与"不媚"，是指女子是否美好可爱和具有柔情姣态。

七、能生儿育女

女方有生育能力，是当时男子择偶的又一标准。之所以如此，除了基于生物本能的有后观念外，还有人伦的考虑、宗法意识的支配等。⑥

《礼记·昏义》说婚姻的目的在于"上以事宗庙，而下以继后世"。还有孝亲、养亲。孟子指出："娶妻非为养也，而有时乎为养。"⑦其意是说娶妻不是为着孝养父母，但有时候也为着孝养父母。孟子说："不孝有三，无后为大。"⑧《管子·小匡》云："立无后，则民殖矣。"其意是说："为无后者立嗣，人口就增加了。"《礼记·哀公问》云："大婚，万

---

① 《诗经·召南·野有死麕》。
② 《诗经·陈风·东门之池》。
③ 《诗经·郑风·有女同车》。
④ 《诗经·周南·关雎》。
⑤ 《孟子·万章上》。
⑥ 参宋镇豪《中国春秋战国习俗史》，第157页。
⑦ 《孟子·万章下》。
⑧ 《孟子·离娄上》。

世之嗣也。"春秋时期,"卫庄公娶于齐东宫得臣之妹,曰庄姜,美而无子",就又娶了陈国的厉妫和其娣戴妫,各生一子。① 又,齐桓公有"夫人三:王姬、徐嬴、蔡姬,皆无子",就又娶了长卫姬、少卫姬、郑姬、葛嬴、密姬和宋华子六人,她们各生一子。② 平民阶层因为需要劳动力,更属意于女子的生育能力。云梦秦简《日书》载"娶妻吉,以生子"、"取妻多子"、"宇多於西北之北,绝后"、"井居西北匡,必绝后"、"内居西北,毋子"等等,都反映了这种心态。总之,能生儿育女,乃是古代社会男子普遍的择偶标准。

第五章 婚姻

---

① 《左传·隐公三年》。
② 《左传·僖公十七年》。

第二节　婚姻形式

婚姻是人类自身生产的重要方式。婚姻既是一种生理的需求，又是生产关系和生活方式的集中体现。每一种婚姻形态都与一定的社会制度相联系，与一定的社会发展阶段相适应。周代的婚姻形态有一夫一妻制、陪媵制、烝报制、交换婚、掠夺婚、兄妹婚、贡献婚、赠婚、赘婿婚、巫儿、一夫二妻制、冥婚等。其中有些是在不同程度上遗存的原始婚姻形式，有些仅在个别地区或周边存在。兹分述于下。

一、一夫一妻制

所谓一夫一妻制，是在礼制和法律上按照名分只准许一男有一妻。一夫一妻制是周代居于主导地位的婚姻形式。周代是宗法社会。虽然为了传宗接代可以多娶，但重嫡庶之别不得多"妻"。也就是说，属于上层统治者的男子可以占有众多女子，但所谓嫡妻，所谓正室，依原则而论，仍只许有一个，不许有两个。但也有例外，如卫灵公有三妻，齐桓公有三夫人，管仲兼备三归，都是同时并置三正室的适例。这是为了取其美好，正如《国语·周语上》所说"女三为粲"。① 上古学者常以阴阳、日月、乾坤、刚柔之类用语表示夫妇间的关系。《礼记·祭义》说："祭日于东，祭月于西，以别内外，以端其位。"以此比之婚姻，也是这样。所以说："大明生于东，月生于西，此阴阳之分，夫妇之位也。"② 《礼记·婚义》说："天子之与后，犹日之与月，阴之与阳，相须而后成者也。"《白虎通》说："妻者齐也，与夫齐体。自天子至于庶人其义一也。"《左传·隐公

---

① 但也有例外，如卫灵公有三妻，齐桓公有三夫人，管仲兼备三归，都是同时并置三正室的适例。这是为了取其美好，正如《国语·周语上》所说"女三为粲"。
② 《礼记·礼器》。

五年》说:"诸侯无二嫡。"又,郑玄注《毛诗·召南·小星》说:"夫为日,妻为月,妾为小星。妾见星而往,见星而返。"据《左传·桓公十八年》,姜滕并同于王后,庶子相等于嫡子,二卿有同等的权力,大城和国都一样,这都是祸乱的本源。以上材料都说明:礼制上要求严格区分嫡庶界限,正妻只允许有一人,嫡庶无别必然导致祸乱,只有一夫一妻制是合理的。这种婚姻形式受到越来越严格的婚姻制度的限制,这就是父母之命与媒妁之言。关于这个问题,我们在下面将展开讨论。

周代的一夫一妻制有以下两个特点:一是包办强迫;二是带有买卖婚的残余。一夫一妻制虽是周代婚姻的主导形式,但实际生活中贵族阶层一般并不受此限制,他们在妻之外还占有相当多的女子,从而构成了一夫一妻制的补充形式,时称陪媵制和烝报制。而比较严格实行一夫一妻制的只有庶民家庭,习称之为"匹夫匹妇"。

二、陪媵制

陪媵制是贵族家庭的主要婚姻形式之一。所谓陪媵制就是一女出嫁,其娣侄随嫁。《左传·成公八年》载:"凡诸侯嫁女,同姓媵之,异姓则否。"《公羊传·庄公十九年》曰:"媵者何?诸侯娶一国,则二国往媵之,以侄娣从。侄者何?兄之子也;娣者何?弟也。诸侯一聘九女,诸侯不再娶。"[1]其意是:诸侯娶了某一国的女子,另有两个国家以女子陪送,以"侄"、"娣"作为随从。"侄"是什么人?是哥哥的女儿。"娣"是什么人?是妹妹。诸侯聘一次是九女,夫人死后诸侯不再娶。需要指出的是:这里的媵妾,其地位仅次于正妻,而绝不是贱妾。媵婚制带有原始社会对偶婚制的遗风,因为对偶婚制就是姐妹共夫。

西周时已实行媵婚制。《诗经·大雅·韩奕》四、五章写韩侯亲迎、蹶父择婿的盛况,其中云:"韩侯取妻,汾王之甥,蹶父之子。韩侯迎止,于蹶之里。百两彭彭,八鸾锵锵,不显其光。诸娣从之,祁祁如云。韩侯顾之,烂其盈门。"可见随蹶父之女同嫁韩侯的,还有她的各位妹妹,无不美丽俊俏,光彩照人,引得韩侯顾盼不已。

需要注意的是:陪嫁的妹妹如果年幼,那么要待成年后才能从嫁。据《春秋》的记载,鲁国的伯姬是在隐公二年出嫁到纪国的,而她从嫁的妹妹叔姬则是在隐公七年才出嫁到纪国的。这是什么原因呢?《穀梁传·隐公七年》集解云:"叔姬,伯姬之娣。至此归者,待年于父母之国。"

---

[1] 《白虎通》:"士一妻一妾,不备侄娣。"说明"士"这一等级只能拥有一妾,只有大夫及其以上等级的贵族才可拥有媵妾。

娣媵制是周代贵族中非常普遍的婚姻现象。① 如齐桓公的三个姬姓夫人，是一正二媵。又如齐国的哀姜是鲁庄公的正妻，而哀姜的妹妹叔姜则是媵妻。再如，鲁国大夫公孙敖娶莒国的戴己为正妻，媵妻就是戴己之妹声己。

那时在齐、楚等国的媵妻制中，有一个特殊的情况，即非同姓之国嫁女，也有时送女作为媵妻。② 如春秋时，鲁国嫁女到宋国，晋国嫁女到吴国，齐国都送女陪嫁。③ 又如，姬姓的曾侯嫁女黄国，楚国以嫁邛国后孀居的王室女邛芈为陪媵。④

历史进入战国时代，媵的制度被取消了。代之而起的是陪嫁丫头，即妾。妾是服劳役的奴婢，主要来源是掠夺来的女奴、罪犯的妻女和贫穷人家典卖的妻女。妾的地位与媵有所不同，被认为是"贱妾"、"嬖人"，而媵的身份还是比较尊贵的。⑤

三、烝报制

所谓烝，就是儿子在父亲死后娶父妾媵（即庶母）的婚制。《左传·桓公十六年》云："卫宣公烝于夷姜，生急子，属诸右公子。"杜注曰："夷姜，宣公之庶母也。"《左传·庄公二十八年》记载："晋献公娶于贾，无子。烝于齐姜，生秦穆夫人及太子申生。"杜注曰："齐姜，武公妾。"晋武公是晋献公之父。《左传·闵公二年》载，齐女宣姜为卫宣公夫人，宣公死后，其少子惠公即位。齐襄强使宣公的庶子昭伯"烝于宣姜"，"生齐子、戴公、文公、宋桓夫人、许穆夫人"。既允许本国嫁出之女与其庶子相"烝"，本国之内也当有这种现象。⑥ 楚国的连尹襄老战死于邲（今河南郑州西北），其子黑要烝庶母夏姬。⑦ 这说明楚国也有烝。

所谓报，就是侄娶伯父、叔父之妾为妻，以及弟在兄死后娶嫂为妻的婚制。《左传·宣公三年》云："（郑）文公报郑子之妃曰陈妫生子华、子臧。"郑子即子仪，为文公叔父。《左传·闵公二年》记，鲁庄公之妾、僖公之母成风听说庄公弟季友出生时占卜的卦辞，"乃事之"，即两人发生了"叔接嫂"的关系。⑧

---

① 李瑞兰主编《中国社会通史·先秦卷》，第 293 页。
② 安作璋主编《山东通史·先秦卷》，第 353 页；宋公文、张君《楚国风俗志》，第 162 页。
③ 详见《左传·成公十年》、《襄公二十三年》。
④ 舒之梅、罗运环《楚同各诸侯国关系的古文字资料简述》，《求索》1983 年第 6 期。
⑤ 李新泰主编《齐文化大观》，第 464 页，中共中央党校出版社 1992 年版。
⑥ 安作璋主编《山东通史·先秦卷》，第 353 页。
⑦ 《左传·成公二年》。
⑧ 参见童书业《春秋左传研究》，第 210—211 页。

"烝"在当时是正常的婚姻现象，并非伤风败俗的淫乱行为。"烝"所生子女与其他子女有一样的地位与人格，并不受任何歧视。[①]如晋献公与齐姜所生之子申生被立为太子，卫宣公与夷姜所生之急子也曾有被立为太子之意。"报"婚也是符合当时社会道德规范的婚姻形式。但对"报"，有的国家如楚却是深恶痛绝。[②]据《左传·庄公二十八年》、《庄公三十年》的记载，楚国的令尹子元想诱惑其嫂——已故文王夫人息妫，进而达到报的目的，首先遭到息妫的拒斥，继之受到大夫斗射师的劝阻，最后被申公斗班杀死。

据学者统计，《左传》中记载六条有关"烝"、"报"婚的材料，包括东方的齐国，中原的晋、郑、卫以及南方的楚国，可见它具有普遍性。[③]

四、交换婚

所谓交换婚，是指两家互以其异性家属交换婚配。如双方父母各以其子女交换为夫妇。[④]

《易经·震卦》云："婚媾有言。"《左传·昭公二十五年》载："婚媾姻亚。"都是"婚媾"两字连用。《说文》云："媾，重婚也。"段玉裁注："重婚者，重叠交互为婚也。"可见媾之为言，似与交换婚不无关系。又《尔雅·释亲》云："妻之父为外舅，妻之母为外姑，……妇称夫之父曰舅，称夫之母曰姑。"大概其初亦因在交换婚中，自己的姊妹因交换关系，而入于妻之母家，称其夫之父母为舅为姑，于己于是有外舅外姑之称了。[⑤]西周时期，姬、姜两姓，世为婚姻。春秋时，"晋祁胜与邬臧通室"，[⑥]通室可以解释成两人互相和对方的妻子通奸，也可以释为两家互相交换为婚。[⑦]这都是周代有交换婚的例证。

---

① 李瑞兰主编《中国社会通史·先秦卷》，第293页。
② 宋公文、张君《楚国风俗志》，第160页。
③ 阴法鲁、许树安主编《中国古代文化史2》，第91页。
④ 史凤仪《中国古代婚姻与家庭》，第38页，湖北人民出版社1987年版。
⑤ 陈顾远《中国婚姻史》，第87页。
⑥ 《左传·昭公二十八年》。
⑦ 史凤仪《中国古代的婚姻与家庭》，第39页。

五、掠夺婚

掠夺婚是指男子未得女子及其父母等亲属的同意，用掠夺的方法强迫女子为妻。它是当时遗存的婚姻形态之一。

《易经》的《屯卦》、《贲卦》及《睽卦》屡见"匪寇婚媾"。其意是男方并非强寇而是聘求婚配的佳偶。梁启超认为："夫寇与婚媾，截然二事，何至相混？得无古代婚媾所取之手段，与寇无大异耶？"[①] 由此可见上古掠夺婚的影子。

周代有于战争中得其妻妾，虽非以掠婚为俗，而专就其方法言，与掠夺婚并无二致。[②] 如周幽王伐褒国而娶褒姒，[③] 晋献公伐骊戎而娶骊姬。[④] 又据《左传·庄公十四年》记载，楚文王帅军灭了息国，将息夫人妫氏带回楚国，纳入后宫，生了堵敖和成王。又据《左传·宣公十年》和《成公二年》的记载，陈国大夫夏徵舒的母亲夏姬和陈灵公、孔宁、仪行父等三人通奸，夏徵舒激于义愤射杀了灵公。楚庄王乘机帅师入陈，车裂夏徵舒，掳走夏姬。楚庄王想收纳夏姬，因申公巫臣规劝而止。司马子反也打算占有夏姬，又被巫臣劝止。楚庄王于是将夏姬赏给了连尹襄老。这两件婚事自然是抢夺婚的典型例证。另据《说苑·正谏》所载，楚文王得到名叫如黄的猎犬和箘簬二竹做成的箭，以此在云梦打猎，三个月不回宫；他得到丹阳的美女，淫乐不止，有一年时间不理朝政。这丹阳的美女很可能也是楚文王掠夺来的民女。

除直接利用战争或暴力夺妻外，还有依恃其权势吓取他人之妻妾者。如春秋时晋国大夫郤犨聘於鲁，求妇于声伯，声伯夺施氏妇给他。[⑤] 又卫宣公、楚平王分别夺取儿媳妇为妻。[⑥]

六、兄妹婚

所谓兄妹婚，是指同父异母或同母异父的同胞兄弟姐妹之间发生的性关系和婚姻关系，属于血缘婚的性质，即近亲结婚或近亲性关系。这种原始的婚俗当时仅在个别

---

① 梁启超《中国文化史·社会组织篇》第 2 章。
② 参陈顾远《中国婚姻史》，第 80 页。
③ 见《国语·晋语》。
④ 《左传·庄公二十八年》。
⑤ 详见《左传·成公十一年》。
⑥ 详见《左传·桓公十六年》、《昭公十九年》。

地区和周边有遗存。

据《史记》、《管子》、《左传》、《列女传》等史书的记载，齐襄公长期与同父异母的妹妹文姜同居淫乱。后来文姜嫁于鲁桓公为妻，等到桓公与文姜来到齐国，襄公又与文姜通奸。桓公责备文姜。文姜告诉襄公。襄公为达到与文姜长期私通的目的，竟指示公子彭生杀掉鲁桓公。齐襄公的弟弟齐桓公虽为一代名君，但《管子·小匡》说他"有污行"，"好色，姑姊有不嫁者"。《新语·无为篇》也记载："齐桓公好妇人之色，妻姑姊妹，而国中多淫于骨肉。"由此可见，在齐人的观念中，同姓甚至近亲兄妹之间的性关系是比较随便的，同姓相婚是齐国婚姻中的一个特色。①

另据《左传·文公元年》记载，春秋时期，楚太子商臣挑选楚成王的妹妹江芈，来试探成王立嗣的意图，而江芈确知实情。有学者推论"江芈与成王的关系应是非常暧昧，被宠爱的程度甚至超过成王的王后、夫人"。② 甚是。《公羊传·桓公二年》说：楚（成）王以妹为妻，这妻的名分是任何时候都不会被人们认可的。这证明楚成王确实公开册立了江芈为夫人。又《史记·楚世家》称江芈为成王"宠姬"，可见彼此的亲密程度之深。又据《左传·僖公二十二年》的记载，楚成王和他的另一个妹妹文芈的关系也颇为暧昧。文芈和姜氏在柯泽慰劳楚王；楚王接受宴请完毕，夜里出来，文芈送他到军营里，这些过从都是违礼的。因此被郑臣叔詹非议和诅咒。

七、贡献婚

所谓贡献婚，是附属国向宗主国、战败国向战胜国贡献女性。这是流行于王公贵族阶层的一种原始遗存，带有强迫性。如西周末年，褒国（今陕西勉县西）向周幽王献美女褒姒，她就是西周最后一个国王周幽王之妃，甚得幽王宠幸，不久竟被立为王后。又《史记·春申君列传》载，楚考烈王没有儿子，春申君为这件事很担心，就寻找宜于生育的妇女献给楚王。进献了很多，但是始终还是没有儿子。赵国人李园带了自己的妹妹来，想把她进献给楚王，听说他不能生育，就担心时间长了妹妹会失去宠幸。于是李园就向春申君献上了他的妹妹，并立即受幸于春申君。李园知道妹妹怀孕后，就跟她商量进一步的打算。李园的妹妹找了个机会劝说春申君，将自己献于楚王。春申君觉得太有道理了，就把她送出去，安排在一个馆舍里谨慎地照护好，然后告诉楚王要进献李园的妹妹。楚王将李园的妹妹召进宫来，与她同房，于是生了个儿子，立为

① 李新泰主编《齐文化大观》，第470页，中共中央党校出版社1992年版。
② 宋公文、张君《楚国风俗志》，第159页。

战国青铜妇女像

太子，李园的妹妹为王后。春申君进献众女于楚王，李园将妹妹献于春申君，后来又将她献于楚王。这无疑都是贡献婚。那时贡献婚有着浓重的政治色彩。春申君向楚王献女，是为了长久得到楚王宠信，保着相位和封地。而李园向楚王献妹的目的则是为了发迹求荣。

八、赠婚

所谓赠婚，是依父母或有权人的意志或见解，以其所能支配的女子，赠予他人为配偶，这叫做赠婚。赠婚带有强制性质。据《左传·僖公二十五年》的记载，晋国的重耳流亡居狄期间，狄人将攻打廧咎如掳获的两个女子送给重耳为妻，重耳自己娶了季隗，而把叔隗配给了从人赵衰。又据《史记·孔子世家》，孔子曾将自己的女儿嫁给他的学生公冶长，并以其兄之女嫁给自己的另一个学生南容。这些都是赠婚的典型例证。

九、赘婿婚

所谓赘婿，是指在男尊女卑的古代，对到女家落户的男子的贱称。《释名》云："赘，属也；横生一肉附着体也。"其意是附于人体上的肉瘤子。这说明对到女家落户的男子是轻视的。《史记·滑稽列传》载："淳于髡者，齐之赘婿也。"其意是：淳于髡是齐国的一个倒插门女婿。这说明起码在战国中期赘婿就有了。除齐国外，其他诸侯国亦有赘婿制度。商鞅在秦国变法的内容之一是"民有二男以上不分异者，倍其赋"。[①]对这一政策贾谊解释说："家富子壮则出分，家贫子壮则出赘。"[②]虽然目的在于彻底革除残留的戎狄旧俗，加强封建统治，并增加赋税，但对因贫困难于娶妻的穷汉倒是一项有利措施。当时通行的婚姻方式是男迎女，赘婿自然社会地位低下，为社会所鄙视。

十、巫儿

齐国有一种特殊的风俗，民家的长女不得出嫁，在家中奉养父母，主持祭祀，称

---

① 《史记·商君列传》。
② 《汉书·贾谊传》。

为"巫儿"。《汉书·地理志下》云:"始桓公兄襄公淫乱,姑姊妹不嫁,于是令国中民家长女不得嫁,名曰'巫儿',为家主祠,嫁者不利其家,民至今以为俗。"又,《战国策·齐策四》"齐王使使者问赵威后"条说:"北宫之女婴儿子……彻其环瑱,至老不嫁,以养父母。""巫儿"独身并非守贞。《战国策·齐策四》"齐人见田骈"条云:"臣邻人之女,设为不嫁,行年三十而有七子,不嫁则不嫁,然嫁过毕矣。"齐国因有此风俗,所以赘婿制度盛行。①

十一、一夫二妻制

这是只有楚、周才有的婚姻形式。据《战国策·秦策一》,陈轸对秦惠王说:"楚国有一个娶了两个妻子的人,一天有人去勾引他的长妻,他的长妻破口大骂;又去勾引他的少妻,少妻便应许了他。"又,《吕氏春秋·季秋纪·精通》记载,有个叫申喜的周人,他的母亲失散了。有一天,他听到有个乞丐在门前唱歌,自己感到悲哀,脸色都变了。他告诉守门的人让唱歌的乞丐进来,亲自见她,跟她交谈后才知道,那乞丐原来正是他的母亲。《淮南子》也有类似记载。高诱注:"申喜……少亡二母。"在周代,妻作为正室称谓,主要是庶人,如《礼记·曲礼》云:"天子之妃曰后,诸侯曰夫人,大夫曰孺子,士曰妇人,庶人曰妻。"所以,一夫二妻制当属于庶人阶层的一种婚姻现象与家庭结构。不过,二妻制与宗法嫡长继承制及妻妾制均相违背,因此只是个别的非正常的现象。②

十二、冥婚

所谓冥婚,就是将一双去世的男女结为名义上的夫妇。《周礼·地官·媒氏》云:"禁迁葬者与嫁殇者。"郑玄注曰:"迁葬谓生时非夫妇,死即葬,迁之,使相从也。殇,十九以下未嫁而死者。生不以礼相接,死而合之,是亦乱人伦者也。"既然国家明令禁止冥婚,就说明有冥婚的存在。

---

① 陈绍棣《春秋战国的婚姻习俗》,《百科知识》1990年第4期。
② 宋公文、张君《楚国风俗志》,第163页。

第三节　婚姻程序

一、适婚年龄

关于那时适婚年龄的问题，当时有两种互相对立的观点。

一是儒家的晚婚说。《周礼·地官·媒氏》："媒氏掌万民之判，凡男女自成名以上，皆书年、月、日、名焉，令男三十而娶，女二十而嫁。"又，《礼记·曲礼上》："（男）二十曰弱冠，三十曰壮有室。"又，《礼记·内则》："三十而有室，始理男事。女子十五年而笄，二十而嫁，有故二十三而嫁。"又，《穀梁传·文公十二年》："男子二十而冠，冠而列。丈夫三十而娶，女子十五而许嫁。"可见经传关于适婚年龄的记载大体是相同的，即"男三十而娶，女二十而嫁"。

儒家提出上述学说有两个理由。《尚书大传》引孔子曰："男三十而娶，女二十而嫁，通于织纤纺织之事，黼黻文章之美。不若是，则上不足以事舅姑，而下不足以事夫妻子。"这是从男女具有成家治家能力立论的。[①] 又，班固在《白虎通义》中说："男三十筋骨坚强，任为人父；女二十肌肤充盈，任为人母。"这是从男女生理学立论的。[②] 他们的婚龄学说含有合理的成分，但未必实行。

二是墨家的早婚说。墨子曰："丈夫年二十，毋敢不处家；女子年十五，毋敢不事人。"[③] 这种婚龄说的理由是，早婚可使人口成倍增长。墨子指出："若纯三年而字子，生

[①]　阴法鲁、许树安主编《中国古代文化史 2》，第 105 页，北京大学出版社 1991 年版。
[②]　阴法鲁、许树安主编《中国古代文化史 2》，第 105 页。
[③]　《墨子·节用上》。

可以二三年矣。此不惟使民蚤处家，而可以倍与。"①其意是说，假如都是三年生育一次，十年中可以生育二三个儿子了。这不是使得早婚者可以成倍地增加人口了吗？在当时地多人少的历史条件下，人口增加了，就能使生产发展，社会财富增加，综合国力增强，这是不言而喻的。墨子的早婚说，适应了当时统治者的政治、经济和军事需要。齐桓公为了建立霸业，下令于民曰："丈夫二十而室，妇人十五而嫁。"②越王勾践为了复国灭吴，"令壮者无娶老妇，令老者无娶壮妻；女子十七不嫁，其父母有罪；丈夫二十不娶，其父母有罪"。③以上材料说明：此时男女的始婚年龄，相当普遍定为男二十岁和女十五岁。④而贵族、士大夫的婚龄较之还要早，如周文王十五生武王，武王已有兄。⑤又孔子年十九娶于宋之亓官氏。

儒、墨两家对婚龄的见解虽有不同，但亦有共同之处，即男女婚龄差距以"五年"至"十年"为宜，而不应过大。因为"老夫少妻"或"老妇得士夫"，均不是正常的婚配关系，而是"过以相与"，或是"亦可丑也"⑥。意即过度有缘分的结合，或是值得惭愧的。

二、父母之命与媒妁之言

周代实行私有制和宗法制。要保证私有财产由自己的真正后代来继承，就要保持嫡长血统的纯正。要保持嫡长血统的纯正，就要维护女性的清贞，就必须防淫佚。为此，实行"男不亲求，女不接许"的原则，即不允许男女青年直接接触，自由恋爱。《礼记·婚义》说："婚姻者合二姓之好，上以事宗庙，下以继后世。"其意是说：婚礼这件事，是准备结合两姓间的欢好，对上来说，要传宗接代以事奉宗庙，对下来说，要生儿育女以继承后世。可见男婚女嫁首先是家族的事，而不是个人的事。作为家族代表和主婚人的父母，对儿女婚姻有着绝对的权威，因而"父母之命"是天经地义的事。然而，商议婚事必须有中介，于是，作为行六礼和证婚的媒人，便成了不可缺少的人物。

媒人在周代是家长意志的体现者。许多婚姻就是在两个家庭的家长和媒人之间议成的。按照礼制，只有通过媒人的婚姻才是合法的正规的婚姻。早在春秋时期，社会

---

① 《墨子·节用上》。
② 《韩非子·外储说右下》。
③ 《国语·越语上》。
④ 宋镇豪《中国春秋战国习俗史》，第144页。
⑤ 《通典》卷五十八注。
⑥ 《周易·上经·大过》。

中下层的男女虽然可以自由恋爱，自愿结合，但是他们也往往受到干涉，这就是父母之命和媒妁之言。《礼记·坊记》说："男女无媒不交，无币（纳徵的币）不相见。"《礼记·曲礼上》说："男女非有行媒，不相知名，非受币，不交不亲。"《孔子家语·嫁娶》说："男不自专娶，女不自专嫁，必由父母，须用媒妁。"《诗经·齐风·南山》说："娶妻如之何？必告父母。……娶妻如之何？匪媒不得。"《诗经·豳风·伐柯》也有类似记载。以上材料说明那时起码在部分地区，正式的婚姻已需要"父母之命"和"媒妁之言"了，否则，往往要受到谴责。《管子·形势解》说："妇人之求夫家也，必用媒而后家事成。……求夫家而不用媒，则丑耻而人不信也。故曰：自媒之女，丑而不信。"非媒而嫁已被看成一种丑恶而可耻的行为。

　　到战国时期，对于自由择偶的限制更加严格。①《战国策·燕策》说："处女无媒，老且不嫁。"又战国末年，燕军攻入齐都临淄，齐湣王之子法章逃至莒地太史敫家，太史之女与他私通。后来法章被立为齐王，他以太史之女为后，而太史却说："女无谋（媒）而嫁，非吾种也，污吾世也。"并终生不与之相见。②太史之女虽身为王后，但因其非媒而嫁，其父也引以为耻。《孟子·滕文公》甚至说："不待父母之命，媒妁之言，钻穴隙相窥，逾墙相从，则父母国人皆贱之。"在孟子看来，即使趴门缝看看对方，或者两人"相从"说几句话，都被视为极端可耻的事。

　　媒人可分官媒和私媒两种。《周礼·地官·媒氏》所说掌理万民婚姻的媒氏，与《管子·入国篇》中主管"合独"的媒妁都是官媒。至于《战国策·燕策》所说"周地贱媒"的媒人，当属私媒。

　　媒人对男女婚姻进行撮合，产生了不少弊病，其中突出的是"妄冒"。媒人为了骗取钱财，往往油嘴滑舌，花言巧语，为其两誉，"之男家曰女美，之女家曰男富"。③以使两家订立婚约。官媒所参与的婚约是被官府批准的，它具有法律效力。婚事一旦出了问题，官府将按法律来治罪。由于悔婚、更嫁娶和冒婚而受到官府刑罚惩治的，不可胜数。

　　父母之命、媒妁之言，是窒息青年人纯真爱情生活的桎梏。因为如果"无良媒"，那么花好月圆的好事就要"愆期"。④而如果没有父母之命，那么美满的婚姻就要受到阻挠。《诗经·鄘风·柏舟》诉说了婚姻不自由的痛苦："汛彼柏舟，在彼中河。髧彼两髦，实维我仪；之死矢靡它。母也天只！不谅人只！"

---

① 安作璋主编《山东通史·先秦卷》，第355页，山东人民出版社1993年版。
② 《战国策·齐策六》"齐闵王之遇杀"条。
③ 《战国策·燕策一》"燕王谓苏代"条。
④ 详见《诗经·卫风·氓》。

那时妇女的自由恋爱，在中原地区，不仅要受到父母的干涉，而且会遭到兄弟的责难，以及街坊四邻风言风语的议论。《郑风·将仲子》就反映了这种情况。该诗描写一位少女要他所钟情的男子不要到她家里来相会，因为怕她的父母，怕她的诸兄，怕"人之多言"。由此可以看出她精神上的负担是何等沉重。

妇女所受的压迫还来自权贵及其子弟。《召南·行露》记述一位有势力的男子因为得不到女子的爱，甚至以打官司为手段，逼迫女方嫁给他。然而女方态度坚决，不肯屈服："虽速我讼，亦不女从。"《豳风·七月》记载，在花香鸟语、阳光明媚的春天，农家姑娘们提筐走在小路上，去采桑叶。可是她们的心田却笼罩着一层阴影："女心伤悲，殆及公子同归（怕被公子带了走）。"贵族男性还往往依仗权势强纳聘礼强迫女方与之定婚。如《左传·昭公元年》载："郑徐吾犯之妹美。公孙楚聘之矣，公孙黑又使强委禽焉。"所谓"强委禽焉"，即派人硬送去聘礼。

当时正式的婚姻除由"父母之命"、"媒妁之言"而结合的外，还有先期由男女双方私订终身的。例如，《邶风·击鼓》记述一位战士和他的爱人在"死生契阔"的时候订了婚，彼此手拉着手，甘心百年偕老。又如，《卫风·氓》写一位女子对她过去爱情生活的追忆："氓之蚩蚩，抱布贸丝；匪来贸丝，来即我谋。……将子勿怒，秋以为期（我们就以这个秋天作为婚期）。"楚国的婚姻较之上述中原地区的更带有有浓厚的自愿婚色彩，这与那时西南少数民族对楚族的影响有关。①

三、婚姻禁规

（一）同姓不婚

同姓不婚，乃我国古代传统礼制。周朝时，同姓不婚就已被作为重要的婚姻戒律，据王国维《殷周制度论》记载，周人有德之政治基础，其大异于商者，其中就有同姓不婚之制。这是周之所以纲纪天下的内涵之一。②"同姓不婚"既有优生学的考虑，即"男女同姓，其生不蕃"，③也有政治的伦理的着眼，即"取于异姓，所以附远厚别也"。④这里的"附远"，是指通过联姻与血缘关系远的异姓贵族建立姻亲关系；而"厚别"，是指严格别于同宗，以防伦常紊乱。⑤春秋时期，同姓不婚在各诸侯国中普遍实行。然

---

① 宋公文、张君《楚国风俗志》，第 156 页。
② 详见陈鹏《中国婚姻史稿》，第 392—395 页。
③ 《左传·僖公二十三年》。
④ 《礼记·郊特牲》。
⑤ 曾宪义主编《中国法制史》，第 37 页，中国人民大学出版社 2009 年版。

而这一戒律又屡屡被同姓相婚所冲破。如周穆王之有盛姬，[1]即其例。春秋以下，诸侯与同姓相婚者尤多，如宋"三世内娶"，[2]"楚王妻（妹）"。宋、楚本异姓诸侯，各从其俗，本无足怪，而姬姓诸侯，秉周礼者，嫁娶亦未尝以同姓为忌。如据《左传·襄公二十三年》，晋嫁女于吴。而晋、吴同姓。又《左传·昭公元年》载子产说："今君（晋平公）有四姬焉。"晋，姬姓。可是作为晋国国君的晋平公的宫里却有四个姬姓的侍妾。又据《左传·哀公十二年》，昭夫人孟子死。昭公在吴国娶妻，所以《春秋》不记载孟子的姓。死了没有发讣告，所以不称夫人。这显然是"讳娶同姓"。[3]又《史记·晋世家》载，晋成公其母是周王室之女。不仅诸侯如此，大夫亦效法之，且比比皆是。[4]如据《左传·襄公二十五年》，齐国崔杼与棠姜同属姜姓结婚。又据《左传·襄公二十八年》，卢蒲癸与庆舍之女卢蒲姜亦皆为姜姓而结为连理。总之，从周穆王到春秋，同姓不婚之制，已逐渐不受重视。

（二）先奸不婚

所谓先奸不婚，就是不允许男女先发生性关系而后结婚。因为先奸后婚，抹杀了婚与非婚的界限，对于隔男女、防淫乱极其不利。所以《尚书大传》规定："男女不以礼交者，其刑宫。""宫"是宫刑，即男子去势，女子幽闭。然而即使有如此严厉的规定，春秋以降，贵族男女因奸而缔婚者，仍然不少。如据《左传·宣公四年》，楚若敖在䢵国娶妻，生了斗伯比。若敖死后，伯比跟着他母亲住在䢵国，和䢵子的女儿私通，生了子文。䢵子把他的女儿嫁给伯比做妻子。

（三）婚不用乐

《礼记·郊特牲》云："昏礼不用乐，幽阴之义也。乐，阳气也。"汉郑玄注："幽，深也。欲使妇深思其义，不以阳散之也。"意即婚礼不用乐是为了让新娘子深思做妻子的妇道，而不致受热烈喧闹的音乐声干扰。

四、六礼

两周时婚仪基本是按照"六礼"进行的。所谓"六礼"，据《仪礼·士昏礼》疏解为："纳采"、"问名"、"纳吉"、"纳征"、"请期"、"亲迎"。这"六礼"详记了士这个阶

---

[1] 见《穆天子传》。
[2] 《公羊传·僖公二十五年》。
[3] 《公羊传·哀公十二年》、《穀梁传·哀公十二年》。
[4] 陈鹏《中国婚姻史稿》，第399页。

层婚礼的过程和礼节制度，士以上阶层可以类推。

议婚时，男家请媒人向女家说明缔结婚约的请求，以雁作为礼物，叫做纳采。所派遣的人执雁，向女家主人请问女子之名，叫做问名，这时女家要设酒进行款待。男家得知女子之名，即进行占卜，看婚姻是否吉利。获得吉兆，要告知女家，仍用雁为礼物，叫做纳吉。此时双方婚约已定，男家要送给女家玄纁、束帛、俪皮（两张鹿皮），叫做纳征。最后，男家再用雁向女家请问合婚日期，叫做请期。

到了婚期，新郎乘黑漆的车，亲往迎接新娘，前面有人执烛前导，后面有两辆从车。准备新娘坐的车也是这样。到女家，新娘之父迎于门外，把新郎接进家中。这时男方仍有雁给打扮好的女方，新郎行礼而出，新娘随行。新郎请新娘上车，然后由专门的驾车人赶车上路。新郎则乘上自己的车，先到自家门外等候。等新娘到达，由新郎接进家门，叫做亲迎。亲迎以后便可以"共牢而食，合卺而酳"了。牢，即祭祀用的牺牲品。共牢，意即新婚夫妇同吃一份牺牲品。卺即瓢。合卺，即把一个瓢葫芦一分为二，夫妇各拿一半，用来饮酒。共牢合卺，象征夫妻一体，密不可分。

第二天清晨，新娘要谒见舅姑（公婆），以枣栗献于舅，乾肉献于姑，然后还要向舅姑进食。①

"六礼"的程序，并非人人恪守。② 一般来说，结婚按"六礼"办事的，主要是大夫、士等中、下级贵族或庶民的上层。高级贵族婚礼的隆重当有甚于此，过程或与此有别。③ 春秋时，诸侯娶妻一般由卿出境代表国君迎接新娘。《左传·隐公二年》记载伯姬出嫁纪国，纪国之卿裂繻来鲁国迎接伯姬。《左传·桓公三年》记载鲁国公室公子翚到齐国迎接齐女。这大概可以说明春秋时诸侯的迎亲方式。又，据《左传·桓公三年》，春秋时的礼制，凡是本国的公室女子出嫁到同等国家，如果是国君的姐妹，就由上卿护送她；如果是国君的女儿，就由下卿护送她。出嫁到大国，即使是国君的女儿，也由上卿护送她。嫁给天子，就由各位大臣去护送，国君不亲自护送。出嫁到小国，就由上大夫护送她。

至于庶民中下层的婚姻，不可能"六礼"皆备，但在成亲前，还是要相亲、定亲的。

新婚时，男子要亲迎女方。《周南·汉广》是一首写男恋女、单相思的诗。其中有"翘翘错薪（杂草丛丛谁高大），言刈其楚（打柴要把芦柴打）；之子于归（有朝那人来嫁我），言秣其马（喂喂马儿把车拉）"等句，幻想实现亲迎的愿望。齐国"亲迎"礼俗没有得到一贯施行。《诗经·齐风·著》写女子张望迎娶他的夫婿，想象夫婿头戴两边

---

① 参李安宅《〈仪礼〉与〈礼记〉之社会学研究》。
② 参孙晓《中国婚姻小史》，第48页，光明日报出版社1988年版。
③ 李瑞兰主编《中国社会通史·先秦卷》，第292页。

战国楚人喝交杯酒的双连杯

垂着漂亮红玉的冠儿,在门屏或天井或堂屋那儿等着她。朱熹在《诗集传》中说:"婚礼,婿往女家亲迎。齐俗不亲迎,故女至婿门,始也其俟已也。"

亲迎前还要占卜。《卫风·氓》写女子追忆当时的情景说:"尔卜尔筮(你看了蓍草的卦象又看了龟甲的裂纹),体无咎言(卦象丝毫没有不吉利的象征)。以尔车来(那大礼的佳期你用车马迎接家门),以我贿迁(把我和我的财产嫁妆一起都搬运)。

第四节　离婚与再婚

一、离婚

（一）离婚概况

两周时期，一夫一妻制已经确立，离婚就受到限制。《礼记·郊特牲》说："妻者，齐也。一与之齐，终身不改。"意思是说，男女一经结婚，便要白头到老。然而春秋战国时期，离婚很是常见。《诗经·卫风·氓》序云："氓，刺时也。宣公之时，礼义消亡，淫风大行，男女无别，遂相奔诱，华落色衰，复相弃背。"且当时诸侯及大夫之间，离婚之事，见于经传者，例不胜举。

《春秋·文公十五年》：十有二月，齐人来归子叔姬。刘敞曰，其言来归，何，出也。《左传·文公十八年》：夫人姜氏归于齐，大归也。《春秋·宣公十六年》：秋，郯伯姬来归。《左传》：秋郯伯姬来归，出也。又《成公五年》：正月，杞叔姬来归。

以上数例说明，当时诸侯离婚是相当多的。

又，据《左传·成公十一年》，鲁国声伯的母亲没有举行媒聘之礼就和叔肸同居，穆姜说："我不能把姘妇当成嫂嫂。"声伯的母亲生了声伯，就被遗弃了，嫁给齐国的管于奚，生了两个孩子以后又守寡，就把两个孩子给了声伯。声伯让他的异父兄弟做了大夫，把异父妹妹嫁给施孝叔。晋国的郤犨前来聘问，向声伯求娶妻子。声伯把施氏的妻子夺过来给了郤犨。这说明当时还有任意夺已嫁之女而改嫁者。①

---

① 陈鹏《中国婚姻史稿》，第591页，中华书局1990年版。

此外，晋文公流亡期间，每到一地，都要讨妻。每离一地，就弃之若敝屣。孔子一家，三世都曾"出妻"。①孟子一天去内室休息，看到妻子赤身裸体，认为妻子无礼，逼迫妻子离异。孔子的弟子曾子以蒸梨不熟，而把妻子休掉。离婚之易，观此可知。战国时民间几以离婚为常事。卫人嫁其女，而教之曰："必私积，为人妇而出，常也。"②

（二）离婚原因

两周时期的离婚原因，大致说来，可以分为三类：

1. 七出

所谓"七出"，即中国古代丈夫离弃妻子的七种原因。七出，也称七去。《大戴礼记·本命》说：

> 妇有七去：不顺父母，去；无子，去；淫，去；妒，去；有恶疾，去；多言，去；窃盗，去。不顺父母，为其逆德也；无子，为其绝世也；淫，为其乱族也；妒，为其乱家也；有恶疾，不可与粢盛也；口多言，为其离亲也；盗窃，为其反义也。

"七出"条文，在两周是定于礼的，乃当时传统的离婚条件。妇若违犯，丈夫可以出之，但容忍而不出者，亦可，非谓必须出也。③

（1）不顺父母　这里的父母，指女子丈夫的父母，中国古代，多称舅姑。那时养儿的目的，在于防老。如果儿媳不孝顺，老人生活必然悲惨，因而礼教要求儿媳孝顺公婆。④《礼记·昏义》曰："妇顺者，顺于舅姑。"又《礼记·内则》说："子妇未孝未敬，勿庸疾怨，姑教之，若不可教，而后怒之，不可怒，子放妇出，而不表礼焉。"休弃不孝顺舅姑的妻子，是礼的规定。

（2）无子　当时娶妻旨在生子，上以承宗祀，下以继后世。因此妻不生子可以休弃。战国时妻因无子而被弃者似较普遍。据《吕氏春秋·遇合篇》，有个给人家当妻子的人，有人告诉她的父母说："出嫁以后不一定生孩子，衣服器具等物品，可以拿到外边藏起来，以便防备不生孩子时被休弃。"

不过，那时无子出妻之俗只在大夫以下阶层流行。诸侯以上，虽无子，于礼不得出妻。⑤《诗经·卫风·河广》疏：诸侯之夫人，虽无子，不出，以嫔妾既多，不为绝嗣。

---

① 《礼记·檀弓》"子思之母死于卫"郑玄注。
② 《韩非子·说林上》。
③ 陈鹏《中国婚姻史稿》，第613页。
④ 任寅虎《中国古代的婚姻》，第154页，商务印书馆国际有限公司1996年版。
⑤ 陈鹏《中国婚姻史稿》，第619页。

春秋时期鲁夫人无子的颇多,都没有被弃,可证。

(3)淫僻 所谓淫僻就是淫乱。女子婚后淫乱,有可能造成血统混乱,乱家乱族,所以被弃。东周时偶然有妇人因淫乱被弃的,如子叔姬(鲁女)因与单伯(周卿士单伯子孙)淫乱而被齐人休弃,① 又如公慎氏妻因淫乱被公慎氏休弃。② 但不多见。如鲁桓公夫人与齐襄公私通,③ 鲁穆姜与大夫叔孙侨如私通,④ 齐声孟子与大夫庆克私通,⑤ 鲁季公乌之妻与饔人(食官)檀私通,⑥ 晋祁胜与邬臧易室,⑦ 上述妇人均淫之甚著,然而未被弃。又,据《左传·哀公八年》,齐悼公在鲁,季康子把他的妹妹嫁给悼公,悼公即位以后来迎接她。季鲂侯和她私通,这个女人向季康子讲出了私通的情况。季康子不敢把她送到齐国。齐悼公发怒,攻打鲁国,并且迎接季姬回去,对她很宠爱。还因为宠爱季姬,归还了侵鲁之地。又据《战国策·齐策》,孟尝君有个舍人与他的夫人私通。有人把这件事报告孟尝君说,作为您的舍人却在家里与夫人私通,这也太不仁义了,您还是杀了他吧。孟尝君说,看到美貌而互相喜欢,这是人之常情,还是把这事放置一边,不要再说了。孟尝君就这样以男女相悦是人之常情为托词,把妻子的丑事遮掩了过去。⑧

(4)嫉妒 此处的嫉妒,主要指妻子对丈夫的性嫉妒。两周时期,实行个体婚制,在性的方面,夫妻都属于对方所专有。夫与妻,不论谁同第三者发生性关系,另一方都会嫉妒。由于当时男子可以纳妾,而要求女子空房守节,这自然会使女子妒性发作。嫉妒的产生除去性的原因外,还有切身经济利益的缘由。丈夫纳妾生子,必然有损妻及其所生子女的利益。女子嫉妒,就会使家庭不和。申子说:"妒妻不难破家","一妻擅夫,众妻皆乱"。⑨ 因为妒妻可以乱家,所以把嫉妒列为"七出"的原因之一。

(5)恶疾 恶疾出,为"不可与共粢盛也"。"粢盛",即祭品。这句话的意思是丈夫因为妻患恶疾不能与她一块进行祭祀。《礼记·昏义》说,结婚的目的就是"上以事宗庙,下以继后世。"妻子不能与丈夫共事宗庙,自然成为"七出"的借口之一。

(6)多言 妻子多言被出,"为其离亲也"。《诗经·大雅·瞻卬》云:"妇有长舌(妇人有个长舌头),维厉之阶(是那祸害的根由)。乱匪降自天(祸乱不是从天降),生自

---

① 见《公羊传·文公十四年》、《左传·文公十五年》。
② 详见《新序》。
③ 《左传·桓公十八年》。
④ 《左传·成公十六年》。
⑤ 《左传·成公十七年》。
⑥ 《左传·昭公二十五年》。
⑦ 《左传·昭公二十八年》。
⑧ 任寅虎《中国古代的婚姻》,第157页。
⑨ 申不害《意林》。

妇人（生自妇人那一方）。"那时夫妻往往与公婆、兄弟姐妹共同生活，妻子多言，惹是生非，使骨肉生隙，影响家庭团结。

（7）盗窃　盗窃出妻，"为其反义也"。所谓反义，就是违背义理。盗窃乃偷窃家庭财产。那时家庭同居共财，且财产有限。若窃财，则害同居，家庭就会瓦解，故须出之。

"七出"是中国古代传统的离婚原因，始定于礼，嗣入于律。

需要指出的是，"七出"虽有可出之义，而尚有"三不去"之理。《大戴礼记·本命篇》云："妇有三不去：有所取，无所归，不去；与更三年丧，不去；前贫贱，后富贵，不去。"《公羊传·庄公二十七年》何休注："尝更三年丧，不去，不忘恩也；贱取，贵不去，不背德也；有所受，无所归，不去，不穷穷也。"

在"七出"的阴影笼罩下，还应该看到，女方或女方家庭主动离异的现象也并非不存在。自然，在夫权社会中，它比前者少得多。这应与其时妇女地位较高，从一而终观念淡薄相关。如西周人姜太公便是被其妻逐出的"出夫"。① 春秋时期齐国大夫晏婴的车夫赶车时洋洋自得，他的妻从门缝中看见后，就对丈夫说，晏子不满六尺，却做了齐相，你身高八尺为人仆役，还洋洋自得，我要离开你。② 显然，她要离婚的原因是不满丈夫的平庸无能。

2. 政治原因

两周时期，从士大夫到天子，婚姻多为政治行为。西周以婚姻结异姓诸侯，使化为甥舅，以资辅弼。春秋战国时期，诸侯贵族也皆通过联姻互结邻援。既然结婚是从政治出发，那么离婚也往往着眼于政治。这在春秋战国不乏其例。《左传·襄公十五年》云："十二月郑人夺堵狗之妻，而归诸范氏。"注："堵狗，堵女父之族。堵狗娶于晋范氏，郑人既诛女父，畏狗因范氏而作乱，故夺其妻归范氏，先绝之也。"又如赵襄子为了灭亡代国，于是就友好地对待代国。代国君主爱好女色，襄子就把姐姐嫁给代国君主为妻。这之后，襄子事事讨好代国。他利用代君疏于戒备的心态，在宴会上袭杀了代君，于是就用代君的车子去迎接他的妻子回赵国。③ 显然，这是为了灭代建功，不循礼义而行的离婚。

3. 色衰被出

在阶级社会里，妇女在男权的压迫下，地位低下，他们往往不能独立生活，而依附于男人，被男人玩弄，玩厌了就抛弃。《诗经》中有不少"弃妇"诗。《邶风·谷风》

---

① 《说苑·尊贤》。
② 《列女传·贤明传》。
③ 《吕氏春秋·孝行览·长攻》。

战国玉雕女子

两周风俗

全彩插图本中国风俗通史丛书

和《卫风·氓》都是描写被遗弃妇女不幸遭遇的诗。

《谷风》是弃妇的哀怨。她申述自己的辛勤，使家境由贫渐富，控诉丈夫的暴戾无情，终于喜新厌旧另娶新人。但她仍抱有幻想，还想用当年同甘共苦的旧情来劝导他："采葑采菲，无以下体。德音莫违，及尔同死。"大意是：看看那萝卜和芜菁吧，就不能只用绿叶而丢弃下面的根茎，对人也不能只爱姿色而不重品德，品德才是做人的根本。当初令人难忘的话你可不能忘记："和你偕老，死也在一起。"然而她的柔情却打动不了铁石心肠的丈夫，只得含泪离家出走。

《氓》是弃妇对她不幸遭遇的诉述。男的求婚时，装模作样。成婚后，叫她操劳家务，还对她粗暴起来。她贻笑兄弟，独自悲伤。在对如烟往事的回顾中，在对不幸婚姻的咀嚼中，她悟出了这样一个真理："桑之未落，其叶沃若。于嗟鸠兮，无食桑葚。于嗟女兮，无与士耽。士之耽兮，犹可说也。女之耽兮，不可说也！"即使在自由结合的婚姻中，两性权益的差别，依然可以败坏由爱情所凝结的婚姻。① 当诗中女主人公如沃然、润泽的桑叶，年轻貌美的时候，那个男子对她迷恋得神魂颠倒；一旦她如落下的枯黄桑叶，年老色衰，就被那个粗暴不善、反复无常的男子遗弃了。

（三）离婚程序

周代诸侯的离婚程序，只见于礼书记载。据《礼记·杂记下》，诸侯跟他的夫人离婚，把她送回母国。夫人将抵达母国，应以诸侯夫人出门之礼护送而行。她到家，还是以夫人的身份进去。护送前来的专使，先传话说：敝国主君很冒昧，因为不能再跟她共同主持社稷宗庙的事，所以特派使臣某某向左右执事报告。这边接话的人回答：敝国主君早就说过：她不大聪明，又缺少教导；现在既是这样，亦不敢不遵从贵主君的意思了。于是跟随使者前来的执事们，便把她的嫁奁一一排列出来；而这一边亦派人一一点收了。②

至于大夫以下离婚的程序，与诸侯的大致相同，只是措辞稍微不同罢了。据《杂记下》，士人跟太太离婚，就派人到她娘家致辞说：某太冒昧，因为无法跟她一起奉祀祖宗，现在遣我某人来报告於左右。主人回答说：我家的"什么人"既是这样不像样，不敢逃避责罚，只好听从贵东人的话了。于是使者退出，主人仍拜送之以礼。这里面，男方的使者来时，如果离婚的夫人仍有公公，则称奉公公之命。没有公公之命，则称伯兄之命。没有伯兄，然后才说是她丈夫的意思。至于女方，称我家的"什么人"，不管是姑、姊、妹，都照说出她的身份。③

---

① 胡先媛《先民的歌唱〈诗经〉》，第79页，云南人民出版社1999年版。
② 王梦鸥注译《礼记今注今译》（下册），第703页。
③ 王梦鸥注译《礼记今注今译》（下册），第703—704页。

有学者认为:"当时离婚乃在礼之范围,尚未入律也。"[1]甚是。

二、再婚

所谓再婚,就是配偶一方死亡,另一方再行结婚;或夫妇离婚,而夫再娶,妻再嫁。

(一)妻死与再娶

妻之死亡使婚姻关系消灭,只指夫妻共同生活关系之消灭而言,"若夫亲属关系等等,除赘婚中夫再婚外,一般情形则不消灭,此其异于离婚也。纵夫再娶亦然"。[2]也就是说夫妻身份关系并没有绝对消灭。在礼制上倾向于妻死之后不再娶。《公羊传·庄公十九年》云:"诸侯不再娶。"《白虎通》云:"人君无再娶之义也。"这是因为天子、诸侯占有许多嫔妃,无需再娶。天子娶十二女,死了正妻还有十一个嫔妃可以依次升迁;诸侯一娶九女,正妻死了还有八个女人能够递补。当然,免不了也有再娶的。但是不论是再娶的,还是由其他配偶提升的,都不能僭越原配妻的名分,这是礼制的规定。如诸侯原配夫人称元妃,她死了由别的女人递补代治内事,名称不能叫元妃或夫人,只能叫"继室"。如:"惠公元妃孟子卒,继室以声子生隐公",[3]"齐侯使晏婴请继室于晋,而晋许之"。[4]至于天子、诸侯之外,可以再娶,自无待言。[5]

(二)夫死与再嫁

《礼记·郊特牲》云:"一与之齐,终身不改,故夫死不嫁。"可见礼制上反对寡妇改嫁。然而这条戒律约束力并不太强。[6]如《左传·襄公二十一年》云:"邾庶其以漆、闾丘来奔,季武子以公姑姊妻之。"杨伯峻先生注:"姑姊犹今云姑母。襄公之亲姑、寡妇。"又《诗经·鄘风·柏舟序》:"卫厘侯在位,世子早卒,恭姜守义,齐武公欲召之归宁而嫁之。恭姜不许。"可见春秋时期贵族寡妇再嫁,为礼法所许。[7]又,《仪礼·丧服·继父同居者》中规定:"夫死,妻稚,子幼。子无大功之亲",则"与之适人"。认为年轻的寡妇或孩子年幼又无叔伯之亲者,理当改嫁。孔子的儿子伯鱼死后,其妻已

---

[1] 陈鹏《中国婚姻史稿》,第 641 页。
[2] 陈顾远《中国婚姻史》,第 224 页,上海文艺出版社影印 1987 年版。
[3] 《春秋·隐公元年》。
[4] 《左传·昭公三年》。
[5] 陈顾远《中国婚姻史》,第 255 页。
[6] 史凤仪《中国古代婚姻与家族》,第 141—142 页。
[7] 陈鹏《中国婚姻史稿》,第 455 页。

生有儿子子思，仍然改嫁于卫国，①大概就属于这种情况。此外，晋国重耳因骊姬迫害流亡他国时，对他的第一个妻子季隗说："待我二十五年不来而后嫁。"②这说明春秋时，女子不但在丈夫死后可以改嫁，就是丈夫久别不归也可以改嫁。③

再就律令上涉及再嫁之规定言：依《管子》云，齐合鳏寡，自非禁止再嫁，且提倡之矣；④惟女子三嫁则入于舂谷耳。

第五章　婚　姻

---

① 《礼记·檀弓》子思之母死于卫注。
② 《左传·僖公二十三年》。
③ 史观仪《中国古代婚姻与家庭》，第142页。
④ 陈顾远《中国婚姻史》，第232页。

【 第五节　性爱风俗 】

一、相对自由的男女交往

在阶级社会里，对于处于社会下层的被压迫人民来说，经济地位往往决定其男女观念带有一定的平等色彩。春秋时代距今虽然十分遥远，但是当时这种人民的真正爱情已经十分感人，这在《诗经》中是有充分反映的。

《诗经》中的国风，即周代民歌，其大部分是以婚姻和恋爱为主题的诗歌。恋爱是有缔结婚姻意愿的两性间的初步结识、交往、比较、选择和增进感情的过程。《诗经》有写男女约期会见时情景的。会见活动的地方，大多在城隅、郊野、水边、山旁等。例如，《邶风·静女》一诗，写的是诗人与他热爱的那个女子之间的爱情喜剧故事。在城隅，温柔而漂亮的牧女赠给他彤管和茅芽，他把这些都视为珍宝。而《郑风·子衿》则描写一个年轻女子在城楼等候情人的焦急心情："挑兮达兮，在城阙兮。"又如，《郑风·褰裳》记述女主人公叮嘱她的情人，如果你真心爱我，我马上掀起裙子，渡过溱水与洧水，跟你相会。再如，《召南·野有死麇》叙述一位猎人，在春天的山村，向一位少女求爱的情形：他用白茅包了一只死鹿作为礼品，送给颜色如玉而又怀春的她，她接受了，对他说："舒而脱脱兮，无感我帨兮！无使尨也吠！"这说明那时的男子可以直接向女子求爱，女子也可以直接接受男子的爱。复如，《郑风·萚兮》描写原野上的树叶纷纷脱落，一位女子呼唤着她的情人，彼此一唱一和。而《鄘风·桑中》则记述一位名叫孟姜的美丽姑娘，在桑中的地方幽会她的情人，又在上宫迎接他，然后到淇水上送他回家。当时的女子行动是相当自由的。《秦风·蒹葭》描写的是在一片芦苇的浩渺秋水中，追求可望不可及的情人的恋歌。

当时男女之间比较宽松的性关系在一些史料中也有披露。《楚辞·招魂》说："士女

杂坐，乱而不分些。"这是楚国的风俗。在中山国也是一样。《吕氏春秋》说："中山之俗，以昼为夜，以夜继日，男女切倚，固无休息。"在齐国，这种情形可以从《史记·滑稽列传》中看出来。该文载："州闾之会，男女杂坐，行酒稽留，六博投壶，相引为曹（伙伴），握手无罚，目眙不禁；前有堕珥，后有遗簪"，"日暮酒阑，合尊促坐，男女同席，履舄（鞋）交错，杯盘狼藉；堂上烛灭"，"罗襦襟解，微闻芗泽"，"故曰酒极则乱"。郑、卫二国的淫风犹盛。《汉书·地理志下》云："郑国……土（狭）而险，山居谷汲，男女亟聚会，故其俗淫。"又云："卫地有桑间濮上之阻，男女亦亟聚会，声色生焉，故俗称郑卫之音。"

贵族男女间也有自由恋爱的。如鲁庄公与孟任私订终身；郧阳封人的女儿私奔楚平王。又如，楚大夫斗伯比早年随母居于舅邦邧国，与表姐妹私通，且生下了私生子，已构成了事实上的婚姻，后来才补办了婚嫁之礼。①

贵族女子可以自由地选择丈夫。如郑国大夫徐吾犯有个妹妹貌美出众，贵族公孙楚已聘她为妻，谁知另一贵族公孙黑又去纳采求婚。徐吾犯就去请求子产。子产说："按你妹妹的意愿办事吧！"徐吾犯遂请公孙楚和公孙黑两人前来供他妹妹选择。公孙黑打扮得漂漂亮亮入门，陈列了厚礼而去。公孙楚身着戎装进门，向左右射箭，然后跳上车子走了。徐吾犯的妹妹看了，说："公孙黑固然长得好，但公孙楚却是个丈夫的样子。"于是他就嫁给了公孙楚。可见当时女子眼中的标准丈夫是赳赳武夫，这可能与那时的战争频繁，社会风气尚武有关。

贵族女子的贞节观念也比较淡薄。例如，郑国执政祭仲的妻曾教导她的女儿："凡是男子都可以做你的丈夫，哪里及得父亲只有一个可亲。"又如，鲁国的宗室大臣声伯把他已出嫁的异父同母妹妹，从施氏那里夺回来，转嫁给晋国的郤犨。这说明当时人把女子改嫁看作司空见惯的事。又，《战国策·秦策二》记："秦宣太后爱（面首）魏丑夫。太后病将死，出令曰：'为我葬，必以魏子为殉。'"《韩策二》又记这位秦宣太后竟然在朝堂上大讲她的私人生活：我侍奉先王的时候，先王把他的大腿搭在我的身上，我感到疲乏不能支撑，把他的身体完全放在我的身上，我就感受不到他有多重，为什么呢？因为他对我稍有益处。可见秦人的贞节观念甚为淡薄，对两性生活亦不隐讳。齐人的贞节观念淡薄比较突出的表现是私生子得到社会的认可，《战国策·齐策四》记齐人说田骈曰："臣邻人之女设为不嫁，行年三十而有七子。"

---

① 详见《左传·宣公四年》。

二、大量存在的原始群婚遗俗

由于统治阶级的腐朽和无耻，春秋时贵族男女间非礼乱伦的事层出不穷。卫宣公霸占了自己儿子的妻子宣姜，并且在河上筑新台作乐。《邶风·新台》就是卫国人民对这件丑事的讽刺。卫宣公死后，其子惠公年幼，惠公的庶兄顽与宣姜通奸。对此，《鄘风·鹑之奔奔》写道："人之无良！我以为兄？""人之无良！我以为君？"

统治阶级还干出了种种道德败坏的丑事。鲁桓公的夫人文姜竟然和自己的亲哥哥齐襄公通奸，陈灵公居然同自己的臣子三人一起，与大夫夏征舒的母亲夏姬私通，并且穿着夏姬的亵衣相戏于朝廷之上。其低劣下流，不堪入目。《陈风·株林》就是讽刺陈灵公每天都去找夏姬的。此外，还有嫂子私通小叔的，如甘昭公通于隗氏。① 甘昭公是周襄王之弟，隗氏是襄王王后。有继祖母想和孙子通奸，被孙子拒绝的。如"公子鲍美而艳，襄夫人欲通之，而不可"。② 公子鲍即宋文公，宋襄公之孙，襄夫人是宋襄公继娶的夫人。有国君夫人与卿通奸的，如"齐庆克通于声孟子"。③ 庆克为庆封之父，齐臣。声孟子，齐灵公之母，宋国女。有主妇与管家通奸的，如"栾祁与其老州宾通"。④ 栾祁是晋卿栾桓子之妻，州宾是他的家臣头子。有父亲和儿媳通奸的，如"蔡景侯为太子般娶于楚，通焉。太子弑景侯"。⑤ 有仆人和主人寡妻通奸的，如"孔氏之竖浑良夫，长而美，孔文子卒，通于内"。⑥ 有国君与臣下妻私通的，如"崔杼娶棠姜，庄公通焉"。⑦ 崔杼，春秋时齐国大夫；庄公，即齐庄公。如此等等，不一而足。

上述贵族男女间的种种淫乱，固然是由统治阶级的腐朽本质决定的，但也与当时的历史条件有关。有学者指出，春秋既是社会转型的过渡时期，又是一个乱世，"在婚姻上也必然男女杂陈，各为满足自己私欲的需要，采取不同的婚姻形式以获得异性配偶。在经济文化情况各异，社会发展不平衡的条件下，当时保留一些母系氏族群婚制遗风，是可以理解的，历史有其发展过程，婚姻史亦不例外"。⑧ 这一见解是颇具理论说服力的。

---

① 事见《左传·僖公二十四年》。
② 《左传·文公十六年》。
③ 《左传·成公十七年》。
④ 《左传·襄公二十一年》。
⑤ 《左传·襄公三十年》。
⑥ 《左传·哀公十五年》。
⑦ 《左传·襄公二十五年》。
⑧ 汪玢玲《中国婚姻史》，第51页，上海人民出版社2001年版。

三、蓄妓、男嬖、男宠成风

（一）蓄妓

春秋时期齐、越、郑、晋等诸侯国都蓄养一批官妓，战国时期，封君、贵族畜娼养妓者也不少。《史记·滑稽列传》所提到的留宿女，《楚辞·招魂》所提到的"女乐"、"美女"和"郑卫妖玩"，都是贵为封君的大宗之家蓄养的家娼。①

（二）男嬖

周代贵族不仅蓄养妓女，而且蓄养、宠幸男嬖，一时成风。据《荀子·非相》："乡曲之儇子，莫不美丽妖冶，奇衣妇饰，血气态度，拟于女子。"这里的"儇子"当是指的男嬖。春秋时期的卫灵公，至少有弥子瑕和公子朝两个男嬖。弥子瑕得宠之时，不顾偷驾君主乘舆者要处砍脚之刑（刖）的法律规定，托君命私驾君主乘舆赶往家中，探望他得了急病的母亲。卫君听说后，不但不怪罪，反而认为他有德行，称赞他是孝子。有一天弥子瑕与卫灵公同游于果园，吃一个桃子，觉得特别甜美，还没吃完，就把吃剩的一半给卫君吃。卫君十分高兴，说："这是他敬重我啊！忘了他自己也喜欢吃而给了我。"公子朝是宋国的宗室，一个有名的美男子，卫灵公为了使公子朝甘做男宠，睁一只眼闭一只眼让他与自己的母亲宣姜和夫人南子私通。公子朝野心勃勃，表面上小心侍奉卫灵公，暗地里却与南子勾结，最后把昏聩的卫灵公赶出了卫国。②又，据《战国策·魏策四》的记载，魏王的男宠龙阳君因长期为魏王拂拭枕席，爵位竟达到了君，在道路上人们见了他要马上回避，在朝廷上人们见了他要趋步而行。龙阳君担心自己年长色衰被美女夺宠，就哭了起来，魏王深为感动，在国内发布号令说，有敢再来谈论美人的，灭他的全族。

楚国宠幸男嬖的腐朽风习在列国中颇为突出。据《左传·宣公十二年》的记载，楚庄王有嬖人伍参，甚得庄王宠信。又据《墨子·兼爱中》，楚灵王喜欢臣子细腰，所以灵王的臣子们都节制饮食，每天吃一顿饭，要吸口气才能系上带子，抚着墙才能站起来。等到一年以后，满朝的臣子都瘦得面色黧黑。楚灵王喜欢臣子细腰是其嗜好男风的一个表现。据《战国策·楚策一》，楚国有个贵族本已得到楚宣王的宠幸，进入王宫紧坐在大王的下面，外出则与君王同乘一辆车。他身居尊贵的地位，享受优厚的俸禄。整个国家的人，看见他没有一个不整理衣袖参拜，拍打礼服表示服从的。但为了固宠求荣，竟然乘机流着眼泪向宣王表白说，大王万岁千秋之后，我希望跟随您一起死，

---

① 宋公文、张君《楚国风俗志》，第 171 页。
② 见《史记·卫康叔世家》、《左传·文公十六年》、《文公十八年》。

给王当草席以防御蝼蛄蚂蚁。宣王听了非常高兴，于是就封他为安陵君。另据《战国策·楚策四》，庄辛对楚襄王说：君王左边有州侯，右边有夏侯，车后跟随着鄢陵君和寿陵君，一味地过着淫乱、放荡、奢侈、靡乱的生活，不过问国家大事，郢都一定危险了。

（三）男宠

春秋战国时期，某些地位高、身份高的女性，公开拥有男宠。如卫灵公的夫人南子，与娘家宋国的宗室公子朝私通，而且感情缠绵，思念不已。卫灵公为了让公子朝心甘情愿做他的男嬖，不仅不怪罪，还打着出访宋国的幌子，安排南子和公子朝幽会，这就在实际上默认了夫人的男宠。宋国的农夫对此颇为厌恶，编了带有讽刺性的顺口溜对着灵公的太子唱道："既定尔娄猪，盍归吾艾豭?"其意是既满足了你们老母猪的欲望，为什么不归还我们少壮的种猪。太子受不了这股恶气，要处死南子，卫灵公却公然对南子予以保护，太子只好出亡。① 值得注意的是，以非礼勿视、非礼勿动相标榜的孔子，在访问卫国之时，曾去和南子相见，而不以她有男宠为嫌。②

如果说春秋时南子所拥有的还只是犹抱琵琶半遮面的情夫，那么战国时秦国宣太后所拥有的却是公开的男宠。关于此事，我们在前面已谈过了，此不赘述。

四、周边地区的恋爱风情

两周时期，在那遥远的周边地区，由于其所受礼制影响较小，性关系和婚姻习俗较之中原地区，显然更原始，更落后，更无拘无束一些。③《尚书大传》说："吴越之俗，男女同川而浴。"《战国策·赵策二》云："禹祖入裸国（后世的吴越之地）。"郑玄注《礼记·王制》曰：交趾"浴则同川，卧则僻（交错）"。张华《博物志》载："日南有好女，群行觅丈夫。"《后汉书·任廷传》云："骆越之民无嫁娶之法，各国淫好，无适对匹，不识父子之性，夫妇之道。"汉代距战国不远，战国时期大概亦如此。孔颖达《王制》疏曰："北方曰狄者，《风俗通》云：'父子嫂叔同穴无别'。狄者，辟也，其行邪僻。"又，《日知录》卷十三"秦纪会稽山刻石"条云："秦始皇刻石凡六，皆铺张其灭六王，并天下之事。其言黔首风俗。……惟会稽一刻，其辞曰：'饰省宣义，有子而嫁，倍死不贞，防隔内外，禁止淫佚，男女洁诚。夫为寄豭杀之无罪，男秉义程。妻为逃嫁，子不得母，

---

① 详见《左传·定公十四年》。
② 《论语·雍也》。
③ 参宋公文、张君《楚国风俗志》，第174页。

咸化廉清。'何其繁而不杀也。"可见此地在周代的淫佚情况。另外,《越绝书》卷八说:勾践为了鼓励士气,将伐吴时,将将士的妻子集中起来安置在一座去县四十里的山上,"以为死士示,得专一也。"此山因此得名"独妇山"。这个做法从反面说明了越国妇女的"贞节"观念在当时还是相当淡薄的。① 以上所述,都反映了当时边远地区的两性关系和婚姻还带着氏族社会的种种痕迹。

第五章 婚姻

———————

① 方杰主编《越国文化》,第338页,上海社会科学院出版社1998年版。

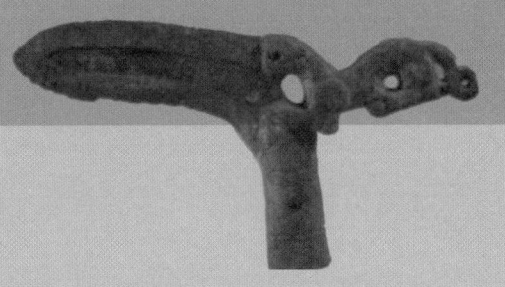

第六章

生　育

【第一节 求子和胎教风俗】

一、生育观念

1. 崇尚生育

我国上古就有生殖崇拜。其中包括生殖器崇拜,生殖神崇拜等。金文里常见"子子孙孙永宝用"的话。《睡简日书》甲种"生子篇"、"人字篇",《日书》乙种"生篇"《放马滩简(以下简称放简)日书》甲种"生子篇"都有根据婴儿出生月日时推测其命运的记载。可见那时重视子嗣观念已深深植根于人们的心底。人们对于生育的意义、重要性已有了明晰的认识。《礼记·婚义》说:"婚姻者,将合二姓之好,上以事宗庙而下以继后世者也。"其意是说:婚礼,是准备结合两姓间的欢好,对上来说,要传宗接代以事奉宗庙,对下来说,要生儿育女以继承后世。这说明结婚不是个人的事,而是家族的事。结婚的目的,在于传宗接代。是否能完成这一使命,是"孝"、"不孝"的表现。因此,孟子尖锐地指出:"不孝有三,无后为大。"[①] 因为"无后",就不能把父母赐给自己的生命向下延伸,这当然是对不起父母的。

2. 喜好生男

两周时期,生育观念中有鲜明的性别偏好。绝大多数父母都喜欢生男,明显多于生女。这表现在诞生标志的不同:"子生,男子设弧于门左,女子设帨于门右。"[②] 陈皓《集说》解释道:"弧,弓也;帨,佩巾也。以此二物为男女之表。弧示有武事,表男;帨示事人,表女。"而生男标志的寓意是:"故男子生,桑弧蓬矢六,以射天地四

---

① 《孟子·离娄上》。
② 《礼记·内则》。

方。天地四方者，男子之所有事也，故必先有志于其所有事，然后敢用谷也，饭食之谓也。"① 此外，《诗经·小雅·斯干》所载的其他有关诞生的仪俗也明显地体现了重男轻女的意识：

  乃生男子，
  载寝之床，
  载衣之裳，
  载弄之璋。
  其泣喤喤，
  朱芾斯皇，
  室家君王。
  乃生女子，
  载寝之地，
  载衣之裼，
  载弄之瓦。
  无非无仪，
  唯酒食是议，
  无父母诒罹！

这对待新生男婴、女婴的不同态度和希望，生动而形象地反映了重男轻女的生育观。

  那么重男轻女观念的根源何在呢？我们认为有以下三点。一是农业文明的影响。我国自古以农立国，两周也不例外。那时的婚姻多是女到男家。女孩在父母抚养下长大成人后要嫁到别家，生女之家因劳动力缺乏，不能适应园艺式农业和自给自足家庭经济的需要，而感到生女不如生男合算；② 而生男之家在男孩长大结婚后，则为家庭增加了一名劳动力。二是宗法制的影响。依照宗法制的原则，能够续家谱、继承祖宗血脉的是儿子，而不是女儿。女儿出嫁后与其丈夫所生孩子的姓从夫，这当然不能继承娘家的宗祀。三是儒家伦理的影响。儒家鼓吹"不孝有三，无后为大"，宣扬婚姻的目的是"继后世"，"事宗庙"，强调"生子"，替人传宗接代是为人妇者的天职。以上所述都促成了社会上重男轻女的心理。③

---

 ①《礼记·射义》。
 ② 参乔继堂《中国人生礼俗大全》，第 80—81 页，天津人民出版社 1990 年版。
 ③ 参刘咏聪《中国古代的育儿》，第 17—18 页。

3. 慈幼恤孤

周代在正常情况下，育儿的责任在于父母及其他家庭成员身上。一旦有不幸的事情发生，则由国家承担起育孤的责任。这在《管子》和《孟子》等古籍中均有记载。

据《管子·入国》，管仲曾在齐国推行"慈幼"、"恤孤"的惠民政教。所谓慈幼，就是在城邑和国都要设有"掌幼"的官，凡士民子女，其幼弱不能供养成为拖累的，规定养三个幼儿即可免除"妇征"，① 养四个全家免除"妇征"，养五个还配备保姆，领取官家发给两人份额的粮食，直到幼儿能够生活自理为止。所谓恤孤，就是在城邑和国都要设有"掌孤"的官，规定士民死后，子女幼孤，无父母所养，不能独立生活的，就归同乡、熟人或故旧抚养。代养一个孤儿的，一子免除征役；代养两个，两子免除；三个，全家免除。掌孤的官要经常了解情况，必须了解孤儿的饮食饥寒和身体瘦弱情况而采取怜恤措施。② 有学者认为：《管子》一书"是齐国稷下学派的论文集，经历很长的历史时期积累而成"。③ 因此，上述"慈幼"、"恤孤"或许只是齐国稷下学派的一种构想。

据《孟子·梁惠王下》，从前周文王治理岐周，实行仁政，最先考虑到的是社会上四种穷苦无靠的人，其中之一就是死了父亲，可怜而孤单的儿童。又，据《孟子·梁惠王上》，孟子对齐宣王说：只要王能实行仁政，"老吾老，以及人之老；幼吾幼，以及人之幼。天下可运于掌"。自然，这只是孟子的理想。

4. 望子成龙

两周时期的父母们关心儿女的前途，具有"望子成龙"的心理。战国时期秦国社会的父母们对子女的未来寄予了殷切期望，这种期待心理在《日书》内得到相当充分的体现。如："生子，必有爵。"（甲简798）"生子为大夫。"（甲简805）"生子为大吏。"（甲简809）"生子为吏。"（简811）"生子必使（人）。"（简813）"生子为正（政）。"（简816）"以生子，为邑桀。"（简822）"以生子，必驾。"（简824）"戊申生子，宠，事君。"（简873）"庚寅生子……男好衣佩而贵。"（简875）"辛未生子，肉食。"（简876）"其后必肉食。"（反简874）"凡生子，北首西乡（向），必为上卿，女子为邦君妻。"（乙简1143）以上材料说明：秦人希望子有爵，为大夫，为大吏，为上卿，进入"肉食"、乘车阶层。从政治民，事奉君主，是许多秦人梦寐以求的最高理想。但也有的秦人则希望儿子日后成为垄断乡里，独霸一方的豪强地主。《日书》所反映的是中下层社会的秦人为儿女们勾画的未来的蓝图：一方面希望子女将来荣华富贵；另一方面又不敢奢望儿女登上君王的宝座。他们为儿女企求的"富贵"，显然受到自身社会地位的约束。④

---

① 指国家向妇女征收的布帛。
② 赵守正译注《白话管子》，第244页，岳麓书社1993年版。
③ 陈高华、陈智超著《中国古代史料学》，第61页，北京出版社1983年版。
④ 吴小强《秦人生育意愿初探》，载《江汉论坛》1989年第11期。

二、胎教

顾名思义，胎教是指母亲在怀孕期间对胎儿的教导。两周时期的胎教主张，是建立在古人对胎儿的形成和发育过程的认识之上的。两周时期已经有这方面的记载。《管子·水地篇》说：男女精气相合，由"水"流布成人的形体——胚胎。胎儿满三个月生成五脏——脾、肺、肾、肝、心。五脏生出五种内部组织。脾生隔膜，肺生骨骼，肾生脑，肝生革，心则生肉。五种内部组织都已具备，然后发生为九窍。从脾发生为鼻。从肝发生目。从肾发生耳。从肺发生其他孔窍——口、下两窍。满五个月，形体完成；满十个月，婴孩就生出来。生出来后，目就能看，耳就能听，心就能思虑。

以上见解，都是认为胎儿在母腹中依照程序和规律，渐渐具备身体的各种器官而成人的。然而对于这些胎儿，应如何保育，使其成为天资聪颖、体魄健壮的理想后嗣呢？这就是古代论胎教者致力探讨的问题。

据秦汉时期的史籍《青史子》、《新书》、《大戴礼记》和《列女传》的记载，周室已有胎教思想，周后妃对胎儿实行胎教，而且收效显著，即培育出了既贤明，又有才干的下一代。

《青史子》载："古者胎教，王后腹之七月，而就宴室。"

《新书·胎教》也记载："古者胎教之道，王后有身，七月而就蒌室。太师持铜而御户左，太宰持斗而御户右，太卜持蓍龟而御堂下，诸官皆以其职御于门内。比三月者，王后所求声音非礼乐，则太师抚乐而称不习；所求滋味非正味，则太宰荷斗而不敢煎调，而曰不敢以侍王太子。"其意是说，王后怀胎七个月时要搬到分娩前的宫室中去住。由太师持奏乐用的律管守于右窗下，太宰持烹炊用的斗器守于左窗下，太卜持占卜用的蓍草和龟甲守于前门外。在至分娩前的这几个月里，如果王后要听的乐曲不合礼制，太师则以"未习"而婉言谢绝；如果王后吃的东西不合正味，太宰则说不敢拿这样的食品侍奉王后腹内的王太子。有学者指出：这是西周王宫的具体的胎教措施，加强外部管束，以促使王后按照礼仪去养胎、保胎。①《新书·胎教》还载成王母周妃"妊成王于身"时的举止言行："立而不跛，坐而不差，笑而不喧，独处不倨，虽怒不骂。"其意是说：周成王的母亲怀孕时，站有站的样子，站时不将重心倚在一边，坐有坐的样子，坐时也不歪斜，笑时不放声喧哗，独居一处时也不懈怠放任，发怒时也不骂人，等等，用礼教的规范来约束自己的一举一动，从而保持对胎儿的良好影响。认为这就叫作"胎教"。并说古人曾将"胎教之道，书之玉版，藏之金柜，置之宗庙，以

---

① 郭齐家、乔卫平《中国远古暨三代教育史》，第99页，人民出版社1994年版。

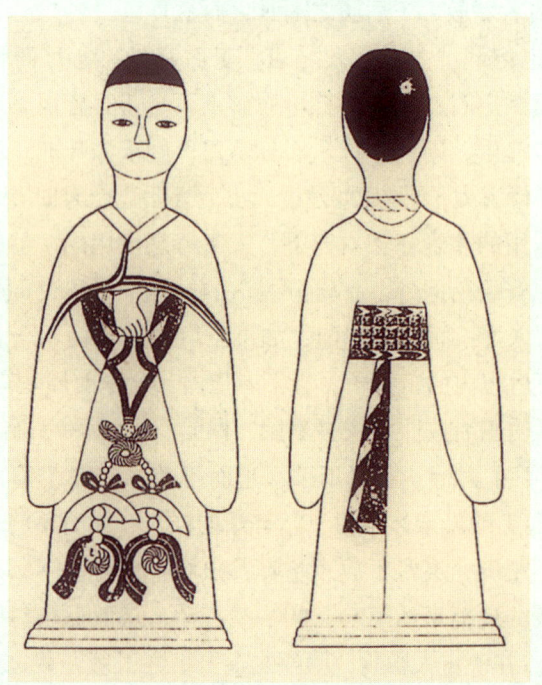

河南信阳楚墓出土的女俑

为后世戒"。

《大戴礼记·保傅》云:"周后妃妊成王于身,立而不跛,坐而不差,独处而不倨,虽怒而不詈,胎教之谓也。"其胎教内容与《新书》颇相类。《列女传》载周文王母怀孕时"目不视恶色,耳不听淫声,口不出敖言,能以胎教"。其意是说,太任怀孕时,眼不看邪恶的东西,耳不听淫乱的声音,口不说狂傲的话,这就是行的胎教。该书又指出"古者妇人妊子,寝不侧,坐不边,立不跸,不食邪味,……夜则令瞽诵诗书、道正事,如此则生子形容端正,才德必过人矣"。如"文王生而明圣,太任教之以一而识百,君子谓太任能行胎教"。文王生下来非常聪明,教一识百,这是太任施行胎教的结果。

至于医家论胎教之处更多。成书于战国时期的《黄帝内经》就提及过孕妇情绪可导致胎儿先天性疾病。

以上材料说明:西周时期的胎教是积极的。为了培养圣贤君主,王后要深居其处,有安静的环境,行坐端正,举止文雅,使胎儿从王后母体中禀受正气,生而端正。还强调王后在怀孕期间注意端正自己的视听言动,严格遵守礼仪法度,从而以良好的道德修养去影响胎儿。此外,还主张孕妇应避免忧伤,心情愉快,保持身心在最佳状态,力图在精神上给予胎儿良好的刺激。① 而胎教学说中有关饮食卫生的主张也有其合理的一面。例如提倡饥饱适中,节嗜欲,不食邪味等,都是至今仍为人接受的说法。②

贾谊、刘向等在其著作中都对西周的胎教提出了自己的见解。

贾谊指出,古代胎教的目的,在于"正礼",即孕妇生活处处都要符合礼的要求;若孕妇"所求声音者非礼乐","所求滋味非正味",均属非礼要求,一概不能迁就。他认为胎教要"慎始敬终"。他说:"《易》曰:'正其本而万物理,失之毫厘,差以千里。'故君子慎始。"所谓"慎始",即把胎教看成人生教育的起点或基础,这是不无道理的。③

刘向提出古代胎教的目的是"生子形容端正,才德必过人矣"。这一追求符合怀孕后妃望子成龙、望女成凤的实际。刘向指出实行胎教的关键在于"慎所感",即注重胎儿通过母体对外界事物的感应。他说:"故妊子之时,必慎所感,感于善则善,感于恶则恶。人生肖万物者,皆其母感于物,故形音肖之。"④ 这种观点是有朴素唯物主义成分的。

---

① 刘咏聪《中国古代的育儿》,第 28 页,商务印书馆国际有限公司 1997 年版。
② 参见乔卫平、程培杰《中国古代幼儿教育史》第 92—96 页,安徽教育出版社 1988 年版。
③ 郭齐家、乔卫平《中国远古暨三代教育史》第,100 页。
④ 《列女传·周室三母》。

第二节　诞生风俗

两周人重视生育，由孕妇接近临盆起，到婴儿诞生以后一段颇长时间止，他们都有大大小小的庆祝仪式、习俗。这些礼俗在《礼记·内则》等典籍中有记载。

一、产房风俗

首先是产房禁忌男人进入。即使亲夫也不例外。《礼记·内则》曾说普通人家的妇女临产前丈夫要出居别室，不能和妻子同房，直至生育三月以后。这对于大夫和士之家也是适用的。此种禁忌自然包含着对婴儿爱护的因素，但也似乎和当时人们认为生育属不洁的观念有关。他们认为生育必然出血很多，因此产妇是不洁的，所以不宜和家人发生亲密的关系。

二、诞生礼仪

孩子出世后，有贺新生的习俗。[①] 如《韩非子·六反》说："产男则相贺，产女则杀之。"如果生的是男孩，就挂一张木弓在门的左边；如果是女孩，则挂一条佩巾在门的右边。[②] 男左女右，反映了那时人对性别角色的认同，用象征物寄寓对新生儿深厚的祝福和殷切期望。《礼记·射义》特意说明了生男标志的寓义："故男子生，桑弧蓬矢，以射天地四方。天地四方者，男子之所有事也。"

[①] 刘咏聪《中国古代的育儿》，第39页。
[②] 据《礼记·内则》。

宫廷生育庆典的内容，与民间大同小异，而隆重程度则远远过之。[①]据《礼记·内则》，两周时代的国君和贵族，有比较复杂的接子礼。国君的嫡子出生以后，要奉告国君，用大牢（并用三牲）重礼，来礼接嫡子，由膳宰（掌宰割牲畜的官）来掌宰牲之刀。三天之后，卜选朝内小臣来抱负小嫡子。被选中的那个小臣，要前一天就斋戒，穿上朝服等候在寝门外，接抱嫡子以后，射人用桑木弓和蓬箭射天地四方，象征世子将来精于射猎，然后保母就接过小嫡子来，人们向抱小嫡子的人行醴礼，并且当赐布帛，再卜选士妻或大夫之妾做小嫡子的乳娘，来乳养小嫡子。然后才与君父相见。《左传·桓公六年》载鲁桓公添丁，也是"接以大牢，卜士负之，士妻食之"。可与《内则》所载互相印证。

据《礼记·内则》，国君养子之礼：为世子在宫中另辟一室居住，在众妾与够资格担任养子职务的妇女中，挑选本性宽裕慈惠，态度温良恭敬，又慎重寡言的人，来做子师（教师）、慈母、保母，分担母后的部分责任，统称"三母"。据郑玄解释，三母的职责范围分工如下："子师，教示以善道者；慈母，知其嗜欲者；保母，安其居处者。"其意是说：子师负责世子行为规范的教育，慈母负责世子衣食及其他生活需要的供给，保母负责世子居室的安置料理。"三母"和世子住在一起，培育世子，照顾他的生活，其他的人没有事情都不能来往。郑玄认为，《礼记·内则》表明，世子九岁以前的教育，皆由子师、慈母、保母担任。

除"三母"外，还要选乳母，如前所述。乳母一般都得离开自己的丈夫，不能与丈夫同居。因为同居会使乳量减少，不能满足世子乳儿吃奶的需要。乳母三年以后可以回家，国君嘉勉她们的辛劳，在公宫接见，并有赏赐。

宫廷中择"三母"教养世子的做法也影响到士大夫家庭，只是规格逐次下降。[②]据郑玄注曰，大夫家"但以庶母为慈母，而兼子师、保母之事"。庶母即父之诸妾，兼"三母"之职而不再分工。大夫之子亦可以有乳母。士之妻位贱，不敢使人，所以要自己养育孩子。孩子出生三个月之后，有近似后世"落胎发"的习俗。据《礼记·内则》，择一个好日子替小孩理发，但按规矩胎毛不能全剃光，要留下一点，男孩天灵盖两旁留发不剃，称为留"角"，女孩留顶上一前一后之发，叫做留"羁"；否则，就男的留左边，女的留右边。这里所说的是大夫和士的孩子的情况。

---

① 刘咏聪《中国古代的育儿》，第51页。
② 郭齐家、乔卫平《中国远古暨三代教育史》，第103页。

三、命名风俗

两周时新生儿的命名仪式,《礼记·内则》记载颇为细致。新生儿的阶级、阶层、身份不同,其命名礼也不一样。如果新生儿是世子(国君继承人),国君和夫人都要沐浴穿上朝服,面向西站立在东阶,世妇(宫中女官)抱世子登上西阶,国君为他命名后回去。如果是嫡子(世子弟),国君则在外寝(侧室)与他相见,只是抚摩他的头为他命名。如果是庶子(妾之子),就在侧室,母亲换上朝服,由御女抱着孩子一同见君,到时候君必有恩赐,并且为孩子命名。如果是卿大夫以下的儿子,则丈夫进入侧室之门,跨上东阶,立于东阶而西向,妻子抱子出房,站在门的东面,于是父亲拉着儿子的右手,含笑地给他起名字。庶人亦有见子礼,如果祖父在世,初生子必须见祖父,祖父亦名之,相见的礼节,和子见父一样,就是没有酬答之辞。

命名礼大都在婴儿出生后三月举行的。对此《白虎通·姓名》揭示如下:"三月名之何?天道一时,物有其变。人生三月目煦,亦能咳笑,与人更答。故因其有知而名之。"有学者指出这是古人认识到婴儿的生理功能和心理发展的表现,在婴儿刚具认知能力之时,为其举行"有多重教育意义的仪式"是符合情理的。[①]

据《礼记·内则》,凡是替儿子命名,不用日月名,不用国名,不用身上隐疾名,大夫士的儿子,不敢与世子取同样的名。

[①] 参见乔卫平、程培杰《中国古代幼儿教育史》,第44—47页。

第三节　育儿风俗

一、育儿之道

中国人很早就开始讨论幼儿教育的重要性。①《周易·蒙》说:"匪我求童蒙,童蒙求我。""蒙"是蒙昧、幼稚的意思;也有启蒙、教育的含义。这句话大意是:并非我去求蒙昧的幼童,而是蒙昧的幼童来求我教导。《蒙》又说:"蒙以养正,圣功也。"意为启蒙是为了培养正道,这是神圣不可侵犯的事业。②

两周时期很重视育儿和家教。据《论语·季氏》,有几回,孔子的儿子孔鲤快步走过庭院时,孔子关照他要学诗学礼,还说不学诗就不善于说话,不学礼就不能立身处世。又,孔子学说的继承者孟子,传其母择邻而处,断机杼教子,见《列女传》。对此《三字经》有很好的概括:"昔孟母,择邻处,子不学,断机杼。"

两周时期的育儿之道,大致可归纳为以下四点:(一)以身作则;(二)严慈结合;(三)知子教子;(四)重男轻女的区别教育。

(一) 以身作则

两周人看重父母的榜样作用,希图下一代学习,往往言教、身教并重,不忘以身作则。

孔子的学生曾参对自己要求很严格,他的座右铭是"三省吾身"。据《论语·学而》,曾参每天都要反省自己:替人家办事没有尽心竭力吗?与朋友交往不讲信用吗?老师传授的学业没有用心复习吗?要求自己做人忠信诚实,他把自己的这个修养原则也同

---

① 刘咏聪《中国古代的育儿》,第 89 页。
② 孙振声《易经今译》,第 55—56 页,海南人民出版社 1988 年版。

样用来教育其子。①"曾子烹彘",就是一个典型的例证。据《韩非子·外储说左上》,曾子的妻子去赶集,他的儿子哭着要跟她去。她哄儿子说:"你回家去,等我回来给你杀猪。"妻子刚从集市上回来,曾子就要逮猪来杀。妻子制止他说:"只与小孩说着玩玩罢了。"曾子说:"小孩不是开玩笑的对象。小孩没有知识,要向父母学习,听父母的教导。做母亲的欺骗儿子,儿子就不相信他的母亲,这不是教儿子的方法。"于是就杀猪烧给儿子吃。

(二)严慈结合

两周人认为:教子中爱养和严责是结合在一起的。所谓"文武之道,一张一弛"。但严和慈都应有一定的尺度,否则就会走到两个极端。也就是说"既不能过严苛责,又不能溺爱放纵,应宽猛相济,严慈有节"。②

1. 教子须严

两周人主张教子从严,对子弟严加管束,包括有限的体罚。《吕氏春秋·荡兵》说:"家无怒笞,则竖子、婴儿之有过也立见。"其意是说,家中如果没有责打,小儿犯过错的事就会立刻出现。《韩非子·六反》也说:"父薄爱教笞,子多善,用严也。"认为薄爱加责打,培养出的孩子多是好的。这种体罚虽是需要的,但应恰如其分,适可而止,其处置依孩子的年龄为转移,即所谓"冠子不骂,髦子不笞"。③其意是说:男孩子长到20岁就不适宜责骂、长到幼年就不应该笞打了。

2. 教子要慈

慈爱在教育子女中也是十分重要的,父母的关怀,家庭的温暖,是子女成长过程中不可缺少的因素,家庭教育与学校教育比较而言,比后者多了亲情天伦关系。但慈爱过了头,又会产生溺爱问题,这是不利于下一代成长的。古代著名军事家孙武曾用娇生惯养之子来比喻那些腐败无用的官兵:"厚而不能使,爱而不能令,乱而不能治,譬如娇子,不可用也。"④人人都有爱子之心,慈爱与溺爱之间只有一步之隔,结果却是相差千里。二者的区别在哪里呢?曾子曾对儿子曾元、曾申说过:"君子之爱人也以德,细人之爱人也以姑息。"⑤这话用在对子女的教育上十分恰切,以德去爱子女是君子的慈爱,以姑息迁就去爱子女就是小人的溺爱了。

(三)知子教子

教育的基本原则之一是因材施教。其用在家庭教育上更合适。因为父母最了解子

---

① 阎爱民《中国古代的家教》,第104页,商务印书馆国际有限公司1997年版。
② 阎爱民《中国古代的家教》,第108页。
③ 《韩非子·六反》。
④ 《孙子兵法·地形》。
《礼记·檀弓》。

女，所谓"知儿莫如父"，能够采用最合适的方法，取得最好的效果。但做到这一点，并非易事。据《史记·廉颇蔺相如列传》，战国时期，赵奢是赵国的一员名将，曾率军大破秦军，解除阏与（今山西和顺县）之围，被赐封为马服君。他的儿子赵括自小就学习兵法，谈论军事，头头是道，连他的父亲也难不倒他。赵括一时名声大噪。赵奢死后，秦军压境，与赵军在长平（今山西高平市西北）对峙。危急时刻，赵王任命赵括为将军，统率赵军御敌。赵括的母亲亲自上书赵王，请求撤消对儿子的任命。她说赵括的父亲在世时曾认为儿子只会纸上谈兵，兵事是关系生死存亡的大事，而赵括说起来竟是那样轻巧松快，如果日后赵王用他统兵作战，必定会打败仗的。赵王不相信赵括父母对儿子的看法，依然执意任用赵括。结果赵军在长平之战中大败，数十万士兵投降后被秦军坑杀，赵括也在阵前被秦军射死。面对惨痛的教训，人们在佩服赵括父母的知子之明的同时，也对他们知道儿子的毛病而未能进行有效的教诲而惋惜。所以父母不但要知子，而且要善诱，要对他们进行有针对性地教育，即因材施教。①

（四）重男轻女的区别教育

两周社会是男尊女卑的社会，在家庭教育上自然会渗入重男轻女的观念。那时家教以儿孙为中心，女孩子教育的方式和内容，都与男孩子的教育有区别。

与前述民间的育儿情况不同，贵族阶层的育儿以储宫教育为重点。②两周时期的宫廷教育，显然是以太子或世子的培训为重心的。西周时期有作为婴幼儿教育机构雏形的"孺子室"制度。③凡太子或世子生后三日，即初送到"孺子室"，并在众妾与够资格担任养子职务的妇女中，挑选心性宽厚慈惠，态度温良恭敬，而又慎重寡言的人，来做教师、慈母、保母，负责保育、教养工作。④此外，太子又有"六傅"，包括太傅、少傅、太保、少保、太师、少师，统称"师傅"、"师保"或"保傅"，负责教育太子，使太子成为言行端正，道德高尚，有统治法术的人。

与皇子们所受的制度化教育相较，公主和宗室女儿们的教育似未成系统。⑤两周亦如此。"三从四德"是两周时期闺教中教育的重要内容。《周礼·天官》载古有"九嫔"，职责是"掌妇学之法，教以四德。"《礼记·昏义》也说：古代女子在出嫁前三个月，如果她的高祖庙未迁，就在宗子的祠堂接受婚前教育；如果已迁，就在支祠中接受婚前教育，教她"妇德"（妇人贞顺的德性）、"妇言"（言语的应对）、"妇容"（化装）、"妇

---

① 阎爱民《中国古代的家教》，第96页。
② 刘咏聪《中国古代的育儿》，第80页。
③ 参阅冉苒《中国古代初期无婴幼儿教育机构说质疑》，载《西南师范大学学报》1990年第3期。
④ 见《礼记·内则》。
⑤ 刘咏聪《中国古代的育儿》，第84页。

功"（家事）等。学成之后，祭告於祖先。上述两处所指的"四德"教育，其实是周代贵族女儿在出嫁前的三个月里所学的内容，而不是他们童年的教育内容。"三从"即所谓"幼从父兄，嫁从夫，夫死从子"①。有学者认为："虽然儒家'三从四德'的提出，有针对当时社会婚姻形态中存在的原始群婚制残余，及约束出现不久还比较松散的一夫一妻制家庭的历史背景原因，但其内容无疑是有很多对妇女歧视和束缚的成分。""'三从'自可完全摒弃"，"而'四德'则应具体分析"。②汉代班昭在《女诫·妇行篇》中解释"四行"说：

清闲贞静，守节整齐，行己有耻，动静有法，是谓妇德。择辞而说，不道恶语，时然后言，不厌于人，是谓妇言。盥浣尘秽，服饰鲜洁，沐浴以时，身不垢辱，是谓妇容。专心纺绩，不好戏笑，洁齐酒食，以奉宾客，是谓妇功。

虽然对女子仍有种种限制，消极而不合理。但平心而论，妇德中有自爱稳重的因素；妇言强调语言美；妇容讲究清洁卫生；妇功重视家务的操作，这些内容当属传统家教中的优良部分，③对于维护家庭、邻里关系的和睦，以及保持身体健康，都是有利的，④当然不应完全摒弃。

二、育儿的内容

两周时期家庭对儿童的教育，包括日常生活规范、道德修养、功名思想和学术文化等的教育。兹分述于下。

（一）日常生活

这方面主要是生活知识和行为规范的训练。据《礼记·内则》，小孩到了能吃饭的时候，女师要教他使用右手。开始学话的时候，教他们答话，男孩答唯，女孩答俞。所用的佩囊，男用皮韦，女用丝缯，各表示武事与织纴。小孩出生六年以后，要教他认识数目和四方的名称。七年，开始分别男女，不让他们同席共食。八年，教他们学习逊让之礼，出入门户和就席吃饭，要后长者。九年，教他们知道天干地支及朔望，

---

① 《礼记·郊特牲》。
② 阎爱民《中国古代的家教》，第125页。
③ 阎爱民《中国古代的家教》，第126页。
④ 彭卫《汉代的婚姻形态》，第317页，三秦出版社1988年版。

这些都由女师来教导，男孩女孩所教都相同，到了第十年，就男女异教了。男孩到了第十年，就出外去求学，居宿在外，跟随老师学习六书九数。

上述这段话，基本可以代表周人的幼教思想，即在孩童时期，家教的主要内容是教授并示范基本的生活自理能力。对子女的生活教育要分阶段，每阶段教的内容不同。其中有起居训练、语言礼节、自食其力等。《礼记》谈到的儿童时期生活教育内容，对后人影响颇大，经常在家教中借鉴引用，或加以继承和补充。①

关于居家礼节，除《礼记·内则》外，《礼记·少仪》也有记载，即朱熹所谓"少者事长之节"。如高自己一辈的尊长，不敢询问他的年龄。私燕而见，卑幼的不使侍者传达辞令。在路上遇到尊长，要上前请安。如果长者躺着，卑幼的便坐着而等候为长者传命。陪长者投壶，要把箭矢抱着，不能放在地上。陪侍年长有爵位的人坐谈时，如果他打呵欠、伸懒腰、询问时间的早晚，这都是不耐烦的表示，那时可以请退。又，陪长者坐时要专心致意，不要与其他侍坐的人相狎昵，待人接物要庄重严肃。

（二）道德修养

两周时期，人们十分重视品德教育，常将此放在家教的首位，教子以道义廉洁、砥砺磨练、孝亲忠信。

1. 道义

周代人们教子讲求道义，方正处世做人，不为奸邪不义之事。据《左传·隐公三年》，春秋时期，卫庄公溺爱少子州吁。州吁喜欢武事，又骄傲、无礼、违法、放荡，庄公并不禁止。大夫石碏规劝道："臣闻爱子，教之以义方，弗纳于邪。骄奢淫泆，所自邪也。"此处，石碏提出了一个教子的原则问题：怎样才算爱子，是一味顺应其淫欲奢望，放任恶德发生发展，使其走上邪路，还是约束培养其成为有道义的人。但庄公不听石碏的规劝，庄公死后，终于发生了州吁杀死其兄卫桓公自立为君的政变。

2. 砥砺磨炼

战国时期，赵国的左师触龙提出"父母之爱子，则为之计深远"②的见解。具体言之，就是从子女的长远利益考虑，应作如下谋划：有意识让子女吃一些苦，以磨炼他们的意志，培养他们坚毅和奋发有为精神，为国家建功立业，以站稳脚跟。

当时，赵太后刚刚在赵国当权，秦国急速前来攻打。赵国向齐国求救。齐国说一定要用长安君来作人质，才出兵。长安君是赵太后很疼爱的小儿子，作人质既受罪又危险，太后自然不同意。双方因而僵持不下。大臣们也不敢持续劝谏太后。左师以另一种方式规劝太后。他说疼爱自己小儿子比女人家还要厉害，为此希望在没死之年把

---

① 刘咏聪《中国古代的育儿》，第104页。
② 《战国策·赵策四》"赵太后新用事"条。

小儿子托付给太后。接着说太后疼爱女儿超过小儿子,您的女儿远嫁燕国为后,您心中非常悲伤、想念,但每当祭祀的时候总要为她祝福,祈祷说:一定别让她回来!让她的子孙世世代代为燕王!这难道不是为她的长远打算。可您对小儿子长安君,虽然分封给他肥美的土地,又多给他贵重的珍宝,但地位尊贵而没有功勋,俸禄丰厚而没有劳绩,又不趁现在让他为国家建立功劳。有朝一日您百年之后,长安君凭什么能在赵国立足?您为长安君考虑得太短浅了,所以我认为您对他的疼爱不如对燕后。

上述触龙的爱子观说服了太后,促使她改变了主意,同意长安君到齐国去做人质,齐国的军队才出动。

3. 孝亲

两周人的家庭教育,十分重视孝心的培养。在著述中不乏歌颂父母之恩的内容。如《诗歌·小雅·蓼莪》写孩儿对父母的怀念,思念父母对自己抚育的辛勤,但不得终养,痛何如之:

> 哀哀父母,生我劬劳……哀哀父母,生我劳瘁……父兮生我,母兮鞠我。拊我畜我,长我育我,顾我复我,出入腹我。欲报之德,昊天罔极。①

此诗形象地刻画了父母养儿育女的恩德,感情充沛,堪称名篇力作,因而传颂千古。

为了使人们报答父母之恩,周公倡导孝友为德,特别重视孝、友的教育,使父子、兄弟都遵守孝悌之道,而把不孝、不友看作最大的罪恶。②《孝经·圣治》也说"人之行莫大于孝",即把孝看成诸德之本、之根、之基。③

据研究,孝有大、小之分,对父母生则敬养,死则丧祭,是谓小孝;自身修行扬名,以荣显父母养育教诲之德,是为大孝。④正如《孝经·开宗明义》所云:"立身行道,扬名于后世,以显父母,孝之终也。"有学者认为:这里所说的"名",是指因个人修养、品格而得的"名",和后世仕禄之"名"有所分别。然而这种要求自己扬名以显父母的思想,却与后来的功名思想是一脉相承的。⑤

需要指出的是:早期的儒家道德要求子孝弟恭的同时,还要求父慈兄友;要求儿子做孝子的同时,还要做诤子。《孝经·谏诤》说:"父有争子,则身不陷于不义。故当不义,则子不可以不争于父。"其意是:父亲有直言相劝的儿子,他本人就不会做出不

---

① 金启华译注《诗经全译》,第500页,江苏古籍出版社1984年版。
② 详见《尚书·康诰》。
③ 参李辑《中国远古暨三代思想史》,第160页,人民出版社1994年版。
④ 参阎爱民《中国古代的家教》,第32页。
⑤ 刘咏聪《中国古代的育儿》,第128页。

正当的事情。所以,遇到不正当的事,儿子不应当不劝阻父亲。据《孔子家语》,孔子的学生曾参是个孝子,有一次他在瓜田锄草时不小心将瓜秧根茎锄断,他父亲勃然大怒,操起大杖便狠狠打来,曾参竟不躲避,结果被打得昏了过去。孔子闻讯后对曾参挨打时逆来顺受不知争辩的错误做法十分不满,对学生说曾参要是到我这来,不能让他进来。并且说:儿子受父亲教训,"小棰则待,大杖则逃,不陷父于不义也"。可见孔子认为父亲体罚儿子应有个度,超过这个度便是不义,对此儿子不能无原则地顺从。

4. 忠信

周代也把忠作为一种立身处世的道德修养来进行教子。忠与孝是互相联系的。《孝经·开宗明义》说:"夫孝始于事亲,中于事君,终于立身。"其意是说:所谓孝,是从侍奉父母开始,经过辅佐君王,最后是树立高尚人格。可见忠君的观念寓于孝的观念之中。鲁国的季康子曾经问孔子,怎样做才能使老百姓忠诚。孔子回答说:"孝慈则忠。"①意思是说:你能够孝敬父母,友爱兄弟,老百姓就会忠诚。孔子的学生樊迟曾经向老师"问仁"。孔子说:"居处恭,执事敬,与人忠。"②其意是:平时闲居的时候要恭谨,办事的时候要诚敬,和人交往的时候要忠实。这几点做到了就是仁。可见忠也包括对朋友的忠诚。忠的涵意随着岁月的流逝而变化,由原来的忠于主人、忠于朋友发展为侧重指忠于君王。由于国君是社稷的象征,忠君有时也指忠于国家。两周人的家教中,对子弟进行教育的一项重要内容就是忠。前述田稷子母亲教子廉洁的同时,又教子忠于齐王,取信天下。③

(三)学术文化

西周人很重视子女文化知识的学习。《礼记·学记》云:"玉不琢,不成器;人不学,不知道。"就反映了这种情况。

1. 西周的教育制度

西周人文化知识的学习,被分成"小学"和"大学"两个阶段。

(1)小学教育 西周时有小学的设置,已见于周康王时《大盂鼎》的铭文和周宣王时《师嫠殷》的铭文。贵族子弟入小学的年龄,据《大戴礼记·保傅》、《礼记·曲礼上》、《礼记·内则》和《尚书大传》,王侯太子入国学之小学的年龄是8岁。公卿之太子、大夫元士之适子入国之小学的年龄是10岁或13岁。众子及部分平民子弟入小学年龄是15岁。小学的学习年限约为七年。④《礼记·内则》记载小学教育的内容:"十年出就

---

① 《论语·为政》。
② 《论语·子路》。
③ 阎爱民《中国古代的家教》,第37页。
④ 孙培青《中国教育史》,第34页,华东师范大学出版社1992年版。

外傅，居宿于外，学书计……朝夕学幼仪，请肄简谅。十有三年，学乐诵诗舞勺。成童，舞象，学射御。"可见小学教育的内容有德、行、艺、仪几方面，即礼仪、乐舞、射御、书计，也就是对年幼的贵族子弟进行奴隶主贵族道德行为的培养、军事和社会生活知识技能的基本训练。①

（2）大学教育　入大学有一定的资格限制，只有少数符合资格的人才能受大学教育。《礼记·王制》云："王大子、王子、群后之大子、卿大夫元士之适子、国之俊选，皆造焉。"这里有两类人：一类是贵族子弟；另一类是被推荐选拔的平民中的优秀分子。入大学的年龄，王大子为15岁，其他的人皆为20岁。据《学记》，大学的学程为九年。

大学的教学，从培养统治者的需要出发，学大艺，履大节。较之小学，不仅内容增加，而且程度提高。②具体而言，礼乐射御受到重视，射御训练作为重要要求；以《诗》、《书》取代了写字和计算，诵《诗》是乐教的有机组成部分，学《书》是学上古之书，以了解上古的政治历史经验。

（3）乡学教育　乡学是指设在王都郊外六乡行政区中的地方学校。据《周礼·地官·司徒》，乡学的教育内容以德、行、艺为纲。德指"六德"：知、仁、圣、义、忠、和；行指"六行"：孝、友、睦、姻、任、恤；艺指"六艺"：礼、乐、射、御、书、数。乡学的要求和国学相近。

2.六艺教育　西周不论是国学或是乡学，不管是小学或是大学，其基本学科都是"六艺"，只是在要求上有层次的不同。③

"六艺"包括六门课程："礼"、"乐"、"射"、"御"、"书"、"数"。据《礼记·文王世子》，礼乐教育是六艺教育的中心。因为"移风易俗，莫善于乐；安上治民，莫善于礼"。

（1）礼乐　礼的内容广博，举凡政治、伦理、道德、礼仪皆在其中，以至社会生活的方方面面都有礼。学校中所教的礼，则为贵族生活中所必需的五礼：吉礼、凶礼、宾礼、军礼、嘉礼。据《周礼·春官·大宗伯》，吉礼讲祭享邦国的天神、人鬼、地祇。凶礼是讲哀吊救助邦国的忧患。宾礼是讲天子与诸侯国及诸侯国之间往来交际、接待宾客之礼。军礼是师旅操演、征伐反逆不顺的诸侯之礼。嘉礼是和合人际关系，沟通，联络感情的礼仪。④当时是等级社会，不论何种礼仪，都随人的身份地位的不同而有仪

---

① 参张瑞璠主编《中国教育史研究·先秦卷》，第20页，华东师范大学出版社1991年版。
② 孙培青主编《中国教育史》，第36页。
③ 孙培青主编《中国教育史》，第20页。
④ 阴法鲁、许树安主编《中国古代文化史》（2），第27页，北京大学出版社1991年版。

节多少繁简的不同，不可能、也绝不会对万民一视同仁。

乐是综合艺术课。①内容包含诗歌、音乐、舞蹈。②一说还包括雏形的戏剧。郑玄注："古者教以诗乐，诵之、歌之、弦之、舞之。"表明其形式的多样化。乐教是当时的艺术教育，它寓有德育、智育、体育、美育等多种教育因素。③儒家以礼乐立教。礼与乐有不可分割的表里关系。④《礼记·乐记》云："乐也者，动于内者也；礼也者，动于外者也。故礼主其减，乐主其盈。"其意是：乐是调理精神的，礼是调理外貌的。调理外貌要以克制自己尊重别人为原则；调理精神则以充分发挥性情为原则。⑤换言之，礼能够约束人们的外部行为，具有强制性；乐则可以陶冶人们的内心感情，使礼变为人们的精神需要，且自我满足，于是森严的等级关系便和谐化了。因此《乐记》又说："乐者为同，礼者为异；同则相亲，异则相敬。"礼乐教育确实起了厚人伦、美教化、移风俗的作用。

（2）射御　"射"与"御"是军事训练课。西周作战，以车兵为主力。车兵进攻的武器主要是弓箭，所以射和御（驾车）是最基本的军事技术训练。

射箭的要求有五条。一是"白矢"：射箭透靶，见其箭头。重在开弓臂力。二是"参连"：前射一箭，后三箭连发皆中。重在发射时的速度。三是"剡注"：力猛锐使箭能贯物而过。重在锋利易入。四是"襄尺"：尊者与卑者同射，不能并肩而立，卑者须后退一步。以示身份的不同。五是"井仪"：射四箭，都要射中并呈"井"形。重在箭法准确。射的训练相当严格，为贵族青年参加大射或乡射准备条件。

驾车的要求亦有五条。一是"鸣和鸾"：车行动节奏鲜明，车铃与"鸾"鸣声相应。二是逐水曲：沿着曲折的水沟边驾车而不使车坠入水中。三是过君表：驱车通过模拟设置的辕门，要准确不偏，不得与障碍物发生碰撞。四是舞交衢：在交叉道上，往来驰驱，旋转快慢适度，像舞蹈一样有节奏。五是逐禽右：驱车追赶野兽，使向左边逃跑，以利于射猎。上述五项要求归纳起来就是要沉着、敏捷、熟练，能随时密切配合射手，创造有利的射击机会。⑥

（3）书数　"书"与"数"是基础文化课。"书"指的是文字，"数"指的是算法。《周礼》有"六书"、"九数"之名，而无细目。据汉代经学家解释，"六书"的内容如下：

---

① 张瑞璠主编《中国教育史研究·先秦分卷》，第23页。
② 一说还包括雏形的戏剧。见毛锐礼主编《中国教育史简编》，第380页，教育科学出版社1984年版。
③ 孙培青主编《中国教育史》，第41页。
④ 毛锐礼主编《中国教育史简编》，第380页。
⑤ 王梦鸥注译《礼记今注今译》下册，第648页，台湾商务印书馆股份有限公司1984年版。
⑥ 张瑞璠《中国教育史研究·先秦分卷》，第25—26页。

一是"象形","象形者,画成其物,随体诘诎,日月是也"。①其意是"所谓象形,就是按照客观事物的形体,随其圆转曲直描绘出一种具有形象感的代表符号,以表达语言中的词义"。②如日像一轮太阳,月像如钩的新月。二是指事,"指事者,视而可识,察而见意,上下是也"。三是会意,"会意者,比类合谊,以见指撝,武信是也"。学者认为,会意是合二字三字之义,以成一字之意。四是形声,"形声者,以事为名,取譬相成,江河是也"。学者认为,形声是合体字,其结构是"一形一声",形声结合。也就是意符和声符并用。五是转注,"转注者,建类一首,同意相受,考老是也"。关于转注的解释,学界争论最多。其中一种意见认为,所谓"转注",是"同一个部首的同义字相互解释"。如"老,考也";"考,老也"。六是假借,"假借者,本无其字,依声托事,令长是也"。所谓假借,就是利用假借现有同音字来调剂文字之不足,这是变通的用字方法,并非为造字之法。

九数的内容如下:一是"方田",讲田亩面积计算等问题。二是"粟米",讲按比例交换问题。三是"衰分",讲按比例分配问题。四是"少广",讲在体积计算中运用开平方和开立方的方法。五是"商功",讲工程的计算,尤其是体积的计算。六是"均输",讲按人口、路途等条件,合理安排运输赋粟和分配徭役等问题。七是"盈不足",讲运用假设的方法解决难题。八是"方程",讲联立一次方程以及正负数。九是"勾股",讲"勾股定理"。③

2. 春秋时期教育的变革

春秋时期,不论国学或乡学都难于维持,日趋衰废,文化职官流落四方。④而发端于春秋中叶的私学,则逐渐兴起。到春秋末叶,已发展到初步繁荣的阶段。⑤

(1) 贵族教育的课目

春秋时期,贵族教育制度略可考的是师、保、傅和公族大夫的设置。师、保、傅制度起码在西周初年已有。⑥据史籍记载,春秋时期晋、齐、鲁、楚等国设有师、保、傅,其职务是教育太子,多选有资望的近臣担任。据《国语·楚语上》,楚庄王命士亹任太傅,士亹坚辞,于是去请教贤大夫申叔时。申叔时对士亹讲到太子应习的课目是:(1)《春秋》,其作用是使其懂得褒善贬恶的道理,以劝诫其心;(2)《世》(贵族世系谱牒),说明有德者显名,昏乱者被废弃的道理;(3)《诗》,宣扬先圣贤王的德业,来开

---

① (汉)许慎《说文解字》。以下引用同书的话,不再一一注明。
② 高明《中国古文字学通论》,第47页,北京大学出版社1996年版。
③ 张瑞璠主编《中国教育史研究·先秦分卷》,第26—27页。
④ 详见《论语·微子》。
⑤ 孙培青主编《中国教育史》,第47页。
⑥ 详见(汉)贾谊《新书·保傅》。

拓其志向;(4)《礼》,使其懂得上下尊卑的法则;(5)《乐》,清除邪念和浮躁情绪;(6)令,了解百官的职责;(7)《语》,了解治国的名言警语,光大其美德,让其知道先王用德治使民心归附的道理;(8)《故志》(记载前代兴衰成败的书),明白兴衰成败的规律而心存戒惧;(9)《训典》(即《尚书》的主要内容),使其懂得世族兴旺要宽厚顺从的道理,自己的行为应合乎道义。有学者认为,这九种科目的内容涵盖了政治、伦理、历史和文艺等方面,就文化修养而论,比"六艺"更丰富。①

公族大夫负责教育公族及卿的子弟。晋悼公在任命公族大夫时说:"夫膏粱之性难正也,故使惇惠者教之,使文敏者导之,使果敢者谂之,使镇静者修之。"② 其意是说:膏粱子弟的骄奢放纵难于矫正,所以让本性朴实宽厚的人教育他们,让机敏又富于文才的人引导他们,让果决勇敢的人劝诫他们,让镇静有头脑的人修治他们。可见晋君对公族子弟教育是十分重视的。至于教育公族子弟的内容,则未见记载。

(2)私学的兴起

私学出现在孔丘开办孔家私学之前。与官学相比,私学具有非常明显的特点,即"依靠自由办学、自由就学、自由讲学、自由竞争等四大自由来发展教育事业,以适应当时社会对人才的需求"。③私学的产生与思想政治斗争有一定的联系。

郑国的邓析和鲁国的少正卯都曾办私学进行讲学活动。少正卯讲学内容不见于记载,而据《吕氏春秋·离谓》的记载,邓析有《竹刑》问世,是专门讲法律的。向他"学讼者,不可胜数"。可见他的学生很多。

孔丘是当时许多私学中的一家。在孔丘创办私学时,私学已有初步发展,孔丘曾到各个私学去游学,他的学问也是得之于私学。据《史记》等书记载,孔丘曾学琴于师襄,问礼于老聃,学官于郯子,问乐于苌弘。这些人也是当时私学老师。这说明孔丘学无常师,同时也说明在孔丘办私学前,已经有人以私人的资格在传授文化知识了。④

孔子教学的基本科目是《诗》、《书》、《礼》、《乐》、《易》、《春秋》。关于《礼》、《乐》,我们在前面已经讨论过了,这里仅略谈《诗》、《书》、《易》、《春秋》。《诗》是西周以来的《诗歌》,存留三百零五篇,分"风"、"雅"、"颂"三类。风是民歌,雅是西周宫廷的诗歌,颂是庙堂的诗歌。《书》亦称《尚书》,乃春秋以前历代官方的政治历史文件汇编。所选取的材料,都符合垂世立教示人规范的政治标准。《易》亦称《周易》,是一部卜筮之书。《春秋》曾经作为东周各国史书的通称,同时也是春秋时期鲁国史书

---

① 张瑞璠主编《中国教育史研究·先秦分卷》,第33页。
② 《国语·晋语七》。
③ 孙培青主编《中国教育史》,第52页。
④ 孙培青主编《中国教育史》,第50页。

的专称。现存的《春秋》一书，记述了前772年至前481年共242年的历史。

3. 战国时期的教育

战国时期是社会大变革的时期。新的封建制的生产关系在奴隶制的母胎里逐渐成熟，生产力大解放，生产大发展，工农业生产水平都有了显著提高，商品经济的比重渐趋增加，城市日见繁荣。这就为更多的人从事脑力劳动，为教育的发展提供了丰厚的物质基础。

战国时期，养士之风盛行，使士成为一种受人青睐的职业，人们竞相学习做士，拜师求学成为风尚，加以百家争鸣的开展，这就促进了私学发展，产生了不少私学和大师。如孟轲"后车数十乘，从者数百人，以传食于诸侯"。① 道家田骈在齐国，"资养千钟，徒百人"。② 农家许行躬耕而食，也有"徒数十人"。③ 连医家扁鹊也与其弟子亦教亦学亦医，周行于各诸侯国、各大城市。

各家所传授的学术文化知识异彩纷呈。儒家传授"六艺"，尤其是《大学》、《中庸》、《学记》等儒家经籍。法家传授"法治"。墨家教学内容是农业、手工业生产知识，军事器械制造、使用知识与技能，自然科学知识，如数学、力学、光学等。④ 名家讲授逻辑思维形式。阴阳家讲授的重点是阴阳五行的相生相克，并以之说明历史的变化、王朝的更替。此外，兵家传授军事辩证法，医家传授人体科学知识及其诊疗辩证法。它们都对战国文化、教育的发展作出了重要贡献。

---

① 《孟子·滕文公下》。
② 《战国策·齐策》。
③ 《孟子·滕文公上》。
④ 孙培青主编《中国教育史》，第95页。

【第四节　成人礼俗】

一个人，当他经过漫长的文化学习过程后，渐渐趋向成熟，可以承当社会所赋予的权利和义务。此时，人们又要举行一系列的礼仪来祈祷他在人生旅途上的这一重要进展，这种礼仪就是成年礼仪。

两周时期，人们对成年礼十分重视。这是因为"子女成人之道的教育，为家教的重要步骤，培养子女对家庭与社会的责任心，是成人教育的主要目的"。①

由于男女有别，那时的成年礼仪有冠礼和笄礼之别。

一、冠礼

在两周，冠礼是人生礼仪中重要的、并且具有多重特性的礼仪。据《礼记》的记载，古代男子20岁行冠礼。但周朝天子则比较特殊，往往12至15岁就举行冠礼。如"文王年十二而冠，成王十五而冠"。② 由于中国传统社会以男性为中心，因而冠礼远较笄礼庄重。古人认为，冠礼是成人之礼的开始，是嘉礼中最重要的，因此古代圣王很重视冠礼，冠礼一般在宗庙里举行，并规定了一套严整、周密、系统的仪式。《礼记·冠义》载："故冠于阼，以著代也；醮于客位，三加弥尊，加有成也；已冠而字之，成人之道也。见于母，母拜之；见于兄弟，兄弟拜之；成人而与为礼也。玄冠玄端奠挚於君，遂以挚见于乡大夫、乡先生；以成人见也。"据李学勤先生的研究，冠礼的大致程式是这样的：

---

① 阎爱民《中国古代的家教》，第86页。
② 《通典》卷五十六《天子加元服》。

第六章 生育

湖北战国彩绘着衣女木俑

冠礼在宗庙举行。将加冠的青年的父亲先用筮（一种占卜方法）决定行礼的日期，并且用筮决定请哪一位宾来为青年加冠。确定后，把日期通知宾家。到行礼那一天，早晨将一切准备好，将加冠的青年立于房中。其父请宾进门，入庙就位，将加冠的青年出房就位，然后行礼。宾把规定的服饰加于青年，共行三次，称为始加、再加、三加，于是以酒祝青年。青年由西阶而下，去拜见他的母亲。见母后，回到西阶以东，由宾给他起一个字（名字的字）。于是礼成，青年之父送宾出庙门。被加冠的青年见他的兄弟姑姊，随后再见君和乡大夫、乡先生等。其父以酒款待所请的宾，送他束帛、俪皮，最后敬送出家门。①

《礼记》所载周代冠礼极其繁缛而复杂，因而后来渐渐简化，以至消泯，或者与其他礼仪合并。②

二、笄礼

女子成年礼仪叫笄礼。据《礼记》的记载，女子15岁行笄礼。在年龄上早于男子。所谓笄，就是把头发挽起来，用笄簪上。古时候，无论男女，幼年时都不结发，头发是自然披散的，顶多是将头发扎成两撮垂在脑后，称"总角"，并不加修饰。因此，从披散的头发或总角一望即知其人未成年。及至成年时，头发就要精心收拾起来，男子是加冠，女子是加笄，这标志他们已经成年，可以结婚出嫁了。由于当时重男轻女，笄礼的记载比较少见，并且可以推断其远不如冠礼隆重。后世随着岁月的流逝，笄礼也和冠礼一样衰微了，但却存在相似的、功能一致的礼俗，如上头、开脸等。③

冠笄之礼后，青年既有名，又有字了。名与字的意义多是相同或相近的。父母在为年幼的子女命名之时，亦将自己对子女的希望寄寓名中。冠笄后取字，对成年子女再次表明此种愿望，则是要求儿女思其名、字之义而不忘父母的殷切希望。正如《礼记·冠礼》上所说：所谓要求他能行成人之礼，就是要求他具有做人子、做人弟、做人臣、做人后辈的合乎礼的品行。又说：为人子能孝，为人弟能悌，为人臣能忠，为人后辈能顺，然后可以自立做人；能做人，才能管理别人。

---

① 李学勤《古代的礼制和宗法》，载《中国文化史讲座》，中央广播大学出版社1984年版。
② 乔继堂《中国人生礼俗大全》，第148页。
③ 钟敬文主编《中国礼仪全书》，第154页，安徽科学技术出版社1995年版。

第七章
卫生保健和养老

两周时期,人们对卫生保健、医疗和养老十分重视。他们在居住、环境、用水、饮食、起居等方面,采取了不少有益于人类健康的卫生措施,形成了早期预防疾病的良好风尚。还积累了一些疾病的诊断和治疗经验及药物知识。并把敬老纳入礼仪制度之中。

【第一节　卫生保健风俗】

一、居住卫生

在居住方面，西周已有形制完整的四合院型的宫室，在南方则发现有西周初的大型干阑住宅。①春秋战国的住宅，较前有大的进步。当时已有楼房建筑，与后世楼房大致相似。还有平房建筑，其构造有台基、柱、斗、屋檐等物。屋顶显然是瓦顶。穴居种类还不少。不仅建筑类型多样化，而且建筑平面单元布置已相当标准化，有圆字形平面；方形、长方形平面；亚字形平面；田字形平面和"一堂二内"式平面等多种。当时各地环境，及风尚习俗，各不相同。如秦、楚、鲁、齐等宅制有很多互不相同的地方，不过目前尚不能一一指出它们的具体差别之所在。②据《墨子·辞过》，当时建造房屋的法则是：地基的高度足以避免潮湿，四面的围墙足以抵御风寒，上面的屋顶足以承受雪霜雨露，墙壁的高度足以符合男女分别的礼节。贵族们采用高的土台作房基，从建筑意义上看，自然是高燥闿爽，基础坚固，对人的安全和健康有利。而"一堂二内"的民宅形式，即有堂屋一间、卧室二间，③是最经济的住宅制度，又便于起居，很适合小家庭之用。战国时期的砖，品种较多，技术较高，主要用来砌壁面和铺地。此外，还有夯实的地面，可供休憩睡卧。屋内有烟囱可清除烟尘污染以洁净室内空气。每一户都有一个院子。④"五亩之宅，树之以桑"。⑤可以调节空气。列国都城"或建于两条

---

① 刘致平著、王其明增补《中国居住建筑简史》，第7页，中国建筑工业出版社1990年版。
② 详见刘致平著、王其明增补《中国居住建筑简史》，第9—10页。
③ 详见《睡虎地秦墓竹简·封诊式·封守》和《封诊式·穴盗》。
④ 丁俊清《中国居住文化》，第48页，同济大学出版社1997年版。
⑤ 《孟子·梁惠王上》。

大河之间，或处在两河交汇的三角地带"。①住宅的选址，一般为高敞之地或靠山面水之处。住宅的座向，基本取南北向，以向阳背阴，通风采光。

二、环境卫生

有利于保护居住生活区环境卫生的一些习尚，已成为人们生活的准则之一。除了人畜隔离、居地和公共墓地分隔已为社会广泛认同和采用外，还注意粪便的处理。都城中宫城内的粪便清理早在西周时就有专人负责。《周礼·天官·宫人》载宫人的职责是："掌王之六寝之脩。为其井匽，除其不蠲，去其恶臭。……凡寝中之事，埽除。"井匽，就是宫中路边隐蔽处之厕所。这段话的意思是：宫人掌理王者六寝的清扫整理，在宫中路边设造厕所。春秋战国厕所用以排粪的池坎很深，所以常有人不慎跌入厕中身亡的例子。《左传·成公十年》载：晋侯"将食，张，如厕，陷而卒"。厕所的设立，对改善城市环境卫生，防止传染病的传播起到了积极的作用。当时不仅注意对粪便的处理，而且重视对垃圾的清理。《韩非子·内储说上》云："殷法刑弃灰。"说明早在殷代我国就有了管理都市街道卫生的法令。两周之时，法律对于在街道上倒灰、抛置污物的人，继续施以重刑。《史记·李斯列传》载："商君之法，刑弃灰于道者。"《汉书·五行志》云："秦连坐之法，弃灰于道者黥。"足以反映两周时代对街道卫生管理之严。此外，在周人的早期都邑周原发现两处排水管道，其用陶水管套接，或用卵石砌筑。②到战国时期，城市的建筑群地面已有系统的排水设施。③在齐临淄、燕下都、赵邯郸等城市均发现了排水明渠、地下水道和排水设备。这对于提高城市居住区周围的环境卫生，预防病菌的孳生繁殖，维护人体的健康，自然是有利的。

《礼记·丧大记》云："疾病，内外皆埽。"讲究居室内外的清洁卫生，已成为当时人们的自觉行为。据《周礼·秋官·翦氏》的记载，翦氏掌理去除蠹物，用莽草熏它。并去除一切为害器物的虫类。又设赤犮氏，"掌除墙屋，以蜃炭攻之，以灰洒毒之。凡隙屋，除其狸虫"。④"蜃"即大蛤，表明周代人民用含有碳酸钙和磷酸钙的牡蛎及草木灰来防疫杀虫，清洁环境。《周礼》中还提到"庶氏"负责"掌除毒虫"，用"嘉草攻之"，⑤大约是用某种含有生物碱或芳香油的植物熏虫。《周礼》所载虽然是职官的名称

---

① 《新中国的考古发现和研究》，第 271 页。
② 《新中国的考古发现和研究》，第 250 页
③ 罗桂环等《中国环境保护史稿》，第 378 页。
④ 《周礼·秋官·赤犮氏》。
⑤ 《周礼·秋官·庶氏》。

职责,但具体的实际工作都是一般民众必须做的。如据《诗经·豳风·七月》的记载,庶民用抹墙、堵洞、烧熏等方法,灭鼠除虫,清洁环境。此外,《管子》等书还记述在阳春三月,以萧艾等芳香植物在新房里熏烟,以辟毒气,防止疾病。又,《左传·襄公十七年》载"国人逐瘈狗",即捕杀狂犬以预防狂犬病。

此外,当时已有洒扫庭除的习俗。《周礼》中设有专门负责扫除门庭的小吏阍人。《诗经》中有"洒埽廷内"①和"洒掃穹窒"②的诗句。

除了城市的环境卫生措施之外,美化环境也成了俗尚。

春秋战国时期,城市人口密度大,而生活空间狭小。为了改善和美化环境,人们实施了园林绿化这一重要的环境工程。

(一)宫殿绿化

因为文献记载的缺乏,我国早期宫殿的绿化状况已无法确知。春秋时期,卫国为狄灭后,卫文公迁居营丘。《鄘风·定之方中》记述他在这里建筑宫室的情况:"定之方中,作于楚宫。揆之以日,作于楚室。树之榛栗,椅桐梓漆……"由此可见,那时的宫殿建设中,已考虑到绿化问题。战国时的楚国宫殿绿化搞得不错,《楚辞·招魂》云:"光风转蕙,氾崇兰些。……芙蓉始发,杂芰荷些。紫茎屏风,文缘波些。……兰薄户树,琼木篱些。"大意是:阳光下微风吹拂着蕙草,一丛丛兰花散发出幽香。池中荷花朵朵刚刚开放,菱叶和荷叶映衬在中央。荇菜紫叶白茎露出水面,水上映显出绿色的波光。门前种着一丛丛的兰花,四周的玉树一行又一行。宫殿中种植花草树木,兼有改善环境和调节空气的双重作用。

(二)林阴道的建设和庭院的绿化

周人对在城市内部街道两旁植树十分重视。周代就有"列树表道"的制度,并有野庐氏专职负责种植管理行道树。《国语·周语中》云:"周制有之曰:'列树以表道,立鄙食以守路。……'"《周礼·秋官·野庐氏》载野庐氏"掌达国道路,至于四畿,比国郊及野之道路宿息井树"。可见周代已十分重视和提倡种植行道树。③

春秋时期,诸侯攻打郑国,"杞人、郳人从赵武、魏绛斩行栗"。④"行栗",杨伯峻注:"行栗者,道路两旁所栽之栗树。"《吕氏春秋·慎大览·下贤》云:"子产相郑,……桃李之垂于行者,莫之援也。"这些史实说明,当时的郑国都城(今河南新郑)已用栗树、桃树、李树作为大街上的行道树了。又《诗经·小雅·采薇》:"昔我往矣,杨柳依

---

① 《大雅·抑》。
② 。
③ 罗桂环、王耀光、杨朝飞、唐锡仁主编《中国环境保护史稿》,第 395 页。
④ 《左传·襄公九年》。

依。"这显示当时路旁可能还植有杨柳。①

除了街道两旁的绿化外,当时已注意庭院的绿化。《诗经·郑风·将仲子》云:"无踰我里,无折我树杞";"无踰我墙,无折我树桑";"无踰我园,无折我树檀"。又《孟子·尽心上》:"五亩之宅,树之以桑。"说明在住宅庭院里,已种了杞树、桑树和檀树,以保证生活之需。

三、预防流疫

气候反常或季节更替,常常会引发病毒流行。《周礼·天官·疾医》云:"四时皆有疠疾,春时有痟首疾,夏时有痒疥疾,秋时有疟寒疾,冬时有漱上气疾。"对于季节性疾患或流行性疠疫患者,两周常采取隔离措施。《周易·复》云:"出入无疾,朋来无咎。"《无妄》云:"其匪正有眚,不利有攸往。"就是讲健康人可与朋友交往,如果是疾病患者或患眼疾者,不应有所交际,以免传染他人。②

四、改善饮用水

水土条件对人体健康有较大影响。据《左传·成公六年》,土薄水浅,污秽容易积聚。污秽容易积聚,百姓就愁苦。百姓愁苦,身体就瘦弱,在这种情况下就会有风湿脚肿的疾病。水土条件不同,不仅造成人们品格的不同,③而且造成人群体态的某些地方性特征,特别是劣质水,常是人类疾患的直接原因。《吕氏春秋·尽数》说:"轻水所,多秃与瘿人;重水所,多尰与躄人;甘水所,多好与美人,辛水所多疽与痤人,苦水所多尪与伛人。"其意是说:水中含盐分及其他矿物质过少的地方,多有头上无发和颈上生瘤的人;水中含盐分及其他矿物质过多的地方,多有脚肿和痿躄不能行走的人;水味甜美的地方,多有美丽和健康的人;水味辛辣的地方,多有生长疽疮和痤疮的人;水味苦涩的地方,多有患鸡胸和驼背的人。④

为了保障城市供水,城市选址很注意靠近水源。同时,还修筑水利工程以开发和

---

① 毛亨:"杨柳,蒲柳也。"
② 参见戴应新《从〈周易〉探索西周医学成就》,《中国考古学研究论集》,第308页,三秦出版社1987年版。
③ 详见《管子·水地》。
④ 张双棣等《吕氏春秋译注》(上),第71页。

保持水利。为了改善饮用水质，克服水土条件的制约，人们承袭了前代凿井以汲取洁净水的技术。在北京蓟城遗址、河北易县燕下都、河南新郑郑韩故城、陕西秦咸阳和湖北江陵、襄阳、云梦、鄂城等地均发现了大量多种形式的水井。有的井的井壁没有什么设施，被称为土井；有的井的井壁有防止崩塌的设施，通常用竹、木、芦苇、陶等制作的井圈作防护，据井圈质料可分为陶圈井、木圈井、竹圈井等种。在各种水井中，以木圈井最特殊，以陶圈井最先进，规整而清洁。为了维护水井的清洁与用水安全，在井口再设井字形木架，这木架便于汲水时踩踏，同时可以起到保护井圈的作用。[1] 又，《周易·井卦》和《庄子》等书已提到当时的井有井盖、井栏，并有公共的汲水工具——吊绳、吊桶、陶水瓶等。由于井不经常淘清就会混浊，所以人们在早春还进行淘井，以保证井水的清洁。而决不饮用受污浊的水，即所谓"井泥不食"。[2]

此外，还出现一些比较系统的地下供水管道。其中河南登封东周阳城城市供水设施遗址具有代表性。阳城是修筑在地势较高的丘陵地区。为了解决城内的用水，采取了铺设地下输水管道的办法，把城外河水引入城内。这套供水设施和当今城市供水设施的构造原理基本相同，既科学又卫生，从而把我国的城市自来水供应，提早到了距今二千多年的战国时期。[3]

五、饮食方面

（一）食疗食补

春秋时期的齐国有位不是神医胜似神医的秦越人，人们称为扁鹊。他对药食关系有精辟的见解。他说："安身之本，必资于食；救疾之速，必凭于药。不知食宜者，不足以存生也；不明药忌者，不能以除病也。斯之二事，有灵之所要也，若忽而不学，诚可悲夫！是故食能排邪而安脏腑，悦神爽志，以资血气。若能用食平疴，释情遣疾者，可谓良工。长年饵老之奇法，极养生之术也。夫为医者，当须先洞晓病源，知其所犯，以食治之，食疗不愈，然后命药。"[4] 扁鹊所说的食医结合，先食疗而后医疗的原则，不仅为他自己所实践，也被历来中医学所采用。

扁鹊以后，食疗理论得到了大的发展。约成书于战国时代的《黄帝内经》，提出了

---

[1] 湖北省文物考古所编写小组《湖北文物奇观》，第166—167页。
[2] 罗桂环等《中国环境保护史稿》，第375页。
[3] 河南省文物研究所《登封王城岗与阳城》，文物出版社1992年版。
[4] 孙思邈《千金要方·食治》引。

一套系统的食补食疗理论，阐明了五味与保健的关系，奠定了中医营养医疗学的基础。①

《黄帝内经》将五味学说应用于食物，如本章第四节所述，把谷物、瓜果、畜肉、菜蔬都分为五类，分别归属于辣、酸、甘、苦、咸"五味"，而五味又各有其作用，或散，或收，或缓，或坚，或软。②这就说明，食物不仅可以养身，而且能够保健。《素问·脏气法时论篇》对五味的保健原则罗列如下："肝色青，宜食甘，粳米、牛肉、枣、葵皆甘。心色赤，宜食酸，小豆、犬肉、李、韭皆酸。肺色白，宜食苦，麦、羊肉、杏、薤皆苦。脾色黄，宜食咸，大豆、豕肉、栗、藿皆咸。肾色黑，宜食辛，黄黍、鸡肉、桃、葱皆辛。"此处把五谷、五畜、五果、五菜的性味和功能都清晰地阐发出来了。

《黄帝内经》还进而强调了"五味"调合的重要性。《素问·五脏生成篇》说："阴之所生，本在五味；阴之五官，伤在五味。是故味过于酸，肝气以津，脾气乃绝；味过于咸，大骨气劳，短肌，心气抑；味过于甘，心气喘满，色黑，肾气不衡；味过于苦，脾气不濡，胃气乃厚；味过于辛，筋脉沮驰，精神乃央。"即认为"人的形体生长，是来源于五味精微的滋养，五味精微的摄取生化，又依赖于五脏的生化机能。但饮食过饱，五味偏嗜，又可伤及五脏"。③《素问·五脏生成篇》也指出偏食一味的危害："多食咸则脉凝泣而色变，多食苦则皮槁而毛拔，多食辛则筋急而爪枯，多食酸则肉胝胎而唇揭，多食甘则骨痛而发落，此五味之所伤也。"意即偏嗜五味，可对人的肌体，诸如血脉、面色、皮肤、毫发、筋脉、爪甲、肌肉、嘴唇、骨骼、头发等造成伤害。因此，"谨和五味，骨正筋柔，血气以流，腠理以密，如是则骨气以精。谨道如法，长有天命"。④这就告诉人们，节制饮食，调和五味，对健康、长寿有着重要意义。

如果不能注意调和五味，那么就会有损健康，甚至危及生命。《素问·至真要大论篇》说："夫五味入胃，各归所喜，故酸先入肝，苦先入心，甘先入脾，辛先入肺，咸先入肾，久而增气，物化之常也。气增而久，夭之由也。"这里是说，五味入胃之后，各有它所喜入的脏器。倘若积久，便能气化从而增强各该脏之气。而脏气增强过久，又能导致死亡的原因。因此，在身体不适之时，就要对某些食味有所禁忌。《素问·宣明五气篇》说："五味所禁：辛走气，气病无多食辛；咸走血，血病无多食咸；苦走骨，骨病无多食苦；甘走肉，肉病无多食甘；酸走筋，筋病无多食酸。是谓五禁，无令多食。"据《素问·六节脏象论》，五味由口而入，藏在肠胃里，经过肠胃消化，吸收其精微以养五脏之气。有病空虚，因此不能多食。

---

① 王仁湘《饮食与中国文化》，第 235 页。
② 《素问》卷气《脏气法时论篇》。
③ 楼羽刚等《养生十大名著精解》，第 28 页，中医古籍出版社 1994 年版。
④ 《素问·生气通天论》。

东周带盖鼎

上述药食同源，以饮食防病治病，以及饮食和五味不能偏嗜的理论，都对后世产生了深远的影响。

（二）饮食有节

所谓节，即指"节制"与"节度"，有规律，在饮食上注意定时和适量，种类要合理搭配。《文子·符言》云："老子曰：'人有三死，非命亡焉。饮食不节，简贱其身，病共杀之……'"《吕氏春秋·季春纪·尽数》云："食能以时，身必无灾。凡食之道，无饥无饱，是之谓五藏之葆。"《素问》云："饮食自倍，肠胃乃伤。"上述古人的见解基本上符合科学道理。因为多食易致身体肥胖，从而诱发冠心病、高血压症。又《礼记·曲礼上》云："有疾则饮酒食肉。"《丧大记》云："有疾食肉饮酒可也。"《说文》云："医之性然，得酒而使，酒所以治病也。"适度饮酒，舒筋活血，饮用药酒，兼有保健、治病的双重效果。

（三）防霉保鲜

夏季天气炎热多雨，食物容易发霉变质。两周时期的先人们已懂得用冰或原始冷库贮藏食物。《周礼·天官·冢宰》中的"凌人"，是为王室掌冰的职官。设置"下士二人，府二人，史二人，胥二人，徒八十人"。其主要职责如下："正岁十有二月，令斩冰，三其凌。春始治鉴，凡内外饔之膳羞鉴焉。凡酒浆与酒醴亦如之，祭祀共冰鉴，宾客共冰，……"其意是每年十二月命令所属入山砍冰，以预计所用的三倍藏入冰室。春天开始的时候，就要检验盛冰块用作冷藏的鉴。凡内外饔所供的肴馔，在二月以后都要放在鉴里冷藏，凡三酒五齐六饮等酒浆也是一样。祭祀时供应冷藏食物的冰鉴，致飨及饔饩于宾客则供应冰块。《左传·昭公四年》记载诸侯的冰政是："山人取之，县人传之，舆人纳之，隶人藏之。"《诗经·豳风·七月》云："二之日凿冰冲冲，三之日纳于凌阴。四之日其蚤，献羔祭韭。"讲的就是关于藏冰和启冰的时间。[①]《左传·昭公四年》又云："食肉之禄，冰皆与焉。"其意是说：凡是吃肉的官吏，都是有资格用冰的。《吴越春秋》也有"勾践之出游也，休息食宿于冰厨"的记载。

上述冰藏法、井藏法在考古材料中均可得到印证。1965年在郑韩故城曾发现一座地下冷藏遗址。这是一座长方形的带斜坡梯道的地下室建筑，地下室中，呈一字排列着井窖五个。根据该地下室的结构和室内遗物，可以推断是用于冷藏肉类的。该冷藏室可能建于战国早中期，一直使用到战国晚期。[②] 在易县燕下都，秦都咸阳和楚都纪南城也都发现过这类冷藏井。由此可见，筑井冷藏在春秋战国时期乃是普遍存在的现象。[③]

---

① 王学理、尚志儒、呼林贵《秦物质文化史》，第87页，三秦出版社1994年版。
② 《中国考古学年鉴》(1992)，第45页，文物出版社1994年版。
③ 同上。

六、婚制婚俗

东周时期，战争频繁。统治者出于政治的、军事的需要，大多采取鼓励生育的政策，如越王勾践和齐相管仲就是如此。但当时的养生思想却反其道而行之。如《素问·上古天真论》记载，女子十四岁时，月经按时而行，具有生育能力。但只有到二十一岁，女子肾气才会平均。男子到十六岁，开始泄精，与女交合，会使妇人生孩子。但必须到二十四岁，男子才会肾气平和，筋骨坚强。这说明男女具有生育能力的年龄虽然比较早，但真正成熟却都在二十岁以后。因此，当时的礼制都把适合结婚的年龄定在成熟之年。《周礼·地官·媒氏》云："媒氏掌万民之判……令男三十而娶，女二十而嫁。"《礼记·内则》云：男子"三十而有室，始理男事"；女子"二十而嫁。有故，二十三年而嫁"。其意是：男子到了三十岁，才可以娶妻生子；女子二十岁才能出嫁，如有特殊情况，还必须推迟到二十三岁。又《礼记·曲礼上》："人生十年曰幼，学；二十曰弱，冠；三十曰壮，有室。"三十岁的男子正当壮年，才可以成婚有妻室。

除了主张晚婚，还提倡优生。由于"男女同姓，其生不蕃"[①]又"内官不及同姓，其生不殖"[②]。意即国君的侍妾不能有同姓，因为子孙不能昌盛。所以"同姓不婚，恶不殖也。是故娶妻避其同姓"[③]。

此外，由于男女性成熟和性衰退，存在着发育年龄迟早的生理差别，即男子发育性成熟要迟于女性，其性衰退也普遍迟于女性，所以当时有大男配少女的习俗。《周易·大过》云："老夫得女妻，无不利。"其意是说，老人讨得年轻的妻子，可以生子，当然没有不利。[④]这种认识，有一定的科学道理。

七、日常生活

日常养生，要点之一是"起居有常"，即生活要有良好的规律。[⑤]《素问》认为能活到百岁的人，其养生经验就是"食饮有节，起居有常，不妄劳作"。《上古天真论》指出，饮食不节，起居失常，以酒为浆，醉以入房，都可能减寿。《孔子家语》也认为人

---

① 《左传·僖公二十三年》。
② 《左传·昭公元年》。
③ 《国语·晋语》。
④ 孙振声《易经今译》，第169页，海南人民出版社1988年版。
⑤ 郑金生《中国古代的养生》，第6页，商务印书馆国际有限公司1997年版。

死于疾病的原因是"寝处不时，饮食不节，逸劳过度"。《庄子·达生》中提到的张毅，因唯利是图，四处钻营，最后得了内热而夭折，就是一个例证。恰恰相反，战国时鲁国的隐士单豹，他住在山岩上，从来不和百姓去争利，所以年近七十，容颜却像婴儿一样娇嫩。

　　文献记载表明，那时很强调人们的日常生活要顺应自然。《素问·四气调神大论篇》认为，春夏秋冬四时和阴阳二气的迁递变化，是万物生长收藏的根本。所以，圣人顺应自然规律，在春夏保养阳气，在秋冬保养阴气，以此来遵循养生的根本法则，因而能和万物一样保持其生长发育的正常规律。① 具体言之，春季的三个月，晚睡早起，漫步于庭院之中；夏季的三个月，亦晚睡早起，不要抱怨白昼的时间太长；秋季的三个月，早睡早起，和晨鸡的活动时间大致相仿；冬季的三个月，早睡晚起，一定要等到太阳出来时再起床。就这样安排日常生活，以"顺四时而适寒暑"。②

　　此外，针对不同年龄段的不同特点，解决不同的问题，避免伤害身体的事发生。孔子说："君子有三戒：少之时，血气未定，戒之在色；及其壮也，血气方刚，戒之在斗；及其老也，血气既衰，戒之在得。"③ 其意是说，年轻时血气未定，要警戒迷恋女色；壮年血气正旺盛，要警戒好胜喜斗；老年血气已经衰弱，要警戒贪求无厌。这三者都贯彻一条原则，即不要勉强干力不能及的事。

　　爱护牙齿、眼睛，注意语言养生，已成为一些人的共识，《礼记·内则》云："鸡初鸣，咸盥漱。"可见那时上层社会已有早起漱口的习惯。

八、精神修养

　　精神愉快对于人体保健的重要影响，当时已引起人们的注意。《素问·疏五过论》云："故贵脱势，虽不中邪，精神内伤，身必败亡。"明确指出精神郁抑，忧惶煎迫使人减寿。而要精神愉快，就须清静无为以养神，即老子、庄子主张的恬淡无为。老子追求小国寡民、无欲无求的境界。④ 庄子承袭了老子的养生思想，他在《庄子·刻意》中说：恬淡、寂寞、虚无、无为，乃是天地的本原和道德的极致。如果能作到安稳恬淡，则忧患不能进入、邪气不能侵袭。所以说，纯粹而不混杂，虚静专一而不变动，恬淡

---

① 张运昌等《白话黄帝内经》，第15页，河北人民出版社1995年版。
② 《灵枢·本神》。
③ 《论语·季氏》。
④ 详见《老子》八十章。

而无为，行动而循应自然，这是养神的道理。

上述老庄的学说对两周精神修养、情志养生都发生了很大影响。[①]如孟子说："养心莫善于寡欲。"[②]其意是说，养心的最好办法是减少嗜欲。这与老子向往的无欲境界是一致的。又如列子把安贫寡欲作为长生之道，他说："少不勤行，壮不竞时，长而安贫，老而寡欲。闲心劳形，养生之方也。"[③]其基本思想也是老子的恬淡无为。老庄的养生思想还渗透到《素问》中。《素问·上古天真论》说：上古时代的人，年龄都能超过一百岁，其原因在于"恬淡虚无"。具体言之，就是"志闲而少欲，心安而不惧"，"美其食，任其服，乐其俗，高下不相慕，其民故曰朴"。其意是：心志安闲而少有私欲，心境安定而没有恐惧，以食为美而不择精粗，衣着随便而不求华丽，很自然地顺从世间的习俗，相互之间不羡慕地位的高低，人们都很朴实。[④]

因随遇而安、豁达乐天而长寿的，当时确实不乏其人。据《列子·天瑞》，春秋时期，孔子出游到泰山，看见荣启期在郕这个地方的野外行走，身穿鹿皮袄，腰系绳索带，一边弹琴，一边唱歌。孔子问他："先生这么快乐，是什么原因呢？"荣启期回答："我快乐的原因多着呢！自然生育万物，只有人最宝贵，而我得以为人，这是第一值得快乐的。男女差别，在于男尊女卑，所以男人最可贵，我既然得以为男人，这是第二值得快乐的。人的寿命有时短得死在娘肚里，死在襁褓中，而我已经历九十个年头啦，这是第三值得快乐的。贫困是读书人的寻常事情，死亡是人生的必然终结。我安处常情，等待终结，还有什么可忧虑的呢！"这位隐士，真是乐观随缘、自我宽慰的人啊！

此外，慎喜已引起人们的警觉，而慎怒则得到人们的认同。喜怒是人常见的情绪变化。喜本是好事，《素问·举痛论》说：欢喜则气和顺而志意舒畅，营气和卫气通利。但喜得过了头，则会走向反面。《灵枢·本神篇》说，喜乐过度的，会使气散而不能收藏。又说，过度的喜乐就会伤魄，魄伤就会神乱发狂，对意识活动失去观察能力，其人皮肤枯焦，毛发憔悴，颜色异常，往往死于夏季。怒对生命的伤害非常明显。《灵枢·本神篇》说，过分的恼怒，会使神志昏迷，失去常态。又说，大怒不止会伤志，志伤则经常忘掉自己从前说过的话，腰脊不能俯仰屈伸，毛发憔悴，颜色异常，必死于夏季。

[①] 郑金生《中国古代的养生》，第24页。
[②] 《孟子·尽心下》。
[③] 《养性延命录》引。
[④] 张运昌等《白话黄帝内经》，第9页。

九、形体养生

两周时期，人们开始自觉地创造一些用来预防疾病和增进健康的方法，如吐纳、导引、按摩等等。这些方法当时称为养生。准确地说，是养生方法中的一个大类——养形。

（一）仿生导引

所谓导引，就是气功和体操的结合，亦即呼吸与动作配合的功法。模仿动物，导气令和，引体令柔，强身健体。《现代汉语词典》（修订本）"气功"条释义说：气功是我国特有的一种健身术。基本分两类，一类是静立、静坐或静卧，使精神集中，并且用特殊的方式进行呼吸，促进循环、消化系统的机能。另一类是用柔和的运动操、按摩等方法，坚持经常锻炼，以增强体质。战国开创了"气功"养生之道。这该与当时道家讲究养生有关。[1]《庄子·刻意》云："吹呴呼吸，吐故纳新，熊经鸟伸，为寿而已矣。此导引之士，养形之人，彭祖寿考者之所好也。""吹呴呼吸"是深长的呼吸。"吐故纳新"是说通过深长呼吸促进血液循环，加快新陈代谢。"熊经"是说像熊那样不断摇摆腰身。鸟伸是说似鸟一样把头与颈频频上伸。这些仿生动作就是"养形之人"经常演练的导引术。

关于导引的起源目前尚不清楚。《黄帝内经》说导引产生于我国的中原："中央者，其地平以湿，天地所以生万物也众，其民食杂而不劳，故其病多痿厥寒热。其治宜导引、按跷，故导引、按跷亦从中央出也。"可谓一说。

1973年在长沙马王堆汉墓发现帛画《导引图》，这是迄今世界上现存最早的导引图。绘有44幅导引姿势，大多数模仿动物的动作，也有手持器械的。其动作有"引膝痛"、"引胠积"、"引温病"、"引脾病"，目的在于排病气。

1984年湖北江陵张家山汉墓出土的竹简《引书》是现存最早的导引专书。《引书》说导引可治疗身体各部分发生的病痛。其中也包括可以治疗背痛，每次治疗可以使用"熊经"和"前据"两种导引动作十次。可见导引就是根据不同的疾病选择不同的运动肢体的方法。

上述简帛虽不能作为两周导引术的直接证据，但西汉距战国仅15年，战国的导引术当与之相近。

《素问·异法方宜论》和《奇病论》提到导引的适应症有痿、厥、寒、热和息积。除了治病，道家还把导引作为养生、修道和延年益寿的方技，即"导引之士、养形之

---

[1] 杨宽《战国史》（增订本），第596页，上海人民出版社1998年版。

人、彭祖寿考者所好也"。[1]因此《引书》把导引称为"彭祖之道"。而彭祖是当时传说中最长寿者。

导引作为养生之道的关键是上述"吹呴呼吸，吐故纳新"，这在当时称为"行气"。《行气铭》讲述了"行气"的方法："行气：吞则蓄，蓄则伸，伸则下，下则定，定则固；固则萌，萌则长，长则复，复则天。天其本在上，地其本在下。顺则生，逆则死。"[2]这里讲了深呼吸的一个回合，就是现在气功疗法中所讲沿任脉和督脉的循环一小周天。[3]

(二) 按摩术

"按摩"是一种外治法，就是用手在人体一定部位上进行各种运动，以防治疾病。按摩，在古代早期医学文献中又称之为"按跻"、"案抚"。它主要产生在中原地区，和导引是治疗潮湿和缺少运动所致"痿厥寒热"（肢体活动不灵、发烧怕冷之类疾病）的常用方法。[4]此外，按摩还能治疗经络痛、心绞痛。[5]

战国时期，按摩术是重要的治疗手段之一。据《史记·扁鹊仓公列传》的记载，扁鹊抢救因患尸蹶病而濒死的虢国太子时，就使用了按摩术。

在现存马王堆汉墓出土的医书中，有很多关于按摩治疗的记载。如在《五十二病方》中，就提到属于按摩法的具体手法，如安（按）、靡（摩）、中指蚤（即用中指爬搔的手法）、括（刮）等。当时还发明了一种配合药物进行按摩的方法——"摩指"（或"膏摩"），即在按摩进程中，用以油脂调制的药物外涂在体表，再进行按摩。[6]

---

[1] 《庄子·刻意篇》。
[2] 罗振玉辑《三代吉金文存》卷二〇，第49页，1937年影印本。
[3] 详见陈邦怀《战国行气玉铭考释》，《古文字研究》第7辑。
[4] 据《素问·异法方宜论》。
[5] 据《素问·举痛论》。
[6] 郑金生《中国古代的养生》，第125页。

第二节　疾病医疗风俗

一、对疾病的认识

　　春秋时期齐景公生病，乞求神灵保佑，当时齐国大臣晏婴认为，疾病是"纵欲厌私"所致，祈祷是无用的。前514年，晋平公患病，郑国的子产认为疾病是由"出入饮食哀乐"所造成，与"山川星辰之神"无关。[①]秦国著名的医生医和则提出了六气致病说。他说："天有六气……淫生六疾，六气曰：阴、阳、风、雨、晦、明也。分为四时，序为五节，过则为菑（灾）。阴淫寒疾，阳淫热疾，风淫末疾，雨淫腹疾，晦淫惑疾，明淫心疾。"[②]尽管此说还欠成熟和严密，但他把疾病的原因归之于自然界的因素，归之于因人体内部失去阴阳平衡所致，这就与鬼神致病论划清了界限，将中国传统医学推向一个新的阶段。

　　此外，还用五行学说来说明疾病的复杂变化道理。《左传·昭公元年》载，晋平公有病求医于秦，秦景公使医和去诊视，医和说："疾不可为也……天……降生五味，发为五色，徵为五声……"这里的"五"字，实际就是当时流行的五行理论应用到医学方面的一种泛解。而在《内经》产生以后，五行的运用，就更加系统化了。《素问·阴阳应象大论》曾说：阴和阳的对立统一，是自然界的普遍规律，是万事万物的纲领所在，是发展变化的总根源，是生杀毁灭的根本，是人们精神活动的聚集之所。所以，治病必须寻求治本之良方。又说：清阳之气积聚上升而成为天，浊阴之气凝结下降而成为地。阴主宁静，阳主萌动。阳主生发，阴主成长。阳主杀伐，阴主收藏。阳有生化功能，

[①]《左传·昭公元年》。
[②]《左传·昭公元年》。

阴能形成物体。① "阴胜则阳病，阳胜则阴病"。又，《素问·四气调神论》说：顺应阴阳变化规律就能生存，违背这个规律就要走向死亡；顺应这个规律就安定，违背这个规律就要发生祸乱。这种以古人对自然认识和实践为基础的阴阳观念，在《内经》医学理论中广泛运用。《素问·天元纪大论》称："天有五行，御五位，以生寒暑燥湿风。"所谓"御五位"，是主五方之位。《藏气法时论》称："五行者，金木水火土，更贵更贱，以知死生，以决成败，而成五脏之气、间甚之时、死生之期也。"其大意是：五行乃是金、木、水、火、土，从五行的衰旺生克变化之中，可以推求疾病的预后，分析治疗的成败，从而确定五脏之气的盛衰、疾病轻重的时间以及死生的日期。② 有学者认为：五行与五藏、五气、五色、五味、五音、五决（指诊五藏之脉）、五方，以及五谷、五果、五菜、五畜等，均以"五"为数。五行相生、相克、相乘（有乘虚侵袭之意）、相侮（有恃强凌弱之意），用以论述人体疾病的各个方面。在当时历史条件下，人们有这种认识，还是难能可贵的。但是，五行的认识由于受着时代的局限，其理论牵强附会之处也是很明显的。③

二、医学与巫术的决裂

巫是原始鬼神崇拜的直接产物。所谓"事鬼神曰巫"。中国古代的巫术比较发达，早在商代就已有关于巫术的记载。西周以来，巫术更为盛行，巫师被称为"巫祝"、"巫史"、"巫目"等，其中女性甚多，并专称"巫"；男性巫师除称"巫"外，又专称"觋"。巫师对中国古代社会生活的参与是相当广泛的。如商和西周时期的宫廷巫师，他们相当于王朝的祭司，对军政大事有预卜成败的大权。而下层社会的巫师，开始时有许多都是江湖医生，称为"巫医"，由于他们有些医术，所以曾经很受人重视。④《公羊传·隐公四年》何休注："巫者事鬼神祷解，以治病请福者也。"古代巫医不分，因为人们把疾病致因视为鬼魂作用，所以以巫师充当人鬼间的中介人角色，寄希望于巫术行医，安抚死神而达到治愈疾病的目的。

上古巫师作医，内含一些合理的医疗术，只是受认识的局限，在行为状态和信仰系统上采取了占卜、致祭、诅咒、祈禳、驱疫等等一系列歪曲处理的巫术方式。其合

---

① 张云昌等译《白话黄帝内经》，第28页，河北人民出版社1995年版。
② 张云昌等《白话黄帝内经》，第116页。
③ 赵璞珊《中国古代医学》，第33—34页，中华书局1997年版。
④ 参《中国文化史三百题》，第469—470页，上海古籍出版社1987年版。

理的医疗术，乃出于人们长期生活和生产中经验教训的提炼，在一定条件下，会向俗信转化，形成一种传统习惯，在人们的行为上、口头上或心理上保留下来，并直接、间接服务于生活。①

对巫医方式进行自发性的分辨和取舍，早在夏商之前当已有之。随着医疗经验的日积月累和医学的发展，医术与巫术分立。据《周礼》所记，"医师"属天官冢宰，而"巫祝"在春官大宗伯的官职之中。到春秋后期，随着周天子威信扫地，人们对"帝"和"上帝"的信仰发生了动摇，巫医的影响也就渐趋衰落。《韩非子·亡征》说："用时日，事鬼神，信卜筮，而好祭祀者，可亡也。"《吕氏春秋·先识览·知接》载管仲说："死生，命也。苟病，失也。君不任其命、守其本，而恃常之巫，待以将以此无不为也。"又，《吕氏春秋·季春纪·尽数》说："今世上卜筮祷祠，故疾病愈来。"一针见血地指出用卜筮治病，疾病就愈发猖狂了。《史记·扁鹊仓公列传》在记述扁鹊一生的业绩时，有"六不治"（疾病有六种情况不能治愈）的概括，其一就是"信巫不信医"，可见"巫医"在春秋时期已不占优势。②

如果说《山海经》时代还是卜巫为主，医药为辅，那么到《五十二病方》时代则开始以医药为主，巫祝居于次要地位，这是一大进步。《五十二病方》保存有相当数量巫祝的内容，它在一定程度上反映了用巫祝手段治病向医药转化前进中的必经历程。当时人们有了疾病，虽然主要利用方剂医药，但仍未完全摆脱巫祝的羁绊。③

三、医疗的俗信

春秋战国时期，随着医疗经验的日益积累，人们对药物的认识丰富起来，所用药物的品种增多了。

在一些古典文献中记载了当时的药物知识。《山海经》中的药物名称，据学者统计，有矿物类药 5 种，植物类药 28 种，木类药 23 种，兽类药 16 种，鸟类药 25 种，水族类药 30 种，其他类药 5 种，计达 132 种，部分药物至今仍在利用。药方相当简单，都是单药单方单功用，没有复方，所以产生时代原始。④ 在这些药物中，动物类药有 71 种，占到 53.8%，植物类药有 51 种，占 38.6%，矿物药最少，仅仅占 3.8%。有学者

---

① 参见乌丙安《中国民俗学》，第 240 页，辽宁大学出版社 1988 年版。
② 参徐喜辰等主编《中国通史》第 3 卷《上古时代》（下册），第 1443 页。
③ 赵璞珊《中国古代医学》，第 28 页。
④ 赵璞珊《〈山海经〉记载的药物、疾病和巫医》，《山海经新探》，1986 年，264—270 页。

指出，药物的发现，离不开人类社会的发展进程，渔猎畜牧时代理应动物类药发现多，植物类药大量出现，是农业有较大发展的结果，矿物药少，表明手工业采矿业开始时间还不长。① 可见《山海经》中的药物名，是长期以来人们辨识、利用药物医疗经验的汇集。②《山海经》中的药物，按其功能可分为补药、毒药、解毒药、醒神药、杀虫药、预防药、避孕药、美容药、兽药等。尤其可贵的是，《山海经》还对植物药的根、茎、叶、花、实，动物药的喙、翼、足、尾等不同部位在疗效和使用方法上的差异作了详细说明，并对用药的方法——食、服、浴、佩、带、涂、抹等，加以具体区分。③

《周礼·天官》说："以五味、五谷、五药养其病；以五气、五声、五色视其死生"，"凡疗疡以五毒攻之，以五气养之，以五药疗之，以五味节之"。这里的"五毒"是指用胆矾、丹砂、雄黄、礜石、磁石炼制的外用腐蚀药，有可能是我国古代最早使用的化学药物；"五药"指草、木、虫、石、谷，这可能是对药物的初步分类。

《诗经》中载有大量动植物，有一百余种（其中植物五十余种）皆作为药物收入后世有关本草著作之中，如芣苢（车前）、蕍（泽泻）、葛（葛根）、薇（白薇）、芩（黄芩）、虻（贝母）、蘁（白蘁）、蓷（益母草）、壶（葫芦）、木瓜、枣等。

除古典文献外，长沙马王堆出土医籍中也载有当时的药物知识。

帛书《五十二病方》是我国已发现的最古医学方书，全书五十二题，每题列出治疗一类疾病的药方，少则一二方，多则二十余方。共有治疗方剂283个，药名247种，其中近100种药物与汉代出现的药物学专著《神农本草经》相同，表明这时的方剂学和药物学均有较大的发展。④ 书中所载方剂多为二味药以上的复方，如治"疽"病的方剂由白蔹、黄芪、芍药、桂、姜、椒、茱萸七味药组成，根据疽病的类型调整主药的剂量。如指出"骨疽倍白蔹，肉疽倍黄芪，肾疽倍芍药，具备了辩证施治的思想。不少方后注明"尝试"、"已验"、"令"（义为"善"），表明它们都曾在人民群众中经历过实践的验证。关于外治方法，除药物外敷外，还有手术、药浴、熏蒸、熨、砭、灸、按摩、角法（类似后代的火罐疗法）等。该书在外科手术的治疗上达到了相当高的水平。如把狗的膀胱套在竹管上，插入肛门吹胀，将直肠下端内痔引出，然后切除，其法甚是巧妙。又如以润滑的"铤"作为漏管探针，配合痔的外科手术治疗。书中在治疗某些外科或皮肤科疾病时，强调了清洗患处，对覆有脓血或坏死组织的疮面要加以清理，然后敷药；有的方子还指出要用手直接敷药，这些规定都是合乎科学的。⑤

---

① 徐南洲《〈山海经〉与科技史》，《先秦民族史专集·民族论丛》第2辑，1982年。
② 宋镇豪《夏商社会生活史》，第433页，中国社会科技出版社1994年版。
③ 申先甲《中国春秋战国科技史》，第159—160页。
④ 杜石然等《中国科学技术史稿》（上册），第139页，科学出版社1982年版。
⑤ 钟益研、凌襄《我国现已发现的最古医方——帛书〈五十二病方〉》，《文物》1975年第4期。

汉画像石上扁鹊用砭石治病的情形

  《黄帝内经》是现存的一部最全面地总结秦汉以前医学成就的医学著作。约成书于战国时期。由《素问》和《灵枢》两部古典著作组成，共十八卷，一百六十二篇。它以论述人体解剖、生理、病理、病因、诊断等基础理论为重点，兼述针灸、经络、卫生保健等方面的内容，①从而奠定了中医学发展的理论基础。《内经》通过望、闻、问、切四种诊法，确定病人病情，然后对症下药。《内经》注意预防，防患于未然，防微杜渐。同样一种病，要因时、因地、因人的各种情况的不同而分别施治，即人们习称的辨证论治原则。《内经》中记载的治疗方法有吐、下、内消、蒸浴、毒药、九针、砭石、灸焫、切开、导引、按摩、热敷等；所载药方有汤、酒、丸、散、膏、丹等；治疗的一般原则是"毒药治其内，针石治其外"；②"病生于脉，治之以灸刺；……病生于内，治之以针石；……病生于筋，治之以熨引；……病生于咽嗌，治之以百药"。③此外，《内经》中还记载了内疗法、灌肠法、穿刺放腹水法和截肢手术等方法。《内经》中关于针刺的记载和论述特别详细，《素问·气穴论篇》说人体有三百六十五穴，《灵枢》对针具的种类、针刺的手法和"禁刺"情况都作了叙述，表明那时十分重视针刺治疗。④

---

① 杜石然等《中国科学技术史稿》（上册），第139—140页。
② 《素问·移精变气论》。
③ 《素问·血气形志》。
④ 参申先甲《中国春秋战国科技史》，第184—185页，人民出版社1994年版。

第三节 敬老风俗与寿诞风俗

一、敬老风俗

《礼记·曲礼》云:"三十曰壮,有室。四十曰强,而仕。五十曰艾,服官政。六十曰耆,指使。七十曰老,而传。"陈皓《集说》解释:"传,谓传家事于子也。"又《礼记·内则》曰:"三十而有室……四十始仕……五十命为大夫,服官政,七十致仕。""致仕",就是退休。由此可见,周代退休年龄与老龄界限是统一的。[①]

由于老人在经验、知识等方面,较之年轻人占优势,因此老人在周代便受到了愈来愈多的重视,尊老敬老蔚然成风。

尊老养老的风尚首先体现在家庭里。因为家庭是社会最基本的经济单位与社会细胞,具有执行伦理规范的职能。按照周代的家礼,日常居家的儿孙和他们的媳妇们,在鸡鸣时就起床梳洗,穿戴整齐,然后来到父祖处请安,低声下气地问候,小心翼翼地服侍父母行走、盥洗和饮食。一日三餐的饮食都要请示父母,满足他们的意愿。

父母起床以后,要设供休息的坐榻,将坐之时,要先请示坐的位置。并捧上小几,供其凭依。然后才整理簟席和衾枕等寝具,收藏在固定的存放地点,以防沾污。到晚上再替他们铺床安枕。常常给父母洗涤冠带衣裳。五天烧一次温水请父母洗澡,三天洗一次头发,在这期间,父母脸脏了,应备水清洗,脚脏了也要用温水清洗,力求使父母冬天温暖,夏天清凉。

对于父母的旨意,不能违背怠惰。凡交给自己办的事,都要记下,然后亲手处理。家居不要占着尊长的位置,不要坐当中的席位,不要走当中的过道,不要站当中的门

[①] 乔继堂《中国人生礼俗大全》,第 252 页,天津人民出版社 1990 年版。

口，出门时要当面禀告父母。

父母有了过失，子女要低声下气，和颜悦色，用温柔的声音规劝，如果规劝不被接纳，就要更加孝敬父母，用孝心来感动父母，等父母有了喜色，再进行规劝；要是仍然不听，与其使父母得罪乡里，不如殷勤地再三规劝，就是因此引起父母发脾气，鞭打自己皮破血流，也不敢怨恨，而是振作起来，照旧孝敬父母。①

父母有了疾病，要尽心侍疾，心中要忧虑，不梳头，走路不像平日那样回翔，不说闲话，不接触乐器，不多吃肉，不多喝酒，既没有开心的放声大笑，也没有恶声恶气的怒骂。这种情形直到父母病愈才恢复正常。②

以上所述，可以归纳为：尊重父母，关心父母的疾苦，照顾父母的日常生活，使父母感到垂暮之年的温暖和欣慰。

为父母报仇，这是我国古代的行为规范之一，也可以说是敬老的特殊内容。《礼记·曲礼上》说，对于杀父的仇人，不与共存于天下。既然儿子不愿与杀父的仇人共同生活在世界上，那么就要拼个你死我活，不是把仇人杀死，就是被仇人所杀。因此，能不能复仇，成了一个人是否孝亲的重要标尺。既然家礼把复仇作为它的内涵之一，那么笃行孝道的人，在父母遇害后，处心积虑，竭尽全力，为父母报仇，就是顺理成章的事了。春秋战国时期，关东六国复仇事例屡见不鲜。如魏信陵君为如姬除去杀父仇人，后来如姬不惜冒死窃取魏王兵符，使信陵君得以发兵救赵。又如，晋国的屠岸贾将晋灵公之死，归罪于赵盾及其子赵朔，擅自兴兵，杀赵朔等，灭其族。后来赵朔的遗腹子赵武成人，又在韩厥的帮助下，反攻屠岸贾，灭其族。

周代养老有一套比较完备的制度。据文献记载，具体措施有以下六点：

1. 提高生活水准

周代根据老年人的生理特点，提高老年人的生活标准，从衣食上保障他们的温饱。《礼记·王制》说：人从五十岁时开始衰老，六十岁时没有肉食就吃不饱。七十岁时没有丝绵就不能保暖。八十岁时必须随时着人侍奉才能取暖。九十岁时即使有人也不暖了。因此，《王制》又说：五十岁的人，可食较精美的粮。六十岁有常备的肉食。七十岁有另外的一份膳食。八十岁可以常食时新的食品。九十岁，饮食之物常设于其居室，即或出游，亦随供于左右。《管子·入国》对为不同年龄的老人供应细粮肉食也有具体规定：七十岁以上的，每年三个月官家送馈肉；八十以上的，每月有馈肉；九十以上的，每天有酒、肉的供应。孟子主张给每个个体小家庭五亩之宅，百亩之田，树桑植

---

① 以上据《礼记·内则》。
② 以上据《礼记·曲礼上》。

谷，养鸡喂猪，以使家中老者衣帛食肉。①

2. 免除赋役

《礼记·王制》和《祭义》等篇规定老人从五十开始不服徭役。同时规定从八十开始，允许有一个儿子不服徭役，九十以上免除全家徭役。《管子·入国篇》指出，七十以上的老人，一子免除征役；八十以上的，二子免除征役；九十以上的，全家免役。《周礼·地官·乡大夫》把免除徭役的年限，按等级分为两种，国中为六十，野为六十五。上述分等级、按年龄逐步减免徭役的做法，主要实行于西周和春秋前中期，以后往往没有保障，战国时已被破坏。②

3. 在政治上给予特殊优待

在政治上得到特殊荣誉或照顾，不仅适用于老臣，也适用于平民老人。《仪礼·士冠礼》："古者五十而爵"，指的就是平民。当进入老龄后，由国家提高他们的政治地位，应是周代早期的措施。平民老者政治地位的提高，最重要的是他们能得到国家法律的宽容。《礼记·曲礼上》说：对八十、九十高龄的人，虽然有罪，也不施以刑罚。由于当时"刑不上大夫"，所以此规定已把老者与大夫一视同仁了。此外，与老者相处，要表示恭敬，即使君主也不例外。《礼记·曲礼上》："谋之长者，必操几杖以从之。长者问，不辞让而对，非礼也。"《祭义》云："天子巡守，诸侯待于竟，天子先见百年者、八十、九十者。……欲言政者，君就之可也。"又云："见老者则车徒辟。"对于诸侯、卿大夫中的老者，君主更加照顾。齐桓公会诸侯于葵丘（今山东淄博市东北），周天子使宰孔赐桓公胙。卿大夫一般七十岁退休，如果未被允准，就一定要赐给他几和杖，因公外出，要有妇人侍奉，到各地去，可以乘坐安车。杖，又称王杖，可藉以在行走时支撑身体。王杖是老人荣誉、地位和特权的象征。至于特权的大小，依年龄的差别分为不同的等级。③《礼记·王制》说："五十杖于家，六十杖于乡，七十杖于国，八十杖于朝，九十者，天子欲有问焉，则就其室，以珍从。"

4. 在一些礼仪程式中掺入养老内容

周代在祭祀、"合乐"以及"燕"、"飨"等宴会里都有"养老"的规定。如《周礼·地官·党正》："国索鬼神而祭祀，则以礼属民，而饮酒于序，以正齿位。"其意是说，十二月蜡祭的时候，在党的学校里，聚集民众，举行乡饮酒礼，按年龄之大小排定座次。年长者受尊敬，自然饮食在先。

在乡饮酒礼中，养老的具体做法依年龄大小而有不同。《礼记·乡饮酒义》云："乡

---

① 《孟子·梁惠王上》、《孟子·尽心上》。
② 郭政凯《周代养老制度的特点》，《中国史研究》1988年第3期。
③ 王炜民《中国古代的礼俗》，第102页。

饮酒之礼，六十者坐，五十者立侍，以听政役，所以明尊长也。六十者三豆，七十者四豆，八十者五豆，九十者六豆，所以明养老也。"

在一些特殊的重大礼仪中，天子甚至也要亲自为老人服务。据《礼记·乐记》，在太学宴飨三老（国老，有德望、有爵位的老人）五更（庶老，庶人及殉忠国事而死者的父祖），天子袒开上衣亲自分割牲体，端着肉酱向他们献食，举起酒杯向他们劝酒。天子戴着冕冠，拿着盾牌歌舞，这是教给那些诸侯懂得孝悌。①

5. 慰问生病老人

老人体弱多病。周代一些诸侯国对此相当重视，设专职人员定期慰问患病老人。据《管子·入国》，在齐国的城市、国都设有"掌病"的官，士民有病的，"掌病"以君主旨意慰问：九十岁以上的，每天一问；八十岁以上的，两天一问；七十岁以上的，三天一问；一般病人，五天一问。

6. 社会、国家给老人福利待遇

据《礼记·王制》，人到六十岁，应预备棺木之类须长时间置办的丧具，以备不时之需。七十岁应预备一季始能置办的丧具，八十岁应预办一月内可以制成的丧具。到了九十岁则应置办随时可成的丧具，其中只有绞、紟、衾、帽等等，可等其死时开始缝制。

总之，养老从习俗向礼仪化、制度化方向发展，这在周代是十分引人瞩目的。

周代的敬老养老礼仪，不一定像"三礼"中叙述的那样系统，其中当加入了儒家学者理想的成分，②但也应有一定的历史事实作根据。需要指出的是，在周代敬老的礼仪中，老年高级官吏始终是封建王朝敬老的重点和敬老活动的重要内容。而区分老人（"国老"与"庶老"）贵贱尊卑的做法，成为中国古代敬老养老礼仪中的一大特点。

二、寿诞风俗

寿为五福之首。《尚书·洪范》说："五福：一曰寿，二曰富，三曰康宁，四曰攸好德，五曰考终命。"大意是说，五种幸福：一是长寿，二是富贵，三是健康安宁，四是遵行美德，五是高寿善终。这说明寿居首位，而且其他几福多与此有关，如康宁、考终命。由此可见，在人的短暂一生中，寿是至关重要的。与寿相比，其他几福就要逊色一些了。

---

① 王宁主编《评析本白话十三经》，第439页。
② 谢元鲁、王定璋《中国古代敬老养老风俗》，第18页，陕西人民出版社1994年版。

春秋时代齐侯镈钟铭文上有"用祈寿老毋死"希望长生之句

为了长寿，人们创造了祝福、庆祝健康、长寿的礼仪——寿礼，并且极尽铺排之能事。寿礼，即寿诞礼仪，是每当生日时举行的礼仪，一生要重复多次。

寿诞礼仪古已有之，到商周已有祝寿活动。金文中有多种写法的寿字，《诗经》中还有关于寿诞礼仪的记载。《诗经·大雅·江汉》云："虎拜稽首，天子万年。虎拜稽首。……天子万寿。"大意是：召虎叩头行礼，祝福天子万年。召虎叩头行礼，天子万年永世。《诗经·小雅·天保》是臣子向君王的祝福辞。其中云："如月之恒；如日之升；如南山之寿，不骞不崩。"其大意是：像月上弦；像日初升；像南山的高寿，不塌也不崩。又，《诗经·豳风·七月》云："九月肃霜，十月涤场。朋酒斯飨，曰杀羔羊，跻彼公堂，称彼兕觥，万寿无疆。"其大意是：九月里来天肃爽，十月里来气涤荡。两樽酒来宴饮忙，叫我宰只黑肥羊，一起捧到大厅上。看他们正举着兕角觥，互相祝福着："万寿无疆"。日本学者白川静认为：九月、十月岁时之功告终时，以朋酒、羔羊举行收获祭，聚集公堂祝福族长领主长寿。[①]其说不无道理。由以上所述可知，《诗经》的时代就已经有了比较详尽的寿诞礼仪，并且为后世留下了"万寿无疆"、"寿比南山"这样的祝颂之辞。

---

① （日）白川静等、何乃英译《中国古代民俗》，第196—197页，陕西人民美术出版社1988年版。

第八章
丧 葬

周代已有较完整的丧葬礼仪,葬仪程式隆重而繁琐,礼制规定则等级森严。西周人殉之风较之商代稍减,春秋以后人殉已不多见。西周实行厚葬,春秋开始用明器随葬,战国末年出现了薄葬的转机。葬法以土葬最普遍。由于社会发展的不平衡,秦、楚、吴、越、巴蜀等地的丧葬礼俗与中原地区存在较大的差别。此外,孔子、墨子、老子各自提出了自己的丧葬观,并对后世产生了深远的影响。

【第一节　丧葬观念】

一、鬼神观念的盛行

古人认为人死之后有灵魂，这个灵魂就是鬼，鬼是人的生活的继续，因此为鬼安排的随葬品，也都是依照人的衣食住行准备的，于是就产生了厚葬之风。西周墓葬中的随葬品较多。

到了春秋战国时期，伴随着社会生产力的迅速发展，科学的进步，以及社会的变革，人们的意识形态也发生相应的变化，同时也活跃起来。一些开明的政治家和进步的思想家对人死后有无灵魂提出了怀疑或修正，但是信鬼仍是当时人的普遍信念。如《左传》多载鬼魂显灵和作祟的故事，[①]《吕氏春秋》也载有黎丘奇鬼的故事。[②] 当时人还认为：鬼可以群居，如《易经·睽·上九》："见豕负涂，载鬼一车。"还认为不平凡的人也可成为不平凡的鬼，如《楚辞·国殇》："身既死兮神以灵，子魂魄兮为鬼雄。"由此可见民间盛行鬼神观念。

当时人的鬼神观，在楚人身上表现尤为突出。据有的学者研究，楚人遍设鬼祠，尊崇厉神，隆祀国殇，祷求先祖，对巫鬼的崇拜达到了狂热的程度。[③]楚人丧葬中的招魂、引魂习俗，洋溢着浓烈的灵魂不灭观念。从现存的两幅著名楚帛画看，湖南长沙陈家大山楚墓出土的人物龙凤帛画，其主题是祈求飞腾的龙凤引导墓主人的灵

---

① 详见《左传·庄公八年》所载彭生之事。
② 详见《吕氏春秋·疑似》。
③ 宋公文、张君《楚国风俗志·巫觋篇》，湖北教育出版社1995年版。

长沙楚墓《人物御龙帛画》

魂早日登天升仙；①长沙子弹库一号墓出土的人物御龙帛画，其主题当为墓主乘龙升天成仙。②

如上所述，古人认为人死之后灵魂不灭，要变成鬼，而鬼既可作祟生者，亦可佑护生者。人们为了使死去的祖先在阴间富足并使自己得到安宁，便不惜物力财力实行厚葬。于是厚葬便成为一种风俗，长盛不衰。③直到战国末年，才出现了薄葬的转机。

二、诸子的丧葬观

（一）儒家的丧葬观

孔子在主观上，或者说在实际行动上，是一个薄葬论者。因为他的悼念观是崇尚精神的，而不是崇尚物质的。他说："礼，与其奢也，宁俭。丧，与其易也，宁戚。"④其意是说：关于丧事，与其在仪式上做得很完备，不如心里真正悲哀。他在行动上与其所言是一致的。例如孔子的得意门生颜渊死了，孔子很伤心，他说：哎呀！老天爷真要我的命呀！但当孔子的学生们想要隆重地安葬他时，孔子说：不能这样做。⑤孔子对待弟子是如此，就是对待生身父母也是这样。据《礼记·檀弓上》的记载，孔子的父母合葬于防，"封之，崇四尺"，合现在的尺度，只有92.4厘米。这合葬墓不久即被暴雨冲毁。孔子知道后，伤心地泪流满面，说：我听说过，古人是不在墓上加积土的啊！于是不复修。

孔子虽然力主薄葬，但他倡导孝道。他曾说，所谓孝，就是"生，事之以礼；死，葬之以礼，祭之以礼"。⑥因此，当弟子宰我问"三年之丧，期已久矣"时，孔子便指责他"不仁"。孔子说：宰予真不仁啊！儿子生下来，要到三岁才能脱离父母的怀抱。为父母守孝三年，是天下通行的丧礼。难道宰予没有从他的父母那里得到三年的爱抚吗？⑦这就在客观上为当时及后世的厚葬风气提供了理论依据。正如《淮南子·氾论训》所说："厚葬久丧以送死，孔子之所立也。"

到战国时期，儒家的丧葬观由重精神的悼念观向重物质的悼念观转移，呈现出由

---

① 熊传新《对照新旧摹本谈楚国人物龙凤帛画》，《江汉论坛》1981年第1期。
② 陈绍棣《中国通史图说·春秋战国卷》，第363页，九洲图书出版社1999年版。
③ 徐吉军《中国丧葬史》，第102页，江西高等教育出版社1998年版。
④ 《论语·八佾篇》。
⑤ 详见《论语·先进篇》。
⑥ 《论语·为政》。
⑦ 据《论语·阳货篇》。

俭到奢、由简到繁的变化趋向。其代表人物是孟子和荀子。

孟子进一步发展了孔子"孝悌为本"的伦理思想。他说："事，孰为大？事亲为大。""事亲，事之本也。"①还说："孝子之至，莫大乎尊亲；尊亲之至，莫大乎以天下养。"②其意是：孝子的极点，没有超过尊敬他的双亲的；尊敬双亲的极点，没有超过拿天下来奉养父母的。既然如此，"慎终追远"，③厚葬父母，就是自然而然的事了。事实也正是这样。《孟子·公孙丑下》记载他厚葬其母的事例颇为典型。据记载，孟子从齐国到鲁国埋葬母亲，命弟子充虞请匠人赶制棺椁，并叮嘱棺木要好，以厚葬他的母亲。讲究棺椁，不仅是为着美观，而且是因为只有这样，才算尽了孝子之心。孟子还说：在任何情况下，都不应当在父母身上去省钱。由此可见，孟子的丧葬观与孔子的丧葬观大相径庭。孟子之后，厚葬基本上左右了中国丧葬民俗的导向。

荀子继承了孔子和孟子的观点，亦重视和强调"礼"在丧葬中的作用。他在《礼论》中说：礼，是谨严于处理生死的。生存，是人的开始；死亡，是人的终结，终结和开始都得到完善，人道就算做到了。所以，谨于处始，而慎于处终，始终如一，这便是君子之道、礼义之文。那厚于人的生存而薄于人的死亡，乃是尊敬人的有知有觉，而慢怠人的无知无觉，乃是奸人之道和背叛之心，这叫做浇薄。君子是耻笑浇薄的。

荀子在强调厚葬为孝的同时，还把丧礼看成一种等级制度。他说：天子的棺椁是七层，诸侯是五层，大夫是三层，贤士是两层，"然后皆有衣衾多少厚薄之数，皆有翣菨文章之等以敬饰之"。④即所谓"丧祭械用皆有等宜"。⑤

有学者认为，历来提倡孝道的儒家，"把养生与送死等量齐观，甚至重视送死的程度超过了养生"。⑥甚是。正因为儒家是提倡厚葬的。因此，当齐景公问孔子如何为政时，晏婴进言说："夫儒者……崇丧遂哀，破产厚葬，不可以为俗。"大意是说：这些儒者崇尚丧礼尽情致哀，破费财产厚葬死人，不可将这形成习俗。

（二）墨子的丧葬观

墨子主张薄葬。《孟子·滕文公上》云："墨子之治丧也，以薄为其道也。"这种薄葬观是墨子理论学说中的闪光点。正如有的学者所指出的："墨子节葬之说，实亦有为而发，盖墨子目视当时天子诸侯淫侈用殉之酷，不胜愤嫉，欲以除其弊。"⑦

---

① 《孟子·离娄上》。
② 《孟子·万章上》。
③ 《中庸》。
④ 《荀子·礼论篇》。
⑤ 《荀子·王霸篇》。
⑥ 徐吉军《中国丧葬史》，第102页。
⑦ 张舜徽《周秦道论发微》，中华书局1982年版。

墨子的薄葬思想主要表现在《墨子·节葬》中。这种思想是以"利民"为出发点的。他说:"诸加费,不加于民利者,圣王弗为。"①即认为一切加重人民负担而不能给人民带来利益的事情都不能做。为此他淋漓尽致地举发了厚葬久丧的种种弊病。他说:实行厚葬,对于有丧事的王公大人来说,棺材一定要有多层,葬埋一定要深,随葬衣服一定很多,坟堆一定要高大。对于有丧事的诸侯来说,耗尽府藏的财物,然后将金玉珠宝缀满全身,用丝绵、丝带捆束在死者的车马上,一起埋葬在坟墓中,一定设立许多帐幕、炊具……等等,覆盖在死者身上,而埋于地下,装得满满的,送葬好像搬家一样。对于办丧事的平民百姓来说,几乎要倾家荡产。②他又说:久丧的做法是哭泣无度,不分昼夜,直到声音都哑掉,披着麻衣,系着麻带,泪流满面,住在临时盖起的简易茅屋,睡在草垫上,枕着土块,又相互强制自己不吃饭,而使自己挨饿,穿着单薄的衣服而使自己受冻,以致眼睛凹陷,面皮皱缩,容颜黄黑,耳朵听不清,眼睛看不见,手足无力,成为废物。③他一针见血地指出:厚葬其实就是大量掩埋掉资财;久葬实在是长期禁止大家从事劳动,④用这个办法要想使国家富强、百姓富足,是根本办不到的。

由于上述原因,墨子激烈反对"厚葬"、"久丧",而主张"节葬",即薄葬和短丧。他认为丧礼不分贵贱,一律"棺三寸","衣三领"。墓地掘的深度,下面不至于漏水而湿,上面不使秽气上冲于空气中,墓地能够标示那葬埋的处所,就行了。哭着去,哭着回来,从丧葬返归之后,即从事劳动。⑤"节葬"的思想,是墨子思想中的精华部分。

(三)道家的丧葬观

先秦时期的道家主张薄葬。这与墨家是一样的。

老子说:"我有三宝,持而宝之",其中之一就是"俭"。⑥所谓"俭"即俭约。老子又说:"人之轻死,以其生生之厚,是以轻死。"⑦其意是说:人民之所以铤而走险,是因为他们的统治者过分追求享受,所以逼得人民铤而走险。统治者的过分享受,自然包括厚葬。由此可见,老子是提倡薄葬的。

如果说老子的薄葬思想还有些模糊的话,那么庄子的薄葬思想则是明朗的。他说:"夫事其亲者,不择地而安之,孝之至也。"⑧又引逸《诗》说:"生不布施,死何含珠

---

① 《墨子·节用中》。
② 据《墨子·节葬》。
③ 据《墨子·节葬下》。
④ 同上。
⑤ 同上。
⑥ 《老子》第六十七章。
⑦ 《老子》第七十五章。
⑧ 《庄子·内篇·人间世》。

为？"①他还以实际行动实践自己的言论。庄子快要死的时候，弟子们想厚葬他。庄子说："吾以天地为棺椁，以日月为连璧，星辰为珠玑，万物为赍送。吾葬具岂不备邪？何以如此！"②

此外，晏子、杨朱等也主张薄葬。如晏子认为：已经死了，难道还由得自己吗？把尸体放火烧了也可以，下水沉了也可以，用土埋了也可以，扔到野外也可以，丢进沟壑里拿柴草遮着也可以。……随便别人怎么处置啦。③杨朱也认为死后："不含珠玉，不服文锦，不陈牺牲，不设明器也。"④

（四）杂家的丧葬观

杂家的丧葬观集中体现在《吕氏春秋》一书中。该书《节丧篇》提倡"节丧"，反对"厚葬"，其思想倾向属于墨家学派。但本篇主张"节丧"，出发点是"为死者虑"，是为了避免坟墓被发掘，是为了"安死"。所谓"安死"是使死者安宁的意思。怎样才能做到"安死"呢？《吕氏春秋·安死篇》批评了世上厚葬的做法，提出"以俭节葬死"的主张。文章指出："先王之葬，必俭，必合，必同"。什么叫合？什么叫同？葬于山林就与山林合为一体，葬于山坡或低湿之地，就与山坡或低湿之地的环境相同。这样做不是"爱其费"，也不是"恶其劳"，而是"为死者虑"。只有"节丧"，才能实现"安死"，才算是真正的"爱人"。因此，《节丧篇》结尾说，厚葬倘若真有利于死者，即使"贫国劳民"，也"不辞为也"。这种思想又是与墨家学说不同的。

---

① 《庄子·杂篇·外物》。
② 《庄子·杂篇·列御寇》。
③ 据《列子·杨朱篇》。
④ 《列子·杨朱篇》。

第二节　丧葬礼仪

丧礼作为古代凶礼之一，是关于殡殓死者、举办丧事和居丧祭奠等的仪节。通过丧葬礼仪，人们能够缅怀死者生前的业绩，表示对死者的感情，给亡灵以慰藉；又可以祈求对活人的庇护。因此，古人对丧礼很重视。两周的丧礼，对殷礼有不少变革，经战国学者的整理，较完整地保存于儒家经典之中。《仪礼》中的《丧服》、《士丧礼》、《既夕礼》、《士虞礼》，对丧礼作了详细探讨。此外，《周礼》、《礼记》也有不少篇章讨论丧礼的。儒家礼经所记丧礼制度，主要是为士以上阶层制定的，但其影响远远超出这一范围，而且大体上被后世所沿袭。

一、隆重而繁琐的丧葬程序

两周时期的丧礼，程序复杂，名目众多。现将这一时期有代表性的丧礼，依时序择要概述如下：[①]

1. 初终　病危之人定要居于正寝。临终时，家属守在床边，用丝绵新絮放在临终者的口鼻上，以察验是否还有呼吸。验明停止呼吸，家属皆哭。

2. 复　这是为死者招魂的仪式。由死者的亲属或侍者拿着死者的上衣，登上屋顶，"左执领，右执要（腰）"，[②]面向北方，拉长声音呼唤死者的名字，连喊三次。然后由另一个人接过衣服，覆盖到死者的身上，这叫作"复"。《礼记·檀弓下》解释说："复，尽爱之道也。有祷祠之心焉，望反诸幽，求诸鬼神之道也。"这一仪式是显示为挽救死者

---

① 参考徐吉军《中国丧葬史》，第117—129页，江西高校出版社1998年版；阴法鲁、许树安主编《中国古代文化史》（2），第144—149页，北京大学出版社1991年版。
② 《礼记·杂记上》。

生命而作的最后尝试。《墨子·非儒》:"其亲死,列尸弗敛,登堂窥井,挑鼠穴,探涤器,而求其人矣。"可见其时为了招魂,不仅登上屋顶,还去窥看水井,去挖掘鼠洞,拿出洗涤的器具,去追寻已死去人的灵魂。

3. 帱殓　复后把死者遗体安放在正寝南窗下的床上。接着整治遗体。《仪礼·士丧礼》说:"楔齿用角柶,缀足用燕几。"所谓"楔齿",是用角柶插入死者上、下齿之间,把口撬开,以便日后含饭。至于"缀足",则用几案将死者双足固定,便于日后着履。然后用特制的殓衾覆盖尸体,叫做帱殓。还要在死者东侧置酒食,供鬼魂饮用。死者家属脱掉锦绣、绯红的衣服,除掉金玉珠翠之类的装饰品,换上白布青缣的丧服,开始居丧。

4. 命赴　派人向死者的上级、下属、亲戚和朋友报丧。丧主一般是死者的儿子,由长子领头。如长子早死,则以长孙居前。妇女不能主丧。讣告的写法有一定的格式,一般是写明死者的姓名、生卒年月、履历、祭葬的时间、地点等等。

5. 吊唁致襚　亲友收到讣告后要穿上吊服,马上至丧家吊丧,并安慰死者家属,即所谓唁。死者家属则要对前来吊丧的人跪拜答谢并依礼迎送。吊唁者还要把赠送死者的衣被交给死者家属,即所谓致襚。

6. 沐浴、饭含、袭尸　沐浴在既复后进行,方法大致和生人一样。饭含在沐浴之后进行。饭含是把珠、玉、贝、米放在死者口中。《周礼·地官·舍人》郑玄注:"饭所以实口,不忍虚也。"可见古人举行饭含仪式的用心,是事死如事生,不让死者空张着嘴,到阴间去挨饿。袭尸是为死者穿上特制的丧衣。《仪礼·士丧礼》云:"乃袭三称,明衣不在算。"其意是说,为死尸穿衣,共穿三套新衣。贴身的不在此数。《释名·释丧服》曰:"衣尸曰袭。袭,匝也,以衣周匝覆衣之也。"然后侍者给死人"加幅巾,充耳,设幎目,纳履,乃袭深衣,结大带。设握手,覆以衾"。所谓"充耳",是用瑱(一种小型玉制品)塞耳,而"设幎目"则是用"瞑目遮盖面部"。瞑目曾于1954年至1955年在河南省洛阳市中州路1316号墓出土,为一组人面形有穿石片。②石片最长的3厘米,最宽的3厘米左右。这组石片覆盖在墓主人的面部。在头骨下放一件圆角长方形石璧;在石璧下用眉、眼、鼻、口等形状的石片排列成人的五官;在两耳的地方各放一件圆形石片;在两颊之处排列六件兽形石片;在这些石片的两侧和下边排列10件长方形石片;其下再放两件兽形石片。上述二六件石片及一件方璧上有一至四个圆孔可以穿缀于织物之上。《仪礼·士丧礼》云:"瞑目用缁"。所谓瞑目,就是以上述玉石片缀于绢帛的面幕。③

---

① 《礼记·丧大记》:"吊者袭裘,加武,带绖。"
② 中国科学院考古研究所《洛阳中州路》,科学出版社1959年版。
③ 贾峨主编《中国玉器全集》3《春秋战国》,河北美术出版社1992年版。

7. 铭旌 又称旌铭、为铭等，即灵柩前的旗幡，以丝麻织物制作。《仪礼·士丧礼》："亡，则以缁长半幅，赪末长终幅，广三寸。书铭于末，曰某氏某之柩。"明旌用黑、红两种布来制作，上面用黑布，长一尺，下面用红布，长 2 尺，都是三寸宽。并在铭旌的下面写上死者的氏和名。在这一点上，从天子到士都是一样的。《礼记·丧服小记》云："复与书铭，自天子达于士，其辞一也。男子称名，妇人书姓与伯仲，如不知姓则书氏。"又，《礼记·檀弓下》云："铭，明旌也，以死者为不可别已，故以旗识之。爱之，斯录之矣，敬之，斯尽其道焉耳。"可见旗幡是标志死者形貌的；在旗幡上记其姓名，是象征生者对死者的敬爱。

8. 设重、设燎 用木板刻一块牌位，放在中庭，暂时代替神主牌位，用来象征死者的亡灵，叫做设重。由祝"取铭置于重"，也就是把死者的铭旌覆盖在重上。夜晚于堂上和庭中燃烛，称设燎。设燎照明，旨在为死者的亡灵享用祭品提供方便。

9. 小殓 在死者卒后次日早晨为其穿衣，叫做小殓。① 这里指士以上一般人，至于诸侯则五日小殓，天子则七日小殓。《释名·释丧制》云："敛者敛也，敛藏不复见也。"意以衣衾加于尸体之上。据《礼记·丧大记》和《仪礼·士丧礼》的记载，小殓的地点在卧室门里。届时，先陈小殓衣于房中，共有十九套，还有别的寿衣继其摆出，但不必尽用。届时，死者的至亲，男子露臂，女子卸去头饰，皆抚尸捶胸顿足，痛哭很久，表示极度悲伤。执事者着装完毕，用衾被裹尸，以绞带束紧。然后行祭奠之礼，进献祭肉、甜酒等祭品，并举哀。是夜，庭中燃烛通宵达旦。

10. 大殓 在死者卒后第三天为其举行入棺仪式，称为大殓。之所以要在死后第三天举行，是"以俟其生也。三日而不生，亦不生矣"。② 从医学上看，死而复生的事是有的。故三日大殓大概是经验之谈。大殓的地点设在堂前的东阶上，也要像小殓一样，陈衣于房，陈奠于堂。殓时床上要铺席子，并铺陈束带、单被、寿衣等，把美服放在外面。士人将尸体置于席上。主人（主丧者）长时间举哀。为死者换大殓衣毕，主人抚尸举哀如前。然后捧着尸体殓入棺内。此时，主人主妇（主丧者的妻子）擗踊（捶胸跳脚）痛哭。盖棺，大哭如初。接着举行规模较大的祭奠，宾客向死者行礼，主人答拜。送客后，主人主妇再次哭踊。大殓礼毕，叫做既殡。

11. 闻丧、奔丧 在外行旅的子女，"始闻亲丧"，要尽哀而哭，以答使者。继而问明死因，复又大哭。于是头戴丧冠，身着丧服，足穿丧鞋，日夜兼程奔丧。途中要避开城市繁华喧闹之处。遥望故乡要哭，看到家更要哭。到家后，先到灵前跪拜、哭悼，经人劝慰方止。然后脱掉丧冠、丧服，披发，裸臂，赤足，补行亲人始死时的仪式。

---

① 这里指士以上一般人，至于诸侯则五日小敛，天子则七日小敛。
② 《礼记·问丧》。

如因故不能奔丧,则要寄物以吊。

12. 成服　既殡之后,死者家属分别按同死者关系的亲疏,穿着不同等级的丧服,称成服。丧服制度详见后节。

13. 朝夕哭、奠　从成服后到下葬前,每天在日出和日落前都要在殡所各举行一次祭奠。祭奠时,主人主妇们自然又哭踊一番,叫做朝、夕哭奠。

14. 筮宅、卜日　即请人通过龟卜选定墓地葬所和下葬日期。

15. 既夕哭　在下葬前两天的夜晚,在殡所面对灵柩进行丧前最后一次哭奠,叫做既夕哭。

16. 启殡　所谓殡,即指停柩待葬。启殡,即将灵柩移到堂屋正中,准备出殡。到时候,五服之内的亲属都要来参加这一仪式,穿上丧服哭泣。由祝宣布启殡的良辰吉日,然后内外皆哭。接着开始启殡,载重并行,由祝拂去棺上灰尘,以除凶邪之气。

17. 朝祖　在灵柩发引前一天,奉魂帛朝拜祖庙,犹如生前远行必辞先辈一样。

18. 发引　即下葬之日柩车启动,开往墓地。亲友赠送钱物,叫致赙。出车马束帛等助葬,则叫致赗。行前先把随葬品陈于门外,面对灵柩宣读遣册,并设奠以告亡灵。发引的队伍由主丧者领头,一边哭泣,一边前行,亲友执绋,在柩车前缓行。随葬品放在随行车中。

19. 下葬　先在墓地掘墓、树碑。柩车至墓地,将灵柩抬下,祭奠一番。然后以碑上的穿为支点,用绳子将柩放入墓圹中,铭旌置于柩上,随葬品放在柩侧。以棺衣将柩和随葬品覆盖。其上再铺席,加抗木。接着以土埋圹,堆土成坟。若有墓室,则经墓道下柩。

20. 反哭　下丧以后,丧主奉"重"归家而哭。①一说反哭之处应在祖庙。②

21. 虞祭　虞祭是在反哭之后进行的。意在安定死者的鬼魂。《仪礼·既夕礼》贾公彦疏云:"主人孝子,葬之时,送形而往,迎魂而返,恐魂神不安,故设三虞以安之。"第一次在下葬当天举行,叫"初虞",《礼记·檀弓下》云:"葬日虞,弗忍一日离也。"第二次叫"再虞",在初虞后的第一个柔日(天干逢乙、丁、己、辛、癸为柔日)举行。取柔日是因为"柔日阴,阴取其静"。三虞则在刚日(天干逢甲、丙、戊、庚、壬为刚日)举行。取阳日是因为"阳日刚也,阳取其动也。"初虞有迎尸入门之礼。尸象征死者神灵,因此迎尸入门等于迎入死者的亡灵。尸代替死者受祭,一般由死者的孙子充当。

22. 卒哭　虞后有卒哭之祭。卒哭意为终止无时之哭,改为朝夕一哭。《礼记·杂记下》云:"士三月而丧,是月也卒哭;大夫三月而丧,五月而卒哭;诸侯五月而葬,

---

① 《礼记·檀弓下》云:"反哭升堂,反诸其所作也。"
② 清代孙希旦《礼记集解》称"反哭"为"反于庙而哭"。

七月而卒哭。"其中士的卒哭之礼于三虞后的一个刚日举行，故《仪礼·既夕礼》曰："三虞，卒哭。"春秋战国时卒哭之祭要馈尸于门外，即在家门外向代表死者的尸敬酒以示饯行，旨在使死者的神灵从家宅离开。

23. 祔　这是死者与祖先合享之祭。卒哭后将死者的神主敬奉祖庙，依照昭穆顺序安放在神座上，与祖先共同享祭。《礼仪·既夕礼》："卒哭，明日，以其班祔。"郑玄注："祔，卒哭之明日祭名。犹属也。"祭毕，奉神主还家，到大祥后始迁入庙。

24. 小祥　这是父母死后一周年的祭礼。《仪礼·士虞礼》曰："期而小祥。"郑玄注："小祥，祭名。祥，吉也。"因为到小祥时，丧主可以服练（一种用熟丝织成的柔软洁白的绢）冠。因此小祥祭又称"练祭"。

25. 大祥　这是父母死后两周年的祭礼。《仪礼·士虞礼》云："期而小祥，又期而大祥。"据记载，小祥祭后才可以吃菜和果子，到大祥祭后才可用酱醋等调味品。

26. 守丧　又称居丧、丁忧等，它是丧礼中最后一个仪式，旨在表达对死者的哀悼之情。死者棺椁下葬墓室，封土造坟之后，亲属还要为其守丧。那时的丧期因人、因时、因地而有差异，①并无统一的规定和限制，有"五月之丧"、"期年之丧"等形式。至于孔子、孟子极力提倡的"三年之丧"，在春秋战国时期并没有普遍实行，只在个别地区和一些儒家中使用。②据《仪礼》、《礼记》的记载，儒家对居丧时的饮食、居处、哭泣、容体、言语、衣服、沐浴、作乐等，都有具体规定。

27. 禫　禫为除丧服的祭礼。《仪礼·士虞礼》云："期而小祥，又期而大祥，中月而禫。"郑玄注："中，犹间也。禫，祭名也，与大祥间一月。自丧至此，凡二十七月。禫之言澹，澹然平安意也。"③禫后丧家除服，不再居丧，重过正常人的生活。除服之后，每逢忌日（父母逝世的周年纪念日）不准饮酒娱乐，禁止房事，正如《礼记·祭义》所云："君子有终身之丧，忌日之谓也。"

二、等级森严的礼制规定

周代的丧葬礼仪，具有鲜明的等级制色彩。《后汉书·赵咨列传》说周代"秩爵异级，贵贱殊等。自成、康以下，其典稍乖。至于战国，渐至颓陵，法度衰毁，上下僭

---

① 《墨子·节葬下》云："君死，丧之三年；父母死，丧之三年；妻与后子死，二者皆丧之三年；然后伯父、叔父、兄弟、孽子死，期；[戚]族人五月；姑姊甥舅皆有月数。"
② 徐吉军《中国丧葬史》，第190页。
③ 晋·王肃以二十五月为大祥，为禫，二十六月而作乐。

杂"。这是对当时森严等级的精辟概括。从死的名称到丧事的用器和仪式，无一不指示阶级的差异。①

同是一死，因死者地位和身份的不同而有不同的名称。《礼记·曲礼下》云："天子曰崩，诸侯曰薨，大夫曰卒，士曰不禄，庶人曰死。"郑玄注云："异死名者，为人褒其无知，若犹不同然也。"孔颖达曰："崩者，坠坏之名，譬若天形坠压然，则四海必睹。王者登遐，率土咸知，故曰崩。薨者，崩之余声也。诸侯卑，死，不得效崩之形，但如崩后余声，劣于形压也。卒，毕竟也。大夫是有德之位，毕了生平，故曰卒。士禄以代耕，而今遂死，是不终其禄。死者，澌也。澌是消尽无余之目，庶人极贱，生无令誉，死绝余芳，精气一去，身名俱尽，故曰死。"这说明，之所以给死冠以不同的名称，是为了分别尊卑贵贱，造成等级的序列。

棺椁的使用，把贵贱的等级差异强烈地显示出来。《荀子·礼论》云："天子棺椁十重，诸侯五重，大夫三重，士再重。"《礼记·檀弓上》和《礼记·丧大记》记载：天子棺椁四重，诸侯三重，大夫二重，士一重。上述文献所载的棺椁制度虽有差异，但其所规定的等级制度却是一致的。此外，《礼记·丧大记》还对棺椁的厚薄、质料等作了明确规定："君大棺八寸，属六寸，椑四寸；上大夫大棺八寸，属六寸；下大夫大棺六寸，属四寸；士棺六寸。"又："君松椁，大夫柏椁，士杂木椁。"死者口内的含，等级分明，不得乱用。《周礼·地官·舍人》郑玄注："君用粱，大夫用稷，士用稻。"《礼记·杂记下》云："天子饭九贝，诸侯七，大夫五，士三。"又，《说苑·修文》云："天子含实以珠，诸侯以玉，大夫以玑，士以贝，庶人以谷实。"上述古籍关于饭含之物的记载尽管不尽相同，但所反映的等级制度则是相同的。

死者小殓和大殓所需要的敛衣同样有严格的等级规定。据《礼记·丧大记》的记载，小殓，贵贱皆用十九称。大殓，国君百称，大夫五十称，士三十称。殓衣的质料亦因身份的不同而呈现出显而易见的差异："君锦衾，大夫缟衾，士缁衾。"甚至大小殓所用的席子，同样因死者的地位的差别而不同，即所谓"君以簟席，大夫以蒲席，士以苇席"。

殡的形式和礼仪也因身份的不同而不同。《礼记·檀弓上》云："天子之殡也，菆涂龙輴以椁，加斧于椁上，毕涂屋，天子之礼也。"又《礼记·丧大记》云："君殡用輴，欑至于上，毕涂屋；大夫殡以帱，欑置于西序，涂不暨于棺；士殡见衽，涂上帷之。熬，君四种八筐，大夫三种六筐，士二种四筐，加鱼腊焉。"这两段话的大意是：君（诸侯）的殡是将柩放在载柩的车上，四面用丛木围着，涂满白垩，载柩车的辕上画着龙，外面再加椁，椁边张着绣上黑白斧文的缘幕，上面做成屋顶的样子，整个涂饰起

---

① 瞿同祖《中国法律和中国社会》，第179页，中华书局1981年版。

319

来；大夫的殡是用棺衣覆在棺上，放在西墙下，三面用丛木围着斜靠在墙，涂饰时不涂棺；士的殡是掘了坑放棺，露出接榫以上部分，将露出部分涂饰，再用帷幔围着。煎熟谷物放在殡的四周，君用黍、稷、稻、粱，以八只筐盛着，大夫用黍、稷、粱，以六只筐盛着，士用黍、稷，以四只筐盛着；还要加上干鱼、腊肉。①

死者的柩饰也因身份地位的高低而有华丽和朴素之别。《礼记》上便记载有国君至士大夫不同的柩饰。《礼器》云：天子八翣，②诸侯六翣，大夫四翣。《丧大记》云，君黼翣二，黻翣二，画翣二；大夫黻翣二，画翣二；士画翣二。《左传·襄公二十五年》载崔杼弑齐庄公草草葬之，"四翣不跸"，意在贬损不依君礼。又，《礼记·丧大记》云：君，"齐，五采五贝"；大夫，"齐，三采三贝"；士，"三采一贝"。可见棺上的装饰，诸如障扇、绥的色彩和所挂贝壳的串数等，皆以死者的贵贱为差。

殡葬日期也以身份地位的不同为转移。《礼记·礼器》云："天子崩七月而葬……诸侯五月而葬，……大夫三月而葬。"《礼记·王制》云："天子七日而殡，七月而葬；诸侯五日而殡，五月而葬；大夫、士、庶人三日而殡，三月而葬。"《左传·隐公元年》载："天子七月而葬，同轨毕至；诸侯五月，同盟至；大夫三月，同位至；士逾月，外姻至。"又云："士三月而葬，是月也卒哭。大夫三月而葬，五月而卒哭；诸侯五月而葬，七月而卒哭。"

来宾赠赗的多少，随死者身份的高低为转移。《说苑·修文》云："舆马、束帛、货财、衣被、玩好，其数奈何？曰：天子乘马六匹；诸侯四匹；大夫三匹；元士三匹；下士一匹。天子束帛五匹，玄三、𫄨二，各五十尺；诸侯玄三、𫄨二，各三十尺；大夫玄一、𫄨二，各三十尺；元士玄一、𫄨一，各二丈；下士彩缦各一匹；庶人布帛各一匹。天子之赗，乘马六匹，乘车；诸侯四匹，乘舆；大夫曰参舆；元士、下士不用舆。天子文绣各一袭，到地；诸侯覆跗，大夫到踝；士到骭。"

陵墓的规模皆有定制。与死者身份地位的高低相适应，呈等级序列。正如《周礼·春官·冢人》所云："以爵等为丘封之度与其树数。"

综上所述，可以看出，儒家所倡导的丧葬礼制，在区分尊卑贵贱上是何等严格而又细致啊！正如荀子所云："丧祭械用，皆有等宜"，③"贵贱有等，长幼有差，贫富轻重皆有称者"。④其目的就在于通过丧葬仪物的等级规定，制约社会风习，划清循礼和非礼的界限，尤其使劳苦大众形成"贵贱不相逾"的思想观念，在社会生活方式上安分

---

① 参王梦鸥注译《礼记今注今译》，第149、732、733页，台湾商务印书馆1984年版。
② 翣，障扇。出殡时用以屏障柩车，入土时用以屏障棺椁。
③ 《荀子·王制》。
④ 《荀子·富国》。

守己，以便潜移默化，巩固剥削阶级的统治。①

三、明器僭越与礼崩乐坏

需要指出的是：东周时代，"礼崩乐坏"。这一时代的最大特点，是礼制上的僭越。这在明器制度上亦有反映。周礼对于用鼎制度有严格规定，即：天子用九鼎，诸侯用七鼎，大夫用五鼎，士用三鼎。可见用鼎随等级身份的不同而不同。这是西周社会上层实行严格等级制度的一种体现。而社会下层是没有资格用鼎随葬的。可是到了春秋中期以后，随着各诸侯国旧势力的日益衰弱，新势力的逐渐兴起，在社会上出现了乱制和僭越礼制现象，而且愈演愈烈。一时，"天子微，诸侯僭；大夫强，诸侯胁"。在这种局面下，周礼用鼎制度礼不逾节的规定被冲垮了。诸侯国的侯竟也用天子的九鼎。如河南新郑郑侯墓、安徽寿县蔡侯墓，都用九鼎随葬。及至战国，僭越用鼎制度普遍起来，据《仪礼》等书的记载，已变化为：诸侯用九鼎；卿、上大夫用七鼎；下大夫用五鼎；士用三鼎。如燕下都九女台M16、辉县固围村M1、随县曾侯乙墓都是列国国君或王室的墓，但它们都出土有升鼎九件，这与诸侯僭称"王"号是相应的，②也是"征伐礼乐自诸侯出"的时代写照。又如长治分水岭M14、陕县后川M2040，大概为上大夫之墓，但其都出有升鼎7件。此外，山西太原金胜村晋卿墓出土各类铜鼎达25件，包括一套7件升鼎。这使我们领略了诸侯国上卿的僭越。它向我们诉说，孔子忧心忡忡的"陪臣执国命"，在当时已变成了现实。③

与此同时，一些平民仿效贵族的礼制，用鼎随葬，冲破了士与庶人之间的分界线。例如在洛阳中州路、安阳后岗和山西侯马上马村等地发现的春秋中晚期的小墓中，随葬品的组合就以鼎、罐、盆、鬲或甗、豆、盆、罐等仿铜礼器的陶质明器为主，有的小墓甚至还随葬有少量的骨制车马明器。显然，小墓的主人旨在通过这种象征社会地位和身份的用鼎制度，在阴间一跃而跻身统治阶级的行列。

---

① 参徐吉军《中国丧葬史》，第133页。
② 查瑞珍《战国秦汉考古》，第91页，南京大学出版社1990年版。
③ 信立祥《全国考古新发现精品展》，《文物》1997年第10期。

【第三节 葬法与葬式】

一、葬法

两周的葬法有土葬、石葬、悬棺葬、火葬等四类。兹分述于下。

（一）土葬

土葬即土穴墓。土葬是两周时期最普遍的葬法。土葬有竖穴、横穴、土丘、土墩四种。

1. 竖穴墓

竖穴是从地表向下挖掘而形成的土坑。由于时代、地理环境、民族习俗和墓主身份的不同，竖穴墓的形制和规模也有所差异。西周的竖穴墓的墓室形制基本上沿袭商代。若按墓室规模的大小，可以划分为大型、中型、中小型、小型四类。墓室面积在2—95平方米之间。春秋战国的竖穴墓仍沿袭商周以来的形制，个别为凸字形土坑竖穴墓。①大墓的墓坑长宽为10～20米，深16～17米，个别也有长宽不足10米的。中型墓的墓坑长3～4.6米。除中原地区外，山戎、东胡等少数民族的墓穴亦均为长方形竖穴。②

2. 横穴墓

横穴墓亦称洞室墓，是先从地面向下挖到一定深度，再横向掏挖而成。这种形态的墓葬多在我国西北地区流行，最早可上溯到新石器时代。③年代相当于春秋战国的有

---

① 徐吉军《中国丧葬史》，第74—75页。
② 北京市文物考古研究所《十年来北京考古的新成果》，载《文物考古工作十年》，文物出版社1990年版。
③ 张碧波、董国尧主编《中国古代北方民族史·专题文化卷》，第705页。

以下几处。甘肃永昌蛤蟆墩墓地为沙井文化（约公元前800年～前600年）早期，共发现12座洞室墓。墓道与洞室之间用圆木填塞，上盖芨芨草或芦苇席，这里相当于古代月氏人的故地。① 宁夏固原县彭堡于家庄发现有凸字形、刀把形单洞室墓和凹字形双洞室墓。墓主人可能是受到北方青铜文化影响的土著戎族。② 青海湟中下西河潘家梁墓地为卡约文化（约前900年～前600年），其墓型多为长方形土坑偏洞墓，一般在洞口处竖一挡板，不使用葬具。③

3. 土丘墓

土丘墓就是墓穴之上有夯实的封土堆的墓葬。墓主人的身份当比较特殊。青海循化苏志墓地为卡约文化，发现两个夯筑的椭圆形坟丘。长约20～24米，宽约16～18米，高约1.5米。坟丘的两侧各有一条弧形弯曲的围墓沟，两端似要合拢而以石子路或土路隔开。在两个坟丘内各埋葬16座和10座单人竖穴墓。④

4. 土墩墓

土墩墓是越族一种独具特色的葬法。它主要分布在江苏南部。这里地势低洼，水位较高，雨量充沛，土地潮湿。水灾对生活在这里的古人威胁很大。为避水害，他们死后择高地而葬。一般不挖圹穴，把尸体及随葬品陈放平地之上，⑤ 就地取土掩埋，加封成墩。但封土大多不加夯实。土墩墓规模不一，一般高2～3米，个别达5米以上，底径大多在20～30米之间，40多米的是极少数。一个土墩墓，有的只埋一人，但多数埋有几人或十几人。这种差别可能与墓主人的身份不同有关，前者应是贵族，后者应多属平民。⑥

土墩墓的分布，以茅山以西的镇江地区最为密集。它们或"三五成群，或上百座连成一片"。近年南岗山发掘的一批，每组十多座，以较大的一座为中心，沿山脊对称排列，但大墩似非墓葬，或许与某种礼仪活动有关。⑦ 土墩墓亦见于文献记载。《越绝书·吴地传》云："夫差冢在犹高西卑犹位。越王侯干戈人一累土以葬之。"意思是说：吴王夫差自杀身死，越王勾践使随从士卒每人盛一竹篮土以葬夫差。

土墩墓的年代，据目前的资料，上限为商代，下限为春秋末战国初。⑧ 它是吴越文

---

① 甘肃省文物考古研究所《永昌三有城与蛤蟆墩沙井文化遗存》，《考古学报》1980年第2期。
② 宁夏考古研究所《宁夏固原于家庄墓地发掘报告》，《华夏考古》1991年第3期。
③ 青海省文物考古研究所《青海近十年考古工作的收获》，载于《文物考古工作十年》。
④ 张之恒、周裕兴《夏商周考古》，第397页，南京大学出版社1995年版。
⑤ 江苏丹徒四脚墩所发现的土墩墓内挖有长方形竖穴，有葬具。这大概与受到中原文化的影响有关。详见《中国文物报》1992年3月8日。
⑥ 蒋炳剑等《百越民族文化》，第367页，学林出版社1988年版。
⑦ 南京博物院《江苏丹徒南岗山土墩墓》，《考古学报》1993年第2期。
⑧ 邹厚本《江苏南部土墩墓》，《文物资料丛刊》（6），1982年版。

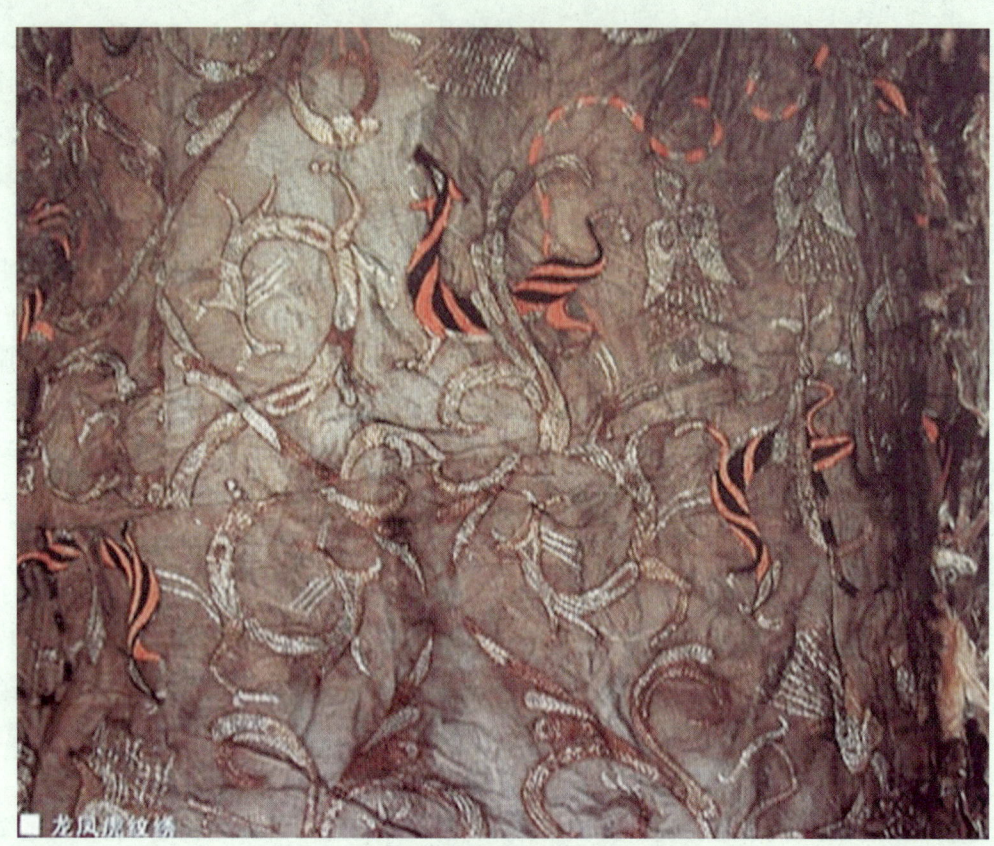

天星观二号墓出土的龙凤虎纹绣

化不可分割的重要组成部分。

（二）石葬

石葬又称石穴葬。石葬有岩石墓、石棚墓、大石墓和土墩石室墓四种。兹分述于下。

1. 岩石墓

岩石墓是在山顶的岩石山凿穴的古墓。其筑法是先将山顶铲出一个岩石台面，然后向下凿出略大于底，斜直墓壁，平面呈长方形的竖穴。墓室底凿成平面和有坡度的墓道。在墓室上部用花岗岩板封盖，然后，再以土石混封于石板之上。这种墓是多人多次火葬，而且火葬就在墓室内进行的。墓中没见棺椁，只发现在墓底和墓壁残存的桦树皮，用木条把桦树皮固定在墓中。岩石墓已发现的为战国末期，分布在吉林省桦甸县横道河子乡西荒山屯附近。①

2. 石棚

石棚是在地面上竖立3—4块石板，上面盖一块大石板构成墓室。其形态如棚子，因此称之为石棚。石棚的分布遍及世界很多地区。我国的石棚，在辽宁、吉林和山东省都有发现。考古调查和发掘表明：石棚中有人骨和随葬品。因此，石棚应是一种墓葬。②

关于辽东半岛石棚的年代，学术界有多种看法，从其出土遗物、建筑的规模和建筑技术看，应为青铜时代，有的甚至晚到青铜时代晚期，即春秋时代。从修建石棚所消耗的人力、物力之多看，石棚的墓主人应是奴隶主贵族或部落酋长。③

3. 大石墓

大石墓是在地面上用巨石砌成，整体为长方形的石室。两侧壁和后端用长方形大石竖立而成。前端用碎石垒砌、封闭，有的墓门外尚竖有两列大石，构成一墓道。墓底用碎石板铺砌或砂质土垫平，顶部用大石覆盖。有的在石室外尚有石砌圆丘形建筑。墓内无葬具痕迹。人骨堆积在墓底，骨架杂乱无章，显系"二次葬"。每墓葬入人数从数十到百余具。已发现的大石墓，主要分布在四川西昌地区和凉山彝族自治州东部。大石墓的时代约当春秋末至东汉初。据《史记·西南夷列传》的记载，此类墓葬可能是古代濮族系统的一支——邛都人所遗留。④

4. 石室土墩墓

石室土墩墓分布在苏南浙北地区。其起讫年代为西周中晚期至战国，比土墩墓略

---

① 傅仁义《东北古文化》，第162—163页，春风文艺出版社1992年版。
② 《中国大百科全书·考古学卷》，第473页；傅仁义等《东北古文化》，第108—109页。
③ 傅仁义《东北古文化》，第109页。
④ 参童思正《近年来中国西南民族地区战国秦汉考古的发现及研究》，《考古学报》1980年4期；刘世旭《试论川西南大石墓的起源和分期》，《考古》1985年第6期。

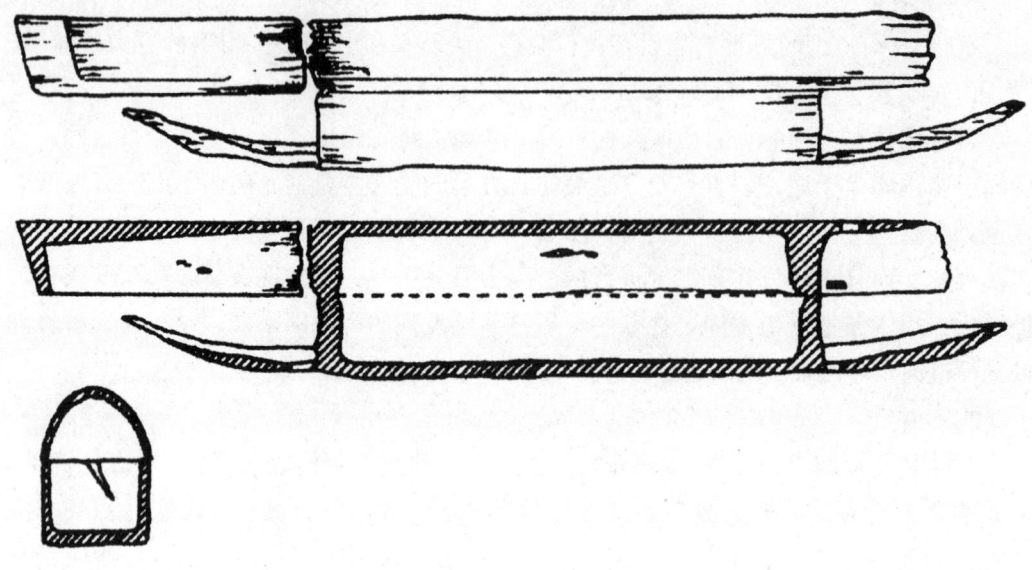

1978年在福建武夷山白岩崖洞出土的船棺（线图）^{14}C 测定距今 3445±150 年。全长 489 厘米，宽 56 厘米，高 73 厘米，分底和盖两部分，上下套合。

（选自王冠倬《中国古船图谱》，三联书店 2000 年版）

晚，它的出现是土墩墓演变和发展的结果。土墩墓为吴越两地所共有，石室土墩墓只流行于越地。土墩墓的葬俗可能是良渚时期高台土冢的继续和发展。[1]但也有人认为土墩石室是土著民族迁庙藏主之所，即是不再享受春秋祭祀的远祖诸神主迁藏的幽室，[2]这无疑是一种新的见解。

（三）悬棺葬

悬棺葬是以将死者的棺木放置在人迹罕至的悬崖绝壁上为特征的墓葬形式。这种葬法，广泛流传于我国南方地区。

悬棺葬最早出现于夏商之际，起源于近江河湖海地区的民族。[3]根据现有的材料，福建崇安武夷山的悬棺葬时代最早，碳$_{14}$的测定表明，距今已有约 3800 年—3400 年的历史。江西贵溪悬棺为距今 2650 年±125 年。四川瞿塘峡盔甲洞悬棺与战国器物同出，时代亦应相近。[4]另一些地区悬棺的时代要晚，下限可到明清。

悬棺的方式有以下类型：或在岩壁上凿孔，楔入木桩，以承托棺木；或利用天然

---

[1] 陈元甫《土墩墓与吴越文化》，《东南文化》1992 年第 6 期。
[2] 马承源《江浙地区的土墩石室》，《中国考古学会第七次年会论文集》。
[3] 徐吉军、贺云翱《中国丧葬礼俗》，第 203 页，浙江人民出版社 1991 年版。
[4] 《中国大百科全书·考古学卷》，第 590 页。

岩穴，盛放棺木；或利用岩壁间的裂隙之处，架设棺木；或人工凿穴，插入棺木。

悬置棺木的方法可归纳为以下四种：下垂法，即所谓"自山上悬索下柩"；吊装法，即由下而上将棺木吊装进洞，"其中很可能使用了某种最原始的机械"；[①] 筑台法，即在较低的岩壁前，构筑土台，将棺材运到岩洞，然后撤土拆台；栈道法，即沿着事先构筑好的栈道，将棺木运入岩洞。[②]

棺木多为独木凿成，呈长方形，也有少数用船形棺者。葬式有的是一次葬，有的是二次葬，即待死者肌肉腐朽后，将骨殖收入棺内，再送到悬崖上去。[③]

悬棺葬的族属为古代越、濮等民族及其后裔。[④]悬棺葬反映了死后升天的宗教信仰。

（四）船棺葬

船棺葬是以独木舟或木槽形的棺木为葬具的一种墓葬形式。船棺在沿河的山坡上，尸体背山面河，置于船舱靠河的一端，随葬品放在脚下。现已发现船棺的地区，有青海、四川、福建、云南、贵州等地，以四川最为集中。[⑤]

四川的船棺葬，开始仅在川东巴县冬笋坝和川北昭化宝轮院发现。近年在成都西郊及成都附近的绵竹、广汉、双流、芦山、大邑、蒲江、郫县、什邡、彭县、荥经等处也有发现。这里是蜀人的势力范围，说明船棺葬不仅是巴人的墓葬，也与蜀人有关。[⑥]

船棺的制造方法，以巴县和昭化出土的船棺为例，是将长5米余、直径1米余的

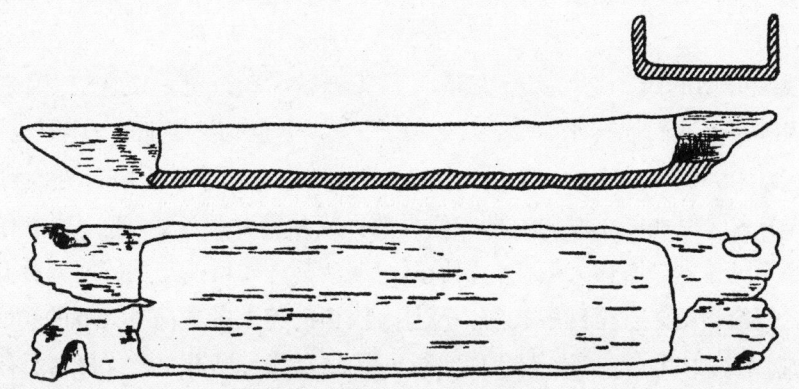

四川昭化县宝轮院出土船棺（线图）
（选自王冠倬编著《中国古船图谱》，三联书店2000年版）

---

① 林宗淦《武夷船棺的来历》。
② 参唐嘉弘《中国悬棺葬学术讨论会综述》。
③ 《中国大百科全书·考古学卷》，第590页。
④ 徐吉军、贺云翱《中国丧葬礼俗》，第208页。
⑤ 罗开玉《中国丧葬与文化》，第184页，海南人民出版社1988年版。
⑥ 查瑞珍《战国秦汉考古》，第383页。

楠木上部削去一小半，使之略成半圆形作为船面。底部亦略加削平，使成船底。两端则加工成舟之首尾状，两侧各凿有一大孔。船身中部一段挖空作船舱，尸体及随葬品装殓于舱中。

船棺的出现，可上溯到新石器时代晚期。在青海省乐都柳湾发现的齐家文化遗存中，其葬具大多为圆木挖成的独木舟式的木棺①。四川的船棺可能早到春秋时期或战国早期，下限则已进入西汉。据学者研究，早期船棺较薄，底呈弧形，断面呈"∪"形，由"西南夷"文化系统中的独木舟脱胎而来；中期船棺两舷加高，两端截齐，断面呈"凹"形，有盖，是专用的棺；晚期船棺两头翘，是秦人入主巴蜀后，船形受中原文化影响的结果。②

船棺的出现和流行，可能与祖先崇拜有关。祖先发源于川西北高原的云南崩龙族、纳西族有造木棺（含义是"船"）装殓死者，象征供死者灵魂到另一世界、到祖先发源地时渡河所用。发源于川西北高原的部分蜀人有可能产生相同的丧葬习俗。《华阳国志·蜀志》说成都平原的湔氐县，岷江两岸的山相对如阙，称"天彭阙"，"鬼魂精灵数过其中"。这说明，部分蜀人的送魂路线，是由成都平原，逆岷江河谷而上至川西北高原。在这种背景下产生的船棺，似宜理解为宗教意识，即祖先崇拜的产物。

至于四川船棺的消失，除了汉文化的影响外，还与战国晚期至西汉初期巴蜀地区的迅速开发，和大批木料运往关中，修建阿房宫等，造成巴蜀森林资源衰竭有关。③

（五）火葬

春秋战国时期的氐、羌均实行火葬。《吕氏春秋·孝行览·义赏》："氐羌之民，其虏也，不忧其系累，而忧其死不焚也。"《荀子·大略》也有类似记载。庄子说："羌人死，燔而扬其灰。"1976年~1977年，在新疆帕米尔高原塔什库尔干塔吉克族自治县城北3公里左右的香保保地区，发掘一批古代少数民族墓葬，共计40座，其中有7座火葬墓。火葬墓不见盖木，时代大概在春秋战国时期，其族属可能与羌族或塞种有关。④羌人的火葬之俗沿袭很久。至到解放前，茂县、汶川的羌人各寨都有火葬的场所。⑤

仪渠国（在今甘肃、青海一带）也实行火葬。《墨子·节葬》云："秦之西有仪渠之国者，其亲死，聚薪焚之，谓之登遐，然后成为孝子。"所谓"登遐"，是一种古老的观念，

---

① 青海文物管理处考古队等《青海乐都柳湾原始社会墓葬第一次发掘的初步收获》，《文物》1976年1期。
② 罗开玉《中国丧葬与文化》，第185页。
③ 罗开玉《中国丧葬与文化》，第186—187页。
④ 穆舜英等《建国三十年新疆考古主要收获》，载《新疆考古三十年》，第5—6页，新疆人民出版社1983年版。
⑤ 详见马长寿《氐与羌》，第213页，上海人民出版社1984年版。

即认为通过火的静化作用,灵魂可以乘火升天,从而得到永生,彻底从死亡中解脱出来。

此外,辽东地区的青铜短剑墓亦有火葬习俗。又,云南剑川县沙溪镇南鳌山发现火葬墓。①

二、葬式

葬式是指埋葬时尸体放置的姿势。两周有仰身直肢葬、屈肢葬、俯身葬、解肢葬等。其中仰身直肢葬最为普遍、流行。有学者认为:"这是因为仰身直肢葬与人睡眠的姿势相同,用这种姿势安葬死者,含有请其放心安睡之意,故而汉语中用'长眠'作为死亡的婉辞。仰身直肢葬遂成为后世丧葬的正常姿势。"②

屈肢葬远远没有仰身直肢葬流传的范围那么广。据考古发掘,两周时期"曾一度在中原地区、关中地区流行。但在流行地区的墓葬中所占比例不太平衡"。③ 占比例最少的是郑州一带。如郑州二里岗的212座墓葬,48座为屈肢葬。占比例较高的是辉县、洛阳一带。如辉县褚丘区的15座墓葬,13座为屈肢葬。洛阳烧沟的59座墓葬,40座为屈肢葬。占比例最高的是关中的秦墓,绝大多数都是屈肢葬。如大荔朝邑的26座墓葬,均为蹉曲特甚的屈肢葬。西安半坡的112座墓葬,其中104座是屈肢葬。

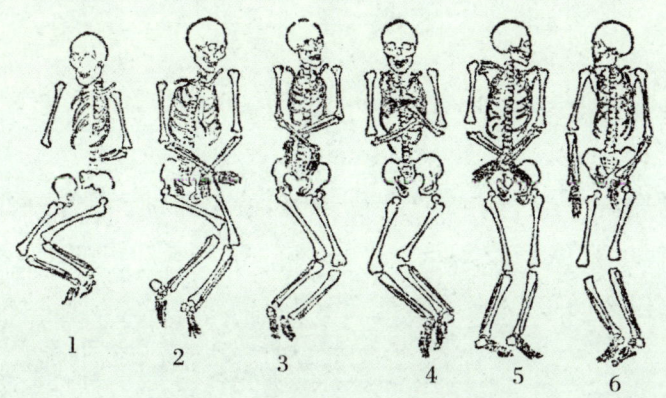

上村岭虢国墓地屈肢葬的姿势
1. 1722号墓的 2. 1729号墓的 3. 1639号墓的 4. 1816号墓的
5. 1684号墓的 6. 1812号墓的
(参见《考古》1961年第1期)

---

① 云南省博物馆文物队《云南剑川鳌凤山墓地发掘简报》,《文物》1986年第7期。
② 杨存田《中国风俗概观》,第306页,北京大学出版社1994年版。
③ 杨存田《中国风俗概观》,第306页。

关中秦地的屈肢葬与三晋地区的屈肢葬的区别主要在于蜷曲程度的差别。三晋地区蜷曲较轻,姿势亦较自然。如中原地区的屈肢葬,胫骨和股骨之间的夹角,一般在90°～135°之间。上村岭虢国墓地、后川战国墓地的屈肢葬即是实证。而秦地的屈肢葬则蜷曲特甚,其下肢的蜷曲都在30°～90°之间。① 其形式多样。秦国的屈肢葬,流行于陕西和甘肃等地,并随秦国的武装部队驻防于新设的郡县而在战国中晚期进入中原。② 关于屈肢葬的渊源,有学者认为"本是起源于甘青地区的葬俗","秦人和永清的辛店墓既都流行极为相似的屈肢葬,正表明了族属上的关系,即都是姜戎的一支";③ 还有"春秋秦的殉葬奴隶的葬仪,可能是战国秦屈肢葬仪的渊源"④ 等说法。

至于俯身葬和解肢葬,都是对殉葬者使用的。

---

① 韩伟《试论战国秦的屈肢葬渊源及其意义》,《中国考古学会第一次年会论文集》,文物出版社1979年版。
② 同上。
③ 俞伟超《古代"西戎"和"羌"、"胡"考古文化归属问题的探讨》,载《先秦两汉考古学论集》,文物出版社1985年版。
④ 韩伟《试论战国秦的屈肢葬渊源及其意义》。

第四节 墓室与棺椁

一、墓地制度

（一）西周的墓地制度

西周的墓地制度承袭商代，实行的是以血缘关系为纽带的聚族而葬制度。据《周礼·春官·宗伯》所载，西周时期的族葬墓地分"公墓"、"邦墓"两种，这已经是很明确的了。

公墓是王室、国君等贵族的墓地，由冢人掌管，事先制订墓地规划，确定墓地范围，并画成图样；然后按照宗法等级关系排定墓位、安排坟丘的高低大小与种植树木的多少。公墓的根本原则是"子孙各就其所出王，以尊卑处其前后"。[①] 由此可见，统治者对死者墓葬位次的规定，旨在巩固活着的各级贵族之间的相互位置。其实西周时期周族内部早已出现了阶级分化，尤其是在卫、燕、虢等姬姓国的贵族墓地中数量最多的小型墓群，其墓主人与大、中型墓的墓主人自然不会属于同一阶层，然而"公墓"制却用嫡庶、长幼、亲疏等氏族宗法关系掩盖了根本对立的阶级关系。这种"公墓"制为大贵族的利益服务岂不一清二楚吗？

邦墓是埋葬国民（即自由民）的墓地，由墓大夫负责掌管。在墓地中不同家族又有各自的"私地域"。西周统治者让国民实行族葬，继续保持亲族关系，从表面看，是使其"同宗者，生相近，死相迫"，[②] 以加强同宗人的团结；其实，这种族葬制应是那时某种政治、经济、军事和社会组织形式的反映，其目无非是为了利于自己的统治罢了。

---

① 《周礼·春官·冢人》。
② 《周礼·地官·大司徒》郑玄注。

第八章 丧葬

洛阳东周"天子驾六"车马遗存

从考古资料来看，西周时期确实存在着这种以血缘关系为纽带的规范化的葬制。如陕西宝鸡斗鸡台和长安沣西张家坡（部分）的墓地应该是一种"邦墓"的性质，而卫、燕（部分）、虢、强等墓地则是"公墓"的性质。

陕西斗鸡台墓地发现一处有36座西周墓组成的家族墓地，其排列形式又可分为几组，每组2—6墓不等。它们的丧制和丧俗相差无几，看来彼此有血缘关系，应是同一大家族内的不同家庭。长安沣西张家坡第四地点发现的48座西周墓，常有数座墓聚葬的现象，似可分成数组，各组似各自组成一单元，但也难于截然分开。这些墓大小相若，年代相近，随葬品相仿，显然存在着血缘关系。河南浚县辛村有一卫国墓地，时代从西周初年到东周初年，这里发现大型墓8座、中型和中小型墓29座、小型墓28座，马坑或车马坑14座。根据墓葬规模、铜器铭文，结合文献记载，可以看出该墓属"公墓"。北京市房山县琉璃河乡黄土坡村，1973年至1989年共清理、发掘西周墓葬300余座，车马坑30余座。此墓地墓葬的排列很有规律，可分成若干组及群，有的组群中有一个较大的墓，应属西周时期燕侯家族及其宗室的聚葬之处。河南三门峡市上村岭虢国墓地，1956～1957年共发掘墓葬234座，车马坑3座，马坑1座，其中墓葬均呈南北向布置，基本上没有互相叠压的现象，显然事先经过一定的规划。这个墓地分成南、北、中三组，每组中都有大、中、小墓之别，显然是虢国贵族的墓地。①

（二）春秋战国的墓地制度

1．"族坟墓"制处在风雨飘摇中

春秋战国时期，传统的以血缘宗族关系为纽带的族葬制虽然还存在着，但已处在风雨飘摇之中。所谓"族坟墓"制度就是同一族的人有共同的墓地，这墓地不能自由买卖。在东周墓地，同期墓葬相叠压的现象很少，可见那时既有一定的规划，又有较完备的管理。

考古材料表明，这一时期的族葬地较多。从公墓看，有的仍严格地保留着"族坟墓"制，如山东临淄齐国故城河崖头一带的齐国高级贵族墓地，尧王庄国氏墓地，曲阜鲁城西部鲁国贵族墓地，黄县纪国贵族墓地，燕下都东城西北角"虚粮冢"和"九女台"高级贵族墓地。②但有的则表现了"族坟墓"制的松弛，如魏国的"公墓"区在今河南辉县固围村到汲县山彪镇一带，相距七八公里多。秦的"公墓"区，从秦昭襄王到秦始皇，则西达芷阳，东到临潼，其间二三十公里。在如此大的范围里，没有王室以外的人入葬是不可想象的。这反映了"族坟墓"中的"公墓"制已遭到破坏。

---

① 以上参见北京大学历史系考古教研室商周组《商周考古》，第189—196页，文物出版社1979年版。
② "九女台"M15已经发掘，该墓虽未发现铜器，但据出土的陶器看，有升鼎4件，乐器钟、镈共35件，磬15件，相当于列国国君的葬制。

从邦墓看，有的仍保留着"族坟墓"制，如洛阳中州路西工段战国初期出青铜礼器的贵族墓 M2717、M2719 和一些同时期出陶器的墓 M2724、M2730、M2733、M2702、M2705 相互毗邻。山东平度战国墓葬也存在类似现象。这些贫富悬殊、身份差别甚大的墓同在一个墓地，显示以宗法血缘关系为纽带的族葬制在一些地区还在传承。但到战国晚期，已经出现了松弛乃至消失的现象，如洛阳烧沟战国晚期墓，其中南区墓葬 28 座，除个别墓葬有铜带钩、铜镜等随葬品外，其余均为陶器，贫富差异不明显。这是"族坟墓"制开始消失的标志。人们不再聚族而葬，而是以财富多寡选择墓地了。①

（二）陵墓由城外迁入城内

西周时期，一般墓地都建在城外。但春秋战国以来，除秦国外，不少诸侯国都把墓地迁入城内。有学者指出："这种现象不仅中原的东周、郑、韩，北方的燕、中山，东部的齐、鲁等国盛行，就连南方的楚国亦较普遍。"②这一现象带有普遍性，其原因与当时频繁残酷的战争有关，因为那些国家的统治者害怕"攻城的敌人会戮辱他们的先人，所以，把死者葬于城内，使之处于安全之地。"③

东周"天子驾六"车马坑

---

① 查瑞珍《战国秦汉考古》，第 90 页，南京大学出版社 1990 年版。
② 王学理等主编《秦物质文化史》，第 254 页。
③ 欧燕《战国都城的考古研究》，《北方文物》1988 年 2 期。

二、墓室

（一）墓地的选择

两周时期的中原人墓葬，首先要选择风水宝地，即卜葬。《周礼·春官·小宗伯》云："王崩……卜葬兆，甫竁。亦如之。"其意是：王者去世，卜门宅兆与卜葬开始掘圹的时候也是一样代王哭。又，《孝经·丧亲》云："卜其宅兆而安措之。"邢昺注云："宅，墓穴也；兆，茔域也。丧事大，故卜之。"又《晏子春秋·内篇杂下》说，齐景公建成路寝之台后，逢于何的母亲死了，卜葬时，"兆在路寝之台牖下"。晏子请求齐景公依从占卜之意，准许逢于何把他的母亲葬在路寝台下。学者考察齐国故都临淄（今山东省淄博市齐都镇）的齐国墓地分布状况，发现贵族墓地多坐落于临山濒河之地，也就是人们认为的风水宝地，从而得出齐国在修筑墓葬时是经过占卜的结论。①

与中原地区多在平地或城内挖穴建坟不同，楚国由于受周礼影响较小，加以地处中国南方，气候湿热，雨量充足，水位偏高，在平地挖墓圹极易出水，且防潮材料又相对缺乏，所以坟墓多选择山丘高地。

据《仪礼·士丧礼》的记载，卜葬礼仪包括筮死者葬居和卜葬之日。

筮死者葬居，由冢人测度。先挖四边的土，置于四边之外；再挖中央之土，置于中央之南。行完朝哭的礼仪，丧主和众主人都来到这葬居之所，向北站在其所掘之土的南边，除去首绖和腰绖。宰（向筮者传布主人之命的人）在丧主的右边。筮者向东抽出蓍草筒，和蓍草一起用手拿着，朝南接受丧主之命。宰传达为丧主父亲甫筮葬居的使命。筮宅之人应诺，不重述宰所传达丧主之命，右转向北，在丧居中央的南边卜筮。此时卦者在筮者的左边。筮宅完毕，执卦者据之写好卦，筮者拿着卦交于宰看。宰接过卦看毕，还给筮者。筮者又和其随从一起占筮，完毕，上前向宰和丧主报告说，占筮的结果为吉。丧主和众主人系上首绖、腰绖，哭而不踊。假若所筮结果不吉，那么当另外择地而筮，其仪式和前面相同。②

卜葬之日，卜人先设龟甲于门外西塾。族长临视卜事，并和宗人着吉服向东立于门外西边。占者三人于族长、宗人的南边而立。卜人等皆立于西塾内之西。宗人告诉丧主已准备就绪。丧主朝北取下首绖，用左手抱着。族长莅临视卜。卜人于西塾抱龟执燋而行向门外，先陈设龟甲，后置燋于龟甲的北边。宗人接过卜人所给龟甲，显示给族长看。族长接过龟甲察看，然后还给宗人。宗人又还龟甲于卜人，稍退而接受族长卜葬日之命，

---

① 参李新泰主编《齐文化大观》，第472页，中共中央党校出版社1992年版。
② 参李景林、邵汉明、王素玲等《仪礼译注》，第323页，吉林文史出版社1995年版。

然后告龟以所卜之事，并将龟甲交给卜人。卜人坐下，以荆焞烧灼龟甲，起立。宗人接过龟甲，显示给族长看。族长接过龟甲察看后，还给宗人。宗人随即将龟甲交给占者。占者三人共同占卜，完毕，不放下龟甲，捧龟径告于族长和丧主，占卜的结果为：葬日吉。之后占者将龟交给卜人，并把占的结果告诉主妇。主妇哭。宗人再把占的结果告诉公卿大夫等人。卜人撤去龟甲。宗人告诉族长和丧主卜葬事毕。丧主和众主人系上首绖、腰绖，入门于殡前哭。假若卜葬不吉，那么须另择日而卜之，其仪式和首卜一样。①

到战国晚期，死者的葬礼，亦务须选择适当的时日，睡虎地秦简《日书》中有一段《葬日》："子卯巳酉戌是胃男日，午未申丑亥辰是胃女日，女日死女日葬，必复之，男子亦然，凡丁丑不可以葬，葬必参。"（简 759—760）《日书》其他地方谈到葬日的主要在《稷辰》篇中，在"秀"、"正阳"、"危阳"……等八类日子中，有四类日子，即"正阳"（简 763）、"阴"（简 773）、"彻"（简 774）、"结"（简 775）等，是属于可葬之日，也就是说，一年之中有近一半的日子是可行丧礼的。②

（二）墓室形制、构造

据学者研究，西周的墓制承袭商代。因为尚未发现王陵，其墓葬形制目前尚不清楚。诸侯、贵族的大墓，墓室面积均在 10 平方米以上。有的是设有两个墓道的中字形墓，如河南浚县辛村卫国墓地的多数墓，其形制与商代的陵墓相似；有的是设有一个墓道的"甲字形墓"；有的是有四个墓道的亚字形墓。在洛阳东郊还发现有折角形墓道、并带耳室的大墓，为西周墓中的特例。杭州市萧山区柴岭山近期出土一座规模巨大、保存完整的"人"字形木室墓，属于规格和等级较高的贵族墓葬，年代为西周晚期，是我国迄今发现的年代最早的"人"字形墓葬。属传统的土墩墓，石床上平铺了白膏泥，并营建了两面坡式墓室。③中型墓墓室面积在 7 平方米左右，一般不设墓道。小型墓墓室面积在 4 至 5 平方米以下，有墓室而无墓道。不少西周墓在墓底中央挖有腰坑④，这与商代一样。

考古发掘表明，西周已有了合葬制度，即"异穴合葬"。其方式是先挖两个彼此紧靠的墓坑，夫妻分别各葬其中。

春秋战国时期，墓室依然保持着商、西周以来的形制，有的大墓甚至还保留着腰

---

① 参李景林等《仪礼译注》，第 324 页。
② 蒲慕州《睡虎地秦简〈日书〉的世界》，台湾《中央研究院历史语言所集刊》，第六十二本第四分，1993 年。
③ 《浙江萧山出土西周晚期"人"字形墓葬》，《光明日报》2013 年 6 月 12 日。
④ 参《中国大百科全书·考古学卷》，第 666 页；张之恒、周裕兴《夏商周考古》236—237 页，南京大学出版社 1995 年版。

坑。①有些国君和大贵族的墓，如秦雍城陵区内12座分陵园的主墓、平山中山王墓、辉县魏王墓和邯郸赵国贵族墓，都在墓室的两面设墓道，承袭了商、西周的中字形墓的形制。有些国君的墓，如安徽寿县蔡侯墓、山东沂水莒公墓、临淄齐故城齐公墓、河南光山黄君墓，则与许多贵族墓相同，没有墓道或仅有一条墓道。湖北随州曾侯乙墓，开凿于丘陵的岩石中，为岩竖穴木椁墓，规模甚大，但没有墓道，墓室平面很不规整，实属罕见。诸侯、贵族大墓，仍流行附设车马坑。如河南淮阳马鞍冢分南北两冢，冢西各有一座车马坑，共出31辆车，可分为战车、安车、小车三种。平山中山王墓的附近除车马坑以外，还有船坑，坑内埋船。这时的一些大墓，盛行在棺椁外积石积砂积炭，以加固，以御湿，以防盗。而楚墓则均用白膏泥、青膏泥填塞，以积蓄水分，调节燥湿，隔绝空气，使尸体和随葬器物保存得好。

此时异穴合葬的制度承袭西周而更加普遍。如马王冢就是一座异穴合葬墓。墓主的身份较高，可能是楚国在公元前278年迁陈（今淮阳）后的楚王墓和陪葬墓。②又如山西长治分水岭的晋、韩墓，凡规模较大的墓，方向几乎一致，并且往往两墓并列，成双成对，彼此相距甚近，每对又总是一墓有兵器，少装饰品，一墓无兵器，多装饰品，因而推测其为有意安排的夫妇异穴合葬。这种现象在其他墓地也有发现。③

三、棺椁

棺椁作为葬具是安葬死者时盛放遗体的用具。④棺椁是丧俗的一个重要侧面。使用何种棺椁，怎样使用棺椁，都反映了各时代各民族文化和民俗的差异。

两周时期，中原华夏民族使用木质棺椁。据记载，周代的棺椁制度有等级规定。《礼记·檀弓上》云："天子之棺四重。水兕革棺被之，其厚三寸；杝棺一，梓棺二，四者皆周。……柏椁以端长六尺。"郑玄注曰："诸公三重，诸侯两重，大夫一重，士不重。"清代学者金鹗认为郑玄注的棺椁制度应改为"天子四重，诸侯三重，大夫二重，士不重"。⑤考古发掘研究表明，有些大、中型墓，在椁室内置双重棺，如茹家庄二号墓椁内为重棺，强伯墓也是内外重棺，可见记载大体上是可信的。到战国时期，"棺椁

---

① 《中国大百科全书·考古学卷》，第667页。
② 查瑞珍《战国秦汉考古》，第99—100页。
③ 《新中国的考古发现和研究》，第295页。
④ 《说文》："棺，关也，所以掩尸。"椁，《说文》："葬有木椁也。"段注："木椁者，以木为之，周于棺，如城之有郭也。"
⑤ 《求古录礼说》卷八《棺椁考》。

仍然存在严格的等级制度。诸侯、贵族的大墓，用多重棺椁。① 如随州曾侯乙墓椁室庞大，分隔为四个部分，双重木棺都髹漆施彩绘，非常精彩。又如中山王䰭墓（即一号墓）在石砌椁壁内，有四层套棺。

在列国中棺椁最有特色的是楚国。楚国的棺悬底，棺底设笭床（一块与棺底等大的用以荐尸的雕花板）；椁分室，棺椁盖、底铺帘席。此外，战国时期的楚墓，使用棺椁多与周礼不合，僭越现象屡见不鲜。大夫应用一椁二棺，而包山二号墓却用二椁三棺。湖北荆州秦家山二号墓为一椁三棺，与其墓主元士身份不符，均应是僭越现象在棺椁制度上的反映。②

除木棺外，还有石棺、铜棺和铜鼓、铜（铁）釜葬。

石棺墓是由多块石板作为壁石和盖石，并且是埋在地下。东北地区的石棺墓，约从西周早期到战国时期，分布于东辽河与松花江上游之间的长春、吉林地区。③ 西南地区的石棺墓流行的时代为春秋至西汉晚期，分布在川西山区和滇西北地区。石棺的出现，首先与当时这些民族多居石室有关。其次也与这些地区多石料而缺少木材有关。

铜棺是春秋战国时期西南少数民族的一种葬具，发现于云南祥云大波那。铜棺为"干栏"式房屋。上为人字形屋脊状顶，棺身呈长方体，下有足。整个铜棺用榫铆连结而成，可以拆卸。棺盖和两侧板饰雷纹，头、足挡饰以鹰、燕等飞禽走兽，还有蜥蜴等。造型古朴，纹饰精美。墓主人的身份可能是昆明族或嶲族的统治者。④ 学者认为，用铜棺作葬具，有以下原因：一是可以更好地保护尸骨；二是可以藉此炫耀财产，加强人们的等级观念，以便巩固后代的地位。⑤

铜鼓、铜（铁）釜葬是战国至西汉早期西南少数民族的特殊葬具。先后在广西西林普驮和贵州赫章可乐发现。分别是古代句町人和夜郎人的墓葬。铜鼓是西南某些民族的权力重器和财富象征，用以传信集众、统一号令、祈年禳灾、陈设赏赐、装载财货和作陪葬品。因此，这些以铜鼓、铜釜盛骨、套头葬者，应是当地少数族中的社会上层。

---

① 《中国大百科全书·考古学卷》，第 667 页。
② 湖北省荆州博物馆《湖北荆州秦家山二号墓清理简报》，《文物》1999 年第 4 期。
③ 《新中国的考古发现与研究》，第 345 页。
④ 云南省文物工作队《云南祥云大波那木椁铜棺墓清理报告》，《考古》1964 年第 12 期。
⑤ 罗开玉《中国丧葬与文化》，第 189 页。

四、墓上建筑

《礼记·檀弓上》云:"古也墓而不坟。"所谓"墓",是葬后不封土亦不植树;所谓坟,是葬后封土成丘。考古材料表明,商代和西周的墓都无封土,可与文献记载互相印证。墓上加坟大概起源于春秋时期。据《礼记·檀弓上》所载,孔子在合葬已故父母之时就在墓上筑了四尺高的坟丘。据孔子所讲,当时的坟丘有四种形式。[①]河南固始侯古堆宋墓,属于春秋晚期,坟丘高达7米。[②]

战国以后,坟丘已较为普遍。墓上筑坟,旨在使墓有标志,也是为了增添盗墓的难度。自从坟丘墓推广之后,"坟墓的高低、植树的品种和占地面积的大小,也都成了表示身份等级的一个标志"。[③]班固《白虎通德论·崩薨》引《春秋含义嘉》说:"天子坟高三仞,树以松;诸侯半之,树以柏;大夫八尺,树以栾;士四尺,树以槐;庶人无坟,树以杨柳。"这反映了春秋战国的情况。又,《墨子·节葬下》说,当时王公大人的墓葬,"丘垄必巨"。

从战国中期开始,君王的坟墓有了专名,叫做"陵"。《史记·赵世家》云:赵

战国中山王陵设计透视图
(选自杨鸿勋《战国中山王陵及兆域图研究》,载《建筑考古学论文集》,文物出版社1987年版)

---

① 详见《礼记·檀弓上》。
② 固始侯古堆一号墓发掘组《河南固始侯古堆一号墓发掘简报》,载《文物》1981年第1期。
③ 王炜民《中国古代礼俗》,第185页。

肃侯十五年（前335年）"起寿陵"。《秦始皇本纪》云：秦惠文王"葬公陵"，悼武王"葬永陵"。大约和君王坟墓称陵的同时，出现了在帝王陵墓顶上或边侧建"寝"的制度。① 这在战国时期已是列国流行的制度。考古资料可予以证实。

河北省平山县中山王陵寝的发掘和"兆域图"的出土，是战国时期陵墓上有"寝"建筑的实证。中山王一号墓的封土和"寝"保存较好，"封土东西宽92米，南北长110米，高约15米，自下而上呈三级台阶状，第1级的内侧有宽1米许的砾石散水，第2级有壁柱和柱础等遗迹，顶部的第三层则有叠压成鱼鳞状的瓦片堆积，可复原为一座周绕回廊、上复瓦顶的三层台榭式建筑"②。有学者认为，通过对这一"寝"遗址的复原分析，"已可看出它是仿照当时主要殿堂形制建造的"。③ "兆域图"是一幅有关中山王和王后的陵园规划图。陵园由五座寝组成，其中正中为"王堂"，即中山王的墓上"寝"。王堂两侧为"哀后堂"和"王后堂"，即哀后和王后的墓上"寝"，各与王堂相距百尺。两后堂的外侧80尺外各有一个"夫人堂"，即夫人墓上寝。这五个寝的面积有别，王堂、哀后堂、王后堂各方200尺，两夫人堂为方150尺。在这五座"寝"的周围有一垣墙，称为"内宫垣"。在内宫垣外又有一道"中宫垣"。据杨鸿勋先生推测："规划中尚有更大范围的'外宫垣'未在图中表示。"④ 总之，这一设计"不但运用严格中轴的对称布局，而且在建筑体量和位置经营上，也恰当体现了意识形态上的要求"。⑤

---

① 一些考古工作者称寝为享堂。但享堂之名出现较晚。
② 《中国大百科全书·考古学卷》，第367页，中国大百科全书1986年版。
③ 杨鸿勋《战国中山王陵及兆域图研究》，载于《建筑考古学论文集》，文物出版社1987年版。
④ 杨鸿勋《战国中山王陵及兆域图研究》。
⑤ 杨鸿勋《战国中山王陵及兆域图研究》。

第五节 服 丧

一、丧服制度

丧服是在治丧仪式上所用的服饰。

丧服礼俗大约起源于西周春秋之际。它的出现是源于祖先崇拜的一种宗教行为，其原始意义是基于对鬼神的恐惧心理。

夏商时期，尚未有丧服的记载。西周早、中期，实行丧服情况的文献记载十分模糊。大约到西周末年，文献中开始出现有关丧服的记载。《诗经·桧风·素冠》云："庶见素冠兮，棘人栾栾兮，劳心博博兮。庶见素衣兮，我心伤悲兮。聊与子同归兮。庶见素韠兮，我心蕴结兮。聊与子如一兮。"

春秋前期，有关丧服的记载增多，丧服制度也渐趋完备。丧服制度形成的标志，是集中记载丧服形式及五等亲制的丧葬专著——《仪礼》和《礼记》的出现。

丧服的核心内容是"五衰"，或称"五服"，即斩衰、齐衰、大功、小功、缌麻五种服饰。这五种服饰的形制和质料都有区别，穿着时间的长短也不一样，从三年到三月不等，完全以关系的亲疏为转移。

斩衰　斩衰服是丧服中等级最高、也是最重的丧服。其服用极粗的生麻布制成，按规定，这种麻布的密度只能用"三升"。一升为80缕，3升，即在幅宽2尺2寸上用240根经纱，这当然是极粗疏的布。服装的款式为衣裳分制，衰即指上衣；制作时将麻布斩断，不加缝缉，形成毛边，故称为"斩"。男子的斩衰服饰包括：斩衰衣、斩衰裳、斩衰冠、苴绖（首绖、腰绖）、绞带、冠绳缨、菅屦，此外，还要手握苴杖，以示哀痛至极，不能站立。妇人的斩衰服与男子稍有不同。《仪礼》所载表明，妇人的斩衰裳除衰无带、下无衽外，其他形制与男子相同。又女子不用冠绳缨，而用布总束发，箭笄安发。儿子、未嫁之女为父母；承重孙为祖父；父为长子；媳为公婆；妻妾为夫；臣为君等服丧，都着这种服饰。服期三年（实际上是二十五个月）。

齐衰　齐衰服为丧服的第二等级。齐衰亦以粗麻布为衣，所不同的是衣服的边缘缝缉整齐，与斩衰的毛边不同，故名齐衰。齐衰的服制，据《仪礼·丧服》，除上述齐衰裳（即疏衰裳、粗衰裳）外，还有"牡麻绖、冠布缨、削杖、布带、疏屦"。本身又分为四个等级：一、齐衰三年，适用于父卒为母、为继母；母为长子，都服三年。二、齐衰杖期，适用于父在为母，夫为妻，服期一年，守孝时必须执杖；三、齐衰不杖期，适用于男子为伯叔父母、为兄弟；出嫁的女子为父母；孙、孙女为祖父母，服期也是一年，但不执杖。四、齐衰三月，适用于为曾祖父母，服期三月。

大功　大功服为丧服的第三等级。其所以被称为"大功"，乃是因为这种服装的衰裳以大功布为之。大功布是一种经过锻治的熟麻布，其色微白，麻布的质地也比齐衰为细，其密度可用八至九升。丧服除布衰裳外，还有牡麻绖、冠布缨、布带、绳屦。妇女不梳髻，布总亦用熟麻布。适用于为从父兄弟（即堂兄弟）、已嫁之姑母、姊妹、女儿，未嫁之从父姊妹（即堂姊妹）及孙女，嫡长孙之外的众孙，嫡长子之妻。又已嫁之女为兄弟及兄弟之子，已嫁、未嫁之女为伯叔父母、姑母、姊妹，妻为夫之祖父母、伯叔父母及夫之兄弟之女已嫁者。此外，还有出嗣之子为同父兄弟及未嫁姊妹。服期为九个月。

小功　小功服为丧服中的第四等级。其所以被称为小功，是由于此服衰裳所用之熟麻布，其质地较大功更细，密度通常在10—11升之间。丧服除布衰裳外，还有澡麻带、绖、冠布缨、吉屦无絇。所谓澡麻，是指经过洗涤的较白的麻。吉屦即平常所穿的鞋，是鞋鼻上用以系带的装饰，小功是轻丧，故穿这种鞋。适用于男子为从祖父母（父亲的伯叔父母）、堂伯叔父母（父亲的堂兄弟之子）、已嫁之从父姊妹，未嫁之从祖姑姊妹、外祖父母、从母（姨母）等；妻为夫之姑母、姊妹和娣姒（妯娌）。此外，出嗣之子为同父姊妹之已嫁者。服期为五个月。

缌麻　这是最轻一级的丧服。缌是一种细而疏的布，升数为七升半。《释名·释丧制》云："缌麻，缌，丝也。绩麻细如丝也。"讲的即是这种情况。此服衰裳以缌布制成。与之相配，缌冠、首绖、腰绖亦以缌布为之。此服适用于男子为族曾祖父母、族祖父母、族父母、族兄弟、已嫁之从祖姑姊妹、姑祖母、姑表兄弟、舅表兄弟、岳父母、舅父等；妻为夫之曾祖父母、伯叔祖父母、从祖父母、从父兄弟之妻。服期仅为三个月。

二、居丧生活

文献记载表明，儒家在居丧期间有种种规定，其中有的是禁忌。兹就以下七个方面分述于下

（一）饮食

礼书在这方面有具体规定，其中以斩衰之丧（父母之丧）最严。《礼记·间传》云："斩衰三日不食。"《礼记·问丧》说："亲始死……水浆不入口三日。不举火，故邻里为之糜粥以饮食之。"《礼记·丧大记》曰："君之丧，子、大夫、公子、众士皆三日不食。"这说明君父始死，务必绝食三日。三日以后，孝子们可以进食，不过严格的限制依然存在。《仪礼·既夕礼》载："歠粥，朝一溢米，夕一溢米，不食菜果。"《礼记·间传》云："故父母之丧，既殡食粥，朝一溢米，莫一溢米。"又云："父母之丧，既虞，卒哭，疏食水饮，不食菜果；期而小祥，食菜果；又期而大祥，有醯酱；中月而禫，禫而饮醴酒。始饮酒者，先饮醴酒。始食肉者，先食干肉。"《礼记·丧大记》亦有与之颇为相似的记载。可见绝食三日之后，孝子们只能一日早晚各一餐，每餐只能吃一溢米（二十四分之一升的米）煮的粥。遭逢父母的丧事，在举行过安魂祭和卒哭祭之后，才可以吃粗饭喝白水，但还不准吃菜和果子；满周年举行过小祥祭以后，才可以吃菜果；满两周年举行过大祥祭以后，能够用酱醋；过了大祥间隔一个月举行禫祭之后，就可以开戒喝酒，从甜酒喝起，开始吃肉先从干肉吃起。

上述规定在特殊情况下，有一定的灵活性，可以有所松动。《礼记·丧大记》载："既葬，若君食之则食之，大夫、父之友食之则食之矣。不辟粱肉，若有酒醴则辞。"《礼记·杂记下》也有类似记载。这说明在居丧期间，如有尊贵的人或长辈赠予食品，主丧者为了表示敬意和礼貌，可以接受它，还可以将它吃掉，即使是白米饭和肉类也不必禁忌，但对于烧酒甜酒，则一定要辞谢，更不能喝。此外，如果主丧者年高或有病，为了养身健体，出色地办好丧礼的大事，也可以食肉饮酒。《礼记·曲礼上》云："居丧之礼……有疾则饮酒食肉，疾止复初……七十唯衰麻在身，饮酒食肉，处于内。"这是因为"不胜丧，乃比于不慈不孝"。其意是如果担当不起丧事而病倒了，那就等于不慈不孝。

（二）居处

儒家礼制在居处上亦有种种严格而细致的规定，其中以斩衰之丧最苛酷。[①]《仪礼·丧服传》曰：斩衰"居倚庐，寝苫枕块……寝不脱绖带"。《礼记·丧大记》云："父

---

① 徐吉军《中国丧葬史》，第 179 页。

母之丧，居倚庐，不涂，寝苫枕块……君为庐宫之，大夫士襢之。"又，《礼记·问丧》云："成圹而归，不敢入处室，居于倚庐，哀亲之在外也。寝苫枕块，哀亲之在土也。"所谓"倚庐"，据唐代贾公彦疏："在门外东壁，倚木为庐。"庐舍只用茅草遮掩，不涂泥土。国君住的倚庐，可以加围墙，但大夫、士的倚庐，则暴露着。就寝时睡在草垫上，用土块做枕头。此即所谓"寝苫枕块"，并且不脱绖带而眠。为什么要"居倚庐"、"寝苫枕块"呢？是因为哀亲在外在土，孝子不忍返室自安。

孝子以后的居处又是怎样的呢？《仪礼·丧服传》云："既虞，剪屏柱楣，寝有席……既练，舍外寝。"《礼记·丧大记》云："既葬柱楣，涂庐不於显者。君大夫士皆宫之。凡非適子者，自未葬，以于隐者为庐……既练，居垩室，不与人居……既祥，黝垩……禫而从御，吉祭而复寝。"在练祭以后，丧主可以住在垩室里面。所谓垩室，贾公彦疏曰："以为垩室，明非正寝，但于中门外旧庐处为屋以居而已。"《释名》曰："垩，亚也，亚次也，先泥之，次以白灰饰之也。"可见垩室的居住条件比庐舍好。两周年举行过大祥祭之后，则由垩室移居正寝，但依然不用床铺；间隔一个月举行禫祭以后，这才可以回到床上睡觉。

（三）哭泣

先秦礼书对丧事中的哭泣相当重视，并有具体规定。《仪礼·丧服传》云：斩衰"居倚庐……哭昼夜无时。……既虞……朝一哭、夕一哭而已。既练，哭无时"。贾公彦疏云："哭有三无时：始死未殡已前，哭不绝声，一无时；既殡已后，卒哭祭已前，阼阶下为朝夕哭，在庐中思忆则哭，二无时；既练之后无朝夕哭，唯有庐中或十日、或五日，思忆则哭，三无时也。朝一哭、夕一哭而已者，此当士虞礼卒哭之后，彼云卒哭者，谓卒去庐中无时之哭，唯朝夕于阼阶下哭。丧中三无时哭外，唯此卒哭之后，未练之前，是有时之哭，故云而已。"祥以后的哭泣礼节，《礼记·丧大记》云："祥而外无哭者，禫而内无哭者，乐作矣故也。"因为："大祥居复寝。"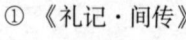所以外面没有哭声。自然在室内是可以随时哭的。禫祭以后除服，连屋里也没有哭声，因为已经可以奏乐了。至于如何以哭的方式来表现不同程度的悲哀，《礼记·间传》云："斩衰之哭，若往而不反；齐衰之哭，若往而反；大功之哭，三曲而偯；小功缌麻，哀容可也。"其意是：服斩衰的人哭起来，是竭力哭喊，气一发而尽；服齐衰的人哭起来还可以留点余气然后换气再哭；服大功的人哭起来还可以转折几下而留下余音；至于服小功缌麻的人只要哭得有悲哀的样子就行了。此外，《礼记》的《丧大记》和《杂记下》等篇还对哭泣的场合、程序和仪节作了明确规定。

---

① 《礼记·间传》。
② 王梦鸥注译《礼记今注今译》下册，第917页。

（四）容体

先秦礼制还对居丧时的容貌体态作了明确规定。《礼记·间传》曰："斩衰何以服苴？苴，恶貌也，所以首其内而见诸外也。斩衰貌若苴，齐衰貌若枲，大功貌若止，小功、缌麻容貌可也，此哀之发于容体者也。"大意是：服斩衰的人面目枯黑，好像麻结了子的颜色，所以用结了子的麻做绖，以便内心的悲哀表现于外；服齐衰的人面目苍黑；服大功的人，没有喜乐的表情；服小功和缌麻的人就可以保持平时的表情。这是以容体来表现悲哀的方式。① 又，《礼记·檀弓上》说："始死，充充如有穷；既殡，瞿瞿如有求而弗得；既葬，皇皇如有望而弗至。练而慨然，祥而廓然。"这把孝子从亲人刚死到服满之后五个阶段的不同精神状态，区分得一清二楚。又，《礼记·曲礼上》云："居丧之礼，毁瘠不形，视听不衰。"其意为在守丧期间，虽因哀伤而消瘦，但不可至于形销骨立，而且还要保持视力、听力正常，以使丧事办得圆满。这是儒家"立中制节"思想的体现。有学者认为：儒家追求的哀容是在讲究内在情感表露的同时，必须要与外在的容体配合而成，即所谓"表里一致，内外如一"。如果"居丧而不哀，在戚有嘉容"，② 则是一种非礼现象。③

（五）语言

先秦礼制对居丧时的语言也是有规定的。《礼记·间传》云："斩衰，唯而不对；齐衰，对而不言；大功，言而不议；小功缌麻，议而不及乐，此哀之发於言语者也。"可见上述规定是从语言来表现悲哀的方式。《仪礼·既夕礼》云："非丧事不言。"又，《礼记·曲礼下》云："居丧不言乐。"孔颖达疏云："居丧者，居父母之丧也。"《礼记·杂记下》："三年之丧，言而不语，对而不问。"孔颖达疏云："言而不语者，谓大夫士言而后事行者，故得言已事不得为人语说也。对而不问者，谓有问者得对而不得自问于人。"《礼记·丧大记》云："父母之丧，……非丧事不言。……既葬，与人立：君言王事，不言国事；大夫士言公事，不言家事。"以上材料说明，孝子在居丧期间应当尽可能沉默寡言，非丧事概不言之。之所以如此，是为了"思慕尽情也"。④

（六）沐浴

周代礼制对服丧时的沐浴也有规定。《礼记·檀弓下》云："孰有执亲之丧而沐浴佩玉者乎？"又，《礼记·杂记下》曰："凡丧，小功以上，非虞、祔、练、祥，无沐浴。"《礼记·丧服四制》载："三月而沐。"意即亲丧三月才想到洗头。以上记载表明，小功

---

① 王梦鸥注译《礼记今注今译》下册，第917页。
② 《左传·襄公三十一年》。
③ 参徐吉军《中国丧葬史》，第182页。
④ 班固《白虎通德论·丧服》。

以上，守丧者在守丧期间是不准沐浴的。但《礼记·曲礼上》说："居丧之礼，头有创则沐，身有疡则浴。"这是儒家"不以死伤生"[1]思想的体现。

（七）作乐

周代礼制对居丧期间的作乐有如下规定。《礼记·杂记下》云："父有服，宫中子不与于乐。母有服，声闻焉，不举乐。妻有服，不举乐于其侧。大功将至，辟琴瑟。小功至，不绝乐。"《礼记·丧大记》云："疾病，内外皆扫，君、大夫彻县，士去琴瑟。"又，《礼记·曲礼下》云："居丧不言乐。"

除上述七个方面之外，周代礼制还规定居丧期间夫妻不能同房。《礼记·丧服大记》云："期居庐，终丧不御于内者……妇人不居庐，不寝苫。"其意为：期年的服丧，居于倚庐，在终丧以前不以妇人侍寝。妇人一般体弱，不必住倚庐，不必睡草垫。至于不许操办婚嫁喜事，则更是不言而喻的了。

这些礼制有多少内容在实际生活中施行，以及施行的时间和群体，还有待新的考古发现和进一步的深入的研究。但它却从一个侧面反映了当时社会等级性的特点，即居丧礼制是依据丧服制度中的亲疏远近而制作的。与死者关系愈近，居丧期间所受限制就愈严格，限制的范围也愈广。反之，限制要宽松一些，限制范围也小。

[1] 《礼记·丧服四制》。

【第六节　明器与殉葬】

一、明器

明器是专为随葬而制作的器物。明器一词，最早见于周代。《礼记·檀弓》云："其曰明器，神明之也。涂车刍灵，自古有之，明器之道也。"从考古发掘所获资料看，早在新石器时代的墓葬中，即已发现明器。到两周时期，明器的使用已日益普遍。明器只是各种器物的模型，并无实用价值。其所用原料以陶、瓷、竹、木、石常见，亦有用金属制造的。所模仿的有礼器、工具、兵器以及车、船、囷、井等，甚至还有人和家畜鸟兽。仅具象征性的"明器制度是人殉制度和祭器制度的演变，是一个进步"。①此外，明器作为供死者到另一个世界使用的实物的代用品，"制作简便，易于措办"，"花费较少"。②

（一）西周的明器制度

西周时期，随葬明器的范围较之殷商有所扩大，品种也有所增加。在西周早期，奴隶主贵族随葬的明器，基本上承袭商代晚期，其礼乐器群为"重酒的组合"。但到西周中期，随葬品中铜礼器的组合发生了较大的变化，食器增多，酒器则相对减少，可称"重食的组合"。到了西周晚期，最多见的礼器有鼎、簋、盘、匜、壶、鬲、甗、豆次之，酒器则退居更次要的位置，而且形成鼎、簋组合的定规。

需要指出的是，此时南方的明器制度与北方大相径庭。在用鼎制度上，中原地区是用奇数，而南方地区却是用偶数。此外，南方地区的西周墓，均随葬大量的原始青

---

①　王炜民《中国古代礼俗》，第178页。
②　阴法鲁、许树安主编《中国古代文化史》2，第142页，北京大学出版社1991年版。

第八章 丧葬

西周利簋

瓷器。如安徽屯溪发现的两座西周墓，各随葬70多件原始青瓷。器形有豆、碗、尊、罐、盉等，其中以豆最多。在江苏丹徒、句容、溧水、金坛等地的西周墓葬也有与之相同的情况，可见它在东南地区的西周墓中具有普遍性。其他地区虽然也有随葬原始青瓷的，但其器形和数量远不及东南地区丰富。①

（二）春秋战国的明器制度

春秋中期，"礼崩乐坏"。这反映在明器制度上，就是各地普遍出现了僭礼逾制的现象。按照礼制规定，平民是没有资格用鼎随葬的。但是在山西上马村的小型晋墓（主要属春秋中期偏晚至战国初期）、河南洛阳中州路小型周人墓中却发现了仿铜鼎的陶质明器鼎。②在这里，明器成了这些小墓主人僭越礼制，冲破士庶限制，希图在阴世跻身于特权阶层的工具。小民尚且如此，贵族士大夫自然更甚。在"天子微，诸侯僭"的大气候下，侯国中侯一级的人物也用起了天子的九鼎。如河南新郑郑侯墓、安徽寿县蔡侯墓，都是属于侯一级的，但都用了九鼎。③历史跨入战国，诸侯国普遍僭越用鼎制度。如燕下都九女台M16、辉县固围村M1和随州曾侯乙墓都是列国国君或王室的墓，但它们都随葬升鼎9件；又如长治分水岭M14、陕县后川M2040，约是上大夫之墓，但出有升鼎7件。由此可见统治阶级内部各阶层在用鼎制度方面都上升了一级，这与诸侯僭称王号是相应的。④

1. 俑

商和西周时期的统治阶级墓葬流行以人殉葬的习俗，东周以后逐渐改变为以俑代人殉葬。俑属明器。《礼器·檀弓下》："孔子谓为刍灵者，善；谓为俑者，不仁。"郑氏注云："俑，偶人也。有面目机发，有似于生人。"《孟子·梁惠王上》："仲尼曰：始作俑者，其无后乎？为其象人而用之也。"

俑的起源尚无定说。据研究，以束草为人马形状的刍灵，比俑的出现年代要早。大约到西周初年，洛阳等地的小墓出现了奴隶玉质俑。至春秋战国之交，山东郎家庄一号墓有殉人和随葬俑并存的现象，说明当时还是处于用俑的早期阶段。历史进入战国时期，用俑殉葬的习俗开始流行起来。

俑有各种材质，主要是陶、木两类。

陶质的俑，据现有的资料，山东临淄郎家庄一号墓出土的最早。该墓出土的陶俑成组，形体小，高10厘米上下，分男、女俑两种。男俑为武士，女俑系奴婢伎乐等。⑤山

---

① 详见《新中国的考古发现和研究》，第262—263页，文物出版社1984年版。
② 详见《新中国的考古发现和研究》，第281、291页。
③ 详见徐吉军《中国丧葬史》，第146—147页。
④ 详见查瑞珍《战国秦汉考古》，第90—91页，南京大学出版社1990年版。
⑤ 山东省博物馆《临淄郎家庄一号东周殉人墓》，《考古学报》1977年第1期。

东章丘女郎山战国墓出土的乐舞俑,据其姿态和造型,可分为歌唱俑、舞俑、奏乐俑、观赏俑等类。姿态有坐有立,身高7.6—8.8厘米,系泥质黑陶捏塑而成,表面留有鲜艳的彩绘服饰。[①]有学者认为,这组陶俑,保存完整,组合有序,造型生动,风格写实,因而引人注目,为迄今发现东周陶塑作品之佼佼者。[②] 山西长治分水岭十四号战国早期墓出土的18个陶俑可分男俑、女俑,身高4.6—5.1厘米,造型或抱或负,或舞或拱,身上涂朱,尚留有刀刻痕,多为奴仆形象。[③]陕西铜川枣庙村秦墓出土泥质彩塑侍卫、侍仆俑8件,身高14—16.5厘米,用红胶泥捏塑而成,鼻孔与嘴巴有的经锥划,眉眼用黑白两色绘成,面部涂粉红彩,穿右衽及地长袍或露方头履,拱手肃立,神态谦恭,年代属春秋晚期。[④]此外,河南洛阳、辉县、山东平度等地的战国墓,亦曾出土零星的小陶俑。总起来看,春秋战国的陶俑,尚处于滥觞阶段,形体较小,烧制火候低,有的还是未经窑烧的泥俑。陶塑技法尚沿袭捏塑加锥刻的方法,模制成型法似乎尚未采用。

木质的俑,曾在湖北江陵、湖南长沙、湘乡,和河南信阳、山西长治等地发现,以楚墓出土占多数。主要是战国时期的作品。多为婢仆、武士形象,还有贵族、舞乐、司厨等人物。木俑一般形体较大,有的高达六七十厘米以上。有的学者认为,木俑的制作基本有两种方式。一种是雕刻出人的基本形体后加油漆彩绘。如河南省信阳长台关楚墓出土的长衣俑,都是用木块雕出头部和衣着的大形之后着彩的,五官描绘得细致而娴熟。另一类只较具体地雕出头部形态。如传出于湖南长沙市近郊战国墓的持剑木俑,脸部五官浅雕而成,眉峰刚健,眼角上挑。[⑤]有的还要加以彩绘,身躯部分只粗加工成一个支架,或头、身分制,然后以榫结合为一体,最后外加绢衣。头上披丝假发或人发,用木销固定于俑的头部。有的上肢肩、肘有榫眼,臂可屈伸。有的手上握持小木剑、戈等物。有学者认为,从上述木俑的创作方式上可以看出当时的创作观念上很注意追求一些细节的逼真,而不重表现人物的个性特征。[⑥]

2. 镇墓兽

镇墓兽起源于春秋战国时期。据有的学者统计,湖北楚墓出土近200件(其中江陵地区出土156件),[⑦]湖南楚墓和河南楚墓各出土2件。镇墓兽由鹿角、兽身首与座三个部分组成。其表现方法各异:或单头,或双头;或抓蛇置口,或两爪空空。据研究,

---

① 李曰训《山东章丘女郎山战国墓出土乐舞陶俑及有关问题》,《文物》1993年第3期。
② 汤池《齐讴女乐,曼舞轻歌——章丘女郎山战国乐舞陶俑赏析》,《文物》1993年第3期。
③ 山西省文物管理委员会《山西长治市分水岭古墓的清理》,《考古学报》1957年第1期。
④ 陕西省考古研究所《陕西铜川枣庙秦墓发掘简报》,《考古与文物》1986年第2期。
⑤ 金维诺主编《中国美术全集·雕塑编1》,人民美术出版社1988年版。
⑥ 参《中华文明史·先秦卷》,第584页。
⑦ 陈跃钧、院文清《"镇墓兽"略考》,《江汉考古》1983年第3期。

江陵天星观 1 号墓镇墓兽
（选自郭德维《楚系墓葬研究》，湖北教育出版社 1995 年版）

镇墓兽的演变轨迹是：兽的头部由兽面渐变为人面，由无蛇变为长蛇；由无颈变为曲颈、长颈，由彩绘到雕刻。[1] 镇墓兽的质料一般为木头雕刻而成，极个别的用陶土烧制。随葬镇墓兽的意义，迄今在学界仍有争议。一说镇墓兽与驱鬼方相有关，[2] 楚墓中的镇墓兽是幽都的统治者——士伯的偶像。随葬镇墓兽，意在抚慰士伯，以求得它的保佑，当是楚人"信鬼好祀"风尚的一种反映。另一说认为镇墓兽是一种吉祥物，它象征着御凶、吉祥并保佑亡灵。[3] 第三说提出镇墓兽是生命之神——龙的造像。[4]

3. 虎座飞鸟

虎座飞鸟在楚器里相当典型。此器较完整者目前仅见于江陵纪南城附近的楚墓，出土 10 余件。此外，鄂州楚墓、临澧楚墓亦各有发现。虎座飞鸟皆为木雕制，其基本造型为在一虎座之上伫立着一只展翅飞鸟，在鸟背上还插一对鹿角。有的鸟身上朱绘

---

[1] 参《中华文明史·先秦卷》，第 584—585 页。
[2] 中国社会科学院考古研究所《新中国的考古发现和研究》，第 306 页，文物出版社 1984 年版。
[3] 潘佳红《小议"镇墓兽"——与〈"镇墓兽"意义辨〉一文商榷》，《江汉考古》1982 年第 2 期。
[4] 张君《论楚国神秘器物镇墓兽的文化涵义》，《东南文化》，1992 年第 2 期。

羽毛纹，虎身上朱绘云纹。随县（今随州市）曾侯乙墓出土有一件青铜铸造的立鹤，作昂首伫立，展翅轻拍状，立于一方座之上。鹿角和鹤身饰错金云纹，方座饰龙纹、云纹。① 其与江陵楚墓出土的虎座飞鸟，形态虽有差异，然而基本上属于同类。②

二、殉葬

两周盛行殉葬制，用活人或器物从葬叫殉葬。殉葬包括人殉与物殉。关于物殉，我们在明器里已讨论过了，这里仅谈人殉。

所谓人殉，就是用人来为故去的特权人物从死殉葬。它起源于父系氏族公社成立以后，确立于夏代，盛行于殷商，开始衰落于西周。

据黄展岳先生的研究，周人的先世可能不存在人殉的习俗。殷人原有的人殉习俗，可能是在商末传入周人居地并被周人所接受。③

西周的人殉，见于文献记载的是《西京杂记》卷六。该卷记汉广川王发掘周幽王墓："（周）幽王冢甚高大，羡门既开，皆是石垩，拨除丈余深，乃得云母，深尺余见百余尸，纵横相枕藉，皆不朽。唯一男子，余皆女子。或坐或卧，亦犹有立者，衣服形色，不异生人。"

《西京杂记》乃魏晋时人的笔记小说，自然多不是信史。周幽王被犬戎在骊山下杀死，他的墓大概在今西安附近；汉广川国在今河北省冀县、衡水一带。两地相距甚远，广川王盗掘周幽王墓可能性较小。然而这个故事却广为流传。和《西京杂记》成书大略同时的《晋书·五行志》、晋干宝《搜神记》、顾恺之《启蒙注》，皆有相似记载，且多作附会离奇之戏说。《晋书·五行志》：魏明帝太和三年，"时，又有开周世家，得殉葬女子，数日而有气，数月而能言，郭太后爱养之"。晋干宝《搜神记》卷15云："有发前汉宫人冢者。魏时人有开周王冢者，得殉葬女子，经数日而有气，数月而能语，年可二十。送诣京师，郭太后爱养之。十余年，太后崩，哀思哭泣，一年余而死。"《三国志·魏书·明帝纪》青龙三年"葬文德郭后"句下注引顾恺之《启蒙注》与上述《搜神记》卷15所载同。这些记载，繁简有别，情节有异，但所传周幽王、周王墓中以女子殉葬之事，似有原型依托。④

---

① 湖北省博物馆等《曾侯乙墓》，文物出版社1989年。
② 郭德维《楚系墓葬研究》，第207页，湖北教育出版社1995年版。
③ 黄展岳《中国古代的人牲人殉》，第133页，文物出版社1990年版。
④ 参黄展岳《中国古代的人牲人殉》，第145—146页。

考古发掘中屡有人殉实证。

1983年西安沣西客省庄发掘灭殷以前的周人墓多座，其中一座（83SCKM₁）墓中发现殉人2具。殉人分置于南北两侧生土二层台中部各挖的长方形土坑中。其中北侧土坑内的殉人原有木棺。殉人头向东，随葬石璧、海贝、蛤蜊壳、骨管，各1至3件不等。南侧殉人头向西，无木棺，仅随葬碎玉块1件。二殉人葬式皆作侧身直肢，面向墓主。①

周灭殷后，开始流行殉人制。1955—1978年，在西周王都沣西张家坡、客省庄，曾先后四次进行较大的考古发掘。共发掘中小型墓321座，其中殉人墓27座，共发现殉人38人。殉人墓大多是中型墓。一般一墓殉1人，个别的一墓殉2人、3人或4人。殉人都是全躯，多放置两侧二层台上或墓主足端二层台上，少数放壁龛中或填土中，也有放墓主棺外足端的。殉人除少数备有木棺外，其余都没有葬具。头向一般与墓主的相同。葬式或仰身直肢，或俯身直肢。一般随身佩贝一至数枚或蛤蜊壳一个，或口中含贝。据已鉴定的人骨，殉人多为青少年及儿童。而出土情况表明，俱是处杀后入葬的。已鉴定的御奴骨架表明：他们皆为成年男性。②

这批殉人墓大部分属西周早期。但到西周中晚期发生明显变化，且不说中型墓，即使大型墓，也极少有殉人的，如张家坡井叔家族墓中4座带墓道的大墓，只有M157双墓道大墓发现一个殉人的遗骸。③此变化或由社会的发展而引起。④

在王都附近的斗门镇普渡村长由墓、宝鸡强国贵族墓地，也有用人殉葬的遗迹。

1954年发掘的斗门镇普渡村长由墓为西周中期，墓主似属大夫级。墓主棺外北边横放二具殉人，其头脚交错放置，无棺，也无随葬品。从头骨细小看，当是儿童。⑤

1975—1981年发掘宝鸡强国贵族墓地27座。其中有殉人墓5座，即1号墓（强伯墓）、2号墓（强伯妻邢姬墓）、4号墓（强季墓）、7号墓（伯各墓）和13号墓。其

---

① 中国社会科学院考古研究所丰镐发掘队《长安沣西早周墓葬发掘纪略》，《考古》1984年第9期。
② 中国科学院考古研究所《沣西发掘报告》，第113—115页，文物出版社1962年；中国科学院考古研究所沣西发掘队《1960年陕西长安张家坡发掘简报》，《考古》1962年第1期；赵永福《1961—1962年沣西发掘简报》；中国社会科学院考古研究所沣西发掘队《1967年长安张家坡西周墓葬的发掘》，《考古学报》1980年第4期；中国社会科学院考古研究所沣西发掘队《1976—1978年长安沣西发掘简报》，《考古》1981年第1期；黄展岳《中国古代的人牲人殉》，第139—140页。
③ 中国社会科学院考古研究所《张家坡西周墓地》，中国大百科全书出版社1999年版。
④ 中国社会科学院考古研究所《中国考古学·两周卷》，第75页，中国社会科学出版社2004年版。
⑤ 陕西省文物管理委员会《长安普渡村西周墓的发掘》，《考古学报》1957年第1期。

时代为西周康、昭、穆时期。除2号墓外，墓内皆并列棺椁大小两套，大椁内均设二层套棺，内棺中放墓主；小椁放于大椁左侧，椁内均置一木棺，棺内放青年女性1具，应为殉死的墓主姬妾。殉死者随葬青铜礼器的多少不同：1号墓妾儿随葬鼎5、簋4。4号墓强季妾随葬鼎3、簋1、鬲2、觯1。7号墓伯各妾随葬鼎1、簋1、罍1、觯1。13号墓主妾随葬鼎2、簋1。发掘者认为，据随葬青铜礼乐器的多少可以推断，四个墓主殉死随葬者的身份，以强伯妾儿为最高，儿应是儿国之女，其身份大致与强季相当；其次是强季妾、13号墓墓主妾、伯各妾。

除姬妾殉死以外，强伯及其妻邢姬墓中也有殉人。强伯墓六殉人分置椁内四周。其中2号殉人以木匣盛殓，放在墓室与墓道交接处。殉人仰身直肢，双手交叉腹部上，鉴定表明是男青年。3号、4号殉人皆为10岁左右的儿童，共同盛殓一木匣中，置于强伯之妾的右侧二层台上。殉人都作侧身面向墓主。5号、6号殉人亦同盛殓一木匣中，置于强伯脚端二层台上。鉴定表明，5号、6号分别是壮男和儿童。7号殉人亦用木匣盛殓，置于木车轮的下面，殉人葬式作仰身直肢，背向墓主，鉴定认为是男性，从放置位置视角看，7号殉人似为御者。邢姬墓位于强伯墓的西边，椁室内置套棺。殉人二具皆放棺外，各盛殓一木匣中。一具置墓主脚端二层台上，侧身直肢，鉴定认为是少年；另一具置墓主右侧二层台上，侧身微屈。①

强伯墓及其妻邢姬墓一共殉葬9人，其中有5人是少年儿童，4人是青壮年。殉人都穿麻衣，无随葬品。从所在位置的视角考察，少年儿童是供役使的，青壮年有守门的杂役，有护卫的勇士，有驭车的奴仆。②

以上所述表明，侍妾都拥有自己的葬具和陪葬的青铜礼器、青铜用具，有的侍妾还有殉葬人，可见她们都有一定的地位。③

在王都及其附近外，各地还发现不少西周殉人墓。

1. 1932—1933年发掘的河南浚县辛村卫侯墓。八座卫侯墓中，带有二条墓道的1号墓、7号墓墓内各有1具殉人。1号墓的殉人埋于有木车的填土中，为两臂反缚的俯身葬，应是御车者。17号墓的殉人，埋于北墓道中，屈肢葬。④

2. 1973年发掘的北京琉璃河燕侯墓地，有大墓7座，是燕侯级。发现六座有殉人。除两座各有殉人2外，其余各殉一人。殉人或放在墓主足端的二层台上，头朝东，身

---

① 卢连成、胡智生《宝鸡强国墓地》，文物出版社1988年版。
② 黄展岳《中国古代的人牲人殉》，第146页。
③ 中国社会科学院考古所编著《中国考古学·两周卷》，第123页，中国社会科学出版社2004年版。
④ 郭宝钧《浚县辛村》，第8、14、17、28、32页，科学出版社1964年版。

微内侧；或放在墓主两侧的棺椁之间，没有固定的头向、葬式；或放在木椁上。殉人都未见葬具，其中3人各带铜兵器或佩饰，另二人没有随葬品。鉴定表明，其中1人女性，年约17岁；其余都是少年。① 又1973年至1977年发掘的北京琉璃河西周早期墓地Ⅰ区较大的墓葬多有殉人。发掘者根据Ⅰ区内出土铜器铭文多有殷人的族徽推断，Ⅰ区墓葬的墓主可能是殷遗民。②

3. 1980年发掘甘肃庄浪县徐家碾寺洼文化墓地102座墓。其中七座墓有殉人，分别殉1人。6殉人都放在墓主足端二层台上的壁龛内，1殉人放置墓主足端二层台上。③

1976年在山东蓬莱县南发掘11座西周上层夷人墓，其中两座墓（8号墓、11号墓）有殉人。8号墓有殉人2，都置于南侧二层台上，头向东，俯身葬。鉴定表明，为男女各1。男性身长1.45米，女性身长1.42米，皆14—15岁。两殉人两手在骨盆处交叉。头骨已破碎。11号墓有殉人3，其中2殉人放南侧二层台上，头向东；另一殉人放墓主足端二层台上，头朝南。三殉人俱仰身，两手交叉，殉人身长皆在1.6米以上，当是成年人，但年龄性别不明。上述两墓的殉人都未见葬具，也无随葬品。据11号墓中发现的铜鼎推知，这两座墓大概为西周中期。④

又20世纪80年代，在山东省胶东半岛的蓬莱、莱阳、烟台等地又发掘了一批墓，有西周晚期的，也有春秋早期的。凡是规模较大且可能是夷人上层阶级的墓中，大多发现有殉人。⑤

又1977—1978年，山东曲阜发掘52座西周墓，仅202号墓有一殉人。⑥

1971年至1991年发掘的陕西泾阳县高家堡戈国墓共有6座墓葬。⑦其中M2的填土中发现殉人1，为25—30岁的男性，位于墓圹东南置于椁盖上，是杀死后殉葬的。M3亦有一殉人，置于东壁二层台上，乃一男性青年。发掘者认为，M2、M3两墓的墓主当为戈族贵族，其时代在武王、成王之世，下限不晚于康王，属于西周早期或西周

---

① 琉璃河考古工作队《北京附近发现的西周奴隶殉葬者》，《考古》1974年第5期。
② 北京市文物研究所《琉璃河西周燕国墓地（1973—1977）》，文物出版社1995年版。
③ 中国社会科学院考古研究所泾渭工作队《甘肃庄浪县徐家碾寺洼文化墓葬发掘纪要》，《考古》1982年第6期。
④ 山东省烟台地区文物管理组《山东蓬莱县西周墓发掘简报》，《文物资料丛刊》（3），第50页，文物出版社1980年版。
⑤ 张学海《试论鲁城两周墓葬的类型、族属及其反映的问题》，《中国考古学会第四次年会论文集》，第94页，文物出版社1985年版。
⑥ 山东省文物考古研究所、山东省博物馆、济宁地区文物组、曲阜县文管会《曲阜鲁国故城》，第92页，齐鲁书社1982年版。
⑦ 葛今《泾阳高家堡早期墓葬发掘记》，《文物》1972年第7期；陕西省考古研究所《高家堡戈国墓》，三秦出版社1995年版。

初年。

综上所述，从总体看：西周时期承袭殷商，是实行人殉制的，但各地区实行的程度有别，在丰镐地区并不流行。① 而且，有的地区并不实行。以人殉陪葬的墓主人有周族，亦有非周族，但他们同属统治阶级。② 据不完全的统计，考古发现的西周殉人墓有八十多座，共殉二百多人。

春秋战国时期，殉人之风较之殷周相去颇远，但最高统治阶层用人殉葬的现象依然相当普遍。这在文献中有不少记载。

见于《左传》记载的有：晋景公用小臣有殉葬；③ 魏武子欲用嬖妾从葬；④ 秦伯任好以子车氏之三子为殉；⑤ 宋文公用人殉葬；⑥ 芋尹申亥以其二女殉楚灵王；⑦ 邾国用五人为邾庄公殉葬；⑧ 齐季桓子令宠臣正常不必为自己殉死。⑨

见于《礼记》记载的有：齐大夫陈子亢劝阻嫂嫂和家大夫，不要用人为哥哥陈子车殉葬；⑩ 陈尊已违抗父命，不殉父妾。⑪

见于《吴越春秋》的有：吴王阖闾舞鹤吴市，杀生为其女滕玉送死。⑫

见于《战国策》的有：庸芮规劝秦宣太后，不以所爱魏丑夫为殉；江乙向安陵君游说，希望他请求跟君王（楚宣王）一起死，把自己做君王的殉葬品。⑬

见于《吕氏春秋·上德》记载的有：墨家学派的钜子孟胜，出于实行墨家的道义而自尽。他的183个弟子，出于思想信仰，也相率为孟胜殉葬。

见于《史记》的有：秦武公死，用人陪葬，陪葬的六十六人；秦缪公死，陪葬者共一百七十七人，秦的贤臣奄息、仲行、钳咸虎也在陪葬者之列。秦人哀痛，为之作《黄鸟》之诗。到献公元年，废止陪葬；⑭ 赵朔门客公孙杵臼和程婴为赵朔从死；⑮ 豫让为

---

① 张礼艳《丰镐地区西周墓葬研究》，第148页，社会科学文献出版社2015年版。
② 参黄展岳《中国古代的人牲人殉》，第151—152页。
③ 详见《左传·成公十年》。
④ 详见《左传·宣公十五年》。
⑤ 详见《左传·文公六年》。
⑥ 详见《左传·成公二年》。
⑦ 详见《左传·昭公十三年》。
⑧ 详见《左传·定公三年》。
⑨ 《左传·哀公三年》。
⑩ 详见《礼记·檀弓下》。
⑪ 同上。
⑫ 详见《吴越春秋》卷二《阖闾内传》。《越绝书·外传记吴地传》也有类似记载。
⑬ 详见《战国策·秦策二》"秦宣太后爱魏丑夫"条；《战国策·楚策一》"江乙说安陵君"条。
⑭ 详见《史记·秦本纪》。
⑮ 详见《史记·赵世家》。

智伯报仇从死。①

《尸子》云:"夫吴越之国,以臣妾为殉,中国闻而非之。"其意是说,当中原诸侯国的人殉习俗已经衰颓时,吴越所属的周边地区仍流行"以臣妾为殉"的恶俗。

《墨子·节葬下》:"天子杀殉,众者数百,寡者数十;将军大夫杀殉,众者数十,寡者数人。"②

此外,《列女传》、《孔丛子·记义篇》分别载有楚国、鲁国的人殉,限于篇幅,不能一一。

在考古发掘中也有不少人殉实例。

太原金胜村251号墓为春秋晚期晋卿赵氏墓。殉人四,皆有棺、随葬品和装饰品,身份似皆为婢妾近幸。③长子牛家坡7号墓为春秋晚期晋大夫级的夫人墓,殉葬三人。④河南汲县山彪镇1号墓为战国早期魏国高级贵族墓,殉四人。河南辉县固围村1号墓、5号墓、6号墓为战国中期魏国王室墓地,都殉一人。⑤河北平山县访驾村两座中山国贵族墓各殉三人和一人。⑥

在鲁国之南和东南部,有薛、郳、莒等小诸侯国。考古发现的人殉遗迹,主要有滕州薛国故城东周墓、临沂凤凰岭东周墓、莒南大店镇和沂水刘家店子的四座莒国国君或封君的墓。殉人少则一人,多则十四人。

楚国墓有:河南淅川下寺楚王室墓地;固始侯古堆一号墓;固始白狮子地战国墓;湖北当阳曹家岗5号墓;当阳赵巷4号墓;鄂城百子畈3、4、5号墓和长沙浏城桥1号墓。至于楚国附庸国的殉人墓,有安徽寿县西门内蔡侯墓,河南新野县小西关曾国墓和湖北随县擂鼓墩1、2号墓等。⑦上述墓的墓主,有楚国的令尹、封君夫人、贵族;有蔡侯、曾侯和曾国的大夫。殉人少则一人,多则二十一人。

秦景公墓殉166人,其中72人似为家内奴隶。⑧此墓以北,发现24座殉人墓和3座殉人车马坑,共有殉人40左右。⑨战国后期,人殉制还波及到秦国占领区。如山西

---

① 详见《史记·刺客列传》。
② 《墨子·节葬下》。
③ 山西省考古研究所等《太原金胜村251号春秋大墓及车马坑发掘简报》,《文物》1989年第4期。
④ 山西省考古研究所《山西长子东周墓》,《考古学报》1984年第4期。
⑤ 中国科学院考古研究所《辉县发掘报告》,第71、104、106页,科学出版社1956年版。
⑥ 河北省文物研究所《河北平山三汲古城调查与墓葬发掘》,《考古学集刊》(五),中国社会科学出版社1987年版。
⑦ 参黄展岳《中国的人牲人殉新资料概述》,《考古》1996年第12期。
⑧ 韩伟《凤翔秦公陵园钻探与试掘简报》,《文物》1983年第7期。
⑨ 《光明日报》1986年6月3日。

侯马乔村秦墓，大多属于战国晚期，其中有殉人墓 60 余座。① 最多的一座有 18 个殉人。其身份是生产奴隶或刑徒。

江苏丹徒大港吴王余眛墓，有殉人一具。② 丹徒粮山发现的吴国贵族墓殉 1 人。③ 淮阴高庄殉人墓应是深受夷俗影响的楚人或越人，殉 14 人。④

上述考古发现，大体可以与文献记载相印证。从中不难看出：春秋时秦的殉葬墓比较普遍，殉葬人及其中身份为生产奴隶者也比较多；战国时期的秦墓依然殉葬较多的生产奴隶。

需要指出的是，春秋战国时期的殉人身份变化较大，除了姬妾、近侍、工匠、仆从、奴隶外，还有大臣、义士、弟子。殉死者除了与主人同穴而葬的外，还有异穴而葬的。从死成了当时社会的最高美德，正如《国语·鲁语下》所说："(君)好内，女死之；好外，士死之。"尽管如此，从总的看，春秋战国特别是战国以来人殉风气毕竟是逐渐衰落了。

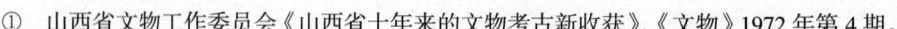

① 山西省文物工作委员会《山西省十年来的文物考古新收获》，《文物》1972 年第 4 期。
② 上海《文汇报》，1986 年 5 月 23 日。
③ 刘建国《江苏丹徒粮山春秋石穴墓》，《考古与文物》1987 年第 4 期。
④ 淮阴市博物馆《淮阴高庄战国墓》，《考古学报》1988 年第 2 期。

第九章

物质生产

　　物质生产是一切社会存在的基础。人类要生存，并进而改造世界，求得发展，就必须进行物质生产。周代各民族所从事的物质生产，有农业、畜牧业、渔猎业、手工业、商业等。此时的生产风俗纷繁而多样。东周时期有两个十分鲜明的特点，一是从事农工商业的劳动者的地位有了显著的提高，二是社会经济获得了飞跃的发展。

第一节 农业风俗

农业风俗是伴随古代农业经济生活而产生的文化现象。周代从事农业的主要是华夏族，也有其他一些民族。本节所说农业习俗，主要是周代华夏族中间流行的与农业生产有关的习俗。这些习俗大多是从前代传承下来的，各地差异颇大。

一、农业耕作的时序、节令习俗

周代民间流行根据物候的变化，来掌握农时，安排农业生产的风俗。我国现存最早的，在西周至春秋时期于杞国使用的《夏小正》，"讲到的物候便有60条，其中属于动物的物候37条，属于植物的物候18条，非生物的物候15条。这些物候，在动物方面涉及11种兽类，12种鸟类，11种虫类和4种鱼类；在植物方面，涉及12种草本，6种木本；在非生物方面，涉及风、雨、旱、冻等气象现象，可见三千年前我国积累物候知识已相当丰富"。[1] 除物候外，《夏小正》还记载了与物候相对应的农事活动。

在《夏小正》中，不但每个月都有物候指时，而且有的在一个月中还用几个物候指时，并将物候指时与天象指时相结合。可见当时用物候指示农时已相当具体和细致。[2]

需要指出的是，《夏小正》采用的是夏历，与我国现在民间常用的农历月份相当，其中的正月即阳历二月。有学者认为，书中记载梅、杏和山桃在正月开花，又提到淮、

---

[1] 梁家勉主编《中国农业科学技术史稿》，第67—68页，农业出版社1989年版。
[2] 梁家勉主编《中国农业科学技术史稿》，第68页。

海和鼍（扬子鳄）等，说明当时观测的物候可能是淮河至长江沿海一带的情况。①

《诗经》中亦有不少的物候知识记载。如《豳风·七月》记述的物候及其相联系的农事，从岁初到腊尾，终年不停。其中，以周历称的，如"一之日觱发（冬月天，北风呼呼啦啦）"，"于貉（打貉子）"，"二之日栗烈（腊月天，寒气凛凛冽冽）"，"其同（大伙儿来聚齐）"，"凿冰冲冲（打冰坑坑响）"，"三之日于耜（正月里来修农具）""纳于凌阴（把冰窖里藏）"，"四之日举趾（二月里来去耕地）"，"献羔祭韭（上韭菜，献羔羊）"。②周历正月为夏历十一月。《豳风·七月》提到的一之日、二之日、三之日、四之日，即周历的一至四月，亦即夏历十一、十二、一、二月。以夏历称的，如"蚕月条桑（三月养蚕去理桑）"，"采蘩祁祁（许多人们采蒿忙）"，"四月秀葽（四月里远志结了子），五月鸣蜩（五月里来知了叫）"，"六月莎鸡振羽""食郁及薁（吃山楂、山葡萄）"，"七月流火（七月火星向西移）"，"（蟋蟀）在野"，"烹葵及菽（把葵菜、大豆来烹调）"，"食瓜（吃瓜）"，"八月（蟋蟀）在宇（向屋檐下移）"，"萑苇（芦苇正茂畅）"，"载绩（人们绩麻忙）"，"其获（收谷子）"，"剥枣（敲枣）"，"断壶（割葫芦）"，"九月肃霜（九月里来天肃爽）"，"（蟋蟀）在户（来在门口）"，"叔苴（拾麻子）"，"采荼薪樗（苦菜摘来吃，臭椿砍来烧）"，"筑场圃（修好打谷场）"，"授衣（发寒衣）"，"十月蟋蟀入我床下（十月蟋蟀藏入我床底）"，"陨萚（落叶飘）"，"获稻（收水稻）"，"纳禾稼（把庄稼来收藏）"。③这是我国以诗歌体裁来总结和传授物候知识的最早记载，有学者将《七月》诗称为"最早的有关物候学的诗歌"。④

利用物候指示农时，到春秋战国时期又有了显著发展，《吕氏春秋·十二纪》和《礼记·月令》不仅详细记载了各月的物候，⑤而且与节令相结合，用来指导农事活动。

---

① 杜石然等《中国科学技术史稿》（上册），第74页，科学出版社1982年版。
② 周历正月为夏历十一月。《豳风·七月》提到的一之日、二之日、三之日、四之日，即周历的一至四月，亦即夏历十一、十二、一、二月。
③ 《七月》诗中提及的蚕月，古训为夏历三月。又朱熹《诗经集传》指出："斯螽、莎鸡、蟋蟀，一物随时变化而异其名。"
④ 曹婉如《中国古代的物候历和物候知识》，载《中国古代科技成就》，第257—263页，中国青年出版社1978年版。
⑤ 其物候部分大多来自《夏小正》而稍加修改，在气象观测方面，有增益的地方。

表一 《礼记·月令》中所载物候、节令与农事活动[①]

月份	物候与节令	农 事	畜 牧	蚕 桑
孟春	东风解冻，蛰虫始振，鱼上冰，獭祭鱼，鸿雁来。 是月也，以立春。 天气下降，地气上腾，天地和同，草木萌动。	天子祈谷于上帝，躬耕帝藉。命布农事，皆修封疆，审端经术。 毋聚大众，毋置城郭。		
仲春	始雨水，桃始华，仓庚鸣，鹰化为鸠。 玄鸟至。 是月也，日夜分。雷乃发声，始电，蛰虫咸动，启户始出。	耕者少舍，乃修阖扇。 毋作大事，以妨农之功。		
季春	桐始华，田鼠化为鴽，虹始见，萍始生。 生气方盛，阳气发泄，句者毕出，萌者尽达，不可以内。 是月也，…时雨时降。 鸣鸠拂其羽，戴胜降于桑。	天子为麦祈实。 命司空周视原野，修利隄防，道达沟渎开通道路。	合累牛腾马，游牝于牧。牺牲驹犊，毕书其数。	命野虞无伐桑柘，具曲植籧筐。 后妃躬桑劝蚕。
孟夏	蝼蝈鸣，蚯蚓出，王瓜生，苦菜秀。 是月也，以立夏。靡草死，麦秋至。	劳农劝民，命农勉作。 驱兽毋害五谷，登麦。毋起土功，毋发大众。		蚕事毕，后妃献茧，乃收茧税。
仲夏	小暑至，螳螂生，鵙始鸣，反舌无声。 是月也，日长至，阴阳争，死生分。 鹿角解，蝉始鸣，半夏生，木堇荣。	天子祈谷实。 登黍。 令民毋艾蓝以染，毋烧灰。	游牝别群，絷腾驹，班马政。	
季夏	温风始至，蟋蟀居壁，鹰乃学习，腐草为萤。 树木方盛，水潦盛昌。 土润溽暑，大雨时行。	不可以兴土功，不可以合诸侯，不可以起兵动众。 毋举大事，毋发令以待。 烧薙行水，利以杀草，可以粪田畴，可以美土疆。	大合百县之秩，以养牺牲。	命妇官染采。

---

① 采自梁加勉主编《中国农业科学技术史稿》表 3—5 及续表。

（续表）

月份	物候与节令	农事	畜牧	蚕桑
孟秋	凉风至，白露降，寒蝉鸣，鹰乃祭鸟。是月也，以立秋。天地始肃，农仍登谷。	农乃登谷，天子尝新。命百官始收敛，完隄防，谨壅塞，以备水潦。		
仲秋	盲风至，鸿雁来，玄鸟归，群鸟养羞。是月也，以立秋。雷始收声，蛰虫坯户，杀气浸盛，阳气日衰，水始涸。	穿窦窖，修囷仓。趣民收敛，备畜菜，多积聚。劝种麦，毋或失时，其有失时，行罪无疑。	命宰祝循行牺牲，视全具，案刍豢，察物色必比类、量大小、视长短，皆中度。	
季秋	鸿雁来宾爵入大水为蛤，鞠有黄华，豺乃祭兽戮禽。是月也，霜始降。草木黄落，蛰虫咸俯在内。	农事毕收。		
孟冬	水始冰，地始冻，雉入大水为蜃，虹藏不见。是月也，以立冬。天气上腾，地气下降，天地不通，闭塞以成冬。	命司徒循行积聚，无有不敛。劳农以休息。		
仲冬	冰益壮，地始坼，鹖旦不鸣，虎始交。是月也，日短至。芸始生，荔挺出，蚯蚓结，麋角解，水泉动。		牛马畜兽有放佚者，敢之不诘。	
季冬	雁北乡，鹊始巢，雉雊鸡乳。征鸟厉疾，冰方盛，水泽腹坚。	令告民出五种，命农计耦耕事，修耒耜，具田器。		

从上表不难看出，《礼记·月令》对物候的记载是颇为细致的，而且二十四节气的名称多数已经有了，如春分、秋分、夏至、冬至、立春、立夏、立秋、立冬、惊蛰、雨水、小暑、霜降等，较之《夏小正》和《诗经·豳风·七月》有较大的进步。这是农业气象知识长期积累的结果。

在二十四节气出现以后，人们又在上古物候知识积累的基础上，结合二十四节气归纳整理成七十二候。七十二候始见于《逸周书·时则训》。七十二候与二十四节气的配合见表二。

表二 二十四节气和七十二候表[①]

月　份	节　气	第一候	第二候	第三候
孟　春	立　春 雨　水	东风解冻 獭祭鱼	蛰虫始振 候雁北	鱼上冰 草木萌动
仲　春	惊　蛰 春　分	桃始华 玄鸟至	仓庚鸣 雷乃发声	鹰化为鸠 始　电
季　春	清　明 谷　雨	桐始华 萍始生	田鼠化为鴽 鸣鸠指其羽	虹始见 戴胜降于桑
孟　夏	立　夏 小　满	蝼蝈鸣 苦菜秀	蚯蚓出 靡草死	王瓜生 麦秋至
仲　夏	芒　种 夏　至	螳螂生 鹿角解	鵙始鸣 蜩始鸣	反舌无声 半夏生
季　夏	小　暑 大　暑	温风至 腐草为萤	蟋蟀居壁 土泣溽暑	鹰如蛰 大雨时行
孟　秋	立　秋 处　暑	凉风至 鹰乃祭鸟	白露降 天地始肃	寒蝉鸣 禾乃登
仲　秋	白　露 秋　分	鸿雁来 雷乃收声	玄鸟归 蛰虫坏户	群鸟养羞 水始涸
季　秋	寒　露 霜　降	鸿雁来宾 豺乃祭兽	雀入大水为蛤 草木黄落	菊有黄华 蛰虫咸俯
孟　冬	立　冬 小　雪	水始冰 虹藏不见	地始冻 天气腾地气降	雉入大水为蜃 闭塞成冬
仲　冬	大　雪 冬　至	鹖鴠不鸣 蚯蚓结	虎始交 麋角解	荔挺出 水泉动
季　冬	小　寒 大　寒	雁北乡 鸡始乳	鹊始巢 征鸟厉疾	雉始鸲 水泽腹坚

　　七十二候以五日为一候，以候应为表征，由于划分细致，对农时的指导更为具体。它把古代物候知识系统化，从而形成了完整而严格的全年物候历。同时它与二十四节气的紧密结合，是我国古代物候学的一个进步，[②]并由此构成了完整的气候概念。[③]不过，把节气和候应相结合也产生了一些矛盾，节气按天文划分，适应地域广，而候应则地区特征强，二者凑在一起限制了它的使用范围。而且七十二候中还夹杂有荒诞的成分。

---

① 采自梁家勉主编《中国农业科学技术史稿》表3—6 二十四节气七十二候表。
② 杜石然等《中国科学技术史稿》止册，第74页。
③ 《致富奇书广集》云："凉燠寒暑谓之气，草木虫鱼谓之候，天变于上，物应于下。"

即使如此，七十二候的形成还是具有不容忽视的科学意义，尤其是对我国农业气象学的发展所起的重要作用。①

二、预卜降雨

农业生产收成丰歉，与农民生活有密切关系。而降雨因其对农业生产影响很大，而为先民所极其关心。如殷墟卜辞较为重要的一类，便是占卜雨与不雨。风调雨顺，对于一向重视农业生产的周人来说，显得更为重要。《周礼·春官·太卜》曾明确规定卜雨是国家八大卜事之一，即所谓"七曰雨"。据《竹书纪年》记载，共伯和执政十四年（前828年），天大旱，"庐舍俱焚"，足见旱情之严重。于是，共伯和卜之。天旱卜雨的习俗到春秋时期仍很流行。据《左传·僖公十九年》，公元前641年，卫宣公卜大旱。又《史记·赵世家》载，晋献公之十六年（前661年）卜大旱。

三、农业禁忌

如前所述，古代劳动人民在长期的生产实践中发现农作物的生长与季节的变化关系密切，知道了不违农时的重要性。经过长期积累、总结，他们对选择何时播种、收获、储藏各种农作物，有了一定的知识。这些知识记载在《夏小正》、《诗经·豳风·七月》、《吕氏春秋·十二纪》、《礼记·月令》和《逸周书·时训解》等古代农学和岁时著作中，是一笔珍贵的农学遗产。其中有些内容经过数术家的改造，形成了一套模式化的东西。这些模式化的东西对实际的生产活动并没有多少积极意义，但民间信奉的人不少，故历代都有一些记载流传下来。《睡简·日书》甲、乙本中的"农事篇"就是这一方面较早的资料。②《放简·日书》乙种也有类似的记载。③其内容包括：

（一）禾日或五种日

是讲五谷种获的择日，也分良日和忌日。

1. 禾良日

禾良日：己亥、癸亥、五酉、五丑（简746）。

---

① 梁家勉主编《中国农业科学技术史稿》，第139页。
② 刘乐贤《虎睡地秦简日书研究》，第49页。
③ 何双全《天水放马滩秦简综述》，《文物》1989年第2期。

2. 禾忌日

禾忌日：稷龙寅，秫丑（简747），稻亥，麦子，菽、荅卯（简748），麻辰，葵癸亥，各常口忌（简749），不可种之及初（简750）获、出入之。辛卯不可以（简751）初获禾（简751）。

3. 五种忌

五种忌：丙及寅禾，甲及子麦，乙巳及丑黍，辰麻，卯及戌叔（菽），亥稻，不可以始种（简745反面）及获、赏（尝），其岁或弗食（简744反面）。

又《放简·日书》乙种有两条《五种忌》的简文，其中一条是

种忌：子麦，丑黍，寅稷，卯菽，辰□，巳□，未秫，亥稻。不可种，种、获及赏。

上引"禾忌日"条和"五种忌"条都罗列了几种谷物的名字。据学者研究，本篇的禾有广义与狭义之别。广义的禾与五谷同义，泛指谷物。而狭义的禾特指粟。又狭义的禾与"禾忌日"条的稷相对应，或许当时狭义的禾与稷都特指粟。又"禾忌日"项的秫，在《日书》乙种"五谷龙日"条作黍，是否当时民间认为秫、黍是一回事？这个问题目前还不好回答。此外，从《日书》看，五谷之五不是实指五种谷物，而是泛称。

《日书》乙种"农事篇"与《日书》甲种农事篇性质相同，内容也基本一致，此不赘述。

（二）田忌

是讲田作之忌。

田亳主以乙巳死，杜主以乙酉死，雨帀（师）以辛未死，田大人以癸亥死（简747反面）。

田忌：丁亥、戊戌，不可初田及兴土攻（功）（简746反面）。

有学者认为："田亳主"当即田主。田亳主当读为田宅主，即田地与屋宅之神。田主即田神。"田大人"疑与田祖、田父、田母、田公、田夫等相类，当是古代的一位田神。"雨师"其传说多见于古书中，是与谷物种植关系极大的司雨之神。"杜主"有两种可能：一种可能，是《华阳国志·蜀志》所记述的，"教民务农，一号杜主"的蜀王杜宇；另一种可能，就是将《日书》的"杜主"读为神主或土主，释为古代的土地之神。以上四位神都与农业生产有关。

（三）囷日

是讲修造粮仓（囷是圆的粮仓）的择日，只讲囷良日。

养蚕是传统农业的重要组成部分。养蚕也有一些禁忌。如蚕家流行的谚语有："小蚕在火里养，大蚕在风里长。"所谓"火里养"、"风里长"，是说小蚕切忌招凉，大蚕切忌受闷。又，忌喂湿叶。因为湿叶既会造成蚕座冷湿，又会引起蚕体虚弱致遭病菌侵袭。《礼记·祭义》说："风戾以食之。"意即要把在通风处晾干后的桑叶用来喂小蚕。

第九章 物质生产

上述经验都是非常可贵的。① 此外，值得一提的还有蚕日。蚕日是关于蚕事的时间选择。见于《睡简·日书》甲种，只记蚕良日。

蚕良［日］：庚午、庚子、甲午、五辰，可以入。五丑、五酉、庚午，可以出（简823）。

林业也是传统农业的重要组成部分。那时森林的保护和合理利用受到人们的重视。为了保护森林，先进的人们主张只容许在一定的时间内砍伐林木，反对滥伐。孟子说："斧斤以时入山林，林木不可胜用也。"② 《吕氏春秋》也指出要"制四时之禁，山不敢（非时）伐材下水"。③

在砍伐树木的时间上也有明确规定，禁忌在树木生长的旺季伐木。《礼记·月令》说：孟春之月"禁止伐木"；季春之月"毋伐桑柘"；孟夏之月"毋伐大树"；季夏之月"毋有斩伐"等。④ 又《逸周书·大聚》："春三月，山林不登斤斧，以成草木之长。"《睡虎地秦墓竹简·田律》也规定："春二月，毋敢伐材木山林"，"唯不幸死而伐绾（棺）享（椁）者，是不用时。"此外，还需要谈谈木日。所谓木日，是讲行木事的良日、忌日和干日（按五行之序排列）忌伐的树种。⑤ 见于《睡简·日书》乙种"木日"。

木良日：庚寅、辛卯、壬辰，利为本事。其忌：甲戌、乙巳、癸酉、丁未、癸丑（六六）、□□□□□寅、己卯，可以伐木。木忌：甲乙榆，丙丁枣，戊己桑，庚辛李，壬辰榛（漆）（简962）。

有学者认为，从木日的具体内容看，木日是为行木事而设立的。在《日书》中，木事主要指建筑、伐木一类事。榆、枣、桑、李、漆等五种树与甲乙、丙丁、戊己、庚辛、壬癸相配，当与古代的五木有关。⑥

为了保护森林等自然资源，还制定了防火法令——"火宪"。《管子·立政》云："修火宪，敬（警）山泽林薮积草，夫财之所出，以时禁发焉，使民（足）于宫室之用，薪蒸之所积，虞师之事也。"《荀子·王制》："修火宪，养山林薮泽草木鱼鳖百索（蔬），以时禁发，使国家足用而财物不屈，虞师之事也。""火宪"的内容，散见于古籍记载。《礼记·王制》："昆虫未蛰，不以火田。"《礼记·月令》：季春之月，禁"焚山林"，仲夏之月，"毋烧灰"。《睡虎地秦墓竹简·田律》："不夏月，无敢夜草为灰。"

---

① 梁家勉主编《中国农业科学技术史稿》，第149页。
② 《孟子·梁惠王上》。
③ 《吕氏春秋·上农》。
④ 《吕氏春秋》的《孟春》、《季春》、《孟夏》、《季夏》等篇也有同样记载。
⑤ 一说木日是讲种树的良日、忌日和干日忌种的树种，见李零《中国方术考》，第201页。
⑥ 刘乐贤《睡虎地秦简日书研究》，第330页。

四、祈祷丰收的习俗

中国自古以农立国。农业生产的收成，对于农民来说，是至关重要的大事。在当时科学落后且不普及的情况下，农民不可能也没有正确认识农业生产的规律，只能寄期望于神祇的保佑，于是便有了祈祷丰收的习俗。周代见于记载的是《蜡辞》。据《礼记·郊特牲》，天子举行大蜡，祭祀八神。上古的天子伊耆氏[①]开创了蜡祭。蜡，就是寻求、求索。周历每年十二月（夏历十月），合聚万物神灵，求其神而祭祀。蜡祭的主要对象，以最先种植五谷的神农氏先穑为主，并祭祀主管五谷的司穑。祭所有于农事有功者以报答他们。还要祭祀农官以及田舍之神，猫、虎等禽兽的幽灵，可谓仁至义尽。因为古时的君子，对于使用过的东西，都要报答它的功劳。迎猫的幽灵，是因为它会替农民吃掉伤害庄稼的田鼠；迎虎的幽灵，因它会替农民吃掉伤害庄稼的野猪；所以都得迎而祭之。至于祭堤防和沟渠，亦因其有功于农事。祭祀时的祝辞说："土反其宅（土堤土埂能够安稳和巩固），水归其壑（水回到自己的沟壑里，不要到处泛滥），昆虫勿作（昆虫不要起来为害庄稼），草木归其泽（草木各归薮泽，不要在田里乱长）。"张紫晨先生认为，"这是一首以歌谣形式出现的咒词"，"歌中的水、土、草、木，都与农稼之事密切有关"，"全歌以祈使的口吻"，"用咒语进行祈禳"，"表达出原始劳动者企图避免自然力的危害，得到冥灵的帮助，获得禾稼丰收的要求"。[②]

五、禳灾风俗

有周一代，水、旱、地震、蝗、疫、霜、雹之灾频繁。据邓云特先生统计，两周八百二十五年间，"最显著之灾害，凡八十九次，其中频数最多者，为旱灾，达三十次；次为水灾，凡十六次；再次为蝗螟螽蝝之灾，凡十三次。此外书地震者九；书大歉致饥者八；书霜雪者七；书雹者五；书疫者一"，其中西周灾情严重，"有极度凶险者"；"迨平王东迁之后，灾害犹复层见辄出，特灾情不如前此之惨重耳"。[③]

上述自然灾害，对农业生产造成很大的破坏，也给广大民众的生命财产带来不可估量的损失。如周幽王二年（前780年），"三川竭，岐山崩"。[④]又如《诗经·大雅·云汉》

[①] 伊耆氏，有人认为是帝尧。
[②] 张紫晨《中国民俗与民俗学》，第61页，浙江人民出版社1985年版。
[③] 邓云特《中国救荒史》，第9—11页，商务印书馆1993年版。
[④] 《国语·周语》。

云："天降丧乱（老天把这祸乱降），饥馑荐臻（饥饿灾荒连成双）。……周余黎民（周地余下众百姓），靡有孑遗（哪里有多少余剩）。"《大雅·召旻》亦云："瘨天疾威（老天暴虐又疯狂），天笃降丧（把这多灾祸向下降），瘨我饥馑（饥饿叫我们都病伤），民卒流亡（老百姓们尽流亡）。我居圉卒荒（灾荒一直蔓延到边疆）。"复如《小雅·雨无正》："浩浩昊天（苍天广大茫茫），不骏其德（恩德不能久长）。降丧饥馑（降下动乱灾荒），斩伐四国（戕害天下四方）。"

对于不断发生的自然灾害，政府采取了一些救灾措施，如赈谷、调粟，民间亦有相应的活动，但是由于生产力和科学技术水平的低下，这些措施和作用是有限的。于是迷信的人们便向鬼神祈祷，请求他们帮助，消除灾殃。多种禳灾活动，由此产生。

周代以巫禳为救灾之基本方法，其中尤以雩祭为最盛。[1]《说文·巫部》："巫，祝也。女能事无形以舞，降神者也。"正说明了巫在宗教活动上的一般特点。充当人同鬼神联系的媒介，善行巫术是当时巫活动的主要内容。周代男、女巫在从事宗教迷信活动上的分工明确而严格。《周礼·春官·男巫》："掌望祀望衍，授号，旁招以茅。冬堂赠，无方无算，春招弭，以除疾病，王吊，则与祝前，"《春官·女巫》："掌岁时祓除衅浴，旱暵，则舞雩，若王后吊，则与祝前，凡邦之大灾，歌哭而请。"巫归司巫管理。《春官·司巫》云："掌群巫之政令。若国大旱，则帅巫而舞雩。若国有大灾，则帅巫而造巫恒。"其大意是：司巫掌理群巫的政令，如果国内发生大旱，率领男女巫在雩祭中起舞。国内发生水火大灾，率领群巫往视先世巫行事的记录，作为参考。可见司巫、女巫皆职雩祭。又《周礼·地官·舞师》："掌……教皇舞，帅而舞旱暵之事。"其大意是：舞师掌理教习皇舞，有旱雩祭时，率领往舞。《春官·小祝》："掌小祭祀，将事侯禳祷祠之祝号，以祈福祥，顺丰年，逆时雨，宁风旱。"其大意是：小祝掌理小祭祀。侯、禳、祷、祠等祭行事祝号，祈求福祥，顺祝丰年，迎接时雨，不使风旱为害。[2] 又《公羊传·桓公四年》："大雩者何，旱祭也。"何休注云："君亲之南郊，以六事谢过，自责曰：政不善与？民失职与？宫室崇与？妇谒盛与？苞苴行与？谗夫昌与？使童男女各八人舞而呼雩，故谓之雩。"又据《左传·僖公二十一年》载，春秋时鲁僖公以巫尪舞雩，不得雨，怒，欲焚之。

---

[1] 邓云特《中国救荒史》，第275页。
[2] 林尹《周礼今注今译》，第266页。

【第二节 畜牧、狩猎和渔业习俗】

一、畜牧习俗

西周时期,我国的畜牧业是较为发达的。众所周知,周族是以农业发迹的,但畜牧生产仍占有一定的比重。[①]《诗经》中有不少篇章提到畜牧业,如《小雅·无羊》写牛羊蕃盛、人畜相安的情况:"谁谓尔无羊?三百维群。谁谓尔无牛、九十其犉。"其意是说放牧的牲畜很多,每群羊有三百只,七尺高的黑唇牛有九十头之多。该诗接着又说:"尔羊来思,其角濈濈;尔牛来思,其耳湿湿,或降于阿,或饮于池,或寝或讹(吪)。"这是描述牛羊动态如生,有的在山坡吃草,有的在池畔饮水,有的睡着,有的动弹,其神态悠闲而安逸。诗里又说:"尔牧来思,何蓑何笠,或负其餱。三十维物,尔牲别具。"此处说牧人披蓑戴笠,肩上背着干粮袋,在辛劳放牧,牧群中牲畜的毛色齐备,随时都可提供作为牺牲。从这栩栩如生的放牧画面中,可以清晰看出当时我国牧群的规模是相当可观的。春秋战国时期,畜牧业仍有发展。《墨子·天志》说:"四海之内粒食人民莫不犓牛羊,豢犬彘。"这是说的春秋末年的情况。《荀子·荣辱》也说:"今人之生也,方畜鸡狗猪彘,又畜牛羊。"这反映了战国时期民间饲养畜禽比较普遍的景象。春秋末年猗顿在河西,以牧羊致富。

除民间养牛、养羊外,国家也养牛、养羊。《周礼》中有"牛人"负责养牛、"充人"负责祭祀用牲前的肥育记载。关于牛的饲养和役使,百里奚总结出"饮食以时,使之不以暴,有险先后之以身,是以肥之"的经验。《周礼》中还有"羊人"掌羊牲,也就是负责祭牲屠宰前的催肥。又,《睡虎地秦墓竹简·田律》规定:按受田数(不管已

[①] 梁家勉《中国农业科学技术史稿》,第78页。

垦或未垦）每顷田收刍三石、稿二石。刍、稿都是饲料。这说明战国晚期秦国政府养的牲畜是相当多的。《厩苑律》还规定了放牧牲畜人员的责任，对饲养管理不善的要处罚。对牲畜的繁殖也十分重视。《秦律杂抄》规定："牛大牝十，其六毋（无）子，赀啬夫、佐各一盾。羊牝十，其四毋（无）子，赀啬夫、佐各一盾。"

据学者研究，那时养羊以成群放牧为主。有逐水草迁徙的牧区放牧方式，有夏高山、冬低谷的山区放牧方式，有早出晚归、舍饲与放牧相结合的农区放牧方式。

中国是世界上最早养马的国家之一。早在原始社会末期的黄帝尧舜时代，已役使马驾车挽重。到西周时期马政（官营畜牧业制度）日渐完备。《周礼》说，那时有一套政府设置的管理官营畜牧业的职官和有关制度，即牧人掌管牧养六畜，有质马、校人、牧师、圉师、庾人、趣马、巫马分别掌管马匹的鉴定、放牧、饲养、调教、乘御、保健等。上述记载，虽有理想化和整齐化的成分，但也当有一定的根据。如上引《诗经·小雅·无羊》中的"牧"即是《周礼》中的牧人。又，周代铜器《免簠》、《同殷》铭文中也载有"牧"。① 又，根据马的用途，把马分为种马、戎马（军马）、齐马（仪仗马）、道马（交通马）、田马（狩猎马）、驽马（杂役马）六种。天子有左右厩，共十二闲，六马完备。诸侯六闲，马为四种。卿大夫四闲，马为两种。可谓阶层差别明显。后世的所谓"马政"，周代是其肇端之一。

当时黄河中下游地区对马的饲养管理实行放牧与圈养相结合的方式。《诗经》中有"乘马在厩"的诗句，是实行圈养的反映。由于马在周代是一种重要的家畜，被奉为"六畜"之首，人们不惜用"秣（粟）"等粮食作为马的饲料。《诗经·周南·汉广》中有"言秣其马"、"言秣其驹"的诗句，讲的就是以粟喂马的情况。文献记载表明：那时是春夏放牧，秋冬厩养；② 马四季所居不同，春居牧，夏居庑（凉棚），秋冬居厩。③

春秋战国，因为北方骑马民族的崛起和列国纷争，各诸侯国竞起养马。那时在饲养管理军马上已经积累了相当丰富的经验。据《吴子兵法·治兵》的记载，对马的饮食，强调要"适其水草，节其饥饱"；对马的居处，要"冬则温厩，夏则凉庑"；对马的管理，要"刻剔毛鬣，谨落四下，戢其耳目，无令惊骇"；对马的调教，要"习其驰逐，闲其进止，人马相亲，然后可使"；对马的役使，要"日暮道远必数上下，宁劳于人，慎勿劳马"。又据《礼记·月令》，对于马的繁殖，平时牝牡分群放牧，季春合群交配，配种后再分群。

---

① 《免簠》铭文见《两周金文辞大系》图133，录79；《同殷》铭文见《两周金文辞大系图录》图69，录74。
② 《左传·庄公二十九年》云："凡马，日中而出，日中而入。"日中指春分、秋分。
③ 《周礼·夏官》的《圉师》与《牧师》。

对马的廪食标准和领发手续已有严格规定。《睡虎地秦墓竹简·仓律》云:"驾传马,一食禾,其顾来有(又)一食禾,皆八马共。其数驾,毋过日一食。驾县马劳,有(又)益壶(壹)禾之。"其意是说,对驿传中驾车的马匹,出发和回来时各喂一次,驾车的八匹马要一次喂。如连续驾车几次,喂的饲料也不能超过饲料标准的总额。但路程较远的,回来可以加喂一次。这里说的禾,应是粟。除了喂粮食外,还喂农作物的秸秆和干草等饲料。这种喂养方法符合马的生理特点和要求。

需要指出的是,我国自古是个农业大国,先哲很重视相牛马。早在夏商,相畜术已经萌芽,到西周有了初步发展。所谓相畜,是根据畜牲的外形特征和生理特点,来鉴别其优劣,估价其前途和用处的一种方术。《周礼·夏官》有"马质"一职,是专门评品马的官。当时重视的是毛色、齿形和体形的高矮。到春秋战国,随着相畜术的进一步发展,涌现了许多相畜专家。[1]其中著名的,在春秋时期秦国有相马的伯乐、方九堙,卫国有相牛的宁戚,传说他们还著有《伯乐相马经》和《宁戚相牛经》,可惜都失传了。在战国时期,据《吕氏春秋》记载,有著名的十大家:寒风相口齿,麻朝相颊,子女厉相目,卫忌相髭,许鄙相䏰,投伐褐相胸胁,管青相膹䏶,陈悲相股脚,秦牙相前,赞君相后,他们都以相马的个别部位而著称。这表明,我国的相马术到战国时已从相体形、毛色,发展到相马的口齿、颊、目、髭、䏰、胸胁、膹吻、股脚、前、后等部位了。[2]

犬是我国历史上最重要的猎畜。《礼记·少仪》把犬分为食犬、田(猎)犬和守犬三类,指出了犬的三个用途。《周礼》中有"犬人",主管供应祭祀用的犬牲,并管辖"相犬牵犬者"。这反映周代相犬术已经出现。春秋战国是我国历史上养犬业最发达的时代之一。[3]犬是当时重要肉畜。农家养犬像养猪鸡一样普遍。《墨子》说,四海之内的老百姓,没有不养犬和猪的。战国时期有专门以"狗屠"(宰卖狗肉)为业的,如聂政[4]、朱亥[5]等。贵族富人则以豢养"斗鸡走犬(猎犬)"为重要娱乐。在长江下游的吴、越,养狗、食狗之风甚盛。越王勾践为犒劳将士,大规模养狗,有所谓犬山;为了加快人口增殖,妇女每生一男,奖赏食犬一只。因为犬在畜牧业中居于重要的地位,那时被列为"六畜"之一。

鸡、鸭、鹅是我国古代的三大家禽。

鸡早在新石器时代已被驯化饲养,不过那时饲养的主要是用以报晓的雄鸡。但养

---

[1] 梁家勉主编《中国农业科学技术史稿》,第151页。
[2] 《吕氏春秋·恃君览·观表》。
[3] 《中国农业百科全书·农业历史卷》,第369页。
[4] 《史记·刺客列传》。
[5] 《史记·魏公子列传》。

鸡的主要目的在于提供肉食和蛋品，则不晚于周代。孟子说："五母鸡、二母彘无失其时，老者足以无失肉矣。"①除了提供肉食，鸡还被作为娱乐品。传说周宣王时已有斗鸡，春秋战国以来，斗鸡已成为贵族和市民的重要娱乐项目之一。

周代养鸡技术发展颇快。《夏小正》说："正月鸡桴粥"。这说明人们已认识到鸡的自然孵化习性及其最佳时期。《诗经·王风·君子于役》有"鸡栖于埘"、"鸡栖于桀"的诗句，可见当时有凿墙搭鸡窝，和在墙上打小木桩、置木架供鸡栖息，这反映当时的鸡仍保留某些野生习性。②春秋末年，养鸡已相当普遍，在吴、越两国，还建立了"鸡陂墟"、"鸡山"等大型养鸡场。战国时代的鸡，已有鲁鸡和越鸡之分。《庄子·庚桑楚》载："越鸡不能伏鹄卵，鲁鸡固能之矣。"这是因为越鸡是一种小型鸡，鲁鸡则是一种大型鸡。此外，还有一种大型善斗的鸡种，名叫"鹖"。③这是斗鸡促进鸡种选育的例证。

家鸭起源于野鸭。鸭在西周可能已被驯养。④鸭古称鹜，始见于《左传·襄公二十八年》："公日膳双鸡，饔人窃更之以鹜。"《尔雅》解释说，鹜是"舒凫"，也就是经过驯养行动迟缓的野鸭。从《战国策·齐策四》和《管子·轻重甲》的记载看，那时的鹜已是食有舍，这当然是人工饲养的。据研究，春秋时期培养出的优良鸭品种有"鸡青头"、"鹅减脚"等。⑤吴国饲养鸭的规模相当大，有"吴王筑以养鸭"⑥的"鸭城"。⑦

（六）畜牧的禁忌

《睡虎地秦墓竹简·日书》甲种载有马良日、牛良日、羊良日、猪良日、犬良日、鸡良日等六畜良日。这是关于买卖六畜、屠宰六畜、筑六畜栏枋（如羊圈、牛栏）等事项的吉日，同时也标明了凶日。⑧

《睡虎地秦墓竹简·日书》乙种亦有与上述记载相近的记载，此处不赘。

此外，需要指出的是：放马滩秦简《日书》甲种还有犬忌：癸未酉庚申戌巳燔园中犬矢犬弗居。⑨有学者认为，这是讲养犬的宜忌。⑩

---

① 《孟子·尽心上》。
② 《中国农业百科全书·农业历史卷》，第363页。
③ 《尔雅·释畜》："鸡三尺为鹖"，郭璞注："阳沟巨鄡，古之名鸡。"
④ 辽宁海岛营子出土的西周青铜鸭尊，其外形很像家鸭。江苏句容浮山果园还出土过西周时期的鸭蛋。
⑤ 《中国农业百科全书·农业历史卷》，第370页。
⑥ 范成大《吴郡志》卷8。
⑦ 陆广徽《吴地记》。
⑧ 刘乐贤《睡虎地秦简日书研究》，第126页。
⑨ 甘肃省文物考古研究所《秦汉简牍论文集》，第6页，甘肃人民出版社1989年版。
⑩ 李零《中国方术考》，第188页，人民中国出版社1993年版。

二、狩猎习尚

人类的狩猎活动发端于旧石器时代。到西周时代，政府对狩猎非常重视，并有"兽人"专掌这一事务。《周礼·天官》说：兽人"掌罟田兽，辨其名物。冬献狼，夏献麋，春秋献兽物。时田，则守罟。及弊田，令禽注于虞中。凡祭祀、丧纪、宾客，共其死兽、生兽"。其意是说，兽人的职务是负责以网捕取野兽，辨别它们的名称物色。冬天向周王进献狼，夏天供献麋，春秋两季供献各种兽物。周王四时田猎之时，就负责守候兽网。等到停止田猎时，命令所有参加田猎的人，把他们猎取的野兽集中到狩猎处所中央、由虞人所树立旗帜的地方。凡有祭祀、丧纪和招待宾客，供给死的或活的野兽。

周代周王和贵族们都喜田猎，《礼记·王制》云："天子诸侯，无事，则岁三田。一为干豆，二为宾客，三为充君之庖。无事而不田，曰不敬；田不以礼，曰暴天物。"其意是说，周王和诸侯在国家没有大事时，每年要猎三次，将最完整的猎物晒干，充作祭享鬼神的供品，其次则用以宴请客人，复次则作为家常食用。如果没有战争和凶丧之事而不打猎，就是不敬。打猎不按礼的规定进行，就是暴殄上天所生之物。《周礼·夏官·大司马》还记载，每年冬季，西周政府组织民众进行大规模田猎，而猎获的禽兽是"大兽公之，小禽私之"。即捕获的大野兽交国家，小野禽归自己。此记载与《诗经·豳风·七月》所云，"二之日其同，载缵武功。言私其豵，献豜于公"，可以相印证。也是说十二月聚齐众人，出去打猎习武艺，小野猪留给自己，大野猪献给公府。有学者指出："西周时，打猎是有组织、有季节的，狩猎的战利品，大的首先要交给周王，然后才顺次分给各级贵族享用，个人能够私有的只是那些小动物。"[①]

狩猎的目的除了补充动物食物、宗庙之用和演习阵法外，还有为苗田除害，保护农业生产。[②] 因为那时地旷人稀，鸟兽尚多，危害农作物。如《春秋·庄公十七年》载当年冬季，多麋成灾。因此，防止野兽糟蹋庄稼是一件迫在眉睫的事。《周礼》中有"雍氏"之职，"春令为阱擭"，"秋令塞阱杜擭"，即是对付野兽，保护农田的一种措施。

不同季节，狩猎有不同方法和规定。[③]

---

① 徐海荣主编《中国饮食史》卷2，第42页，华夏出版社1999年版。
② 徐吉辰、斯维至、杨钊主编《中国通史》第三卷（上册），第616页，上海人民出版社1995年版。
③ 钟敬文主编《中国礼仪全书》，第287页，安徽科学技术出版社1995年版。

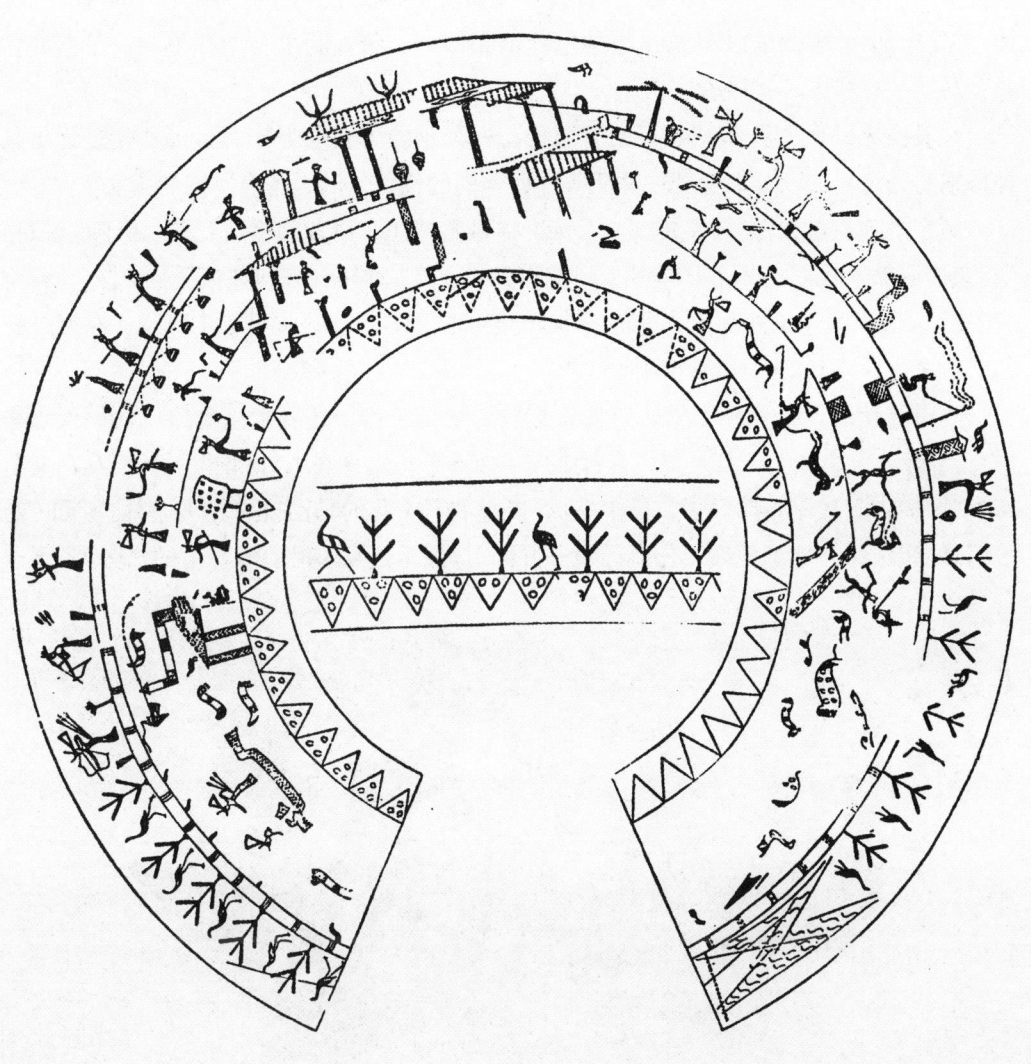

辉县赵固 M1 出土的燕乐射猎刻纹铜鉴图案摹纹

打猎的方法,有车攻、犬逐、焚山、矢射、布网、设阱、弋射等。打猎的组织形式,有集体围猎、二人围捕等。集体围猎,如《诗经·小雅·车攻》所载的贵族田猎盛况:"之子于苗,选徒嚣嚣。建旐设旄,搏兽于敖。……决拾既佽,弓矢既调。射夫既同,助我举柴。"二人围捕,如 1952 年湖南长沙颜家岭三十五号墓出土的漆奁上的彩绘狩猎图:左侧一猎犬与野猪据地对峙,右侧有分持箭戟的两猎人围捕林中犀牛。[①] 又如 1972 年江川李家山 13 号墓出土的猎鹿铜扣饰:二猎人骑于马上,手执长矛向鹿猛刺;马前一只猎犬,正咬着一兽。[②]

一般说来,民间打猎,其目的有两种。一种是纯为获取野味,另一种则是为了某种特别的经济目的,如取鹿茸、熊胆等。而不同的经济目的,则有不同的猎法。

熊掌是珍贵的食品。《左传·文公元年》载楚成王"请食熊蹯而死"。孟子也说过:"舍鱼而取熊掌也。"[③] 熊在《周礼》中被称为"蛰兽"。熊钻入森林枯树洞中过冬,称为"蹲仓"。猎取蹲仓的熊称为"掏仓"。周代猎熊的办法,据《周礼》中所说,在洞外烧其惯食之物,以其气味诱之出洞而捕之。

西周春秋时期,贵族田猎,要择日选马,祭祀祈祷,还要赶着禽兽以便周天子来射它。《诗经·小雅·吉日》云:"吉日维戊(择日子,戊日好),既伯既祷(祭马祖又祈祷)。……吉日庚午(择日子,庚午好),既差我马(我的马已挑选了)。兽之所同(走兽们呀在聚拢),麀鹿麌麌(公鹿母鹿一群群)。漆沮之从(沿着漆、沮的水旁),天子

战国猎猪铜扣饰

---

① 湖南省博物馆《长沙楚墓》,《考古学报》1959 年第 1 期。
② 云南省博物馆《云南江川李家山古墓群发掘简报》,《考古学报》1975 年第 2 期。
③ 《孟子·告子上》。

之所（赶到天子那一方）。……悉率左右（从左到右赶呀赶），以燕天子（好让天子来射它）。"

狩猎尚有不少礼仪上的规定。据《礼记·王制》等的记载，天子打猎不四面合围，诸侯不成群捕杀。无自后射，无逆射。天子捕杀野兽之后，要放倒自己的大旗。诸侯捕杀野兽之后，放倒自己的小旗。然后大夫打猎。大夫捕杀野兽之后，下令帮助驱赶野兽的佐车停车。佐车停下后，百姓才可以打猎。

狩猎也有许多禁忌。据《礼记·王制》：九月豺捕杀野兽之后，才可以打猎。八月鸠化为鹰之后，才可以进入山林伐木。打猎时不得捕杀幼兽，不得搜取鸟卵，不得捕杀怀胎的母兽，不得捣毁鸟兽的窝巢以斩尽杀绝。《礼记·月令》也有类似的记载。

三、渔业习俗

中国地处亚洲温带和亚热带地区，河流湖泊众多，海域宽广，鱼类资源丰富，为捕鱼业的发展提供了有利条件。渔业生产多分布在江、河、湖、海之滨。长江流域"饭稻羹鱼"。沿海以海为田，以渔为利，以舟楫网罟为生。渔业民俗是鱼文化的主要内容。

周代由于受航海条件的制约，捕捞主要在内陆水域进行。那时捕鱼工具已趋多样化，除了一般称之为网的外，还有罛①、九罭②、汕③、罩④，以及罜䍏⑤、罶⑥、笱⑦、罾⑧、钓具⑨叉、射等多种，大致可归纳为网渔具、钓渔具和杂渔具三类。

此时鱼梁得到普遍使用。《夏小正》有"虞人入梁"的记载。《周礼·天官·獻人》："掌以时獻，为梁。"郑注："月令季冬命渔师为梁，郑司农云：梁，水偃也，偃水为关

---

① 罛，《诗经·卫风·硕人》："河水洋洋，北流活活，施罛濊濊，鳣鲔发发。"释文说罛是大鱼网。
② 九罭，《豳风·九罭》："九罭之鱼，鳟鲂"。毛传：九罭，鱶罟，小鱼之网也。
③ 汕，《小雅·南有嘉鱼》："南有嘉鱼，烝然汕汕。"毛传：汕汕，樔也。郑笺：樔，今之撩罟也。这是撩网。
④ 罩，《小雅·南有嘉鱼》："烝然罩罩。"毛传：罩罩，篧也。《释文》引郭璞曰：捕鱼笼也。这是竹制鱼笼。
⑤ 罜䍏，《国语·鲁语上》："水衡于是禁置罜䍏。"罜䍏：小鱼网。
⑥ 罶，《诗经·小雅·鱼丽》："鱼丽于罶，鲿鲨。"罶：捕鱼的竹篓子，鱼进去就出不来。
⑦ 笱，《诗经·小雅·小弁》："无发我笱"。笱，竹制的捕鱼器具，鱼进去出不来。
⑧ 罾，《史记·陈涉世家》："置人所罾鱼腹中"。罾：一种用木棍或竹竿做支架的方形渔网。
⑨ 钓，《论语·述而》："子钓而不网"。又《庄子》："投竿东海，旦旦而钓"。钓：钓竿、钓钩等钓鱼用具。

空，以笱承其空。"这是与鱼笱配合使用的捕鱼法。此法在《诗经》中也有多处提到。此外，还创造了一种称为槮的渔法，是将柴木置于水中，使其聚集在一起，鱼得寒入其里藏隐，因以簿围捕取之，是为后世人工鱼礁的雏形。由于捕捞工具的改进，捕捞鱼类的能力随之提高。鱼的品种也有明显增加。仅《诗经》所载，主要生活在黄河流域的鱼类就有：鲤、鲂、鳏、鲔、鲟、鳟、鲦、鳢、鳣、鮵、鰋、鲨、鲦、甲鱼、嘉鱼等18种之多。据屈赋记载，楚人常食的鱼类有鲮（鲤）、鲭（鲫）等。此外，《韩非子·说林下》载"渔者持鳝"。鳝鱼产于南方。到春秋时代，随着冶铁业的发展，开始使用铁质鱼钩钓鱼。铁质鱼钩的出现推动了钓鱼业的发展。

春秋战国时代近海捕捞有大的发展。《尚书·禹贡》中青州贡"海物"，徐州贡"鱼"，都是海产。《周礼·夏官·职方氏》云：青州、兖州"其利蒲鱼"，幽州"其利鱼盐"。这些地区都滨海，其中的鱼，相当部分是海产。西周春秋时，濒临渤海的齐国因渔盐之利而富强。《管子·禁藏》云："渔人之入海，海深万仞，就彼逆流，乘危百里，宿（通夙）夜不出者，利在水也。故利之所在，虽千仞之山，无所不上，深渊之下，无所不入焉。"这说明早在春秋时齐国渔民已乘船在深海捕鱼了。

春秋战国时代，人工养鱼也比较多。据《孟子·万章上》，从前有一个人送条活鱼给郑国的子产，子产使主管池塘的人畜养起来。《庄子·大宗师》说，鱼相适于水，挖个池子来供养。这反映当时有穿池养鱼的情况。而较大规模的人工养鱼，似是在陂塘蓄水灌溉工程进行的。《吴越春秋》载："越王既栖会稽，范蠡等曰：臣窃见会稽之山，有鱼池上下二处，水中有三江四渎之流，九溪六谷之广，上池宜君王，下池宜臣民。畜鱼三年，其利可数千万，越国当富盈。"这条材料说明鱼池规模较大。鱼池挖在会稽山上，当是与灌溉稻田用的人工陂池结合在一起的。又《吴郡诸山录》说吴王有"鱼城"在田间。可见太湖周围低地多有利用池塘养鱼的。此外，据《水经注·江水》和《华阳国志·蜀志》所载，战国时代张仪和李冰分别在成都郊区和广都等地利用陂池养鱼。

渔业在周代还有一些禁忌。那时候一些进步思想家总结了古代劳动人民在长期生产实践中所积累的经验，指出对鱼类等水产资源的利用应是有节制的、合理的，而不应该是无节制的、掠夺性的。只有十分注意保护自然资源，才能达到永续利用的目的。

例如，《管子·八观》云："江河虽广，池泽虽博，鱼鳖虽多，网罟必有正。船网不可一财而成也。非私草木爱鱼鳖也，恶废民于生谷也。"这段话的意思是说：江河湖海的面积虽然很大，鱼类资源虽然很多，但它们不是无限的，因此网眼必须有限制。对于不同的捕捞对象，要用不同的渔船和网具。这样做，不是偏爱草木鱼鳖，而是为了子孙后代的长远生计。

又如《荀子·王制》："汙池渊沼川泽，谨其时禁，故鱼鳖优多而百姓有余用也。"这是从长远的观点来论述保护水产资源的必要性。

复如，《吕氏春秋·孝行览·义赏》载雍季对晋文公说："竭泽而渔，岂不获得？而明年无鱼。"这是对历史上惨痛教训的总结。

最有名的是里革断罟匡君。鲁宣公贪得无厌，不顾时令，不管鱼正在分群产卵，下网捕鱼，被里革割断渔网强行劝止。他还引述古人留下的教导，从实践经验中总结出一套保护自然资源和生态平衡的渔猎制度。①

从有关文献看，当时人们对保护水产资源确实采取了一定的措施；对破坏水产资源的渔具和渔法，作了种种限制。

第一、禁止"竭泽而渔"。如《礼记·月令》规定："毋竭川泽，毋漉陂池"。《睡虎地秦墓竹简·田律》规定不准使用毒药。

第二、禁止捕捉小鱼。如上引《鲁语》"鱼禁鲲鲕"，鲲是鱼子，鲕是未长成的小鱼。《孟子·梁惠王上》："数罟（密网）不入汙池，鱼鳖不可胜食也。"《淮南子·道应训》载季子（当为宓子，也作宓子）治理单父三年之后，打渔的人把捕到的小鱼又放回水中。

第三、禁止在鱼类怀孕时捕鱼。据《荀子·王制》，鱼鳖之类怀孕生育的时节，鱼网、毒药不要带到池泽里去，就是为了不夭折它们的滋生，不断绝它们的成长。又据《礼记·月令》等的记载，这时规定一年之中，春季、秋季和冬季为捕鱼季节，夏季鱼类繁殖，禁止捕捞。

近年出土的《睡虎地秦墓竹简·田律》中确有关于保护水产资源的条款，说明上述措施在当时曾以法律的形式规定下来。②

---

① 详见《国语·鲁语上》。
② 参梁家勉主编《中国农业科学技术史稿》，第157页。

第三节 手工业、商业习俗

一、手工业习俗

两周时代，从事手工业的是工匠。工匠有官匠和民匠之分。官匠服役于官府，其劳动产品，一般不上市流通，供统治者及官僚机构的需要，不计成本，不求利润；民匠在家为自己劳动，从事的主要是商品性质的生产，其产品主要供交换使用。[1] 这里主要讨论民匠的习俗。

春秋战国时期民匠的经营方式有三种。一是在家内劳动，或自备原料生产，待顾客购买；或为顾客送来的原料加工。二是在市设立店铺。他们根据政府的要求，以类相从，列肆而居，所谓"百工居肆，以成其事"。[2] 也就是同行业的店铺，聚居于同一条街或巷，以便于生产和交易。三是流游各地、沿门求雇，凭手艺技术和少许简单的工具，用雇主的原料加工或从事维修，以此获取报酬，维持低下的生活水平。如"鲁（今山东）人身善织屦，妻善织缟，而徙于越（今江苏、浙江）"。[3] 就是一则流佣的故事。

为了便于管理，当局令手工业者住在市的附近，即所谓"工贾近市"。[4] 据《国语·齐语》，国都中分为二十一乡，商工居六乡。

两周工匠，注重维护自己的信誉。因此尽力发挥自己的独特技术，生产名牌产品，长沙湖桥 M19 的漆耳杯底部有"某里某"的刻划文字，当是战国时期家庭个体工匠产

---

[1] 曹焕旭《中国古代的工匠》，第 7 页，商务印书馆国际有限公司 1996 年版。
[2] 《论语·子张》。
[3] 《韩非子·说林》。
[4] 《管子·大匡》。

战国跽坐人灯

品上的商标。

工匠在就业前需要进行专业培训，学习本专业的基本技能。这类专业训练的方式大体有两类。一类是父子相传，即家传。《管子·小匡》云："旦昔（昔，通夕）从事于此，以教其子弟。少而习焉，其心安焉，不见异物而迁焉。是故其父兄之教不肃而成，其子弟之学不劳而能，夫是故工之子常为工。"《国语·齐语》也有相近的记载："今夫工群萃而州处，审其四时，辨其功苦，权节其用，论比协材，旦暮从事，施于四方，以饬其子弟，相语以事，相示以巧，相陈以功。少而习焉，其心安焉，不见异物而迁焉。是故其父兄之教，不肃而成；其子弟之学，不劳而能。夫是，故工之子恒为工。"这两段材料都是说的周代工匠的训练途径和方法，采取"父兄之教"和"弟子之学"的言传身教方式。他们长期生活在一起，朝夕相处，耳提面命，互相观摩，不见异思迁，终于达到不必严峻督促就能完成，不费力气就能学好，一代一代薪火相传把技术继承下来。①

另一类是拜他人为师学艺，形成师徒关系。学徒拜师学艺是要学到一种谋生的技能，对于那些贫苦出身的子弟来说，有一技之能标志着一生以至全家的温饱得到了保障，因此学徒自然对师傅产生尊敬和感激心情。俗谚"名虽师徒，义为父子"，就是这种心情的写照。这同我国古代尊师的传统是一脉相承的。据《管子·弟子职》，先生施教，弟子遵照学习。谨恭虚心，所学自能彻底。晨起清扫席前而后洗手漱口，轻提衣襟为先生摆设盥洗之器，先生此时正起，服侍先生洗完便撤下盥器，又洒扫室屋摆好讲席，先生便开始坐入讲席，弟子出入都要保持恭敬，端正地坐着面向老师。学习中若有疑难，便拱手提出问题。先生下课走出，学生一律起立。及至用饭之时，先生将食，弟子把饭菜送上。挽起衣袖洗漱之后，跪坐把饭菜献给师长。先生吩咐之后，弟子才开始进餐。关于洒扫的做法，手拿畚箕使箕舌对着自身，畚箕里要同时放进扫帚。在屋里俯仰躬身进退。先生将要休息，弟子都起来服侍。恭敬地奉上枕席，问老师足向何处。先生已经休息，弟子还会同学友学习。互相切磋琢磨，各自加深理解其所学的义理。以上所述虽系师生关系中的弟子的职责，却可以看到古代师徒关系的影子，而且由于拜师学艺涉及到谋生大事，徒弟比学生对师更加恭敬温顺。②

那时工匠的绝艺是师傅通过口传心授传授给徒弟的。据《庄子·人间世》记载，有个名叫石的木匠带领徒弟往齐国去，到了曲辕，看见一棵大栎树，可供几千头牛遮荫，树干有百尺粗宽，树身高达山头，好几丈以上才生枝，可以造船的旁枝就有十几枝，观赏的人群好像集市一样，匠石不瞧一眼，直往前走。他的徒弟饱看后追上匠石问道：随师学艺至今，还没有见过这么大的木材。师傅为什么连看都不看一眼呢？匠石回答

---

① 曹焕旭《中国古代的工匠》，第29页。
② 钟敬文主编《中国礼仪全书》，第304页。

382

说：那是散木，用它做船就很快沉没，用它做棺椁就很快会腐朽，用它做器具就很快会折毁，用它做门户就会流污浆，用它做屋柱就会被虫蛀，这是没有一点用处的不材之木。这个传说不仅展示了匠石的绝艺，也揭示了工匠绝艺的口传心授的特点。①

春秋战国时期，伴随着小手工业技术的普遍提高，出现了许多著名的能工巧匠和技术家。上述的木工匠石就是其中的一位。他除了在鉴别木材上有高超技艺外，在运用工具上也达到极高的境界。据《庄子·徐无鬼》，一个故乡在郢地的高明泥水匠，在粉刷房子时鼻端溅上一滴白灰浆，薄如蝇翼。他让匠石把白灰砍去。"匠石运斤成风，听而斫之，尽垩而鼻不伤，郢人立不失容"。这则故事，说明匠石运用工具的高超技艺，可谓到了出神入化的地步。后人因以"斫鼻"比喻技巧卓越。墨子（约前648年——前370年）出身于劳动者家庭，当过工匠，是一位躬身实践并善于总结生产技术经验的人。他"好学而博"，善于思考，有精湛的手艺技巧。他能将三寸之木削成一个能承重600斤的轴承。他还制造过能在空中翱翔一天的木鸢。他制造的守城器械比同时代的鲁班还要高明。鲁班（亦作公输般、公输班、公输盘、公输子）是战国时期著名的能工巧匠，以善于制造新器械著称，曾为楚王作舟战之器的拒及攻城之具云梯，用以攻宋。又传曾发明撞车、车弩、硙、木匠工具等，后人奉为建筑匠与木匠之祖师。在鲁班传说中有鲁班弟子学艺总也学不到家的奇异情节。这是工匠职业所带来的传艺的保守性、封锁性特点。当然，也有师传绝艺的传说，如上述匠石的故事。但从整个工匠传承看，因循保守具有普遍性。②

我国工匠生产的民俗传承中，最宝贵的智慧创造就是"百工五法"，这五法便是：矩、规、绳、水、垂。这五法早见于《墨子》。该书说："为方以矩，为圜以规，直以绳，衡以水，正以垂。"矩，是工匠用以直角方正的工具。规，是正圆的工具。绳，古代又称"绳墨"，现在北方俗称"墨斗"，是取平面直线的划线工具。水，取平的技法自古用水。垂，取直立的垂绳。木匠吊线正是这种技法的工具。乌丙安先生说："以上五法在石匠、木匠、泥瓦匠、皮匠、镟匠、陶工以及各种金属工当中都有广泛的使用价值。百工五法和各种工匠行业的工具使用结合在一起，便形成了各种工匠生产技术最基本的民俗形态，代代师承，发展着各种工匠行业独特的生产职能。"③

工匠生产的行业习俗主要表现在同工种的不同分工上。如《周礼·考工记》中就记载了工匠的分工，当时木匠行业共分以下几种：舆人：造车辕、车厢的工匠；轮人：造车轮的工匠；弓人：造弓的工匠；庐人：造兵器的柄的工匠；梓人：造悬乐器的架和饮酒器及侯的工匠；匠人：造宫室房屋和室内家具的工匠；车人：制耒和车的工匠。

---

① 乌丙安《中国民俗学》，第64页，辽宁大学出版社1987年版。
② 乌丙安《中国民俗学》，第63页。
③ 同上。

第九章 物质生产

吴王夫差矛
春秋晚期，1983年湖北江陵马山战国楚墓出土，湖北博物馆藏

此外，加工金属的工匠有六种：筑、冶、凫、㮚、段、桃。加工兽皮的工匠有五种：函、鲍、䩞、韦、裘。涂染颜色的工匠有五种：画、缋、钟、筐、慌。琢磨刨工的工匠也有五种：玉、楖、雕、矢、磬。搏黏土制陶器的工匠有两种：陶、瓬。

二、商业习俗

（一）市场

市场作为贸易活动的舞台，伴随贸易的发生、发展而形成和完善。我国古代称贸易的场所为市。《说文解字》云："市，买卖所也。"周代的市分为二类，一是城市，二是乡村集市。

1. 乡村集市

集市是最古老最原始的交换方式。它是适应农民以及其他小生产者之间产品交换的需要而自然形成的。最早称市。相传神农作市，这种市无疑是乡村集市。《史记·平准书》记，"因井田而为市"，这里的市显然也是乡村市场。战国时期，这类农村集市已为数不少。[①]《管子·乘马》云："方六里命之曰暴，五暴命之曰部，五部命之曰聚。聚者有市。无市则民乏。"《周礼·地官·遗人》有"五十里有市"的记载。

战国时期的集市有如下两个特点。一是交易时间短暂。《战国策·齐策》云："市，朝则满，夕则虚，非朝爱市而夕憎之也，求存故往，亡故去。"这就是说，那时的市是朝盈夕虚式的，早晨来赶集，晚上散去。市罢人走尽，市场空茫茫。二是在集市上活跃着的是农民和小手工业者。他们之间的交易大都是小生产者之间的品种调剂和余缺调剂，即使用价值的交换，并常采取直接交换形式。《诗经·卫风·氓》有"抱布贸丝"的诗句。又《盐铁论·错币》载："古者市朝而无刀币，各以其所有易无，抱布贸丝而已。"此外，当时还出现了操纵和把持贸易的行为——垄断。《孟子·公孙丑下》云："有贱丈夫焉，必求垄断而登之，以左右望而罔市利。"需要指出的是，春秋之时逢集之日十分热闹，有商品交易，也有歌舞行乐。这一风俗已见于《诗经》。所谓"子仲之子……榖旦于差，南方之原。不绩其麻，市也婆娑"，[②]说的就是子仲家里的姑娘，停下手中绩麻的活，选了一个好晨光，到那南边平原的集市上婆娑起舞去了。

2. 城市

城市是人类进入文明的基本标志之一。城市是城与市的合称。城指在都邑四周的

---

① 丁长清《中国古代的市场与贸易》，第 5 页，商务印书馆国际有限公司 1997 年版。
② 《陈风·东门之枌》。

围墙，市是贸易活动的场所。早期城市，内有农田菜地，货物贸易，与农村集市无大差异。[1]我国定时定点的集市贸易，大约兴起于殷商时代。[2]正如《易·系辞下》所言："日中为市，致天下之民，聚天下之货，交易而退，各得其所。"西周市场上的主要商品，据《诗经》和金文的记载，主要是奴隶、牛马、珍宝等。春秋时期的市比以前繁荣。[3]到战国时期，市已大量兴起并定型化了。为了便于管理和安全起见，并限制贸易的自由发展，市用墙围起来，四面设门。围墙称"闤"，门叫"阓"。市内设肆，由肆长把守。肆是陈列售货的地方，有的可能也附设有手工业作坊。还有市廛，是用以储藏货物的邸舍。此外，设有官舍，供管理市场的官吏在此发号施令，官舍上往往插有旗帜，作为标志。[4]

市场上的货物颇多。对此《左传》记载不少。如《襄公三十年》载，郑国大贵族"伯有死于羊肆"。"羊肆"就是卖羊的场所。《昭公三年》载，齐国晏子说："国之诸市，屦贱踊贵。""屦"是鞋子，"踊"是假脚。市场上有卖鞋子和刖足之人所用假脚的。《国语·吴语》载，"市无赤米"，说明市上卖米，只是缺少赤米。《诗经·小雅·小宛》："握粟出卜。"清马瑞辰通释："盖始用糈米以享神，继即以之酬卜。"《庄子·外物篇》中的"枯鱼之肆"、《礼记》中的"鲍鱼之次（肆）"，当是卖鱼的店铺。另据《韩非子·外储说右上篇》，市上有"酤酒者"。

城市市场上还有来自四方遥远地方的多种货物。据《荀子·王制》，北方产生的良马、獒犬，南方产生的翎羽、象牙、皮革、曾青、丹砂，东方产生的紫菜、葛布、鱼、盐，西方产生的皮革和彩色的牦牛尾，都由商人贩运汇集到中原城市，成了市场上贸易的货物。

这些在市场上流通的货物，除日常生活用品外，还有珠宝玉石等社会上层所使用的奢侈品。李斯在《谏逐客书》中写道：秦王所得到的昆山的美玉，占有的随侯珠、和氏璧，悬挂的如同明月的珍珠，佩戴的太阿宝剑，骑的纤离骏马，树立的翠凤羽毛装饰的锦旗，设置的灵鼍皮大鼓，这许多宝物，秦国不出产一件，都是从异国来的。

西周对于在市场上出售的商品，有严格的限制。例如规定："圭壁金璋，不粥（鬻）于市；命服命车，不粥于市；宗庙之器，不粥于市；牺牲不粥于市；戎器不粥于市；用器不中度，不粥于市；兵车（指为出军赋的车乘）不中度，不粥于市；布帛精粗不中数、幅广狭不中量，不粥于市；奸色乱正色，不粥于市；锦文珠玉成器，不粥于市；

---

[1] 丁长清《中国古代的市场与贸易》，第3页。
[2] 钟敬文主编《民俗学概论》，第64页。
[3] 吴慧《中国古代商业史》第1册，第125页，中国商业出版社1983年版。
[4] 丁长清《中国古代的市场与贸易》，第28页。

衣服饮食，不粥于市；五谷不时，果实未熟，不粥于市；木不中伐，不粥于市；禽兽鱼鳖不中杀，不粥于市。"①有学者认为，这十四条禁令，可以归纳成四个方面：第一，体现奴隶主贵族身份品级的"礼器"，如命服、命车、圭璧金璋、宗庙之器和牺牲不准上市出售，这是为了维护礼制，避免僭越之事发生；第二，禁制武器买卖，以防止被压迫者的武装反抗。第三，对一般商品的限制，要保证规格质量，不使作为主要买主的贵族吃亏。成器的锦文珠玉只有贵族才能享用，不在市上出售，以免从装饰上混淆等级差别。第四，五谷不时，果实不熟等不粥于市，则是从保护当时低下的生产力出发的；饮食不粥于市是指贵族们"沽酒市脯不食"，因为"脯不自作则不知何物之肉"，"酒沽在民，薄恶不诚，是以疑而弗食"②。总之，这些规定反映了国家重视等级制度，保护贵族利益的特征。③

西周政府不仅限制商品交换的范围，而且限制参与交易活动的人。因为当时"工商食官"，从事商业的是种族奴隶。贵族们不能作为顾客，同他们接触，以免有失身份。他们买东西是通过手下管事的和仆役人等去办理。社会不允许贵族进入市场参加交易。法令规定："国君过市，则刑人赦，夫人过市，罚一幕，世子过市，罚一帟，命夫过市，罚一盖，命妇过市，罚一帷。"④也就是所谓"由命士以上不入市，周礼有焉"。⑤

东周末年，做买卖，以及买卖六畜和奴隶也有禁忌。据《睡虎地秦墓竹简·日书》甲种，当时有人良日、市良日、金钱良日、马良日、牛良日、羊良日、猪良日、犬良日、鸡良日等。六畜良日是关于买卖马、牛、羊、猪、犬、鸡等事项的吉日（同时也标明了凶日）。对此我们在前面已有论述，此处不赘。这里仅讨论人良日、市良日和金钱良日。

人良日：乙丑、乙酉、乙巳、己丑、己酉、己巳、辛丑、辛酉、辛巳、癸酉、癸巳。其忌：丁巳、丁未、戊戌、戊辰（简809）、戊子，不利出入人。男子龙庚寅，女子龙丁（简810）。

市良日：戊寅、戊辰、戊申、（戊）戌，利初市，吉（简818）。

金钱良日：甲申、乙巳。申不可出货，午不可入货，货必后绝（简822）。

《日书》将人良日与马良日、牛良日、羊良日、猪良日、市良日、犬良日、鸡良日、金钱良日、蚕良日等并列相提，其含义当与马良日等相似。其说明文字中有"不利出入人"，与鸡良日下"勿出入鸡"、"可以出入鸡"等句式相同。《日书》中习见"入人"、"入人民、畜生（牲）"、"入货、人民、畜生（牲）"等句，李学勤先生认为，人民

---

① 《礼记·王制》。《孔子家语》有类似记载。
② 分别见《论语》注和《汉书·食货志》。
③ 吴慧《中国古代商业史》第1册，第107页。
④ 《周礼·地官·司市》。
⑤ （唐）刘禹锡《观市》。

就是奴隶。① 因此，《日书》中的"人良日"之下的"不利出入人"是不利买卖奴隶的意思。可见这里的"人良日"主要是为买卖奴隶而设的。而市良日、金钱良日则是做买卖的吉日，主要是为买卖货物而设。②

（二）行商

行商是从市的交易发展而成的游动性交易形式，称为"商旅"或"客商"，成为市的贸易的补充。行商可分为两大类。

一类是资金雄厚，长途跋涉，进行大宗交易的商人。其中最著名的是春秋末年的子贡和范蠡。后世的商人所称道的"端木生涯，陶朱事业"，就是指的这两位说的。

战国时期，行商作为真正的大商人、大批发商，在社会上非常活跃。那时由于商品货币关系的发展，大商人有大本钱，做大生意，有大利润，更加富有了。正所谓"长袖善舞，多钱善贾"。③ 他们积聚的财富很多，"千金之家"④ 已不是最富有的，"万金之家"⑤ 也不再是凤毛麟角了。同时，春秋时期那种富贵一身二任焉的垄断局面被打破，非贵者也可以成为富者，而其中最突出的部分就是富商大贾。

战国时期的富商大贾，把雄厚的资本投向盐铁制造，粮食等农副产品的贸易，土特产品的贩运，玉器珠宝的鬻卖，以至铸钱、放高利贷等等，占领了商品流通以至商品生产的主要流域。⑥ 据《史记·货殖列传》，可把战国的富豪列述如下表：

战国富豪一览表⑦

姓名	出生地	从事事业	成就
白圭	周人	经商，乐观时变，人弃我取，人取我与。	治生祖。
猗顿	鲁人	盬盐。	与王者埒富。
郭纵	赵人	铁冶成业。	与王者埒富。
乌氏倮	秦国	畜牧，用谷量牛马。	秦始皇帝令倮比封君。
巴寡妇清	秦国	开采丹砂数世。	礼抗万乘。
卓氏之先	赵国	用铁冶富。	
宛孔氏先	梁（魏）人	铁冶为业。	
曹邴氏		以铁冶起。	富至巨万。

---

① 李学勤《睡虎地秦简〈日书〉与秦楚社会》，《江汉考古》1985年4期。
② 刘乐贤《睡虎地秦简日书研究》，第125—126页。
③ 《韩非子·五蠹》。
④ 《庄子·列御寇》。
⑤ 《韩非子·八说》。
⑥ 吴慧《中国古代商业史》第1册，第272页。
⑦ 采自杨生民《中国春秋战国经济史》第115页战国富豪一览表。

从上表可以看出，战国时期八个私人大富豪中，只有白圭一个人以经商起家，其他七个人都是以商品生产起家的。而春秋时期只有子贡、范蠡两个大富豪，且都是以经商起家的。两相比较，说明战国时期的工矿业、畜牧业等方面的商品生产有了迅猛的发展。进行这些商品生产的业主，同时又是大商人，可谓一身二任焉。一批大工矿业主、畜牧业主的出现，可以定期提供大量货源，这就有助于商业持续、稳定发展。从这个意义上说，战国时期的商业发展到一个新阶段，上了一个新台阶。

从事贩运贸易要冒"关梁之难，盗贼之危"。① 所以最好要有权势或有靠山。于是有的贵族就依恃权势从事贩运贸易，成为大贵族兼大行商。楚国的鄂君启就是其代表。安徽寿县出土的楚怀王时期的鄂君启节，是楚王颁发给他的专门用于贸易货运的通行证。铭文规定：一年之内允许舟一百五十只、车五十乘依指定路线免税运货。舟节所定航线，由鄂出发，分为西北、东、西南、西四路，行经今豫、鄂、赣、皖、湘、桂诸省。车节所定路线是，由鄂北上，经豫南入皖。逾制则由各关口征税，惟以舟运马、牛、羊时由大府征税；禁以车乘运载制造武器的材料。

长途贩运，困难多多，危险重重，所以商人往往以同乡，或同宗关系，结成团体，形成商帮。

行商的另一类是小本经营，肩挑背驮，上山下乡，走街串巷的小商小贩。他们贩卖的是生产生活必需品。或自产自销，或零贩零卖，靠赚一点蝇头微利来养家糊口。小商人为了赚钱，常常采取掺杂掺假、克扣分量、抬价压价等不正当的手段，来剥削消费者和小生产者，但他们毕竟是劳动者，和富商大贾有别。②

（三）坐贾

坐贾（亦称坐商）是从市的交易形式发展来的固定性交易形式。坐贾"有固定的摊位和店铺，并有规定的营业时间和专卖商品"。③ 坐贾与行商中的小本经营者，都属于商人的中下层，与人数有限的大商人不同，他们人数众多，其中有的是从商业奴隶解放过来的；有的是从农奴或农民中转化而来的；也有平民经营商业的人。其营业范围，除前述卖羊、卖鱼、卖酒、卖米、卖鞋、卖踊外，还有卖牛肉、马肉的。又《庄子·列御寇》载列御寇答伯昏瞀人曰："吾尝食于十浆，而五浆先馈。……夫酱特为食羹之货，多余之赢，其为利也薄，其为权也轻，而犹若是。"卖饮料的店家虽然没有很大的赢利，所得的也少，又无权无势，但有半数的店家也把饮料给顾客送到，可见对顾客之热情，服务之周详。《史记·魏公子列传》载："侯生又谓公子曰：'臣有客在市屠中，愿

---

① 《墨子·贵义》。
② 吴慧《中国古代商业史》第 1 册，第 204 页。
③ 钟敬文主编《民俗学概论》，第 66 页。

枉车骑过之。……臣所过屠者朱亥，此子贤者，世莫能知，故隐屠间耳。'""公子留赵，公子闻赵有处士……薛公藏于卖浆家。"上述记载说明，当时的魏国都城大梁不仅有以屠为业的人，而且有屠市。而赵国的都城邯郸市上则有"卖浆"的行业，薛公能隐藏在"卖浆"者的家，可见当时的卖浆行业已有一定的规模。又《史记·刺客列传》说："荆轲嗜酒，日与狗屠及高渐离饮于燕市。酒酣以往，高渐离击筑，荆轲和而歌于市中，相乐也。"这说明，当时的燕国都城的市上不仅有酿酒和卖酒的人家，而且有可供饮酒的店铺，饮者可以随时入店饮酒作乐。①

坐商的民俗传承，主要表现在旗帜，作为引起注意、招徕顾客的幌子。如《韩非子·外储说右上》说："宋人有酤酒者，升概甚平，遇客甚谨，为酒甚美，悬帜甚高，然而不售，酒酸。"这虽是则寓言，但确是那时商战的反映，是对商家在相互竞争中表现的聪明才智进行赞扬和揭示。酒的分量足，风味醇美，接待顾客态度恭谨，是为了吸引更多的顾客，而高高悬起的旗帜（酒旗）则是以标志物招引过往的行人。

第九章 物质生产

---

① 曾纵野《中国饮馔史》第1卷，第308—209页，商业出版社1988年版。

第十章
信　仰

　　西周后期，戎狄交侵，灾荒不断。东周时期，战争频繁，民生痛苦。人们对自己的命运难于掌握，在当时科学不发达的条件下，只能把摆脱苦难的希望，寄托在渺茫难知的自然及幻想出的神灵身上。这时信仰虽然充斥着迷信，但却体现了人们对美好生活的向往。需要指出的是：周代，特别是东周，社会信仰已形成基本格局，并对中国古代社会的进程产生了影响。

【第一节　图腾崇拜】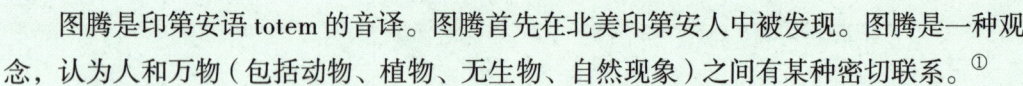

图腾是印第安语 totem 的音译。图腾首先在北美印第安人中被发现。图腾是一种观念，认为人和万物（包括动物、植物、无生物、自然现象）之间有某种密切联系。[①]

多数学者认为，图腾崇拜早于自然崇拜。图腾崇拜是与狩猎、采集生活相适应的宗教形式，它产生于旧石器中期，繁荣于旧石器晚期，至新石器时代则逐渐演变。图腾最初被视为民族或部落的祖先和亲属。万物有灵观念产生之后，图腾才被逐渐神化，成为氏族、部落的保护神，[②]而受到保护和崇拜。

春秋早期青铜蟠龙纹盘

[①] 王玉德等著《中华神秘文化》，第 140 页，湖南出版社 1993 年版。
[②] 何星亮《中国自然神与自然崇拜》，第 17 页，上海书店 1995 年版。

一、周人的虎崇拜

周族的图腾，争议较多，有龙图腾说、鸟图腾说、龟图腾说、麒麟图腾说、犬图腾说、熊图腾说、天鼋图腾说、虎图腾说。这些图腾似乎都与周族有关，可能都是周族各氏族部落的图腾。这里仅谈虎图腾。虎作为一种猛兽和古代图腾崇拜物，是勇猛精进、雄强威武的象征。虎图腾崇拜当有万年的历史。古文献《逸周书》中《世俘解》所记"武王禽（擒）虎二十有二"，《孟子》所记"周公相武王诛纣……灭国者五十，驱虎豹犀象而远之，天下大悦"，《尚书》中有"如虎如貔（大熊猫）"的句子，都说明虎在我国最古的文献中是被重视的凶猛圣兽。又《易经·颐》："虎视眈眈，其欲逐逐。"《尚书·牧誓》载武王伐纣时军旅威武，有"革车三千两（辆），虎贲三千人"。《诗经·鲁颂·泮水》云："矫矫虎臣，在泮献馘。""虎贲"、"虎臣"是用来形容英雄无比的武将、兵士和爪牙之臣的。因为以虎象征军威，代表正义，所以自古取之为灵物，赋予它以避邪镇恶的作用。如《风俗通义·祀典》载"虎者阳物，百兽之长，能执搏挫锐，噬食鬼魅"。又西周设有称作"司虣"的官职。此官"掌宪市之禁令，禁其斗嚣者，与其虣乱者，出入相陵犯者，以属游饮食于市者，若不可禁，则搏而戮之"。[1] 由此看来，司虣这种官是以武力来维持市场秩序的。这说明西周武职官员的名称也要有虎字。不只如此，春秋战国时，凡邦国使臣出使时都要持"邦节"，作为通行的证件。《周礼·地官·掌节》云："凡通达于天下者必有节，以传辅之。无节者，有几则不达。"又云："山国用虎节，土国用人节，泽国用龙节，皆金也。"可见虎节是用青铜制成的。传世的虎节有韩将庶虎节、辟大夫虎节，皆作虎形、虎身有铭文。战国秦汉时还有虎符，如传山东临城出土的错金铜虎符。虎符是帝王授武将兵权，调动军队的信物。它用铜铸成虎形，背有铭文，分为两半，右半留存王室或帝室，左半发给地方官吏或统兵将帅。调遣军队时，须由使臣持符验合方能生效。汪玢玲先生认为：这种"虎节"、"虎符"，也可以说是原始氏族作为图腾标志，在进入封建社会以后，人的主体意识加强之后的一种衍化。衍化的结果是虎以它的威武形象，象征国威军威，使虎的地位更为庄严而显赫了。[2]

---

[1]《周礼·地官·司虣》。
[2] 汪玢玲《中国虎文化探源》，载《广西民族学院学报》2001年第1期。

二、楚人的龙凤崇拜

楚族的图腾有：熊、天鼋、羊、凤、鱼、龙、虎、荆、桃等说。[①]这里仅讨论龙、凤崇拜。周代的楚人，以尊凤崇龙著称。[②]

楚墓出土丝绣品蟠龙飞凤纹绣复原纹样

[①] 何星亮《中国图腾文化》，第44页，中国社会科学出版社1992年版。
[②] 宋公文、张君《楚国风俗志》，第505页，湖北教育出版社1995年版。一说楚是一个多民族的国家，楚人的信仰是多元的。见张正明《楚文化史》，第294—299页，上海人民出版社1987年版。

楚人尊凤崇龙表现在楚文化的诸方面。

1982年湖北江陵马砖一号墓出土的绣品，往往以游龙、飞凤构图。龙凤姿态各异，绝不雷同，或相互追逐，或彼此争斗。其中对凤对龙纹绣浅黄绢面衾，其花纹由八组左右对称的龙凤纹组成。龙蟠绕飞腾，形象矫健；凤姿态柔美，婉转飘舞。又龙凤虎纹绣罗整个图案表现龙飞凤舞的意境和猛虎飞跃其中的生动景象，给人以神奇艳丽之感。而绣龙凤纹绢禅衣缘图案为一只凤与两条龙互相蟠绕。①

1987年湖北省包山二号楚墓出土的三凤双连杯，呈凤鸟负双杯状，前端为凤鸟头颈，后端伸出凤尾可作柄用。双翅展开在两杯的前侧，似在飞翔。胸之下二足聚拢，背负双杯。两杯底外侧又各接一雏鸟形支足，雏凤双翅上展，两足弯曲作飞翔状。三凤面向三方，昂首分立，又仿佛一个家族，母子聚合，上下有别，给人一种兴旺发达的感觉。②

1965年湖北江陵望山一号墓出土的彩绘透雕漆座屏，其屏座上面浮雕的动物有五十一只。其中凤四只，凤鸟形象生动，是全屏的主体形象。③

1978年湖北省江陵天星观一号楚墓出土的虎座立凤，凤鸟昂首挺立于虎背之上，展翅欲飞，凤身着彩，气宇非凡，一展华贵的丰姿。背插对称的双鹿角，当为龙的象征，从而构成龙凤共身的神物。④

1985年河南省叶县旧县一号墓出土的玉佩，图案由四龙、四凤等蟠绕、联接构成一个整体。造型优美，玲珑剔透，堪称珍品。⑤

1977年安徽长丰出土的玉佩，有的为一龙双首形；有的为龙凤合体形。均透雕与浮雕结合，造型生动，惟妙惟肖。⑥

以上从丝织品、漆器、玉器等几个方面，都集中说明了一点：楚人的确是尊凤崇龙的。须要指出的是，诸夏亦有龙凤崇拜，但没有楚人突出。此外，"楚人尊凤崇龙是以尊凤为主，诸夏崇龙尊凤是以崇龙为主"。⑦

---

① 《江陵县马山一号墓》，第58、63页，文物出版社1985年版。
② 《包山楚墓》，第137—141页，文物出版社1991年版；皮筱蔚《三凤头试释》，《江汉考古》1989年第4期。
③ 《湖北江陵三座楚墓出土大批重要文物》，《文物》1966年第5期。
④ 《江陵天星观一号楚墓》，《考古学报》1982年第1期；张正明主编《楚文化志》，第91—92页，湖北人民出版社1988年版。
⑤ 《河南叶县旧县1号墓的清理》，《华夏考古》1988年3期。
⑥ 《安徽长丰杨公乡发掘九座战国墓》，《考古学集刊》第2集。
⑦ 宋公文、张君《楚国风俗志》，第480页。

湖北江陵望山1号墓出土的虎座鸟架鼓

三、越人的蛇、鸟崇拜

（一）越人的蛇崇拜

在南方民族中，越人主要崇拜蛇图腾。《吴越春秋·阖闾内传》记载阖闾立为吴王后，在伍子胥的辅佐下建城筑郭："造筑大城，周回四十七里。……筑小城，周十里。……立蛇门者，以象地户也。……欲东并大越，越在东南，故立蛇门，以制敌国。……越在巳地，其位蛇也，故南大门上有木蛇，北向首内，示越属于吴也。"同书《勾践入臣外传》又载勾践战败后到吴国服劳役，最后获赦返回祖国，吴王"送于蛇门之外"。可见蛇是大越的象征。那么为什么以蛇来象征大越呢？正如《说文·虫部》所释，"南蛮，蛇种"。"闽，东南越，蛇种也。"如是，越族信仰蛇图腾确信无疑。① 在古越族分布的我国东南部，考古发现了大量的几何印纹陶器，学者认为这是古越族人制造和使用的。这些陶器上拍印的各种几何形花纹，如云雷纹、S形纹、回纹、波状纹、曲折纹、叶脉纹、三角形纹、编织纹、篦点纹、方格纹等，经认真研究，认为"是蛇状和蛇的斑纹的模拟和演变"，"其原因是由于陶器主人（古越族）对蛇图腾的崇拜"。② 此外，被认为是古代越族后裔诸民族，如居住于广东、福建沿海一带的蛋民、海南的黎人和台湾高山族等，其社会或历史记载中还保留着丰富的蛇图腾崇拜的资料。③

文身也是蛇图腾崇拜的表现。作为图腾制度表现形式之一的文身，尽管在其发展中，因民族和地域的不同，而有着不同的形态，但其之初的根本目的，却大都出于共同的图腾共体化考虑。④ 文身的目的在于"避蛟龙之害"。屈大均较早揭示了蛇图腾崇拜产生的根源。他说："南海龙之都会，古时入水采贝者皆绣身而为龙子，使龙以为己身，不吞噬。"⑤ 众所周知，捞捕水产始终是越族一种重要生产方式和生活来源。而当时他们的生产条件还相当落后，靠的是独木舟，早期还没有渔网，其他渔具的使用也不普遍，需要进入水中捉鱼。在漫长的渔捞生产实践中，越族先民深切体会到蟒、鳄鱼、鲸鱼等大型水中动物对他们的生命有巨大威胁，幻想文身，即把自己装饰成蛇的模样潜入水中就不再被害了。可见文身与渔捞生产不无关系。⑥

---

① 陈国强等《百越民族史》，第64页，中国社会科学出版社1988年版。
② 陈文华《几何印纹陶与古越族的蛇图腾崇拜——试论几何印纹陶饰的起源》，《考古与文物》1981年第2期。
③ 详见陈国强等《百越民族史》，第64—67页。
④ 徐一青、张鹤仙《信念的活史：文身世界》，第21—22页，四川人民出版社1988年版。
⑤ 屈大均《广东新语·鳞语》。
⑥ 参郑土有《试论吴越文化是一种稻作渔捞文化——从吴越地区的生产方式看吴越文化的个性特征》，载《百越民族研究》，江西教育出版社1990年版。

（二）越人的鸟崇拜

越人不仅崇拜蛇图腾，而且信仰鸟图腾。其表现有以下五点：

1. 越族流行鸟田传说

《越绝书·越绝外传记地传》云："大越海滨之民，独以鸟田，大小有差，进退有行，莫将自使。"《吴越春秋·越王无余外传》等文献也有此类传说。

2. 吴越地区发现东周的"鸟田图"

在江苏六和县一座春秋战国之际的墓内出土一件铜匜。器内饰有如下的刻划细纹图案：在一片田野上生长稻谷。田间的近处有两个农夫在插秧。远处田间，停立着四只昂首长喙鸟类，密切注视着作物的敌人，堪称大田的卫士。这是一幅生动的鸟田图。①

3. 绍兴坡塘出土战国鸟图腾柱

1981年浙江绍兴战国墓中发现一座铜房屋模型，通高17厘米，平面方形，四坡攒尖顶，顶的中心立八角柱，柱上饰一"大鸠尾"。有学者认为这是图腾柱。②

4. 浙江、江苏等地春秋墓出土鸠杖

1984年江苏丹徒山顶春秋墓出土青铜鸠杖的杖首和杖镦，顶端饰一只鸠。③1990年，绍兴出土一件青铜鸠杖的杖首和墩。杖首顶端立一鸠，两翅微展，上饰长方格形羽毛图案。杖墩末端为一跪坐俑。其额上至耳部断发，脑后有一椎髻，文身。④据对汉代《王杖》简的研究，王杖是赋有法律性质的某种特别待遇的象征，因此杖上的鸠饰，除了祝愿老人宜饮食外，与鸟崇拜有关。⑤

5. 越人有"鸟相"的传说，使用"鸟书"

《史记·越世家》说：越王勾践"长颈鸟喙"。司马迁在二十岁时曾到会稽（今绍兴）漫游，其所记勾践的相貌当是依据越人的传说。

越族曾经使用鸟书。所谓鸟书，是以鸟形纹饰作装饰的美术字。这种字体流行于春秋末年到战国前期，盛行于越、吴、楚、蔡、宋等国，但细审其风格还是有区别的。据学者研究，从勾践到朱勾这四代越王的兵器上，"王"字大多写成双首联体鸟书，这在当时其他诸国的鸟书中似乎少见。这与鸟崇拜有关，甚至可以说是从鸟崇拜中产生出来的。⑥

---

① 陈龙《鸟田考》，《福建文博》1982年第1期。
② 牟永抗《绍兴306号越墓刍议》，《文物》1984年第1期。
③ 江苏考古队《江苏丹徒北山顶春秋墓发掘报告》，《东南文化》1988年第3—4期。
④ 王士伦《越国鸟图腾和鸟崇拜的若干问题》，载《国际百越文化研究》，中国社会科学出版社1992年版。
⑤ 王士伦《越国鸟图腾和鸟崇拜的若干问题》。
⑥ 王士伦《越国鸟图腾和鸟崇拜的若干问题》。

战国青铜玩鸟女立像

越民族为什么会产生鸟崇拜,它的深层涵义是什么?学者曾按照一般规律作过一些推测。众所周知,越文化是沿海和沿江湖的文化,水稻是他们的基础农业。据《越绝书》卷八和《论衡·书虚篇》的记载,传禹死后葬于会稽,每年有成群结队的鸟飞至会稽田中,啄食苹草,使土壤得到净化,适宜播种稻谷。因此"县民禁民不得危害此鸟,犯则有刑无赦"。[1]把鸟田归功于大禹功德所致,这当然是天人感应的附会之说。其实这种鸟田现象实在是自然界的生态现象。[2]早在东汉时,王充经过实地考察,认为"鸟田"实际上是一种名叫"鸿鹄"的候鸟的越冬行为。这些候鸟在秋末冬初成群结队来到会稽山下的沼泽平原避寒。那时田中的稻谷已经收获结束,候鸟们在田中啄食野草和害虫。经过它们的锄草、灭害,这些田泥泞一片,好像经过整地耙耕一样,来年收成都非常好,因此称为"鸟田"。鸟田的另一名称为"雒田"。[3]雒田分布在交趾。[4]鸟田则在钱塘江、山阴江、上虞江的海滨江口三角洲地带。[5]"鸟田"可能是伴随水稻生产的出现而产生,到东汉至后魏一直存在。它可能是鸟崇拜形成的主要原因。越族在种植水稻的过程中,除了旱灾、水灾外,还有虫灾及杂草的危害,而这种候鸟却能在某种程度上帮助他们消除这两大灾害,当时人们把它们视若神灵,当作图腾来崇拜也就是自然而然的了。[6]

四、其他民族的图腾崇拜

秦人的图腾,有人根据古籍所记女修吞玄鸟卵而生秦始祖大业的传说,认为是玄鸟。

关于东北古代民族的图腾崇拜,有的学者依据考古学和民族学资料,认为从兴安岭以西到贝加尔湖地区为游猎民或游牧民,他们崇拜的是熊、鹿、狗、狼等图腾;自兴安岭以东至海为农牧民和渔猎民,其崇拜蛇、鸟等图腾。

在北方古代民族中,较早的有犬戎、赤狄等。犬戎,从其名称来看,是以犬为图腾的民族。[7]赤狄,从《魏书·高车传》的记载看,是崇拜狼图腾的民族。匈奴人崇龙拜日,

---

[1] 阚骃《十三洲志》,已佚。此据《太平御览》所辑。
[2] 游修龄《百越农业对后世农业的影响》,载《国际百越文化研究》。
[3] 雒是形声,"各"为声符,"隹"是象形,据《说文》段注,短尾为隹,长尾为鸟。如从雁为短尾来看,称雒田似更合适。
[4] 《水经注》卷37引《交州外域记》云:"交趾昔未有郡县之时,土地有雒田。"
[5] 游修龄《百越农业对后世农业的影响》。
[6] 郑土有《试论吴越文化是一种稻作渔捞文化》,载《百越民族研究》,江西教育出版社1990年版。
[7] 何星亮《中国图腾文化》,第45页,中国社会科学出版社1996年版。

湖南长沙陈家大山战国楚墓出土帛画人物龙凤图

新疆乌鲁木齐市阿拉沟 30 号墓出土的战国金虎纹圆形饰

龙和太阳可能是他们的图腾。① 光芒万丈的太阳为草原上的游牧民族带来无限的光明和温暖，匈奴的原始先民或者以为自己的祖先与太阳有关，于是就以太阳为崇拜的图腾。

在西北古代民族中，古羌人在春秋战国时分化为若干支系，史载他们的图腾有羊、虎、牦牛、白马、参狼、猕猴等。② 如《后汉书·西羌传》说："至爰剑曾孙忍时，秦献公初立，欲复穆公之迹，灭狄獂戎。忍季父卬畏秦之威，将其种人附落而南，出赐支河曲西数千里，与众羌绝远，不复交通。其后子孙分别各自为种，任随所之。或为牦牛种，越巂羌是也；或为白马种，广汉羌是也；或为参狼种，武都羌是也。"这里的"种人"即部落。部落以"牦牛"、"白马"、"参狼"为名，是羌人以游牧经济为主的反映。

此外，南蛮主要崇拜犬，传说他们是由一条犬与高辛氏公主婚配而繁衍的。③ 夜郎人以竹为姓，因为传说他们的祖先从竹而生。④ 巴人崇拜白虎，有虎给婴儿哺乳和人死后化为虎的传说。⑤ 其青铜兵器上常见虎纹。

东夷环渤海而居，南至江淮。他们崇拜鸟和太阳，初以崇鸟为主，后改以崇日为主。⑥

---

① 何星亮《中国图腾文化》，第 45 页，中国社会科学出版社 1996 年版。
② 同上。
③ 《后汉书·南蛮西南夷列传》。
④ 《华阳国志·南中志》。
⑤ 何星亮《中国图腾文化》，第 46 页，中国社会科学出版社 1996 年版。
⑥ 同上。

【第二节 自然崇拜与灵物崇拜】

一、天地崇拜

（一）天神崇拜

天神在周代国家宗教的神灵系统中是至上神。天神的地位高于其他神，并有统帅其他神的权力。天神在周代被称之为天或天帝。"天神的产生是人类探索赋予千变万化的自然与纷纭繁杂的社会以秩序和运行的终极力量，并将这种力量归结于某一非人类自身所能左右的神奇'物质'的结果"。①

以天称天神是周人传统的宗教观念。有学者认为：周人尊奉"天"是迁居岐山之后，这或许同其与甘、青地区的古代民族的交融有关。②周灭商后，将自己的至上神——天与商人的至上神——帝结合而称为天帝，并赋予了天帝以理性道德的新内容，即天帝"无亲"、"无常"，只有"敬"、"善"、"德"才能受到眷顾，一反商人的帝祸福无常、肆意妄为的品性，而完全变成理性道德的化身了。③

到春秋战国时代，随着天子式微、诸侯崛起，原先掌握在周天子手中的天神、天命，转移到了亟须论证自己是天命所在的诸侯手中。原先惟一的上帝因而分裂为四，到战国中后期因阴阳五行思潮大盛，又分裂为五。五帝是：黄帝居中，具土德；太皞居东方，具木德，亦称青帝；炎帝居南方，具火德，亦称赤帝；少皞居西方，具金德，亦称白帝；颛顼居北方，具水德，亦称黑帝。又有后土、句芒、祝融、蓐收、玄冥五

---

① 李瑞兰主编《中国社会通史·先秦卷》，第519页，山西教育出版社1996年版。
② 参见朱凤瀚《商周时期的天神崇拜》，《中国社会科学》1983年第4期。
③ 详见李瑞兰主编《中国春秋战国通史·先秦卷》，第524—525页。

神为五帝之辅佐。有学者指出："五帝说的兴起，是受五行思想的影响，人们把若干远祖英雄祖先加以神化，抬高为天神，与五方五行五色相配，形成五天帝并立，这就在一定程度上削弱了传统天帝的统一性和至上性，从宗教信仰的角度反映了战国时期王权崩溃、诸侯纷争的社会局面。"①

当时诸侯国纷纷对"上帝"进行崇拜和祭祀。文献记载表明：鲁国是祭祀过上帝的。《诗经·鲁颂·閟宫》云："皇皇后帝，皇祖后稷，享以骍牺，是飨是宜。"齐人对"上帝"祭祀的文献记载不多。《洹子孟姜壶》铭文②载，齐侯用璧、壶、鼎等祭"上天子"、"大巫司誓"、"大司命"、"南宫子"，四者当皆为天神。"上天子"即"上帝"，与鲁人"上帝"含意相同。③秦国亦祭祀上帝。据《史记·秦本纪》，秦襄公"用骝驹、黄牛、羝羊各三，祠上帝西畤"。据《史记·封禅书》，秦文公"作鄜畤，用三牲郊祭白帝焉"。④又《史记·秦本纪》正义引《括地志》云："秦宣公作密畤于渭南，祭青帝。秦灵公作吴阳上畤祭黄帝，作下畤亦祠黄帝。"

（二）地神崇拜

地神崇拜包括社神崇拜和后稷崇拜。

1. 社神崇拜

社神崇拜发源于土地崇拜。而对土地的崇拜是从土地有灵观念派生出来的。我国自古以农立国，人们与土地的关系水乳交融，十分密切。春华秋实，原野丰收，土地在先民的心目中就是哺育自己的母亲。《礼记·郊特牲》云："社，所以神地之道也。地载万物，天垂象，取财于地，取法于天，是以尊天而亲地也，故教民美报焉。"土地生育万物，供给人们生活资料，所以人们尊崇土地，亲爱土地，报答土地的恩惠，并为此进行献祭，于是土地被想象成为神灵。关于两周土地神的形象、神性、权能行施范围、祭祀方法和所献祭品等，我们将在本章第七节祭祀中讨论，此处不赘。这里仅谈谈社神的实质。《孝经纬》云："社，土地之主也，土地阔不可尽敬，故封土为社，以报功也。"⑤《重修纬书集成》卷五云："社者，土地之神，能生五谷。"可见，社之实质就是土地之神，是地域保护神。⑥

---

① 张践、马洪路、李树琦《中国春秋战国宗教史》，第122页，人民出版社1994年版。
② 今人定为齐景公时期。
③ 安作璋主编《山东通史·先秦卷》，第339页，山东人民出版社1993年版。
④ 据唐兰先生考订，"鄜畤在雍邑（今陕西凤翔）之西。"说详《石鼓年代考》，载《故宫博物院院刊》1958年第1期。
⑤ 转引自（唐）欧阳询撰《艺文类聚》卷39《礼部中·社稷》。
⑥ 何星亮《中国自然神与自然崇拜》，第106页。

2. 稷神崇拜

稷神又名谷神，它是由社神派生出来的。古人以为："稷是社之细别，名曰稷。"① 又据学者研究，"殷人只有社而无稷"，到周代始有社、稷之分。②

稷神之所以从社神中分出，主要是由于社神的职能过多、过杂。而五谷是人们的主食，五谷收成的丰歉，与人们的生存、社会的稳定息息相关，因此，人们便设置稷坛，祭祀稷神。③

稷原是一种谷类植物。为了纪念对农业有贡献的圣贤，先民又称这些圣贤为稷。周族的弃曾被尊崇为稷。《左传·昭公二十九年》云："稷，田正也。……周弃亦为稷，自商以来祀之。"由于周族十分重视农业，稷尤其受到敬戴。据《山海经·大荒西经》，西周国姓姬，吃五谷。帝俊生了后稷，后稷把百谷的种子从天上带到凡间。后稷的弟弟名叫台玺的，生了叔均。叔均于是代替他的父亲和后稷播种百谷，发明创造了耕田的方法。直到春秋中期，百姓依然定期祭祀后稷，《左传·襄公七年》说：郊祭祭祀后稷，是为了祈求农业丰收，所以一到启蛰节就举行郊祭，郊祭以后开始耕作。

二、日月星辰崇拜

（一）日月崇拜

1. 太阳崇拜

周朝有冬至祭日的习俗。《礼记·郊特牲》云："郊之祭也，迎长日之至也。"陈澔注云："至，犹到也。冬至日短极而渐舒，故云迎长日之至。"《礼记·祭义》也有关于周人祭日的记载："郊之祭，大报天而主日，配以月。"其意是：祭天的郊祭，是报答天宇的赐予，不能遍祭群神，祭的主要对象虽是太阳，但也配以月神，以象天之全。祭日典礼，在东郊日坛举行。《礼记·祭义》云："祭日于坛，祭月于坎，以别幽明，以制上下。祭日于东，祭月于西，以别外内，以端其位。"其意是：祭太阳是在坛上，祭月神则在坑内，这是由于明暗的区别，以定其上下的分际。祭太阳是向东方，祭月神则向西方，这是由于内外的区别，以正其不同的位置。至于祭日的时间，则在日未出的丑时举行。④

---

① 孔颖达疏《礼记·郊特牲》。
② 陈梦家《殷墟卜辞综述》，第583页，中华书局1988年版。
③ 何星亮《中国自然神与自然崇拜》，第110页。
④ 见《礼记·祭义》。

祭日的牺牲,《史记·封禅书》载汉代"祭日以牛,祭月以羊彘特"。索引案:乐羊云:"祭日以太牢,祭月以少牢。特,不用牝也。"汉代距战国时间甚近,大约战国亦如此。

周时齐地奉祀的八神中就有日神,而南方楚地则把日神人格化,称之为"东君"或"东皇太一"。他经常驾车巡视。《楚辞·九歌·东君》:"暾将出兮东方,照吾槛兮扶桑,抚余马兮安驱?"

崇拜太阳的还有越人。古代南方百越民族的一些铜鼓,鼓面的装饰母题是太阳,其形态圆形如饼,有的上有细长的针或呈锐角形的光芒,有的无芒。① 又广西宁明花山岩画亦有各种太阳图案:或为双圆圈,内圈有光束;或为双圆圈,中有一黑球,黑球外和两个圆圈外部均有光束。众人双手高举,作祈求日出状,是人们为了祈求日出而举行的模拟巫术仪式。②

由于对日神的崇拜,民间对日食这一自然现象也产生了迷信,认为日食是不祥之兆,是被动物吃食或其他原因所致,必须有救护仪式,并举行隆重的祭祀。据学者研究,春秋时期的救日仪式一般都是巫术与祭祀相结合。如《春秋·庄公二十五年》:"夏,六月,辛未,朔,日有食之,鼓、用牲于社。"又《左传·庄公二十五年》:"夏,六月,辛未,朔,日有食之,鼓、用牲于社,非常也。唯正月之朔,慝(阴气)未作,日有食之,于是乎用币于社,伐鼓于朝。""伐鼓",即击鼓,为巫术仪式。"用牲于社"或"用币于社",即用牺牲祭祀社神或用玉帛祭祀社神,则为祭祀仪式。③

2. 月亮崇拜

周代有月崇拜,如前述在祭日时配以月神。又据《礼记·祭义》,"祭月于坎","祭月于西"。此外,《仪礼·觐礼》载:秋天,天子乘坐龙马驾的车,车上载着太常旗,旗上画有日月升龙、降龙的图案。出王城门,在北门外礼拜太阳。

同华夏族一样,周代有的少数民族亦盛行拜月之俗。如匈奴人对月亮就很崇拜,史载匈奴单于有每天"夕拜月"之俗。④ 匈奴人视月神为吉祥之神,以满月为吉祥,月亏为不吉。凡出兵攻战均选择在满月之时。《史记·匈奴列传》说:"举事而候星月,月盛壮则攻战,月亏则退兵。"《汉书·匈奴传上》亦云:"举事:常随月盛壮以攻战;月亏,则退兵。"

---

① 李伟卿《中国南方铜鼓的分类和断代》,《考古》1979 年第 1 期。
② 关于花山岩画中的各种图形图案,有人有不同意见,详见《花山崖壁画资料集》,第 21—38 页,广西民族出版社 1963 年版。
③ 何星亮《中国自然神与自然崇拜》,第 214 页。
④ 《史记·匈奴列传》。

此外，民间有关月亮的神话，诸如月中有蟾蜍、玉兔的传说，①以及嫦娥奔月的故事，②当亦是以月亮信仰为基础的。

（二）星辰崇拜

同日月一样，星辰以其神秘性，引起了人类的想象和崇拜。气象对农牧业生产和人们的生活影响很大，因此古人十分注意观察气象的变化。周人亦不例外。《尚书·洪范》说："星有好风，星有好雨"，"月之从星，载以风雨"。其意是：有的星喜欢风，有的星喜欢雨，③月亮顺从星星，就要用风和雨润泽他们。又《周礼·大宗伯》有祭"风师"、"雨师"的记载，郑玄注云："风师箕也，雨师毕也。"就是说：箕星司刮风，是风神；毕星司下雨，是雨神。此外，据《史记·天官书》"轩辕"正义，轩辕星被古人视为主雷雨之神。由此可见星的变幻与气象变化有密切关系。

古人还把星辰变化与人类社会的吉凶祸福联系起来考察。当人世间发生内乱、饥荒、疾疫、灾害之前，出于偶然的原因，天上某颗星有异，便以为是它引起的祸害。如《星经》云："凡五星，木与土合为内乱，饥；……与火合为旱；与金合为白衣会也。"④所谓"白衣会"，指有丧亡疾病。又据《史记·天官书》，太白与列星相犯，有小的战争；五星相犯，则有大战。相犯时，如果太白在列星南出现，南国败；在列星北出现，则北国败。太白出现于东边为德，从左边迎着太白的方向办事则吉利；太白出现于西边为刑，从右边背着太白的方向办事则吉利，与之相反则都凶。如果太白的光亮能够照物见影，打仗则能取胜。如果白天见太白经天而行，称为太白争明，主强国弱，小国强，女主昌盛。上述这些不科学的经验，造成人们奉某种星辰为神。⑤

把天上的星辰比附人类本身也是星神观念产生的原因之一。在古人眼里，天空中的大小星辰，如同大地上生活着的人们。正如《尚书·洪范》所说："庶民惟星。"

周人奉耀目且较重要的星为神，并赋予其神性和神职。其中主要的星神有：司命、司禄、北斗等。以下仅对司命略作介绍。

司命，是星名，即《史记·天官书》所述的文昌宫第四星；又是神名，如楚人所奉

---

① 《楚辞·天问》云："夜光何德，死而又育？厥利维何，而顾菟在腹。"闻一多先生说："顾菟"即蟾蜍的古音，顾菟在腹，就是月亮中有蟾蜍。萧兵则认为，"顾、菟二字应顿开；菟是兔子；顾则是鼓、蛄的假借字，是蟾蜍异名'居诸'的合音。"
② 《山海经·大荒西经》说："有女子方浴月，帝俊妻常羲生月十有二，此始浴之。"这里的"常羲"即嫦娥。又《淮南子·览冥训》："羿请不死之药于西王母，恒娥窃以奔月。"高诱注云："恒娥，羿妻，羿请不死之药于西王母，未及服之，恒娥盗食之，得仙，奔入月中为月精。"
③ 孔安国注云："箕星好风，毕星好雨。"
④ 《史记·天官书》正义引。
⑤ 何星亮《中国自然神与自然崇拜》，第230页。

的神有少司命和大司命。司命的神职初为主司人的生命，但后来又增添了一些其他神职。如《礼记·祭法》郑玄注：司命，"小神，居人之间，司察小过，作谴告者，……主督察三命"。

两周的祭星仪式有燔柴祭。据《周礼·春官·大宗伯》，大宗伯的职务，掌理建立王邦祭祀天神、人鬼和地神等的礼制。其中有以用币和牲体分布在柴上焚烧使烟气上升来祭祀日月星辰，用牲体加在柴上焚烧使烟气上升来祭祀司中、司命。郑玄注云："司中、司命，文昌第五、第四星也。"

三、气象崇拜

（一）风崇拜

诸子对风的认识各不相同。如《庄子·逍遥游》："夫大块噫气，其名为风。"《淮南子·天文训》："天之偏气，怒者为风。"

风有多种，有四方之风，《尔雅·释天》云："南风谓之凯风，东风谓之谷风，北风谓之凉风，西风谓之泰风。"① 也有八方之风，② 四方的风不同，四季的风亦不同，可见风是富于变化的。

风从何而来？《楚辞·九章·悲回风》有"依风穴而自息兮"的诗句。"风穴"，黄寿祺、梅桐生注："神话中飘风居住的地方。"③《淮南子·览冥训》云："羽翼弱水，暮宿风穴。""风穴"，"北方寒风从地出也"。④

风有善恶两个侧面。从季节风而言，春风是善的。《礼记·月令》云："孟春之月……东风解冻。"它使冰河解冻，万物复生。就方位风而言，南风被认为是善的，所谓"南风长养，万物喜乐，故曰凯风"。⑤ 古人诗云："南风之薰兮，可以解吾民之愠兮。南风之时兮，可以阜吾民之财兮。"⑥ 然而，风又能给人们带来灾害。周武王伐纣，大风折盖。又《史记·天官书》载："风从南方来，大旱；西南，小旱；……东方，大水；东南，民有疾疫，岁恶（年成歉收）。"

---

① 《尔雅·释天》云："南风谓之凯风，东风谓之谷风，北风谓之凉风，西风谓之泰风。"
② 《淮南子·墜形训》云："东北曰炎风，东方曰条风，东南曰景风，南方曰巨风，西南曰凉风，西方曰飂风，西北曰丽风，北方曰寒风。"
③ 《楚辞全译》，第44页，贵族人民出版社1984年版。
④ 《淮南鸿烈集解》，第203页，中华书局1980年版。
⑤ 《诗经·邶风·凯风》"正义"引《尔雅》李注。
⑥ 《孔子家语·辩乐》。

因为风有善恶两面，人们对它既崇敬又害怕。便以为风由某种神灵所控制，因而形成风神观念。①

风神的名称，"古典文献早有风伯、风师、风姨"，②此外，还有飞廉、山𤟤。兹分述于下。

风伯的记载颇不少。《韩非子·十过》："昔者黄帝合鬼神于西泰山之上，……风伯进扫。"《山海经·大荒北经》："蚩尤作兵伐黄帝，黄帝乃令应龙攻之冀州之野。应龙蓄水。蚩尤请风伯、雨师，纵大风雨。"《淮南子·本经训》云："（羿）缴大风于青丘之泽。"高诱注："大风，风伯也，能坏人屋舍，羿于青邱之泽缴遮使不为害也。"

风师，谓箕星之神。古人以为，箕星闪烁不定，便会起风。《星经》说："箕四星，天子后也，箕后动，有风期三日也。"另外，月亮运行到箕星位置时，也会起风扬沙。《孙子兵法·火攻篇》说："月在箕、壁、翼、轸也，凡此四宿者，风起之日也。"古人根据长期积累的气象经验，认为箕星能预告风，故奉之为司风之神。《春秋纬》云："月离于箕风扬沙，故知风神箕也。"③

风姨，是传说中的女风神之一。④《北堂书钞》卷一四四引《太公金匮》述七神助周伐殷事云："风伯名姨。"此"风姨"之所本。后遂由男性之"伯"成为女性之"姨"。⑤

飞廉，一般认为是古代楚人的风神，其主体形象为鸟。⑥即风伯。《楚辞·离骚》："后飞廉使奔属。"王逸注："飞廉，风伯也。"洪兴祖补注："应劭曰：'飞廉，神禽，能致风云。'晋灼曰：'飞廉鹿身，头如雀，有角，而蛇尾豹文。'"

山𤟤也是古代的风神之一，其形象为人首犬身。《山海经·北山经》："有兽焉，其状如犬而人面，善投（善于投掷），见人则笑，其名曰山𤟤，其行如风，见则天下大风。"又《山海经图赞·北山经图赞》亦云：山𤟤"行如矢激，是惟气精，出则风作"。

两周有杀狗祭风的习俗。《周礼·大宗伯》郑玄注云："披磔牲以祭，若今时磔狗祭以止风。"《淮南万毕术》谓："黑犬皮毛烧灰扬之以止风。"《公羊传·僖公三十一年》正义引李巡曰："祭风以牲头蹄及皮破之以祭，故曰磔。"这是在风神为神犬观念支配下的巫术仪式。杀死风神神犬的同类狗，旨在使风神因怜悯自己的同类而止风。

（二）云神崇拜

云神观念产生于原始时代，与农牧业生产密不可分。上古的人们经过长期观察，

---

① 何星亮《中国自然神和自然崇拜》，第311页。
② 乌丙安《中国民间信仰》，第32页，上海人民出版社1995年版。
③ 《周礼·大宗伯》贾公彦疏引。
④ 何星亮《中国自然神与自然崇拜》，第314页。
⑤ 袁珂编著《中国神话传说辞典》，第90页，上海辞书出版社1985年版。
⑥ 何星亮《中国自然神与自然崇拜》，第313页。

认为云与雨有必然的联系，所谓"大哉乾元（天），云行雨施，品物流行"，[①]即概括表达了先民如下的认识：大自然由云生雨，由雨水而生万物。

在云神观念的基础上产生了云神形象。周代的云神已人格化。周代云神的名字叫云中君。《楚辞·九歌》称云神为云中君。朱熹《楚辞集注》云："云中君谓云神也。"按屈原《云中君》篇即为祭祀云神之作。

云神又称"丰隆"、"云师"、"屏翳"等。《九歌·云中君》王逸注云："云神，丰隆也。"又《离骚》："吾令丰隆乘云兮"注云："丰隆，云师。"洪兴祖《楚辞补注》云："云神，丰隆也，一曰屏翳。"

云中君，学术界一般认为是女性神。关于云中君的形象，据《楚辞·九歌·云中君》，云神回环降临，浑身闪光，很是灿烂。她在神宫中居住，与日月齐光，乘着龙驾的车子，穿着天帝一般的衣服。她要在天上翱翔，周游四方。她的光芒四射，降临大地，忽然又迅速飞回云中。游览了九州，还要去观赏别处；踪迹纵横四海，又还想游尽哪里？诗中的云中君，女性身份鲜明，完全是人格化的女神。

（三）雨神崇拜

两周以农业为主。雨水崇拜是自然崇拜中最普遍、最重要的崇拜形式之一。

周人经过长期的观察，认识到雨水对谷物生长之重要性，即只有适当的雨水，才能使庄稼长得茂盛，结粒饱满。《诗经·小雅·信南山》说："既优既渥，既霑既足。生我百谷。"但雨水过多，对庄稼不利。《尔雅·释天》称："久雨谓之淫。"淫就是雨多成灾。因此，古人希冀下雨应时适量，所谓"甘雨时降，万物以嘉"。[②]

然而，风调雨顺的年景毕竟有限。这就促使人们去探索雨水的成因以及雨水的主宰者。于是与雨水有关的雷、雷神的形象龙，便成了主宰雨水的神灵。

在雨水观念的基础上产生了雨神形象。雨神的形象有龙蛇、猪、蛤蟆和人形。兹分述于下：

1. 龙蛇

龙是中国古代最主要的雨水神。人们之所以奉龙为雨水之神，除前述古人误以为雷电主宰雨水，而雷电形象又像龙蛇外，还认为天下雨是龙把地上的水输送到天上，再从天上洒下来。《淮南子·墬形训》载，"黄龙入藏，生黄泉"，"青龙入藏，生青泉"，"赤龙入藏，生赤泉"，"白龙入藏，生白泉"，"玄龙入藏，生玄泉"。这说明西汉之前民间存在龙能生水的迷信。既然龙能生泉水，那么龙也能把泉水输送到天上再降下来。[③]

---

① 《易·乾》。
② 《尔雅·释天》。
③ 何星亮《中国自然神与自然崇拜》，第272页。

2. 猪

猪也是两周的雨神之一。《淮南子·本经训》说：羿"禽封豨于桑林"。高诱注云："封豨，大豕，楚人谓豕为豨也。"丁山认为："羿禽封豨，即杀淫雨之神。"[①]闻一多、孙作云都认为：河伯就是封豨，河之伯以猪为名。[②]

奉猪为雨水神，与古人观察到下雨前猪的行为有关系。《诗经·小雅·渐渐之石》云："有豕白蹢，烝涉波矣。月离于毕，俾滂沱矣。"其意是：大肥猪，白蹄子，好多猪跑到淤水里。月亮靠近了毕星，大雨哗哗下不停。这说明周人已意识到下雨与猪到淤水中浴身有关。简言之，猪与雨水有关。

3. 蛤蟆

蛤蟆也曾被奉为雨神。《易林·大过》载："蛤蟆群坐，从天请雨，应时辄下，得其愿所。"《易林》作于西汉，这说明蛤蟆在西汉以前已被尊为雨神或祈雨的主要动物。

4. 人形

雨师也是雨神之一。传说中的雨师有名称，呈人形。据《楚辞·天问》王逸注，传说中较早的雨师有蓱翳。此外，据古籍所载，还有屏翳、[③]玄冥、[④]赤松子。[⑤]

5. 祈雨仪式

祈雨仪式是最主要的雨崇拜仪式，一遇天旱便举行。祈雨仪式有以下三类：

（1）曝巫或焚巫　所谓曝巫就是把巫师放在烈日下曝晒。所谓焚巫，是用燃烧的木柴烧烤巫师或王，但不是把他们烧死，而是使他们热得极其难受，以感动神灵。

周代关于曝巫或焚巫以求雨，有不少记载。《左传·僖公二十一年》云："夏，大旱，公欲焚巫、尪。"又据《礼记·檀弓下》，年岁干旱，穆公请县子来，向他请求说："天很久没下雨了，我打算把仰面朝天的畸形人拿来晒太阳，祈求上天怜悯他而下雨，你看怎样？"答道："天不下雨，而把病人捉去晒太阳，这是很残酷的事情，怕是不可以吧？"又问："那么把巫人捉来晒太阳，怎样？"答道："天不下雨，而将希望寄托在这些愚昧的巫人身上，用这种方式求雨，不是太离谱了吗？"又《太平御览》卷十引《庄子》："宋景公时，大旱三年，卜云以人祀乃雨。公下堂顿首曰：吾所求雨者，为人。今杀人不可，将自当之，言未卒，天大雨，方千里。"又据《说苑·辨物篇》，齐国大旱的时候，晏子对齐景公说："大王真能离开宫殿的遮蔽，到郊外去和山神河神共忧患，也许侥幸能

---

① 《中国古代宗教与神话考》，第268页，龙门联合书局1961年版。
② 《古典新义》上册，第49页，古籍出版社1954年版；《后羿传说丛考》，载《中国学报》第1卷第3、4、5期，1944年。
③ 见《山海经·海外东经》郭璞注。
④ 见《艺文类聚》卷2引《风俗通》。
⑤ 见《楚辞·远游》、《搜神记》卷1。

下雨呢？"于是景公真到郊外去晒了三天，果然下起大雨来。

曝巫或焚巫是原始社会祈雨巫术仪式的传承。那时的巫与神相通。而雨由天神或雨神主管，他们在烈日下曝晒或以火烘烤，能感动神灵降雨。①

（2）祈龙　祈龙神建立在龙为雨水神观念的基础上。这是我国古代最普遍的祈雨仪式。《山海经·大荒东经》云："旱而为应龙之状，乃得大雨。"《三坟》称："龙善变化，能致雷雨，为君物化。"《吕氏春秋·有始览·应同》："以龙致雨。"

（3）雩　雩是求雨的专祭。在周代，雩祭是很盛的。宫廷中有专为领导雩祭而设的司巫之官，及舞雩的巫女。周代雩祭时规定用以鸟羽装饰的《皇舞》，此外，还有女巫的专舞。这种祭典举行时有舞蹈有呼号，所以叫做"雩"。②据《山海经·大荒北经》，在上古传说中，旱是由于黄帝的女儿"魃"所造成的。据说黄帝和蚩尤作战的时候，蚩尤掀起一场大风雨，使黄帝抵挡不住，就把住在天上的女儿"魃"叫了下来，她止住了狂风暴雨，于是杀了蚩尤。魃也用尽了神力，不能再上天，所居住的地方一点雨也没有。黄帝知道了，把她安置在赤水的北边。魃不安本分，时时逃亡，到处骚扰。要想驱逐她的，便设下禁咒向她祝告道："神呀，回到北方你的故居去罢！"事先清除水道，疏通大小沟渎；据说这样做了，往往便能得到大雨。③又《公羊传·桓公五年》："大雩者何，旱祭也。"

四、山川水火崇拜

（一）山川崇拜

据《公羊传·僖公三十一年》，凡是山川能滋润百里的，周天子就把它排列成次来祭祀它们。天子规定天下山川的等级，规定祭礼的隆省和祭品的多少，规定山川的祭权和祭祀地点。《史记·封禅书》引《周官》，④天子祭祀天下的名山大川，以对待三公的礼节祭祀五岳，以对待诸侯的礼节祭祀四渎。而诸侯们要祭祀自己国境内的名山大川。五岳就是中岳嵩山，东岳泰山，西岳华山，南岳衡山，北岳恒山。四渎就是长江、黄河、淮河和济水。天子祭祀的地点叫做明堂、辟雍，诸侯祭祀的地点叫作泮宫。由此可见，山川祭权为天子、诸侯所分享，并且等级化、制度化，而卿大夫以下贵族是

---

① 何星亮《中国自然神和自然崇拜》，第278页。
② 孙景琛《中国舞蹈史·先秦部分》，第99页，文化艺术出版社1983年版。
③ 参袁珂《山海经校译》，第295页，上海古籍出版社1985年版。
④ 《周官》，《尚书》有《周官》篇，但以下引文不见于此书。此《周官》可能指《周礼》。《周礼·春官·宗伯·大司乐》一节中有与下文意思相同的内容。

元张渥《山鬼图》

没有祭祀山川权力的。①

周天子掌管天下名山大川祭权主要表现在泰山封禅大典上。《左传·隐公八年》说:"郑伯请释泰山之祀而祀周公,以泰山之祊易许田。……三月,郑伯使宛来归祊,不祀泰山也。"杨伯峻先生注云:"郑桓公为周宣王母弟,因赐之以祊,使于天子祭泰山时,为助祭汤沐之邑。"郑国交换的原因是"郑庄公或者见周王泰山之祀废弃已久,助祭汤沐之邑无所用之"。这说明至迟在西周宣王时期,周王还在封禅泰山。只是到平王东迁之后,周王室江河日下,常常向诸侯求车、求赙、求金,已无力封禅泰山。

诸侯只能在自己的封疆之内祭祀山川。《公羊传·僖公三十一年》云:"诸侯山川有不在其封内者,则不祭也。"据《左传·哀公六年》记,起初,楚昭王有病,占卜的人说:"黄河之神在作祟。"楚王不去祭祀。大夫们请求在郊外祭祀。楚王说:"三代时规定的祭祀制度,祭祀不超越本国山川。长江、汉水、睢水、漳水,是楚国的大川。祸福的来到,不会超过这些地方。我即使没有德行,也不会得罪黄河之神。"于是就不去祭祀。②

如前所述,卿大夫没有祭祀山川的权力。但也有例外。如春秋末年,鲁国大夫季氏专权。"季氏旅于泰山",③ "旅",古代的一种祭祀名称。祭祀名山大川,叫做旅祭。对于这种僭越行为和越礼现象,孔子进行了严厉的谴责。

周代的山川神灵具有两种属性,一是自然属性,即兴云播雨。《荀子·劝学》云:"积土成山,风雨兴焉。"《礼记·祭法》说:"山林、川谷、丘陵,能出云,为风雨。"《尚书大传·略说》谓:"山……出云风以通乎天地之间,阴阳和会,雨露之泽,万物以成,百姓以飨。"《韩诗外传》卷三称:"夫山者。……出云道风,岚乎天地之间……"《公羊传·僖公三十一年》:"……触石而出,肤寸而合,不崇朝而遍雨乎天下者,唯泰山尔。"意思是说:碰一下石头水就出来,较短的距离又合在一起,不到一个早晨而遍雨天下的,只有泰山了。

周代山川神灵的社会属性主要表现为政治权能与监盟权能。④

山川神灵的政治权能主要表现在以为山川是国家的主人,山川左右着国家的政治局势。《诗经·大雅·崧高》云:"崧高维岳,骏极于天。维岳降神,生甫及申,维申及甫,维周之翰。四国于蕃,四方于宣。"仲山甫和申伯都是周宣王时大臣,对光复中兴有重要贡献,堪称国家栋梁。此诗将仲山甫与申伯的出生说成是崧山的降灵,这一说

---

① 李瑞兰主编《中国社会通史·先秦卷》,第541页。
② 沈玉成《左传译文》,第559页,中华书局1981年版。
③ 《论语·八佾篇》。
④ 李瑞兰主编《中国社会通史·先秦卷》,第543页。

法大概源于古已有之的崧山崇拜。

监盟也是山川神灵的重要权能。面对山川起誓是春秋时期常见的盟誓形式。据《左传·襄公十一年》，晋、齐、宋、卫等国在攻打郑国之后，于秋七月，一起在亳地结盟。盟书说："凡是我们同盟国家，不要囤积粮食，不要垄断利益，不要庇护罪人，不要收留坏蛋。救济灾荒，安定祸乱，统一好恶，辅助王室。有人触犯这些命令，司慎、司盟、名山、名川之神，先王、先公、七姓十二国的祖宗，明察的神灵诛戮他，使他失去百姓，丧君灭族，亡国亡家。"① 又据《左传·定公三年》，蔡昭侯从楚国回蔡国，到达汉水，拿起玉沉进汉水，说："我要是再渡汉水往南，有大河为证！"上述事实说明：名山名川之神灵与其他神众都是盟誓见证人，既被赋予监督的责任，又具有惩罚违盟的权力。

（二）火崇拜

人类的生产和生活都离不开火。因为火的功用甚大。中国古代的火崇拜丰富多彩。两周亦不例外。

那时在火神观念的基础上已形成火神形象，并且人格化了。

除了传说中的人格化的火神燧人氏外，还有炎帝。《左传·昭公十七年》称："炎帝氏以火纪，故为火师而火名。"其意是：炎帝氏用火纪事，所以设置各部门长官都用火字命名。又《左传·哀公九年》云："炎帝为火师。"可见炎帝被人们尊为火神。

炎帝又称赤帝。相传为上古帝王。居于姜水（即岐水，在今陕西岐山西），以姜为姓。为少典之子。曾与黄帝战于阪泉（今河北涿鹿东南），被打败。一说即神农氏。他是人们造的神。他被尊为火神的时间，可能是在五行观念形成之后。据五行观念，南方属火，配以朱色。

火神即灶神。故周代也把炎帝奉为灶神。《淮南子·氾论训》谓"炎帝于火死而为灶"。高诱注云："炎帝神农以火德王天下，死托祀于灶神。"

祝融是古代的又一位火神。祝又作祱，融又作庸、诵、穌。或单称融，又称祝融氏、祝诵之。祝融也是周人所崇奉的火神之一。②《山海经·海外南经》："南方祝融，兽身人面，乘两龙。"郭璞注云：祝融，火神也。《左传·昭公二十九年》云："火正曰祝融。"杜注："正，官长也。"这说明祝融是上古官名，祝融以火行政，故火正称祝融。据《国语·郑语》，黎是高辛氏的火正，③以其光明美盛敦厚宽大，使天光大明地生万物，光照

---

① 沈玉成《左传译文》，第280页。
② 一说相传为上古帝王，居郑（今河南新郑）。
③ 《史记·楚世家》以重黎为一人，认为即带䘏高辛掌火官，而《索引》以 "重氏，黎氏二官代司天地，重为木正，黎为火正。"

四海，所以命名为"祝融"，他的功德伟大。黎被诛杀后，以吴回继为祝融。高诱注《淮南子·时则训》云："祝融吴回为高辛氏火正，死为火神，托祀为灶。"

五、海仙崇拜

春秋战国时期燕齐有海仙崇拜。海仙崇拜即海山崇拜。那时人崇拜海山的原因，在于相信海上有神仙居住。

海山崇拜的产生，有着深远的社会历史背景和文化背景。春秋战国时期，随着社会的大变革，生产力突飞猛进，人在生产中的作用得到认同，同时人们的生活也在提高，加以当时社会比较开放，人们来去自由：齐人可以去魏，魏人可以入秦，燕人可以南下，楚人可以北上；百花齐放，百家争鸣。辉煌的时代，使人们思求自身存在的价值，渴求长寿不老。周诗吟诵说："俟河之清，人寿几何？"① 其意是：等待黄河澄清，人的寿命能有多少。又齐景公曾"北临其国城而流涕"，叹人生匆匆逝去。② 统治者依凭手中的权力，享尽了人间的荣华富贵，只有死生大限他们无法超越，对此发出感叹是可想而知的。在这种情况下，我国东部沿海产生了"长生说"。此说和海山崇拜互为因果关系。人们企求长生，故而崇拜海山。③

我国东部沿海的航海业起步很早。发达的航海业带来了五光十色的海外传说。如东海之外有日月所出的大言山、明星山等，有人面鸟身的海神，有浴月的汤谷，有出日的扶木，从而构成了一个神秘莫测的海外世界。再加上大气环流的影响，也就是大气中光线的折射作用。当空气各层的密度有较大差异时，远处的光线通过密度不同的空气层就发生折射或全反射，这时可以看见在空中或地面以下有远处物体的印象，即虚幻的城廓、楼阁、人物、山川、草木等。这种现象多在夏天出现在燕、齐沿海一带。人们目睹这经常出现的海市蜃楼，联想上述海外传说，在脑海中逐渐形成了一个令人心驰神往的境地，对海外神山的崇拜之情不禁油然而生。

鼓吹神仙之说的叫作"方士"。方士宣扬通过一定的修养锻炼，就可以成为不食人间烟火，凌云飞行，长生不老的神仙。还自称掌握了不死仙方，如果吃了他们配制的仙药，便可以羽化而登仙。

燕齐多方士。战国末年的宋毋忌、正伯桥、充尚、羡门高等人都是著名方士，皆

---

① 《左传·襄公八年》引。
② 《晏子春秋·内篇谏上》。
③ 参李新泰主编《齐文化大观》，第575页。

出自燕地。他们"为方仙道，形解销化，依于鬼神之事"。方士们报告统治者，东海里有蓬莱、方丈、瀛州三座神山，"诸仙人及不死药皆在焉，其物禽兽尽白，金银为宫阙"，①是人间的仙境。

各国诸侯贪恋长生，纷纷延请方士，视为上宾。齐威王、齐宣王、燕昭王都曾派人入海求不死药。《汉书·郊祀志》云："自威、宣、燕昭使人入海求蓬莱、方丈、瀛州。此三神山者，其传在渤海中，去人不远。盖尝有至者……未至，望之如云；及到，三神山反居水下，水临之。患且至，则风辄引船而去，终莫能至云。世主莫不甘心焉。"这里说见到了三神山，但从其所描写的情况看，当是见到了海市蜃楼，周人不了解这情况，只知其可望而不可及，妄以为是仙山。

战国方士寻求成仙的地方，除了东方海中神山外，还有西方黄河之源的昆仑山，这是中原巫师所寻求的。之所以如此，是因为据古代神话，昆仑是上帝的"下都"，不仅是黄河的发源地，而且具有天梯性质，由此可以上升天堂。②据《山海经》和《穆天子传》，昆仑"面有九门"，山上有增（层）城九重。自上而下依层建有倾宫旋室、县（悬）圃、凉风（一作阆风）、樊桐。县圃是空中悬挂着的花园，清水从泉中涌出，温和而无风，飞鸟百兽在这里饮食。昆仑以北有玉山，山上居住着西王母，有"羿请不死之药于西王母，姮娥窃以奔月"。③

---

① 《史记·封禅书》。
② 杨宽《战国史》，第534页，上海人民出版社1998年版。
③ 《淮南子·览冥训》。

第三节 灵魂崇拜和祖先崇拜

一、灵魂崇拜

周代人们普遍存在有灵魂观念。《礼记·祭法》说:"大凡生于天地之间皆曰命。其万物死皆曰折。人死曰鬼。"可见那时人们把附着在活人身上的灵魂与人死之后独立存在的灵魂区别开来,并称后者为鬼。也就是说,在灵魂崇拜中引入了鬼的观念。周代民间真正崇拜的就是这种人死后变成的鬼魂,崇拜它们超人的本领。[1]鬼具有保佑和作祟双重职能。一些著名历史人物的鬼魂被神化,成为某地,甚至全国的保护神。如《诗经·大雅·文王》云:"文王陟降,在帝左右……陈锡哉周,侯文王孙子。文王孙子,本支百世。凡周之士,不显亦世。"大意是:文王举止安详,在上帝的左右,他施恩布利培植周邦,使文王的子子孙孙都沾光,本宗旁枝百代长。甚至凡是周邦的人士,也都代代有荣光。然而大多数的鬼魂则生活于阴间,或在世上游荡,它们常常危害活人。如据《睡虎地秦墓竹简·日书》,战国末期秦人心目中的鬼种类很多,这些鬼怪异的浪漫主义色彩较为淡薄,而世俗气息却颇为浓厚。"他们有男女之情、口腹之欲、戏玩之心、喜怒哀乐之情,具有人的形象、人的思维。"[2]其中鬼父母作祟害子孙的例证很多,不胜枚举。因此人们"事死如事生",对死去的君王和亲属,给予种种照料,尽力满足其"阴间"的物质生活和精神生活的需要,同时通过祭鬼、驱鬼、招魂等巫术活动加以镇制,企望逢凶化吉,遇难呈祥,生活安定,生产顺利。

---

[1] 阴法鲁、许树安主编《中国文化史》,第433页,北京大学出版社1991年版。
[2] 黄晓芬、李晓东《从秦简〈日书〉看秦人的鬼神观——兼论秦文化的功利主义特质》,《中国秦汉史研究会通讯》1986年11月。

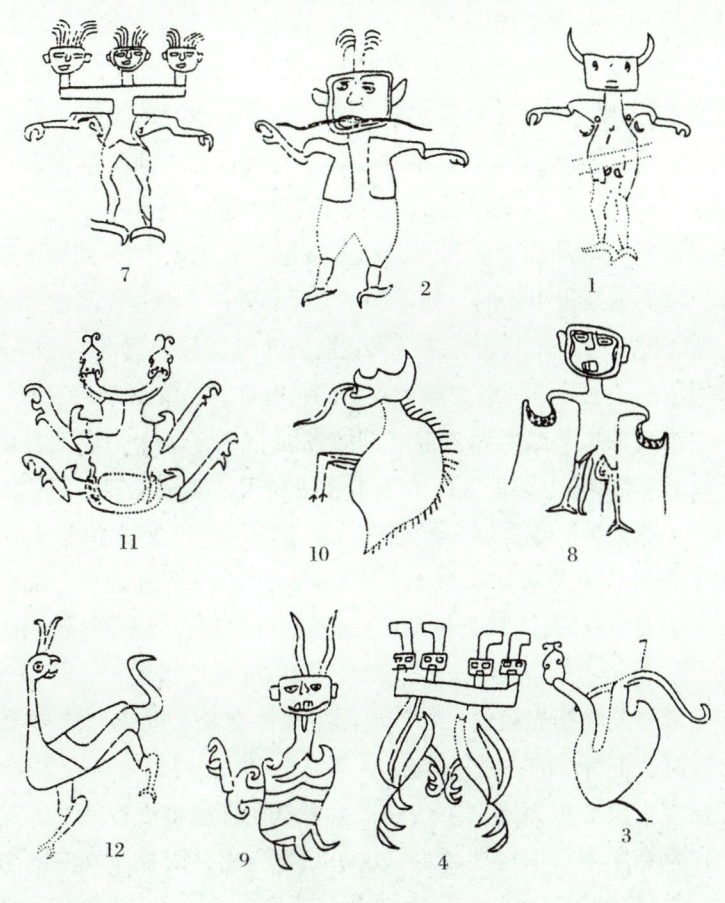

战国楚帛上的鬼神造形

二、祖先崇拜

在上述鬼魂的信仰中，对祖先鬼魂的崇拜占有相当重要的地位。周人在对自身本源的探索中，认识到自身与祖先在血缘关系上紧密相连。只要定期隆重祭祀，祖先的鬼魂就会保佑自己平安无事，于是就产生了祖先崇拜。祖先崇拜就是对先祖亡灵的崇拜。而祖先崇拜与前述图腾崇拜在本质上有相通之处，"祀祖不过是祀图腾的接续"。[①]

西周祖先崇拜最有特色的是祖先神性的道德化，以及在此基础上祖先崇拜与王权、宗法制度的紧密结合。与之相适应，祖神的自然权能几乎消失，而社会权能增强。这在《梁其鼎》、《梁其壶》和《录伯戏簋》等铜器铭文中均有所反映。[②]

---

① 李玄伯《中国古代社会新研》，第 5 页，上海文艺出版社 1988 年影印本。
② 参龚书铎总主编《中国社会通史·先秦卷》，第 514—515 页。

西周崇拜的祖先是有功于民的人。《礼记·祭法》云："夫圣王之制祭祀也，法施于民则祀之，以死勤事则祀之，以劳定国则祀之，能捍大患则祀之。"其意是说：圣王之制定祭法，自有其原则：一、有功于民的；二、为公务而死的；三、有安邦定国的功劳的；四、为大众防止灾害的；五、保卫民众不使受苦的。凡是这等人死了，都要祭祀。① 因此，帝喾、稷、文王、武王都自然成了受崇拜的祖先。

周王朝每逢有重大活动或重要节气，都要祭祀祖先。《诗经·周颂》三十一篇，有近一半篇章是描写周王祭祀祖先的。如《丰年》、《有瞽》、《载芟》、《潜》是描写祀先祖的;《思文》是描写祀后稷的;《清庙》、《维天之命》、《维清》、《我将》、《雝》、《赉》是描写祀文王的;《闵予小子》是描写祭文王、武王的;《有客》是描写祭武王的。作为周王朝封国的列国，祭祖现象也是经常而普遍。例如齐国。《管子》一书中就有多处讲到要尊敬祖宗。据《管子·牧民》，教训人民的根本办法在于：尊敬鬼神，祭祀山川，敬重祖宗和宗亲故旧。不尊鬼神，小民就不能感悟；不祭山川，威令就不能远播；不敬祖宗，老百姓就会犯上作乱；不尊重宗亲故旧，孝悌就不完备。又《四称》说："昔者有道之君，敬其山川、宗庙、社稷。"其意是说：从前的有道之君，都是礼敬山川、宗庙、社稷的。《侈靡》讲："敬祖祢，尊始也。"其意是，敬祖先是尊重根本。载于齐国青铜器上的铭文，也有一部分是称扬先祖的。如陈侯因齐敦铭文凡8行79字。本器是齐威王因齐为纪念其父齐桓公午所作的一件祭器。②

周人祭祀已经去世的祖先除祭于墓外，主要是在宗庙中举行祭礼。关于周代的宗庙制度，我们在本章第七节中还要讨论。这里只是指出，周礼所规定的制度在封国并非完全如此。如据《春秋》与《左传》，鲁有太庙、炀宫、③武宫、桓宫、庄公庙、僖公庙、宣公庙、襄公庙，基本上是直系先公每人一庙，并不只限五庙或七庙。鲁昭公时修武宫，鲁定公时修炀宫，相距都已超过十世。齐灵公十五年（前567年），齐灭莱，献莱宗器于"襄公"。齐襄公至齐灵公也已超过八世。诸侯除为先公立庙外，还有为先公夫人特立专庙的。如鲁隐公五年（前718年）为鲁惠公夫人建了"仲子之宫"。除国都外，各大都也都有"宗庙先君之主"，如鲁之"三都"、齐之薛都有先公先王之宗庙。④ 进入战国以后，远祖之庙被迁毁，仅存神主，藏于石匣中，只有始祖和近世祖先保存专庙。

祭祖有时间规定。《礼记·王制》说："天子、诸侯宗庙之祭，春曰礿，夏曰禘，秋

---

① 王梦鸥注译《礼记今注今译》，第744页。
② 汤余惠《战国铭文选》，第13页，吉林大学出版社1993年版。
③ 齐鲁之庙有的称"宫"。"宫"有"寝"的意味，大约"宫"中除供神主外，还供有先君在世时所用衣服等生活用品。
④ 安作璋主编《山东通史·先秦卷》，第345—346页，山东人民出版社1993年版。

曰尝，冬曰烝。"其意是说：天子诸侯的宗庙祭礼，一年四季举行四次，春祭叫做礿，夏祭叫做禘，秋祭叫做尝，冬祭叫做烝。

禘祭在西周时期成为祭祖礼中最为隆重的一种。春秋时"郊禘"常并举，其重要性显而易见。禘祭多用于合祭，有时也用于专祭某一宫。禘祭以后一般还要举行"绎祭"。绎祭往往连续多日，礼仪颇多。据《论语·八佾》记载，有人问禘祭的意义是怎样的？孔子说：不知道。据《左传》，鲁国的禘祭伴有"籥舞"与"万舞"，其隆重程度是其他各国所不及的。《礼记·明堂位》说，鲁"季夏六月，以禘礼祀周公于大庙，牲用白牡"。其意是说：到了季夏六月，鲁国的国君还要祭祀周公于大庙，祭牲用白色的公牛。学者认为，西周金文证明：不仅周王有禘祭，诸侯乃至一般贵族也有禘祭其祖先的权力。[1]

如前所述，"尝"为秋祭，"烝"为冬祭。关于尝和烝的内容，齐陈侯因𫎆敦有"以登以尝"等字句。登、尝，典籍又作烝尝、蒸尝。尝，取义于尝新谷，即《诗经·鲁颂·閟宫》所谓"秋而载尝"；烝，取义于进献品物。铭文"以登以尝"，泛指各种祭祀。

在东周时期，不仅国家建有宗庙，穷乡僻壤也建有宗庙，《管子》为安定民心，曾强调在山野建宗庙。周代君王都认为，君权是由天神交授，承袭祖先获得的，因此把家、国视为一体，从而把宗庙看作国家的象征。宗庙被毁废就象征着国家灭亡。同样，平民百姓十分看重祖先冢墓，认为祖坟被挖是莫大的耻辱。战国时期齐将田单就曾利用齐人的这种心理激发士气，同仇敌忾，大败燕军于即墨城外。

---

[1] 刘雨《西周金文中的祭祖礼》，《考古学报》1989年第4期。

第四节 巫

上古必须是智慧不凡的人才能作巫。据《国语·楚语下》，古时治理民事和事奉神明的官是不相混杂的。人类中有那种精明、专一的人，他们对神能一向肃敬，内心虔诚，他们的智慧能使天神地祇各得其所，他们的道德能光照远方普临大地，他们的眼力能洞察天地，他们的听力能通达一切，像这样的人，神明就下降他身上，男的叫觋，女的叫巫。

巫略知音律，能歌善舞。《尚书·伊训》说："恒舞于宫，酣歌于室，时谓巫风。"据《周礼·春官》，女巫掌理每年按时举行的祓除和衅浴大旱雩祭往舞。又王逸的《九歌序》说："昔楚南郢之邑，沅、湘之间，其俗信鬼而好祠。其祠，必作歌乐鼓舞以乐诸神。"这以歌舞事神的就是巫。

巫知天文。《史记·天官书》云："昔之传天数者。……殷商，巫咸。"意思是说，以往传授天数的人，商朝有巫咸。

巫是最早的医生。[①] 神话中的巫，无不与药物有关。据《山海经·大荒西经》，有一座灵山，巫咸、巫即、巫盼、巫彭、巫姑、巫真、巫礼、巫抵、巫谢、巫罗十个巫师，从这里上天下地。各种各样的药物都生长在这里。又据《海内西经》，巫彭、巫抵、巫阳、巫履、巫凡、巫相等几个巫师，夹着窫窳的尸体，手里都拿着不死药去救治他。

巫之所以有不凡的智力，其原因有以下三点。第一，巫一般由老者担任。年龄大，阅历广，经验丰富，积累的知识多。《论语·子路》云："人而无恒，不可以作巫医。"其意是说，人如果没有恒心，连巫医也做不成。可见巫医经过长久的医疗实践。第二，巫是在体力劳动和脑力劳动的分工中，从体力劳动中分化出来的，他们把主要的时间和精力用于脑力劳动。第三，巫作为首领的智囊，为了胜任本职工作，不得不学习多

[①] 王玉德等《中华神秘文化》，第207页。

方面的知识，并去总结自然规律和实践经验。①

一、巫的地位与分类

巫觋的地位在列国是不同的。楚俗尚巫。《淮南子·人间训》云："荆人畏鬼。"《汉书·地理志下》曰：楚地之民"信巫鬼，重淫祀"。楚人还习称巫为灵。《离骚》王逸注："灵，神也。"王国维先生在《宋元戏曲史》中说："《楚辞》之灵，殆以巫而兼尸之用者也。其词谓巫曰灵，谓神亦曰灵，盖群巫之中必有象神之衣服形貌动作者，而视为神之所冯依，故谓之曰灵，或谓之曰灵保。"此说甚是。与楚人崇尚巫的做法相比，中原有的诸侯国要甘拜下风了。如赵人荀子在《荀子·王制》中称巫觋为"伛巫跛击（颈）"，即伛偻、跛足之人。《韩非子·显学》说：如今的巫师为人祈祷说："让你长生千岁，延寿万年。"这种长生千岁、延寿万年的声音在耳边喋喋不休，可是连延长一天寿命的应验都没有见到，人们所以都看不起巫师。可见巫师在韩国受到轻视。又《管子·权修》载，君主行事依靠求神问卜，好用巫医，这样，鬼神反而会经常作起怪来。这番话对巫医的作用提出了质疑。又前述春秋时期鲁僖公曾打算焚巫乞雨，可见巫在鲁国有时竟成了宗教的牺牲品。

据研究，西周王室，春秋时期的齐、陈、卫、吴、越、巴、蜀和西南滇、濮，皆巫风盛行，而楚国尚巫则炽盛于战国。②

周代存在着两类巫。一类是周王室和列国王室所养的巫觋，即《周礼·春官》中的司巫、巫师（含男巫、女巫）、神士和春秋时期齐国、楚国、赵国设置的巫，以及战国的巫祝，他（她）们掌接神事，替王室效力。另一类是民间巫觋，他们靠收敛钱财维持生计。有的巫堕落为诈骗犯。战国时代魏国西门豹治邺时惩治的巫婆就是一个残忍、虚伪的巫中败类。学者认为：民间的巫觋活动方式有三种类型：一是游方。二是附聚于祠、社，形成小型的巫师社团，如《墨子·号令》："巫舍必近公社。"《迎敌祠》曰："巫必近公社，必敬神之。"三是住家，即家巫。如《汉书·地理志下》载："始桓公兄襄公淫乱，姑姐妹不嫁，于是令国中民家长女不得嫁，名曰巫儿，为家主祠。"③

---

① 参王玉德等《中华神秘文化》，第208—209页。
② 宋公文、张君《楚国风俗志》，第378页。
③ 参宋公文、张君《楚国风俗志》，第380—381页。

二、巫术

周代巫的活动，主要同周代社会各阶层的宗教生活密切联系。巫的宗教活动主要表现在以下七方面。

（一）医疗活动

巫觋治病，有两种方法：巫术；医术。有时是二者兼用。战国以前，巫者兼医。《吕氏春秋·勿躬》说："巫彭作医。"《史记·日者列传》贾谊说："吾闻古之圣人，不居朝廷，必在卜医之中。"《列子·力命篇》杨朱歌曰："我乎汝乎！其弗知乎，医乎巫乎，其知之乎？"其意是我啊与你啊，都不能知道！医生和巫师，岂能识分晓？又《山海经》记载了447座山的动植物，包括其形态性能和医疗功效，而从事这种药物试验，探索药物治疗的正是采药于山中的巫觋。到战国时期，医、巫开始分职，擅长用巫术除病的巫仍为巫，而擅长于医术的巫则变成医。《史记·扁鹊列传》载扁鹊提出"病有六不治"的原则。其中重要的一点，是"信巫不信医"不治，这既"反映了扁鹊与巫祝迷信不两立的唯物主义态度，也表明了在当时医与巫的激烈斗争中，医必定胜过巫的生气勃勃的活力和进取精神"。[1]又《淮南子·说山训》说："医之用针石，巫之用糈藉。"医、巫的区分十分鲜明。与中原诸国不同的，在战国楚人的头脑中，巫、医仍是合二而一的。[2]如《楚辞·天问》云："化为黄熊，巫何活焉。"意思是说：鲧变成黄熊进入羽山深渊，巫医如何把他救活？

（二）降神活动

降神，即迎神、接神，与神交通。这是巫最主要的一项职能。降神仪式常是其他巫术仪式的序幕。它与其他巫术仪式编排，组成不同的节目。[3]《周礼·春官》"司巫"云："凡丧事，掌巫降之礼。"其意是：凡有丧葬之事，司巫掌理请神灵降附的礼仪。又"神仕"："以冬日至致天神人鬼，以夏日至致地示物魅。"其意思是：神仕在冬至那天，召致天神人鬼来祭享他们，夏至那天，召致地示物魅来祭祀他们。这都说明巫掌理接神。

周巫降神的方法主要有以下三种：

1. 歌舞迎神

《周礼·大司乐》云："舞云门，以祀天神"，"舞咸池，以祭地祇"，"舞大磬，以祀四望"，"舞大夏，以祭山川"，"舞大濩，以享先妣"，"舞大武，以享先祖"。上述舞蹈

---

[1] 杜石然等《中国科学技术史稿》上册，第139页，科学出版社1982年版。
[2] 宋公文、张君《楚国风俗志》，第382页。
[3] 参宋公文、张君《楚国风俗志》，第384页。

是周代主要的成套祭祀乐舞，各乐舞用于不同的祭礼，①或祭天，或祀地，或祭祀祖先，以祈求他们对周朝繁荣昌盛的庇佑。这些舞蹈自然属于接神，娱神的巫舞。又《诗经·陈风》云："东门之枌，宛丘之栩，子仲之子，婆娑其下。"颜师古曰："言于枌榆之下歌舞以娱神也。"楚国以歌舞降神的场面在《楚辞·九歌》中有具体而精彩的描述。如《东皇太一》云："扬枹兮拊鼓，疏缓节兮安歌，陈竽瑟兮浩倡。灵偃蹇兮姣服，芳菲菲兮满堂。"其意是：高举鼓槌猛击鼓，轻歌曼舞节拍疏，竽瑟齐奏歌声扬。华服巫女翩跹舞，芳香馥郁满殿堂。近人闻一多、郑振铎等先生认为：《东皇太一》这篇应是《九歌》这组祭神乐歌中的迎神曲。②由此可见，那华服的巫女是以舞迎神了。又《云中君》有"灵连蜷兮既留"一句，意思是：神灵啊回环降临我身上。王逸注曰："连蜷，巫迎神导引貌也。"

2. 以酒食享神

在《山海经》中屡有祭用糈的记载，如《西山经》祭昆仑"糈用稌米"，《南山经》"糈有稌米"。③《诗经·小雅·小宛》有"握粟出卜"一句，马瑞辰注："盖始用糈米以享神，继即以之酬卜。"李遇孙辑《日知录续补正》"握粟出卜"条云："古者卜筮先用精绝之米以享神谓之糈。……《淮南子·说山训》：'巫用糈藉'，郭璞、高诱皆云：'祀神之米'。"中原以糈接神的习俗后来传到了楚国。《离骚》云："巫咸将夕降兮，杯椒糈而要之。百神翳其备降兮，九疑缤其并迎。"王逸注曰："椒，香物，所以降神。糈，精米，所以享神。""言巫咸得已椒糈，则将百蔽日来下；舜又使九疑之神，纷然来迎，知己之志也。"这里的以椒降神应是楚巫的传统。

除了糈椒降神，还有以肴酒享神。《晏子春秋》记载，楚巫媺侍坐齐景公三日，言"请致五帝，以明君德"，景公许诺，"令百官供斋具于楚巫之所"。"斋具"指享神的酒肴。又《九歌·东皇太一》："蕙肴蒸兮兰藉，奠桂酒兮椒浆。"其意是：献上祭肉兰蕙垫，置上桂酒椒子汤。这说明楚巫在歌舞降神的同时，还要备上美酒佳肴以享神。

3. 设帐招神

《周礼》中有"张事"，即是设帐于郊野以招徕神灵。此法亦为南方巫觋所传承。《九歌·湘夫人》："与佳期兮夕张。"王逸注："佳，谓湘夫人也。……张，施也。言已愿以始秋蘋草初生平望之时，修设祭具，夕早洒扫，张施帷帐，与夫人期歆飨之也。"五臣云："张帷帐，冀夫人之神来此歆飨。"

---

① 王克芬《中国舞蹈发展史》，第24页，上海人民出版社1989年版。
② 《什么是九歌》、《神话与诗》，《闻一多全集选刊之一》，第267页，古籍出版社。
③ 参见翁银陶《〈山海经〉产于楚地七证》，载《江汉论坛》1984年第2期。

（三）消灾禳疾活动

消灾的内容为除灾、驱疫和辟邪。有学者认为，禳灾的形式有两种，一种是灾至而禳，没有固定时间；一种是灾未至而禳，属预防性的，有固定日期。①《周礼·春官》所载女巫"歌哭而请"和司巫"造巫恒"，②都属于前一种形式。属于后一种形式的如下：《春官》男巫职"冬堂赠，无方无筭"。其意是不计路程远近，将恶鬼、疾疫赶到遥远的地方去。又《礼记·月令》载，季冬十二月，天子命令主管官典礼，举行驱除恶鬼邪魔疫厉的大傩祭，磔牲于都城四门之旁，并制止牛，以攘除阴气。鹰鸟变得凶猛而矫健。于是结束一年中的山川神鬼之祭。《周礼·春官·占梦》载，令方相氏除却凶恶，驱除疾疫厉鬼。关于方相氏，《周礼·夏官》云："方相氏掌蒙熊皮，黄金四目，玄衣朱裳，执戈扬盾，帅百隶而时难（傩），以索室驱疫。大丧，先柩，及墓入圹，以戈击四隅，驱方良（魍魉）。"

巫觋的消灾治病活动在列国较多。如齐景公生了疥疮，又患疟疾，就命祝史以巫术为他去病禳灾。天上出现彗星，景公十分恐惧，便派人祝祷消灾。有一年，齐国发生旱灾，百姓饥饿，景公使人占卜，认为"祟在高山广水"，他就祭祀灵山、河伯。景公造路寝台之后，因讨厌不孝鸟的声音，没有登台。柏常骞说：我为君禳去。他夜里偷偷地打死了一只恶鸟。景公信以为真，误以为他的巫术显灵了。于是问他：你的道术如此精明，能不能使我益寿长生呢？柏常骞回答说：能。景公就令百官准备大祭，叫柏常骞为他"请寿"。这件事因齐相晏婴的批评而止。齐景公还"引进"楚巫，令其斋牛山，致五帝，亦因晏婴的规劝而止。③

又如楚国，据《左传·襄公二十九年》记载，楚康王去世，鲁襄公到楚国吊丧。楚国人让襄公亲自为楚王的尸体放置衣服，襄公对这感到忧虑。穆叔说：先扫除棺材的凶邪然后给死者穿衣服，这就等于朝见时陈列皮币。于是就让巫人用桃棒，笤帚先在棺材上扫除凶邪。楚国人没有禁止，不久以后又感到后悔。这一袚殡的施行者虽为鲁巫，但无疑也在楚巫的职司范围内。又《左传·昭公十二年》记载楚右尹子革说："昔我先王熊绎，辟在荆山……唯是桃弧、棘矢，以共御王事。"杜预注："桃弧、棘矢，以御不祥。"《史记》集解引服虔曰："以御其灾。"用桃弧棘矢给西周王室，作为除不祥、避灾祸的法具，说明楚人用巫术禳灾由来已久。除崇拜桃木的习俗外，上古还有"木精"的神秘观念，"东北隅的青色，东南隅的红色，西南隅的白色，西北隅的黑色"。④ 商承

---

① 宋公文、张君《楚国风俗志》，第388页。
② "造巫恒"，据郑玄注，意思是，从先巫禳灾记录中和传述里找到解除当前灾祸的对策和手法。
③ 据李新泰主编《齐文化大观》，第584—585页写成。
④ 李学勤《再论帛书十二神》，《湖南考古辑刊》（4），岳麓书社1987年版。

祎先生指出:"木属太阴之精,其气可以厌御鬼魅(如"刚卯"之用木制)。""古人认为鬼与神是居于对立地位的,神福人而鬼祸人,故用五木之精来事先防止或事后捍卫其作祟,确保四时正常和人神安宁。"① 以五木之精厌灾辟邪,与以桃弧棘矢避御不祥,都是用的巫术手法。

祓禊,即除垢洁身,是一项旨在禳灾的定期大型活动。《风俗通》云:"禊者,洁也,故于水上盥洁之也。"祓禊是华夏古俗,举行该仪式的时间为春季。周代主持祓禊的人为女巫。《周礼·春官》:"女巫掌岁时祓除衅浴。"祓禊方式除在流水中洗濯宿垢和以和香薰草药沐浴外,还有秉火祈福②和以牲血涂身。③

(四)招魂巫术

招魂巫术是把失落的灵魂招回来,有人认为"从对祖先的崇拜中产生了召亡魂术"。④招魂是灵魂崇拜的派生物。我国的招魂之俗可能起于周代。《国语·楚语下》载:楚昭王问大夫观射父说:《周书》上所说的是重、黎使天神与地民不相通,这是怎么回事?假如不是这样做,是否地上的人就能上天呢?观射父回答说:《周书》上所说的不是这个意思。接着他通过解释重、黎使天神与地民不相通这句话,论述了上古人神关系及其发展状况,以及有关鬼神降福、巫觋降神、太祝、宗伯的任命和祭礼的来源、制度。

对于上述重黎神话,张光直先生认为:"(它)说明祖先的世界或是人的世界都需要靠巫觋的力量来与神的世界交通,因此代表商周神话史的一个关键性的转变,即祖先的世界与人的世界为近,而与神的世界直接交往的关系被隔断了。它进一步的说明东周时代的思想趋势是使这神仙的世界'变成'一个不论生人还是祖先都难以达到的世界;另一方面使这个世界成为一个美化的乐园,代表生人的理想。"⑤

张先生的上述看法,在招魂的源起时间上给了我们启示。即到了周代,鬼魂不再能直接升于神界了。屈原的《招魂》用神话传说和浪漫主义幻想描写了天上的险恶,大意如下:虎豹守着上面九重天门,它们咬得人们有来无去。那里有个怪人九个脑袋,一天能把九千大树拔起。成群的豺狼把眼睛瞪着,它们恶狠狠地跑来跑去。九头怪物把人吊起游戏,然后把人丢进深水潭里。掉进深渊只有报告上帝,死了才能把双眼紧闭。⑥ 从中不难看出天门不接受甚至严惩魂灵。这样一来,就得为鬼魂寻找归宿,这归

---

① 《战国楚帛书述略》,《文物》1964年第9期。
② 杜笃《祓禊赋》云:"巫咸之徒,秉火祈福。"
③ 据孙诒让《周礼正义》。
④ 沙利·安什林《宗教的起源》,第67页,三联书店1964年版。
⑤ 张光直《中国青铜时代》,第271页,三联书店1983年版。
⑥ 黄寿祺、梅桐生《楚辞全译》,第158页。

宿就是坟墓。为使游魂附尸，必须招魂。

与中原北向招魂不同，楚人则是六方或四面下招。如《招魂》为天上、幽都、东、南、西、北六方下招，《大招》为东、南、西、北四面下招。须要指出的是，"二招"均将北面招放在最后。多向下招和专向下招的差异，其根源在于观念的不同。中原北向招魂，是出于五行观，以北方配冬季，又配黑色，以象征死亡。据学者研究，楚国有一套完整的招魂辞和招魂仪式。其中《招魂》为招一死者之魂，即为宗族室家性的招抚死者魂。《大招》为全民性的招生魂，即在春禊时为所有生者招魂续魄的一篇语辞，《国殇》是不同于大招和招魂的另一种"招魂"公祭仪式，招祭"国殇"的目的在于"冀其复反"、"志在胜敌"，无疑是积极的。[1]"礼魂"是"春祠"、"秋尝"时祷告酬谢已死祖父母考的鬼魂的仪式及其语辞。[2]

（五）引魂升天巫术

引魂升天是与"招魂"相连接的一项巫术仪式。引魂凭借的是巫术的超自然力。而引魂升天仪式以象征性为主要特性。其具体做法是：在墓室中放置飞鸟漆器和多种图画物。图画物上经常表现的题材是龙、凤、蛟龙、天象（含北斗）和天、地、幽都三界的图景。

湖北荆门出土战国舞戈上的巫者形象

湖北省随州曾侯乙墓曾出土过一个漆箱，盖上绘有青龙、白虎、北斗图像，并写有一个斗字，其外圈有作右施排列的廿八宿，这箱盖漆画的性质属于天象图，其作用在于指引灵魂升天的途径，具有"地图"的性质。

龙、凤（含飞鸟漆器）、蛟龙等是灵魂升天的向导与载具。1949年湖南长沙陈家大山楚墓出土帛画《龙凤妇女图》描写女墓主人祈求飞腾的龙凤引导自己的灵魂早日登天升仙。1973年湖南长沙子弹库一号墓出土的人物御龙帛画描写男墓主人乘着蛟龙升天成仙。[3]值得注意的是，两幅帛画的墓主人头向均朝西。这与屈原在《离骚》中描写他神魂西行的情景是相同的。飞鸟漆器在战国楚墓中较

---

[1] 萧兵《招魂、起殇、却敌》，《上海师范大学学报》1979年第1期。
[2] 详见宋公文、张君《楚国风俗志》412—415页。
[3] 孙作云《战国时代楚墓出土帛画考》，《开封师范学院学报》1960年5月号。一说墓主人乘的是龙舟，见萧兵《引魂之舟——楚帛画新解》，《湖南考古集刊》第2辑。

多见。其中典型的造型为"虎座飞鸟"。"它们均为木胎雕成,基本形态为一展翅飞鸟立于一虎座之上,在鸟背上还插一对鹿角"。①除漆器飞鸟外,湖北随州曾侯乙墓还出土了一件青铜铸造的头插鹿角的立鹤,其功用当与虎座飞鸟相同。有学者认为,虎座飞鸟"就是古代的风神,名称叫飞廉"。把飞廉放在墓里,"大概是伴随墓主人的灵魂上天的。正如屈原遨游太空,由飞廉来启路作先驱一样"。②其说可从。

至于天、地、幽都三界图景,则表现的是升天的全过程。

（六）"避兵"巫术

1960年湖北荆门车桥战国墓出土一件巴蜀式铜戈,戈内饰鸟纹,有"兵阑（避）太岁"铭文。戈援有大字形的戎装神像,头戴插左右双羽的武冠（即鹖冠）,双耳珥蛇,身着甲衣,腰间系带,双手和胯下各有一龙。左手和胯下之龙形似蜥蜴,右手所持为双龙头,左足踏月,右足踏日。俞伟超、李家浩先生把戈援图像理解为太岁神。③甚是。太岁为值岁神名,他"率领诸神,统正方位,斡运时序,总岁成功"。④所谓"兵避"是说举此可以避免兵器杀伤,具有巫术性质。⑤马王堆帛书中有一幅带文字题词的图画。此图包括三层图像:上层,右边是"雨师",中间是"太一",左边是"雷公";中层,是禁避百兵的四个"武弟子",四人左右各二,中间,"太一"跨下是一黄首青身之龙;下层,右边是"持铲"的"黄龙",左边是"奉容"的青龙。李学勤先生论定此图与上述戈援图像是同一性质。⑥这是对戈援图像认识的一大突破。

（七）诅咒巫术

诅咒,又称诅语、咒语、巫辞、巫术语言等。诅咒的具体有两种:一种是以朗诵或歌唱的形式,表达某些晦涩而神秘性强的语言,或兼用降神的方法,以危害对方;一种通过摹拟性的实物和摹拟动作来危害对方。⑦春秋战国时期在郑、秦、宋等国有实施祝诅的事件发生。

据《左传·隐公十一年》所载,郑庄公让一百人拿出一头公猪,二十五人拿出一只狗和鸡,来诅咒射颖考叔的人。

当秦惠文王更元十三年（前312年）,⑧秦楚首次大战前,秦王使宗祝在巫咸和大沈

---

① 郭德维《楚墓出土虎座飞鸟初释》,《江汉论坛》1980年第5期。
② 郭德维《楚墓出土虎座飞鸟初释》,《江汉论坛》1980年第5期。
③ 俞伟超、李家浩《论"兵阑太岁"戈》,收入《出土文物研究》,文物出版社1985年版。
④ 《协纪辨方》卷三引《神枢经》。
⑤ 杨宽《战国史》（增订本）,第542页。
⑥ 李学勤《"兵避太岁"戈新证》,《江汉考古》1991年第2期。
⑦ 宋兆麟《巫与巫术》,第226页,四川民族出版社1989年版。
⑧ 一说为秦惠文王更元十二年（前313年）,详见杨宽《秦诅楚文所表演的诅的巫术》,《文学遗产》1995年第5期。

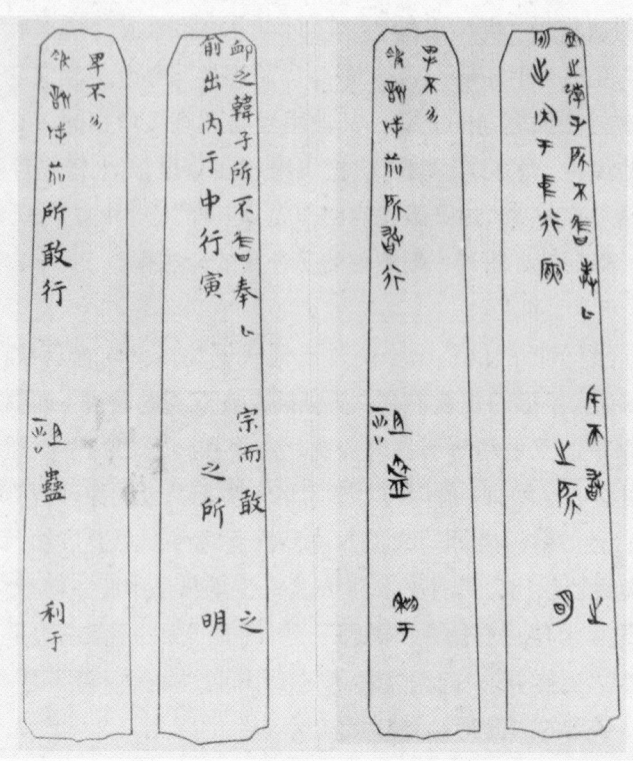

侯马盟书中的诅咒语摹本及释本

厥湫、亚驼等三个神前举行诅咒楚怀王的祭礼，[①]北宋时在凤翔开元寺、朝那湫旁出土的《诅楚文》石刻，内容为秦王祈求天神，制克楚兵，复其边城。作器者为秦惠文王，被诅者乃楚怀王。

根据记载，宋王偃（？——前286年）曾铸造敌国君主之像，写上敌国君主的名字，一方面在神前念着咒诅的言辞，一面令人射击敌国君主的人像，要"弹其鼻"，"射其面"，还要射中盛血的皮囊，使鲜血下流，以象征敌国君主被射死。

---

① 有学者对亚驼表示怀疑。

第五节 禁 忌

禁忌在文化人类学上通常称为"塔布"(Taboo)。是关于神圣或不洁事物约定俗成的一种禁制。也是言行上被"禁止"或心理上被"抑制"的一类行为控制模式。禁忌作为以信仰为核心的心理民俗,是人类普遍具有的一种文化现象。它凝结着人类原本的心理、愿望和幻想,反映着社会的物质文化与精神文化水平以及民族、时代的精神文化指向。禁忌在原始社会时期就已经产生并发生重要作用。两周时期的禁忌颇多。如《史记·秦始皇本纪》引贾谊《过秦论》云:"然所以不敢尽忠拂过者,秦俗多忌讳之禁也。"禁忌有迷信与合理之别。产生迷信禁忌的原因在于无知。迷信的禁忌愈多,其危害愈大。正如老子所说:"天下多忌讳而民弥贫。"合理的禁忌如《论语·季氏》云:"孔子曰:君子有三戒:少之时,血气未定,戒之在色;及其壮也,血气方刚,戒之在斗;及其老也,血气既衰,戒之在得。"这就是说:少年戒色,中年戒斗,老年戒得。这些做人忌戒不无道理。[①]

一、人体禁忌

两周时期,民间关于人体禁忌颇多。这些禁忌多出于自身保护的目的。正如《孝经·开宗明义章》所云:"身体发肤,受之父母,不敢毁伤。"

(一)视忌

据《礼记·曲礼下》的记载,瞻望天子,视线不可高于他的交领,也不可低于他腰带的部位。瞻视国君,视线要稍向下,不到他的面部。瞻视大夫,则可面对面而平视。至于士人,视线幅度可以游移于五步左右。总之,瞻视的仪容,视线高于对方的面部,

---

① 参王玉德《中华神秘文化》,第101—102页,湖南人民出版社1993年版。

有如眼朝天看人，显得傲慢不恭；视线低于对方的腰部，有如抬不起眼看人。乜斜着眼看人，则会给人以不怀好意的感觉。可见视忌在当时已经被制度化、礼教化了。①

（二）鼻子禁忌

气息从鼻孔出入，因此有鼻子与元神相关的禁忌信仰。《诗经·邶风·终风》云："寤言不寐，愿言则嚏。"大意是：眼睁睁地躺床上，愿他喷嚏，知我把他想。可见当时的风俗是：打喷嚏，以为是有人思念。

二、性别禁忌

男女之间存在着不少禁忌。据《礼记·曲礼》的记载，男人和女人，不要混杂着坐；男衣女衣，不要同挂在一个衣架上；男女各有自己的面巾和梳子，不要混用；拿东西也不要亲手递交。小叔和大嫂不要互相往来访问，也不要婶母和庶母给洗内衣。又，姑母姊妹等，凡是已经嫁人的回了家，兄弟就不要和她同席而坐，同用一个器皿吃饭。再者，男子和女子，如果没有媒人往来撮合婚事，彼此不会知道名字的。不到女家接受聘礼的时候，双方不会有交际往来的。妇女还忌讳两脚向外岔开坐着，即"箕踞"。此外，《礼记·丧大记》曰："男子不死于妇人之手，妇人不死于男子之手。"郑玄注云："君子重终，为其相亵。"可见那时对性亵渎的忌讳之深。②

三、房事禁忌

《礼记·月令》云："是月（三月）也，日夜分，雷乃发声……有不戒其容止者，生子不备，必有凶灾。"这是忌雷。

《礼记·丧服大记》规定，服丧期间夫妻不能同房。这是忌父母丧期。

《淮南子·原道训》云："人大怒破阴，大喜坠阳。"这是忌喜怒。又，《国语·晋语》云："娶妻避其同姓，畏乱灾也。"这是忌血缘近亲。

此外，还有七损，即七种禁忌。《养生方》说是："一曰闭，二曰泄，三曰渴，四曰勿，五曰烦，六曰绝，七曰费。"《玉房秘诀》解释为绝气、溢精、夺脉、气泄、损机开厥伤、百闭、血竭。七损有一定的合理性，指出了性生活要安排得宜。只有掌握了

---

① 任骋《中国民间禁忌》，第30页，作家出版社1991年版。
② 任骋《中国民间禁忌》，第75页。

七损，才能防止衰老，健康长寿。①

四、生养禁忌

早在商代已有根据婴儿出生日判断吉凶的习惯。②至迟在战国时代已经形成了根据婴儿出生年、月、日、时推测其一生命运的方法，这或许可以算作中国古代算命术的雏形。据《史记·孟尝君列传》，孟尝君田文是五月五日出生的，他的父亲田婴依据当时"不举五月子"，"五月子者，长与户齐，将不利其父母"的说法，对田文的母亲说：不要养大这孩子。幸亏田文的母亲偷偷把田文抚养大。这个故事说明战国时代已有根据婴儿出生月、日推测其一生命运及其对家庭影响的方法了。《论衡·四讳篇》云："四曰讳举正月、五月子。"《风俗通义·正失篇》云："俗说五月五日生子，男害父，女害母。"可见这种方法到秦汉时依然在民间流行。从出土文献材料看，战国秦汉时代根据婴儿出生月日时推测其命运的记载并不少见。③例如《睡虎地秦简日书》（以下简称《睡简日书》）甲种《生子篇》按产日（按六十甲子排列）推产子吉凶，如"庚寅生子，女为贾，男好佩衣而贵"。《日书》乙种《生篇》，大体同于甲种。又如放马滩秦简《日书》甲种内容包括生子，即后世术家所谓的"推产"、"求子"。是按一日16时（平旦、日出、夙食、莫食、日中、日西中、昏、日下、日未入、日入、昏、夜莫、夜未中、夜中、夜过中、鸡鸣）求何时生男，何时生女。④

五、饮食禁忌

（一）食物食品禁忌

两周时期，民间有一种甚为原始的俗信原则，即相信食物食品的这一类自然属性能够传染给吃者。据《博物志》记载："《孔子家语》曰：食水者耐寒而苦浮；食土者无心不息；食木者多而不治；食石者肥泽而不老；食草者善走而愚；食桑者有绪而蛾；

---

① 参王玉德等《中国神秘文化》，第588—591页。
② 如关于卜问妇某"娩嘉"的卜辞。
③ 刘乐贤《睡虎地秦简日书研究》，第184页，台湾文津出版社1994年版。
④ 李零《中国方术考》，第187页，人民中国出版社1993年版。

食肉者勇而悍；食气者神明而寿；食谷者智慧而夭；不食者不死而神仙。"①这表明民间是有食物的素质能够转化为吃者的素质这一俗信的。

同时，民间还有忌食不洁净的食物食品的禁忌。《礼记·内则》云："不食雏鳖，狼去肠，狗去肾，狸去正脊，兔去尻，狐去首，豚去脑，鱼去乙（乙，鱼目旁乙形骨），鳖去醜（醜，鳖窍也）。"该篇又说：吃的各种肉类，要认真加以选择，夜间鸣叫的牛，其肉必恶臭；毛色不均匀油润的羊，其肉过膻；大腿里侧无毛的狗，性情急躁，肉味臊恶；家禽或野鸟，若是羽毛不泽美，叫声嘶哑，其肉必定腐臭；目光昏暗，睫毛长而相交的猪，肉质一定很差；黑脊而前腿有杂毛的马，其肉多是腐烂的。这些鸟兽之肉，都不宜食用。还有，不成熟的雏，不要吃它；鹅尾、鸪和竹鸡胁侧的薄肉、鸭尾、鸡肝、雁肾、鸨的脾肫、鹿胃等，吃时都要去掉。其注疏云，此皆为不利人、不可食者。

（二）饮食时日禁忌

《睡虎地秦简日书》中不乏饮食时日吉凶的文字。如"利以登高歓（饮）食歌乐"（简761）；"利祠、歓（饮）食歌乐"（简761）；"歓（饮）食乐"（简767、771、773）；"居有食"（简918）。

（三）饮食方式禁忌

两周的饮食方式，在"三礼"中有一些记载。如《礼记·少仪》云："未尝不食新。"孔颖达疏："尝谓荐新物于寝庙也。未尝则人子不忍前食新也。"那时人们在获得农业丰收或猎捕到动物后，通常是先祭祀祖先的英灵，感谢神明的佑护，然后再自己食用。《礼记·少仪》又云："尊壶者面其鼻。"鼻者，柄也。口柄前后相对；柄之所向，主施惠，为尊；口之所向，主受惠，为卑。不以口向人，实为敬客之意。②又如，《礼记·内则》云："子能食食，教以右手。"当时人用筷子吃饭，一般以右手执拿筷子。若用左手拿筷，自然是被禁忌的了。

（四）食品制作禁忌

两周时期人们已有在食品制作时趋吉避凶的神秘观念。据《睡虎地秦墓竹简日书》，最迟到战国晚期，六畜（马、牛、羊、猪、犬、鸡）已有专门的宜忌之日，不吉之日当以禁屠为宜，如："戊午不可杀牛"（简814）；"毋以己巳壬寅杀犬，有央"（简820）；"杀日勿以杀六畜"（简829）。而春、夏、秋、冬四时也另有不可杀生的日子，即所谓"天所以张生时"（简794反—790反）。

---

① 《孔子家语》虽是一本久成定论的伪书，但1973年河北定县八角廊汉墓里发掘的简书《儒家者言》和今本《孔子家语》极为相近，学者们认为应该重新认识《孔子家语》。
② 参见熊伯龙《无何集》，第353页，中华书局1979年版。

六、服饰禁忌

两周的服饰禁忌，在古籍中有所记载。如《礼记·曲礼上》云："为人子者，父母存，冠衣不纯素。"所谓"不纯素"，是说冠、衣、裳不都是白色的。这是与丧服不同的。《礼记·郊特牲》云："素服，以送终也。"素服是冠、衣、裳皆白色。可见那时服饰并不忌白色，而是忌皆白。这说明"已开始有'纯素'不吉的讳忌心理存在了"。① 又如《孝经·开宗明义章》云："身体发肤，受之父母，不敢毁伤。"其意是说，发须，不剪不剃。以为剃之有损于身体健康和心理健康，不吉利，也是不孝的行为表现。因此，或披于肩，或挽于顶。只有犯法的人才被剃去须发，称为"髡首"。

除古籍记载外，在出土文献中也有反映。如《睡简日书甲种》《除篇》云："秀日……寇（冠）、掣（制）车、折衣常（裳）、服带，吉。"（简 742）《稷辰篇》云："秀……可取（娶）妇、家（嫁）女、掣（制）衣常（裳）。"（简 761）"星"篇云："[轸]，□乘车马，衣常（裳），取（娶）妻，吉。"（简 824）可见对衣服甚为关切，制衣、穿衣均有禁忌。如果不遵守有关衣服的禁忌，则可能发生严重后果。如《睡简日书甲种》"衣篇"云："毋以楚九月己未台（始）被新衣，衣手□必死。"（简 755）该篇又云："六月己未，不可以裂（制）新衣，必死。"（简 781 反）由于制衣与"冠"，即冠礼，常常一同被提及，可以推测有时制衣有宗教和礼仪上的意义，因而有禁忌产生。

七、居住禁忌

《睡简·日书》关心居住环境，其内容则包括了人的住家和一些与生活有关的建筑物，如井、垣、池、囷等。

《日书》有专为建筑活动而用的篇章。如甲种《帝篇》（简 825—830）将一年四季的日子中某些日子定为"为室"、"剽"、"杀"、"四法（废）"等四类。其中凡值"帝为室日，不可以筑室"（简 829）。"四法（废）日，不可以为室，覆屋。"（简 830）又说春夏秋冬四季的三月各有一定方位的室屋不可建（简 826—828）。需要指出的是，《日书》中还有好几处是利用四废日判断吉凶的。② 此外，又有"盖忌"（简 1008、简 836—

---

① 任骋《中国民间禁忌》，第 236 页。
② 即《日书》甲种"室忌篇"、《日书》乙种"室忌篇"、《日书》乙种"盖屋篇"、《日书》甲种一号简背面，详见刘乐贤《睡虎地秦简日书研究》，第 131—132 页。

838）、"垣墙日"（简1009）、"困良日"（简753—754）、"门"（简753反—752反）、"直室门"（简843—855）等相当繁琐的禁忌。

在一般性的篇章中也有有关的占辞。如甲种《除篇》中有"交日，利以实事。凿井，吉"（简733）。"盈日，可以筑闲牢，可以产，可以筑宫室。"（简745）"闭日，可以劈决池。"（简754）《稷辰篇》："秀……不可复（覆）室盖屋。"（简762）"敫……可以穿井、行水、盖屋。"（简767）《星篇》："角……不可盖屋。"（简797）"营室，利祠。不可为室及入之。"（简809）"胃，利入禾粟及为困仓，吉。"（简813）"七星，百事凶。利以垣。"（简821）

与建筑有关的是所谓的"土攻（功）"或"土事"，《睡简日书》甲种有《土忌》两篇（简833—835、767反—757反），说明兴土木必须遵行的宜忌时日。而《日书》对有关建筑房屋之时日选择的重视也表现在其对于犯忌之后果的预测。如《帝篇》说："凡为室日，不可以筑室。筑大内，大人死。筑右圻，长子妇死。筑左圻，中子妇死。筑外垣，孙子死。筑北垣，牛羊死。"（简829）这段文辞说明：当时人相信房屋的方位和吉凶有密切关系。而在《日书》中又有一篇占辞（简882反—873反），是专门说明居住房屋的方位、高下、长短，以及屋四周的池、水渎、圈、困、井、庑、屏、门、垣、道等建筑物和屋宇的相对关系与吉凶之间的对应。这是风水观念在此时已经存在的证据。

八、语言禁忌

（一）称谓禁忌

称谓禁忌即名讳方面的避忌。讳始于周。《左传·桓公六年》云："周人以讳事神，名，终将讳之。"其意是说：周朝人用避讳来奉事神灵，名，在死了以后就要避讳。又，据《礼记·曲礼上》的记载：在世之人的名字不用避讳，对已经安葬的死者的名字才避讳。避讳时只讳言死者的名字，名字的同音字、同义字等不必避讳。对于双名，也不用两个字都避讳，凡只用一个字时就不必避讳。在父母身边养育长大的，要避祖父母之讳；若不是父母养育长大的，就不避祖父母之讳。在国君诸侯面前，可以不避家讳；在卿大夫面前，则只避国君诸侯之讳，大夫之讳可以不避。在诵读或教学《诗经》、《尚书》等经典时，不用避讳；在各种礼仪场合执行公务时，也不用避讳。《礼记》是一部儒家关于各种礼仪的论著、杂说汇编。相传是西汉时期的礼学名家戴圣选编的，东汉学者郑玄为其作了注解。该书论述了《仪礼》所载礼仪制度的意义、作用，从理论上阐述了战国末期至秦汉时期儒家的"礼治"思想。其中不乏儒家的理想成分，宜以严谨的态度对待，与出土考古材料相互印证。

从史实上考察，西周时连国王名字都不避讳，这是很清楚的。[1]在先秦史籍中所见到的最早的避讳实例见于《左传·桓公六年》。那时，鲁桓公生了儿子，问大夫申繻要取什么名字才好，申繻有一大段议论，其中说，命名"不以国，不以官，不以山川，不以隐疾，不以畜牲，不以器币"。又，《礼记·内则》云："凡名子，不以日月，不以国。不以隐疾，大夫士之子，不敢与世子同名。"据研究，春秋前期的鲁国、晋国、宋国已有避讳国君之名的习俗，尽管这只是少数地区刚初起的个别现象，尚未传开。而且这种习俗的传播，看来是相当缓慢的。

（二）凶祸词语禁忌

两周时期，人们普遍对凶祸有畏惧心理。其中对死亡尤为恐惧、忌讳。《礼记·曲礼下》记载，书写死的用字十分讲究：天子之死，用"崩"，诸侯用"薨"，大夫用"卒"，士用"不禄"，平民才用"死"字。这是由于死者的身份有贵贱、尊卑的不同，反映了等级观念，以及人们对死的避忌。

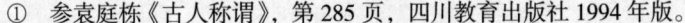

[1] 参袁庭栋《古人称谓》，第 285 页，四川教育出版社 1994 年版。

【第六节 占 卜】

占卜是周代术数的内容之一。它包括星占、龟卜、筮占、式占、杂占、形法、望气等。兹分述于下。

一、星占

星占即星气之占。在古代占卜中，星占是与天文关系最密切的一类，在史志著录中一向都是附于"天文"类之中。《甘石星经》、《史记·天官书》、《淮南子·天文训》等周、汉讲天文的书，一般都包含此类内容。它与其他占卜的不同处，在于直接依据星象和云气的观察，来预言天道吉凶和人事灾异。[①]

星占的对象是日、月、五大行星、恒星和彗星、流星、新星等星变现象。春秋时期的星占是以日月与五大行星（主要是木星、"岁星"）为主要对象，以恒星"二十八宿"为参照系的星占。[②]西周春秋时期的占星术，掌握在官方手中，设有专职官员执掌其事。如《周礼·春官》提到的保章氏、冯相氏，《淮南子·泛论训》中的苌弘、张衡《思玄赋》中鲁国的梓慎、郑国的裨灶。他们都是当时的星象专家，而且是世袭的世代传承着有关星象学的专门知识。春秋时期星象学臻于极盛。据不完全的统计，在《左传》、《国语》中，关于星象占卜的记载有四十多条，出面进行解说的星象专家有二十多人，其中内容涉及岁星纪年、分野、云气、二十八宿、五大行星、十二次、陨星、孛星、彗星[③]、月蚀、日蚀[④]、阴阳学说

[①] 李零《中国方术考》，第33页，人民中国出版社1993年版。
[②] 宋公文、张君《楚国风俗志》，第462页。
[③] 据《春秋·文公十四年》记载，鲁文公十四年（前613年）"秋七月，有星孛入于北斗"。这是关于哈雷彗星的最早记录。
[④] 《春秋》一书记载了37次日蚀。经证明，其中33次是可靠的。

等，对于其后星象著作中的主要内容均有所涉及，这说明当时星象占卜的兴盛和完善。①

战国时代，刀光剑影，战争不断。各国君主经常以占卜决定是否发动战争，并常以星象的变化预测胜负。②对此，《韩非子·饰邪篇》就以大量事实，揭露迷信星占君主的愚蠢，指出星宿的左、右、背、向的位置不足以决断战争的输赢。

二、龟卜

龟卜是用烧灼龟甲看"兆"以断吉凶。龟卜与动物之灵的崇拜有关。③龟卜从商代开始，进入周代时，它继续得到发展，"既表现出其受商代龟卜文化影响的一面，又显示出本时代自身的特色"。④周代的占卜机构由太卜、卜师、卜人、龟人、菙氏、占人等各类卜官组成，可以说是继承了商代的占卜机构。此外，在卜法上，周代卜用原料、龟甲的整治、钻凿、书契、贮藏等方面，与商代也有许多共同点。但周人在继承商代龟卜文化的同时，也对商代的龟卜进行改造，从而形成了自己的特征。这表现在以下两方面。第一，伴随着政教合一的逐渐解体，天命宗教迷信在国家政治、经济生活中的作用，就显得不是那么重要了。作为与天命宗教迷信关系密切的龟卜，较之商代对社会的作用与影响，自然要小；第二，龟卜对社会影响与作用减少的反映，是占卜机构的降格与卜官社会地位的下降。第三，在卜法上有自己的特点，表现在以下方面：（1）整治。周代龟甲"一般两面都经过刮磨平整。甲骨都经过掏挖，并留有宽厚的边缘"。⑤（2）钻凿。周代卜甲一律呈方形，称之为"方凿"。（3）书契。周人书契文字一般没有商代甲骨文那样大，"周原卜辞皆字小如芝麻"。⑥

周代的大小事务，一般以卜筮决断。《尚书·周书·洪范》说："汝则有疑，谋及乃心，谋及卿士，谋及庶人，谋及卜筮。"意思是说：假若您有重大的疑难，先要自己考虑，再与卿士商量，然后再与庶民商量，最后问卜占卦。又《礼记·表记》云："昔三代明王，皆事天地之神明，无非卜筮之用。"其意是说：从前夏殷周三代圣明的天子，都奉事天地众神，一切事都由占卜决定。

---

① 王玉德等《中华神秘文化》，第816页。
② 杨宽《战国史》（增订本），第539页。
③ 李零《中国方术考》，第59页。
④ 刘玉建《中国古代龟卜文化》，第213页。
⑤ 王宇信《甲骨学通论》，中国社会科学出版社1999年版。
⑥ 萧良琼《周原卜辞和殷墟卜辞之异同初探》，《甲骨文与殷商史》第1辑，上海古籍出版社1983年版。

"成周"甲骨

卜筮是知天命,趋吉避凶的手段。《史记·日者列传》云:"自古受命而王,王者之兴何尝不以卜筮决于天命哉!其于周尤甚,及秦可见。"

周代不乏以卜筮预测吉凶的事例。

西周的卜例有:古公卜居岐;①文王卜出猎;②文王卜伐纣;③武王卜伐纣;④武王卜居镐京;⑤武王宣称卜伐纣吉;⑥周公为武王卜病;⑦卜求万寿无疆;⑧卜求百福;⑨召公卜建东都;⑩周公卜伐叛军;⑪成王称"其勿穆卜";⑫共伯和卜旱⑬等。

春秋时期,龟卜的使用相当普及。上自天子,下至诸侯、卿大夫以至于家臣,无不用卜。那时用卜的种类,有学者将其归纳为十一种,即:一、战争;二、任命大小

---

① 《诗经·大雅·绵》。
② 《史记·齐太公世家》。
③ 《六韬》。
④ 《史记·齐太公世家》。
⑤ 《诗经·大雅·文王有声》。
⑥ 《尚书·周书·泰誓中》。
⑦ 《尚书·周书·金縢》。
⑧ 《诗经·小雅·天保》。
⑨ 《诗经·小雅·楚茨》。
⑩ 《尚书·周书·洛诰》。
⑪ 《尚书·周书·大诰》。
⑫ 《尚书·周书·金縢》。
⑬ 《竹书纪年》。

官员；三、立太子；四、营建都、邑、宅；五、生育；六、疾病；七、婚姻；八、郊祭；九、雨；十、梦；十一、其他（卜昼、卜葬日等）。须要指出的是，卜战，是春秋时期较为普遍的现象。《左传》中各种卜例共计70条，而卜战就占20条，是占卜种类中最重要的一种。又，各类官员的任命都在龟卜之列。这在商和西周时期是极为少见的。

龟卜到战国时期还相当流行。据《韩非子·饰邪篇》记载，战国晚期，有的国家之间发生战争还要经过占卜。赵、燕两国互相攻打，都是用烧灼龟甲数算蓍草来占卜吉凶，见兆象是"大吉"，结果赵国取得胜利。这不是赵国的龟甲灵验，燕国的龟甲骗人。赵国又曾经用龟甲、蓍草卜占向北攻打燕国的吉凶，兆象上说是"大吉"，结果秦乘机袭击赵国取得了大胜。这又不是秦国的龟甲灵验而赵国的龟甲欺骗人。

考古发现表明：龟卜在战国时期楚人的贞卜法术中仍占据着重要的地位。在江陵天星观一号楚墓、望山一号楚墓及荆门包山二号楚墓相继出土了一批卜筮纪录简，[①]其龟卜的使用较筮占更为经常，卜问的内容也相当宽泛，如卜病况、卜官运。在包山二号楚墓中还有长灵、騂灵等龟卜用具。

三、筮占

所谓筮占，是用竹木棍（策）或蓍草经过排列而形成卦以断吉凶。筮占与植物之灵的崇拜有关。筮占从商代开始，周代继之。《礼记·曲礼》郑玄注云："大事卜，小事筮。"《表记》云："天子无筮，诸侯有守筮。天子道以筮；诸侯非其国，不以筮。"其意是：天子用卜不用筮；诸侯有守国的筮，大事卜、小事筮。天子出行，在道路上用筮；诸侯不在自己的封土内不用筮。《仪礼·士丧礼》郑玄注曰："龟重，威仪多。""筮轻，威仪少。"《左传·僖公四年》云："卜人曰：'筮短龟长，不如从长'。"其意是：卜人说占筮常常不灵而占卜常常灵验，不如按照灵验的。又《僖公十五年》记韩简待曰："龟，象也；筮，数也。物生而后有象，象而后有滋，滋而后有数。"其意是：韩简子说："龟甲，是形象；筮草，是数字。事物生长以后才有形象，有形象以后才能滋长，滋长以后才有数字。"以上所述表明：在周代占卜中，蓍、龟或卜、筮常被相提并论，它们是互补的两种占卜形式，在实际占卜中，二者常被结合在一起，交替使用。这反映了周人的观点。

值得注意的是：商周的数字卦已为考古所发现。筮占用一、五、六、七、八、九6个数字表示。这些数字卦既见于甲骨，也见于铜器。周初铜器铭中的易卦，是"以卦

---

① 见《江陵天星观1号楚墓》，《考古学报》1982年第1期；陈振裕《望山一号墓的年代和墓主》；《包山二号墓竹简概述》，《文物》1988年第5期。

名邑，以邑为氏"。铜器铸卦为实际的占卜结果，所卜即铸器的缘由。①

筮占直到战国还很流行。出土发现的战国占卜竹简表明，那时卜、筮并用，占卜频率很高，不仅往往连日占卜，而且有时同一天也要连续占卜。既记有各种卜龟和筮策的名称，又记有占得的卦画。这种卦画也是用上述 6 个数字来表示。② 所祭祷的神祇有太一、司命、司过、后土等。此外，还祭祀祖先和亲属。而"禳除"的对象是鬼怪和夭死、战死、淹死的冤魂。③

四、相术

相术也叫"形法"。其特点是用目验的方法。它注意观察对象的外部特征——形势、位置、结构、气度等，侧重的是"象"。④

相人是相术的主要内容之一。如范蠡在越灭吴后写给文种的信中说："夫越王为人，长颈鸟喙，鹰视狼步，可与共患难而不可共处乐，可与履危，不可与安。"因此不仅本人毅然决然功成身退，隐于江湖，而且要文种也像他那样激流勇退。文种不信，不肯离去，不久即被勾践逼迫自杀。⑤ 又吴大夫被离见过吴太宰白喜（《史记》作伯嚭）的像，对子胥说："吾观喜之为人，鹰视虎步，专功擅杀之性，不可亲也。"⑥ 子胥不然其言，与之俱事吴王，后果遭白喜谗毁，被吴王夫差赐死。

算命即预言生死寿夭和祸福。它是古代最普遍、最复杂的迷信活动。算命术根源于宿命论，认为每人的命运都是出生时就决定了的。算命术是由占星术蜕变而来。周代占星术发达，而占星术的作用之一就是了解天示吉凶与人的祸福，即按照人出生时的星宿位置、运行情况，推算人的禄位和寿命。

巫觋的算命见于文献记载。据《左传·文公十年》，楚国范地的巫人矞似预言成王和子玉、子西说："三君皆将强死。""强死"，即横死，死于非命。这预言后来果然得到应验。城濮之战后令尹子玉自缢而死。楚成王因打算废太子商臣反被商臣所杀。子西因参与策划谋杀楚穆王商臣而被穆王杀死。这条材料虽出自楚巫的造说，但反映出楚巫精于算命术。

---

① 李学勤《中方鼎与〈周易〉》，《文物研究》1990 年第 6 期；张政烺《试释周初青铜器铭文中的易卦》，《考古学报》第 1980 年 4 期。
② 李零《中国方术考》，第 61—62 页。
③ 杨宽《战国史》（增订本），第 541 页。
④ 李零《中国方术考》，第 78 页。
⑤ 《吴越春秋》卷 10《勾践伐吴外传》。
⑥ 《吴越春秋》卷 4《阖闾内传》。

【 第七节 祭 祀 】

对于两周人来说，没有比祭祀和战争更重要的事。《左传·成公十三年》云："国之大事，在祀与戎。"祭祀和征战，反映两个现实层面问题：直接的交战，决定国家存亡；间接的祭祷，透露生活安定的愿望。祭祀是一种古老的仪式行为，它的形成与环境的挑战有密切关系。周代人们对于自然界的事物不甚了解，环境的一切变化，他们只能抱持慎惧的心态，进而产生崇拜、祈求自然的行为，[①]向神灵求福，驱邪消灾。由此可见祭祀对于国家和社会的重要性之大。此外，祭祀在民众的生活中也占有重要的地位。《睡虎地秦墓竹简日书》中有许多占卜祭祀吉凶的简文可证。

一、祭祀的对象

（一）祭天

两周最隆重的祭祀礼仪莫过于祭天。祭天是天子的特权。《礼记·王制》规定：天子祭祀天地，诸侯祭祀土谷神，大夫祭五祀（户、灶、中霤、门、行）。天子祭名山大川：祭五岳可比照三公宴飨，行九献；祭四渎（江、淮、河、济）可比照诸侯宴飨，行七献。诸侯可以祭祀在其境内的名山大川。天子诸侯，还要祭祀其境内已经灭绝之国的祖先。天子祭天主要有三种形式：一曰明堂报享；二曰南郊祭天；三曰泰山封禅。[②]

明堂报享又称庙祭，周礼规定每月举行，规模较小。《史记·封禅书》说：周公做了周成王的相国以后，在郊外祭天时，用后稷作为陪同受祭的神灵，在明堂中祭祀上

---

① 高婉瑜《论祭祀诗反映的南北文化——以〈周颂〉、〈九歌〉为考察中心》，《浙江学刊》2002年第1期。
② 张践、马洪路等《中国春秋战国宗教史》，第34页，人民出版社1994年版。

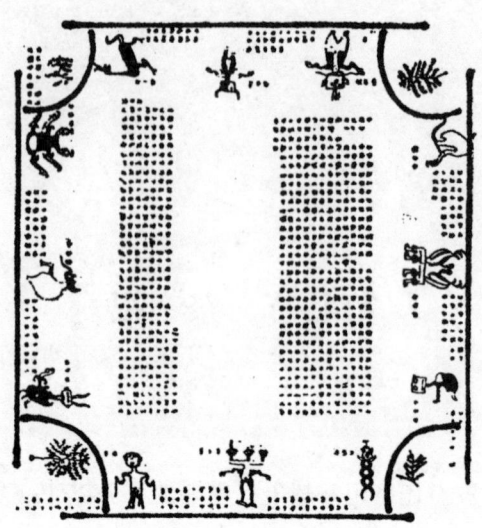

楚缯书上的亚形明堂图案
（选自张光直《中国青铜时代》第316页，生活·读书·新知三联书店1999年版）

帝时同时祭祀祖先周文王，使文王配享上帝。又，大丰簋载："王祀于天室，降。天亡又（佑）王，衣（殷）祀于王丕显考文王，事喜（糦）上帝。"关于天室，近人有两种不同的解释，一说天室即明堂。正与《史记·封禅书》相合。[①]

南郊祭天是在都城南郊祭天的典礼，这是周王朝最重大的祭祀典礼。据《尚书·周书·召诰》，召公和周公在命令殷商遗民动工修建洛邑之前，用两头牛作牺牲，在南郊举行祭祀上天的典礼，并用一头牛、一只羊、一口猪，举行立社庙祭祀地神的典礼。对此《逸周书·作雒解》的描写较详：在"作大邑成周（洛邑）"以后，"乃设丘兆于南郊，以祀上帝，配以后稷，日、月、星、辰，先后皆与食"。这说明举行郊祭，是先要在南郊建设圆丘，再登临祭祀的。郊祭本来是在春、秋两季举行，即孟春祈谷之祭和冬至报天之祭。后来，孟春祈谷逐渐与春社祭合并，于是冬至南郊祭天便成了一年中最重要的宗教活动。关于祭天的礼仪，《礼记·郊特牲》说：郊祭，正迎着白昼始长的日子。郊祭要先在都城的南郊划定界域，因为南是属阳的位置。由于祭天是在郊外，所以叫做郊。祭牲用黄赤色的小牛，是因为周代崇尚赤色的缘故；用小牛，则是珍视其诚一。周代始郊祭，时在冬至，冬至是辛日，此后郊祭遂用冬至后辛日。《郊特牲》又说：祭天的郊祀，是用以发明天道的。祭用两小牛，一以供祭上帝，一以供祭始祖。供祭上帝的小牛，要用龟卜选择，卜之不吉，则改为供祭始祖后稷之牛；卜之而吉的，则选为供祭上帝之牛。供祭上帝之牛，必须在牛牢中清净之所饲养三个月，至于供祭

---

① 杨宽《西周史》，第830页，上海人民出版社1999年版。

后稷之牛，只要体毛完具即可。二者不同，也就是区别祭天神和祭人鬼之不一样。世上万物皆靠天而生，世上之人也都从其祖先繁殖起来。因为祖先有这生生之大德，所以配得上与天帝同时受崇拜。郊之祭，就是这样报本反始的"大典"。既然郊祭如此隆重，那么就必须事先报告祖先，即"卜郊"。《郊特牲》说：郊祭要选用龟卜来作决定，先受命于太祖之庙，然后在文王的庙里问卜，意涵尊重父祖之见。卜郊之日，天子站在泽宫，亲自听取卜人定龟的誓命之辞，是要受其指导或劝诫的意思。

泰山封禅是一种更为隆重的祭天仪式。泰山封禅说来源于泰山崇拜。《公羊传·僖公三十一年》载：泰山之云，"触石而出，肤寸而合。不崇朝而遍雨天下者，唯泰山尔"。泰山以其高大被齐人认为是地祇之所在，是"地主"，也就是大地的主宰。人死后灵魂都要回归泰山。《博物志》云："泰山一曰天孙，言为天帝孙也，主招魂。"泰山被当作地主还有一个缘由是，齐人认为泰山位于天地之正中。《淮南子·地形训》说："中央之美者，有岱岳，以生五谷桑麻。"到春秋战国时期，有人便利用泰山崇拜搞起了泰山封禅。《晏子春秋·内篇谏上第一》载，齐景公将伐宋，军队经过泰山，梦二丈夫。占梦者以为泰山神。景公令祝史"祠泰山"，被晏婴劝阻。《礼记·礼器》载"齐人将有事于泰山，必先有事于配林"，当是战国以后的事。① 又，《史记·封禅书》载有古代72家帝王封禅泰山的传说。封禅，即封泰山以祭天，禅泰山脚下小山以祭地，而接受天命来君临天下的一种宗教仪式。

（二）祭祖

在古代国家宗教的祭祀仪典上，祭祖的重要性仅次于祭天，居第二位。《史记·礼书》认为："天地者，生之本也；先祖者，类之本也。"为了报答父母的养育之恩，就要祭祀先祖。中国古代十分重视祭祖活动及其教育意义。《礼记·祭器》认为："宗庙之祭，仁之至也；丧礼，忠之至也。"

与商代祖先祭祀相对简单不同，周代确立了以嫡长子继承和五世而斩为基础的宗法淘汰原则。为了保证大宗在宗族内的特权地位，宗族中规定了嫡长子世世代代主祭，但庶子不祭祖的制度。另一条是庙制，《礼记·王制》制定：天子宗庙有七所，三所昭庙，三所穆庙，连同太祖之庙共七所。诸侯宗庙五所，两所昭庙，两所穆庙，连同太祖之庙共五所。大夫宗庙三所，昭庙一，穆庙一，与太祖之庙合而为三。士只有一庙，平民则连一庙也没有，只能在家祭祀祖先。朱熹以诸侯五庙为例，解释了庙制与宗法等级的关系："太祖之庙，百世不迁。自余四庙，则六世之后每易一世而一迁。""是故祖迁于上，宗易于下。"庙制起了区别宗法和身份等级的作用。此外，祭有昭穆，起了

---

① 安作璋主编《山东通史·先秦卷》，第343页，山东人民出版社1993年版。

"别父子、远近、长幼、亲疏之序而无乱也"①的作用。

周人祭祀祖先的礼仪分吉礼和凶礼两类。②凶礼即丧葬礼仪。吉礼即对远祖的祭祀。在吉礼中有一项富有情趣的仪式,称为"立尸"。所谓尸,是神的表象。据《白虎通》的解释,子孙祭祀时切望祖先之灵降临,以宣泄思慕、哀伤之情。但是祖灵声息皆无,摸也摸不着,看也看不见,不免使人感到遗憾。于是就找出一个替身。即在祭祀前用占卜的方法,从宗族的孙辈孩童中选出一人,充当尸的角色,代表祖灵接受子孙们的祝祭。据《礼记·郊特牲》,尸无事则立,有事则坐而受飨。但接受了祭酒则不能饮,而奠于地。③到战国时代,"尸礼废而像事兴",④开始用画像代替尸,《楚辞·招魂》有"像设君室"的记载。这一改革反映了当时社会的进步。

《睡简日书》有一些地方提到了祭祀的对象,其中有祖先。祭祀祖先时最先考虑的可能是已故的父母。《日书》中有两处提到祭祀父母的良日:"祀父母良日,乙丑、乙亥、丁丑、亥、辛丑、癸亥,不出三月有大得,三乃五"(简807),"祠亲,乙丑吉"(简1043)。又,甲种《病篇》提到父母有时作祟,大约只有用祭祀的办法才能解除此祟,推估父母是重要的祭祀对象。其次是王父(祖父)、王母(祖母)、高王父及其他父辈、母辈、兄辈的亲戚。王父,王母在《日书》甲种《病篇》中是使人发病的作祟者之一,高王父及其他亲属在《日书》乙种中也是使人得病的作祟者。简文虽然没有明言祭祀他们,但要使他们不再作祟,大概除了祭祀之外是没有别的办法的。⑤

(三)祭社

根据前引《尚书·召诰》的记载,社祭是很重要的。社即是地神,为后土,而所祭之处亦名曰社。

在我国四千多年有文字可考的历史上,社的内容和意义随着社会经济结构的变化和发展,亦有所变化和发展。

"社祭"在殷商已很流行,见于殷墟卜辞、文献记载和考古发现。据研究,商人社神有节制风雨,祛灾消害,主宰农业丰歉的土地神品性。⑥

周代社神神性较商代有所发展,其权能行施范围不仅限于自然领域,而且扩大到政治、军事领域。⑦

---

① 《礼记·祭统》。
② 张践、马洪路、李树琦《中国春秋战国宗教史》,第37页。
③ 详见《尚书·洛诰》。
④ 顾炎武《日知录》卷14《像设条》。
⑤ 刘乐贤《睡虎地秦简日书研究》,第441页
⑥ 李瑞兰主编《中国社会通史·先秦卷》,第535页,山西教育出版社1996年版。
⑦ 同上。

社神的政治权能主要表现在监盟、断狱方面。据《左传·定公六年》所载，阳虎和鲁定公、三桓（季孙氏、叔孙氏、孟孙氏）在周社盟誓，和国内的人们在亳社盟誓。在社神面前盟誓，社神自然是监盟者。又，据《墨子·明鬼下》，从前齐庄公的臣子，有名叫王里国、中里徼的。这两位臣子，打了三年的官司，司法官还是不能判别谁是谁非。齐庄公想把两人一齐杀掉，怕杀了无罪者；想把两人一齐赦免，又怕放过了有罪的人。于是让两人共牵一头羊，到齐国的社神祠去立誓，两个人都同意了。于是挖洞于地，割断羊头而洒其血于地洞之中。先读王里国的誓词，读完毕后，再读中里徼的誓词，读到未及一半的时候，这头被宰的羊突然跃起碰撞中里徼，折断他的脚。祝史认为是神显灵，把他打死在立誓的地方。就这样社神最后裁定了这件疑案。

社神也有军事权能。《左传·定公四年》说：有战事，君率领军旅出国，先祭社，并杀牲以血涂鼓，然后大祝奉社主从军，此时始出国境。又，《周礼·春官·大祝》载：有大规模的军事行动，要宜祭大社，军行载大社石主，止则设立其坛位。军队归来要献捷于社。以上所述表明，那时社神俨然已成了战争的保护神了。

社是有等级的，或者说是分类型的。①《礼记·祭法》说："王为群姓立社，曰大社；王自为立社，曰王社；诸侯为百姓立社，曰国社；诸侯自为立社，曰侯社；大夫以下成群立社，曰置社。"《礼记·外传》也有类似的记载。

由于社神具有等级性，加以社神产生之初即与一定的部族和地域相联系，所以对于社神的祭礼和所献祭品具有多样化的特色。②如社神的象征物社主，"夏后氏以松，殷人以柏，周人以栗"。③祭祀方法，商代有燎、侑、沈、御等，周代有瘗埋、撒灌等。瘗埋就是将祭品埋于地下，《礼记·祭法》说："瘗埋于泰折，祭地也；用骍犊。"意为瘗缯埋牲祭神州地祇于北郊，而郊之用赤红色牛犊。撒灌，就是将人血、牲血、酒撒之地上使之浸透地下。《春秋·僖公十九年》云："夏，六月……己酉，邾人执鄫子用之。"《公羊传》解释说："恶乎用之，用之社也。其用之社奈何？盖叩其鼻，以血社也。"

华夏民族自古以农立国，视土地为养育自己的母亲，对土地怀有深厚而执着的感情，因此社神在神灵中有十分尊崇的地位。《墨子·明鬼下》说："三代之圣王，其始建国营都日，必择国之正坛，置以为宗庙，必择木之修茂者，立以为丛社。"社稷坛的位置，据《周礼·春官》记载，在宫廷的"中门之外，外门之内"，所谓"左祖右社"。④可见社稷坛居于都城的重心。对于社神的祭祀，周代一年分三次进行。春耕播种时祭

---

① 参张践、马洪路等《中国春秋战国宗教史》，第43页。
② 参李瑞兰主编《中国社会通史·先秦卷》，第536页。
③ 参张践、马洪路等《中国春秋战国宗教史》，第43页。
④ 《论语·八佾》。

于社，谓之春祈。秋天收获后祭于社，谓之秋报。冬天杀牲祭于社，谓之"大割"。需要指出的是，国家的祭社大典隆重、肃穆而庄严。如"大割"。据《吕氏春秋·孟冬纪》的记载，孟冬之月，天子诸侯与群臣在蒸祭之后，举行盛大的宴饮，排列次序。天子大杀牺牲，在官社及门闾祈祷明年五谷丰登。而在乡里村落，社神祭祀则发展为集宗教活动与娱乐活动于一体的集会。①《礼记·郊特牲》说：当祭土地之神时，每一家都得有人参加；当社祭而举行田猎时，则国中之人都得参加，不留一人在家。其场面之壮观不言而喻。又《淮南子·精神训》说：现在穷乡僻巷社祭时，敲打瓦盆瓦罐，跟着应和唱起歌来，自己认为是十分快乐的了。这是平民祭社时热闹场面的写照。民众参加社祭，除了祈祷和感恩外，还有调剂生活的目的。因为青年男女在社日里，可以不受平日禁忌的束缚，自由谈情说爱，甚至发生性关系，重温原始群婚时代的旧梦。正如《墨子·明鬼》中所说："燕之有祖，当齐之社稷，宋之有桑林，楚之有云梦也。此男女之所属而观也。"需要指出的是，有些平日道貌岸然的统治者也乐于前往观看。如据《左传·庄公二十三年》所载，鲁庄公去齐国观看祭祀社神。这也是古代祭社的一个层面。

（四）五祀与蜡

户、灶、中霤、门、行五祀和蜡，春秋战国时在民间十分流行。

祭"中霤"，即"奥祭"，也就是祭宅神，最为常见，有"家主中霤而国主社"②的说法。

祭灶即祭祀火神爷。《庄子·达生篇》记载灶神叫髻，"灶有髻"。司马彪注云："髻，灶神，着赤衣，状如美女。"《论语·八佾》载：王孙贾问孔子，俗话说，与其讨好里面的奥神，莫如讨好外面的灶神，这句话是什么意思呀？孔子说：没有的话！如果得罪了老天爷，怎么祈祷也没有用？《礼记·礼器》载孔子指责臧文仲不知礼，因为他曾"燔柴于奥"，"夫奥者，老妇之祭也，盛于盆，奠于瓶"。这说明奥祭与灶祭多在民间由家庭主妇主持。

户与门为同类，相异处只是大小内外之别。③门神是护门之神，《礼记·月令》中就有"祀门"的记载："（孟秋之月）其祀门，祭先肝。""（仲秋之月）其祀门，祭先肝。""（季秋之月）其祀门，祭先肝。"户神是保户之神。《礼记·月令》亦有祀户时令与物品的规定："（孟春之月）其祀户，祭先脾。""（仲春之月）其祀户，祭先脾。""（季春之月）其祀户，祭先脾。"对于所谓"《月令》春曰其祀户"，"秋曰其祀门"，④郑玄注

---

① 《周礼·考工记》。
② 《礼记·郊特牲》。
③ （唐）释玄应《一切经音义·户扇》云："门"与"户"的区别在于，一般来说，一扇为户，二扇为门；又在堂室为户，在宅区域为门。
④ 《礼记·祭法》郑玄注。

文解释其意义："春，阳气出，祀之于户，内阳也。秋，阴气出，祀之于门，外阴也。"

祀行，即祭路神。又称"祖"。《左传·昭公七年》载：鲁昭公打算前去楚国，梦见襄公为他出行祭祀路神。又，《礼记·月令》云："（孟冬之月）其祀行，祭先肾。""（仲冬之月）其祀行，祭先肾。""（季冬之月）其祀行，祭先肾。"可见关于祭祀行的时令和物品是有规定的。

《睡简日书》亦有五祀的记载。乙种简 935 云："祠五祀日，丙丁灶、戊己内中土、乙户、壬癸行、庚辛☐。"有学者将简文重新排列为：甲乙户、丙丁灶、戊己内中土、庚辛门、壬癸行。[①]可从。《日书》中还有单独祭祀五祀中的户、门、行的记载。例如"祠户、丑、午☐"（乙种简 1043），"以祭门、行，行水，吉"（甲种简 733），"祭门、行，吉"（甲种简 734）。

蜡祭是年终合祭群神。大约齐鲁一带特别盛行。据《礼记·杂记》的记载，孔子的门人子贡，曾参参与蜡祭，看到的是"一国之人皆若狂"的盛大欢庆场面。

二、祭祀的目的和物品

（一）祭祀的目的

祭祀的目的主要是弭灾、求福等。

1. 弭灾

用祭祀消灾。灾包括自然灾害和人为灾害。自然灾害指旱灾、水灾、风灾、地震、瘟疫等。人为灾害指战争、政变、劫掠等。遇有灾害发生，人们常常进行祭祀，以求消灾灭害，遇难呈祥。

西周晚期，干旱不断，灾情严重，"涤涤山川（山秃河干草木焦）"，"如惔如焚（好像遍地大火烧）"，"饥馑荐臻（饥饿灾荒连成双）"[②]。《诗经·大雅·云汉》写周宣王禳旱，历叙其祀天祭神之诚，忧民救灾之情。诗中说："靡神不举，靡爱斯牲，圭璧既卒。"意思是："没有神灵没祭上，不敢爱惜这牛羊，玉儿璧儿都用光。"[③] 又，鲁僖公二十一年（公元前 639 年），夏天，鲁国大旱。鲁僖公要烧烤巫人和仰面朝天的畸形人祈雨。[④] 又，鲁庄公二十五年（公元前 669 年），秋季发生大水，采取"鼓，用牲于社、于门"[⑤]

---

① 刘乐贤《睡虎地秦简日书研究》，第 441 页。
② 《诗经·大雅·云汉》。
③ 金启华译注《诗经全译》，第 746 页，江苏古籍出版社 1984 年版。
④ 见《左传·僖公二十一年》。
⑤ 《左传·庄公二十五年》。

的非常之礼，即用牺牲祭祀土地神和城门门神。在用祭祀弭灾上，与鲁国毗邻的齐国亦不例外。据《晏子春秋·内篇谏上》记载，齐景公时，齐国发生大旱，为求降雨，景公打算祭祀灵山和河伯。只是由于晏婴的再三规劝，才打消了这一念头。又，《晏子春秋·外篇上》记载，齐国出现彗星，齐景公曾派祝官祭祀消灾。

2. 求福

求福的内容颇广。举凡农业丰收、畜牧兴旺、战争胜利、生儿育女、健康长寿等，其中最主要的是祈求丰收，即所谓"祈年"。如孟献子说："夫郊祀后稷，以祈农事也，是故启蛰而郊，郊而后耕。"[①]这里说得很明确：祭祀农神后稷，是为了祈求农业丰收。又，据《晏子春秋·内篇谏上》，齐景公感到气血不足，身体疲乏得厉害，想准备玉器和三牲，让宗祝献上祭祀天帝祖宗，以求得福分，经晏子规劝而止。又，《论语·述而》载，孔子病。"子路请祷于神。子曰：'有诸？'子路对曰：'有之。《诔》曰：祷尔于上下神祇。'子曰：'丘之祷久矣。'"

从《睡简日书》看来，当时人祭祀的目的也是解祟和求福。大概当时人们认识到由于鬼神作祟，使自己得了疾病时，容易想到的办法就是祭祀。如甲种《诘咎篇》云："人生子未能行而死，恒然，是不辜鬼处之。以庚日日始出时濆门以灰，卒，有祭，十日收祭，裹以白茅，貍（埋）野，则毋（无）殃矣。"又从乙种简1040、简1041看，当时人们在没有得病之时也要举行祭祀。这时祭祀的目的是要"毋（无）王事，唯福是司，勉饮食，多投福"。这说明当时人们认为祭祀不仅能解除灾病，而且能带来幸福。[②]

（二）祭祀的物品

两周时，凡祭祀神灵，都要献上物品。从文献记载看，常用的祭祀物品有粮食、牺牲、酒和玉帛。粮食主要有黍、稷、粱、菽、麦等。《左传·桓公五年》云："始杀而尝。"注云："建酉之月，阴气始杀，嘉谷始熟，故荐尝于宗庙。"齐国金文中有"以烝以尝"之句。"尝"，即尝新，意为取新收之果物荐于宗庙，所谓"秋而载尝"。[③]《管子·轻重己》云：祭祀时，"盛以麦"，"盛以黍"，并"牺牲以羲"。所谓"牺牲"，是指为祭祀而宰杀的牲畜，毛色纯一的牲畜叫牺，体全的称牲。周人的牺牲主要有牛、羊、猪三牲。其中牛最受重视，选择要认真，饲养务精心。到了祭日，人们载歌载舞，将披红挂彩的牛牵到祭坛。1972年云南江川李家山战国古墓出土一件祭祀铜扣饰。一头作为牺牲的大牛正向铜柱走来。牛旁立一人，一手按牛背，一手拉着捆牛颈的绳索；牛后有一人双手紧拉牛尾。牛角上倒悬着一个用作人牲的孩子。该器通过祭祀场面的刻划，

---

① 《左传·襄公七年》。
② 刘乐贤《睡虎地秦简日记研究》，第443—444页。
③ 《诗经·鲁颂·閟宫》。

渲染了宗教的威慑力量，从一个侧面反映了滇人的风情。玉帛是珪、璧、琮、璋、琥、璜等礼玉和丝织品的总称。据《晏子春秋·内篇谏上》，齐景公久病不愈，曾以"牺牲珪璧"，派史固、祝佗二人祭祀山川宗庙，可是病不但不好，反而越发严重，便想杀掉史、祝二人，被晏子劝止。

第十一章
岁时节日

中国的节日风俗经历了一个萌芽、形成、发展、传承和变异的过程。在中国源远流长的节日风俗史上,两周是一个重要时期。在此时期内,有的节日萌芽了,如清明、端午、七夕、重九等。有的节日初步形成了,如上巳节、社日节、蜡日节等。从总体上说,这些节日反映了当时人们祈求消灾丰收,企盼祛疾驱邪,健康长寿,调节生活,提高生活质量以及追求婚姻自由的文化心态。

第一节 两周节日概貌

周代以前，已经出现了节日风俗因素，即伴随原始农业而出现的禁忌、占候、祭祀、庆祝活动等。西周以礼规范民间风俗，把民间习俗上升到"礼"的规范，祭祀、庆祝活动逐渐按季节相对集中到春、夏、秋、冬四时或年始岁末举行。如据《礼记·月令》，夏历孟春正月，"立春之日，天子亲帅三公九卿、诸侯大夫以迎春于东郊，还反，赏公卿大夫于朝，命相布德和令，行庆施惠，下兆于民，庆赐遂行，毋有不当"。意思是说，立春这一天，天子亲率百官迎春于国都东郊后，便赏赐文武百官，并对广大人民施惠。孟秋七月，"立秋之日，天子亲帅三公、九卿、诸侯、大夫，以迎秋于西郊。还反，赏军帅武人于朝。……是月也，农乃登谷，天子尝新，先荐寝庙"。这里所记是立秋之日迎秋和尝新、荐庙两项仪式。

春秋战国以后，历法逐步完善，十九年七闰的四分历出现了，二十四节气基本形成了。① 节气和置闰成为中国传统历法的基本要素和重要特点。

周代总结实践经验，得出十九年七闰的法则。《左传》僖公五年（前655年）和昭公二十年（前522年）均记载了"日南至"（冬至），彼此间隔133年，其间记录了闰月48次，失闰一次，共计有闰月49，这正符合十九年七闰的规定。由于十九年七闰采取的回归年长度为365¼天，所以被称为四分历，这是那时世界上最先进的历法。②

另外，中国历法中特有的二十四节气也逐渐齐备了。《尚书·尧典》把春分叫做日中，秋分叫做宵中，把夏至叫做日永，冬至叫做日短。《左传·僖公五年》中有"分、至、启、闭"八节的记载，分指春分秋分，至指夏至冬至，启指立春立夏，闭指立秋立冬。③ 战国时成书的《周髀算经》已经根据日晷的影长来确定二十四节气了，并解释

---

① 梁家勉主编《中国农业科学技术史稿》，第135页。
② 同上。
③ 据（晋）杜预注。

说:"二至者,寒暑之极,二分者阴阳之和,四立者生长收藏之始,是为八节,节三气,三而八之,故为二十四。"说明了从八节到二十四节气的演变轨迹。①

同时,岁首(一年开始的时候,一般指正月)、朔(每月的第一天)、朏(每月的初三)、望(大月十六,小月十五)、既望(近在望后的日子)、晦(每月的最后一天)等日子日益同常日相区别而被突出出来。例如,《庄子·逍遥游》云:"朝菌不知晦朔。"《左传·僖公五年》云:"冬十二月丙子朔,晋灭虢,虢公醜奔京师。"《左传·襄公十八年》:"十月……丙寅晦,齐师夜遁。"作为节俗主要内容的各种祭典、庆贺、占卜活动,多集中在这些时日举行。

两周时期,上巳节、社日节、蜡日节等节日的仪俗已经部分或大部形成,而年节、端午节、七夕节、重阳节则尚在滥觞中。

春秋战国时期,各诸侯国所用历法不同。春秋时,晋国用夏历,宋国用殷历,其他各国都用周历。战国时,魏、赵、韩沿用晋的夏历。秦原用周历,从秦昭王四十二年(前265年)起,改用颛顼历,以十月为岁首。从秦昭王四十九年起又恢复以正月为岁首,但仍沿用颛顼历,闰月仍为"后九月",直到秦始皇二十六年(前221年)再改以十月为岁首。楚国在春秋时用周历,到战国时代改以夏正的十月为一月,和秦以十月为岁首相同,但秦虽以十月为岁首,仍沿用夏正的月份,因此秦与楚的月份不同。②以上所述表明,春秋战国时期各国历法不统一,所以"节期难以固定,地域性的差异也无法统一"。从这个意义上说,周代"是我国传统岁时节日的萌芽期","此时的节日尚未定型"。③

周代的节日特点,除尚处于雏形外,还有以下四点:

一是岁时节日主要是农业文明的伴生物。

中国自古以农立国。周代更是这样。相传周的始祖后稷好农耕,为农官,播种百谷,勤劳农事。节期的选择与确立,以天文、历法知识为基础。节日习俗中盛行土地崇拜、生殖崇拜,祖先崇拜以及与农耕有关的鬼神崇拜。④

二是节日与宗教活动、宗教信仰有关。

如社日节源于社神祭祀,蜡日节源于祭报众神。蜡日节、社日节都是建立在原始

---

① 关于二十四节气形成的时代,有人认为形成于秦汉之间。对《周髀算经》的时代性也有不同看法。但在《礼记·月令》和《吕氏春秋·十二纪》中,已包括了二十四节气的大部分内容,它的基础应是在战国奠定的。
② 详见杨宽《战国史》(增订本),第556—557页,上海人民出版社1998年第3期;谭家健主编《中国文化史概要》,第109页,高等教育出版社1988年版。
③ 钟敬文主编《民俗学概论》,第138、139页。
④ 阴法鲁、许树安主编《中国古代文化史》3,第492页。

的多神信仰之上，显得观念杂乱。

三是节日与灵魂崇拜有关。

周人普遍存在着灵魂观念，认为祖先死后灵魂不灭，而且永存。既能作祟降灾害子孙，又能降福于子孙，使其生产顺利，生活幸福。因此，在节日时往往不忘祭祀祖先。如腊祭的内容之一就是祭"先祖"。周人把祖先神弃（即后稷）配祭社神，而楚人祭祀的社神就是祖先神重黎。

四是节日与迷信、禁忌和巫术观念有关。

如上巳节到水边祭祀，并用浸泡了香草的水沐浴，以为如此能够祓除不祥。又社日节有祭社以祈好收成的活动，蜡日节有天子向日月星辰祈求来年丰收的仪式。

【 第二节　上巳节 】

一、上巳节的源头

　　农历三月上旬的第一个巳日称为"上巳"。上巳节起源于何时？《周礼·春官·女巫》云："女巫掌岁时祓除衅浴。"郑玄注云："岁时祓除，如今三月上巳如（到）水上之类，衅浴谓以香薰草药沐浴。"即每至农历三月的第一个巳日，到水边祭祀，并用浸泡了香草的水沐浴，以为如此能够祓除疾病和不祥。上巳节无疑是我国古代重要的节日。其事最初由女巫掌管，且载入官方制定的"礼制"，"礼制"是从"礼俗"发展而来，这说明上巳节本是一种人们普遍参与的祭祀活动，它的源头可应追溯到远古。

二、上巳节的习俗

　　上巳节习俗涵盖水中洗浴、招魂续魄、祓除不祥和踏青游玩四方面，兹分述于下：
　　（一）水中洗浴
　　在水中洗浴是上巳节一项重要的习俗，古语称之为"祓"或"祓禊"。[1]《风俗通义》引《韩诗外传》说，郑国三月上巳，士民"祓禊水上"。可见郑国有此习俗。又《论语·先进》载，孔子的学生有在暮春三月"浴乎沂"的志向。这说明这种风俗也波及到齐、鲁一带。

---

[1]　《周礼·春官》："女巫掌岁时祓除衅浴。"郑玄注："岁时祓除如今三月上巳如（到）水上之类，衅浴谓以香薰草药沐浴。"徐广的《史记》注："三月上巳，临水祓除，谓之禊。"

（二）招魂续魄和祓除不祥

《风俗通义》引《韩诗外传》曰："三月桃花水下之时，郑国之俗，三月上巳，于溱洧两水之上，执兰招魂，祓除不祥。是三月上巳，为周时令节。"按照汉代韩婴的说法，上巳节的旨趣有二：招魂续魄；祓除不祥。又从《楚辞·九歌·礼魂》"春兰兮秋菊，长无绝兮绝古"和《招魂》"魂兮归来，反故居些"，也可以看到楚人年年春秋不忘祭祀，以招魂续魄的习俗。《招魂》究竟是招楚怀王之魂还是招屈原之魂，是招生人之魂还是招死人之魂，自古以来争论颇大，迄今无有定论。《楚辞·招魂》王逸注："宋玉哀屈原忠而斥弃，愁满山泽，魂魄放佚，厥命将落，故作《招魂》，欲以复其精神，延其年寿。"王逸的题解或说明虽然受到一些人的质疑，但汉代乃至周代有为生人招魂的说法则是可以成立的。又祓除不祥包括祈福祛疾，则招魂续魄、祓除不祥是一致的、相通的，其实质都是健康、长寿、吉祥。

（三）游春踏青

《风俗通义》引《韩诗外传》载：郑国三月上巳，"士民游春，祓禊水上，娱乐可知"。《诗经·郑风·溱洧》是一幅富有情趣的士女游春图。诗云：

> 溱和洧方涣涣兮，
> 士与女方秉兰兮！
> 女曰："观乎！"
> 士曰："既且。"
> "且往观乎！"
> 洧之外洵訏且乐。
> 维士与女，
> 伊其相谑，
> 赠之以勺药。

此诗描述郑国三月上巳，男女青年来到溱水、洧水之滨、采摘兰花，相互戏谑，互赠勺药，春情满怀。节日的欢乐，爱情的甜蜜，无不跃然纸上。

春天又是冰河解冻，万物复生的季节，因此人们常常把祓禊与踏青结合起来。据《论语·先进》的记载，子路、曾晳、冉有、公西华四个人陪孔子坐着。孔子要他们各人谈谈自己的志愿。曾晳说："暮春三月，已经穿得上春装了，我和五六位成年人、六七个少年人，去沂水中洗洗澡，去舞雩台上吹吹风，然后一路唱着歌回来。"这说明由戏水、踏青和歌咏为内容的春游在春秋时期已经有了，否则，曾晳不可能有此志趣，孔子也不会听后异常感叹地说："我的志向和曾晳一样啊！"

中国三月初多数地区很凉，在水中洗浴，自然寒冷难耐，所以有改用变通洗法者。如穿着裙裳从浅水处涉水渡河，涉水时将裙裳提起来，以免着水浸湿。《诗经·郑风·褰裳》云："子惠思我，褰裳涉溱。……子惠思我，褰裳涉洧。"劳幹先生强调该诗写的是"上巳的风光，并非涉溱涉洧要逃走"。① 此说甚是。

---

① 劳幹《上巳考》，台湾《中央研究院民族学研究所集》，第29集，1970年版。

【第三节　社日节】

社日节是中国古代祭祀社神的节日。社神是土地神，土地是人们的衣食父母，社日节的盛行反映了先民对土地的崇高敬意和深深的爱恋之情。

一、社日节的日期

在周代，从天子到庶人，都要祭祀社神。《礼记·月令》云："仲春之月……择元日，命民社。""仲春"，指夏历二月。"元日"，意为好日子。既云"择"，可知周代社日没有固定的日期。要通过龟卜来选择，以吉利为准。以上说的是春社。

社有春社、秋社之分。春社自社神产生以来就有。[1]对此学界的看法是一致的。但秋社兴起于何时，尚无定论。我们认为，周代可能有秋社。《诗经·周颂·良耜》序云："《良耜》，秋报社稷也。"又《周礼·地官·州长》云："若以岁时祭祀州社，则属其民而读法。"贾公彦疏："此云岁时，唯有岁之二时春秋耳。春祭社以祈膏雨，望五谷丰熟。秋祭社者，以百谷丰稔，所以报功。"又《春官·肆师》："社之日，莅卜来岁之稼。"贾公彦疏："祭社有二时，谓春祈秋报。"既"卜来岁之稼"，则"社之日"应指秋社，春社祈今岁之稼，未有卜来岁之稼的道理。有祈有报，这是中华民族的传统道德观念之一。金色的秋天是收获的季节，人们在财力和时间都允许的条件下，完全有可能举行祭社庆贺活动，答谢神灵，报其成熟之功。至于秋社的日期，也没有固定。[2]

---

[1] 社祭在我国产生于父系氏族社会晚期。《史记·封禅书》云："自禹兴而修社祀，郊社所从来，尚矣。"
[2] 杨琳《中国传统节日文化》，第178页，宗教文化出版社2000年版。

二、社神的流变

《说文》云："社，地主也。从示土。《春秋传》曰：共工之子句龙为社神。《周礼》二十五家为社，各树其土所宜之木。"原意是用木或石拟鬼神而祭之。社即地神，为后土，而所祭之处亦名曰社。商代的社，一般用木，亦有用石。周代以二十五家或百家为社。每年分两季祭之。春秋战国时期，国、州、县、里各级均有社祭。在先秦，各民族的社神往往同时也是祖先神。如楚族的社神就正是祖先神重黎。郑玄《礼记·月令》注云："后土亦颛顼之子，曰犁（按：即重犁），兼为土官。"又如周人以始祖弃配祭社神。《左传·昭公二十九年》："周弃亦为稷（田正），自商以来祀之。"其意是说周人从商代的时候起就已将弃配祭社神。古代社稷并提，其实稷神是社神的附庸，汉代以前只是配祭于社神。《周礼·地官·小司徒》云："凡建邦国，立其社稷。"孔颖达疏："诸侯亦有三社三稷，谓国社、侯社、胜国之社，皆有稷以配之。"祭祀社神最主要的目的是祈求五谷丰收，稷作为五谷的象征，其发芽、生长、抽穗、结实，都离不开土地，因此稷只是配祭于社。但配祭的结果则趋向喧宾夺主，取主代之。也就是说，由于稷是人们祭土的最终目标，稷神渐渐成了神社的主角，即社神。[①]

斗转星移，历史进入了春秋时代，周室衰微，诸侯争战，社会剧变，信仰危机。平民们对那位遥远而又模糊的周弃失去了信任和敬仰，而把给他们带来切身利益的人奉为社神来祭祀。《庄子·杂篇·庚桑楚》云，老聃的弟子，有个名叫庚桑楚的，独得老聃之道，去北边住在畏垒山上，他的仆人有炫耀聪明的被辞去，他的侍女中有矜持仁义的人被疏远；纯朴的和他一起，勤劳的留下供役使。住了三年，畏垒丰收。畏垒的人民相互说，庚桑子刚来时，我对他感到诧异。现在我以短暂的时日来看他便觉得不足，以长远的岁月来看他却觉得有余。他差不多是圣人了吧！我们为什么不一块儿为他立社而将他奉为稷神呢？这则寓言故事说明：周代社、稷可以不分，稷神可以成为社的主人，取土地神而代之，所以可以把周弃看作社神；春秋时平民是从朴素的感情和自己的切身利益出发祭祀社稷的，传说人物对他们已失去了吸引力。[②] 有学者认为："社神是土地神，但是，先秦时期的社神并不是土地本身，不是客体自然，而是在治理土地方面功勋卓著的英雄，是客体的改造者。"[③]

---

① 杨琳《中国传统节日文化》，第122页。
② 杨琳《中国传统节日文化》，第124页。
③ 李炳海《部族文化与先秦文学》，第431页，高等教育出版社1995年版。

三、社主的实体

社主是社神的依托对象,是社神的标志和象征。周代用作社主的实体有大树、木头、土堆、石块、活人等。兹分述于下。

（一）大树

周代的社主,多选用树干高大、枝叶繁茂的自然树木。《墨子·明鬼下》:"昔者虞夏商周三代之圣王,其始建国营都日,必择国之正坛置以为宗庙,必择木之修茂者立以为丛位。"王念孙先生认为"丛位"乃"丛社"之误。① 立社"必择木之修茂者",就是以树干高大、枝繁叶茂的树木为社主。《庄子·人间世》:"匠石之齐,至于曲辕,见栎社树,其大蔽数千牛,絜之百围,其高临山十仞而后有枝。"庄子的寓言虽然过分夸张,但从中还能看到那时社会生活的影子。这株特大的栎树就是社主的放大。② 之所以选择高大茂盛林木作社主,是因为林木高大茂盛表示土地肥沃,地神才有较大功力,是对土地神的恭敬。

（二）木头

这里的木指人为的木牌、木头。木为社主是在树为社主的基础上形成的,它是树为社主的发展。《论语·八佾》载:"哀公问社于宰我,宰我对曰:'夏后氏以松,殷人以柏,周人以栗。'曰:'使民战栗。'"其大意是:鲁哀公向宰我问,作社主用什么木。宰我答道,夏代用松木,殷代用柏木,周代用栗木,意思是使人民战战栗栗。又《韩非子·外储说右上·说三》:

> 桓公问管仲曰:"治国最奚患?"对曰:"最患社鼠矣。"公曰:"何患社鼠哉?"对曰:"君亦见夫为社者乎?树木而涂之,鼠穿其间,掘穴托其中,熏之则恐焚木,灌之则恐涂阤（脱落）,此社鼠之所以不得也。"

这里的"树木而涂之",是说社是用一根木头竖在那里,再涂上泥土做起来的。

（三）土堆

社是土地神,聚起土堆当社主是自然而然的事。据《管子·轻重戊》,早在虞舜时代,就"封土为社"。这一习俗到周代继续得到传承。《风俗通义》卷八《社神》引《孝经》说:"社者,土地之主。土地广博,不可遍敬,故封土以为社而祀之,报功也。"也

① 详见王念孙《读书杂志·墨子杂志》。
② 杨琳《中国传统节日文化》,第129页。

是说的聚土当社主的风尚。又《诗经·大雅·绵》在描述周于歧安家的情景，有"乃立冢土"一句诗，毛亨注释说，冢土是大社。冢土，实即是土冢。

（四）石块

"土精为石"。①选取土地之精作为社神的表征是自然而然的。石主出现的年代相当古老。《淮南子·齐俗训》云："殷人之礼，其社用石。"1959年在江苏铜山丘湾发现一处商代社祭遗址，其中心竖有四块天然石块，一大三小。学者们认为，这些大石即社主。②西周亦有以石为社主的。《周礼·春官·小宗伯》云："帅有司而立军社。"郑注："社之主盖用石为之。"贾疏："案许慎云'今山阳俗祠有石主。'"春秋时还有"石社"。《吕氏春秋·贵直》："（晋）围卫取曹，拔石社。"又《周礼·大司徒》："设其社稷之壝。"崔灵恩云："社主用石。"又《水经注·谷水》："礼：天子建国，左庙右社，以石为主。"

（五）尸（活人）

尸是古代祭祀时作为神的附体或代表死者受祭的活人。《周礼·秋官·士师》："若祭胜国之社稷，则为之尸。"其意是说，若到被灭亡国家的土地神社去祭祀，士师就充当受祭的尸。又《通典》卷四十八云："自周以前，天地宗庙社稷一切祭享凡皆立尸。"尸主带有临时性，一旦社祭结束，尸主立即恢复成了正常人。

四、祭社的目的

社神在周代是一个非常尊贵、非常重要的神祇，当时人以社稷指代国家。《左传·僖公三十三年》云："服于有礼，社稷之固也。"其意是说，对有礼之邦顺服，这是国家的保障。又《礼记·郊特牲》："日用甲，用日之始也。"郑玄注："国中之神莫贵于社。"由此可见社神在周人精神文化生活中具有不同寻常的作用。周人祭社的目的的大体可以归纳为以下六点。

（一）祈求好收成

社日是古代祭祀社神的日子。祭祀的目的之一是祈求好年成，即庄稼的丰产。《周礼·春官·肆师》："社之日，莅卜来岁之稼。"其意是祭祀社神的日子，亲自卜问明年庄稼生长的情况。又《吕氏春秋·仲春纪》高诱注："社祭后土，所以为民祈谷也。"

（二）祈雨求晴

水利是农业的命脉。及时的雨水在农业生产中有着重要的作用。社神不仅主宰五

---

① 《艺文类聚》卷6引（晋）杨泉《物理论》。
② 王宇信、陈绍棣《关于江苏铜山丘湾商代祭祀遗址》，《文物》1973年第12期。

谷的丰歉，而且主管雨水的多少。因此祈雨求晴是祭社的又一目的。《诗经·小雅·甫田》云："以我齐明，与我牺羊，以社以方。我田既臧，农夫之庆。琴瑟击鼓，以御田祖，以祈甘雨，以介我稷黍，以穀我士女。"大意是说，盛起精美的主食，还有牛、羊，用来祭社神。弹琴瑟，擂起鼓，来迎田祖（即神农，是田神的配祭之神），以求得好雨，使稷和黍苗壮成长。《小雅·大田》也有讴歌田祖"兴雨祁祁，雨我公田，遂及我私"的诗句。

江苏省连云港将军崖东夷社祀遗迹中，石主周围的平地岩面上刻凿有许多阴线岩画。文物工作者将这些岩画分为A、B、C三组。A组在遗迹西侧，由人的头像及禾苗构成，头像的下部绘有禾苗，用一根线将头像与禾苗连接起来。B组在遗迹的南侧，由鸟兽纹和星辰及带放射光芒的太阳等图案构成。C组在遗迹东侧，由人面及星象图案构成，其中有两个人面头戴羽毛状装饰，人面之间布有星纹。① 俞伟超先生认为头像下刻禾苗，"暗示出这种头像同某种农作物有血缘般的联系"，"很像是某种农神的象征物"。② 杨琳先生认为岩画是社日为禾苗祈雨情景的描绘。光芒四射的太阳意味着干旱，星云跟降雨直接相关。头饰羽毛的人面应是祈雨的巫师。③ 此说甚是。因为古代祈雨的人有带羽冠的习俗。据《周礼·地官·舞师》："舞师……教皇舞，帅而舞旱暵之事。"其意是舞师教习皇舞，在祈雨之祭的时候，率领习舞者而往舞。郑玄注引郑司农云："皇舞，蒙羽舞。"又《春官·乐师》"有皇舞"。郑玄注引郑司农说："皇舞者以羽冒覆头上，衣饰翡翠之羽。"

如果雨量超过了需要，则要祈晴止雨。据《春秋繁露·止雨》，西汉时期的祈晴仪式围绕着社神进行，内容包括斋戒、献供、击鼓、宣读祝社文等。周代的祈晴仪式与此大同小异，因为社祭仪式是代代相传的。④

（三）祈求消灾

祈求除疾去灾也是祭社的目的。《左传·庄公二十五年》云："秋，大水，鼓，用牲于社于门。"这是因为水灾而祈社。《庄公二十五年》又云："六月，辛未朔，日有食之，鼓用牲于社。"《公羊传·庄公二十五年》："日食则曷为鼓用牲于社？求乎阴之道也，以朱丝营社。"其意是说，发生日食为什么要敲着鼓用牛羊去祭祀社神呢？这是责求阴的办法。用红色丝线围绕社神。这是为日食而祈社。又《左传·昭公十八年》载："郑子产为火故，大为社，祓禳于四方，振除火灾。"其意是郑国的子产为了火灾的缘故，大筑

---

① 参看连云港市博物馆《连云港将军崖岩画遗迹调查》，《文物》1981年第7期。
② 俞伟超《连云港将军崖东夷社祀遗迹的推定》。
③ 杨琳《中国传统节日文化》，第156页。
④ 杨琳《中国传统节日文化》，第156—157页。

社神庙，祭四方之神祈求消灾，救治火灾的损失。这是为火灾祈社。

（四）娱神娱人

社祭对于乡里居民来说是一件大事，也是他们都要参加的盛大节日。据《诗经·小雅·甫田》，祭社时人们要弹琴擂鼓，食牛羊肉，好不热闹。正如《老子》所说："众人熙熙，如享太牢，如登春台。"意思是说，众人熙熙攘攘，欢欢喜喜，好像是去参加盛大的宴会，又像春日里登台眺望。由此可见社日里欢快热烈的氛围和火爆的场面。春秋时期的社，已成为民众欢聚的一个场所。据《左传·庄公二十三年》的记载，鲁庄公二十三年（前671年）夏季，鲁庄公不听曹刿的规劝，"如齐观社"。齐国的祭社活动何以有这样大的吸引力呢？《穀梁传》回答说："'观'，无事之辞也，以是为尸女也。无事不出境。"意思是说，经文称"观"，表示不正常。因为，庄公以观社为名，实际为了女色。国君没有什么重要的事情是不应该走出国境的。对此，曹刿的谏言说得很明确。《国语·鲁语上》云：

> 夫齐弃太公之法而观民于社，君为是举而往观之，非故业也，何以训民？土发而社，助时也，收攟而蒸，纳要也。今齐社而往观旅，非先王之训也。

这段话的大意是：齐国不遵从太公望制定的礼法，而在祭祀神明时使百姓游观，您又为这种活动亲自前去观看，这不符合先王制定的礼制，君主如此，将怎样训导百姓？地气蒸腾的每年春天祭祀社神，这是为了有助于农事。收获庄稼后的秋天祭祀社神，这是为了收藏五谷结束农功。现在齐国祭祀社神您去观看众百姓聚游，不符合先王的训示。

曹刿的话说明，春秋时期齐国的社祭已经和以前的旨在祈福、休农的社祭有了很大的不同。因此说"齐弃太公之法而观民于社"。在齐国，社祭已由纯粹对社神的祈祷演变为民众相聚的一个机会。齐国受周礼的约束较小，风俗比较开放。这是齐国社祭能够像磁石一般吸引鲁庄公的一个主要原因。鲁庄公所观看的是齐国的"旅"——社祭时欢腾雀跃的民众（其中主要是女人）。又，这次社祭的时间已经不是古代那种春、秋两次，而是夏季。

齐国之外，楚国春社的云梦之会也很可观。不仅参加的人数众多，而且狂欢的气氛热烈，场面盛大，盛况空前。楚国春社节还值得一提的是"牵钩之戏"。《隋书·地理志》云：南阳、襄阳"二郡又有牵钩之戏，云从讲武所出，楚将伐吴，以为教战，流迁之改，习以相传，钩初发，皆有鼓节，群噪歌谣，震惊远近。俗云以此厌胜，用致丰穰。其事不传于他郡。梁简文（帝）临雍部，发教禁之。由是荆楚于社日，以猪羊肉调和其饭，谓之社饭"。所谓"牵钩之戏"即现代的拔河比赛。不过楚国的拔河比

赛不仅程度火爆,甚有声势,而且参与的人数和规模都是现代望尘莫及的。《荆楚岁时记》"立春"条下说是"绵亘数里,鸣鼓牵之"。由此可见,楚地的春社不仅是一个以祭社厌胜、祈年的节日,而且是一个借体育比赛集体欢乐的节日。从"牵钩之戏"只传于楚故地南郡、襄阳二郡而不传于他地,以及传该戏起源于楚伐吴的兵嬉活动看,它的产生至迟在战国时期。①

除前述楚、齐等国的春社日为群体欢乐的节日外,在一些远离政治中心的村寨,春社活动亦带有狂欢节的色彩。正如《淮南子·精神训》所说:"今夫穷鄙之社也,叩盆拊瓴,相和而歌,自以为乐矣。"

社祭作为民众欢聚节日的习俗一直到战国时期还没有改变。这正如尚秉和先生所指出的:周时人们往往假祭神为娱乐期。一年两度的社祭和十二月的腊祭是人们最重要的节日。②

（五）婚恋求子

据学者研究,社日又是上古青年相恋、婚配的节期,桑林也指社日期间男女幽会的场所。高禖就是社。③女娲本为社神。社神主管婚姻,繁衍子嗣,又职司爱情。因此,《周礼·地官·媒氏》载:"中春之月,令会男女,于是时也,奔者不禁。……司男女之无夫家者而会之。"青年男女在社日节自由交往,择偶婚配,可以得到统治阶级的鼓励和保护。于是就出现了春社节的性放纵。《诗经·鄘风·桑中》即是男女青年在社祭时幽会的恋歌。该章的第一章云:

爰采唐矣?
沬之乡矣。
云谁之思?
美孟姜矣。
期我乎桑中,
要我乎上宫,
送我乎淇水之上矣!

"沬",卫邑,在河南省淇县。桑中,指桑林神社。"淇",水名。"上宫",即社宫。《左

---

① 参宋公文、张君《楚国风俗志》,第261—262页。
② 见尚秉和《历代社会风俗事物考》,第363—364页,岳麓书社1991年版。
③ 郭沫若《释祖妣》,收入《甲骨文字研究》,《郭沫若全集》考古编第1卷,科学出版社1982年版;闻一多《高唐神女传说之分析》,《闻一多全集》第2册,三联书店1982年版;陈梦家《高禖即社说》,《清华学报》第12卷第3期,1937年版。

传·哀公七年》载:"初,曹人或梦众君子立于社宫。"现代学者杨伯峻先生注:"社是曹之国社,宫乃社之围墙。"① 社宫就是举行社祭的场所。《汉书·地理志下》云:"卫地有桑间濮上之阻,男女亦亟聚会,声色生焉,故俗称郑卫之音。"后代的礼学家多指责郑卫之音为亡国之音,这是由于不了解春秋时期社祭的变化及其习俗造成的。

《墨子·明鬼下》提到燕、齐、宋、楚四国的神社:"燕之有祖,当齐之社稷(按:"之"下疑脱有字),宋之有桑林,楚之有云梦,此男女之所属而观也。"据闻一多先生考证,"祖"与菹通,是泽名。燕之菹泽、宋之桑林和楚之云梦跟宋之社稷相同,都是神社所在地。燕楚的社大概是在泽畔的丛林中,云梦即云梦泽。桑林指立在桑林中的社。② 看来燕、楚、宋三国的社都立在野外丛林中,齐国的社既然与它们相当并列,估计也是在丛林中。③ 据学者研究,先秦祭社往往用少女充当神尸,并伴有模拟或实际的性交行为,围观的人很多。所谓"属而观",就是男女青年聚集在一起观看灌尸(性交)表演,然后分散择偶野合。周代一些圣贤相传都是其母在社祭野合时怀孕而生的。《楚辞·天问》:"何环穿自闾社丘陵,爰出子文?"王逸注:"子文,楚令尹也。子文之母,鄀公之女,旋穿闾社,通于丘陵,以淫而生子文。"这是说子文是他母亲在闾社与人野合而生出来的。又《艺文类聚》卷八十八引《春秋孔演图》云:"孔子母征在游大冢(山丘)之陂,睡,梦黑帝使请与己交,语曰:'女乳(生子)必于空桑中。'觉则若感,生丘于空桑之中。"这里"大冢""空桑",正是桑山神社。可见名人孔子也是其母祈于桑林神社孕育出来的。又《艺文类聚》卷八十八引《春秋元命苞》:"姜源游闷宫,其地扶桑,履大人迹,生稷。"闷宫即高禖之宫,④ 也就是社宫。可见周人始祖后稷也是其母在社祭时怀孕而生的。

(六)赢得战争胜利

"国之大事,在祀与戎"。战争是周代国家的大事的一个层面。战争的目的,是为了掠夺人口和财富,扩张疆土,这就与社神产生了直接的联系。在出征前和胜利后都要对社神进行隆重祭祀。

战争出发前祭祀社神,是请社神随军出征,此时职掌祭祀时掌理赞词,国有大事巨变祈求鬼神保佑等事的太祝也一起出发。战争中发生疑问,随时向社神祭祀卜问。出征前要杀牲祭祀,并用牲血涂抹战鼓。

战争胜利之后,要在社神前举行盛大的祭祀,向社神呈献战俘,甚至杀死战俘以

---

① 杨伯峻《春秋左传注》(四),第1644页。
② 闻一多《释桑》,《闻一多全集》第2册,三联书店1982年版。
③ 宋公文、张君《楚国风俗志》,第262—263页。
④ 《诗经·鲁颂·闷宫》毛传引孟仲子曰:"是禖宫也。"

血祭社神，使社神饱口福，享美味，以激励其继续参战。《穀梁传·昭公十一年》云："冬，十有一月，丁酉，楚师灭蔡，执蔡世子友以归，用之。"范甯集解："用之者，叩其鼻以衈血。"即用于祭社。

至于战败的国家，其国君和社神都要蒙受羞辱。据《左传·襄公二十五年》的记载，郑国攻陷陈国都城，陈侯穿上丧服，抱着社神的神主，让他手下的男男女女分开排列、捆绑，在朝廷上等待。等待什么呢？自然是等待胜利者的处置，即将被作为战俘用来血祭社神衅鼓。①

---

① 参看刘晔原、郑惠坚《中国古代的祭祀》，第 106—107 页，商务印书馆国际有限公司 1996 年 7 月版。

【 第四节 蜡日节 】

一、蜡日节产生于锄农业时期

蜡日节是周代年终举行的一种祭祀性节日。蜡日节始于传说时代。《礼记·郊特牲》说:"伊耆氏始为蜡。"谁是伊耆氏,有不同的说法。郑玄注:"伊耆氏……或云即帝尧是也。"孔颖达疏:"伊耆氏,神农也。"我们同意孔说。因为神农是战国时人传说的农业之神,他教人播种五谷,发明农业生产工具,传授打井技术,对农业生产作出了卓越的贡献。人们将蜡日节——秋收后庆丰收的狂欢节的创始归功于他,合情合理。大约人们一进入锄农业的氏族公社时期,蜡日节就产生了。《风俗通义》云:"夏曰嘉平,殷曰清祀。"这说明夏、殷有这种节日。到周代这一节日的名称叫大蜡,在夏历十月举行。

二、蜡祭和腊祭的关系

腊和臘古汉语中是两个不同字。腊的本义是干肉,臘是腊日之腊,汉字简化时以腊取代了臘。所以我们在以下行文中凡臘都写作腊。

腊与蜡是两种不同的祭祀,其表现有以下四方面。

(一)祭祀对象

蜡祭百神。据《礼记·郊特牲》和郑玄的注,蜡,就是寻求、求索。周历每年十二月(夏历十月),合聚万物神灵,求其神而祭祀。蜡祭的祭祀对象,以最先种植五谷的神农氏先穑为主,并祭祀主管五谷的司穑。还要祭祀农官及田舍之神,猫、虎、昆虫等动物神,坊(堤坝)、水庸(水渠)等田间设施之神。这些神都是与农作物的收成有关并有功于农事者。

腊祭的对象则是先祖五祀。据《礼记·月令》和郑玄注，夏历孟冬十月，天子用田猎得来的禽兽祭祀先祖及五祀之神。五祀，指祀门、祀户、祀中霤（天窗）、祀灶、祀行（门内地）。《吕氏春秋·孟冬纪》"其祀行"高诱注："行，门内地也。"湖北荆门包山出土楚简209—211有"与祷宫行一白犬"六个字。陈伟先生认为"宫行"即"行"，[①]极是。上述所祭之神，都和家庭有关。

（二）祭祀主旨

蜡祭的主旨在于报答于农事有功的诸神。如《礼记·郊特牲》说："迎猫，为其食田鼠也。迎虎，为其食田豕也。"同时，也是为农事送终。

腊祭，则是为了使农夫得以休养生息。《礼记·郊特牲》云："既蜡而收，民息已。故既蜡，君子不兴功。"大意是：蜡祭之后，收敛聚集，农民就可以休息了。所以蜡祭之后，君子不再大兴徭役。孔颖达说："先蜡后息民，是息民为腊，与蜡异也。"[②]

（三）祭祀的礼仪

腊祭要求用猎获的禽兽作祭品。蜡祭则不讲究这个。

蜡祭之时，天子戴白鹿皮的弁，身着素服，腰系葛带，手执榛杖，比衰服降一等。腊祭则穿黄衣，戴黄冠。村野之人也戴黄冠。

此外，据《礼记·郊特牲》，蜡祭的规格以年景的好坏为转移。年景不好，不举行蜡祭，使民知谨于用财，不致浪费。而腊祭的规格则是不变的。

（四）祭祀的时间

周代的蜡祭和腊祭，虽然同在夏历十月，但具体日期有前后之别，蜡祭在前，腊祭居后。《郊特牲》云："蜡之祭，仁之至，义之尽也。黄衣黄冠而祭，息田夫也。"从行文看，"仁之至，义之尽也"两句是对上述蜡祭的总结，"黄衣黄冠而祭"以下开始叙述腊祭。所以郑玄注："祭谓既蜡，腊先祖五祀也。"其意是"黄衣黄冠而祭"是指蜡祭完了之后开始的腊祭。

从上述四个方面，可见腊祭和蜡祭在周代确是有区别的，它们是两种不同的祭祀。[③]

蜡、腊二祭既相互区别，又前后相连，互为补充。蜡祭农业之神，是为了粮食的丰收；腊祭祖先之神，是为了家族的兴旺。而食的生产和人类自身的生产是相通的。因为农业神也掌管人的盛衰，祖先神也主宰粮食的丰歉。从这个意义上说，蜡、腊二

---

① 陈伟《湖北荆门包山卜筮楚简所见神祇系统与享祭制度》，《考古》1999年第4期。
② 《礼记·郊特牲》"既蜡而收，息民已。"孔颖达疏。
③ 参看杨琳《中国传统节日文化》，第350—353页。

祭合起来才是一个完整的祭祀。

事实上蜡祭除祭祀八农神外，有时也涵盖祭祖。据《礼记·礼运》，孔子曾经参与蜡祭，充任蜡祭饮酒的宾客。郑玄注："蜡者。……亦祭宗庙。"而祭宗庙就是祭祖。这说明蜡祭也包括祭祖，与腊祭是一致的。蜡腊二祭应是一个整体。

三、周代蜡日节风尚

蜡日节是周代隆重而盛大的节日，在周历十二月（夏历十月）举行，其时农事已基本结束，农夫有闲暇，又值秋收完毕，为宴饮提供了物质保障。《庄子·庚桑楚》云："腊者之有膍胲，可散而不可散也。"[唐]成玄英疏："腊者，大祭也。膍，牛百叶也。胲，备也，亦言是牛蹄也。腊祭之时，牲牢甚备，至于四肢五藏（脏）并皆陈设。"又据《韩非子·外储说右下》，秦昭襄王得了病，百姓都为他祈祷；昭襄王病好以后，百姓又杀牛感谢神。昭襄王的郎中（侍从官）阎遏、公孙衍出宫看到这种情况，就说："现在不是祭祀土地神的社祭和腊祭的时候，为什么要杀牛祭祀呢？"觉得很奇怪，就问百姓。从阎遏、公孙衍怪而问之的话中不难看出蜡日节食品准备规格之高。

蜡祭时气氛庄严而肃穆。《国语·楚语下》"观射父论祀牲"条详细记叙了祭祀的规格、供品、形式等：身为天子对万物群神都要祭祀，诸侯就只祭祀天地、日月星辰和所在封国的山川，卿、大夫的祭祀按礼法规定，士人和庶民祭祀的不过是自己的家祖。每年当日月交会在龙尾星宿时，土气收敛干爽，天高气清，各种谷物都收获回家，群神一起出行求食。国于是开始举行秋祭和冬祭；卿大夫家也开始举行祭祀，百姓们各家各户也选择好吉日良辰，奉献牺牲，敬供黍稷谷米，打扫清洁，慎重地穿上祭服，准备好精洁的祭酒，率领同姓的子弟，按着良辰举行祭祀，虔诚地随着祭祀的宗祝，口念着祈祷的祝辞，呼叫着先祖享用，满堂都是恭敬、祭祀的人，就好像有神明监临。在这时远近乡党亲友会合在一起，兄弟亲戚更加亲近。① 上引观射父评论蜡祭的一段侃侃陈词，无疑是一篇完备的周人和楚人的蜡祭祭典。其中日月交会在龙尾星宿，是我国部分地区每年农历十月初一所发生的一种天文现象。

成书较《国语》晚的《礼记》也有有关蜡祭的记载。《郊特牲》云："土反其宅，水归其壑，昆虫勿作，草木归其泽。"这是蜡祭时的一段祝辞，其意是说：土壤返回自己的地方，水回到自己的沟壑里，昆虫不要起来为害庄稼，草木各归薮泽，不要生在田里。这是祈求与农业丰歉有关的神灵让来年不发生水灾、虫灾等自然灾害，风调雨顺，

---

① 黄永堂译注《国语全译》，第644—645页，贵族人民出版社1995年版。

五谷丰登。又《月令》云：孟冬之月，"天子乃祈来年于天宗，大割，祠于公社及门闾，腊先祖五祀"。其意是说，夏历十月，天子向日月星辰祈求来年丰收，大杀群牲祭祷于社神及门闾之神，用田猎得来的禽兽祭祀先祖及门、灶、户、井、中霤之神。由此可见，蜡祭祭神之多、祈求之多。

祭祀结束，献给诸神的酒肉就落入了人们的胃肠。如秋祭之日，椎牛宰羊，里人尽出，祭罢而分其肉。人们载歌载舞，尽情狂欢。《周礼·春官·龠章》："龠章掌土鼓豳龠。……国祭蜡，则龡豳颂，击土鼓，以息老物。"其意是龠章主管土鼓和苇龠。国家举行蜡祭，就吹奏豳颂诗乐，敲击土鼓，让万物之神和农夫们都得到休息。又《礼记·杂记下》云："子贡观于蜡。孔子曰：'赐也，乐乎？'对曰：'一国之人皆若狂，赐未知其乐也。'子曰：'百日之蜡，一日之泽，非尔所知也。张而不弛，文武弗能也。弛而不张，文武弗为也。一张一弛，文武之道也。'"可见调剂百姓的生活，使他们在一年紧张的劳动之后得到轻松愉快是蜡祭具有的客观效果，这与蜡祭使民得以休息的动机是一致的。

蜡日节期间人们相互赠送礼品，以示祝贺。《韩非子·五蠹》云："夫山居而谷汲者，膢腊而相遗以水。"梁启雄注："膢，是楚国人在二月祭饮食神的节日；腊，是冬十月（周历十二月，即夏历十二月）祭百神的节日。"这两句话的意思是说：住在山上要到山谷下去打水的人，逢膢腊节时把水作为礼物互相赠送。由此可见蜡日节有互送礼品的风俗。[①]

---

① 参杨琳《中国传统节日文化》，第 355—356 页。

第五节　酝酿中的节日

一、年节

百节年为首。在中国多姿多彩的众多节日中,以年节最隆重,也最受人们重视。年节形成于汉代,但年节的酝酿期却是在周代。

年的名称,据《尔雅·释天》的记载,尧舜时称年曰"载",夏代称年为"岁",商代改"岁"为"祀",周代才称之为"年"。周人以农立国。相传周始祖名弃,长而好农耕,尧举为农官。舜封之于邰(今陕西武功西),号后稷。曾助夏禹治水,播种百谷,勤劳农事。到公刘时,率领族众迁豳,"务耕种,行地宜",发展农耕。当时的农业还相当落后,庄稼一年只一熟,年的概念最初便是指农作物的生长周期。年的含义是什么?《说文解字》的解释是"谷熟也!"《穀梁传·桓公三年》云:"五谷皆熟为有年也。"《穀梁传·宣公十六年》:"五谷大熟为大有年。""有年"为丰收,"大有年"为大丰收。所以西周时已经出现了一年一度欢庆丰收的活动。

《诗经·豳风·七月》就记载了西周初年年终庆祝农业丰收的活动。周历以建子为岁首,其正月相当于夏历的十一月。"八月剥枣,十月获稻。为此春酒,以介眉寿。"八月里来去敲枣,十月里来收水稻。酿成这些冻醪酒,帮助老人获长寿。"朋酒斯飨,曰杀羔羊,跻彼公堂。称彼兕觥,万寿无疆。"农夫们面朝黄土背朝天辛劳了一年,才能在这辞旧岁迎新年之际享受一下人生的乐趣,大伙儿聚集上庙堂,举着兕角觥,互相祝福着:"万寿无疆"。这年终的宴饮,欢情腾跃,十分热烈。

为了酬谢神灵保佑,祈求来年再获丰收,还要祭祀祖先。《诗经·周颂·丰年》就是祭祖时所唱的乐歌。歌云:"丰年多黍多稌。亦有高廪,万亿及秭。为酒为醴,烝畀祖妣,以洽百礼。降福孔皆。"意为收入极丰,煮酒祭祖,礼仪完备,望神灵恩泽遍及

人间。

上述周代这种年终庆祝农业丰收和祭祀祖先的活动,并没有固定在那一天进行,因此,"还不能算作严格意义上的节日",但是,"它已经有了基本规律",一年一度,"在新旧两年交替的时候进行"。① 对于这种新旧两年的交替,《诗经·豳风·七月》称之为"改岁"。黄焯《诗疏平议》:"改岁,犹今俗云过年耳。"高亨《诗经今注》:"改岁,改换一年,即过年。"可见这些庆祝活动正是年节的雏形。

二、端午节

夏历五月初五,是我国民间传统的端午节。端午节,又名端阳节、端五节、重五节、重午节等。从汉朝起,大多将节期定在五月初五,直到今日没有变动。

端午节的正式形成时间不是在周代,而是在汉、晋之间,但这个节日的酝酿期却是在周代,孕育、滋养这个节日的土壤是楚文化、吴越文化、齐文化、秦文化的氛围和楚、吴越、齐、秦的民俗传统。②

端午节作为一个传统节日,其风俗活动相当丰富,它的起源当有多种因素,即是多元的。

首先是源于辟邪。

在周代的民俗观念中,五月五日为恶月恶日,即不吉利的日子。据《史记·孟尝君列传》,当初,齐国的贵族田婴有儿子四十余人,他的贱妾有个儿子名文,田文是在五月五日出生的。田婴对田文的母亲说:"不要养大这孩子。"田文的母亲却偷偷把田文抚养大了。孩子长大后,他母亲乘他的兄弟晋见田婴的机会,让她的儿子田文出现在田婴面前。田婴对田文的母亲很生气,说道:"我让你抛弃这孩子,而你竟敢抚养他,这是为什么?"田文向父亲叩头,乘机问道:"您不养育五月里出生的孩子,是什么原因呢?"田婴说:"五月里生的孩子,长到和门户一样高的时候,将对他的父母不利。"田婴是战国时人,可见五月五日为岁时禁忌的习俗由来已久。又据《吕氏春秋·仲夏纪·仲夏》,这个五月,夏至到来,阴阳相争,死生相别。君子整洁身心,居处必深邃,身体要安静;禁止女色,不许嫔妃进御;减少美味,不要使它齐和;去掉一切嗜欲,安定心气,各种器官安静无为,做事不要盲动,以待确定阴阳的成败。《吕氏春秋》为秦相国吕不韦召集门下宾客儒士集体编撰,基本反映了吕不韦的思想。其中十二月纪

① 黄留珠主编《周秦汉唐文明》,第850页,陕西人民出版社1999年版。
② 参宋公文、张君《楚国风俗志》,第277页。

以阴阳五行学说为指导，阐明四季十二月的天文、历象、物候等自然现象，以及为顺应时气天子所应遵守的规定和发布的政令，反映了上层社会的见解和意志。因此将五月看作恶月、凶月，得到周代从庶民到王侯的认同。

五月五日为什么是不吉祥的日子呢？学者认为，五月正当仲夏，暑热即至，毒虫滋生，易犯疾病。① 萧兵先生说："'五月五日'即所谓'端午'，时在春末夏初的转变时刻，还寒乍暖，百虫蠢动，疾疫流行，可能有某种瘟疫、灾难于端午在一定地区、一定部落里发生，悲惨和恐惧的记忆、传说、迷信造成并扩大为范围愈来愈大的禁忌、传统和风习。"② 杨琳先生认为，五月五日为不祥之日的观念还来自古人的岁时迷信。他说："古人为何认为养五月所生之子不利父母呢？五月是阴阳交替的时节。子女生长，应于阳气，父母老成，应于阴气，养子则是助阳，助阳则是克阴，故云不利父母。"③

五月既为恶月，那么除毒辟邪就是必要的了。《夏小正》云："此日（五月五日）蓄采众药以蠲除毒气。"楚国也有五月采药之俗。如《离骚》："朝搴阰之木兰兮，夕揽洲之宿莽。"《九歌·山鬼》："采三秀兮于山间。"都是对楚人采药的曲折写照。④ 除采制草药外，还有兰汤沐浴。《夏小正》云："（五月）蓄兰，为沐浴也。"《艺文类聚》和《太平御览》引《大戴礼记》皆为"五月五日蓄兰为沐浴"。之所以要"浴兰"，是因为兰草有辟邪的功能。《御览》卷五十九引东汉薛汉《韩诗章句》："当此盛流之时，众士与众女执兰而拂除邪恶。"又《后汉书·礼仪志上》"是月上巳"梁刘昭注引《韩诗》曰："郑国之俗，三月上巳之溱洧两水之上，招魂续魄，秉兰草祓除不祥。"可见早在春秋时期已有兰草辟邪的俗信。可能成书于秦汉之际的《神农本草经》是我国第一部本草学专著，⑤ 其中说兰草有"杀蛊毒，辟不祥"的药效。上述兰汤沐浴和采制草药都具有些许保健意义。

辟邪、除毒、祛瘟、止恶应是端午之源的主流。

其次是源于纪念、祭祀某个亡者。

五月五日既为恶月灾日，那么在此时间内死人的事发生就是自然而然的了。梁吴均《续齐谐记》载"屈原五月五日投汨罗而死"。《隋书·地理志》称屈原死于五月十五日。东汉蔡邕《琴操》记"（晋）文公令民五月五日不得举火"，以纪念介子推逝世的日子。东汉邯郸淳《曹娥碑》记：曹娥父死于五月五日，曹娥哭了七天七夜后也投江而死。由上述死亡型故事，又衍生出了各种纪念、祭奠习俗。如晋王嘉《拾遗记》卷十云：

---

① 钟敬文主编《民俗学概论》，第148页。
② 萧兵《中国文化的精英》，第245—246页，上海文艺出版社1989年版。
③ 杨琳《中国传统节日文化》，第258页。
④ 宋公文、张君《楚国风俗志》，第268页。
⑤ 赵璞珊《中国古代医学》，第47—48页，中华书局1997年版。

"屈原以忠见斥，隐于沅湘，披蓁茹草，混同禽兽，不交世务，采柏实以和桂膏，用养心神，被王逼逐，乃赴清冷之水，楚人思慕，谓之水仙。其神游于天河，精灵时降湘浦。楚人为之立祠，汉末犹在。"以上所述表明，端午节在汉末魏晋增加了纪念历史人物的内涵。其中以纪念屈原之说影响最广大最深远。正如唐诗中云："节分端午有讹言，万古传闻为屈原。"①

三是源于五月驾舟竞渡。

关于五月龙舟竞渡的起源，文献记载甚多。如《荆楚岁时记》注云：

按五月五日竞渡，俗为屈原投汨罗日，伤其死所，故并命舟楫以拯之。舸舟取其轻利，谓之"飞凫"，一自以为"水车"，一自以为"水马"。州将及土人悉临水而观之。盖越人以舟为车，以楫为马也。邯郸淳《曹娥碑》云："五月五日时迎伍君。逆涛而上，为水所淹。"斯又东吴之俗，事在子胥，不关屈平也。《越地传》云："起于越王勾践。"不可详矣。

又《事物原始·端阳》引《越地传》云：

竞渡之事起于越王勾践，今龙舟是也。

以上记载表明，汉魏六朝时期虽然楚、吴、越三国的故地都盛行龙舟竞渡之俗，但竞渡的内涵和纪念人物并不一致。在楚故地是纪念屈原，在吴、越两国故地，或是迎接忠心耿耿的钱塘江潮神伍子胥，或是凭吊卧薪尝胆、复仇灭吴的越王勾践。学者认为，这些竞渡习俗及其有关解释，时代都较晚，而隐藏在龙舟竞渡活动深处的潜意识则是崇龙和祈龙。中国南方夏历五月多雨，山洪往往爆发。而南方及东南沿海一带，每年五至十月，时常台风劲吹，暴雨倾盆。这些自然现象，使缺乏科学知识的先民萌生了五月为龙生之月的想象。闻一多先生指出：端午节是"古代吴越民族——一个龙图腾团族举行图腾祭的节日，简言之，一个龙的节日。"②凌纯声先生也说："龙船，以民族学眼光视之，即越人祭水神时所驾之舟。"③这些都是有影响的见解。

大约在汉、晋之际，作为南北文化中界的楚地人民，将传承已久的龙舟竞渡习俗，

---

① 文秀《端午》，《全唐诗》卷823。
② 闻一多《端午考》，《闻一多全集》第1册，三联书店1982年版。
③ 《南洋土著与中国古代百越民族》，台湾《学术季刊》第2卷第3期，第8页，1954年版。转引自萧兵《楚辞与神话》，江苏古籍出版社1986年版。

纳为五月五日（或十五日）吊享屈原的节日活动内容，并赋予竞渡活动以拯救屈原、为屈原招魂的新的涵义。又把传承的五月蠲毒、采药、浴兰以辟邪的习俗与上述五月五日的节日内容黏合在一起，于是端午节就形成了。

罗杨先生指出："端午节日的文化内涵大致包括几方面：人类与自然既和谐相处又主动调节的生活智慧；尊重一种舍身报国的民族主义和爱国主义的精神信仰；崇尚一种刚正不阿如明月清风的道德人品。这就是为何端午附丽了很多古人而后定格在屈原身上的原因。中华民族尊崇的是将个人梦想与民族、国家的命运维系在一起所产生的崇高与伟大。"① 所言极是。

三、七夕节

七夕节，又称乞巧节、双七节，是我国妇女在农历七月七日所过的传统节日，属于我国特有的一个重要节日。

七夕节形成于东汉时期。② 但是这一节日在西周已经开始了酝酿。七夕节的形成，与织女、牛郎二星的传说有关，这个传说至迟产生于西周时代。③《诗经·小雅·大东》云：

> 维天有汉，
> 鉴亦有光。
> 跂彼织女，
> 终日七襄。
> 虽则七襄，
> 不成报章。
> 皖彼牵牛，
> 不以服箱。

这是用拟人的手法写天上的织女、牛郎二星。但二星有名无实，织女"不成报章"，牵牛"不以服箱"，显示出不合理现象。诗中已经把牵牛、织女二星，与人间的耕织生活联系在一起，只是两星之间还没有爱情关系。

---

① 明海英《在传统节日中弘扬爱国文化》，《中国社会科学报》2013年6月10日。
② 杨琳《中国传统节日文化》，第268页。
③ 宋公文、张君《楚国风俗志》，第284页。

《诗经》中除《小雅·大东》外,还有一首与织女有关的诗篇,即《周南·汉广》:

南有乔木,
不可休息。
汉有游女,
不可求思。

该诗写对汉水上游女的热恋,但苦恼的是不能到她那儿去。西汉鲁人申公和西汉燕人韩婴均解诗"游女"是汉水女神。而《左传·襄公十七年》载梓慎曰:"星孛及汉,汉,水祥也。"杜注:"天汉,水也。"可见汉也指天汉,即银河。因此诗中的游女也可能指的是织女。

战国至秦汉时,牵牛、织女二星已经蒙上了神话色彩,尤其是织女星,这种色彩更加浓厚。《淮南子·佚文》云:"乌鹊填河成桥而渡织女。"其意是乌鹊相联成桥,使织女从桥上通过,以渡天河。但并未说是在七夕,也未言渡过天河是去与牵牛相会。又《史记·天官书》载:"织女,天女孙也。"〔刘宋〕裴骃《集解》引徐广曰:"孙,一作'名'。"也就是说,织女是天帝女儿的名字。《淮南子》和《史记》均作于西汉初年,它所反映的星象学及星象神话均传承自战国中后期。

1975年冬在湖北省云梦县睡虎地秦墓出土了大批秦简,其中《日书》部分有两条与牵牛织女相关的材料

一:丁丑、己丑取(娶)妻,不吉。戊申、己酉,牵牛以取(娶)织女,不果,三弃。

二:戊申、己酉,牵牛以取(娶)织女而不果,不出三岁,弃若亡。①

《日书》是古代用时、日推断吉凶祸福的占验书。睡虎地秦简《日书》成书于秦昭襄王时期。②上述两条材料都指明戊申、己酉两日是娶妻不吉利,因为这是牵牛取(娶)织女的日子。可见,牵牛织女相恋却又婚姻失败的故事上限至少可以划至战国末期的秦昭襄王时。王朝阳先生认为:"战国末年,牵牛织女已经由星名转换为故事中的人物,二人的婚姻悲剧故事已经成型并得到了广泛流传。"他还指出:"牵牛织女传说起源地诸说中汉水说影响较大。"他说:"牵牛织女虽为天上的神,其生活原型却是地上的人,因此当人们对地上的牛郎织女的尊崇转到天上的时候,便将地上的汉水转移成了天上的'云汉'。牵牛织女被云汉隔绝,成为汉水起源说最大的证据。睡虎地秦简《日书》中

---

① 吴小强《秦简日书集释》,岳麓书社2000年版。
② 《日书》研读班《〈日书〉:秦国社会的一面镜子》,西安《文博》1986年第5期。

与牵牛织女相关的简文为汉水说提供了更为有利的依据。"①其说甚是。

四、重阳节

农历九月九日，是我国传统的重阳节。重阳节又名重九节、登高节、菊花节、茱萸节。在我国古代，"九为阳数"。②农历九月九日，月日并阳，两阳相重，双九相叠，故名"重阳"，又名"重九"。

重阳节出现于汉代。但在周代已有雏形。③

重阳节时，正是金秋送爽，桂花飘香，风霜高洁之际，宜登高望远，赏菊赋诗。登高、赏菊是其主要的节俗活动。而春秋时"齐景公始为登高"。④又《离骚》云："朝饮木兰之坠露兮，夕餐秋菊之落英。"可见楚人也吃菊花瓣。但那时的登高并未固定于重九。餐菊之俗与重阳有无联系文献亦未明言。楚人既有此食菊癖，那么就有可能饮菊花酒。又《三辅黄图》卷四记汉高祖刘邦与戚夫人在长安宫百子池畔，边下围棋，边饮菊花酒，"胜者终年有福，负者终年疾病，取丝缕就北斗星辰求长命乃免"。众所周知，汉文化继承了楚文化，刘邦饮菊花酒和向北斗求寿，当是周代楚国的风俗。⑤

重阳糕是重阳节的应时食品。但重阳糕在重阳节形成前的周代已有了。只是那时重阳糕的名称叫餈、饵等，而不叫重阳糕。《周礼·天官·笾人》："羞笾之实，糗饵粉餈。"郑玄注："此二物（按：指饵、餈）皆粉稻米、黍米所为也。合蒸曰饵，饼之曰餈。"

佩茱萸是重阳节的风俗之一。重阳节又称茱萸节。茱萸为药用植物，生于川谷，其味芳烈，有驱虫、除湿、逐风邪、治寒热等作用。古人视茱萸为驱邪避恶的神物，重阳节登高，人皆佩戴。据有的学者研究，将茱萸子实装于囊中作为佩饰习俗大约早在周代就有了。⑥《离骚》云："椒又欲充夫佩帏。""椒"，《说文》："椒，似茱萸，出淮南。""帏"，香袋。此句的大意是："茱萸想进香袋冒充香草。

---

① 王朝阳《从秦简〈日书〉看牛郎织女故事之形成与流变》，《贵族文史丛刊》2011年第2期，第51—55页。
② 曹丕《与钟繇书》。
③ 宋公文、张君《楚国风俗志》，第301页。
④ （宋）高承《事物纪原》。
⑤ 宋公文、张君《楚国风俗志》，第303页。
⑥ 杨琳《中国传统节日文化》，第346页。

第十二章
游 艺

两周时期的游艺风俗，内容丰富，多姿多彩。那时在民众中普遍流传着日常生活习用语，包括方言、避讳语、隐语、谜语、谚语、称谓语等。工艺美术涵盖书法绘画和民间工艺。春秋战国时代，文字向书法转化，进入一个有意识的新阶段，其表现是：金文发生显著变化；书法和字体的地区特点明显；隶书的产生。同时，开始出现绘画作品。

两周绘画可分壁画、帛画、漆画和铜器画四类。民间工艺有织绣、雕塑、陶瓷、编织、漆器、青铜器等。音乐在西周以后有很大发展,《诗经》大都是可以上口的歌曲,在音乐上产生了巨大影响。到春秋晚期,雅乐衰落,而新乐兴起。春秋战国时期,楚声则有明显特色。乐器有重要发展。舞蹈多样化,可分表演舞蹈、祭祀舞蹈和民间舞蹈三类。曲艺滥觞。戏剧萌芽。体育锻炼理论有了新的提高,与军事训练有密切关系的体育项目蓬勃发展。武术及其他体育活动蔚然成风,主要有剑术、射箭、角力、相搏、负重、举重物、赛马、田猎、钩强、竞渡、蹴鞠、杂技。民间的娱乐活动多数带有比赛性质,种类有斗鸡、走犬、六博、围棋、投壶、秋千等。

【第一节 语言风俗】

两周时期在民众中普遍流传的日常生活习用语,不仅使用率高,流行面广,而且是民间语言中最基本、最丰富、最常用的部分,包括方言、避讳语、隐语、谜语、谚语、称谓语、委婉语等。兹分述于下。

一、方言

两周时期,由于我国幅员辽阔广大,居民迁徙,民族交融,加以交通不便,以及周代后期(春秋战国)的分裂割据,自古就存在的方言现象依然存在。《风俗通义·序》说:"周秦常以岁八月,遣輶轩之使,采异代方言,还奏籍之,藏于秘室。"这种方言调查,自然是为了帝王体察了解各地民俗风情,知得失,补时政,制礼作乐,以利统治。但是它所搜集的方言材料,对当时及以后的学者认识、解释语言,不无裨益。

两周典籍载有关于方言的记录。如《穀梁传·昭公二十年》云:"輒者何也?曰:两足不能相过。齐谓之綦,楚谓之踾,卫谓之輒。"《礼记·王制》说:"五方之民,言语不通。"《尹文子·大道下》云:"郑人谓玉未理者为璞,周人谓鼠未腊者'朴'。周人怀朴,过郑贾曰:'欲买"朴"乎?'郑贾曰:'欲之。'出其朴,视之,乃鼠也,因谢不取。"这些就是明证。这些材料虽然不能显示两周方言研究的全貌,但它告诉我们,方言的调查与研究,已是两周就已出现的事物,也是那时人们关心中华民族语言的表现。①

有学者认为:从历史事实看,春秋战国时期地域比较接近的各国在语言上已经有很大的一致性。黄河流域一带华夏诸族的语言已经日益接近并形成一种区域性的共同语,这个共同语就是当时所称的"雅言"。②如《论语·述而》:"子所雅言,《诗》、《书》、执礼,皆雅言也。"其意是说:孔子有时讲雅言,读《诗》、念《书》、赞礼时,用的都是雅言。我们称之为华夏共同语的基础方言北方话,即以陕西语音为标准音的周王朝的官话。这种官话为各侯国社会上层所熟知和使用。"雅言"对于周天子与各诸侯国的联系和各国间的交流是必不可少的。当时或后来的经典著作,如《易经》、《论语》也都是用雅言写的。

据学者研究,在先秦文献中对语言歧异有明确记载的地域是:楚、齐东、南蛮、戎。可见当时这些地方语言的歧义最引人注目。③以下材料可以说明上述学者的见解是正确的。

《左传·襄公十四年》载戎子驹支说:"我诸戎饮食衣服不与华同,贽币不通,言语不达。"

《孟子·滕文公上》说楚国人陈良是"南蛮鴃舌之人"。"鴃"是伯劳鸟。这里是说南蛮人说话像鸟鸣。如果方言差异不到听不懂的程度,决不会比喻为鸟鸣的。

《孟子·万章上》云:"此非君子之言,齐东野人之语也。"齐东位于今山东半岛东部,是东夷人的居地。可见齐方言在当时是颇引人注意的。又,《孟子·滕文公上》云:"有楚大夫于此,欲其子之齐语也,则使齐人傅诸? 使楚人傅诸?"可见齐方言和楚方言的差别是很大的。④

两周的文献还注意到楚语的差异。《左传·宣公四年》说:楚国人把哺乳叫做"穀",把老虎叫做"于菟",令尹子文是吃过老虎奶的,所以被命名为鬭穀于菟。王力先生说:这更证明,楚语和中原的语言不但词汇不同,连语法也有所不同了。据考证,"于菟"是古代藏缅语言的汉字记音。⑤

关于越族语言,古籍所载材料寥若晨星。其中《越人歌》是最珍贵的资料。西汉人刘向著《说苑·善说》一文,记载了春秋时期越人榜枻所唱的歌。这首歌当时曾用汉字记音。歌词云:"滥兮抃草滥予? 昌桓泽予? 昌州州䱜。州焉乎秦胥胥。缦予乎昭澶秦逾渗,惿随河湖。"且用汉文翻译如下:"今夕何夕兮搴舟中洲流,今日何日兮得与王子

---

① 《中华文明史》第 2 卷,第 367 页,河北教育出版社 1992 年版。
② 丁启阵《秦汉方言》,第 9 页,东方出版社 1991 年版。
③ 周振鹤、游汝杰《方言与中国文化》,第 92 页,上海人民出版社 1986 年版。
④ 王力《中国语言学史》,第 20 页,山西人民出版社 1981 年版。
⑤ 见张永言《语源札记》,载《民族语文》1983 年 6 期。

同舟？蒙羞被好兮不訾诟耻。心几顽而不绝兮得知王子。山有木兮木有知，心悦君兮君不知。"在《越绝书》中，也保留有少许越语的记载。如"买航仪尘"是古越语的记音，意思是"往如流水"。学者认为：越语与汉语不同，尤其是具有多音节的胶着语特点，①可能是壮侗语族的母语。②《吴越春秋》卷五说"吴与越同音共律。"这说明两国有共同的语言——古越语。

有学者认为："戎、吴越、南蛮、齐东、楚这些地方的语言是诸夏以外的民族语言，燕、狄、巴、蜀、淮夷等地的语言也可能是非夏族的语言。"③其说不无道理。

二、避讳语

辛亥革命前，遇当代帝王或所尊者之名，必须用其他办法回避，这就叫做避讳。避讳为中国特有之风俗。这种风俗"起于周"。④

周代的避讳方法有两种。一是避讳改字。即凡遇到和君主尊长的名字相同的字面，则用改字来回避。如《史记·秦始皇本纪》云："二十三年，秦王复召王翦使将击荆。"正义曰："秦号楚为荆者，以庄襄王名子楚，讳之，故言荆也。"又《秦楚之际月表》端月注，索隐曰："秦讳正，谓之端。"这是以端代正。二是避讳空字。因为避讳，空其字而不书，曰"某"。如《尚书·周书·金縢》云："惟尔元孙某。"孔传："元孙武王，某名，臣讳君故曰某。"

周代避讳的种类有三。一是避讳改官名。如《左传·桓公六年》云："申繻对问名曰："名不以官，以官则废职。晋以僖侯废司徒，宋以武公废司空。"杜注："僖侯名司徒，废为中军；武公名司空，废为司城。"这是避讳改官名之最显著者。二是避讳改地名。如《国语·晋语》云："范献子聘鲁，问具敖之山，鲁人以其乡对，献子曰：'不为具敖乎？'对曰：'先君献武之讳也。'"按：鲁献公名具，武公名敖。故申繻对鲁桓公曰："名不以国，不以山川，以国则废名，以山川则废主，先君献武废二山。"甚是。其后秦避始皇父艺莊襄王子楚讳，改楚为荆。三是避讳改物名。《左传·桓公六年》载申繻对问名，有"名不以畜牲，不以器币"之条，曰："以畜牲则废祀，以器币则废礼。"

此外，《礼记·曲礼上》云："礼不讳嫌名。"郑注："嫌名，谓音声相近，若禹与雨，

---

① 陈国强等《百越民族史》，中国社会科学出版社1988年版。
② 周振鹤、游汝杰《方言与中国文化》，第94页。
③ 同上。
④ 陈垣《史讳举例》，第1页，上海书店出版社1997年版。以下还有多处吸收了该书的研究成果，不再一一注明。

丘与区也。"《曲礼上》又云："二名不偏讳。"郑注："偏，谓二名不一一讳也。孔子之母名徵在，言在不称徵，言徵不称在。"还有已祧不讳。所谓祧，是远祖之庙，迁主之所藏。《礼记·王制》载；天子七庙，三昭三穆，与太祖庙而七。"除太祖为不祧之祖外，大抵七世以内则讳之，七世以上则亲尽，迁其主於祧，而致新主於庙，其已祧者则不讳。

需要指出的是，《礼记》是战国到汉代关于述说周代礼制的文章汇编。不仅有汉人的加工，而且所述制度，"大抵属于当时一部分社会通行者半，属于儒家理想者半，宜以极严格的制度观之。"① 有学者认为："我们从《曲礼上》的记载中所见到的这些不严格的避讳制度，仍然不可全信。这个不严格的避讳制度，很可能是战国时已有、秦汉时仍之的避讳初行时期的一些习俗记载，在各地并不可能都推行的。"②

三、谜语

什么是谜语？刘勰在《文心雕龙·谐隐》中说："谜也者，回互其辞，使昏迷也。""回互"意即转换或曲折。"回互其辞"就是绕着弯子说话。这正是谜语的特点。③

谜语大概在原始社会后期已经产生。④ 它不可避免地要和宗教发生联系，并且伴随着宗教的形式而流传。《周易》中有几则爻辞可证：

《归妹·上六》：女承筐，无实；士刲羊，无血。

《井·九二》：井谷射鲋，瓮敝漏。

《泰·九三》：无平不陂，无往不复，艰贞无咎。

《大过·九三》：枯杨生稊，老夫得其女妻。

《大过·九五》：枯杨生华，老妇得其士夫。

上述爻辞，隐喻、暗示、预示了某些事情或某种意思，类似谜面。⑤ 有学者认为：《归妹·上六》就是"原始谜语的记录"。⑥

据李学勤先生研究，《周易》原为周代占筮用书。书中有经有传。经，一般认为成

---

① 梁启超《梁启超国学讲录二种·上辑》，中国社会科学出版社1997年版。
② 袁庭栋《古人称谓》，第285页，四川教育出版社1994年版。
③ 王仿《中国谜语、谚语、歇后语》，第2页，浙江教育出版社1995年版。
④ 钟敬文主编《民间文学概论》。
⑤ 韩伯泉《略谈谜语的产生与宗教的关系》，载《民间文艺集》第6集。
⑥ 段宝林《中国民间文学概要》。

于西周时期。传，相传出于孔子。① 由此可见，《周易》中的谜语当有出自西周春秋的。

战国时代有谜语，见于《荀子》。《荀子·解蔽》中说："空石之中有人焉，其名曰觙，其为人也，善射以好思。"空石是古代地名，觙是人名，善射是擅长于猜谜。

四、谚语

周代的谚语可以分为以下几类。

1. 自我心身和从政的修养

"山有木，工则度之，宾有礼，主则择之。"② 其意是宾不能侵主权。"匹夫无罪，怀璧其罪。"③ 其意是告诫人们不要贪财。"心苟无瑕，何恤乎无家。"④ 其意是要人正其心术。"辅车相依，唇亡齿寒。"⑤ 其意是告诫人们要有团体意识和整体观念。"庇焉而纵寻斧焉"，⑥ 其意要人们对恩怨持慎重态度。"畏首畏尾，身其余几？"⑦ 其意是告诫人们不要柔懦退缩，而要敢于斗争，有冒险精神。"虽鞭之长，不及马腹。"⑧ 其意是要人估计自己的实际能力。

2. 对事理的总结

"千丈之堤，以蝼蚁之穴溃；百尺之室，以突隙之烟焚。"⑨ 其意是对小的不注意，大的难保。也就是量的变化，能引起质的变化。"君子之德风；小人之德草。草上之风必偃。"⑩ 其意是说上面（指国君、长官等）的言行，对下面（庶民百姓）影响很大。"兽恶其网，民怨其上。"⑪ 这是说君主无道则招致民怨。"众心成城，众口铄金。"⑫ 这是说众怒难犯，人言可畏。"从善如登，从恶如崩"，⑬ 这是说为恶易而为善难。"蓬生麻中，不

---

① 《中国历史大辞典·先秦史卷》，第313页。郭沫若先生认为，《周易》的作者是孔子的再传弟子馯臂子弓，详见《郭沫若全集》第1卷，第404页。
② 《左传·隐公十一年》鲁羽父引。
③ 《左传·桓公十年》虞叔引。
④ 《左传·闵公元年》晋士䓕引。
⑤ 《左传·僖公五年》虞臣宫之奇引。
⑥ 《左传·文公七年》宋乐豫引。
⑦ 《左传·文公十七年》郑子家引。
⑧ 《左传·宣公十五年》晋伯宗引古语。
⑨ 《韩非子·喻老》。
⑩ 《论语·颜渊》。
⑪ 《国语》单襄公引。
⑫ 《国语·周语下》伶州鸠引。
⑬ 《国语·周语下》卫彪傒引。

扶而直。"① 此喻环境对人的影响之大。

五、称谓语

有学者认为:"称谓语是说话人在称呼或指代某人时根据双方之间的关系以及对方的身份、职业等因素而对他使用的指称用语,其类别有亲属称谓、人名称谓、职务称谓等。"② 两周时期的称谓语也是这样。限于篇幅,这里仅讨论人名称谓。

两周的人名称谓,主要有三种形式:名、字、别号。兹分述于下:

1. 名和字

两周时期的命名原则,见于《左传·桓公六年》鲁国大夫申繻对鲁桓公问。申繻提出了五种命名方式。即名有五:"有信,有义,有象,有假,有类。以名生为信,以德命为义,以类命为象,取于物为假,取于父为类。不以国,不以官,不以山川,不以隐疾,不以畜牲,不以器币。周人以讳事神,名终将讳之,故以国则废名,以官则废职,以山川则废主,以畜牲则废社,以器币则废礼。……"李学勤先生指出,必须说明,这段话是切中时弊的议论,而不是当时普遍遵循的原则,所说的命名应当避免的种种,反而是周代不断存在的事实。③ 清人王梓材著《世本集览》,在通论中曾详述"世多犯之"的证据。例如"不以国"这一条,王氏说:"若晋悼公、宋公孙之名周,晋中行氏、蔡朝氏之名吴,周原伯之名鲁,毛伯之名卫,周太子、卫宣公之名晋,周襄王、卫成公、宋公孙、向氏、晋丕氏、箕氏是名郑,鲁哀公之名蒋,滕召公之名毛,成公之名原,曹武公之名滕,周公、鲁林氏、郑游氏之名楚,鲁僖成、卫戴公、蔡文公、昭公之名申,鲁定公、郑公子之名宋,楚晋氏之名陈,郑敖氏之名麇,周简王、晋昭公、郑灵公、蔡惠公之名夷,鲁、卫公子之名荆,鲁阳氏、苫氏之名越,刘文公之名狄,非皆以国乎?"上述以国名之例,有的本意就是以国为名,有的则是用字相同,未必取国名为义。如郑公孙楚字子南,"楚"自系国名;又如齐有申鲜虞,"鲜虞"也只能是国名了。然而,如蔡惠公名夷,刘文公名狄,恐怕仅系与国名雷同,而另有取义。古人为地为人命名,有些字大家都爱用,也是造成这种现象的原因之一。④

据《礼记·内则》的记载,周代的贵族之家,凡出生男孩,满三个月时,由其父一

---

① 《荀子·劝学》。
② 钟敬文主编《民俗学概论》,第312页,上海文艺出版社1998年版。
③ 李学勤《先秦人名的几个问题》,《历史研究》1991年第5期。
④ 同上。

次命名。又，男子二十岁成人举行冠礼（结发加冠）时，由选定的嘉宾给起字，女子十五岁许嫁举行笄礼（结发别笄）时取字。

名和字有意义上的密切联系。名派生出字，字表述、阐明名。例如屈原，名平，字原。《尔雅·释地》："广平曰原。"又如颜回，字渊。《说文·水部》："渊，回水也。"有的名和字为同义词。例如端木赐，字子贡。《尔雅·释诂》："贡，赐也。"又如宰予，字子我。有的名和字是反义词。例如，曾点，字晳。《说文·黑部》："点，小黑也。"又："晳，人色白也。"

关于字的基本格式，在春秋时代最流行的是：贵族男子字的前面加伯仲叔季表示排行，字的后面加父或甫表示性别。如孔子的字叫仲尼父。有时省去父（甫），如孔子的字又称仲尼。有时又省去排行，如尼父也是孔子的字。春秋时代另一流行的男子取字格式是在字的前面加上"子"字，因为"子"是当时对男子的尊称。如：仲由字子路，卜商字子夏，端木赐字子贡，颛孙师字子张，等等。

两周贵族女性取字格式，据王国维先生的研究，《仪礼》、《礼记》皆未载。[①] 据金文所载，当时贵族女子字的前面加姓，姓的前面加孟（伯）仲叔季表示排行，字的后面加"母"或"女"字以示性别。如孟妊车母[②]、中姞义母[③] 等。有时还要在排行前加上国名，如虢孟姬良母。[④] 有时省去排行，如姬原母。[⑤] 有时省去"母"字，如季姬牙。[⑥] 有时单称"某母"或"某女"，如寿母[⑦]、帛女[⑧]。但从《左传》看，最常见的是在姓上冠以排行，如孟姜、叔姬、季芈等。

接着谈谈两周的名字特征。西周春秋的贵族们的名字承袭了殷人以天干为名的遗风，所不同的是增加了地支。如蔡庄公名甲午，卫戴公名申。楚有公子申，秦有白丙字乙。春秋时代名字多取习见事物或常语，质朴而无华。如鲁国展获字禽，楚公子鲂字子鱼。有的名字很俗。如晋成公名黑臀，郑献公名虿（今名蝎子），鲁孟孺子名彘。这类名在后世的大名中是不用的，在小名中或可见到。春秋时代一些纪实性的名字，也具有无文饰，尚古朴之风。如鲁庄公名同，其原因是生日与他的父亲鲁桓公一样。郑庄公名寤生，其因是他母亲姜氏生他时难产。孔子名丘，其因是他的头生有缺欠，

---

① 见王国维《观堂集林》卷三《女字说》。
② 见《铸公簠》。
③ 见《仲姞匜》，中即仲字。
④ 见《齐侯匜》。
⑤ 见《应侯簋》。
⑥ 见《鲁大宰原父盘》。
⑦ 见《鲁生鼎》。
⑧ 见《帛女鬲》。

四周高，顶下陷。战国人的名字仍承春秋之风，但古朴的色彩已渐淡化。

最后，讨论如何称名称字。两周时名字连着说的时候，一般是称字在先，称名在后。如孟明（字）视（名）、孔父（字）嘉（名）、叔梁（字）纥（名），等等。后代则是名在前，字在后。

两周时对君父要自称名。《礼记·曲礼上》说："父前子名，君前臣名。"不仅儿子在父亲面前，臣子在君主面前，要自称名，而且臣子在天子的使者面前也要称名。《左传·僖公九年》载周天子派宰孔把祭肉赐给齐桓公，并宣布说：天子因为伯舅年纪大了，加上功劳，不让你下阶跪拜。桓公自称其名回答说："小白，余敢贪天子之命，无下拜！""小白"，是齐桓公的名。弟子对老师也自称名，例如，《论语·先进》载子路、冉有在陪孔子坐着，回答孔子问题时，分别自称其名"由"和"求"。弟子当着老师称呼其他弟子也称名，如《论语·先进》载曾皙问孔子，"夫子何哂由也"。意即您为什么讥笑仲由呢？此外，尊长对卑幼者亦自称名。如据《论语》，孔子在与弟子们谈话时，都是自称名。如《述而》的"丘也幸，苟有过，人必知之"，《季氏》的"丘也闻有国有家者"，等等，都是自称其名"丘"。

两周时期，平辈之间称字。孔子的弟子们，互相之间都称字。如《论语·子张》记颛孙师、卜商和言偃等人的相互称呼都是字。① 那时有称尊长字的，如孔子的弟子们称孔子，有称"仲尼"的。《论语·子张》载子贡批驳叔孙武时说："仲尼不可毁也。"又，《中庸》里有"仲尼祖述尧舜"的话，其作者相传是孔子的孙子孔伋。但也有身份地位高的对身份地位低的称字，以表谦敬的。如孔子去世后，鲁哀公在哀悼孔子的文辞中称孔子为"尼父"。两周这种重视称字的风气，一直影响到后世。

2. 别号

号是名和字之外的一个颇具艺术色彩的符号，所以又叫"别号"。号，起初大概是隐士们自称的。他们为了不求闻达，便隐蔽不露，居住山林，隐姓埋名，而另起一个名作为代表自己的符号。战国时代有位隐士叫鬼谷子，迄今人们也不知道他的真实姓名。

号不必和名有意义联系，能任意选取，这是它和字的重要区别。

六、姓与氏

姓在母系氏族社会产生；氏于父系家族开始有分族的时代产生。

---

① 卜商字子夏，言偃字子游，颛孙师字子张，这里称的都是字。

姓和氏的使用规范，"从西周开始形成制度，二者不能混淆，官府设置专门辨别姓氏的官员。"①

春秋战国的"姓"、"氏"，含义与今不同。②"姓"主要是属于血缘性的，而"氏"则更多是属于政治性的。③或者说"姓是代表有共同血缘关系种族的称号，氏则为由姓衍生的分支。"④可见那时，姓和氏是被严格加以区分的，二者之间不能划等号。

"姓"在甲骨文和西周金文中作"生"，春秋时金文中有时作"𫊸"，战国晚期的古文字中才出现"姓"字。"姓"字字形随着时代推移的这种变迁，说明"姓"是生发展变化而来。

春秋战国时期，"生"既指人的生育，又指人的出生。如《左传·隐公八年》云："因生以赐姓"。又如《礼记·曲礼下》："纳女于天子曰备百姓"注之云："姓之言生也。"可见二者都指人的血缘传承。

据清代学者顾炎武的考证，秦汉以前，见于《春秋》一书有二十二姓：

> 妫，虞姓，出颛顼，封于陈。姒，夏姓，出颛顼，封于杞、鄫、越。子，殷姓，出高辛，封于宋。姬，周姓，出黄帝，封于管、蔡、郕、霍、鲁、卫、毛、聃、郜、雍、曹、滕、毕、原、酆、郇、邢、晋、应、韩、凡、蒋、邢、茅、胙、祭、吴、虞、虢、郑、燕、魏、芮、彤、荀、贾、耿、滑、焦、杨、密、随、巴诸国。任、宿、须句、颛臾，风姓也，自太皞。秦、赵、梁、徐、郯、江、黄、葛、麋，嬴姓也，自少皞。莒，己姓；薛，任姓；南燕，姞姓也，自黄帝。杜，祁姓也，自陶唐。楚、夔、权，芈姓；邾、郳，曹姓；鄅、逼阳，妘姓；鄾夷，董姓也，自祝融。齐、申、吕、许、纪、州、向，姜姓也，自炎帝。蓼、六、舒、舒鸠，偃姓也，自咎繇。胡，归姓；邓，曼姓；罗，熊姓；狄，隗姓；鄅瞒，漆姓，阴戎，允姓，六者不详其所出。略举一二论之，则今之孟氏、季氏、孙氏、宁氏、游氏、丰氏皆姬，陈氏、田氏皆妫，华氏、向氏、乐氏、鱼氏皆子，崔氏、马氏皆姜，屈氏、昭氏、景氏皆芈。⑤

这大体反映了西周春秋时代姓的情况。从不少古姓都从女旁，连"姓"字也从女旁看，

---

① 王贵民《先秦文化史》，第76页，上海人民出版社、上海书店出版社2013年版。
② 骆光华《先秦姓氏制度初探》，《中国古代史论丛》第8辑，1983年。
③ 雁侠《中国早期姓氏制度研究》，第2页，天津古籍出版社1996年版。
④ 李解民《中国古代的姓和氏》，载《文史知识》编辑部：《古代礼制风俗漫谈》，中华书局1983年版。
⑤ 顾炎武《日知录》卷二十三《姓》。

姓的产生似可追溯到母系社会初期，其目的在于以姓作为区别子女分族的标志，以改变兄妹通婚（即血缘婚）对后代健康的不良影响，并保证族人的繁衍。①《白虎通·姓名》谓"人所以有姓者何，所以……远禽兽、别婚姻也"。此说后人多有遵从者，如：郑樵《通志·氏族略序》云："姓所以别婚姻。"

周初赐姓，其根据是"德"。《左传·隐公八年》云："天子建德，因生以赐姓，胙之土……"意思是说：天子建立有德之人为诸侯，根据他的出生赐姓，分封土地。

关于周代赐姓，除《左传·隐公八年》所载外，还有《左传·昭公八年》所述周武王分封时胡公受赐姓之事。《左传·襄公二十五年》云："昔虞阏父为周陶正，以服事我先王。我先王赖其利器用也，与其神明之后也，庸以元女大姬配胡公，而封诸陈，以备三恪。"而《礼记·乐记》亦有相近的记载。可见赐姓的依据除有德外，还有有功。

赐姓的目的在于藩屏周，以此表明周德遍及天下，笼络人心，建立统治秩序，永保姬姓族的存在，巩固姬姓族的统治。

周公以后，直到周朝灭亡，不再有赐姓的举措。

周代的姓和氏，有一套相当严密的制度②。其内容除赐姓名氏外，还有女子称姓、同姓不婚、姓氏等级制等。

周代女子大多称姓。如《随园随笔》孔疏云："男称氏，女称姓"。何以女子称姓？郑樵《通志·氏族略》云：

> 三代之前，姓氏分而为二，男子称氏，妇人称姓。氏所以别贵贱，贵者有氏，贱者有名无氏，故姓可呼为氏，氏不可呼为姓。姓所以别婚姻，故有同姓、异姓、庶姓之别。

这段话所云"妇人称姓"仅是周制，在先秦并不具有普遍性。周代贵族女子，在生前死后、结婚前后，有种种不同的称谓，但无论是什么称谓，都必须带上姓。例如，一个出生于齐国公族的女子，一般称作"齐姜"；若嫁给鲁国国君，就叫做"鲁姜"；死后又可以用在姓上冠以配偶或自己的谥号来称谓，如鲁桓公的妻子死后叫"文姜"，"文"是她本人的谥号。

具有区别各族婚姻作用的姓，是与周代同姓不婚制度相联系的。然而周天子实际自己就违犯了这一制度。③春秋以下，诸侯与同姓结婚的尤多，如宋国国君"三世内

---

① 雁侠《中国早期姓氏制度研究》，第57页。
② 李解民《中国古代的姓和氏》。
③ 见《穆天子传》。

娶"，"楚王妻媦（妹）"。这些异姓诸侯，各从其俗，固然无足怪，而姬姓诸侯，行周礼的，嫁娶也未曾以同姓为忌。如《春秋》经传所载鲁昭公娶于姬姓吴国，不称夫人姓而称吴孟子，其原因在于"讳娶同姓"。①

正由于"姓所以别婚姻"，所以"氏不可呼为姓"。如果氏呼为姓，异氏作为异姓而相互通婚，就会破坏同姓不婚制。为了保证同姓不婚制的实行，周人赋予姓氏的等级差别以重大的意义。所谓"男女辨姓，礼之大司也。"②意思是说：男女要辨别姓氏，这是礼仪的大事。贵族对买来的姬妾侍女也要进行辨姓，假如不知道，就占卜一下。

以下讨论氏。

氏是一个人身份贵贱的标志，通常只有贵族男子才有。即贵有氏，贱无氏。《左传·隐公八年》叙述了氏的命名方法："天子建德，……胙之土而命之氏。诸侯以字为谥，因以为族；官有世功，则有官族；邑亦如之。"意思是说：天子建立有德之人为诸侯，分封他土地而又根据封地命名氏。诸侯对于卿大夫，以其字作为谥号，后人便当作族号；世代担任某一官职而有功者，就以官名为族号；也有以封邑为族号的。

诸侯有以受封的国名为氏的③，如陈氏、宋氏。

诸侯的子孙在称谓上是这样规定的：诸侯之子称公子，公子之子称公孙，公孙之子以其祖父的字为氏。

卿大夫或以职官为氏，如师氏、史氏、卜氏、祝氏、巫氏、士氏、司马氏、司空氏、中行氏、陶氏、籍氏；或以所受封邑名为氏，如晋国的韩氏、魏氏、赵氏、范氏、知氏。

卿大夫有以居处为氏的，如东郭氏、南宫氏、百里氏、柳下氏。

与姓相比，氏是不稳定的、可变的。其中诸侯公室和卿大夫，有的不仅上下两代不同氏，而且一个人先后可以有两个或两个以上的氏。如据《左传》，春秋中叶，晋国一位大夫的称谓多达九种，即：会、季氏、武子、士会、士季、随会、随武子、范会、范武子。在这里，士、随、范是氏。他的祖先曾担任过士的职务，乃以官名为氏。随、范是他先后受封的两个采邑，系以封邑为氏。此外，会是名；季为排行，武为谥号。又如，战国中期秦国的著名改革家称谓有商鞅、卫鞅、公孙鞅。商（今陕西省商州东南）是他的封地，是以封邑为氏。卫，是他原来的国籍。公孙，是他在卫国时的身份。弄清楚了这些，就自然理解那三种称谓只不过是一个人的不同叫法而已。

需要指出的是，妇女的称呼可于姓下加"氏"字，如姜氏、嬴氏、姬氏、妫氏。在

---

① 见《公羊传·哀公十二年》、《穀梁传·哀公十二年》、《左传·哀公十二年》。
② 《左传·昭公元年》。
③ 春秋时所谓"国"皆指国都，"国人"即国都中之人。

此情况下,"氏"之前的称呼代表姓,应与一般"×氏"的"×"表示氏相区别。又,氏和族虽有区别,但有时又可相通。如《战国策·秦策》云:"昔者曾子处费,费人有与曾子同名族者",此处的"族"意即指氏①。

姓氏制度产生之后,经过夏、商、西周的演变,到春秋战国时期,姓氏混一。郑樵《氏族序》:"三代之后,姓氏合而为一,皆所以别婚姻而以地望明贵贱。"又顾炎武《日知录·姓氏》:"姓氏之称,自太史公始混而为一,本记于秦始皇则曰姓赵氏,于汉高祖则曰姓刘氏。"都认为姓氏混称发生在西汉。其实,《战国策·赵策一》中记载,智伯的谋臣智过见智伯不能用他的计谋,不听他的规劝,料定智伯必败于韩、魏、赵,为了避祸,"出,更其姓为辅氏,遂去不见。"这表明春秋战国之际姓氏已经混称。姓氏混称是姓氏制度长期历史演变的必然结果。

据学者对青铜器铭文和古籍的综合研究,女名的形式变化有两大趋势:一是称私名或字的现象呈减少的趋势,这表明女性在春秋到战国这一时期,在历史舞台上所占的地位急剧下降,表明女子独立人格逐渐丧失;另一趋势是夫氏在女名中逐渐减少并近乎消失,其变化过程是:女名多用夫氏→多用父氏→全用父氏。因此就没有必要用姓了。到战国时期女子普遍称氏而不称姓时,姓就被氏兼并而成了诸氏中的一部分。②

姓氏混称后的"姓",多源于国名、官名、地名、姓。这些标志都具有一定的稳定性。

有学者认为,姓氏的发展似乎遵循着这样一条规律:姓→姓氏并存→姓氏混一。姓氏混一后,女子专用的姓族名被取消了。女姓的姓氏便基本上是在家从父,出嫁后称"夫氏"+后(或太后、夫人)了。姓氏制度的变迁从一个侧面反映了女性在社会中地位逐渐下降的现实。③

七、委婉语

所谓"委婉语",就是具有委婉含蓄风格的语言。《左传》中的辞令就极具此特色。据李青苗先生研究,这主要表现在以下三方面。

一是卑己尊人。《左传》中显示卑己尊人之处不少。首先是辞令中有不少谦称和敬称。前者如"寡君"、"小人"、"下臣"等;后者如"君"、"吾子"、"执事"等。如《左

---

① 李解民《中国古代的姓和氏》。
② 详见雁侠《中国早期姓氏制度研究》,第 195—196 页。
③ 雁侠《中国早期姓氏制度研究》,第 198—199 页。

传·僖公三十年》烛之武对秦伯说:"越国以鄙远,君知其难也。焉用亡郑以陪邻?邻之厚,君之薄也。"君在当时的涵义颇丰,有统治、治理;天子;国君等。这里突出的是他的地位、权力。执事是外交场合下级对上级的敬称。如《左传·僖公三十年》:"若亡郑而有益于君,敢以烦执事。"吾子是对对方亲切的尊称。如《左传·成公二年》:"擐甲执兵,固即死也,病未及死,吾子勉之。"

与敬称相对的是谦称,用于称呼自己。如春秋时诸侯使者与别国国君的对话,自称本国国君用"寡君"、"不穀"等谦词。寡君意谓寡德之君。如《左传·僖公四年》:"贡之不如,寡君之罪也。""不穀",意谓不善。如《左传·宣公十二年》:"楚子使唐狡与蔡鸠居告唐惠侯曰:'不穀不德而贪,以遇大敌,不穀之罪也。'"不穀有时又是君王自称的谦词。如《左传·僖公四年》:"岂不穀是为,先君之好是继,与不穀同好,何如?"此外,经常使用的谦词还有"臣"、"下臣"等。臣的初义是奴隶,引申为低贱的,进而发展为谦称。《说文》的解释是"事君也"。如《左传·哀公十五年》:"且臣闻之曰:'事死如事生,礼也。'"

二是弦外之音。《左传》常常用含蓄的语言、留有余地的说法,来表达意图。如《左传·僖公四年》载前656年,齐率诸侯伐楚,楚遣使问齐何故?管仲为桓公回答。其中有"昭王南征不复,寡人是问。"楚使称"昭王之不复,君其问诸水滨。"周昭王南征楚国没有回去,君王还是问水边上的人去吧!言外之意与楚国当政者无关。又如《左传·僖公三十三年》载郑商人弦高伪称郑使,以十二头牛犒袭郑之秦师,并使人遽告于郑。郑穆王派皇武子辞谢秦师,说"吾子淹久于敝邑,唯是脯资、饩牵竭矣,为吾子之将行也,郑之有原圃,犹秦之有具囿也,吾子取其麋鹿,以间敝邑,若何?"以粮肉、物资缺乏为由遣逐秦师,暗示已知秦师将袭郑的狼子野心。再如《左传·文公十七年》郑子家以书告赵宣子说:"传曰:'鹿死不择音。'小国之事大国也,德则其人也;不德则其鹿也。铤而走险,急何能择?"陈述事势发展必然之理,委婉中含有拼死一搏的巨大威力,使晋人不得不折服。又《左传·成公三年》载楚王送别晋知罃。当楚王问他回到晋国以什么来报答我时,智罃回答说:"若不获命,而使嗣宗职,次及于事,而帅偏师,以修封疆。虽遇执事,其弗敢违,其竭力致死,无有二心,以尽臣礼,所以报也。"曲而达意,婉而有致,表现了智罃报效晋国的赤胆忠心和拼死对抗楚国的坚强意志,与上述例证有异曲同工之妙。

三是赋诗求雅。尚文是春秋时期的风尚之一。文指诗、书、礼、乐等文化方面的内容。诗是中华民族优秀的传统文化形式之一。赋诗是那时盟会、朝聘等外交活动辞令的有机组成部分,也是谈判方式。有学者指出:"春秋时期,诸侯国之间的外交活动旨在通过协调达到某种目的,在外交周旋中人们不是单刀直入,直奔主题,而是有所铺垫,赋诗言志,因诗达情,以知识与修养贯穿其间,多优雅裕如之风而少剑拔弩张之气,在一家程度上缓和了外交斗争的紧张激烈。"①甚是。例如,《左传·襄公二十六年》记载,公元前547年,齐侯和郑伯为卫侯求情去到晋国。晋侯赋《嘉乐》这首诗表示欢迎。国景子作为齐侯的相礼者,赋《蓼萧》这首诗。子展作为郑郑伯的相礼者,赋《缁衣》这首诗。内容都是赞誉晋侯,联络感情(亲情或友情)求释卫侯。晋侯列举卫侯之罪,派叔向转告两位国君。国景子赋《辔之柔矣》这首诗,"义取宽政以安诸侯"。②子展赋《将仲子兮》这首诗,"义取众言可畏"。③晋侯於是释放卫侯回国。宾主一唱一和,重大艰难的外交问题就在脉脉温情的笼罩下解决了。④赋诗言志,典雅雍容,成为春秋时代亮丽、浪漫的一幕。

---

① 罗新慧《尚"文"之风与周代社会》,《中国社会科学》2004年第4期。
② 杨伯峻编著《春秋左传注三·襄公二十六年》,中华书局1981年版。
③ 同上。
④ 以上参看李青苗《〈左传〉委婉言与中华民族的重礼的特征》,《光明日报》2013年3月20日。

第二节　工艺美术风俗

一、书法绘画

（一）书法

所谓书法，就是美化文字的艺术。换言之，就是写字的方法——法则和规律。

把书写文字发展为一门艺术——书法，是中国所特有的现象。作为中国特有之艺术的书法，其中凝结着丰富的本土精神和审美趣味。

书法之所以能成为源远流长的艺术形式，自然有赖于中国文字自身的特征。中国的文字，即汉字，是以象形为本源的符号。而象形"远取诸物"。古人用线条勾勒、摹绘这些"物"，无不有求美之意。因此，有学者认为，汉字本身就带有"天生丽质"和"遒丽天成"的特点。[①]鲁迅先生说："写字就是画画。"[②]可见中国文字的书写自始就含有美的因素，而且透露了书画同源的道理。

汉字书法的历史源远流长，可以上溯到六千年前。唐兰先生认为，最早的遗迹是仰韶文化时期山东大汶口和西安半坡的原始符号。[③]商代的甲骨文、金文开创了中国书法之先河。西周金文书体风格变化很大，铭文也较长。春秋战国时代是中国书法艺术发展的一个重要阶段。郭沫若先生指出：有意识地把文字作为艺术品，或者使文字本身艺术化和装饰化，是从春秋时期开始的。[④]故春秋战国时代，文字向书法转化，进入

---

① 陈云君《中国书法史论》，第39、52页，人民日报出版社1987年版。
② 《且介亭杂文·门外文谈》。
③ 唐兰《从大汶口文化上的陶器文看我国最早文化的年代》，载《光明日报》1977年7月14日。
④ 详见郭沫若《青铜时代》，第317—318页，科学出版社1957年版。

了一个有意识的新阶段。其表现在以下三方面：

一是金文发生显著变化。西周的书法多见于青铜器。即铸造、刻写出来的金文。西周的金文凝重而端严，雄奇且浑穆。到春秋战国时期，则变为清新秀丽。文字的形体趋向纵式，行笔颇长，笔法几乎都用粗细一律的线条，当时称为玉箸，具有圆润柔和的风格。《秦公簋》等器上的铭文已发秦代小篆的先声。此外，值得一提的是在金文中独树一帜的错金铭文。其圆润、秀劲、华美，具有良好的装饰作用。①

二是书法和字体的地区特点鲜明。周室东迁后，王朝力量大为削弱，诸侯纷纷割据，全国逐渐走向分裂。这时，各地文化差异渐大，文字亦不例外。从春秋晚期起，各诸侯国就出现了文字异形的现象，到战国更甚。近代学者王国维曾著《战国时秦用籀文六国用古文说》，认为在秦始皇推行"书同文字"之前，"所谓秦文即籀文也"。秦之小篆即是根据笔划繁多的史籀大篆加以省改，他说："故古籀文者，乃战国时东西二土文字之异名，其源皆出于殷周古文，而秦居宗周故地，其文字犹有丰镐之遗，故籀文与自籀文出之篆文其去殷周古文，反较东方文字为近。"②在这

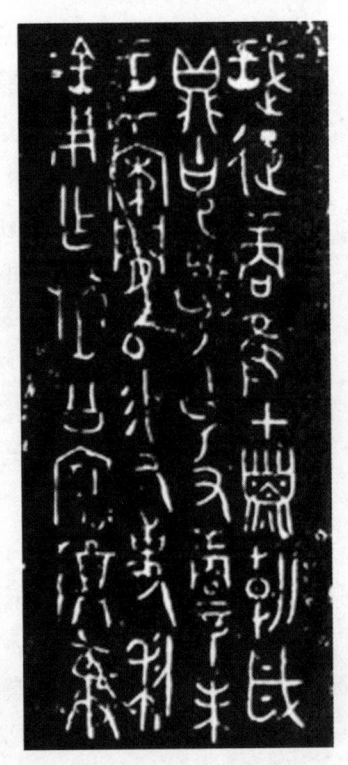

利簋铭文拓片

里，王氏提出，战国时期的文字分西土、东土两系，籀文即西土系文字，古文即东土系文字。其说中战国文字分东、西两系，以及东系为古文，无疑都是正确的。但西系为籀文，以及篆文出自籀文，却不妥当。因为据裘锡圭先生研究，籀文并不是秦国在统一全中国前夕所用的文字，③小篆是由春秋战国时代的秦国文字逐渐演变而成的，不是由籀文省改而成的，小篆跟统一前的秦国文字之间并不存在截然分明的界线。此外，需要指出的是古文，即六国古文，就其铜器铭文形体分析，也不完全一样，区域特点无疑是显著的。容庚先生说："春秋战国，异体明兴，细长之体，盛行于齐徐许诸国，如《齍镈》、《王孙钟》、《许子簠》是也。有复两端纤锐之旧者，如《齐陈曼簠》是也。有加羡文者，如《王子匜》子字四爪，之下加两虫是也。有加点于细长之体者，如《者沪钟》、《楚王酓肯盘》是也。……有鸟书者，始于商而盛于春秋战国，如《玄妇方罍》、

---

① 李福顺《中国春秋战国艺术史》，第91页，人民出版社1994年版。
② 王国维《观堂集林》卷七。
③ 参看裘锡圭《文字学概要》，第48—51页，商务印书馆1988年版。

《越王矛》、《越王剑》、《用戈》是也。"① 所谓鸟书，实际上是一种美术字体，在铭文的文字上附加鸟形的装饰，很难释读。鸟书出现在南方的楚、蔡、越等国。与鸟虫书流传的同时，在晋人活动范围还流行科斗文，其特点是笔划中肥末锐，形似蝌蚪。青铜器铭文中有此作风的，如《智君子鉴》。② 侯马盟书是春秋战国之际毛笔手写的文字。这些手书文字的字体也是科斗文。

对于战国中期以后的简帛、陶器、兵器、玺印、货币上的六国古文，李学勤先生认为：其"变化奇诡，而且有更大的地域性。同样的一个字，在不同的诸侯国往往有相差很大的几种写法"。③ 甚是。但是，六国文字的差别不是本质的差别。许慎《说文解字·序》说："六国之世，文字异形，然犹存篆籀之迹，不失形类之本。"

总之，战国中晚期关东六国的古文，笔划趋于省简，发明了不少新的简化字。

需要指出的是，当时虽存在很多少数民族，但罕有文字，只有巴蜀地区出现有两种巴蜀文字，一类是"符号"，有的"与铜兵器上的铸文相同"；另一类则是"似汉字而又非汉字者"。④ 这些文字发现于巴蜀文化的青铜器和玺印上，目前都尚未解读。

三是隶书的产生。从战国中期开始，秦国人在日常使用文字的时候，为了书写的方便，不断破坏、改造正体的字形，即用方折的笔法改变正规篆文的圆转笔道，由此产生了秦国文字的俗体。秦孝公之后，伴随着文字使用的日益频繁，俗体也就越来越流行了。在铜器（主要是兵器）铭文、漆器铭文，以至印文、陶文里，都可以看到俗体字。⑤ 这就是隶书形成的基础。秦官吏处理繁忙的法律刑狱等事务的时候，不得不采用民间已通行的这种简便书体。⑥ 以其涉及徒隶之事，故有隶书之名。由于隶书形成于战国晚期，在秦朝小篆和汉隶问世之前，因而被称为秦隶。⑦ 云梦睡虎地出土秦的简牍，都是隶书，时代也多在程邈之前。程邈的作用，不过是对隶书加以整理，使其规范化而已。隶书以其新体势和新风格，对以后汉字和书法的发展产生着极其积极而深远的影响。正如李学勤先生所说："秦统一文字，并非只有一种书体。或以为当时的标准文字是小篆，篆书繁复难写，用来作为通行文字是不可能的。……事实上起最大普及作用的，乃是隶书。"⑧

---

① 容庚《商周彝器通考》上册，第77—78页，哈佛燕京学社1941年版。
② 李学勤《东周与秦代文明》，第366页，文物出版社1984年版。
③ 李学勤《东周与秦代文明》，第367页。
④ 四川省博物馆《四川船棺葬发掘报告》，文物出版社1960年版。
⑤ 裘锡圭《从马王堆一号汉墓遣册谈关于古隶的一些问题》，载《考古》1974年1期。
⑥ 唐兰《中国文字学》，第165页。
⑦ 李学勤《东周与秦的文明》，第368页。
⑧ 同上书，第367—368页。

（二）绘画

西周时代还没有出现现代意义的独立的绘画作品。绘画主要依附于建筑和工艺美术作品。基本上是装饰性图案。东周以后，由于笔、墨、绢的进步为绘画提供了较好的工具材料，由于社会对绘画的需要（其中包括招魂用旌）量增多，由于文化界有些人已开始注意绘画并提出了论画的见解，[①]绘画艺术有了很大进步。当时已经有了专业的画家。他们在绘画理论和实践上都达到了一定水平，开始出现表现人物活动且具有写实性的绘画作品。[②] 此外，一些铜器、漆器和陶器上的图像已描写了较多的人物、动物和植物，并栩栩如生。

将美术考古和文献记载相结合，两周的绘画可分壁画、帛画、漆画和铜器画四类。兹分述于下。

1. 壁画

西周时期的壁画痕迹，在今陕西省扶风县杨家堡的西周墓葬发现。该墓穴四壁上有用白色绘出的菱形二方连续带状图案。

东周以后，有关壁画的记载渐多。如《淮南子》、《孔子家语》记载，周代明堂有壁画，绘贤君尧、舜和暴君桀、纣的形象，还有周公辅成王，召见诸侯的图像。春秋末年孔子观后，长叹道："此周之所以盛也！"由此可见，绘画"成教化，助人伦"的社会教育功能在当时已受到重视。这种以史为鉴的题材，在汉唐宫殿壁画中很流行。[③]

此外，在周代宫室路寝外面的门上画虎，意在显示守卫者之勇猛，因此路寝的门又称"虎门"。这种以"猛虎镇宅"为题材的民俗门画相沿至今。[④]

楚国的宗庙壁画在伟大诗人屈原的《天问》中得到反映。屈原曾见到楚国的先王宗庙及公卿祠堂"图画天地山川神灵及古贤圣怪物行事"，并将95个疑问题写在壁上。

东周时期的重要壁画还有《山海图》。它有图有文，图文配合，互相对照。其文字部分被独立保存下来，即《山海经》。《山海经》记述五藏山图，以及当时人们所知和想象的国家、神人、异兽、树木和物产。由此可以推知《山海图》应是一种规模巨大的全景画。其图文配合的形式被后代的壁画和卷轴图所承袭。

战国时代的壁画遗迹，在咸阳秦故都宫殿遗址保存有车马、人物、建筑形象的片段以及其他图案形式。其画法以线描为主，兼用平涂和晕染，中国的工笔重彩画在这里可以找到它的源头。

---

① 以春秋时期孔子的"绘事后素"论和战国时期韩非子的写实论为代表。
② 《中华文明史·先秦卷》，第585页，河北教育出版社1992年版。
③ 李福顺、刘晓路《中国春秋战国艺术史》，第8页，人民出版社1994年版。
④ 参《中华文明史·先秦卷》，第585页。

2. 帛画

战国时期，脱离实用范围的有独立意义的绘画作品出现了。已知的是出土于湖南长沙楚墓的两件帛画。

《人物龙凤帛画》是1949年出土的。占画面主要位置的，是一婀娜细腰的女子。她头挽垂髻，侧身而立，面向左方，身着长袍，腰间束带，衣长曳，下摆向前后分张，衣上绣花。女子两手向前伸出，合掌作揖。在女子的头上，为一矫健鹰扬，展翅奋飞的凤。凤的前面，有一奋爪卷尾、扶摇直上的龙。

《人物御龙帛画》是1973年发现的。画面正中画一男子，头戴薄纱高冠，身着长袍，领下结缨，侧身直立，神情潇洒自如，身材修长，腰披长剑，手执缰绳，御一巨龙。龙略似一舟，似在乘风扬波。人物头顶上有垂着流苏的华盖，①图左下角有一游鱼，暗示龙是浮游于水上的。龙尾上立一圆目长喙、昂首仰天的鹤，②而鹤在古时被称为天国神鸟。

《人物御龙帛画》的上缘裹着一根竹条，竹条正中系着丝绳，可以悬挂。它和《龙凤人物帛画》，都是铭旌类之物，作随葬用。画中的人物，即墓主人。两画的主题均为祈求灵物（龙、凤）导引、护持墓主人的灵魂登天升仙。两画对人物的描绘细致精确，线条流利自然，设色兼用平涂和渲染，达到了较高的艺术水平。《人物御龙帛画》的线条有轻重、徐疾、粗细、虚实的丰富变化，技巧更为成熟。

3. 漆画

漆画是附属于漆器（棺椁、乐器、日用器皿）上的装饰图案，往往画面完整，色彩绚丽，从一个侧面表现了当时的绘画风貌和水平。

此时的漆画都是从田野考古所获得的，主要出土于楚墓，也有出土于齐墓的。现以随州市曾侯乙墓、包山楚墓、颜家岭楚墓的漆器为代表予以阐述。

曾侯乙墓的漆绘作品主要有棺、衣箱、鸳鸯盒，描绘着瑰丽多姿的神话传说和乐舞活动。内棺内壁髹朱漆，外壁髹黑漆，其上再髹红漆。然后在红漆上再以黑、金等色漆绘出十分繁密的龙、蛇、鸟、神人等花纹。而在棺的两侧壁和足档上则绘出窗格。线条流畅，穿插变化。局部平涂，色调协调。鸳鸯形漆盒器腹左右两侧，分别绘《钟磬作乐图》和《建鼓》图。图中撞钟、击鼓和跳舞等三人都绘成兽首人身或作兽状，很可能是举行某种宗教仪式的写照。此二图是我国目前最早的乐舞图画，构思巧妙，技巧娴熟。

---

① 一说为天盖，见李福顺等《中国春秋战国艺术史》，第55页。
② 这是多数学者的看法。有人认为是凤，见《中国春秋战国艺术史》，第55页。

战国铜器画

包山楚墓奁盖漆画,有学者称之为《王孙亲迎图》。① 在盖外沿的黑漆地上,用朱红、枣红、熟褐、棕黄和翠绿等颜色描绘了车4辆、马10匹、各种人物26人、树5棵、飞鸟9只、犬2只、豕1只。画面以柳树为间隔,将出行与亲迎双方的活动间隔为五个段落,给观众以开始、结尾的联想。这是迄今所知中国最早的情节性纪实风俗画,也是最早的通景彩画。画家不仅能比较自如地表现人、马的动作、动势,而且集所有难画对象——狗、柳于一图,可见画技之高明。

颜家岭漆奁器表以黑漆为地,以朱漆绘画。自奁口以下共有五组装饰带。其中第二组为狩猎图。其左侧一猎犬与野猪据地对峙,右侧有分持箭戟的两猎人围捕林中犀牛。狩猎的紧张场面,猎人的勇敢,犀牛的凶狠,都被描绘得栩栩如生,扣人心弦;那迎风摇曳的柳丝则表明狩猎的时间是在早春。

4. 铜器画

在春秋战国的青铜器纹饰中,有一部分华美的绘画形象。即以器物表面上各种建筑、车马、人物、鸟兽以及神话图像,构成战争、狩猎、宴乐等画面,表现社会现实生活和神话题材。"许多现实生活场景出现在青铜器上,是本期绘画的重大发展之一"。② 它为汉代画像石和画像砖开创了先河。

由于制作工艺的差异,铜器画可分以下两种。

(1)镶嵌画 其制造方法是在铜器表面铸花纹浅槽,然后以异色金属(金、银、红铜)丝镶嵌槽内,再加以错磨,使之和器物表面平滑。主要装饰于形体较大、器壁较厚的青铜器的外壁面。其中著名的作品有:河南汲县出土的水陆攻战纹鉴、故宫博物院藏的宴乐渔猎攻战纹壶、河南辉县出土的宴乐纹鉴、四川成都百花潭出土的宴乐攻战纹壶,等等。③

(2)针刻画 以锋利的刃器刻在匜、洗、盘、缶、奁等器物的内壁或外表(内外壁都有刻纹的甚少),完全以线条勾勒表现形象,具有构图活泼自然,绘画性强的特点。针刻画初见于春秋后期,而以战国时代为多。典型作品,如河南陕县后川出土的盘和匜、江苏省六合出土的匜、山西长治分水岭出土的匜、河南辉县赵固区出土的铜鉴、上海博物馆所藏的铜桮,大多是战国时期的作品。

---

① 彭德《屈原时代的一幅情节性绘画》,《文艺研究》1990年第4期。此外,还有二说:一说为《车马出行图》,见陈振裕《楚国车马出行图初论》,《江汉考古》1989年第4期;一说为《金秋郊游图》,见刘彬徽等《画苑瑰宝——"金秋郊游图"》,《江汉早报》1987年5月22日。
② 李福顺等《中国春秋战国艺术史》,第68页。
③ 同上。

二、民间工艺

两周时期的民间工艺技术的门类、品种，主要可分织绣、雕塑、陶瓷、编织、漆器、青铜器等六类，以下介绍其技术特征和产品功能。

（一）织绣

这是民间纺织与刺绣工艺技术及其产品的总称。就纺织工艺来讲，有丝、麻、葛等类织物及其印染产品。

考古发掘表明，西周的麻布为平纹组合。丝织品已经用钙质的温水漂涑，用表砂作颜料而染色，织品除平纹外，还有斜纹提花菱纹的图案组织，后者是用提花机织出来的。那时已有刺绣，采用的是"辫子股"绣的针法。[①] 据研究，丝织品主要是供贵族穿戴或作为礼品馈赠，周王册命赏赐官员的命服更以丝织物制做的居多。

春秋时期，据《左传》和《吴越春秋》所载，吴、越、郑、卫等国的织造、染色水平有了显著提高。到战国时期，丝织物在织法上，不仅能织细密的平纹，而且能织复杂的斜纹，还能够提花和绣花。其中锦的织法是当时最先进的技术。推测那时应有复杂的有机台式的织机。

当时丝织品的主要产地是齐国和楚国。齐国出产的薄质罗纨绮缟和精美刺绣名闻天下，畅销各地，有"冠带衣履天下"[②]之称。楚国的丝织品以湖北江陵出土的著称，被誉为"丝绸宝库"。每一个丝织品种都是织法多样，色彩纹样各异。丝织品中以锦、绣最珍贵。锦为重经提花织物，单幅为二色至六色。多色的采取分区法和阶梯连续法。花纹多达十余种，主纹、地纹和辅纹互相烘托，富于变化，色泽古朴大方。绣品多用绢作底。绣法主要为锁绣，间以平绣，纹样繁复多姿，纷呈异彩。图案有二十几种，构图奇特生动，有浓重的神话色彩。[③]

除丝织品外，麻、葛纺织及与之密切相关的练染技术也有巨大进步。而麻、葛织品的使用比丝织品还普遍。

（二）雕塑

西周的雕刻材料，有青铜、玉、陶、骨等。这里仅谈青铜和玉。

西周丰富多彩的造型艺术是西周青铜器的重要组成部分。主要可分为人像造型和动物造型两大类。前者如男铜人、人形铜车辖、人足形铜盒，从中不仅可以了解西周

---

① 朱大渭主编《中国通史图说》（一），第279页，九洲图书出版社1999年版。
② 《史记·货殖列传》。
③ 陈跃钧、张绪球《江陵马砖一号墓出土的战国丝织品》，《文物》1982年第10期。

某些阶层的服饰，还揭示了西周人奴役人的社会现实。后者如象尊、牛尊，新颖实用，展现了工匠高超的技艺。除青铜铸造工艺外，西周的琢玉工艺也达到了相当高的水平，玉制品中以动物造型饰物为多。如龙凤人物玉佩，其造型由三龙一凤两个人物头像组成，构图复杂，集中体现了当时的玉雕工艺水平。[1]

从春秋后期到战国时期，为中国早期雕塑艺术的高峰期。此时的雕塑广泛使用了各种雕刻材料，包括青铜、金、银、铅、陶、玉、石、牙、骨等，还出现了使用不同材料的倾向。再就是各种材料的制作工艺技术有了新的发展，如青铜工艺的分铸、焊接等技术的进步，失蜡法的应用，和错金、银、铜与镶嵌技术的风行。实证之一是错金银嵌松石铜牺尊其形象生动，富丽堂皇，艺术水平很高。

雕塑作品反映生活具体性方面比过去大为进步了，以表现人的形象为主的作品上，出现了贵族、武士、侍从、舞女等不同社会地位的众多形象，人的面容也有了较多的表情。如钟虡铜人颇具南方楚人相貌的特点，显得威风凛凛，神情庄重。

战国时期还发展了那种连同生活环境的雕塑样式。有的雕塑反映生活的真实性与具体性非常突出。如云南出土的祭祀透雕扣饰，那时还有一些形式上比较朴素、自然，艺术上富有特色的作品，如河北易县燕下都出土的陶虎头形水道管口。借圆管的圆口稍作切削而成大张的虎口，又用双勾阴线对虎面部的其他部位进行刻划，显得栩栩如生。在表现自然界激烈的生存竞争方面，河北出土的虎噬鹿器座，云南、内蒙古出土的人与兽斗、兽与兽斗的铜饰牌都是优秀的作品。

楚国的漆器和部分铜器代表了战国时代另一方面的成就。除木俑外，如除邪辟鬼的镇墓兽、神秘幻想的虎座飞鸟等，都充满了浪漫主义色彩。[2]

（三）陶瓷

两周是中国陶瓷工艺发展史上的一个新阶段。陶瓷的种类有灰陶、黑陶、彩陶、印纹硬陶和原始瓷器。

灰陶、黑陶、彩陶均指采用易熔黏土为原料的泥质陶和夹砂陶。灰陶主要采用轮制，兼施泥条盘筑法、模制和手捏。[3]

黑陶，战国时代已发现的为轮制，饰光亮的暗纹，造型考究，线条优美，图案雅致，有较强的艺术性。如河北中山王墓出土的黑陶鸭形尊、黑陶鼎等。[4]

彩陶，以新疆出土的春秋战国的彩陶有特色，其手制或轮制，泥质，加砂，红色，

---

[1] 详见朱大渭主编《中国通史图说》（一），第318页。
[2] 参金维诺主编《中国美术全集·雕塑编1》，人民美术出版社1988年版。
[3] 《中华文明史·先秦卷》，第206页。
[4] 详见李知宴《中山王墓出土的陶器》，《故宫博物院院刊》1979年第2期。

西周铜俑辖

往往内外壁均涂彩。①

印纹硬陶、原始青瓷的原料属于瓷石、高岭土型。印纹硬陶基本上都是采用泥条盘筑法成形的，鼻、耳等附件则以手捏成后再粘贴于器体上。其表面上的纹饰是在盘筑成形时，一手用蘑菇状抵手顶住内壁，一手用刻有"花纹"的拍子在外壁拍打而成的。而这种拍印法与泥条拍印法在工艺上是密切相关的。

原始青瓷在西周时多用泥条盘筑法，外表通常经过修理。春秋战国后，南方的一些地方亦采用陶车拉坯成形，故器形多较规整，胎质较薄，壁厚亦较均匀。

（四）编织

据学者研究，春秋战国时期，楚国的竹编织业发达，丰富多彩。建国以来，湖北等地出土的大量竹编织物，按其用途大致可分为丧葬用具、生活用具和生产用具三类。其编织技术有斜纹编织法、长方形纹编织法和盘缠编织法三种。其中一些竹编织物，篾片细而薄，篾片上所涂红、黑漆相映成趣，编织精工，令人叹为观止，堪称工艺品。如江陵马山砖厂出土的竹扇，编制十分精巧。②

（五）漆器

从西周到战国初期，漆器制造还是木器业的附属部门；战国中期，漆器制造开始脱离木器业而成为独立的手工业部门。当时漆器的主要产地是楚国、巴蜀和中原。从漆器常见的器形看，它主要用于日常生活，其形式多种多样。

漆器的制造技术精巧熟练，其主要表现是胎骨制法的进步和种类的增多。那时漆器的胎骨主要是木胎。战国早中期的木胎厚重。其中有些木器，作动物形状，经过精雕细刻，旋磨光亮，再施以彩绘，成为造型生动、色彩绚丽的艺术品。战国中期以后，胎骨向轻巧发展，出现了薄板胎和类似后世的夹纻胎。为了加固薄板胎，战国晚期发明了扣器。扣器不仅轻巧坚固，而且璀璨夺目。夹纻胎提高了胎骨质量，延长了漆器寿命。除了木胎、夹纻胎外，还有皮胎、竹胎等。

漆器的装饰艺术丰富多彩。装饰手法有描绘、镶嵌、针刻等。描绘技法一般用线描和平涂结合，亦有用点苔法的。描绘题材有图案和漆画两种。图案多为组成带状的几何纹，与器物相协调。漆画有非写实的和写实的两类：前者多表现神话传说中的人物世界；后者则反映现实生活。镶嵌除在漆器口、耳、足、底加银扣（箍）或铜扣外，还有贴金箔、嵌骨饰等，具有加固胎骨和装饰漆器的双重作用。针刻是战国时期的创新，线条精细流畅，有飘飘飞动之感。③

---

① 新疆维吾尔自治区博物馆编《新疆维吾尔自治区博物馆》，文物出版社1991年版。
② 陈振裕《楚国竹编织物》，《考古》1983年3期。
③ 陈绍棣《战国楚漆器述略》，《中原文物》1986年第1期。

楚人在《易经》"中和之美"理念的支配下，在制造漆器中广泛采用对称手法，如漆木制器双头镇墓兽、凤鸟双联杯等。这些器型立身中正、不偏不倚，形成审美视觉上的均衡、稳定与和谐。出于同一设计理念的还有对比手法的运用。龙凤纹漆盾通过线条和块面的虚与实、分与合、往与复的对比参差，使纹样显现出极富生命气息的律动，充分体现了生命运动之美。楚人制器效仿大自然的阴阳之性、刚柔之态，运用结构的简与繁、线条的曲与直、色彩的浓与淡、工艺的巧与拙，形成器型和纹饰的交错变化以生无穷之象。①

（六）铜器

两周时期，青铜铸造业是一个重要的手工业部门。

周代的青铜器继承了商代的工艺传统，但也有一些变化。如酒器逐渐减少，食器日益增多，还出现了钟、镈、剑、戟等新器物。同时，器壁从厚重趋于轻巧，花纹从繁缛趋向简单。②

周代后期（春秋战国）铸造青铜器的模具——泥质陶范质量优，铸造精。如侯马牛村古城出土的陶范包括内芯、外范、母范（模）及其他有关的铸造器件，造型优美而生动。

那时，青铜冶铸工艺，诸如失蜡法、浑铸、分铸、锡焊、铜焊，或已出现，或有了进一步的发展。同时，与青铜有关的装饰工艺，诸如错金银、错铜、鎏金、包金、镂刻和镶嵌珠玉、绿松石等，有了较快的提高。其中错金银工艺达到了高峰。

青铜铸造工艺的突破和加工技术的改进，促进了青铜器生产的发展。这一时期的青铜器形制轻便，灵巧而美观；纹饰生动、新颖，富有变化，趋于写实；礼器减少，生活用器增多。需要指出的是，那时有些青铜器，如莲鹤方壶、曾侯乙尊盘，错金银龙凤铜方案等，设计巧妙，造型奇特，不仅是实用器，而且是艺术品。

---

① 杨克石《楚人制器体现"中和之美"》，《周易研究》2012年第4期。
② 马洪路《中国远古暨三代经济史》，第209页，人民出版社1994年第1期。

西周圆鼎陶范

春秋盛酒器曾仲游父铜壶

第三节 音乐歌舞风俗

一、音乐

我国的古代音乐文化有悠久的历史和丰富多彩的内容，其中两周是一个重要的时期。

西周以后音乐有很大的发展。《诗经》所收作品，上起西周初年（前11世纪）或更早的周族活动时期，下至春秋中期（前6世纪），前后经历约五百年。《诗经》不仅奠定了中国古代文学现实主义基础，而且大都是可以上口的歌曲，在音乐上也产生了巨大的影响。

《诗经》所包含的歌曲，在周朝极为流行。根据音乐的不同，分为"风"、"雅"、"颂"三个组成部分。"风"是各地的民歌，是地方土调，共106篇，包括周南、召南、邶、鄘、卫、王、郑、齐、魏、唐、秦、陈、桧、曹、豳十五国风。雅是所谓正声（宫廷的乐调），共105篇，包括《大雅》31篇、《小雅》74篇，大小雅的区分也与音乐有关。《颂》是宗庙祭祀祖先的乐章，共40篇，包括《周颂》31篇、《鲁颂》4篇、《商颂》5篇。《周颂》出于周王室，《鲁颂》出于鲁国公室，《商颂》出于商族后裔宋国公室。一般认为，《诗经》产生的地区，主要在黄河中、下游，也有出自江汉流域，即包括今陕西、山西、河南、河北、山东和湖北北部一带。《周颂》和《大雅》中的大部分产生于西周前期，《小雅》的大部和《大雅》的一部分产生于西周后期和春秋之初，《国风》中的多数作品和《鲁颂》、《商颂》产生于春秋时期。

由于时代久远，《诗经》的曲调没有留传下来，今人只能从诗句中隐约探索其歌曲的曲式结构。《诗经》各篇的曲式，据杨荫浏分析归纳，可分为十种：（1）一个曲调重复；（2）一个曲调的后面用副歌，重复；（3）一个曲调的前面用副歌，重复；（4）一个曲调重复，最后一章"换头"；（5）一个曲调重复，前面有引子；（6）一个曲调重复，后面有尾声;(7)两个曲调各自重复,联成一个歌曲;(8)两个曲调交替运用,联成一个歌曲;(10)一个曲调重复,前有引子,后有尾声。① 上述分析归纳,说明《诗经》的曲式是相当丰富的。

需要指出的是,雅乐到春秋晚期趋于衰落。而新乐应运而兴。所谓新乐是一种经过雕琢和加工的民间歌舞艺术。它以一种世俗的姿态、独立的审美观念,在众多诸侯国的民间蓬勃兴起。它那活泼的风格,奔放的热情,华丽的色彩和动人的旋律,使呆滞森严的雅乐相形见绌,望尘莫及。新乐由于能随生活的发展而日益丰富自身的内容和形式,有旺盛的生命力,因此受到广大下层人民甚至贵族的欢迎,爱好新乐成了一时的社会风尚。到战国中后期,新乐已成燎原之势。孟子承认:"今之乐,犹古之乐也!"即承认新乐与古乐有同等地位。他还不以梁惠王所好为非,劝他"与民同乐"。② 这就说明,在新乐风靡全国的形势下,孟子已认识到无力独挽狂澜,只能因势利导了。

春秋战国时期,楚地(或泛指长江中游、汉水一带以至徐、淮间)的音乐和民歌被称为"楚声"、"楚调"或"南音"。战国时期,属于楚国地方的特有乐曲,如《涉江》、《采菱》、《劳商》、《九辩》、《九歌》、《薤露》、《阳春》、《白雪》、《下里》、《巴人》等名目,我们还可以从楚辞作品中看到。③

上海博物馆藏战国燕乐画像椭杯上的燕乐图(部分)

---

① 杨荫浏《中国古代音乐史稿》第4章,人民音乐出版社1981年版。
② 《孟子·梁惠王下》。
③ 参看岳斌《中国春秋战国文学史》,第188页,人民出版社1994年版。

学者认为，"南音"和"楚歌"（即"楚声"）与中原的"风"、"雅"、"颂"，在方言、音调、曲体结构和表达方式上均存在着明显的区别。楚歌的特点主要体现在以下四个方面：（1）浓郁的楚地方音；（2）音韵清切、悲凉；（3）引商刻羽，杂以流徵的歌唱特点与调式；（4）穿插唱和、多层次地宣泄情感的歌唱形式与曲体结构，"兮"字多在句中。由于楚歌比《诗经》在形式上更为成熟，因此在情感的宣泄和思想的表达上，前者也更充分、更自由。①

在楚歌中，屈原的《九歌》是一部重要的作品。《九歌》的产生之地是楚国南郢之邑，沅、湘之间。由于当地巫风盛行，人们举行祭典时，总要载歌载舞，情绪热烈奔放，在娱神的同时达到自娱。《九歌》就是在楚国民间祀神乐歌的基础上整理、加工和提高而成的。古代民间的祭祀，往往既是宗教活动，也是青年男女恋爱的佳期。因此，《九歌》中除了礼赞神明的作品外，更多的是一些表现神与神、神与人恋爱的作品，这实质上是人间爱情生活的形象概括。《九歌》带有浓重的浪漫主义色彩。情景交融。句式活泼，富于律动感。语言色彩艳丽，情味悠久。

周代的乐器，较之前代有重要发展，品种增多了，制作技术改进了，形制日益精

湖北曾侯乙墓出土的楚王镈

---

① 详见宋公文、张君《楚国风俗志》，第328—334页，湖北教育出版社1995年版。

美，其音乐性能和规模都远远超过了前代。文献记载的乐器已有近70种，其中《诗经》记有29种。当时的乐器已按金、石、土、革、丝、木、匏、竹八类的"八音"分类法。八音中，打击乐器最多，其中有定音的，也有不定音的，有单体的，也有编组的。其次是吹奏乐器和弦乐器。不少乐器又可细分为多种类型。当时盛行以编钟和建鼓为主要乐器的乐队，史称"钟鼓之乐"。还盛行笙、瑟等丝竹乐器组合在一起的乐器演奏形式。

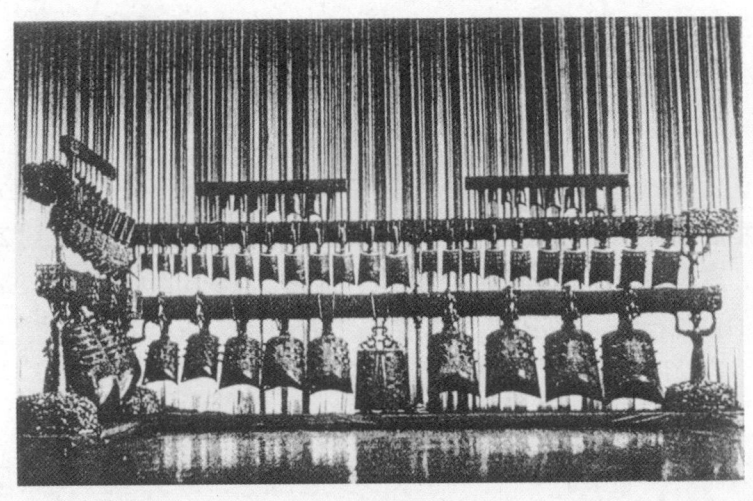

曾侯乙编钟

建国以来，乐器在湖北、河南和四川等地均有发现，其中以随县曾侯乙墓出土的颇具代表性，是迄今为止出土乐队乐器文物中最为完整的，它相当系统全面地显示了中国春秋战国时期侯国乐队恢宏的建制和规模。曾侯乙墓分中、东等四室。中室里最重要的是钟、磬"乐悬"。编钟一架64枚，另镈钟一枚，分三层悬挂在装饰华美、结构牢固的钟架上。演奏表明：音乐性能良好，音色优美，从最低音到最高音，跨越了五个八度。变化音比较完备。

不仅能演奏单旋律的曲子，而且能演奏采用和声、复调和变调手法的乐曲，从而构成了一套齐备的可供旋宫转调的12个半音的系统。这说明这一时期造钟技术和音律造诣已达到很高成就。[①]编磬32枚，分两层悬挂，与编钟合奏，金声玉振，相得益彰，美妙悦耳。除编钟、

战国铜编钟

---

① 湖北省博物馆《随县曾侯乙墓》，文物出版社1980年版；中国艺术研究院音乐研究所《中国音乐史图鉴》，人民音乐出版社1988年版。

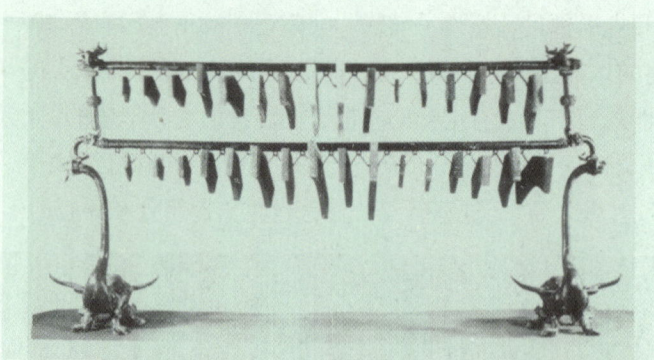

曾侯乙编磬

编磬外，中室还有鼓、瑟、笙、箫、篪等乐器。演奏上述乐器的乐人共约22人，如再加上歌舞者，其场面会是十分热烈而壮观的。这充分反映了当时侯国国君在宴享时使用庞大乐队的僭越行为。东室出土的乐器有：扁鼓、瑟、五弦琴、十弦琴、笙。这反映了寝宫应用的以弦管为主的小型乐队的规模。①

二、舞蹈

两周时期，舞蹈呈多样化的态势。大致可分表演舞蹈、祭祀舞蹈和民间舞蹈三类。

（一）表演舞蹈

春秋战国时期，伴随着经济的迅速发展，统治阶级的追求声色享乐与日俱增。社会的需要刺激着表演性舞蹈艺术日趋精巧、华丽，并出现了专业化的倾向。与此同时，民间舞蹈艺术的精华，被表演舞蹈采纳吸收，从而充实、丰富了表演舞蹈艺术。②

春秋战国时期表演性舞蹈的显著发展主要表现在以下几方面：（1）专业歌舞艺人增多，他（她）们的足迹遍及各诸侯国；（2）技艺水平提高，著名舞蹈家出现；（3）舞蹈活动往往带有浓重的政治色彩，有时甚至成为政治斗争的工具。③

当时在王室和豪门贵族之中活动的专业艺人是女乐和倡优。女乐是音乐和舞蹈的表演者，倡优除唱歌、跳舞外，还常以笑话娱人。

女乐和倡优来自民间，来自下层。④《史记·货殖列传》载，中山（古国名）"地薄

---

① 《中华文明史》第2卷，第533页。
② 参《中华文明史》第2卷，第538页。
③ 参王克芬《中国舞蹈发展史》，第65页。
④ 参孙景琛《中国舞蹈史·先秦部分》，第120页。

战国铜鉴上的宴乐纹
（右上部为持武器舞蹈的大武一类之乐舞）

人众"，难以糊口。当地还有商纣王在沙丘筑台淫乐年代的遗民，俱是代代相传以歌舞等表演技艺为生的人。男子相聚游戏，慷慨激昂地唱着悲壮的歌曲，并充任以表演歌舞杂戏为业的倡优。女子则弹弄琴瑟等乐器，踮着脚轻轻走路，周游各地，向权贵富豪献媚，又进入王者后宫，遍及所有的诸侯国。

为统治阶级表演歌舞等技艺的人，除来自民间的外，还有一些来自罪犯的家属。如据《吕氏春秋·精通》所载，一位乐工因其父不幸杀人而判了死罪，才沦落为公家击磬的。

女乐们进入宫廷、贵族之家后，有的还需要经过一定的专业培训。这项工作是由有经验的艺人主持进行的。长沙出土的战国楚漆奁上描绘着一幅生动的舞女习舞图，可证。

楚国的宫廷表演性舞蹈在战国时期享有盛名，而流传久远。学者认为：楚舞的审美特征，主要是袅袅长袖，纤纤细腰，飘绕萦回的舞姿，变化莫测，如浮云，似流波，给人以虚幻飘逸之美。舞人以细腰为美，也是楚国的风尚。① 楚舞的另一个显著特色是"舞乐杂陈"，即四方乐舞被糅在一起同台演出。这一风气不独盛行于楚国，在齐国和战国末年的秦国也一样盛行。②

当时舞者的形象在铜器、玉器、漆器、饰牌和陶俑等文物上有生动的刻划。其中不少秀颈细腰，挥舞长袖，有着游龙般的曲线，惊鸿式的轻捷，体现了楚舞的审美特征。当时统治阶级不仅有欣赏乐舞的一面，还有自娱作乐起舞的一面。如《诗经·小雅·宾之初筵》后三章写宾醉态百出，初则

战国木雕漆绘鸳鸯盒鼓舞图

---

① 参王克芬《中国舞蹈发展史》，第66页。
② 详见宋公文、张君《楚国风俗志》，第339—340页。

战国铜壶上的宴乐渔猎攻战纹

"屡舞僛僛",既而"屡舞傞傞",后又"屡舞佶佶"。

春秋战国时期,几乎各诸侯国的国君、贵族无不酷爱舞蹈,迷恋色艺俱佳的女乐,他们的许多活动,甚至商议国家大事,也是在听歌赏舞中进行的。这就不能不使不少舞蹈作品被涂上或浓或淡的政治色彩,与权力斗争、外交斗争或紧或松地相关联,有的舞蹈活动更是直接为政治服务的。①

(二)祭祀舞蹈

由原始图腾崇拜和万物有灵观念产生的巫教,虽然此时仍没有发展成完全的宗教,但却广泛影响着人们的生活。既被统治阶级应用于祭祀,又成为民间的民俗祭祀舞。上述活动以歌舞事神为特点,音乐和舞蹈是活动的重要方式。其中主要的有"蜡"、"雩"、"傩"。此外,南方的巫舞十分盛行。

1. 蜡

歌舞兼有的蜡祭,传说始于神农氏时代。到了周朝,已成为酬谢神祇,庆祝丰收的祭仪。此祭仪在每年的十二月里举行,祭祀的神祇是八位,而且是全国性的活动,所以也叫"大腊八"。

---

① 参《中华文明史》第2卷,第545页。

蜡祭时跳什么舞,因留下的两周文献缺乏记载,已不得而知了。苏轼《东坡志林》说:"八蜡,三代之戏礼也。……祭必有尸。……猫虎之尸,谁当为之?置鹿与女,谁当为之?非倡优而谁?"由此可以推测春秋战国时蜡祭舞蹈的具体情况,大概是以倡优(或巫人)扮众神、众兽之形,在祭礼上跳跃作舞,带有原始巫术、图腾舞蹈的遗韵。

2. 雩

雩就是求雨的专祭。这种祭典起源于殷初,至周代甚盛。宫中专设雩祭官及舞雩的巫女。《周礼·春官·宗伯下》云:"司巫,掌群巫之政令,若国大旱,则帅巫而舞雩。"雩祭时不用乐,要跳"皇舞"——舞者手执五彩羽而舞,具体形式已不能知道了。而且边舞蹈边呼号,有时还用人作牺牲。

雩祭的祭仪传到民间,便散发着芬芳的生活气息,涂上浓浓的自娱色彩。《论语·先进》载,孔子的学生曾皙(名点)当被孔子问到他的志向时,回答道:"莫(暮)春者,春服既成,冠者五六人,童子六七人,浴乎沂,风乎舞雩,咏而归。"即在暮春时节,与同伴在沂水沐浴,舞雩咏诗唱歌。这说明"舞雩"此时在民间已成为人们春游踏青活动的组成部分了。

3. 傩

傩舞就是人们头戴面具以舞蹈的形式驱鬼逐疫。傩祭见于殷墟卜辞,至周代记载较为详细。周代宫廷的傩祭有国傩、天子傩、大傩等,一年举行三次。专任领导上述傩祭的官,叫方相氏,他是傩祭的中心人物。在傩祭之时,他"掌蒙熊皮,黄金四目,玄衣朱裳,执戈扬盾,帅百隶而时难,以索室驱疫"。[①] "百隶"在傩舞时要与方相氏一样化装为兽形怪物。在湖北随州市曾侯乙墓内棺左右两侧的漆绘图案上,有16个傩舞

曾侯乙墓里棺(西侧)彩绘图
(引自《文物》1995年第6期)

---

① 《周礼·夏官·方相氏》。

怪人，均为大头、方面、戴角，双手执戈，张口呼噪，以戈柄击地顿足而舞。①

流传在民间的傩祭舞蹈叫"乡人傩"。据《论语·乡党》所载，本乡人的大傩队伍来到孔子家的时候，孔子总是穿着朝服，站在家庙东面的台阶上恭迎，据说是害怕驱傩时惊吓了先祖的亡灵。可见他对傩祭是信仰的，对大傩的威力是重视的。②傩祭一直流传后世，据《后汉书·礼仪志》的记载，汉代宫廷大傩礼仪中方相氏的服饰和舞具与周代基本相同。

4. 巫舞

这里所说的巫舞是指一般的巫舞，不含用于特定目的的蜡、雩、傩祭仪中的舞蹈。巫舞起源于原始时代，主体是祠神歌舞，春秋战国时期流传广泛长久，形式丰富多样。其中被称为"荆蛮之地"的楚国巫风更盛，巫舞自然最有代表性。王逸《楚辞章句》云："昔楚国南郢之邑，沅湘之间，其俗信鬼而好祠，其祠必作乐歌舞以乐诸神。"王国维《宋元戏曲考》谓："周礼既废，巫风大兴；楚越之间，其风尤盛。"楚国巫风如此盛行，是和统治者对巫舞的酷爱和对巫祝的笃信分不开的。③

楚国的巫舞具有很高的水平和深远的影响。屈原创作的《九歌》生动地反映了民间巫舞的盛况。《九歌》的主导方面是歌舞，是一部大型的"组歌舞"。《九歌》可分恋歌、祭歌和挽歌三类。其表现手法是和歌舞的形式、题材相适应的。在歌舞表演中，有群舞，也有单、双人舞；有载歌载舞，也有伴唱的抒情舞蹈。《九歌》中神鬼的形象都是很美的。作品洋溢着浪漫主义气息，优美丰富的想象，曲折哀婉的情调，五彩缤纷的画面，活泼流畅的节奏，精美富丽的语言，隽永的韵味，充满了深切的感染力。④

（三）民间舞蹈

舞蹈是劳动的产物，因此它根植于人民群众之中。春秋战国时期，舞蹈作为集体性的娱乐，也是重要的社会活动和学习课目。随着广大庶民阶层的出现，农业、手工业和商业的发展，以及私学的创建，民间的歌舞活动日渐活跃起来。

周初统治者为了观民风、察民隐，以巩固其统治，同时为了吸收民间歌舞的新鲜血液，充实和丰富宫廷乐舞，⑤建有采诗的制度。《诗经》即是西周至春秋时期从各地选择来的乐歌。虽经删改，但毕竟保存了不少民间歌舞活动的资料。"风"的部分有的原是一些舞蹈的唱词，或描述舞蹈表演时的情态状貌。

《王风·君子阳阳》描述了求爱的芦笙舞："君子阳阳，左执簧，右招我由房，其乐

---

① 详见《战国曾侯乙墓出土文物图案选》，第23页，长江文艺出版社1984年版。
② 参孙景琛《中国舞蹈史·先秦部分》，第102页。
③ 参孙景琛《中国舞蹈史·先秦部分》，第106页。
④ 参黄寿祺、梅桐生《楚辞全译》，第31—32页，贵族人民出版社1991年版。
⑤ 《左传·昭公二十一年》云："天子省风以作乐。"

只且。君子陶陶，左执翿，右招我由敖，其乐只且。"其意为一个喜气洋洋的男子，吹奏着饰有羽毛的笙簧乐器，邀请情人出游，快乐呀！

《陈风·宛丘》抒发了诗人对舞女的爱慕，描绘她美妙的舞姿："子之汤兮！宛丘之上兮！洵有情兮，而无望兮！坎其击鼓，宛丘之下。无冬无夏，值其鹭羽。坎其击缶，宛丘之道。无冬无夏，值其鹭翿。"其意为敲起鼓，击起缶，挥起飘洒的鹭鸶彩羽，轻摇曼舞多袅娜。

《陈风·东门之枌》描写节日活动中青年男女歌舞盛会的情景："东门之枌，宛丘之栩。子仲之子，婆娑其下。榖旦于差，南方之原。不绩其麻，市也婆娑。榖旦于逝，越以鬷迈。视尔如荍，贻我握椒。"其意为男女选择吉日，到市井会舞，互相赞美、赠答，倾吐爱情。

此外，《齐风·猗嗟》赞美少年威武潇洒的弓箭舞；《小雅·车舝》表现了欢乐的迎亲舞。

民间舞蹈的形象在已出土的战国文物中也有发现。如四川百花潭出土的战国嵌错铜壶上，就有一幅舞蹈活动与采桑劳动相映成趣的图画，在突出的部位，嵌画有一正扭腰，出侧胯，高扬双臂，手握卷袖正待抛出的舞者，形象优美。两侧各有一女子，正兴奋地为舞者击节伴和，后面的桑树丛中，许多女子正在采桑，成为前面表演者的陪衬，自然而谐调。整个场面充满着欢快、活泼的气氛。河南省辉县出土的战国铜壶盖上，也有一幅女子采桑图，其中一女舞者正扬臂扭腰起舞，旁边一人跪坐手持乐器，似在为舞者伴奏，形象也很生动。①

河南辉县出土的战国铜壶之顶盖上，采桑舞图

---

① 参王克芬《中国舞蹈发展史》，第63—64页。

三、曲艺的滥觞

战国末年的大思想家荀况，为了宣扬他的政治理论，运用当时民间喜闻乐见的曲调，创作了一部类似凤阳花鼓词书的作品《成相篇》。"相"是一种用皮革制作、里面装着糠的小鼓，用手拍击，歌唱时用以调节节奏的。[①]《成相篇》共有三首歌，每首开场

四川成都出土的嵌错铜壶花纹摹本

---

① 见朱师辙《答杜国庠论成本篇很象凤阳花鼓词书》，收入《杜国庠先秦诸子的若干研究》，三联书店1955年版。

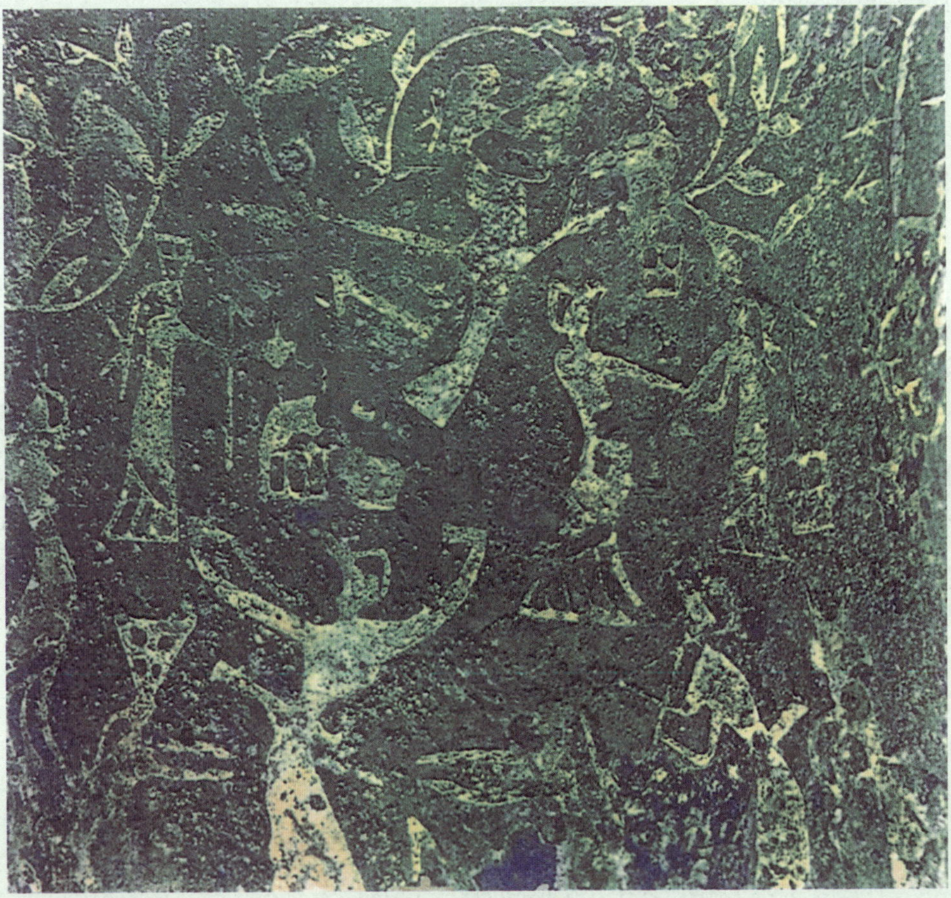

战国铜壶上的女子舞蹈纹饰

的第一句歌词是"请成相",这是起句套语,即准备打鼓而歌唱的意思。"成相"的曲调,每章六句,[①]第一、二句三个字,第三句七个字有韵,第四、五句四个字,多无韵,末句三个字必有韵。句有长短,声有高下,有韵无韵相间,给人以韵节铿锵,音乐性很强之感。学者说:这是我国最早的鼓儿词,是后世大鼓书的开端。

四、戏剧的萌芽

戏剧又称戏曲。戏曲的基本特征,是"以歌舞演故事也",[②]属于诗、乐、舞、剧综合形态的表演艺术。戏曲的萌芽,可以上溯到先秦的乐舞和优戏。乐舞与优戏中萌发的戏剧表演,则是由巫和优创造的。

巫字,甲骨文作一人双手执牛尾,与舞字相同。由此可见"巫"是从"舞人"中分化出来的。巫有男性和女性,女性称巫,男性称觋。巫觋装神弄鬼,谎称能与"神灵相通"。巫觋的职司范围较广,为占筮、天官、医药、赛祷、祈雨、禳灾、祓禊、娱神、降神、诅咒、设蛊、算命、相面、发布预言和表演巫术性歌舞等。[③]

春秋末和战国时期,楚国巫风甚盛。《九歌》就是经屈原加工、修改的一组巫歌。如前所述,这组祭神祀鬼的组曲共有十一篇作品。《九歌》属于乐舞。所谓乐舞,包括音乐、舞蹈和由诗歌、音乐、舞蹈综合表演的歌舞艺术。主唱者是巫觋,他们时而主祭,时而迎神,时而装扮神灵。歌词有彼此、宾主的称谓。演唱方式有独唱,有和唱。巫觋装扮神灵,不只是装神,而且有了演神的因素,从而超越了外形的模拟,投入了内在的情感,并且运用了歌、舞手段。《九歌》赋予神灵以人性,如情欲、相思、离愁、别恨,这种神灵形象实则是现实人的形象概括。由装神到运用歌舞手段演神,是歌舞表演艺术的一种飞跃。王国维指出:"古之所谓巫,楚人谓之曰灵","灵之为职,或偃蹇以象神,或婆娑以乐神,盖后世之萌芽,已有存焉者矣"。[④]

巫觋之后出现了优人。王国维认为:"要之,巫与优之别:巫以乐神,而优以乐人;巫以歌舞为主,而优以调谑为主;巫以女为之,而优以男为之。"[⑤]优人以歌唱、舞蹈、滑稽、乐工和杂技表演服侍于帝王左右。相对地说,擅长歌舞的称倡优,长于词令调

---

① 见杨宽《战国史》,第615页,上海人民出版社1998年版,一说每章五句,见《中华文明史》第2卷,第526页。
② 王国维《戏曲考原》,载《王国维遗书》第15册。
③ 参宋公文、张君《楚国风俗志》,第380页。
④ 王国维《宋元戏曲考》,载《王国维遗书》第15册。
⑤ 同上。

笑的称俳优，乐工称伶优，身材矮小的称侏儒。优人来自民间。《史记·货殖列传》载，因为中山地方土地贫瘠，人口众多，难谋生计，所以有到宫廷和富厚之家作优人的。这里说的是战国到汉初的情况。

优人由于接近统治者，有机会向帝王、国君进谏。他们机智诙谐，善于反言讽谏，其言谈笑语往往能使君主明白是非，接受正确的意见，起到执政大臣起不到的作用。如春秋时楚国的优孟善以谐戏讽谏，人品又好。楚相孙叔敖对他很了解。孙叔敖病危时嘱咐儿子穷困时去拜见优孟。过了几年，他的儿子靠卖柴度日，就向优孟讲了父亲临终留言。优孟要他不可远往他处。从此优孟在家穿戴起孙叔敖的衣冠，模仿孙叔敖的言笑举止。过了一年多，模仿得像极了，以至人们都分辨不出来了。楚庄王举行酒宴，优孟上前为庄王敬酒祝福，楚庄王大惊，以为是孙叔敖复活了，想请他做相国。优孟说要回去问妻子。三天以后优孟回话说：他妻子叮嘱他千万不能作楚相，孙叔敖忠正廉洁治理楚国，庄王才得以称霸。如今死了，他的儿子无立锥之地，穷得靠卖柴度日，像孙叔敖那样，还不如自杀。接着又唱了一首歌。于是庄王表示歉意，召见孙叔敖的儿子，封给他土地。①

优孟装扮孙叔敖，模仿他的声音笑貌、举止动作，致使庄王认为孙叔敖复活了。这一段惟妙惟肖的精彩表演，有故事，有情节，无疑是一段富有戏剧性的小品。优人向戏剧演员转化的端倪，由此可见一斑。此外，优人使用借喻手法，以滑稽调笑针砭时弊的讽刺性，对后世的参军戏、宋杂剧有直接影响。②

---

① 详见《史记·滑稽列传》。
② 参《中华文明史》第2卷，第558—559页。

第四节 武术与体育风俗

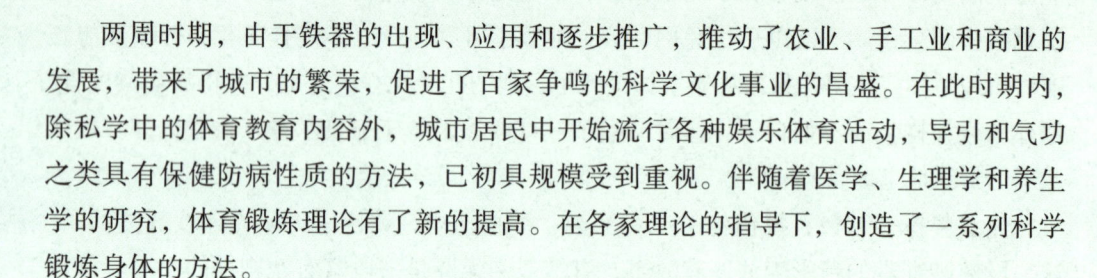

两周时期，由于铁器的出现、应用和逐步推广，推动了农业、手工业和商业的发展，带来了城市的繁荣，促进了百家争鸣的科学文化事业的昌盛。在此时期内，除私学中的体育教育内容外，城市居民中开始流行各种娱乐体育活动，导引和气功之类具有保健防病性质的方法，已初具规模受到重视。伴随着医学、生理学和养生学的研究，体育锻炼理论有了新的提高。在各家理论的指导下，创造了一系列科学锻炼身体的方法。

春秋战国时期，争战不休。国家的大事，除了祭祀，就是征伐。各诸侯国大都崇尚武功。《汉书·刑法志》说："齐湣以技击强，魏惠以武卒奋，秦昭以锐士胜。"在战争的环境里，涌现了许多提倡军事体育活动的人物，用奖赏等办法，推动体育运动的开展，甚至运用政府权力下令迫使人民练武。如齐国的管仲"三分齐国，以为三军……且以田猎，因以赏罚，则百姓通于军事矣"。[①] 又如魏国的李悝"为魏文侯上地太守，下令曰：人有狐疑之讼者，令之射的，中之者胜，不中者负"。"令下，而人皆疾习射，日夜不休"。[②] 在这种情况下，与军事训练有密切关系的体育项目得以蓬勃发展。武术及其他体育活动一时蔚然成风。兹分述于下：

一、剑术

古称剑道。春秋战国时期，剑在战争中大量使用，佩剑风行社会。当时除了军士佩剑外，君主、显贵和文士亦佩剑。那时正当"文武分途"之初，不少士人如孔子及其

---

① 《管子·小匡》。
② 《韩非子·内储说上》。

弟子子路、冉求、樊迟及稍后的墨子等，都是文武兼能的。据《孔子家语》的记载，子路以为君子应当用剑自卫，经常身着戎装，练习剑术。后来子路在卫国做官，遇到内乱，他就是用剑战斗的。孔子的另一学生公良孺有一次随孔子路过蒲国，为蒲人所阻，公良孺挺剑与蒲人格斗，吓得蒲人急忙退走。佩剑甚至成了表明士的身份的一种标志，即使在穷愁潦倒时，士们也不轻易将剑丢掉。如冯骥投奔孟尝君时，随身只剩一柄剑而已，且又是用草绳缠的剑把。剑的普及，导致击剑之风愈演愈烈。《庄子·杂篇·说剑》云："昔赵文王喜剑，剑士夹门而客三千余人，日夜相击于前，死伤者岁百余人，好之不厌。"当时不仅有大量剑士，还有专门教人击剑的武师。司马迁说：司马氏"去周适齐"之后分散，"在赵者以传《剑论》显"。① 剑有长短之分，用法亦有所差异。剑的广泛应用，促进了击剑术的发展。《庄子·杂篇·说剑》云："夫为剑者，示之以虚，开之以利，后之以发，先之以至。"寥寥数语，精辟地概括了剑术练习和运用中的进退开合，形神相应，以及避实击虚等要领。

击剑在吴越出现较早。史载："吴王好击剑，百姓多剑瘢。"② 春秋时著名的女击剑家南林之女就出生于越国。她对剑道有精辟的论述："凡手战之道，内实精神，外示安仪，见之似好妇，夺之似惧虎。布形候气，与神俱往；杳之若日，偏如滕兔；追形逐影，光若佛彷；呼吸往来，不及法禁；纵横逆顺，直复不闻。斯道者，一人当百，百人当万。"③ 其言妙契精微，可见深得击剑之要。

二、射箭

春秋战国时期，伴随着防护装备的进一步改善，弓箭的制造更加精良，达到了很高的水平。如蔡国有一个善于造弓的人为齐景公造弓，一共花费了三年时间。他选用的都是上等材料，有泰山南坡柘树、驿牛角、麋鹿筋、河鱼胶，弓制成后可以射透七层戎装。与之相适应，射箭的技艺更加讲究。社会上射箭成风，设有各种各样的射箭比赛，如"大射"、"宾射"、"燕射"、"乡射"等。当时各诸侯国都重视善射之士，奖励人们学习射法。《墨子·尚贤》云："凡我国能射御之士，我将赏贵之。"《荀子·君道》云："人主欲得善射，射远中微者，县贵爵重赏以招致之。"李悝为魏文侯上地之守，曾

---

① 《史记·太史公自序》。
② 《后汉书·马援列传附马廖传》。
③ 《吴越春秋·勾践阴谋外传》。

孔子观射图

下令道:"人之有狐疑之讼者,令之射的,中之者胜,不中者负。"① 因此人们勤于习射,日夜不休。在射艺普及和提高的基础上涌现了许多著名的神箭手。如楚人子越椒(字伯棼)在皋浒之战中射楚王,一箭穿过鼓架,射着在铜钲上。又射一箭,透过车盖。② 养由基能在百步之外,射穿柳叶,而且百发百中。③ 他与潘党还都能射穿七重甲叶。④

骑射也是春秋战国时期北方少数民族一项重要的体育活动。故史家称之为"马背上的民族"。有学者"根据鄂尔多斯发现的骑马武士形象推测,我国北方的骑马技术可以追溯到春秋以前"。⑤ 据《史记·匈奴列传》的记载,匈奴人从小就练习骑射,所谓"儿能骑羊,引弓射鸟鼠,少长则射狐兔"。这种习俗对后来北方游牧民族发生了深远影响。

当时的射法有弓射、弩射和弋射。弋射是用丝绳系在箭上射,使射中的飞鸟随着丝绳而很快被猎取。弋射的对象主要是雁和野鸭。其中雁是候鸟,因此弋射的季节性较强。据《周礼·士昏礼》的记载,古代婚礼,纳采(男方向女方致送聘礼)用雁。所以从商周到战国,弋射活跃。战国文物上多见弋射图。如故宫博物院所藏桑猎宴乐壶上的弋射图,见于图像第二层左方。天上有鸿雁翱翔,水中有鱼、龟、鸟游动,一人执弓乘舟,四人跽地隐蔽,仰头弋射,五只雁已被射中,拖着长缴挣扎。⑥ 湖北随州战

---

① 《韩非子·内储说上》。
② 《左传·宣公四年》。
③ 《史记·周本纪》。
④ 《左传·成公十六年》。
⑤ 田广金、郭索新《鄂尔多斯青铜器》,第156页,文物出版社1986年版。
⑥ 宋兆麟《战国弋射溯源》,《文物》1981年第6期,第75—77页。

国曾侯乙墓出土的一个衣箱上有两组图案，描绘扶桑、飞鸟及弋射者。[①] 此外，河南辉县琉璃阁出土的战国狩猎纹铜壶，[②] 四川成都百花潭出土的战国嵌错宴乐水陆攻战纹铜壶[③]以及上海博物馆收藏的战国宴乐纹铜杯，都有或繁或简的弋射纹样。这些纹样，都生动地反映了当时弋射高空飞禽的情景。

战国时有不少人以弋射高空的飞鸟而闻名。如唐易子、蒲苴子等。有人总结这一时期的弓射、弩射实践，并将之上升为理论。《韩诗外传》卷八云："夫射之道，左手若拒石，右手若附枝，掌若握卵，四指如断短杖。右手发之，左手不知，此盖射之道。"即弓射的理论。《吴越春秋·勾践阴谋外传》载楚将陈音说："夫射之道，身若戴板，头若激卵，左蹉右足横，左手若附枝，右手若抱儿，举弩望敌，翕心咽烟，与气俱发，得其和平，神定思去，去上分离，右手发机，左手不知，一身异教，岂况雄雌，此正射持弩之道也。"即弩射的理论。上述理论反映了当时对弓射、弩射理论的深入细致的研究程度。

三、角力、相搏

角力又名角抵，包括摔跤和各种角力活动在内。东周时期常见的相搏，即徒手搏斗，亦属角力，乃军事作战的一种技能。据《述异记》的记载，传说远古时期，就有了类似摔跤的活动。春秋战国时期，由于步兵的崛起，和社会的动荡不安，徒手搏斗的技能有了很大发展，对此文献多有记载。《管子·七法》云："春秋角试，以练精锐为右。"春秋时期，武士有在春秋两季切磋武艺的竞技活动，角力当是内容之一。《公羊传·庄公十二年》记载：宋闵公的臣子宋万"怒，搏闵公，绝其脰"。注："脰，颈也；齐人语。"《新序·义勇》亦载："万怒，遂搏闵公颊，齿落于口，绝吭而死。"这无疑是手搏。《穀梁传·僖公元年》载，鲁"公子季友帅师败莒师于丽，获莒拏。……公子友谓莒拏曰：'吾二人不相悦，士卒何罪？'屏左右而相搏"。范宁注："搏，手搏也。"上述记载说明：手搏已作为专门的搏斗技能存在于人间。到春秋末年，社会上的摔跤比赛很注意道德修养，赛输的人甘愿让贤荐能。如晋国中军元帅赵简子的戎右少室周与晋阳的牛谈"角力"，结果少室周"不胜"。少室周非常佩服牛谈的摔跤本领，于是向赵简子推荐，把自己戎右的职位让给牛谈。到战国时代，这种角抵，有了新的发展，逐

---

① 《湖北随县曾侯乙墓发掘简报》，《文物》1979 年第 7 期。
② 《山彪镇与琉璃阁》，科学出版社，1959 年，图版壹零叁。
③ 《成都百花潭中学十号墓发掘记》，《文物》1976 年第 3 期，47—50 页。

渐成了一种重要的军事体育活动。当时各国政府很重视"讲武",并把"角力"作为讲武的重要项目之一。《礼记·月令》规定:"孟冬之月……天子乃命将帅讲武、习射、御、角力。"这时"角力"不仅比赛体力,而且讲究技巧。正如《庄子·人间世篇》所说:"且以巧斗力者,始乎阳,常卒乎阴,大至则多奇巧。"这反映了当时角力、相搏已有一定程度的发展。拳斗就是从相搏发展而来。齐国崇尚武勇。终齐之世,拳勇等史不绝书。《管子·小匡》载,桓公治理齐国时,曾下令:"于子之乡,有拳勇股肱之力,筋骨秀出于众者,有则以告。"意即把"拳勇"等勇力过人者推举出来。这里"拳勇"即指拳斗而言。

角抵在文物考古材料中亦可得到印证。1975年湖北省江陵凤凰山53号战国晚期秦墓出土的一件篦的反面画有"角抵":画面中有三人,其装束相同,头上都没有戴冠,只束发髻,上身赤裸,下身着短裤,腰系长绿带,在后腰打结,带端飘垂于臀后。其中右边对搏的二人正相向扑来;左边一人侧身而立,前伸双臂,全神贯注地观察着双方,像在进行评判,又像是在指导训练。① 图的上部有一帷幕飘带下垂,表示这场摔跤是在台上进行的。

角抵也是北方民族体育文化内容之一。这在出土文物中得到了证实。1955年在陕西长安客省庄出土的铜饰牌上有透雕图像,描绘一场角抵比赛。居中是二人摔跤。他们乘骑鞍辔齐备的骏马,分别系在两侧的大树上。比赛双方都披发,上身赤裸,下着长裤和短靴。互相搂抱对方的腿和腰,企图摔倒对方。② 从比赛者的服饰看,应属匈奴族。铜饰牌上匈奴人角抵不像正式比赛,似乎是偶然在一起的游戏,由此可以推测角抵在匈奴人中必然十分盛行。③

四、负重、举重物

春秋战国时期,讲究勇力,负重、举重物不乏其例。据《左传·襄公十年》记载,晋、鲁诸国围偪阳,偪阳人打开城门,诸侯的士卒乘机进攻。内城把闸门放下,"郰人纥抉之"。杨伯峻先生注:郰人,郰邑大夫,即郰宰,今谓县长。纥,即叔梁纥,孔丘之父。抉同撅,揭也,高举也。谓以手举县门不使下。于是攻进城里的士卒得以退出。

---

① 程欣人《我国古代'相扑'之一瞥——简记江陵出土的一件木篦》,《湖北体育史志资料汇编》,1982年第1期。
② 《沣西发掘报告》,第618、619页,文物出版社1962年版。
③ 张碧波、董国尧主编《中国古代北方民族文化史·专题文化卷》,第1622页,黑龙江人民出版社1955年版。

叔梁纥独力抉门，其勇力可以想见。

叔梁纥的儿子孔丘也是个举重的力士。《吕氏春秋》、《淮南子》等书都记载了"孔子之劲，能招国门之关。招通翘"。国门之关，就是诸侯国都城门的持门之横木，即门栓，据《墨子·备城门》的记载，门栓还需用五金包之。诸侯的国都城门一般阔数丈，其门栓当有数十斤重，据汉朝人高诱的解释，翘关的方法是"以一手捉城门关显而举之"。即用一只手握着门栓的一端，把数丈长的门栓挺举起来。这需要很大的力量。如果平时不练习举重物，那么是不可能胜任的。

举鼎是以举起重物比赛力量的活动。鼎为青铜铸成，最早用于烹煮畜肉，以供祭祀。其形制大多是圆腹、两耳、三足，也有四足的方鼎。鼎一般有大、中、小三种类型，举鼎所用多为中小型。据《说文》的解释，举鼎就是"横关对举"，即在两个鼎耳之间穿一个杠子，两个人把它抬起来。而一个人举鼎，就是手提横杠把鼎举起来。战国时举鼎力士最多的是秦国。秦武王好举鼎，有力量，并以高官厚禄招揽力士。《史记·秦本纪》载："武王有力，好戏，力士任鄙、乌获、孟说皆至大官。王与孟说举鼎，绝膑。"任鄙、乌获、孟说都是能力举千斤的人。任鄙被封为汉中太守，乌获当上了将军。武王年轻好胜，随军东征，到了洛阳周朝的宗庙里，见许多大鼎，就和孟说作举鼎比赛。结果因为力量不足，鼎掉下来砸断了膝盖骨，失血过多而死。《吴子·料敌》云："一军之中，必有虎贲之士，力轻扛鼎，足轻戎马，搴旗斩将，必有能者。"这说明当时军队中确有用举鼎练力的活动。《吕氏春秋·仲秋纪·简选》云："吴阖闾选多力者五百人，利趾者三千人，以为前陈，与荆战，五战五胜，遂有郢。"正是在这种军事作战的需要下，战国时的举重等运动，才能得以广泛地开展。

五、奔走、翕高、投石、超距

春秋战国的军事训练中，很注意跑、跳、掷等技能的训练。跑或称作趋、奔。跳有踊、逾高、超远、跐跔、超距等异名，就是跳高和跳远。掷就是投。《吴子·图国》认为，训练精锐的士卒，其内容之一就是将"能翕高超远，轻足善走者"编成一队，在战争中发挥作用。《荀子·议兵篇》云："魏之武卒，以度取之。衣三属之甲，操十二石之弩，负服矢五十个，置戈其上，赢三日之粮，日中而趋百里。中试则复其户，利其田宅。"可见魏国召募兵士时，以武装长跑作为选拔标准。由于实行丰厚的奖励，当然对农民有巨大吸引力，因而长跑训练得以广泛地展开。吴国亦要求士卒善跑。《墨子·非攻》云："古者吴阖闾教七年，奉甲执兵，奔三百里而舍焉。"这里说的是吴王的教士之法，他让士卒身披重甲，手执兵器，长跑300里，才能安营扎寨休息。又，前述《吕氏春秋·简选》所载吴阖庐所选"利趾者"是善于奔跑的人。吴国平时注意提高士兵的奔跑速度,战时也以跑得快的人作为军队的前锋,因此伐楚大捷,占领郢都(今湖北省江陵纪南城)。

春秋战国时期,不仅要求士卒善跑,而且重视跳跃。公元前487年,吴王夫差为了称霸中原,北上攻打鲁国,军队驻扎在泗水边上。鲁国的大夫"微虎欲宵攻王舍,私属徒七百人三踊於幕庭,卒三百人,有若与焉"。① 微虎想要夜袭吴王的住处,让他的私人部队七百人在帐幕外的院里每人跳高跳三次,最后挑选了三百人。入选者中也有当时正在微虎家中当家臣的孔子的弟子有若。这件事说明当时要求士卒善于跳跃。《左传·僖公二十八年》记载,公元前632年,晋文公率领三军攻打曹国。大将魏犨违犯了军纪,"公欲杀之,而爱其材。使问,且视之。痛,将杀之。魏犨束胸见使者,曰:'以君之灵,不有宁也!'距跃三百,曲踊三百,乃舍之"。距跃是向上跳,曲踊是向前跳。由于魏犨表现了仍有很好的跳跃能力,晋文公便赦免了他。那时跳跃除了作为军事训练广泛开展以外,在民间开展得也较为普遍。《管子·轻重乙》所说"嬉笑超距,终日不归",就是指的这种情况。《淮南子》中说:"今有六尺之席,卧而逾之,下材弗难;植而逾之,上材弗易。"这种譬喻当是从社会的实践总结而来。一般人只能跳过三尺高,只有奇材能跳过六尺高。②

投掷在春秋战国也是一种作战的技能。公元前224年,秦大将王翦率六十万大军攻打楚国,听说"军中方投石超距",认为"士卒可用矣"。③ 可见古代名将很重视对士卒投掷和跳远的训练。这里所说的"投石",据《范蠡兵法》的记载,是投掷原用发石机发的"重十二斤"的石头。石头是作战的武器,旨在伤人。《左传·成公二年》载:"齐高固入晋师,桀石以投人。"杨伯峻先生注:"桀,举也。"举石投人,当然是一种作战的本领。

六、赛马

马在古代战争中占有重要的军事地位。马不仅可以作为畜力运输粮草器械,而且为军队提供快速进退的机动能力。正如东汉名将马援所说:"马者,兵甲之本,国之大

---

① 《左传·哀公八年》。
② 参刘秉果《中国古代体育史话》,第82页,文物出版社1987年版。
③ 《史记·白起王翦列传》。

用。"①春秋战国时期争战不休，因此对骑术训练各国都很重视。赛马活动在军中和上层社会颇为盛行。并且在赛马中还运用了战术。据《史记·孙子吴起列传》的记载，齐国的将军田忌多次与齐国的诸公子赛马，下重金赌胜。齐国的军事家孙膑注意到他们的马奔跑能力不相上下，并且都分上、中、下三等。因此孙膑建议田忌下大赌注，并保证能使他获胜。田忌相信并答应了他，与齐王和诸公子用千金来赌胜，到了临比赛时，孙膑献计说："今以君之下驷与彼上驷，取君上驷与彼中驷，取君中驷与彼下驷。"结果田忌一场不胜而两场胜，终于得到齐王的千金之赏。

七、田猎

两周时期，田猎已成为练兵习武的一项重要活动，也是君王普遍追求的一种娱乐方式。这种活动不仅能将百姓组成队伍，而且能锻炼行军和骑射的技能。周代天下太平时，周天子每年要进行四次田猎，即春蒐、夏苗、秋狝、冬狩。例如，《墨子·明鬼下》说，周宣王姬静于前782年会合诸侯，在鄗京（今西安市西部）猎圃打猎，车子几百辆，随从数千人。来的人满山遍野。诸侯国如齐国要进行两次田猎，即所谓"春以蒐振旅，秋以狝治兵"。②那时的田猎实际上是以动物为模拟敌的大规模军事演习。《毛诗·齐风·还小序》说"齐哀公好游猎，从禽兽而无厌，国人化之，遂成风俗"。齐景公也好游猎，命烛邹主管禽鸟，因禽鸟亡失而欲杀烛邹，以致晏子批评他"重鸟轻人"。据《周礼·夏官·大司马》的记载，田猎有与实战一样的列阵、编队、金鼓、旗帜、进退。因此，田猎也被称为国君的讲武之礼，用来检阅军队的阵伍、骑射、御车、技击、奔跑等能力。

田猎是国君们用来发现和选拔力士、勇士的一种途径。楚庄王爱好田猎，他手下的一个大夫规劝他说，晋、楚互为敌国，楚不攻打晋，晋必攻打楚，而大王为何以田猎为乐，痴迷不返？楚王回答说："吾猎将以求士也，其榛藳刺虎豹者，吾是以知其勇也；其攫犀搏兕者，吾是以知其劲有力也；罢田而分所得，吾是以知其仁也。"③楚庄王就是通过这种选拔人才的途径，得到了孙叔敖、子反和子重，"征陈从郑，败强晋，无敌于天下"。④

---

① 《后汉书·马援列传》。
② 《国语·齐语·管仲对桓公以霸术》。
③ （汉）刘向《说苑·君道》。
④ 《说苑·尊贤》。

第十二章 游 艺

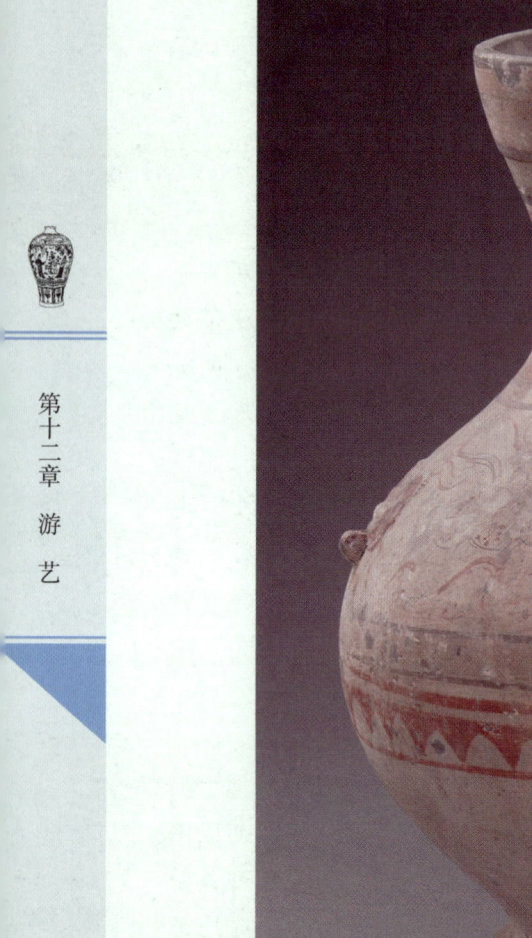

彩绘狩猎纹陶壶

田猎的规模很大。《诗经·小雅·车攻》是一首写诸侯、贵族举行大规模夏猎活动的诗。

我车既攻,
我马既同。
四牡庞庞,
驾言徂东。

四车既好,
四牡孔阜。
东有甫草,
驾言行狩。

之子于苗,
选徒嚣嚣。
建旐设旄,
搏兽于敖。

驾彼四牡,
四牡奕奕。
赤芾金舄,
会同有绎。

决拾既佽,
弓矢既调。
射夫既同,
助我举柴。

四黄既驾,
两骖不猗。
不失其驰,
舍矢如破。

萧萧马鸣,
悠悠旆旌。
徒御不惊,
大庖不盈。
……

猎前准备周到,计划细密。猎时场面盛大,射御熟练。猎后满山载而归,大功告成。《诗序》说主猎者是周宣王,"宣王能内修政事,外攘夷狄,复文武之境土,修车马,备器械,复会诸侯于东都,因田猎而选车徒焉"。

又《史记·魏公子列传》云:"公子与魏王博,而北境传举烽,言赵寇至,且入界。魏王释博,欲召大臣谋。……复从北方来传言曰:赵王猎耳,非为寇也。"赵王的一次田猎竟引起魏国的一场虚惊,看来田猎与打仗似无区别。《战国策·楚策一》"江乙说于安陵君"条载:楚宣王"游于云梦,结驷千乘,旌旗蔽日,野火之起也若云霓,兕虎嗥之声若雷霆,有狂兕群车依轮而至,王亲引弓而射,壹发而殪。……仰天而笑曰:'乐矣,今日之游也'"。楚宣王在云梦大泽的一次田猎,竟出动了一千多乘四马战车,其场面何等壮观!

八、游泳

游泳是人们渡水并获取生活资料的一种手段。《诗经·邶风·谷风》云:"就其深矣,方之舟之。就其浅矣,泳之游之。"泅水游水可渡过水浅的地方。《庄子》载:"夫水行不避蛟龙者,渔夫之勇也。"《列子》载:"孔子观于吕梁,悬水三十仞,流沫三十里,鼋鼍鱼鳖之不能游也,见一丈夫游之。"《晏子春秋》载,齐国的勇士古冶子,"潜行,逆流百步,顺流九里,得鼋而杀之"。上述史料说明,春秋战国时期,民间已有相当高超的游泳技术,可以水行不避蛟龙,可以渡过鱼鳖不能游的急流,可以杀死水中的鼋鼍。①山西省浑源李峪村出土的战国兽纹铜盘残片上有人泅游水中的画面,生动地反映了当时民间游泳的景况。

游泳也是水军锻炼身体和训练水上军事技能的内容。《管子·轻重甲》记载,齐国的相国管仲为了防止吴越从水上偷袭,曾建议桓公"立沼池,令以矩游为乐"。还建议"立员都,立大舟之都。……令曰:'能游者赐十金。'未能用千金,齐民之游水,不避

---

① 参刘秉果《中国古代体育史话》,第113页,文物出版社1987年版。

吴越"。由于奖励游泳，齐人的游泳技术有很大提高，在后来的水战中大败越人。兵书《六韬·龙韬·奇兵》云："奇伎者，所以越深水、渡江河也。"说明水兵中有游泳好手。现藏故宫博物院有一只战国时期的"宴乐渔猎攻战纹"铜壶，纹饰画面上有三人相对而游，正欲交战。其游泳姿势协调自然，与现在的自由泳姿势类似。正如《淮南子》一书所说，游泳是"以足蹶，以手抔"。蹶即用脚打水，抔就是以手划水。上述三人应是越深水、渡江河的游泳佼佼者。

九、钩强

起初是配合水战的一种军事技能。《墨子·鲁问》云："昔者，楚人与越人，舟战于江。楚人顺流而进，迎流而退。见利而进，见不利则其退难。越人迎流而进，顺流而退，见利而进，见不利则其退速。越人因此若执，亟败楚人。公输子自鲁南游楚，作为钩强之备，退者钩之，进者强之。……楚人因此若执，亟败越人。"为了训练这种军事技能，楚将模仿水运拖船的背纤动作：用一条大篾缆，上系数百个小索，相向对挽，以练气力，所以叫做牵钩。这种运动流传下来，在南郡（今湖南省境内）、襄阳（今湖北省境内）两郡最为盛行。到了隋唐时期，便由大篾缆改用大麻绳，演变为拔河比赛。①

十、竞渡

竞渡，即划船比赛，是春秋战国时期兴起的一项水上运动。《淮南子》云："龙舟鹢首，浮吹以娱。"即是"龙首鹢首悦河伯，浮吹枻鼓娱雷神"。把船装扮成龙的模样，是祭祀，取悦河伯和雷神。而河伯乃黄河水神，自殷商而降，至于周末，为人所奉祀，位望隆崇。

龙舟竞渡除与祭祀河伯有关外，还有其他说法。《事物原始》引《越地传》云："竞渡之事起于越王勾践，今龙舟是也。"此说龙舟竞渡是与缅怀勾践相涉。又《曹娥碑》说："五月五日，时迎伍君。"伍君就是伍子胥。这是说端午竞渡是为了纪念伍子胥。

一般的说法认为端午竞渡是为纪念屈原的。南朝梁代的吴均在《续齐谐记》中说："楚大夫屈原遭谗不用，是日（指五月初五）投汨罗江死，楚人哀之，乃以舟楫拯救。端午竞渡，乃遗俗也。"杜公瞻注《荆楚岁时记》也有类似的记载。《隋书·地理志下》

---

① 详见（唐）封演《封氏见闻记》。

亦说:"屈原以五月望日赴汨罗,土人追至洞庭不见,湖大船小,莫得济者,乃歌曰:'何由得渡湖!'因而鼓棹争归,竞会亭上,习以相传,为竞渡之戏。"

以上说法虽不相同,但起于春秋战国是共同的。那时起码在我国南方,竞渡活动已有开展,并逐渐形成风俗。

十一、蹴鞠

亦称蹴踘或踢鞠,始于战国时期。[①] "鞠"是皮球,"以革为囊,实以毛发",即中间塞以毛发的实心皮球,蹴或踢是踢的意思。蹴鞠颇类似近世之踢足球。

我国是世界上足球起源最早的国家。西汉学者刘向在《别录》中写道:"蹴鞠,传言黄帝所作,所以练武士知有材也。"黄帝是传说中的部落首领,距今约五千年。当年黄帝部落游牧的地区约在今山西、陕西和黄河流域一带。考古工作者在这些地区的新石器时代遗址中,发掘出很多磨制很光滑的石球。实物和传说相吻合,说明黄帝时代可能已有简单的踢石球运动。[②]

随着时间的推移,人们通过实践,逐步改进这种游戏的器材和方法,于是蹴鞠成了一种令人开心快活的娱乐。战国时期,齐国临淄的人们,就是把蹴鞠和吹竽、弹琴、斗鸡、走犬、六博都当作娱乐活动的。[③]

当时以蹴鞠为乐的,不只是齐国,还有楚国。《西京杂记·作新丰移旧社》云:"太上皇徙长安,居深宫,凄怆不乐。高祖窃因左右问其故,以平生所好,皆屠贩少年,酤酒卖饼,斗鸡蹴鞠,以次为欢,今皆无此,故以不乐。高祖乃作新丰,移诸故人实之,太上皇乃悦。"汉高祖刘邦的父亲一生中大部分时间是在楚国(沛县属楚国)度过的。由此可见,战国后期长江下游地区民间也流行蹴鞠活动。

十二、杂技

据《列子·说符篇》记载,宋有兰子者以技干宋元君的故事。事情是这样的:宋国有个流浪汉,以技艺求为宋元君所用。宋元君召他进来表演技巧。只见他用两根比身

---

① 《中国大百科全书·体育卷》,第427页,中国大百科全书出版社1982年版。
② 参刘秉果《中国古代体育史话》,第10—11页,文物出版社1987年版。
③ 《战国策·齐策一》。

体长一倍的木杆绑在小腿上,踩着高跷疾走快跑,手上还轮流抛接七把剑,同时有五把剑飞在空中。这是使用高跷表现"弄剑"的杂技。

十三、登山

《诗经·召南·草虫》云:"陟彼南山,言采其蕨。……陟彼南山,言采其薇。"又《鄘风·载驰》亦云:"陟彼阿丘,言采其蝱。"陟:登,升。可见那时已有登山活动。[①]

[①] 参陈高华主编,王子今、张经著《中国妇女通史·先秦卷》,第325页,杭州出版社2010年版。

【第五节 娱乐风俗】

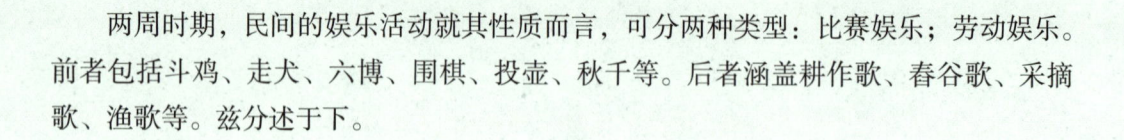

两周时期，民间的娱乐活动就其性质而言，可分两种类型：比赛娱乐；劳动娱乐。前者包括斗鸡、走犬、六博、围棋、投壶、秋千等。后者涵盖耕作歌、舂谷歌、采摘歌、渔歌等。兹分述于下。

一、比赛娱乐

（一）斗鸡

斗鸡是促使两只公鸡相斗的娱乐。春秋后期奴隶主贵族已开始有这种娱乐。鲁国郈氏和季孙氏因斗鸡而结怨就是一例。《左传·昭公二十五年》载："季、郈之鸡斗。季氏介其鸡，郈氏为之金距。平子怒，益宫於郈氏，故郈昭伯亦怨平子。"季氏给鸡套上皮甲，郈氏给鸡安上金属爪子，因此两家结成怨仇。

（二）走犬

走犬是驱使猎狗追逐兔子的娱乐。《诗经·齐风·卢令》盛赞玩狗的猎人："其人美且仁"，"其人美且鬈"，"其人美且偲"。齐景公墓殉马坑中有殉狗三十只。[1]可见统治者养狗之多，玩狗成风。当时已培养出快跑的猎狗良种，如"周氏之譥"、"韩氏之卢"等；也已培养出快跑的兔的良种，如"东郭逡"等。此种娱乐活动直到秦汉仍很流行。《史记·李斯列传》载秦末李斯被杀临刑："顾谓其中子曰：'吾欲与若复牵黄犬俱出上蔡东门，逐狡兔，岂可得乎？'"《淮南子·原道训》云："强弩弋高鸟，走犬逐狡兔，此其为乐也。"

---

[1] 山东省文物考古研究所《齐故城五号东周墓及大型殉马坑的发掘》，《文物》1984年第9期。

（三）六博

六博棋，又名象棋，是现代象棋的前身。六博是一种象征战斗的比赛。《说苑·善说》载：雍门子周对孟尝君说，"足下千乘之君也，……燕则斗象棋而舞郑女。"说明此种娱乐，战国时期或更早一些已经流行。《楚辞·招魂》中有一段描述了六博的形制和比赛规则："菎蔽象棋，有陆博些。分曹并进，道相迫些。成枭而牟，呼五白些。"

据学者们的研究：博具由箸、棋、局组成。箸用竹制。棋子一般多为象牙所制，共12颗，可分两种情况：或六白六黑，大小相同；或二大十小，大小棋子的颜色不同，大棋称为"枭棋"，小棋叫做"散棋"。局用一块方形或长方形木板制成，髹漆，多数有底足。局的面上或朱绘，或阴刻，或用象牙镶嵌出曲道，①用以行棋。行棋比赛的方法是"二人对坐，向局"，②即两人对着而进棋。或四人相对行棋，每方一人投箸，一人进棋，局侧设投枰，供投箸用。开博之时，先由一方投箸，即手拿六箸掷往枰上，按掷的结果行棋，棋沿曲道而行。由于双方互相逼迫，往往出现对胜败有影响的争道情况。③对博的胜负，决定于"枭棋"是否被吃。④要吃掉对手的"枭棋"，本方的"枭

河北省平山县中山王陪葬墓出土的战国六博局石雕棋盘

---

① 《楚辞·招魂》注引《古博经》说：博，局分十二道。
② （宋）洪兴祖《楚辞·招魂》补注引《古博经》。
③ 《史记·刺客列传》云："荆轲游于邯郸，鲁勾践与荆轲博，争道，鲁勾践怒而叱之，荆轲嘿而逃去。"
④ 《韩非子·外储说左下》载匡倩对齐宣王说："博者贵枭，胜者必杀枭"。

棋"必须有"散棋"的辅佐。①这是一大五小棋的下法。而六颗棋子完全一样的下法则不同,即开始没有"枭棋"和"散棋"的区别,投箸行棋时,棋子可以变成"枭棋"。成枭的棋,要竖起来。②如果投箸能成五白即可获胜,故双方大声呼唤"五白"十分着急。

战国时的博具近年相继在河北、湖北和山东发现。1974年河北省平山县中山王陪葬墓出土一件六博局石雕板,长44.9厘米、宽40.1厘米,重1.8公斤。棋盘呈长方形,由黄褐色的石板拼合而成,其上雕规矩纹,纹样与汉代"规矩铜镜"的类似。在规矩纹内,为蟠螭纹、兽面纹和虎纹。周边为涡纹。皆系浅浮雕地。和当时的青铜器纹饰具有同一风格,给人以富丽之感。③1976年湖北江陵雨台山314号楚墓出土一件六博棋局木漆板,下安三足,长39厘米,宽32.7厘米,通高24厘米。棋盘呈长方形,盘面涂黑漆,用红漆绘出边框与"一"、"L"形符号。盘正中凿有长9厘米、宽6.3厘米、深0.9厘米的小盒,内装有小卵石做成的棋子24颗,其中红、黑色的各九颗,白色的六颗。盒上有盖,恰与盘面平齐。④1978年山东曲阜市鲁国故城乙组52号墓出土六博玉棋子六颗,皆作立体正方形,2.1厘米见方,全磨去角。玉料呈青色含棕色,半透明。器表光素,没有纹饰。与之同出一墓的,有象牙棋子六颗、牙博箸和银博筹各一组。⑤上述博具,可与《楚辞·招魂》互相印证,使我们对春秋战国的六博棋有一个完整的认识。

(四)围棋

围棋又名为"奕",那是某些地区的方言。汉扬雄所著《方言》载:"围棋谓之奕,自关东齐鲁之间,皆谓之弈。"

《世本》云:"尧造围棋。"《博物志》云:"或曰舜以子商均愚,故作围棋以教之。"尧、舜是传说时代的人物,造围棋之说未必可信,但反映了围棋在我国起源甚早。到春秋战国时期,围棋已在社会上较为广泛的流行了。《论语·阳货》载孔子说:"饱食终日,无所用心,难矣哉!不有博弈者乎,为之犹贤乎已。"又《左传·襄公二十五年》载:"今宁子视君不如弈棋,其何以免乎?弈者举棋不定,不胜其耦,而况置君而弗定乎,必不免矣。"以上两例说明,在春秋时期,围棋已为常见的文娱活动。

战国时期还出现了下围棋的高手弈秋。孟子称许他是"通国之善弈者也"。⑥弈秋还以围棋教授学生,《孟子·告子上》说:"使弈秋诲二人弈,其一人专心致志,惟弈秋

---

① 《战国策·楚策三》载唐且见春申君说:"夫枭所以能为者,以散棋之佐也。"
② 《周礼·考工记》郑玄注:"博立枭棋。"
③ 中国对外文物展览公司《中山国文物展》,日本经济新闻社1981年版;中国文物交流中心编《出土文物三百品》,新世界出版社1992年版。
④ 湖北省文物考古研究所编写组《湖北文物奇观》,第334页,湖北人民出版社1993年版。
⑤ 贾峨主编《中国玉器全集》3《春秋战国》,河北美术出版社1993年版。
⑥ 《孟子·告子上》。

之为听；一人虽听之，一心以为有鸿鹄将至，思援弓缴而射之，虽与之俱学，弗若之矣。"这说明当时已有了专门授棋的老师。

随着围棋活动的广泛开展，下棋的规律被初步总结出来了。《尹文子》说："以智力求者，譬如弈棋，进退取与，攻劫收放，在我者也。"这里阐明了围棋的作用在于锻炼人的智力，围棋游戏的具体方式是有进攻亦有退却。《孟子·告子上》亦说："夫弈之为数，小数也。不专心致志，则不得也。"这里孟子指出围棋是一门技术，不专心致志，是不能取胜的。

（五）投壶

投壶是用矢（箭杆）投到酒壶中的比赛。这种活动是贵族阶层于宴饮中进行的游戏。它从射礼演变而来。春秋末年，奴隶主阶级已经腐化堕落，许多人拉不开弓，原来在各种大宴会上都要进行的射礼，已无法进行，于是就把射箭改成投壶。这样一改，既用不着费劲拉弓，也不需要平时练习。各国诸侯都欢迎它。于是投壶就代替了射箭礼仪。公元前530年，齐侯、卫侯、郑伯到晋国来，祝贺晋国新君晋昭公。"晋侯以齐侯宴，中行穆子相。投壶。……晋侯先……中之。齐侯举矢。……亦中之。"①就是一例。这项活动到战国得到了相当大的发展，这与此时"文武分途"有关。文者注重个人道德修养，尤以儒家为甚，把格物致知、正心诚意的修身功夫，作为为人处世、安身立命的根基。投壶这种养志游神、讲究礼节的活动，正适合其需要。另一方面，伴随着社会生产力的发展，民众的生活水平有所提高，民间以投壶为娱乐的现象日益普遍。在这种情况下，战国时期，投壶在社会上已经比较流行了。②

关于投壶的方法，据《礼记》的《投壶》和《少仪》篇的记载，比赛时分成"主党"和"乡党"两组，在伴奏曲和鼓声中，从远处用矢投入壶口，由"司射"统计投中次数，即"算"数，分别胜负，宣告"某贤于某"，对负者要罚饮酒。投壶进行中，也有揖让进退等礼节，和射礼相似。至于矢和壶具，则是特制的。到战国时，行礼的方式已被忽略。投壶到汉代还流行，在东汉画像石中屡见不鲜。

（六）秋千

《古今艺术图》载："秋千，北方山戎之戏，以习轻捷者。齐桓公伐北戎，流传入中国。"这说明荡秋千是北方少数民族的一种游戏，用来锻炼人的轻捷、矫健。在公元前六百多年时传入中原。又杜公瞻注《荆楚岁时记》说：秋千，本北方山戎之戏，"后中国女子学之，乃以彩绳悬木立架，士女炫服，坐立其上，推引之，名曰秋千"。意思是说，植木为架，上系两绳，下拴横板，士女穿上鲜艳的衣服，坐或立于横板之上，

---

① 《左传·昭公十二年》。
② 参《中华文明史》第2卷，第669页，河北教育出版社1994年版。

推引之，使其作钟摆式的摆动，名曰"荡秋千"。战国时还出现了磨秋千的游戏形式，即中立一柱，其顶有轴，上系四绳，绳末各有一环。四人各抓一个环子，绕柱旋转以为戏。

（七）斗百草

据清代学者的研究，斗百草这种游戏始于周初。①《诗经·周南·芣苢》就是当时儿童斗草嬉戏歌谣之辞。起码在春秋末年，此游戏已传入吴宫。[唐]刘禹锡《白舍人曹长寄新诗有游宴之盛因以戏酬》云："若共吴王斗百草，不如应是欠西施。"这说明吴王和西施已在宫中玩起斗百草的游戏了。斗百草有两种玩法，即：相比对花草之名，以比试才气；比所采草的韧性强弱。有学者认为，这种娱乐项目受当时妇女的喜爱。②

二、劳动娱乐

在农业生产过程中，很自然地形成了某些娱人、娱神的娱乐活动。除春社外，主要是唱劳动歌。

周代民众在田间、水上等处劳作之时口头歌唱对答，不用伴奏。这种歌曲歌词通俗明白，节奏自由鲜明，旋律清新朴质，唱起来朗朗上口，主题围绕劳作内容。③按歌词内容可分耕作歌、舂谷歌、采摘歌和渔猎歌。

（一）耕作歌

《风俗通》卷九记：汉朱虚侯刘章入宫侍吕后宴，"章进歌舞，已而复曰：'请为太后《耕田歌》。'太后笑曰：'顾汝父知田耳。若生而为王者子，安知田乎？'曰：'臣知之。深耕广种，立苗欲疏，非其种者，鉏而去之'"。此首楚人传下来的《耕田歌》的四句歌词涵盖了春耕、播种、育苗、锄草等成系列的农事活动内容，当是浓缩、改写的结果。它的原词内容当要比记录下来的篇幅大，且复杂许多。楚国的《耕田歌》在后世演变为"扬歌"。④"扬歌"也写作"秧歌"，但其内容并不止于插秧。宋《太平寰宇记》云："扬歌，郢中田歌也。一人唱，和者以百数。音节极悲，水调歌或即是类。"

（二）舂谷歌

舂谷歌在两周时期相当流行，歌唱者多是妇女。《礼记·曲礼上》云："邻有丧，舂

---

① （清）翟灏《通俗编》卷三〇"斗百草"条。
② 陈高华主编，王子今、张经著《中国妇女通史·先秦卷》，第326页，杭州出版社2010年版。
③ 张仁善《中国古代民间娱乐》，第73页，商务印书馆国际有限公司1996年版。
④ 宋公文、张君《楚国风俗志》，第321页。

不相。""相",是相和歌,歌之以协调舂米的动作。这句话的意思是:邻居有丧事,即使是舂米时亦不要唱歌,可见平时舂米时是要唱歌的。除中原外,楚国也流行有舂米歌。如《汉书·外戚传》记:刘邦死后,吕后掌权,囚禁戚夫人,令其舂米。"戚夫人舂且歌曰:'子为王,母为虏,终日舂薄暮,常与死为伍!相离三千里,当谁使告汝?'"戚夫人唱的就是楚国的舂米曲调,只是歌词内容是她幽囚劳作生活的写实。

(三)采摘歌

亦称"采秀歌",是两周时期妇女在平原、山地采摘桑叶、葛、野菜、蔬果时唱的歌。这种歌唱起来,轻松、愉快,又活泼、热情。例如,《诗经·魏风·十亩之间》是劳动妇女相约同伴一起去采桑,又一起回家时唱的歌:"十亩之间兮!桑者闲闲兮!行与子还兮!十亩之外兮!桑者泄泄兮!行与子逝兮!"又《周南·芣苢》是妇女采摘车前子时唱的歌:"采采芣苢,薄言采之。采采芣苢,薄言有之。采采芣苢,薄言掇之。采采芣苢,薄言捋之。采采芣苢,薄言袺之。采采芣苢,薄言襭之。"又如《诗经·召南》中的《采蘩》、《采蘋》也具有同样的风格。除中原地区外,采摘歌还流行于楚地,且被楚人所深爱。《楚辞·招魂》云:"《涉江》、《采菱》,发《扬荷》些。"《山带阁注》:"涉江、采菱、扬荷,皆楚歌名。"其中《采菱》当是楚人荡舟水面上采摘菱角时唱的歌,《扬荷》则是采莲实时唱的歌。① 汉代乐府民歌《江南可采莲》,② 描写采莲时的欢乐情景,令人强烈地感触到一种热爱劳动的情绪,可能是从《扬荷》传承、演变而来的。《采菱》、《扬荷》皆属相和歌。《淮南子·说山训》云:"欲美和者,必先始于《阳阿》、《采菱》。"按:《阳阿》即《扬荷》。

(四)渔歌

渔歌主要流行于我国南方的水乡泽国,歌唱者自然是打鱼的人,即渔人、渔夫。如屈原遭流放期间曾来到沅江边上游荡,一边走一边吟唱,遇一渔翁,并与之对话,述说自己坚持真理,不同流合污、随波逐俗的人生态度。渔翁听完后就微笑起来,拍着他的船桨边走边唱:"沧浪之水清兮,可以濯吾缨。沧浪之水浊兮,可以濯我足。"这首《沧浪歌》就是颇有风味的渔歌。又《越绝书·荆平王内传第二》记载伍子胥因受楚平王迫害,南奔吴国。至江上,见渔人,让渔人把他渡过江去。渔人歌曰:"日昭昭,侵以施,与子期甫芦之碕。"子胥于是按照渔人的要求到芦碕去。等到太阳落山,"渔者复歌往,曰:'心中目施,子可渡河,何为不出?'"这也是渔歌。因为楚国民间的性观念比较原始、开放,一些渔家女也往往驾船划桨,所以楚国的渔歌大多具有浓重的情歌色彩。

———————

① 宋公文、张君《楚国风俗志》,第323页。
② 《江南可采莲》全文如下:"江南可采莲,莲叶何田田!鱼戏莲叶间。鱼戏莲叶东,鱼戏莲叶西,鱼戏莲叶南,鱼戏莲叶北。"

第十三章
游 览

　　两周时期，旅游还属于发端与兴起阶段。然而，周穆王的巡游，众诸侯的游览、游猎，宫廷的婚旅，季札等的聘问旅行，屈原的流放旅行，士阶层的游学、游说，青年男女的野游，以及频繁而活跃的商旅等，却构成了一幅生动鲜活的图画，初步展示了中华旅游文化的神韵和风采。

【第一节　天子、诸侯、贵族出游】

一、西周天子的巡游

巡游即巡狩。古时天子每隔五年要巡礼诸侯所守之境。《尚书·尧典》："五载一巡守。"《左传·庄公二十一年》："王巡虢狩。"《孟子·梁惠王下》："天子适诸侯曰巡狩。巡狩者，巡所狩也。"实际上天子往往滥用权力，借机会游山玩水，炫耀其地位的尊贵、权力的显赫。

早在周成王（姬诵）八年（约前1056年），周公（姬旦）因恐成王有所淫佚，乃作《无逸》以诫王：要成王勤于政务，不要过度游乐。成王及其子康王（姬钊）都能遵循周公遗教，奋勉为政。然康王之子昭王（姬瑕）却置祖训于不顾。《竹书纪年》说他"背成王之制而出游，南至于楚，楚人沉之而遂不还。"周昭王二十四年（约前977年），昭王亲率六师，向南远行荆楚，渡于汉水。船夫恶之，进献胶舟（用胶粘接的船只）。王御船到中流，胶液融化，船只解体，王与祭公溺水而死，周军六师大多丧亡。

周昭王的儿子周穆王（姬满）是一位著名的巡游大家。他远游拜谒西王母，是"在中国旅游史上，最早有详细文字记载的旅游活动"。① 据《穆王天子传》和《竹书纪年》的记载，周穆王十七年（约前960年），周穆王以秦、赵的祖先造父和耿翛等四人为驭，命驾八骏（华骝、绿耳、赤骥、盗骊等）之乘，从成周（今河南洛阳）出发，带着所谓"六师之人"，沿黄河北上，经太行山西行，过漳水和钘山（今河北井陉东南），又经隃之关陉（即今雁门关）而行，到达河宗氏（今内蒙古河套一带），从此由河宗氏和赵氏

---

① 徐光杰《瑶池阿母绮筵开，黄竹歌声动地哀——西王母神话与古代旅游》，载沈祖祥主编《旅游与中国文化》，旅游教育出版社2002年版。

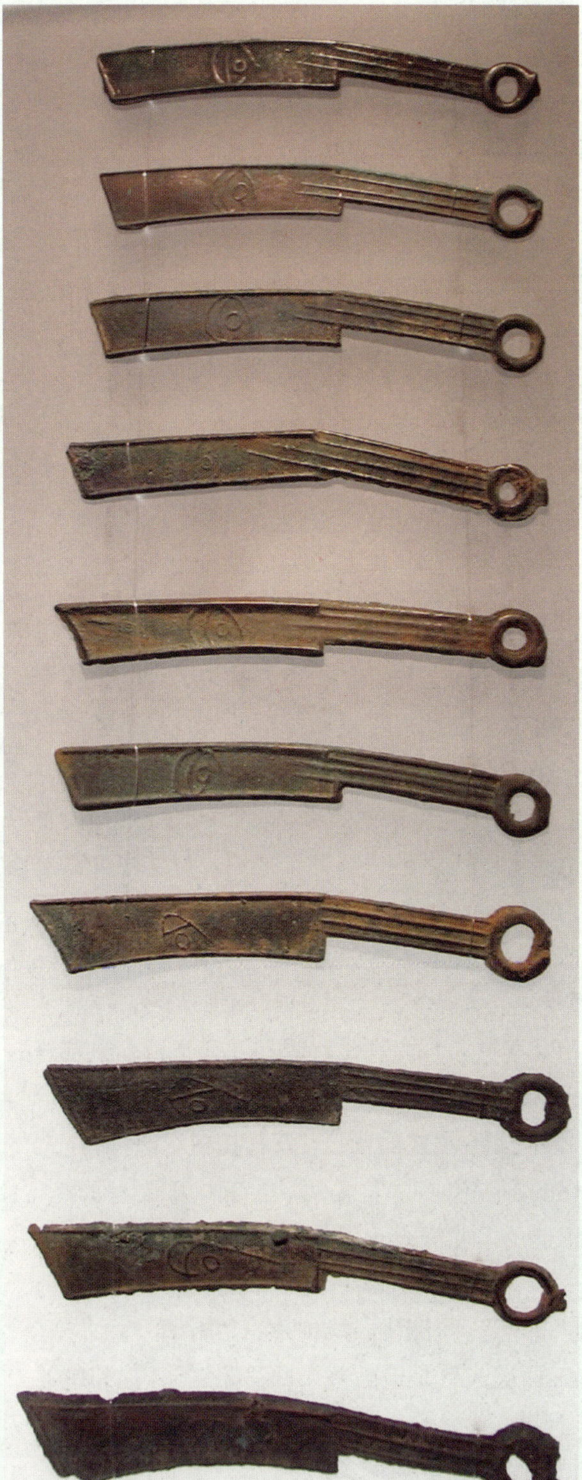

燕国刀币
战国，首都博物馆藏。
战国刀币由生产工具的刀演变而成，其中燕国铜币酷似环首削刀。刀背或凸或平，刀身镂文字。刀柄下弯，铸数道棱线。其流通不仅遍布燕赵，最远达朝鲜半岛和日本，可见刀在当时社会生活中之重大影响

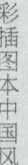

东王公西王母铭带画像镜　采集

的首领作引导护送,越过戎狄地区,沿黄河上游长途西行,直到昆仑山(即今甘肃的祁连山)。[①]升登了昆仑丘和舂山的县(悬)圃。县圃是一个美妙神奇的地方,即有动植物生长茂盛的花圃,又有流光溢彩的宝玉。在此可采得动植物的优良品种和珍贵罕见的美玉。穆王观看这些宝物并有所采取,采得了"槐木华之实"和"玉荣"等,并且"为铭迹于县圃之上,以昭后世。"[②]接着,天子先后来到西边赤乌氏之地、北边的曹奴人之地、东边的容成氏之地,再西行至于剞闾氏之地、鄄韩氏之地。与这些少数部族互相赠送礼品,安抚他们。

穆王再西行,就来到了西王母之邦。穆王佩玄璧,执白珪,向西王母致敬,并献上锦组等美丽的丝织品。西王母一一拜受之。

穆王与西王母在风景如画的瑶池相会宴饮。且相互赋诗唱和。表达了真挚友好的情谊,洋溢着相聚亲如一家,相别依依不舍的气氛。仿佛一对感情笃深的情人。

穆王还登上昆仑山,并在崦嵫山顶矗立刻有名迹的巨石,又种槐树纪念。

之后,穆王还游览了与西王母毗邻的不少地方,采集了那里许多美玉、珍禽、异兽。直游得乐而忘返。后来听说徐偃王造反,才满载着西北地区、中亚人民的友谊和远游的愉悦东归,绝大漠,返回宗周。

据沈福伟先生研究,"西王母是塞人部落"。似祖居金城临羌(西宁西)西北塞外,祁连山南麓,"后来越迁越远"。"周穆王西巡大致是追随塞人西移路线",他到中亚去

---

① 杨宽《战国史》(增订本》,第669页,上海人民出版社1998年版。
② 《穆天子传》卷2。

越王勾践剑
春秋晚期，1965年12月在湖北江陵望山一号墓出土，湖北省博物馆藏

会见西王母，显示出黄河流域的华夏族决心和塞人部落确立经常的往来，"打开天山南北的东西交通，发展贸易关系"。①

周穆王的西游，与沿途各族建立了友好互惠关系。如前所述，周穆王每到一地就以丝绸、铜器、贝币馈赠各部落酋长，各部落酋长也向他赠送马、牛、羊和穄酒，从此大量新疆玉石东运，中原丝绸、铜器西传。这些货物西运的终端还越过葱岭，一直伸向遥远的乌拉尔和伊朗高原。从而加强了中原和我国西北地区及中亚的经济、文化联系。

周穆王西游还开启了中国古代遨游的先河。王淑良先生说：它"留给后人记忆的虽是瑰玮美丽的神话传说，但毕竟是一次首倡的成功西巡，引发了中国古代游子们的脚步，并随着视野的开阔，求美求乐欲望的强烈而一发不可收拾"。② 极是。

西周的末代国王幽王姬宫涅亦好游。他宠爱褒姒。褒姒不爱笑，幽王欲其笑，乃于骊山举烽火，并击大鼓，如诸侯来援，诸侯兵到而无寇；褒姒这才大笑，幽王很高兴。幽王终因失信诸侯以致国破家亡。

二、春秋战国诸侯的游览

同西周一样，春秋战国时期，除游猎之外，外出游览也是宫廷享乐生活的一部分。《吕氏春秋·情欲》篇载："荆（楚）庄王好周游田猎，驰骋弋射，欢乐无遗。尽付其境内之劳与诸侯之忧于孙叔敖。孙叔敖日夜不息，不得以便生为故，故使庄王功迹著乎竹帛，传乎后世。"楚庄王爱好游玩，但因任用贤才俊杰孙叔敖为相，仍能成就赫赫霸业。这是楚国之幸。《新序》说："晋平公游西河，中流而叹曰：'嗟乎！安得贤士与共此乐乎。'""游西河"，这自然是玩水了。逍遥之时，不忘求贤，不算玩物丧志。而有些国君则不然，如齐景公、蔡灵侯、楚昭王、楚襄王等，耽于山水游乐，每每得意忘政。《韩诗外传》载："齐景公游于海上，乐之，六月不归。"可谓中国历史上沉醉于海上旅游的第一人。据《战国策·楚策四》的记载，蔡灵侯南游高陂，北登巫山，喝茹溪的水，吃湘水的鱼，左手抱着年轻的美妾，右手搂着宠爱的美女，同她们驱车在国内尽情游乐，却不把国家放在心上。哪里知道那子发正在接受楚宣王的命令，将用红色的绳索捆上他去见楚宣王。这是战国史上因游乐失国的典型例证。楚昭王也是一个嗜游如命的人。《列女传》说："楚昭王燕游，蔡姬在左，越姬参乘，王亲乘驷以逐，登附庄

---

① 沈福伟《中西文化交流史》，第14—17页，上海人民出版社1985年版。
② 王淑良《中国旅游史》，第62页，旅游教育出版社1998年版。

之台，以望云梦之囿。"又，《说苑》说他的"荆台之游"："左洞庭之波，右彭蠡之水，南望猎山，下临方淮，其乐使人遗老而忘死。"战国盛行高台建筑，台上视野开扩，周围美景尽收眼底，因此游台与游山有异曲同工之妙。楚襄王承其祖风，有过之而无不及。他曾游云梦之台、云梦之浦和兰台之宫。如游云梦之台："昔楚襄王与宋玉游于云梦之台，望高唐之观，其上独有云气，崒兮直上，忽兮改容，须臾之间，变化无穷。"① 这里描写的就是楚襄王登云梦台观巫山山峰，千姿百态，朝云暮雨，迷迷茫茫的情景。他因痴迷游览而受到庄辛的尖锐批评："与之（指州侯、夏侯、鄢陵君和寿陵君）驰骋乎云梦之中，而不以天下国家为事。"②

三、宫廷婚旅

春秋喜气洋洋的宫廷婚旅是贵族出游的又一特殊形式。宫廷婚旅是政治联姻的产物。那时周天子威信扫地，诸侯坐大，大国争霸，于是政治联姻成为天子、诸侯竞相使用的外交措施和统战手段。例如，秦晋两国国君世代互为婚嫁。这样一来，无论是迎亲，还是"归宁"（王妃、夫人回家探亲），都是一种长途旅行，具有旅游性质。《诗经·小雅·车舝》就是春秋宫廷婚旅的写照。该诗云："间关车之舝兮，思娈季女逝兮。……依彼平林，有集维鷮。……高山仰止，景行行止。四牡骓骓，六辔如琴，觏尔新婚，以慰我心。"诗中描写了迎亲新郎官旅途所见的美景：葱茏的树林，长尾的野鸡，高耸的山岗；表现了他扬鞭策马，载欣载奔，将翱将翔，春风得意的情怀。需要指出的是，这种旅游和现代旅游应严格区别开来，因为它的主要目的是迎亲或"归宁"，旅游只是附带的。

有的贵妇人因受到阻挠，不能"归宁"。③ 为了解除心中的忧愁，亦有驾着车儿或驾着舟儿去出游的。《诗经·邶风·泉水》④描述许穆公夫人对祖国的怀念，想回来探望，但不可得，于是出游排忧。诗中云："我思肥泉，兹之永叹。思须与漕，我心悠悠。驾言出游，以写我忧。"这是驾车出游。《诗经·卫风·竹竿》⑤描写许穆公夫人回忆少时

---

① 宋玉《高唐赋》。
② 《战国策·楚策四》。
③ 如《诗经·鄘风·载驰》言春秋初年，卫国被狄人破灭后，遗民在漕邑（今河南淇县之东）立了戴公。他的妹妹许穆夫人从许国奔来吊唁，出谋向大国求援，但遭到许人的阻挠，终不果归。
④ 据《毛诗·小序》和高亨《诗经今注》，《邶风·泉水》是许穆公夫人所作。
⑤ 据（清）魏源《诗古微》考证，《卫风·竹竿》也是许穆公夫人所作。

在娘家的游钓之乐、笑语游戏，其中云："淇水滺滺，桧楫松舟。驾言出游，以写我忧。"这是驾舟出游。

四、晋文公流亡式的旅游

晋文公（？——前 628 年）春秋的晋国国君。名重耳，晋献公次子。前 636——前 628 年在位。为公子时，因献公打算立宠妾骊姬之子奚齐为嗣而遭迫害，被迫流亡。他先从蒲城（今山西隰县西北）逃奔到狄，跟随他的有狐偃、赵衰、颠颉、魏武子、司空季子，都是晋国才能出众的贤士。狄君对重耳十分尊重。在攻打廧咎如（狄同族）时，俘获了两女——叔隗、季隗，送给重耳。重耳娶了季隗，把叔隗给赵衰作妻。重耳在狄生活了十二年，离狄经卫，卫文公对待失礼。重耳等在五鹿（今河南清丰县西北）挨饿，只得向农夫乞食。来到齐国，桓公将宗室的女儿姜氏嫁给他，送其马二十乘（一乘四匹马）。重耳很安于这种生活。他在齐居住五年，留恋齐女，没有离开齐国的念头。随从众贤士认为不能这样下去，在桑树下策划如何离齐，被在桑树上采桑的婢女听到，立即报告姜氏。姜氏怕消息走漏，便把她杀了。并规劝重耳不要贪图安乐，眷恋男女之情，应该赶快离齐，追求进取国家命运大事，重耳不听。于是与狐偃、赵衰等人共谋，将重耳灌醉，用车载着上路。出发很远才醒来，大发雷霆，操戈逐狐偃，但已不能回齐。途经曹国，曹共公不以礼遇，在其裸浴时观其骈胁（胁骨长在一起）。大夫僖负羁之妻从重耳的从人看出重耳将得志于诸侯，劝其夫善待重耳。其夫私下赠送重耳食物，将玉璧置于食物下面。重耳受食还璧。到了宋国，宋襄公听说重耳贤能，就用对待国君的礼节款待重耳，赠重耳马二十乘。途经郑国，郑文公不以礼相待。大夫叔瞻劝谏，但郑君不听。又至楚国，楚成王用相当于诸侯的礼节招待他，问他若能回到晋国以什么来报答。重耳回答说，各种重要的物资楚国都有，无须晋国的，若一旦与您在战场上相遇，我为您退避九十里。楚将子玉请杀重耳，成王没有答应，并备厚礼送重耳到秦国。秦穆公将宗室女子五人嫁给重耳，并同重耳一起宴饮。前 636 年秦军护送重耳回国。由于晋怀公不得人心，晋国大臣转而支持重耳。重耳得以掌握晋军，进入曲沃（今山西闻喜县东北），立为国君，他就是晋文公。晋文公重耳在外流亡凡十九年，历经今山西、河南、山东、湖北和陕西等五省。他历尽艰难险阻，备尝酸甜苦辣。但也磨练了意志，丰富了阅历，积累了经验，增长了才干。从一个不谙世事，贪图享乐的公子哥成长为一个智勇双全的成熟政治家。同时在与多国政要的交往中，也势必考察了齐、楚、秦等大国的都城，游览了那里的壮丽宫殿苑囿。他的流亡式旅游似为后代宦游的先导。

五、季札的聘问旅行

季札的聘问旅行是春秋"一种高雅的文化旅游"。[①]他是春秋时吴国人。亦称公子札，吴王寿梦少子。先封于延陵（今江苏常州），称"延陵季子"；后封于州来（今安徽凤台），称"延州来季子"。以其贤达，其父寿梦打算让他继位，季札谦让不受。其兄诸樊、余眛分别推让君位于他，他都避让受位。鲁襄公二十九年（前544年），奉命出使鲁国访问，请求观赏周王室的乐舞。鲁国乐师为他演唱了《周南》、《召南》、《邶风》、《鄘风》、《卫风》等十五国风，又歌唱《小雅》、《大雅》和《颂》。观看了《象箾》、《南籥》、《大武》、《韶护》、《大夏》等舞蹈，并一一加以评论、赞美。后又到齐、郑、卫等国，考察民俗风情，了解治乱得失、诸侯盛衰大势，劝勉晏平仲、子产、蘧瑗、史狗、史鳅、公子荆、公叔发、公子朝、赵文子、韩宣子、魏献子等人。旅途上曾拜见徐国国君，交谈投机，成为好友。当他回国再次经过徐国时，徐君已去世，便解下千金宝剑，挂在树上离去。[②]季札的聘问之旅，观赏乐舞，结交朋友，考察各国民风、政风，探析治乱兴衰，对后世旅游很有影响。

六、屈原的流放式旅行

屈原（约前340—前278年），名平，字原。自称名正则，字灵均。姜亮夫先生认为这"是平和原二字的引申义。是前者的转写化名"[③]，出身于楚国一个贵族家庭（与楚王同祖）。今湖北秭归人。

屈原故里位于乐平里东北面山梁下的香炉坪山中小盆地中，四周峰峦迭翠，清溪毓秀。这里离长江三峡不远。西陵峡两岸翠峰夹江壁立，奇石嶙峋，飞泉垂练，水急滩多。巫峡幽深秀丽。瞿塘峡雄奇险峻。他自幼受过良好的教育，热爱家乡和楚国的大好河山，青年时期就一腔热血，胸怀报国壮志。他因"博闻强记"，熟悉政事，善于外交辞令，深得楚怀王的赏识和信任，为仅次于令尹的左徒，对内与楚王商议国事，颁布命令；对外接待宾客，应对诸侯。他主张革新政治，联齐抗秦，由楚完成统一大业。后因奸佞上官大夫靳尚在怀王面前谗毁屈原，屈原被免去左徒职务，转任三闾大

---

① 王淑良《中国旅游史·古代部分》，第68页。
② 《史记·吴世家》。
③ 姜亮夫《屈原》，载《中国大百科全书·中国文学》，中国大百科全书出版社1986年版。

夫，掌管王族昭、屈、景三姓事务，负责宗庙祭祀和贵族子弟的教育。秦惠王乘机派张仪至楚，大搞阴谋诡计，使楚与齐绝交，丧师失地。怀王迫不得已，派屈原出使齐国，恢复邦交，局势得以暂趋稳定。但怀王昏庸，被群佞包围，终于误走亲秦道路，放逐了屈原，后又被召回复用。这时楚国连年被秦战败，怀王再度受骗入秦，被囚而死。顷襄王继位，更加昏庸，对秦完全采取妥协投降政策，屈原再次被放逐。

屈原第一次被放逐是在楚怀王二十五年（前294年）左右。[1] 据《抽思》一诗，诗人从楚都郢（今湖北江陵纪南城）出发，沿着汉水逆流北上，在汉北暂时栖泊。没有伴侣，没有知交，独处在这遥远的边陲。遥望着北山流泪，面对着流水叹息。秋风萧瑟，草木凋零。此情此景，诗人又想到自己被流放的身世，愈觉伤心而愁苦。他沿着充满突兀怪石的曲折山路，从秋走到冬，从冬走到夏。沿途映入眼帘的既有边陲的风光，也有人民的苦难。加以思念远方的故乡，他度日如年，心中的痛苦、愁闷、忧郁、烦乱，可以想见。有学者认为，"这种思绪的实际含义就是迫切要求返回郢都去，以实现自己进步的政治理想"。[2]

屈原第二次被放逐约在楚顷襄王十三年（前286年）前后。[3] 诗人离开郢都故里，乘船前行。他心情沉痛，对郢都依依不舍，"望长楸而太息兮，涕淫淫其若霰。过夏首而西浮兮，顾龙门而不见"。[4] 真是一步一回首，一步一伤神。他感觉前途渺茫，不知到何方落脚，"顺风波以从流兮，焉洋洋而为客"，"将运舟而下浮兮，上洞庭而下江"。[5] 他掉转船头顺江东下，过了洞庭湖就进入长江。据王淑良先生研究，"屈原离郢后曾在安徽陵阳（今青阳县，九华山地区）生活了一段时间，然后便穿过安徽进入湖北的鄂渚（今鄂州市）"。[6] "步余马兮山皋，邸余车兮方林。"[7] 谆马在弯弯山道上徐行，把车在方林中停放。可见他曾乘车马出游。接着改乘小船逆着沅水而上，"朝发枉渚（今湖南常德市南）兮夕宿辰阳（今湖南辰溪县西）"。[8] 然后舍弃水路，走进了湘西南溆浦一带茂密的山林。"其后，屈原由溆浦下船，取道沅水，北上洞庭，再由洞庭湖转入湘江，到达了他流放的最后一站，也是他生命的最后一站，长沙（今湖南长沙）附近的汨罗江。"[9] 回郢都既不可能，远游、求贤也不成，这时他"被发行吟泽畔，颜色憔悴，

---

[1] 章培恒、骆玉明主编《中国文学史》上，第142页，复旦大学出版社1997年版。
[2] 黄寿祺、梅桐生《楚辞全译》，第94页，贵族人民出版社1984年版。
[3] 章培恒、骆玉明主编《中国文学史》上，第142页，复旦大学出版社1997年版。
[4] 《哀郢》。
[5] 同上。
[6] 王淑良《中国旅游史·古代部分》，第83页。
[7] 《涉江》。
[8] 同上。
[9] 章必功《中国旅游史》，第50页，云南人民出版社1992年版。

形容枯槁"。① 这时秦已攻取楚别都鄢（今湖北宜城东南）、楚都郢，西烧夷陵（今湖北宜昌东南）；东攻至竟陵（今湖北潜江西北）；南攻至洞庭湖一带。楚徙都陈（今河南淮阳）。复兴楚国已经根本无望。屈原遂怀沙自沉于汨罗江（今湖南湘阴以北，湘江支流），以死殉其忠贞爱国之志。

屈原的这次被放逐，足迹遍及今湖北、江西、安徽、湖南四省，历时九年。是一次长途旅游，自不待言。这种流放式旅游，具有强迫性，苦不堪言。但他通过旅游，深入社会，深入生活，深入下层，深切感受了政治的黑暗，民生的疾苦，坚定了革新政治，使楚国由弱变强的进步政治理想。学者认为，"通过旅游，南方楚国那绚丽多姿的山水、古朴浪漫的民风、历史悠久的文化以及丰富的神话传说，陶冶着屈原的情操，增长着屈原的创作才能，催生了屈原的诗歌作品"。"他的悲愤的歌唱，一字一句都倾泻了深沉的爱国的思想感情，成为千古传诵的杰作。"②

---

① 《史记·屈原贾生列传》。
② 游国恩、王起、萧涤非、季镇淮、费振刚《中国文学史》(1)，第92页，人民文学出版社1963年版。

【第二节 士阶层的文化旅游】

一、士阶层的形成

据学者研究，早在氏族公社的末期，就已出现教育机构的萌芽。[①]夏代国都有"序"（其重要职能之一是教育），地方有"校"。[②]殷代甲骨文中有"大学"和"庠"等学校名称。西周的学校，设在王都的称为国学，包括小学和大学；设在王都郊外行政区的有塾、庠、序，总称乡学。当时的文化教育是学在官府，学术官守，官师合一，教育与政治紧密联系。以"六艺"——礼（五礼"六仪"）、乐（诗歌、音乐、舞蹈）、射（射箭的技术）、御（驾驭马车的技术）、书（文字）、数（算法）为基本学科。只有官学，没有私学，只有贵族子弟有受教育的权利，庶人和平民基本上被剥夺了受教育的权利。

春秋中晚期，经济、政治发生大变化。周平王东迁洛邑，周室式微。由于世袭制度造成贵族不重教育，"学人舍业"，由于贵族统治力量衰落，由于社会日趋动乱，战争频繁，官学衰废，文化职官不得不自寻出路，学术官守守不着了。于是"王官失业，雅颂失错"。[③]王室的许多文化职官被迫携带着简册器物，流落四方。据《论语·微子》的记载，乐官大师挚到齐国去，乐师干到楚国去，乐师缭到蔡国去，乐师缺到秦国去，打鼓的方叔迁移到黄河之滨，摇小鼓的武迁居到汉水地区，少师阳和击磬襄移居海边。可见宫廷中一批司礼司乐的专家、艺术家从都城流散到各地。其他领域的知识分子状况也是这样。他们以传授其文化知识谋生，在社会上发挥自己的专长。从而出现了"天

---

① 孙培青主编《中国教育史》，第1页，华东师范大学出版社1992年版。
② 《孟子·滕文公上》："夏曰校"，"校者，教也。"汉代经学家释"校"为乡学。
③ 《汉书·礼乐志》。

子失官，学在四夷"①的文化变动新气象。于是"学在官府"的局面被打破，使原本由贵族垄断的文化学术扩散到作为社会下层的民间。伴随着这种"文化下移"，在邹鲁大地出现了不少通晓诗、书、礼、乐的文人，民间还拥有多种作为学习材料的古籍，这就为私学的出现提供了条件。②

私学发端于春秋中叶。当时创办私学的人，或生活在孔子之前，或与孔子同时。孔子所办私学，只是其中的一家，并非首创者。但"他创办的私学规模最大、最正规，成就远远超过他的先人和侪辈"。③他实行"有教无类"，"以诗书礼乐教"。④

战国时期，养士之风盛行，人们竞相拜师学习做士，加以各学术流派为了扩大自身的影响，广为招收门徒，从而促进了私学的发展。以墨子、孟子、荀子为代表的许多学者投入教育行列，以一家之言立教。在私学学习的人数大为增加，如《吕氏春秋·当染》载孔子、墨子之后"从属弥众，充满天下"。又《太平寰宇记》卷十九说淳于髡死时，"诸弟子三千人，为之衰绖"。同时，私学教育的内容也比春秋时更为丰富。

据学者研究，春秋战国的私学具有以下几个特征：其一，"自由讲学，各具特色"；其二，"为诸家学派的基地"；其三，"是参议时政的论坛"；其四，"以教士、养士为职能"；其五，"游学列国，进行学术传播和交流"。⑤

私学的发展培养出大批士人。这些士人具有一定的文化知识，熟悉典制，身通六艺。加以卿大夫的庶子一般只能作士，及基于庶民地位的上升，实行选士、贡士制度，使士的人数激增，于是士阶层形成了。春秋时期的士主要为高级贵族服务。依照士的服务对象，士可分为天子之士、诸侯之士、卿大夫之士和在基层行政机构中任职的士。士绝大多数思想保守，被奴隶制的精神枷锁禁锢。只有少数豪杰之士，以其超人的才能，被"五霸"中的齐桓公、晋文公、秦穆公、楚庄王所招延，作为明君的辅佐或智囊，在历史上留下了业绩。⑥战国时期，新旧交替，社会剧变，思想解放，百家争鸣。这时的士具有独立的人格，自由的思想和强烈的流动性。由于大国争雄，兼并战争更为激烈，各国间经常是"邦无定交，士无定主"，双边或多边的政治斗争很激烈，于是朝秦暮楚的游说之士（即游士）应运而生。各国的封君权贵，如齐孟尝君、赵平原君、魏信陵君、楚春申君、秦吕不韦，盛行养士之风，寄食于他们门下的士成为"食客"，充当谋士或爪牙，或称帮闲之士。此外，还有侠士、隐士等。由于世卿世禄制度逐渐

---

① 《左传·昭公十七年》。
② 参孙培青主编《中国教育史》，第46—47页。
③ 《中华文明史》2《先秦》，第379页，河北教育出版社1992年版。
④ 《史记·孔子世家》。
⑤ 《中华文明史》2《先秦卷》，第380—381页。
⑥ 吕文郁《春秋时期的士》，《史学集刊》1984年第3期。

被官僚制度所取代，士成了各国新的官僚队伍的主要后备队。① 一方面，各国统治者为了争霸、争雄，或救亡图存，标榜纳贤养士；另一方面，读书人奉行"学而优而仕"的原则，各学派要宣扬自己的学说，尤其是政治主张。于是士就成了当时"最为活跃、最为庞大的旅游队伍。"②

二、游学之旅

什么是游学？游学就是投师问学和外出讲学。游与学紧密结合。

首先踏上游学之旅的是孔子。

孔子（前552—前479年），春秋晚期鲁国陬邑（今山东省曲阜市东南）人，名丘，字仲尼。他是中国伟大的思想家、政治家、教育家。孔子少"贫而贱"，及长，曾任管理仓库的委吏和管理牲畜的乘田。好学不倦，据《史记》等书的记载，他曾学琴于师襄，学官于郯子，问乐于苌弘，问礼于老聃（即老子）。关于后者，据《史记·孔子世家》的记载，鲁昭公送给孔子一辆车子、两匹马，还有鲁人南宫敬叔和一名童仆同行，从鲁都曲阜（今山东省曲阜市）出发，沿着滔滔黄河，踏着漫漫长路，千里奔波，前往周都洛邑（今河南洛阳市东），拜访前辈学者，见到了老子。孔子告辞离去时，与老子长揖作别。老子以语言送他。对此汉画像石中有生动描绘。山东省济宁市博物馆藏有约东汉灵帝建宁元年（186年）的画像石，刻孔子见老子画像。画面上，中间一人拱手右向恭立，榜题"孔子也"，其右一人扶杖，与孔子对话，榜题"老子"。其间一小儿，一手推轮，一手指向孔子，当是项橐。孔子后一人捧简跟随，应是颜回，一有屏轺车停立，榜题"孔子车"。老子身后停一軿车，车后三人捧简左向立，画面左端有清代人题刻。画面表现了孔子求教于老子的虚心好学精神。③ 由于他好学不倦，奋发成才，博学多能，大约30岁（前522年）时，正式招生办私学，他实行开放的"有教无类"的方针，不分贵贱贫富，不论种族，只要本人有学习的愿望，主动奉送10条干肉以履行师生见面之礼，就可以成为弟子。于是天下渴求知识的人，不怕路途遥远，不惧雨雪风霜，纷纷跋山涉水，投师问学于孔子门下。相传他的弟子三千，杰出者七十二人。这些弟子，来自各个诸侯国，有齐（如公冶长、樊须）、鲁（如孟懿子、曹参、南宫适）、宋（如司马耕）、卫（如卜商）、秦（如秦祖）、晋（如叔仲会）、陈（如颛孙师）、

---

① 参彭邦炯《士》，《中国大百科全书·中国历史Ⅱ》，第941页。
② 王淑良《中国旅游史·古代部分》，第74页。
③ 蒋英炬主编《中国画像石全集·山东画像石1》，山东美术出版社2000年版。

吴（如言偃）、楚（如秦商、公孙龙）、卞邑（如仲田、子路）、蔡等国。

大约40岁左右，孔子形成了他自己的学说，创立了儒家学派。大约50岁（前501年）时从政。后因与执政者政见不和，愤而弃职出走，其学生数十人也追随他而去。他们告别鲁国，周游列国。一面游说（详后），一面游学，所到国家依次为卫、宋、曹、郑、蔡、楚等，前后奔波凡14年。他的私学实质上成了流动学校。① 如在齐国与齐太师谈论音乐；在宋国和弟子们在大树下演习礼仪；在陈国讲解周先王与肃慎部族的关系；在陈国、蔡国之间讲习诵读，演奏歌唱，传授诗书礼乐毫不间断。②

孔子在68岁时受礼聘返鲁。他把主要精力用于招生讲学和整理古代文献上，编纂和校定了《诗》、《书》、《礼》、《乐》、《易》、《春秋》，贡献重大。

继孔子之后的游学大师是墨子。墨子（约前490—前403年），即墨翟。鲁人（一说宋人）故里在今山东省滕州市目夷镇。③ 是中国古代伟大的思想家、教育家、科学家和社会活动家。他创立墨家学派，在北方各国聚徒讲学。当时墨家学派与儒家学派一样，称"显学"，"弟子徒属充满山天下"。④ 在南方各地和位于西方的秦国，也有墨家的活动。齐人高何、曹人曹公子、楚人邓陵子等，都从各地投奔到墨家门下。⑤ 儒墨之争是百家争鸣的发端。而"孔、墨之后，儒分为八，墨离为三"⑥ 可见各家中又区分为诸多不同的学派。墨家后学在战国中、后期依然相当活跃。

孔子之后的儒家学派代表人物是孟子和荀子。孟子（约前372年—前289年），名轲，字子舆，战国中期邹（今山东省邹县）人。鲁国贵族孟孙氏的后代。少年时曾三迁其居，从墓地之旁到市场之侧再到学校之邻。长大后受业于子思的学生。其经历酷似孔子，毕生聚徒讲学，曾名列稷下（今山东临淄县北）学宫。他对后世影响很大，被尊为仅次于孔子的"亚圣"。荀子（约前313年—前238年），名况，字卿，又叫孙卿，战国末期赵国人。曾"游学于齐"。⑦ 晚年到楚，著书授徒。韩国人的宗族公子韩非和楚国上蔡人李斯当在此时就学于荀子。⑧

除儒家、墨家的游学外，值得特别提出的是来游学者达数百上千人的齐国的稷下学宫。稷下学宫位于齐国都城临淄的稷门下。学宫历时约150年。在齐湣王时师生一

---

① 参孙培青主编《中国教育史》，第54页。
② 详见《史记·孔子世家》。
③ 周才珠、齐瑞瑞译注《墨子全译·绪言》，第2页，贵州省人民出版社1995年版。
④ 《吕氏春秋·似顺论·有度》。
⑤ 王淑良编著《中国旅游史·古代部分》，第77页。
⑥ 《韩非子·显学》。
⑦ 《史记·孟子荀卿列传》。
⑧ 据《史记》的《孟子荀卿列传》和《李斯列传》推断。

度多至数万人。著名学者有 76 人。其中姓名可考者，除上述属于儒家的孟子、荀子外，还有道家的彭蒙、宋钘、尹文、接子、季真、环渊，由道而法者慎到、田骈，名家的田巴、儿说，阴阳家的邹衍、邹奭，博学而无所归属的淳于髡、王斗、徐劫、鲁仲连等等。此外，还有本学派的从学弟子。而且游学来去自由。如孟子、荀子等学者就曾几度来去。① 稷下学宫根据他们的资历学问、和成就分别授予"祭酒"、"客卿"、"上大夫"、"列大夫"、"稷下先生"、"稷下学士"等不同称号，且已有"博士"与"学士"之分，学术秩序井然。

此外，魏人张仪和东周洛邑乘轩里人苏秦曾先后投师问学于陕西鬼谷子，学习纵横家的权变和游说术。② 宋人庄周（约前 369 年—前 286 年）与惠施（约前 370 年—约前 310 年）相友善交游。《庄子·秋水篇》说："惠子相梁，庄子往见之"，笑谈"鹓得腐鼠"。庄子还与惠子遨游于濠梁之上，见"鯈鱼出游从容"，辩论人是否知鱼之乐。据《荀子·儒效》的记载，当时不少学者，往往"率其群徒，辩其谈说"。而法家田骈在齐，"訾养千钟，徒百人"。③ 又农家许行，由楚国至滕国，也有"徒数十人"④ 追随。

三、游说之旅

士阶层除了游学之外，还有游说。所谓游说，就是说客策士离家四方奔走，劝言君主采纳自己的主张，其中多为求官。

士游说发端于春秋后期，开风气之先的是孔子。据《史记·孔子世家》记载，孔子 35 岁那年，由鲁入齐，齐景公问政于孔子。孔子向他提出"正名"，鼓吹"君君，臣臣，父父，子子"和"政在节财"的儒家主张。这与齐国的政治理念不合拍。孔子还曾为鲁国的外交利益得罪过齐国，齐景公借口年老不能任用孔子。孔子就离开齐国，返回鲁国。是谓第一次游说。

孔子 55 岁时，因为当政受阻，就离开故乡鲁国，带着学生，周游列国（一些地方性的诸侯国），开始了第二次游说。他首先前往卫国。到了魏都帝丘（今河南濮阳），卫国向他送谷子六万斗，相当于在鲁国的俸禄。不久，有人在卫灵公面前说孔子的坏话，卫灵公派人监视孔子。孔子怕被卫灵公莫明其妙地治罪，仅住了十个月，就离开

---

① 参孙培青主编《中国教育史》，第 99—105 页。
② 《史记·张仪列传》；《史记·苏秦列传》。
③ 《战国策·齐策四》。
④ 《孟子·滕文公上》。

卫国。孔子打算前往陈国，路过匡邑（今河南扶沟县西南），因其相貌与残害到匡人的阳虎相似，在匡被拘留了五天。孔子派随从弟子到卫国做卿大夫宁武子的家臣，然后得以离开。经过蒲邑（今河南长桓），又碰上卫国贵族公叔氏发动叛乱，再次被围。逃脱后，返回卫都帝丘。孔子应邀与卫灵公的夫人南子以礼相见。在卫都住了一个多月。有一天，乘车随卫灵公夫妇的车队出宫游览，招摇过市。因厌恶卫灵公好色和怀才不遇，遂离开卫国，经过曹国，前往宋国。宋国司马桓魋想要杀死孔子。孔子就离开那地方。孔子前往郑国，和弟子互相走失。孔子独自站在郑都（今河南新郑）外城的东门。有人对子贡说："东门有个人，他的额头像唐尧，他的脖子像皋陶，他的肩像子产，从腰以下比夏禹差3寸，瘦瘠疲惫的样子像丧家之犬。"子贡以实相告孔子。孔子欣然笑着说："他说的相貌，未必像。但说我像丧家之犬，是啊！是啊！"孔子于是到达陈国宛丘（今河南淮阳），寄居在司城贞子家。孔子在陈国居住三年，适逢晋、楚争强，轮番攻伐陈国，吴国也攻打陈国，陈国常受劫掠，于是孔子离开陈国。途经蒲邑，恰遇蒲邑的一场叛乱，被扣留。幸亏弟子公良孺以私车五乘跟随孔子，持剑率众人与反叛奋勇搏斗，孔子才被放出。孔子出于万般无奈，没有合适的去处，又返回卫都，卫灵公到郊外迎接孔子，但因年老，懒于理政，没有任用孔子。孔子长叹不能施展自己的行政才能和政治抱负，上路离去。他打算西行去见赵简子，来到黄河之滨，因故第三次返回卫都。卫灵公为了夫人讨伐儿子，曾向孔子询问用兵的阵法，孔子认为这于情于理都说不过去，就搪塞卫灵公："军旅之事未之学。"① 孔子发现卫灵公没有按照"仁"、"礼"的要求来治理国家，又感到卫灵公对他冷淡，就前往陈国。此时孔子已六十岁了。次年，孔子从陈国迁居蔡国（今安徽凤台）。第二年，孔子从蔡国前往楚国叶县（今河南叶县南），回答叶公关于"为政之道"的问题。孔子迁居蔡国的第三年，楚昭王派人聘请孔子。孔子准备拜见回礼。陈国、蔡国的大夫担心楚国起用孔子对他们不利，就调发役徒将孔子围困在野外。楚昭王打算把方圆七百里之地封给孔子，由于令尹子西反对，只得作罢。于是孔子从楚国返回卫国。卫出公辄想请孔子来治理国政。恰好季康子派大夫带着征聘的礼物来迎接孔子，孔子就返回鲁国。然而鲁国最终没能任用孔子。

孔子两次游说，共用去14年的时间。旅居国家有齐、卫、曹、宋、郑、陈、蔡、楚等八国，足迹遍及今山东、河南、安徽、湖北等四省。所到之处，师生步调一致，同心协力，异口同声，宣扬儒家的礼乐教化、仁义道德等学说。但是他的儒家学说却不被大多数国君所接受，他们更不希望他参与国政。尽管"一开始都表示欢迎和尊重孔子，也愿意给予较好的物质待遇"。这使"孔子只能一次次失望离去，每次离去总是

 余治平：《"军旅之事未之学"：孔子为何搪塞卫灵公》，《中国社会科学报》2016年2月2日。

仰天长叹，每次到达又总是满怀希望"。正是这种希望，使他把垂暮的晚年付之无休无止的漫漫长途。即使面对冷眼、嘲讽、拘留、围攻，也坚守自励，自得其乐，决不犹豫停步。①

孔子周游列国，历览名山大川，以山水比德。《论语·雍也》云："智者乐水，仁者乐山，智者动，仁者静，智者乐，仁者寿。"他以自然景观的特性比喻人格意义和社会属性，借以言志。有学者指出，"随着士大夫游览山水之风的兴盛，这一传统得以发扬光大，如松柏、莲花、'四君子'等，相继成为士大夫品格的象征"。②

孔子生前亲自安排和指导的最成功的一轮游说，是选派能言善辩、办事干练的得意门生子贡出访齐、吴、越、晋四国。当时，齐欲伐鲁，鲁国危难，子贡受命而行。结果，"子贡一出，存鲁、乱齐、破吴，强晋而越霸。"③其意思是，子贡一出马游说，保全了鲁国，搞乱了齐国，吴国因此破灭，晋国得以强盛，越国称霸长江和淮水以东。

孔子去世后，孔子的弟子们继承老师的传统，四出游说，步入政坛。《汉书·儒林传序》载："仲尼既没，七十子之徒散游诸侯，大者为卿相师傅，小者友教士大夫。"如子夏作了魏文侯师，子夏的学生李悝任魏相。曾子的学生吴起为魏西河守，后又至楚国为令尹。孔子之孙子思，受到鲁穆公的礼遇。

孔子之外，文士中著名的游说人物有墨子、孟子、张仪、苏秦、陈轸、公孙衍、范雎等。兹分述于下。

墨子是在孔子之后周行天下（鲁、齐、魏、楚）的人。他和他的弟子生活都十分简朴，墨子"量腹而食，度身而衣"。主张"摩顶放踵（光头赤足）"，追随他的弟子衣"短褐之衣"、食"藜藿之羹"④。脚蹬"跂蹻（草鞋）"，⑤为了推行其主张，他不辞劳苦，四处奔走。有时日以继夜，没有马骑，快速步行。如公输盘为楚国制造攻城的器械云梯，将用以讨伐宋国。"子墨子闻之，起于齐，行十日十夜，而至于郢，见公输盘。"⑥

他游说能够从实际出发，注意变通，因时而异，因地而异："凡入国，必择务而从事焉。国家昏乱，则语之尚贤尚同。国家贫，则语之节用节葬。国家熹音湛湎，则语之非乐非命。国家淫僻无礼，则语之尊天事鬼。国家务夺侵凌，则语之兼爱非攻。故曰择务而从事焉。"⑦意思是凡到一个国家，必择最重要的事去做。国家昏乱，就教他尚

---

① 参余秋雨《中国文脉》，第128—129页，长江文艺出版社2012年版。
② 熊元斌、柴海燕《'山水之乐'与中国古代的旅游文化》，《光明日报》2011年2月10日。
③ 《史记·仲尼弟子列传》。
④ 《墨子·鲁问篇》。
⑤ 《庄子·天下篇》。
⑥ 《墨子·公输篇》。
⑦ 《墨子·鲁问篇》。

贤、尚同；国家贫穷，就教他节用、节葬；国家喜好声乐沉迷酒色，就教他非乐、非命；国家淫僻无礼，就教他尊天、事鬼；国家从事侵夺欺凌，就教他兼爱、非攻。所以要选择重要的事去做。墨子传播的道义中，最重要的八个字是兼爱、非攻、尚贤、尚同。兼爱就是"祛除自私之心，爱他人就像爱自己"；非攻就是不发动战争；尚贤、尚同就是崇尚贤者，一同天下。

墨子的游说不仅能抓住重点，讲究务实，而且能"重视实践，身体力行"。① 如墨子游说楚王不要攻打宋国。据《墨子·公输篇》载墨子止楚攻宋的故事，他从齐赶到郢（今湖北江陵纪南城）与公输盘相见，旗帜鲜明地反对攻伐，扶助弱小，先用生动形象的比喻和对比说明事理，以理说服公输盘、楚王，从道义的高度，一针见血地指出他们的不义，迫使公输盘"服"，楚王称"善"。接着与公输盘进行了一场模型攻守较量，以实力使公输盘的阴谋破产，同时派三百个学生到宋国城头坚守，积极助宋旨在防御的备战，这就打消了他们攻伐宋国的狂想，从而使楚王的侵略梦想化为泡影。②

有学者认为："墨家不仅游学、游说政治观点、思想认识与诸子不同，而且方式方法也与众不同。"③ 甚是。

墨子除游说楚国，说楚王罢攻宋外；又曾游说齐国，说齐王和项子牛罢攻鲁；还游说楚国，说楚国执政者鲁阳文君罢攻郑。凡此都充分说明墨子是一位杰出的游说家。

孔子之孙的再传弟子孟子在40岁以前并没有远离家乡，只是为邹鲁的小国之君出谋划策。他在40岁后开始游说。据研究，孟子游说的国家有齐、宋、薛、滕、邹、魏等等国。④《孟子》一书中提到，他与齐宣王讨论政事就有十七处之多。他鼓吹"仁义"、"孝道"；宣扬民本思想、实行仁政；反对兼并战争，主张仁义之战。尽管这些观点在统治者看来不切实用，没有采纳。但他还是受到各国的"礼遇"，获得丰厚的馈赠。又云率领他的门徒，"后车数十乘，从者数百人"。⑤ 晚年离齐归邹，专心讲学、著述，留

---

① 王淑良《中国旅游史·古代部分》，第81页，旅游教育出版社1998年版。
② 参周才珠、齐瑞端译注《墨子全译》，第606页，1995年版。
③ 王淑良《中国古代旅游史·古代部分》，第81页。
④ 较为系统叙述孟子游历诸侯活动的最早材料是《史记·孟轲荀卿列传》："道既通，游事齐宣王，宣王不能用。适梁，梁惠王不果所言，则见以为迂远而阔于事情。"这段话只讲了孟子游齐、游梁。先游齐后游梁。游齐在齐宣王之世，游梁在梁惠王之时。这个结论是不对的，据清代、近代某些研究者和当代学者董洪利先生的研究，孟子离开邹鲁游说首次至齐是在齐威王（公元前356—前320年在位）的早期或中期。后来孟子从齐国奔赴至宋。其时当宋君偃即位之后称王之前。而不是史公所说由齐至魏。他游说的国家除齐、宋之外，依次是邹、滕、魏。在由宋至滕时，途经齐国的封邑薛。详见董洪利《孟子研究》，第21—38页，江苏古籍出版社1997年版。
⑤《孟子·滕文公下》。

下《孟子》一书。

张仪（？——前309年），一作张义。① 战国时魏国人。魏国贵族后裔。传曾事鬼谷先生，学纵横术。先游说于秦，尝从楚相饮，楚相失璧，执张仪，掠笞数百，被逐于楚。归而见其妻，妻曰："嘻！子勿读书游说，安得此辱乎？"仪曰："视吾舌尚在不？"其妻笑曰："舌在也。"仪曰："足矣。"② 纵横家靠游说进身，主要工具就是"舌"；只在"舌在"，进身就有希望。上述精彩的情节，"在一定程度上，揭示了纵横家的内心世界"。③

张仪游说楚王没有成功，路经东周，得到东周昭文君的礼遇和资助。于前329年进入秦国。恰逢楚威王伐魏，张仪游说秦出兵助魏，使魏战败楚，秦得以顺利接受河西地区。④ 秦遂以张仪为客卿。前328年，秦设相国，以张仪为相。仪推行"连横"之策（"事一强而攻众弱"）。他亲自到魏国游说魏王："秦之遇魏甚厚，魏不可以无礼于秦。"迫使魏纳上郡十五县（含少梁）予秦。前325年，张仪帮助秦惠文君称王。次年，张仪伐魏，取陕，出其人还魏。⑤ 前323年，秦相张仪会齐、楚大臣于啮桑（今江苏沛县西南）。前322年，张仪从啮桑归而免相。魏以张仪为相。仪假称"欲以秦、韩、魏之势伐齐、荆（楚）"，实"欲令魏先事秦而诸侯效之"，魏王不听。秦伐魏，取曲沃（今山西闻喜东北）、平周（今山西介休西）。前319年，魏行"合纵"之策（合众弱以攻一强），驱逐张仪回秦。前316年，对秦伐韩还是伐蜀有利，张仪与司马错争论于秦惠王前。惠文王从司马错伐蜀主张，派张仪、司马错自今陕西西南行，入四川境伐蜀，取之。

前313年，张仪诳楚，是张仪游说活动中浓墨重彩的一笔。秦王欲伐齐，患齐、楚之纵，于是使张仪至楚。张仪针对当时楚国国君怀王愚鲁、贪婪、残暴、急躁而又刚愎自用的特点，采用"揣情量权"之术，说楚王曰："大王苟能闭关绝齐，臣请使秦王献商於之地方六百里。"⑥ 楚王很高兴地就答应了。楚遂绝齐，使人随张仪至秦。仪假装有病，不朝三日。后见楚使，曰："从某至某，广从六里。"⑦ 楚王这才明白受骗上当，不禁勃然大怒，发兵攻秦，结果大败。此时秦欲以商於之地换取楚国的黔中地。楚王恨张仪，愿得张仪，不愿得地。仪使楚，楚王囚仪，欲杀之。张仪看透了楚王的昏庸无能、好色惧内，厚赂他身边的嬖臣靳尚，又得宠姬郑袖进言营救，张仪得释。⑧

---

① 见《战国纵横家书》二十二；十三年相邦张义戈等。
② 《史记·张仪列传》。
③ 熊宪光《纵横家研究》，第223页，重庆出版社1998年版。
④ 《战国策·韩策二》公孙昧谓公仲谈及此事。
⑤ 《史记·六国年表》，《秦本纪》系于上年。
⑥ 《战国策·秦策二》"齐助楚攻秦"条。
⑦ 《战国策·秦策二》"齐助楚攻秦"条。
⑧ 详见《史记·张仪列传》。

前311年似是张仪一生中最得意的一年。这一年，他依次游说楚、韩、齐、赵、燕等五国连衡以事秦。连衡之策使秦领土得以大为扩张，"拔三川之地，西并巴蜀，北收上郡，南取汉中"。① 张仪以功封五邑，号武信君。

前310年，秦武王即位，张仪被驱逐，来到魏国，相魏一年去世。

苏秦②（？——前284年），字季子。自称"进取之臣"。东周洛阳乘轩里人。可能出身于农民家庭。他年轻时曾拜著名的纵横家鬼谷子为师，师满学成，回到家中。

苏秦先到秦国，游说秦昭王（《战国策·秦策一》误作"秦惠王"），建议"废文任武"，用"义兵"武力兼并天下，没有被采用。回到家中，受到冷遇，于是发奋读书，得《太公阴符之谋》（《汉书·艺文志》道家所载的《太公》一书。今本《六韬》乃《太公》一书的选本，说的是姜太公向周献良谋奇计使周得以灭商取天下的），精心研读揣摩一年，以为可以有把握游说当世之君主。

苏秦画像

---

① 《史记·李斯列传》。
② 马王堆帛书《战国纵横家书》具有重要的历史价值，它保存了已被埋没两千多年的真实可信的关于苏秦的书信和谈话十四章，可纠正有关苏秦历史的许多根本性的错误。详见唐兰《司马迁所没有见过的珍贵史料——长沙马王堆帛书〈战国纵横家书〉》，载于马王堆汉墓帛书整理小组编《马王堆汉墓帛书战国纵横家书》，文物出版社1976年版。

苏秦在燕昭王（前311年——前279年在位）初年（前308年）就从周都洛邑来到燕国游说。次年，苏秦说齐宣王归燕十城。前306年，待燕质子于齐，因委质为齐臣。[①] 前294年，苏秦与燕昭王定策破齐。即根据当时秦、齐、赵三个强国鼎立的形势，因顺齐湣王要灭宋以扩张齐版图的欲念，由燕助齐伐宋，使齐国力疲惫，以防止齐国攻燕；同时挑拨齐、赵关系，激化齐、赵之间的矛盾，以便借助秦、赵等国之力联合破齐。同年，燕昭王派其亲信苏秦出使齐国，说齐湣王伐宋，从事反间（为间谍）。苏秦向燕昭王保证，他定能"信如尾生"，依密约行事，守信到死。昭王并发兵两万自带粮食进入齐国助齐攻宋。为托付苏秦重任，前290年，燕王封苏秦为卿（武安君）并予封邑（一说未予封邑），并派苏秦率车一百五十乘入齐，齐以接待诸侯之礼迎接他，由齐相韩晁珉迎接于临淄的城门高间，并替他驾车入城。苏秦以"义兵"平定天下攻灭宋国的主张进说齐湣王，被齐采用。前289年，齐王重任苏秦，封其为相。

对于齐攻宋，赵国大臣有不同意见，斗争形势很复杂。齐听从苏秦建议，暂停攻宋。

后来苏秦由燕入赵，从事外交活动。被赵监禁。燕昭王闻讯，遣使入赵，促使释放。苏秦回到了燕国。

那时候（前288年），秦、赵两强斗争激烈，齐国的地位举足轻重。秦昭王自立为"西帝"，派魏冉到齐国致送"东帝"的称号，并约联合伐赵。苏秦就在此时从燕到齐，在章华宫南门见齐湣王。齐王征求他的意见，他认为伐赵不如伐宋有利；齐不要"东帝"称号可使"天下爱齐而憎秦"，因而建议取消帝号，背约弃秦，趁机攻打宋国。[②] 这个建议深得齐王的赞许，于是就邀请赵王在东阿（今山东省阳谷东北）与齐王会见，约定"攻秦去帝"，并由苏秦参与这件事。[③]

前287年，苏秦与赵奉阳君李兑共谋，发动五国（齐、赵、楚、韩、魏）合纵攻秦。其时苏秦一身任齐、赵、燕三国之相，又同时被封为武安君。

是岁，苏秦从燕到魏，再到赵，督促快速进军攻秦。由于齐、赵、魏三国之间矛盾很大，五国联军在成皋、荥阳（今河南荥阳西北和东北）一线停留不前。齐国甚至退兵。而秦又宣布废除帝号，归还部分所侵魏、赵之地，与五国讲和。于是五国攻秦结束了。

这时合纵、连横的形势呈胶着状态。秦在齐的许可下攻取了魏的安邑。魏因此一度拘留苏秦，苏秦之弟苏厉劝说魏王才得以释放。而齐在秦王的允许下，在苏秦的劝说下，也于前286年攻灭了宋。

齐攻灭宋使其领土骤增引起其他国家的不安。前285年由秦、赵主谋合纵，秦、赵、

[①] 唐兰《苏秦事迹简表》，载《马王堆帛书纵横家书》。
[②] 《战国策·齐策四》。
[③] 马王堆帛书《战国纵横家书》四。

燕、韩、魏五国合纵攻齐。前284年，当乐毅统率的燕军开始破齐之时，齐湣王判苏秦反间之罪，将之处以车裂的酷刑。①

陈轸，一作田轸，"夏人"。②"夏"是对中原地区的古称，即中原人。他先后在秦、楚、魏等国作官。其中秦、楚是他主要的活动地区。他和张仪皆侍从秦惠文王，争相得宠。一年之后秦王以张仪为相，他投奔楚国，但未受到重视。曾劝谏楚怀王不要误中张仪与秦亲善、与齐绝交之计。后又回到秦国，正值韩、魏两国连年互相攻伐，秦王打算救韩，他以两虎相争为喻，建议待两败俱伤后起兵，秦王采纳了他的建议。他在游说中充分表现出智谋过人、能言善辩的才华。

公孙衍，战国时魏阴晋（今陕西华阴东）人，初在秦为大良造，后入魏为将，号犀首。《史记·张仪列传》附本传《集解》引司马彪说："犀首，魏官名，若今虎牙将军。"他主张合纵抗秦。前323年，发起燕、赵、中山、韩、魏"五国相王"，以对抗秦、齐、楚三国之威逼。《史记·张仪列传》附本传称其"尝佩五国之相印，为约长"，就是指的这件事。这次合纵影响不可低估，连孟子弟子景春都称赞公孙衍是与张仪并驾齐驱、旗鼓相当的"大丈夫"，"一怒而诸侯惧，安居而天下熄"。③前319年，公孙衍任魏相。

范雎（？——前255年），一作范且。战国时魏国人，字叔。曾自称："臣，东鄙之贱人也。"④可见出身贫寒。初在魏事中大夫须贾。随其出使齐国，齐襄王赐雎金，须贾诬告"持魏国阴事告齐"，相魏齐认为雎私通齐国，派人笞击雎，"折胁摺齿"，⑤雎装死才逃出。后化名张禄，流亡秦国。他游说秦昭王，强公室，驱逐专权的秦相魏冉及华阳君、泾阳君、高陵君。昭王任命他为客卿。前266年相秦，封于应（今河南省宝丰西南），号称应侯。任相期间，推行远交近攻策略，屡败列国，建树卓著，深得昭王信任，曾尊称他为"叔父"，天下事皆由他决定，诚一时之风云人物。

邹衍（约前305年——前240年），战国末哲学家、阴阳家的代表人物。齐国人。历游魏、赵、燕等国，受到诸侯"尊礼"。⑥

游说之旅是春秋战国时期，在群雄逐鹿、百家争鸣背景下发生的一种特殊文化现象。游说之旅的成员多是寒士，他们做着朝为牧牛郎，暮登天子堂的美梦，期望着以

---

① 参见杨宽《战国史》，第382—392页、第395—396页。
② 《战国策·楚策一》。
③ 《孟子·滕文公下》。
④ 《战国策·秦策三》"秦攻邯郸"条。
⑤ 《史记·范雎蔡泽列传》。
⑥ 详见《史记·孟轲荀卿列传》。

布衣取卿相之位，遂以文化知识为依托，以学说论辩为手段，以奔走列国为形式。① 他们视野开阔，留心沿途的山川、地形、地貌、风俗、人情、人口、疆域，了解各国的政治、经济、军事、社会、文化状况，并把考察所得用于对君王的陈述或与对手的论辩上，实现了游与说的结合。游说和游学，"同为历史上最早的由民间知识分子开创的两项旅游活动"。② 犹如"落霞与孤鹜齐飞，秋水共长天一色"，③ 同在中国早期旅游史上闪耀着夺目的光彩。

四、隐士游山玩水

据皇甫谧《高士传》的记载，春秋时期，有个隐士叫陆通，即《论语》中对着孔子唱《凤兮歌》的楚狂接舆，他为了躲避楚王一再请他出来做官，最后便和妻子携带简单的生活用具，改名换姓，去游览名山了。他们"食桂栌实，服黄精子，隐蜀峨眉山，寿数百年，俗传以为仙云"。又春秋末期的范蠡，看透了那时社会的君臣关系，深知"狡兔死，走狗烹；高鸟尽，良弓藏；敌国破，谋臣亡"的道理，在辅佐越王勾践灭掉吴国后，"乃乘扁舟浮于江湖，变名易姓，适齐为鸱夷子皮，之陶为朱公"。④《诗经·卫风·考槃》描述隐者徜徉山水之间，"考槃在涧"，"考槃在阿"，"考槃在陆"。自得其乐，不求世用。

---

① 参王淑良《中国旅游史·古代部分》，第 82 页。
② 章必功《中国旅游史》，第 49 页，云南人民出版社 1992 年版。
③ （唐）王勃《滕王阁序》。
④ 《史记·货殖列传》。

【第三节　其他阶层的旅游】

一、商旅

两周时期，商人的游贾活动也相当活跃。郭沫若先生称《周书·酒诰》载妹邦土人"肇牵车牛远服贾"，表明"在周初人的心目中认为商行是始于殷"。① 但也有学者认为殷代还未有商人阶级。② 这个问题有待进一步研究。但可以肯定"作为一个阶级的商人在西周已经形成"。"西周时期的商人或商贾，大体可分两类：一是官府官贾，一是独立商贾、自由商贾。"③ 他们的不少商务旅游生活见于《周易》中。"其中需、随、复、丰、旅等卦最为集中"。④ 如《需卦》的卦辞说："需。有孚，光亨，贞吉。利涉大川。"可见那时商务旅游是要跋山涉水的。又如《复卦》的卦辞说："复。亨。出入无疾，朋来无咎。反复其道，七日来复。利有攸往。"这说明那时商务旅游活动范围还不够大，七天就可以走个来回。复如，《旅卦》的卦辞说："旅即次，怀其资，得童仆，贞。"这说明那时的商务旅游沿途有"次"（客栈）可住，且有仆从随行。

春秋战国时期商人的旅游活动比较频繁，且呈快速发展态势。到战国晚期，已呈现"天下熙熙，皆为利来；天下壤壤，皆为利往"⑤ 的局面。郑国的商人弦高从郑去周（洛阳）做买卖，来去自由，他假托郑国国君之命去犒劳秦师，使郑国免于被偷袭沦亡。其爱国精神是商务旅游中的一座丰碑。越国的重臣范蠡在越灭吴，报仇雪耻后，

---

① 《郭沫若全集·历史编》第2卷，第20页，人民出版社1982年版。
② 赵易元《中国奴隶社会史述要》，第187页，吉林文史出版社1986年版。
③ 周自强主编《中国经济通史·先秦经济卷中》，第635页，中国社会科学出版社。
④ 谢贵安、谢盛《中国旅游史》，第34页，武汉大学出版社2012年版。
⑤ 《史记·货殖列传》。

就乘坐小船，飘游江湖，改名换姓，先后到齐国和陶（今山东定陶西北，本曹国都城，春秋末属宋）从事商务旅游，在十九年中曾三次得到千金之财。孔子的弟子子贡，在曹、鲁一带经商，在孔子优秀弟子中最为富有，他"结驷连骑，束帛之币以聘享诸侯"①所到之处，各国的国君都与他分宾主，行平等的礼节。成周人白圭乐于观察估量时尚世情的变化，"人弃我取，人取我予"。②他生活刻苦，不讲究饮食，"忍嗜欲，节衣服，与用事僮仆同苦乐"，③但抓住赚钱的时机就像猛兽猛禽看到猎物突然猛扑过去一样迅猛果断。他说自己"治生"，"犹伊尹、吕尚之谋，孙吴用兵，商鞅行法"。④他由于有一套系统的商业理论，又善于经商，所以受到商人们的推崇，"盖天下言治生祖白圭"。⑤鲁猗顿是范蠡的门徒，范蠡曾告他致富之术："子欲速富，当畜五牸。"于是猗顿快速来到西河（战国魏地），大量畜牧牛羊于猗氏之南，"十年之间其息不可计，赀拟王公，驰名天下。以兴富于猗氏，故曰猗顿"。⑥由于猗氏毗邻河东盐池，所以猗顿此后从事盐业。大概猗顿经营盐业非常出色，所以太史公说："猗顿用盬盐起。"意即猗顿靠掘池晒盐起家。楚国的鄂君启倚仗特权兼做四方土特产品贩运贸易。1957 年和 1960 年安徽寿县出土的鄂君启节就是楚怀王颁发给鄂君启的免税凭证。其中车节经过九个城邑，舟节经过十一个城邑。阳翟大商人吕不韦到各地经商，积累了大量财富。长途跋涉，来邯郸作买卖，认为秦国公室庶出别支的孙子子楚"奇货可居"，于是待价而沽，通过扶持子楚为王，最终买来了秦国的高官厚禄，吕不韦任相国，封文信侯，号称仲父，食邑十万户。⑦成为战国商人游贾活动中浓墨重彩的一笔。

二、青年男女的郊野游

《诗经·王风·君子阳阳》描述情人手拿笙簧、羽毛相约出游，载歌载舞。《诗经·郑风·有女同车》表现男女同车出游的欢乐："将翱将翔，佩玉琼琚"；"将翱将翔，佩玉将将"。《郑风·出其东门》载东门外既有许多游女，又有只爱那服装朴素女郎的游男。诗曰："出其东门，有女如云。虽则如云，匪我思存。缟衣綦巾，聊乐我员。"这

---

① 《史记·货殖列传》。
② 同上。
③ 同上。
④ 同止。
⑤ 《史记·货殖列传》。
⑥ 《史记·货殖列传》集解引《孔丛子》。
⑦ 详见《史记·吕不韦列传》。

似是近游。又《郑风·溱洧》描述上巳节男男女女，成双成对，手拿兰香草，在溱水、洧水畔观赏、游乐的盛况："溱与洧，方涣涣兮，士与女，方秉蕳兮！女曰：'观乎！'士曰：'既且。''且往观乎！'洧之外，洵讦且乐。维士与女，伊其相谑，赠之以芍药。"这是女方主动的节日游。又《鄘风·桑中》讴歌男女相思、会面，然后双双从桑中、上宫出发，游赏到淇水之上惜别。诗云："爰采唐矣？沬之乡矣。云谁之思？美孟姜矣。期我乎桑中，要我乎上宫，送我乎淇之上矣。"此外，《郑风·野有蔓草》描写一对男女情人在青草蔓延、露珠晶莹的原野，相见同游时的无限欢乐。

以上所述表明，野游的青年男女都是相爱相恋的情人。他们出游时，成双成对，心花怒放，持物相赠，富有情趣，将爱情的甜蜜与自然风景融为一体，成为后代游冶的发端。

三、平民出游

《诗经·卫风·河广》写旅居卫国的宋人思归。其中云："谁谓河广？曾不容刀。谁谓宋远？曾不崇朝。"从一个侧面反映了宋国人乘一叶小舟荡起双桨在卫国旅游的风情。

《邶风·柏舟》写女子在家庭生活中遭遇到很多烦恼，只得借游消愁："耿耿不寐，如有隐忧。微我无酒，以敖以游。"她于是乘着柏木船儿漂浮在那河中流。诗中说："汎彼柏舟，亦汎其流。"

《邶风·二子乘舟》写孩子们乘舟远游，家人对他们怀念、担心[①]：

二子乘舟，
汎汎其景。
愿言思子，
中心养养。

二子乘舟，
汎汎其逝。
愿言思子，
不瑕有害。

---

① 一说该诗是春秋时卫人为怀念 被谋杀的卫宣公的太子汲与公子寿而作。说见（宋）朱熹集注《诗集传》卷2《邶》二子乘舟。

可见那时远游充满风险，并不安全。

中华民族自古就有崇尚自然，性耽山水，爱好旅游的优良传统。两周时期，旅游逐渐成为社会生活的重要内容。如前所述，周穆王是个大旅游家。春秋战国列国诸侯好游成风，诸子的代表人物都有丰富的旅游经历，且在旅游审美理论方面建树良多。大诗人屈原因受诬被逐，远游汉水、湘江，行吟泽畔，成为后代无数迁客骚人感伤旅行的先驱。从而初步展示了中华旅游文化的神韵和风采。[1]

两周的旅游，带有鲜明的等级色彩。[2]社会上层的旅游，具有休闲性（即游戏性）。而其他社会阶层的旅游，则是休闲性与劳作性兼具。孔子本人就是一个典型的例证。孔子的学生曾点曾向孔子述说自己的志向是："莫（暮）春者，春服既成，冠者五六人，童子六七人，浴乎沂，风乎舞雩，咏而归。"意思是：暮春时节，换上单衣，约上二十岁的小伙子五六个，十几岁的孩子六七个，大家一块儿，到城西的沂水中洗澡，洗完澡，再到城南的舞雩台上吹风。在温暖的春风中唱歌，兴尽而归。对此"夫子喟然叹曰：'吾与点也'"。[3]意思是孔子说：他最欣赏曾皙的想法。可见他很欣赏休闲性旅游。他的实际行动也是这样。他曾"登东山而小鲁，登泰山而小天下"。[4]登上高大的山岳，可以视野开阔，俯视辽阔的原野，使心胸宽广，心旷神怡，表现了他的审美追求。而社会下层很少有条件怀着闲情逸致去观赏青山秀水，其旅游主要是谋生手段，是为了求温饱，获生存。具有劳作性。从总体上看，当时承担劳作性旅游的社会阶层较多，而从事休闲性旅游的阶层较少。[5]又当时的旅游，在一定程度上，是那个时代政治、经济、军事、外交等具体活动的附属和派生物，始终处于政治、经济、军事、外交的衬托地位。如游学是为了传道、授业、解惑或求学；游说是为了登龙门，谋富贵；朝聘之旅是为了国家的利益。又如西门豹考察漳河，是为了移风易俗，凿渠灌田；李冰父子考察岷江，是为了建都江堰。

---

[1] 参《中国旅游大辞典·前言》，上海古籍出版社2000年版。
[2] 参谢贵安、谢盛《中国旅游史》，第4页，武汉大学出版社2012年版。
[3] 《论语·先进》。
[4] 《孟子·尽心上》。
[5] 参谢贵安、谢盛《中国旅游史》，第15页。

第十四章
其 他

春秋战国还有其他风俗，从一个侧面反映了当时社会的急剧变化。在文化层面，聚徒讲学和著书立说成风，从师和游说成风，处士横议，大放异彩，精神文化闪光。论辩成风。春秋时盛行的宴会赋诗，到战国时销声敛迹。由于渲染"君子比德于玉"，"君子无故玉不离身"，佩玉成风。又，周人的色尚赤只有楚人还在沿袭。在经济层面，商品经济的发展固然是社会的进步，但也有负面作用，其表现是拜金主义的盛行，家庭伦理道德的动摇和社会刑事犯罪的严重。

第一节　聚徒讲学和著书立说之风

春秋晚期，列国割据，诸侯争强。大国为了谋取霸权，中、小国家为了求得生存，对人才的需求急剧增加。而此时官学衰败，文化下移，于是私学便应运而生。

私学是由私人办学授徒的教育形式。在孔子生活的时代已经出现了私学。据记载，孔子之前授徒讲学的有周王朝的老子、楚国的老莱子、伯昏无人，郑国的列御寇、邓析、壶丘子林；与孔子同时的有鲁国的少正卯、王骀、柳下惠、常枞、詹何等。私学并非孔子首创，但他却是把私学提高到一个崭新阶段的丰碑。他在四十岁前后即聚徒讲学，相传弟子三千，著名者达七十二人。孔子的教育成就最显著最大。

到战国时期，伴随着社会的剧变和民间学术文化的发展，又有许多哲人、学者投入到教育行列之中，专以一家之言立教。其中最突出的代表有墨子、孟子、荀子等人。① 墨子有门人百八十人，是孔子之后第二个享有盛名的私学大师。"孔墨之后学显荣于天下者众矣，不可胜数。"② 孟子"后车数十乘，从者数百人，以传食于诸侯"，③ 孟子有门徒数百人，曾游历齐、魏、滕、宋等国。荀况的私学活动同样很著名，他曾长期执教于齐国稷下学宫，三为稷下学宫祭酒（学长）。他不仅培养出了韩非和李斯这样两位著名法家学者和政治家，促成了统一大业的实现，而且极为注重儒家经籍的传授，对保存古代文献作出了贡献④。又学黄老道德之术的道家田骈在齐国"赀养千钟，徒百人"。⑤ 农家许行从楚至滕，"其徒数十人"。⑥ 邹衍、邹奭、慎到、环渊、接子、淳于髡等均以所学著称于世，率徒游学齐、鲁、赵、魏、燕诸国。

---

① 《中华文明史》第 2 卷，第 379 页，河北教育出版社 1992 年版。
② 《吕氏春秋·当染》。
③ 《孟子·滕文公下》。
④ 孙培青主编《中国教育史》，第 95 页，华东师范大学出版社 1992 年版。
⑤ 《战国策·齐策四》。
⑥ 《孟子·滕文公上》。

春秋战国时期，不仅私学繁荣，自由讲学活跃，而且著书立说之风盛行。孔子曾整理研究《诗》、《书》、《周易》等文献，并把鲁国史官所记《春秋》加以删修，成为我国第一部编年体史书。孟子与弟子万章等著《孟子》一书。荀子"推儒、墨、道德之行事兴坏，序列著数万言"[①]。又据《史记·孟子荀卿列传》，从邹衍以至齐国稷下学宫的诸位学者，像淳于髡、慎到、环渊、接子、田骈、邹奭等人，各自著书立说，探求治乱的原因，以此游说当世的国君。《汉书·艺文志》记载，与稷下有关的子书有《孙卿子》、《公孙固》、《蜎（环）子》、《田子》、《捷（接）子》、《邹子》、《邹子始终》、《邹奭子》、《尹文子》、《宋子》、《慎子》等，分属儒、道、阴阳、法、名诸家。此外，《管子》实际上是一部以法家为主的稷下先生的论著汇集，故人称为"稷下丛书"；[②]记述晏婴遗闻轶事的《晏子春秋》，柳宗元认为"非齐人不能具其事"，[③]可能经稷下先生的整理；《司马穰苴兵法》出自齐威王时齐大夫之手；《考工记》也可能是稷下先生的手笔；[④]甚至连《周礼》也很可能是由以淳于髡为首的一批稷下先生整理出来的。[⑤]先秦诸子为了表达政治主张和学术观点，纷纷著书立说，与讲学和争鸣互为因果，互为表里，成为当时一个有显著特色的时尚。

---

① 《史记·孟子荀卿列传》。
② 顾颉刚《"周公制礼"的传说和《周官》一书的出现》，《文史》第6辑，中华书局1979年版。
③ 《辩晏子春秋》，《柳河东集》，上海人民出版社1974年版。
④ 侯外庐《中国思想通史》第1卷，人民出版社1957年版。
⑤ 顾颉刚《"周公制礼"的传说和〈周官〉一书的出现》。

【第二节　从师和处士横议】

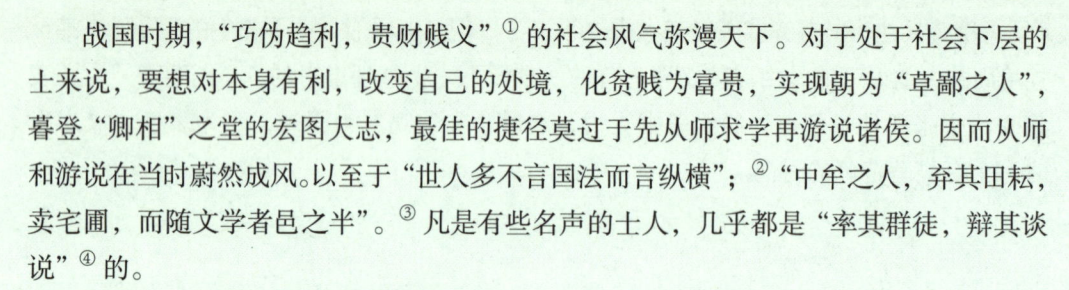

战国时期，"巧伪趋利，贵财贱义"①的社会风气弥漫天下。对于处于社会下层的士来说，要想对本身有利，改变自己的处境，化贫贱为富贵，实现朝为"草鄙之人"，暮登"卿相"之堂的宏图大志，最佳的捷径莫过于先从师求学再游说诸侯。因而从师和游说在当时蔚然成风。以至于"世人多不言国法而言纵横"；②"中牟之人，弃其田耘，卖宅圃，而随文学者邑之半"。③凡是有些名声的士人，几乎都是"率其群徒，辩其谈说"④的。

春秋时始有游士出现。战国时期，圣王不作，诸侯放恣，处士横议，百家争鸣。一批受过良好教育，有知识，有才能，能言善辩，有政治理想和主张之士，奔走于列国之间，出入朝廷相府，交通王侯权贵，展示自己的知识和才华，一旦得到人主的赏识，就会迅速被提拔为执掌军政大权的公侯将相，获得荣华富贵和美名令誉。如商鞅本是魏相国公叔痤的家臣，入秦以强国之术游说秦孝公，得孝公信任，官至大良造（高级贵族爵位），以功封于商（今陕西商州东南）十五邑，号商君。张仪本是魏贵族后裔，入秦游说，被秦惠文王任为秦相，以功封五邑，号武信君。甘茂本是上蔡监门史举的家人，入秦后在秦武王时做左丞相。范雎出身寒微，入秦游说秦昭王得信用，任秦相，被封于应（今河南宝丰西南），号应侯。蔡泽原为燕一寒士，亦因入秦游说，继范雎之踵，取秦卿相，号纲成君。甘罗年十二事秦相吕不韦为庶子，入赵游说赵王，以功拜为上卿。

秦国的情况如上所述，其他国家的情况也差不多。如苏秦本是"东周之鄙人"，以

---

① 《汉书·地理志》。
② 《韩非子·忠孝》。
③ 《韩非子·外储说左上》。
④ 《荀子·儒效篇》。

游说在齐湣王末年被任为齐相,后又被赵封为武安君。① 又如公孙衍,初在秦为大良造,后入魏为将,《史记》称其"尝佩五国之相印,为约长",实即主持"五国相王"事,以对抗齐、秦、楚三国之逼,前319年,改任为魏相。公孙衍是与张仪旗鼓相当的风云人物,所谓"一怒而诸侯惧,安居而天下熄"。②

战国诸子多游士,志在匡时致用。士无定主,合则留,不合则去。所谓"六国之时,贤才之臣,入楚楚重,出齐齐轻,为赵赵完,畔魏魏丧"。③

游士中以纵横家为宗。纵横家多出自三晋,所谓"三晋多权变之士。夫言从横强秦者,大抵皆三晋之人也"。④ 纵横之学的特征是以策略为中心,表现为重计、重利、重时、重自我相结合等。⑤

关于战国的游说之风,上章已从旅游视角诠释,这里仅讨论处士横议。什么是处士?《现代汉语辞典》第5版说:"原来指有德才而隐居不愿做官的人,后来泛指没有做过官的读书人。"处士是春秋战国文化大潮中的弄潮儿,敢于冒着风险,在潮起潮落中驾船搏击。以下试举数例。

一是墨翟止楚攻宋。公输盘为楚国制造攻城的云梯,准备攻打宋国。墨子闻讯赶到楚都郢。他用生动形象的比喻和对比说明事理,指出公输盘和楚王不义,都是患有盗窃病的人,并使他们在辩论逻辑上自陷罗网,迫使公输盘"服",楚王称"善"。⑥

二是冯谖为孟尝君市义于薛。齐孟尝君门下食客冯谖曾为孟尝君收债于薛(今山东滕州东南),得息钱甚多,他私下考虑孟尝君"宫中积珍宝,狗马实外厩,美人充下陈",什么都不缺,唯一缺的就是义。于是召薛民欠债者悉来合券,"券遍合,起,矫命以债赐诸民,因烧其券"。⑦ 为孟尝君买义。

三是唐雎不辱使命。唐雎受安陵君派遣出使秦国。他面对不可一世的秦王嬴政,敢于一针见血揭露他"以五百里之地易安陵",是诈骗安陵君祖传的宝贵土地,继之以士怒"伏尸二人,流血五步"、"挺剑而起"的勇敢、机智言行,使"秦王色挠,长跪而谢之曰'先生坐,何止于此,寡人谕矣'"!从而最终使强暴的秦王折服。⑧

四是毛遂劫楚考烈王。毛遂是赵国人,平原君门下食客。前258年,秦围赵都邯郸,

---

① 据《战国纵横家书》。
② 《孟子·滕文公下》。
③ 《论衡·效力篇》。
④ 《史记·张仪列传》。
⑤ 熊宪光《纵横家研究》,第10页,重庆出版社1998年版。
⑥ 《墨子·公输》。
⑦ 《战国策·齐策四》"齐人有冯谖者"条。
⑧ 《战国策·魏策四》"秦王使人谓安陵君"条。

赵派平原君向楚求救。平原君选门下食客有勇力文武兼备者二十人同行,得十九人,缺一人。毛遂自荐请行。到了楚国,平原君与楚王商议合纵,从日出谈到日中仍决定不了。毛遂"按剑历阶而上",劫楚王,说以利害,楚王遂许合纵,歃血盟于殿上,并派春申君黄歇救赵。平原君赞以"毛先生以三寸之舌,强于百万之师。"遂以为上客。①

此外,典型例证还有王斗讥讽齐王、颜斶争辩士贵君轻、鲁仲连义不帝秦等。鉴于本章第三节还要谈及,此不赘述。

以上数例,充分说明,那时的一些无职无权之士,出于正义感,宛如骨鲠在喉,不吐不快,敢于下决心,不顾一切地大发议论。他们激于义愤,面对强权强势、不义或为富缺仁者,或辩析,或指责,或驳斥,或讥讽,无不精彩纷呈,脍炙人口。尤其是敢于以一介布衣的浩然正气,凌逼大国国君之威、之尊,使其王冠上的光环失去神圣光彩。终于救危解困,或助人口碑,或维护士人人格尊严。有学者指出:"这种情形,可说前无古人,后来也不多见。这应该是一个大变革的时代,反映在精神文化上的闪光。所以说这一时代变革的深刻,只有中国近百多年来风雷激荡的民主革命时代能与之媲美,其中就包括这一重要的人文风尚。"②极是。

---

① 《史记·平原君虞卿列传》。
② 王贵民《先秦文化史》,第357—358页,上海人民出版社、上海书店出版社2013年版。

【第三节 论辩盛行】

春秋战国之际，尤其是战国时期，论辩成风。这与先秦诸子、百家争鸣有密切关系。① 清代著名散文家姚鼐指出："论辩者，盖源于古之诸子，各以所学著书诏后世。"② 春秋战国之交，社会转型，礼崩乐坏，王纲解纽，变革巨大。正如刘向在《〈战国策〉叙录》中所说："上无天子，下无方伯，力功争强，胜者为右，兵革不休，诈伪并起。"在这个诸侯割据，争战惨烈的时代，各国统治者深知人才的重要，"养士"成风。士为了使统治者采纳自己的主张，进而以布衣取卿相之位（其中多数是这样），无不积极学习论辩方法、技巧和艺术，并付之实践，在政治活动、军事活动和外交活动场合，伶牙俐齿，口若悬河，一展能言善辩之风采，许多雄辩家便应运而生。张仪、苏秦、陈轸、公孙衍、范雎、蔡泽等就是其中的佼佼者。

在战国时代的社会大变革中，各个学派的代表人物，站在不同的立场上，对社会的根本问题，提出了不同的解决方略及其哲学理论，于是形成了"百家争鸣"的局面。主要有儒、墨、道、名、法、阴阳、农、纵横、杂等九家。其中儒、墨号称显学，而纵横则是最活跃者。"这时的各家之间，相互批判、辩论，而又相互影响；同一学派在发展过程中，也往往发生变化以至于分化。"③ 从而促成了论辩理论的产生和论辩体制的完备。

《史记·吕不韦列传》云："是时诸侯多辩士。"那时的论辩家有"率其群徒，辩其谈说"者；有单人独计，纵横捭阖者。④

论辩双方的身份各不相同，论辩的内容多种多样。

---

① 徐兴海、李群宝《中国古代论辩艺术》，第7页，陕西人民教育出版社1992年版。
② 《古文辞类纂序目》。
③ 杨宽《战国史》，第466页，上海人民出版社1998年版。
④ 张晓芒《中国古代论辩艺术》，第3页，山西人民出版社2001年版。

有隐士与君王及其侍臣的论辩。如颜斶见齐王，争辩士贵君轻的一段对话：

齐宣王见颜斶，曰："斶前！"斶亦曰："王前！"宣王不悦。……王忿然作色曰："王者贵乎？士贵乎？"对曰："士贵耳！王者不贵。"①

颜斶还进一步指出，做国君的对士应该"无羞亟问，不愧下学"。其义正词严，使宣王终于折服，"愿请受为弟子"。②

有高士与将军的论辩。如齐国高士鲁仲连与魏国客将军辛垣衍的辩论。

在秦国大军围困赵都邯郸，赵国人心惶惶的严重关头，为人"排患、释难、解纷乱"的鲁仲连力主抗秦，反对投降，与魏王派来劝赵尊奉秦昭王为帝的使者辛垣衍作了针锋相对的争辩，一针见血揭穿了辛垣衍的阴谋活动，指责秦国的残暴无义，使辛垣衍在事实和利害面前认输，"吾请去，不复言帝秦"。③

有先生与君王辩论者。如修道不仕的王斗与齐宣王的论辩。王斗当面讽刺齐宣王好马、好狗、好酒、好色，却"不好士"，指责齐王不是"便辟无使"，根本不"忧国爱民"。最后宣王只得谢罪说："寡人有罪国家。"于是"举士五人任官，齐国大治"。④

有大臣与太后的论辩。如赵左师触龙与赵太后的论辩。触龙先设法使太后平息盛怒；接着请求太后让他的幼子"补黑衣之数，以卫王宫"，以疼爱幼子之心来触动太后的心事；然后用"父母爱子，则为之计深远"规劝太后，强调"位尊而无功，奉厚而无劳"，是为长安君之计短，并非爱护他，从而提高太后的悟性，认识到"不以长安君为质"的错误，便情愿"为长安君约车百乘，质于齐"。⑤换得齐出兵抗秦救赵。

此外，有王族（策士）与君王的辩论，如赵烈侯与赵利对魏文侯向赵国借道攻打中山的争议；⑥有公族（王叔）与君王的论辩，如赵武灵王与其叔父公子成在赵国是否实行胡服骑射上的争议；⑦有将领与客卿的论辩，如秦惠王时，司马错与张仪在秦惠王面前，争论攻打蜀国还是攻打韩国，哪个万全、稳妥；⑧有大臣与君王的论辩，如庄辛规劝楚顷襄王任用不肖，"专淫逸侈靡，不顾国政，郢都必危"；⑨有小孩与小孩互相辩

---

① 《战国策·齐策四》"齐宣王见颜斶"条。
② 同上。
③ 《战国策·赵策三》"秦围赵之邯郸"条。
④ 《战国策·齐策四》"先生王斗造门而欲见齐宣王"条。
⑤ 《战国策·赵策四》"赵太后新用事"条。
⑥ 《战国策·赵策一》"魏文侯借道于赵攻中山"条。
⑦ 《战国策·赵策二》"武灵王平昼闲居"条。
⑧ 《战略策·秦策一》"司马错与张仪争论于秦惠王前"条。
⑨ 《战略策·楚策四》"庄辛谓楚襄王"条。

论，如属于寓言的两小儿辩论日的远近。①。

当时产生了论辩理论家墨子、孟子、荀子、韩非子。还出现了研究纵横术的学者鬼谷子，以及与纵横家主张有相通之处的研究专著——《太公阴符》。

战国时期的论辩有以下几个特点。

一是中国论辩史上的第一个高峰。不同学派互相辩难，"率其群徒，辩其谈说"。②

二是论辩形式有口头论辩和书面论辩两种。

三是论辩重在实践方面，对理论缺乏系统、全面的总结。

四是论辩讲究修辞、音韵，文学性强；还讲求论辩技巧、方法和艺术。③有学者认为，说士"以出谋划策为主要职业，善于权衡利病，根据不同对象的不同身份地位，揣摸其不同心理个性，适应其不同嗜欲爱好，采取不同的说理方法"。④或由小到大，由物及人，层层逼近；或因其所好，避其锋芒，迂回曲折；或指东说西，旁敲侧击，委婉含蓄。具有独特的风格。

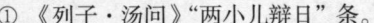

① 《列子·汤问》"两小儿辩日"条。
② 《荀子·儒效篇》。
③ 参徐兴海、李群宝《中国古代论辩艺术》，第12—13页，陕西人民出版社1992年版。
④ 褚斌杰、谭家健主编《先秦文学史》，第227页，人民文学出版社1998年版。

【第四节　赋《诗》言志和引《诗》言志】

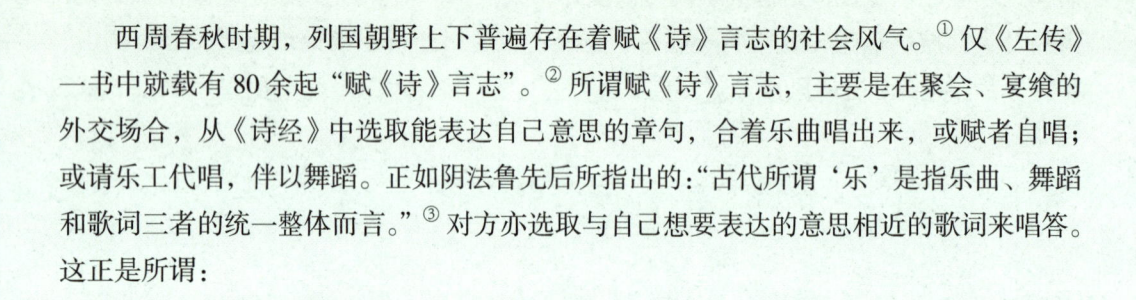

西周春秋时期，列国朝野上下普遍存在着赋《诗》言志的社会风气。[1] 仅《左传》一书中就载有 80 余起"赋《诗》言志"。[2] 所谓赋《诗》言志，主要是在聚会、宴飨的外交场合，从《诗经》中选取能表达自己意思的章句，合着乐曲唱出来，或赋者自唱；或请乐工代唱，伴以舞蹈。正如阴法鲁先后所指出的："古代所谓'乐'是指乐曲、舞蹈和歌词三者的统一整体而言。"[3] 对方亦选取与自己想要表达的意思相近的歌词来唱答。这正是所谓：

> 志之所至，《诗》亦至焉；《诗》之所至，礼亦至焉；礼之所至，乐亦至焉。[4]

以诗言志，从一个侧面表现了周代宗法社会的等级制度，自然是礼制的一种，它又与体现这种等级制度的乐相结合。

著名学者顾颉刚先生说：

> 春秋时的赋《诗》等于现在的点戏，那时的贵族家里都有一般乐工正如后世的内廷供奉和家伶，贵族宴会的时候，他们在旁边侍候着，贵族点赋什么诗，他

---

[1] 杨华《先秦礼乐文化》，第 194 页，湖北教育出版社 1997 年 3 月版。
[2] 见易思平《〈诗经〉与春秋外交》，载《文史杂志》1995 年第 5 期。其他学者统计的数目与此不同，如赵翼《陔余丛考》卷 2《古诗三千之非》统计，《左传》中列国宴飨歌《诗》赋答 70 条；朱自清《诗言志辨》统计，《左传》赋诗 53 篇次；杨华在《先秦礼乐文化》一书中说《左传》赋《诗》40 篇次，夏承焘《采诗和赋诗》说赋诗 31 处。
[3] 阴法鲁《诗经中的舞蹈形象》，载《舞蹈论丛》1982 年第 4 期。
[4] 《礼记·孔子闲居》。

们就唱起什么诗来，客人要答什么诗，也就点了让他们唱。①

顾先生很有见地，深入浅出地提示了赋诗言志风俗的实质。②

春秋时贵族赋诗多是自己亲自歌唱。如据《左传·昭公十六年》记载，郑国的六卿为到郑国聘问的晋国的韩起在郊外饯行。韩起请这几位大臣都赋诗一首，以了解郑国的意图。子蠫赋《野有蔓草》。子产赋《羔裘》。子大叔赋《褰裳》。子游赋《风雨》。子旗赋《有女同车》。子柳赋《萚兮》。这些诗都是表示友好的。因此韩起对他们都奉献马匹，而且赋了《我将》。子产等六卿表示感谢。在郊外即兴随赋，不可能有乐工和乐曲，当系亲口清唱。

那时也有请乐工代唱的。如据《左传·襄公四年》的记载，晋侯设享礼招待来晋国聘问的穆叔，让乐工先后歌唱《文王》三曲和《鹿鸣》三曲。又据《左传·襄公十四年》，卫献公招待孙蒯喝酒，让太师歌唱《巧言》的最后一章。太师辞谢。师曹请求歌唱此章。可见那时起码有两个以上的乐工（师）侍候在卫侯身旁，时刻准备为宾主唱《诗》和演奏乐曲。

由于当时是礼乐社会，以礼乐相示就成为贵族重要的交际生活方式。大家以能诗、能乐为上；否则，便是缺乏教养，并受到上流社会的非议和嘲笑。因不懂诗乐而出尽洋相的莫过于齐国大夫庆封了。如据《左传·襄公二十七年》，齐国庆封来鲁国聘问，其车子和衣饰都超过了规格，与他的身份不符。叔孙招待庆封吃饭，庆封不恭，有失礼之处。叔孙为他赋《相鼠》："人而无礼，胡不遄死"，诅咒他这个无礼的人，他也不明白。第二年，庆封因专权引起内乱，逃亡到鲁国。鲁叔孙穆子设宴招待庆封。庆封先遍祭诸神，不合祭礼。穆子不高兴，悢乐工清唱《茅鸱》给他听，他还是不懂，自然成为笑料。《茅鸱》是《诗经》的逸诗，杜注谓："《茅鸱》，逸诗，刺不敬"，即属讽刺诗。

春秋时不仅盛行赋诗言志，还盛行引诗言志。所谓"引诗言志"，是在说话时将《诗经》里的话引进去，而不必合着乐曲唱出来。引诗言志当时蔚然成风。据清人赵翼的统计，《左传》中列国公卿自引《诗》共一百零一条，《左传》作者自引及引述孔子之言中所引者共四十八条。③现代学人杨华统计，《左传》中引《诗》一百五十九次（包括"君子曰"所引）。《国语》中引《诗》的记载有二十余次，主要集中在《周语》、《晋语》和《楚语》中。④

---

① 顾颉刚《诗经在春秋战国间的地位》，《古史辨》第3册。
② 杨华《先秦礼乐文化》，第195页。
③ 赵翼《陔余丛考》卷2《古诗三千之非》。
④ 杨华《先秦礼乐文化》，第200页。

湘夫人图

湘君图

引《诗》言志是那时的语言习俗，不受对象和场合之拘，不论什么人，不论什么场合，都可以引用。引诗颇似当今语文中的引用的格言、箴言和警句，多用于辩论，目的在于表意。引用诗句，可以使论证有力，"言之有文"，行而遥远。例如，《左传·闵公元年》记载：狄人攻打邢国，管仲对齐侯说：

戎狄豺狼，不可厌也；诸夏亲昵，不可弃也；宴安鸩毒，不可怀也。《诗》云："岂不怀归，畏此简书"，简书，同恶相恤之谓也，请救邢以从简书。

这段话所引的《诗经》两句诗，出自《小雅·出车》，意思是说：难道不想回家，天子策命可怕。用来形容军情急，任务紧，担子重，极富感染力。又如《左传·昭公九年》载：这年冬天，鲁国修造郎囿。季平子想要快点完成，叔孙昭子规劝道：

《诗》曰："经始勿亟，庶民子来"，焉用速成，以其剿民也？无囿犹可，无民，其可乎？

此段话引出自《诗经·大雅·灵台》。大意是开始动工时没有急躁，人们反而来得踊跃。叔孙昭子以此史例进行规劝论证，说服力之强可以想见。

赋《诗》言志和引《诗》言志是由当时礼乐社会的文化背景造成的。西周初年，周公制礼①作乐（礼是制度规范，乐是宫廷庙堂的礼仪乐舞），奉行文治。周礼可分三个系统的礼仪：与国家各类事务有关的大典、与贵族个人或家族生存活动相关的仪礼和与村社农民的生息配合的礼俗。② 其中村社农民的礼俗，大多保留在《诗经》的民谣当中。周代采时世之诗以为乐歌，于是《诗》乐就由民间登上庙堂，并普遍使用于礼制生活。"歌诗"一般由乐工进行，并伴以舞乐，具有观赏性、娱乐性，雅俗共赏。于是贵族子弟便普遍学习《诗》乐，诵之，歌之，弦之，舞之。因此，他们非常熟悉诗歌、音乐和舞蹈。又，从《诗经》的文化个性说，多属中性，尤其是《风》，或叙事，或抒情，其褒贬多不明确，"可塑性"强，常可被假借、拓宽或断章取义，转而以其代指其他事物，表述相近甚至相反的意思。举凡歌颂、称赞、交涉、承诺、要求、意见、规劝、辩论、讽刺、婉拒等多种意向，都可从《诗经》中找到相应的乐章来表达。在这种情况下，《诗》乐就成了贵族文化的载体。赋《诗》者和答赋者只需要具备较高的文化修养、

---

① 《左传·文公十八年》云："先君周公制周礼"。著名学者杨向奎先生认为这是有关周公制礼的最早记载。说见《宗周社会与礼乐文明》，第277页，人民出版社1992年版。
② 刘东主编《中华文明》，第75页。

较好的悟性和明察秋毫的判断力，就"不必亲相与言也，以礼乐相示而已"。①贵族之外，庶民亦有以《诗》为生活交际方式者。据《管子·山权数》的记载，在管子治理齐国的方略中，懂《诗》的用来记述社会事物，与懂天时的可用来记述年景丰歉，懂春秋（历史）的可用来记述国事的成败，懂出行的可指导行路的顺逆，懂"易"的可用来掌握吉凶与成败，懂"卜"的则可预测吉凶与利害。百姓中凡有上述技艺者，都赐给一匹马所能耕种的土地，一斤金所能买到的布匹。这种物质刺激必然导致齐国庶民百姓学《诗》的积极性、用《诗》的普遍性和社会上以能《诗》为上的风气。②

鲁昭公之后，赋《诗》言志的社交风气，明显减弱。在《战国策》和诸子辩论的史籍记载中，差不多不再有赋《诗》的材料。战国时代，纵横家到处游说，纵横捭阖，权谋之术渗透其文字行间，但都不再赋《诗》言志。正如顾炎武所说："春秋时犹宴会赋《诗》，而七国则不闻矣。"③春秋战国之际，礼崩带来了乐坏，社会上僭礼用乐日益普遍，宫廷乐师走向民间，《诗经》和乐舞分家，《诗经》的乐舞被新乐所取代，新乐的配词不囿于《诗经》的四言齐句，而"以长短句为多"。④在这种情况下，用《诗》乐表情达意，沟通双方的感情，太不现实了。

赋《诗》之风虽然逐渐销声匿迹，但《诗经》的经典地位依然存在。《论语》中多处把《诗经》视为乐典来谈论。《礼记》中不少篇载有孔子教育弟子时引用《诗经》章句的事实。又《荀子》一书引《诗》七十六篇次，《孟子》引《诗》二十八篇次，《韩非子》引《诗》近十次。

---

① 《礼记·仲尼燕居》。
② 参见杨华《先秦礼乐文化》，第196页。
③ 《日知录》卷十三《周末风俗》。
④ 闻一多《论古代的音乐与诗》，收入《闻一多论古典文学》，重庆出版社1984年版。

第五节　爱玉风尚

玉是"石之美者",具备色泽明亮、硬高较高、声音悦耳、纹理美丽、质地细密等特色。因而古人就把玉作为美好的象征。成语"金玉其外,败絮其中","抛砖引玉","亭亭玉立","美如冠玉",就是其例证。英国著名科技史专家李约瑟指出:"对于玉的爱好,可以说是中国文化的特色之一,三千多年来,它的质地、形状和颜色,一直启发着雕刻家、画家和诗人们的灵感。"①

古人爱玉,源远流长。早在七千年前,已经开始。到了周代玉已渗透到人们生活的方方面面,从天子到庶人,都以佩玉为尚。《礼记·曲礼下》说:国君不遇灾变,佩玉不离身。人们把玉当作修身的标准和个人道德的规范。正所谓"君子无故玉不去身,君子于玉比德焉"。②玉不仅寄托了人们的艺术情怀和精神追求,而且表现了人们的信仰虔诚,体现了当时的礼俗制度,举凡礼仪大典、祭祀朝聘,都以玉为必需品。③玉深入到当时政治、经济、文化、思想、伦理、宗教各个领域中,充当着特殊的角色,发挥着其他工艺美术品所不能起的作用。④

在周代,玉是青年男女互相赠送,表达情意的信物。《诗经·卫风·木瓜》:"投我以木瓜,报之以琼琚";"投我以木桃,报之以琼瑶";"投我以木李,报之以琼玖"。这首诗的"琼琚"、"琼瑶"、"琼玖",都是美玉名。又《诗经·郑风·女曰鸡鸣》:"知子之来之,杂佩以赠之。知子之顺之,杂佩以问之。知子之好之,杂佩以报之。""杂佩",陈奂注:"佩所击之玉,谓之佩玉。集诸玉石以为佩,谓之杂佩。杂之为言集也,合也。诸玉石,《传》所谓珩、璜、琚、瑀、冲牙之类是也。"

---

① 李约瑟《中国科学技术史》第五卷(地学)第2分册,第437页,科学出版社1976年版。
② 《礼记·玉藻》。
③ 参殷志强《中国古代玉器》,第80页上海文化出版社2000年版。
④ 参邱东联等《中国古代玉器目录·前言》,南方出版社1999年版。

第十四章 其他

西周玉调色器

588

西周玉杯

两周风俗

全彩插图本中国风俗通史丛书

玉不仅象征着美好，而且意味着财富。黄金有价玉无价。学者认为："玉的真正价值，是玉器的雕琢美并由此产生的历史艺术价值。"①甚是。由于玉材的珍稀和加工难度高，玉器被视为珍宝。战国时期，赵惠文王得到了著名的楚国和氏璧，秦昭王欺骗赵国，表示愿意以十五座城邑换取和氏璧。赵国使臣蔺相如以超人的智勇和才干，"完璧归赵"，成为千古绝唱。用十五城换一块玉璧，这说明玉的价值连城。王侯争夺珍藏宝玉，由此可见一斑。作为特殊商品，玉器还在贵族、官僚和商贾中流通。②

玉还是品德的标志。周代将玉的材质之美与社会伦理道德相比附，《诗经·秦风·小戎》云："言念君子，温其如玉。"意思是说：我想念的那个人儿，温和得像玉一样。又，《礼记·聘义》以玉"温润而泽"比附仁；以"缜密以栗"（致密而坚实）比附智；以"廉而不刿"（有棱角而不伤人）比附义；以"垂之如队"（悬垂则附下）比附于礼；以"瑕不掩（掩）瑜，瑜不掩（掩）瑕"比附于忠；以"孚尹旁达"（玉色晶莹通明，光彩通达四旁）比附于信；以"叩之其声清越以长，其终诎然"（叩击玉，声音越而悠长，最后戛然而止）象征乐。因此，当时天下没有不珍视玉的。

玉也是等级、名分和地位的象征。据《周礼·春官·大宗伯》，周代用美玉制成六种含意祥瑞的玉器，用来统一邦国的大小尊卑：天子执拿镇圭，公执拿桓圭，侯执拿信圭，伯执拿躬圭，子执拿谷璧，男执拿蒲璧。这样就把王和五等爵的不同身份等级区别开了。

祭祀在周代社会生活中占有重要的地位。所谓"凡治人之道，莫急于礼。礼有五经，莫重于祭"。③又"国之大事，在祀与戎"。④据《周礼·春官·大宗伯》，周代以玉作"六器（璧、琮、圭、璋、琥、璜），以礼天地四方"，祭祀的对象是天神、人鬼、地示。尤重视祖先之祭。统治者为了讨好祖先和多种祖灵，以玉献祭，把玉作为沟通人神的中介，即法器。据孙庆传先生研究，从文献记载看，周代祭天、地用圭、璧，祭祖先用圭瓒、璋瓒；从考古资料看，周代祭祀用玉器以圭、璧为主，其次是璜、珩、环、玦和龙形佩等佩饰用器，还有一些制作粗糙或者未完工的玉器，甚至是一些破损的玉石片。祭祀用玉这种变通之法其实在出土文献中也可见到实例。如包山二号楚墓出土简212-215记载祭祀太和大水用环，祭祀后土、司命、二天子用少环，而祭祀峗山则用玦；简218则记载以琥为祭玉；⑤还有学者指出，包山楚简所见祭祀用玉的器类和祭祀对象之间已经具备某种对应关系。由此可见，周代祭祀用玉具有多样性。这与周礼

---

① 殷志强《中国古代玉器》第83页。
② 参赵朝洪《先秦玉器和玉文化》，载袁行霈主编《中华文明之光》，北京大学出版社2004年版。
③ 《礼记·祭统》。
④ 《左传·成公十三年》。
⑤ 陈伟《包山楚简初探》，第174—178页，武汉大学出版社1996年版。

战国玉饰

重视"礼之义"的思想是相吻合的。[①]

此外，玉器还是聘问、聘贤的馈赠品，成为睦邻结友的纽带，协调国际、人际关系的润滑剂。春秋时诸侯之间的朝聘，使者要向主国君主恭敬地献上玉圭、玉璋。[②] 战国时楚襄王曾遣使持金十斤，白璧百双，聘庄子为相。《荀子·大略》云："聘人以圭，问士以璧，召人以瑗，绝人以玦，反绝以环。"

周代人爱玉突出表现在佩玉成风上，所谓"君子必佩玉"。[③] 君子在西周、春秋时期指统治者和贵族男子，常与被统治的小人和野人对举。如《孟子·滕文公上》："无君子莫治野人，无野人莫养君子。"《国语·鲁语上》："君子务治，小人务力。"春秋晚期以后君子凡指有才德的人。《礼记·曲礼上》："博闻强识而让，敦善行而不怠，谓之君子。"《论语·子路》："故君子名之必可言也，言之必可行也。"这些君子有社会地位，有文化，有修养，还有雄厚的财力可以消费玉器，所以两周的玉器多为他们所佩戴。[④] 这在出土玉器上得到反映。东周时期，秦、晋、齐、楚、吴、越、中山、随等国都出土了许多精美的玉器，尤以玉佩为最，用玉制度僭越现象严重，各国诸侯竞相佩戴多件玉器。这与文献可以互相印证。如《诗经·秦风·终南》："终南何有，有纪有堂。君子至止，黻衣绣裳。佩玉将将，寿考不亡。"那时玉还是上等馈赠礼品。《秦风·渭阳》："我送舅氏，悠悠我思，何以赠之，琼瑰玉佩。"考古出土玉器可与上述文献记载相印证。不仅男子佩玉，妇女亦佩玉。如《诗经·卫风·竹竿》描述出嫁女子回忆少时在娘家的乐趣。其中云："巧笑之瑳，佩玉之傩。"意思是笑着现个小酒窝，佩着玉儿多袅娜。《郑风·有女同车》描述男女同车出游的欢乐，其中云"将翱将翔，佩玉琼琚"；"将翱将翔，佩玉将将"。这四句大意是：姑娘下车走来像飞翔，佩的玉儿多花样，响丁当。此外，春秋时期儿童亦有佩玉习俗。《卫风·芄兰》："芄兰之支，童子佩觿。虽则佩觿，能不我知。芄兰之叶，童子佩韘，虽则佩韘，能不我甲。"觿，用以解结；韘，古代射箭时戴在右手之大拇指，用以钩玄的，俗称"扳指"。佩觿戴韘，显示童子已经长大。

---

① 孙庆伟《周代祭祀及其用玉三题》，载北京大学中国考古学研究中心编《古代文明》（第2卷），文物出版社2003年版。
② 详见《仪礼·聘礼》。
③ 《祀记·玉藻》。
④ 参殷志强《中国古代玉器》，第193页。

第六节 色尚赤、事尚火[①]

《吕氏春秋·应同》:"及文王之时,天先见火赤乌衔丹书集于周社。文王曰:'火气胜。'火气胜,故其色尚赤,其事则火。"这种色尚赤、事尚火的观念,在邹衍之前就有了。《史记·周本纪》载周武王渡过黄河之后,"有火自上复于下,至于王屋,流为乌,其色赤,其声魄云"。王晖先生认为这段文字取自汉本《大誓》,是星占记录,"火"、"乌"(雕、鸟)都是星宿、星体名称。在古代可称为"火"的两个星宿是大火和鹑火。又据战国文献,在文王时期也有这种观察鹑火宿的星占术。《墨子·非攻下》说"赤乌衔珪,降周之岐社,曰:天命周文王伐殷有国",其中"赤乌衔珪"也是一种有关鹑火的天象。以上天文学资料可证周人尚火。

至于周人尚赤,则表现在周人祭祀用牲和服饰用品上。先说祭牲,《礼记·檀弓上》云:"周人尚赤……牲用骍。"《诗经·小雅·信南山》说:"祭以清酒,从以骍牡,享于祖考。"《大雅·旱麓》载祭祖时"清酒既载,骍牡既备"。《鲁颂·閟宫》谓"皇皇后帝,皇祖后稷,享以骍牺,是飨是宜,……秋而载尝,夏而楅衡,白牡骍刚"。又《尚书·洛诰》言成王在新都洛邑祀"文王骍牛一、武王骍牛一"。周人何以看重骍牲,因为骍牲是色泽红黄的牛,这就雄辩地说明周人崇尚赤色。周人祭牲除见于文献外,还见于金文。大簋铭云:"易(锡)乌骍犅,曰:'用禴(禘)于乃考。'"意思是说,用小红公牛,作为祭祀祖考的贵品。

从服饰用品也可见周人尚赤。《诗经·豳风·七月》:"八月载绩,载玄载黄,我朱孔阳,为公子裳。"意思是:八月人儿绩麻忙,丝麻染的颜色有黑也有黄,我们朱红色的更鲜明,替那公子哥儿做衣裳。可见朱红色高于玄(黑)、黄等色。需要指出的是,西周时赤(大红)、朱(朱红)居最高之地位,到春秋时期时尚却为之一变,紫色跃居高位。《韩非子·外储说左上》云:"齐桓公好服紫,一国尽服紫。当是时也,五素不得

[①] 参王晖《商周文化比较研究》,第444—450页,人民出版社2000年版。

一紫。"可见春秋中期穿紫色衣服已风行齐国。又《论语·乡党》云："子曰：恶紫之夺朱也，……"这说明到春秋末期，起码在齐、鲁、卫一带，紫色已夺去了朱红的地位。对此守旧的孔子深恶痛绝。既然紫服已成为统治者上层地位的标志，那么地位稍低的贵族服用，便被视为有罪。如卫国浑良夫以三罪被卫太子所杀，其罪之一便是服"紫衣"。①

由于西周衣著尚赤，因此赤舄、赤芾便成了上等服饰、上等赏赐。这在文献和金文中屡见不鲜。如《周礼·屦人》注："舄有三等，赤舄为上。"是说贵族以穿赤舄为光荣之事。又《诗经·大雅·韩奕》载"王锡韩侯的赏赐品中有'玄衮赤舄'"。可见"赤舄"是高等赐品。免簋铭云："易（锡）女（汝）赤环芾用事。"可以互相印证。

① 《左传·哀公十七年》。

第七节　战国世风三题

商品经济影响下的战国世风是战国社会史上一个较为重要的问题，略陈管见于下。

战国时期随着社会分工和生产力的发展，商品生产活跃起来，以前所未有的速度，蓬蓬勃勃地成长，形成了那个时代令人关注的明显景观。虽然当时的商品经济是初步发展时期，发展程度不高，只属于简单商品经济类型，且在当时整个社会经济中只处于从属地位，却大大丰富了社会物质生活，积累了财富，为社会改革奠定了坚实的物质基础，同时也腐蚀着人们的思想，刺激着人们（尤其是统治阶级中大部分人）对财富和货币的占有欲望。于是世风较之春秋时期发生了巨大的变化。"天下熙熙，皆为利来；天下攘攘，皆为利往"，[①]这一在当时民众中间流传的固定语句——谚语，用简单通俗的话反映出人们普遍的价值取向。

一、拜金主义的盛行

战国时期，随着商品总量的激增，商品空前繁荣，商品流通畅快，商品意识潜移默化地渗入人们的思想。从国君到百姓，"巧伪趋利"的现象带有普遍性，"众庶百姓皆以贪利争夺为俗"，[②]"利之所在民归之"。[③]《吕氏春秋·先识览·去宥》讲述了一个攫金者的故事：

　　齐人有欲得金者，清旦，被衣冠，往鬻金者之所，见人操金，攫而夺之。吏

---

① 《史记·货殖列传》。
② 《荀子·强国》。
③ 《韩非子·外储说左上·经四》。

第十四章 其他

东周错金银铜鼎

搏而束缚之，问曰："人皆在焉，子攫人之金，何故？"

对吏曰："殊不见人，徒见金耳！"

这虽是则寓言，所述的故事系假托，但却是当时一些人财迷心窍，利欲熏心，为了钱财不择手段去干坏事的生动写照。

统治阶级在外交（国与国交往）中首先考虑的是对本国是否有利的问题。如据《战国策·韩策二》"秦围雍氏五月"条，秦宣太后公然对求救的韩国使者说："今佐韩，兵不众，粮不多，则不足以救韩。夫救韩之危，日费千金，独不可使妾少有利焉？"是否出兵救韩，以是否对秦有利为转移，掌握秦国实权的宣太后对此毫不顾忌。

外交之外，上层社会缔结婚姻亦讲究权衡利害，首先考虑的是政治利益，即是否能巩固自己的政权，是否能巩固或扩大其权势，而通过联姻，取得外援，显得尤为突出。如战国中期，当出现秦、韩、魏和楚、齐对峙局势时，秦为了欺骗楚王，使楚齐绝交，并使秦做好全面反击歼灭楚军的准备，便派秦相张仪南下游说楚王。《史记·张仪列传》云："（张）仪说楚王曰：'大王诚能听臣，闭关绝约于齐，臣请献商於之地六百里，使秦女得为大王箕帚之妾，秦楚娶妇嫁女，长为兄弟之国。此北弱齐而西益秦也，计无便此者。'楚王大悦而许之。"又《战国策·中山策》"昭王既息民缮兵"条载赵国在长平之战战败后，为了争取外援以抵抗秦国的入侵，"卑辞重币，四面出嫁，结亲燕、魏，连好齐、楚。"可见此类婚姻是各诸侯国为了国家利益常用的外交手段。

战国时期统治阶级中贪利者比比皆是。不少官吏对金钱趋之若鹜，为了金钱而卖官鬻爵，贪赃枉法，收受贿赂。① 典型的如张仪到楚国，在楚王面前盛赞郑、周之女的美貌，楚王就送给张仪不少珍珠美玉。其目的当然是想占有中原美女。楚王妻、妾南后、郑袖"闻之大恐"，令人对张仪说："妾闻将军之晋国，偶有金千斤，进之左右，以供刍秣"。另外，郑袖又赠张仪金五百斤。② 她们赠金给张仪，当属贿赂。其目的是不使张仪进郑、周美女给楚王，以固宠。又如赵王迁宠臣郭开、齐相后胜等。郭开受秦将王翦重金贿赂，使为反间，扬言赵名将李牧、司马尚欲降秦反赵。赵王疑之，遂杀李牧，废司马尚。次年，王翦大破赵军，攻陷邯郸，赵王迁被俘，赵亡。后胜任齐王建之相，多受秦贿，使宾客入秦，亦为秦所收买，皆为反间。屡劝齐王建朝秦，不修攻战之备，不助五国攻秦。公元前221年，秦将王贲攻齐，齐王建听从其计，不战而降，齐遂亡。此外，据《韩非子·外储说左上》的记载，过往行人务必"事关市以金"，"关市"才

---

① 参周自强《先秦廉政建设和反贪防腐的历史经验》，第26页，时代出版传媒股份有限公司、安徽教育出版社2012年版。

② 《战国策·楚策三》"张仪之楚贫"。

"舍之"放行。这显然是关市吏在勒索金钱。

士人中亦有受贿的,如据《战国策·魏策三》"齐欲伐魏"条所载,有一次齐国要攻打魏国,魏国以"宝璧二双,文马二驷",向齐国辩士淳于髡行贿,请他规劝齐王的这一军事行动。他照此办理并奏了效。又如前247年魏信陵君率五国兵伐秦后,秦王以信陵君为大患,乃以万金贿赂晋鄙的门客(依附于其门庭的人,多为士),使其行反间于魏王,言信陵君欲称王,诸侯欲共立之。魏王中秦计,遂罢其将。

拜金主义还表现在赵地、郑地女俗上,《史记·货殖列传》所谓"赵女郑姬,设形容,揆名琴,揄长袂,蹑利屐,目挑心招,出不远千里,不择老少者,奔富厚也",即是。

出土文献和考古文物材料可与上述记载相印证。属于战国末期的竹简《日书》大规模出土有两次:一次是1975年在湖北云梦县睡虎地秦墓中出土的竹简《日书》甲乙两种;另一次是1986年在甘肃省天水市放马滩秦墓中出土的《日书》甲乙两种。《日书》是占卜之书,主要内容是选择时日,如出行、见官、裁衣、修建房屋等都要选择时日。其他如房屋的布局、井、仓、门等应该安排在什么地方才会吉利,遇到鬼怪如何应付等等,也是重要内容。①《日书》虽然是讲迷信的书籍,却也是难得的民俗学的资料。它反映了战国社会民众的日常生活,从占辞所呈现的各种占卜习俗中,可以看出当时人们在日常生活中是如何趋吉避凶,如何趋利避害的。又罗福颐先生主编的《古玺汇编》一共收录了二十方与财富有关的成语玺,如:牛、羊、金、富、稷、禾、百牛、千百牛、百羊、千牛百羊、千金、万金、宜有千金、千稷、百禾、富生等等。又,时代为战国初年的曾侯乙墓的墓主口中的玉琀,器小如豆,或如稻米,俱仿生圆雕,有牛、羊、猪、犬等,共21件,当有象征财富的含意。②这反映当时人们大胆追求以牛羊、谷物等为代表的物质财富,和大胆追求以"金"为代表的货币财富。《古玺汇编》还载有与福禄有关的成语玺,如有福、大福、君寿、寿善、亲寿、有生、长生、千岁、百年、千秋、宜子、宜子孙、官、宜官、长官、安官、宜王、宜位、事、宜事、吉、行吉、行大吉、出入大吉、行慎等。这说明时人渴望健康长寿、追求官爵地位和生活平安。③又战国私玺中的闲文玺,有吉语类。该类玺文有"善"、"吉"、"宜官"、"千秋"、"万金"、"日有百万"、"出内大吉"、"善寿"、"千秋万世昌"。这类玺文表现出作者对官禄、财富、福寿的向往和祈求。④

---

① 《睡虎地秦墓竹简》,第179页,文物出版社1990年版。
② 湖北省博物馆《曾侯乙墓》,第426页,文物出版社1989年版。
③ 陈光田《从战国成语玺看先秦时期人的价值取向》,《光明日报》2012年8月23日。
④ 叶其峰《战国玺印》,载《中国大百科全书·文物博物馆卷》,中国大百科全书出版社1993年版。

综上所述，可见战国时期拜金观念泛起，人们求利、逐利心切。《韩非子》云："鳣似蛇，蚕似蠋，人见蛇则惊骇，见蠋则毛起，然而妇人拾蚕，渔者握鳣，利之所在，则忘其所恶，皆为孟贲。"韩子对人们趋利之比喻，可谓形容尽致，入木三分。

二、家庭伦理道德动摇

由于世之趋利，人际关系恶化，人自取利，无仁无义，无诚无信，人情、亲情淡漠，互相猜疑，纷争不息。《韩非子·外储说左上》记载这样一个故事："人为婴儿也，父母养之简，子长而怨，子盛壮成人，其供养薄，父母怒而诮之。"《管子·问篇》也提出了相近的问题。"问父母存不养而出离者几何？"其他文献亦载有"长少相杀，父子相忍"，① "好贷财，私妻子，不顾父母之养"，② "子有杀父"，③ "妻子具而孝衰于亲"，④父死不葬，卖母捞钱⑤等现象，韩非说当时人际关系紧张，即使是父子之间也是"皆挟相为而不周于为已也"，⑥ "犹用计算之心以相待也"，民间"产男则相贺，产女则杀之"是因为"虑其后便，计之长利也"。⑦出土文献里亦有类似记载。《睡虎地秦墓竹简·法律答问》有记"父子同居，杀伤父臣妾，畜产及盗之"，"免老（六十岁以上老人）告人以为不孝"，"假父（义父）盗假子（义子）"等等。与之相关，秦律案例中有父亲控告儿子的，因亲子"不孝"，父亲请求官府将其杀死和断足流放，官府则予以照办，⑧此种亲情淡漠乃至泯灭的状况在东方诸国也时有发生。⑨正如《韩诗外传》卷三所云："夫民不知父子讼之为不义久矣。"

父子尚且如此，兄弟、亲戚、邻里、朋友关系更不待言。《战国策·魏策一》载有"亲昆弟，同父母，尚有争钱财"！《吕氏春秋·节丧》载有"忍亲戚、兄弟知交以求利"。《荀子·性恶》载有"嗜欲得而信衰于友"。《孟子·离娄下》言："今有同室之人斗者"，《孟子·告子下》亦言："紾兄之臂而夺之食"。这说明兄弟争财已非鲜见，同室操戈，兄弟相残，关系恶化之程度，令人触目惊心。《吕氏春秋·明理》说："弟兄相诬，

---

① 《吕氏春秋·明理》。
② 《孟子·离娄下》。
③ 《庄子·庚桑楚》。
④ 《荀子·性恶》。
⑤ 《淮南子·说山训》。
⑥ 《韩非子·外储说左上》。
⑦ 参《韩非子》之《外储说右上》《六反》。
⑧ 详见《睡虎地秦墓竹简·封诊式》。
⑨ 如《说苑·政理》云："鲁有父子讼者"。

第十四章 其他

洛阳出土的东周金属币

知交相倒，夫妻相冒，日以相危，夫人之纪，心若禽兽，长邪苟利，不知义理。"可见人们因苟且求利，相互残害，已丧失人伦。《吕氏春秋·高义》说"秦之野人，以小利之故，弟兄相狱，亲戚相忍"，这是兄弟因小利而相诉讼。包山楚简《疋狱》载楚国里人杀兄杀弟、强占妻妾、土地纠纷、继承权之争等事甚多，这说明当时兄弟不仅争财，而且争田、争色。《管子》一书多处提到齐国"民有鬻子"、"嫁妻卖子"。这固然是由于天灾、人祸等客观原因造成，而且往往是不得已而为之，但也从一个侧面反映了亲情的危机。又《韩非子·说林上》云："卫人嫁其子而教之曰：必私积聚，为人妇而出，常也，其成居，幸也。"其意是在卫地，家长教其女嫁到婆家后要多积攒私房钱，即使因之被休回家，也不关紧。这反映了家族中私有财产的逐渐扩展。

对于上述传统伦理道德的沦丧，汉人刘向在为《战国策》所作《书录》中说，仲尼既没之后，"父子不相亲，兄弟不相安，夫妇离散，莫保其命，泯然道德绝矣"！所谓"道德绝矣"，是指传统宗族伦理的丧失。①

马克思主义经典作家曾经指出："货币欲或致富欲望必然导致古代共同体的瓦解。"② 战国时期，伴随商品观念对家族组织的侵蚀，亲情冷暖，世态炎凉，惟财而争，惟利是图，无孝无信、无仁无义的风气充斥大家庭，使大家庭逐渐趋于分解，所谓"父子之亲经，张户别居"的"生分"态势即是。有学者进而指出："以家族为基础的古典家族组织也在逐渐松弛和解体。在土地和住宅可以买卖、外出务工经商等活动日益普遍的情况下，传统的家族聚居方式越来越多地被异姓混居所替代，《庄子·则阳》：'丘里者，合十姓百名而以为风俗也。'说明战国的里已基本上成为较单纯的地域行政组织。"③ 这种见解是颇有说服力的。

三、社会刑事犯罪严重

拜金"走利"意识的泛起，家族伦理道德的沦丧，淫荡侈靡的习俗，加以城市人口密度的增大和流动人口的上升，使人情甚不美。战国诸子对此颇多感慨，如荀子云："人情甚不美，又何问焉。妻子具而孝衰于亲，嗜欲得而信衰于友，爵禄盈而忠衰于君。人之情乎，人之情乎！甚不美，又何问焉！"④他还引用"民语"云："欲富乎？忍耻矣，

---

① 冯尔康等《中国宗族社会》，第89页，浙江人民出版社1994年版。
② 《马克思恩格斯全集》，第46卷（上册），第172页，人民出版社1975年版。
③ 邵鸿《战国时期商品经济的发展与社会变迁》，载于周积明、宋德金主编《中国社会史论》，湖北教育出版社2000年版。
④ 《荀子·性恶》。

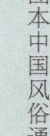

倾绝矣，绝故旧矣，与义分背矣！"①孟子曰："人不可以无耻。无耻之耻，无耻矣。"②又引阳虎的话说："为富不仁矣，为仁不富矣。"③韩非引民谚曰："千金之家，其子不仁。人之急利甚也。"④于是社会犯罪严重起来，犯罪率居高不下。所谓"盗贼多有"，"奸轨愈起"，⑤就是对这种态势的概括。战国社会犯罪具有反社会性质。有学者认为："战国社会犯罪的种类之多，范围之广和数量之多，都是前所未有的。如财产侵犯、人身伤害、危害公共安全、破坏政治、经济秩序、妨害婚姻和家族等社会侵害行为，均屡见不鲜。"⑥《庄子·庚桑楚》载："民之于利甚勤，……臣有杀君，正昼为盗，日中穴阫（屋后墙）。"《墨子·号令》提到一些城内"卒民相盗家室婴儿"的现象，又提到"钱金布帛财物，各自守之，慎勿相盗"。可见有相盗钱金布帛财物的现象。城市如此，乡间更甚。《列子·说符》言"晋国苦盗"，群盗杀死善于"视盗，千百无遗一焉"的郗雍然后逃往秦国。又言赵国乡间途中，群盗出没，路人遭杀，"尽取其衣装车马"。而《史记·货殖列传》言赵地男子"轻为奸"，市井无赖子弟的典型行径跃然纸上。《睡虎地秦墓竹简·法律答问》记秦国楚地的盗窃行为，有"甲乙共盗"的，有"五人共盗"的，有"十人共盗"的，有盗牛的、有盗羊、盗猪的，有偷摘别人桑叶的，有盗钱的，有夫盗钱妻藏匿的，有"工盗以出（工匠偷出东西）"，有盗公室祭祀供品的，有盗掘王室祭祀祭品——"厓"的，有"盗盗人，买（卖）所盗，以买它物"的，有"假父盗假子"的，有私自移封（田地阡陌）的，有"把其假（携带所借官有物品）以亡"的，等等。而《封诊式》有关刑事案件中，大部分也是关于盗牛、盗马、盗钱、盗衣物等内容。其他犯罪大多也是为了钱财。如据《法律答问》，"匿户"是为了免缴纳户赋；宽免逃亡出境的人，是因为得到数目超过万钱的贿赂。不少案例令人发指，如秦国有人为了分到十钱竟受主谋的派遣盗劫杀人。⑦又如楚国有人为了多卖建筑材料（茅）而一再焚毁他人的房屋（仓舞）。⑧复如郑国有人霸尸首勒索，"求金甚多"。⑨

此外，还有盗墓风。战国中晚期，由于铁制工具的普遍使用，牛耕的初步推广，大型农田水利工程的兴修，生产力有了大的提高，土地开始兼并，一部分失去土地的

---

① 《荀子·大略》。
② 《孟子·尽心下》。
③ 《孟子·滕文公上》。
④ 《韩非子·难四》。
⑤ 参见《汉书·酷吏传》。
⑥ 邵鸿《战国时期商品经济的发展与社会变迁》。
⑦ 《睡虎地秦墓竹简·法律答问》。
⑧ 《韩非子·内储说下》。
⑨ 《吕氏春秋·离谓》。

农民不愿当奴隶，沦为流氓无产者，"发冢"于是成为一时风气。①《吕氏春秋·安死篇》云："视名丘大墓葬之厚者，求舍便居，以微抇之，日夜不休。……故宋未亡而东冢抇，齐未亡而庄公冢抇。"又《史记·货殖列传》云：赵地中山"民俗儇急，仰机利而食。丈夫……起则相聚椎剽，休则掘冢作巧奸冶"。赵国挖墓成风可从建国以来的考古发掘中得到证实。1949年以后在邯郸地区所有发掘的战国秦汉墓葬中，统统发现被盗掘的痕迹，有的墓被盗还不止一次。河北故赵版图内除战国中山王陵因墓葬形制特殊而有幸完整保存一部外，其余战国墓葬普遍遭到过盗掘。②这种盗墓风气一直延续到汉魏，并未衰歇。③

当时"斗殴之风十分酷烈"。《睡虎地秦墓竹简》所记的家族成员殴打和邻里纠纷械斗，令人触目惊心。如言"斗折脊项骨"；"妻凶悍，夫殴治之，决其耳，若折肢指、胅体（脱臼）"；"或与人斗，缚而尽拔其须眉。"；"拔人发"；"或斗，啮断人鼻若耳若指若唇"；"士伍甲斗，拔剑伐，斩人发结"；"斗以针、铢、锥"，什么工具都用上，等等；还有"殴大父母（祖父母）"、"殴高大父母（曾祖父母）"者，此外《墨子·天志》有云："踰于人之墙垣，担格人之子女。"社会风气之败坏，令人震惊。④

战国社会犯罪的原因除前述外，还与剥削阶级的巧取豪夺、贫富两极分化和财富占有的差别太大有关。对此一些思想家已有清醒认识。如《管子》"仓廪实而知礼节，衣食足而知荣辱"的说法和孟子的"恒产论"就很精辟。

商品经济侵蚀下的战国世风，值得一提的还有淫侈习俗、"天下以市道交"等。限于篇幅，不能一一。

须要指出的是，战国拜金求利之风具有明显的地区差异，如尚礼义的鲁国与尚功利的秦国就有很大的反差。

综上所述，可以得出以下两点结论：第一，战国世风从一个侧面说明这一时期是社会形态的转型阶段；第二，商品经济是战国社会变迁的动力之一。

---

① 《张政烺文集·古史讲义》，第328页，中华书局2012年版。
② 沈长云等《赵国史稿》，第555—556页，中华书局2000年版。
③ 《张政烺文集·古史讲义》，第328页，中华书局2012年版。
④ 宋镇豪《中国春秋战国习俗史》，第23页，人民出版社1994年版。

结 语

【 第一节　两周风俗的基本特征 】

一、地区的差异性

俗话说："十里不同风，百里不同俗。"两周风俗同样呈现出这个特点。

中国自古以来幅员辽阔广大，黄河、长江两大河流及其水系，以及太行山、秦岭、函谷关等山河雄关险阻，分划出若干活动区。这些地理环境因素和自然条件，加上西周"封邦建国"，诸侯林立，周平王东迁以后，王室衰微，诸侯坐大，长期分裂争战，华夏族和少数族迁徙转移，各割据政权实施政策的差异性，使得这个时期各地区政治经济发展不平衡，还有历史文化传统的影响，造成地域性的特征表现突出。社会风俗受地域环境的影响，带有鲜明的地区差别特征。

风俗是一种文化中比较具体、外在、凝固，代表着传统和文化惯力的一个层面。参照李学勤先生把东周列国划分成七个文化圈的意见，[①]我们把两周列国划分成七个风俗圈，即："中原风俗圈"、"北方风俗圈"、"齐鲁风俗圈"、"楚风俗圈"、"吴越风俗圈"、"巴蜀滇风俗圈"、"秦风俗圈"。这些风俗圈各有其特征，正所谓"文化苑囿各芳菲"。[②]兹分述于下：

（一）中原风俗圈

以周为中心，北到晋国南部，南到郑国、卫国，也就是战国时周和三晋（不包括赵国北部）一带，地处黄河中游。这里平原广阔，水源丰富，造就了农业文明。史称

---

① 李学勤《东周与秦代文明》，第11—12页，文物出版社1984年版。
② 李德勤《中国区域文化》，第1页，山西高校联合出版社1995年版。

这一地区"好农而重民"。① 居民的主食以粟、菽、麦、稻为主,所谓中原"宜禾"。②

在服饰上,周确定了祭礼、朝会、吊丧、婚礼服制,其常服为"深衣"。

在历史上,中原地区有着区域文化中最多的古都。③周代亦不例外。早在西周初期,周公为了镇抚东方,在此营建了王城洛邑和成周。西周亡后,周平王迁都洛邑,洛邑从此由陪都成为首都,为当时全国政治、经济、文化的中心。根据考古成果和文献资料考证;曲村——天马遗址应是晋国早期都城"唐"的所在地。④三家分晋后,赵都邯郸是当时有名的国际商业中心。魏都大梁城规模宏大,共十二座城门,"夷门"(东门)监者侯嬴在这里策划了"窃符救赵"的动人的一幕。

中原地区居天下之中,"是中华文化的内核区"。⑤这里在周代学术文化昌盛,孔子问礼于洛阳。尤其需要指出的是:西周时的晋国大约还是一个循守宗法的国家,但从春秋初年起,晋国的宗法制度逐渐趋向解体。宗法在君统中不能实行。公族的力量特别薄弱,大臣多系异姓贵族,且实力强大,他们不仅同公室争权,而且相互火并。"政在家门"和"三家分晋"就是在这种情况下发生的。在春秋时期唯独晋国没有公室宗族这个包袱,在用人上可以择贤而使,在思想意识上受传统礼制束缚少,讲求效能和实用。所以法家的一些基本思想最早产生于晋国。

在三晋文化中,赵武灵王的"胡服骑射"是一个具有重大意义的事件。这一改革大大促进了中原风俗和北方风俗的交流融合。

中原地区,民情淳厚,勤劳重礼。《汉书·地理志》称此处"其民有先王遗教,君子深思,小人俭陋"。又"重厚多君子,好稼穑,恶衣食,以致畜藏"。

(二)北方风俗圈

北方风俗圈在中原的北面,包括赵国北部、中山国、燕国以及更北的方国部族。⑥这一地区适宜农业和畜牧业。粮食作物有粟、麦、菽等,果类以栗、枣闻名,牛肉、羊肉是主要的肉类食品。从总体上看,居民的饮食水平偏低。战国时期太原一带有寒食习俗。

在服饰上,游牧民族如匈奴人衣皮革,被毡裘。拖发。妇女用胭脂面饰美容。装饰品以饰牌为典型。⑦

---

① 《史记·货殖列传》。
② 《淮南子·地形训》。
③ 李勤德《中国区域文化》,第47页。
④ 《新中国考古五十年》,第72页,文物出版社1999年版。
⑤ 冯天瑜等《中华文化史》,第422页,上海人民出版社1990年版。
⑥ 李学勤《东周与秦代文明》,第11页。
⑦ 陈绍棣《匈奴社会物质生活初探》,《西北民族研究》1989年1期。

在住宅上，游牧民族的穹庐和半地穴房屋颇具特色。

在婚姻习俗上，与中原地区有很大的区别。据《汉书·地理志》记载，燕之蓟也，"宾客相过，以妇侍宿，嫁娶之夕，男女无别，反以为荣"。

在民风上，这里由于受少数民族的侵扰，人文特质刚强而豪放。多慷慨悲歌之士、仗义任侠者。蔺相如完璧归赵、荆轲刺秦王，被传为佳话。

（三）齐鲁风俗圈

今山东省范围内，齐、鲁和若干小诸侯国合为齐鲁风俗圈。这里"膏壤千里"，[①] "与其五谷鱼盐生焉"，[②] 适宜于农业的发展。主要粮食作物有小麦[③]、稻米[④]以及粟、黍等。居民常食鱼类及其他水生动物。肉类食品还有猪肉、鸡肉、羊肉等。齐鲁居民喜好盐味。《黄帝内经素问·异法方宜论篇》说东方之人"嗜盐"。据《汉书·地理志》的记载，齐地居民"奢侈"，鲁地百姓"俭啬"，可见生活水平是不同的。

在服饰上，东夷人披发文身。齐人喜戴巨冠，以示高贵。还曾盛行穿黑衣和女着男装。此外，"齐纨"、"鲁缟"颇流行。

齐国在春秋战国时的宫室为夯基、土木石结构，一般坐北朝南，由堂房屋庑、庭院及门户窗等部分组成。

在婚俗上，齐大体实行"六礼"，但不亲迎。盛行自由恋爱。同姓甚至近亲兄妹之间的性关系比较随便。而鲁国则实行严格的同姓不婚。

在丧葬上，"齐国好厚葬，布帛尽于衣衾，材木尽于棺椁"。[⑤] 并杀殉人畜。

在社会民风上，据《史记·货殖列传》，齐国的民俗开阔舒展，豁达而不拘小节，人民富于智慧，喜好议论，秉性稳重，意志坚定，难以动摇，成群结队地对阵时显得胆怯，却勇于独自拿着兵器去行刺。而鲁国习俗爱好儒学，礼仪制度完备，那里人民比较拘谨，俭朴而吝啬，害怕犯罪，远避邪恶。

在信仰风俗上，鲁国以儒学为宗，孔子、孟子等大师迭出，"道一而风同"。齐国则诸子并立，兼收百家。稷下学宫成为战国时代"百家争鸣"的一个最集中的殿堂和缩影。

（四）楚风俗圈

楚风俗圈包括长江中游的楚国、楚国之北的许多周朝封国，以及楚国之南的各方国部族。

---

① 《史记·齐太公世家》"太史公曰"。
② 《尔雅·释地》。
③ 《淮南子·地形训》说："东方"，"其地宜麦"。
④ 据《论语·阳货篇》，孔子有"食夫稻，衣夫锦，于女安乎"的感慨。
⑤ 《韩非子·内储说上》。

出土楚人

"楚有江汉川泽山林之饶"。① 楚国温润的气候、纵横的水网和丰富的物产，为楚地居民提供了良好的生活条件。《史记·货殖列传》称："楚越之地……饭稻羹鱼。"这说的就包括战国。《汉书·地理志》说楚地居民食"蠃蛤"。可见鱼类等水产品的重要。《风俗通义》说："吴楚之人食鱼盐。"说的虽是汉代，其实周代亦如此。战国楚墓中出土有大量的果类作物，其中以橘柚最著名。《吕氏春秋·本味》："果之美者，云梦之柚。"《史记·货殖列传》记江陵地区有"千树橘"。楚人喜食酸味、咸味和甜味。②

在服饰习惯方面，楚人确有披衣、带剑、佩珠及戴高冠的君子之服，③也有束发，穿深衣，着履的习俗。

在居住习尚方面，楚国以其多江河湖泊，地卑气湿，流行高爽疏朗的干栏式建筑。这些干栏式建筑多在扬越和巴人所居的山村水滨之处。另外，楚国有"层台累榭"，④层台是中原有的，累榭则多少是受了干栏式建筑的启示而营造的。⑤

在语言文字方面，楚人逐渐放弃楚言而改操夏言，战国时代的楚已成为夏言的一种方言。楚采用了中原的文字，但笔划的构成和书写的风格带有地方性。楚器的铭文瘦长而娟秀，而中原不是这样。在工艺上，楚国的青铜冶铸、丝织和鬃漆巧夺天工。

在信仰上，楚人祀祝融，崇凤。日神（别号炎帝）在楚人心目中具有特别尊荣的地位。所以服色尚赤，方位尚东。又"淫祀"和崇巫之风极盛。流行龟卜。此外，楚地是道家的发祥地。

在岁时节日风俗方面，楚人的有些节日，在中原却没有，有些节日，虽然中原有，"或者原来就是从中原传入楚国的，但在楚国这类节日的庆典规模更大，场面更热烈，更具有狂欢的气息"。⑥

在民风上，古人的概括是：楚人"剽轻，易发怒"，⑦"急疾有气势"。⑧也就是说，楚人具有率真、任情、活泼、热烈、奔放的民族性格。

（五）吴越风俗圈

吴越风俗圈包括吴国、越国，以及淮水流域和长江下游一系列嬴姓、偃姓小国如徐国、群舒等，还有东南的方国部族。⑨

---

① 《汉书·地理志》。
② 徐海荣主编《中国饮食史》卷2，第610页，华夏出版社1998年版。
③ 李丰楙《服饰与礼仪〈离骚〉的服饰中心说》，台湾《中国文哲研究集刊》第14期。
④ 《楚辞·招魂》。
⑤ 张正明《楚与吴越文化异同辨》，载《国际百越文化研究》，中国社会科学出版社1994年版。
⑥ 宋公文、张君《楚国风俗志》，第6页。
⑦ 《史记·货殖列传》。
⑧ 《汉书·地理志》。
⑨ 张正明《楚与吴越文化异同辨》。

吴越文化和楚文化都是在江南这个文明摇篮中长大的，因此在风俗上吴越与楚有不少相同之处，如食鱼米，衣丝麻，流行干栏式建筑，以舟楫为交通工具，都城有水门。又如都有高超的铜器铸造技术，铜器铭文皆有瘦长而娟秀的特色，俱崇巫、信鬼。

但吴越是越人建立的国家，与楚人不同族，因此在风俗上又有许多不同之处。

一是服饰的差异。吴人、越人椎髻，男子有角形发饰，跣足，断发，文身，凿齿，而楚人无上述习俗。

二是丧葬上的差异。吴越两国长期流行土墩墓，随葬器物不讲究组合，而楚国不是这样。

三是青铜器的差异。吴越的青铜器精粗杂陈，而楚的青铜器无美不备。吴越的青铜器地方差异较大，而楚器的地方性差异较小。吴器和越器多横长纵短显得稳实，而楚器多纵长横短给人以清秀之感。

四是原始信仰上的差别。越人祀禹，崇鸟，迷信灾祥，而楚人没有。吴人、越人中不流行龟卜，而楚人流行。

五是语言上的差异，吴人和越人直到亡国之时仍操越言，越言与夏言不能相通。而楚人渐弃楚言，改操夏言。

六是礼制上的差异，吴越两国无周礼，季札虽熟悉中原礼乐，但只是一个特例，而楚国的礼制与中原相仿，属于周礼系统。①

（六）巴蜀滇风俗圈

西南的今四川省有巴、蜀两国，加以今云南省的滇以及西南部族，是巴蜀滇风俗圈。②

巴蜀地区土地肥沃，降雨量充足，气候湿润，这种良好的自然环境适宜农业的发展，所谓"土地肥美，有江水沃野，山林竹木疏食果实之饶"。③稻米是那里居民的主食。《汉书·地理志下》说，巴蜀"民食稻鱼"。芋也是巴蜀居民的主食之一。《史记·货殖列传》载战国和秦时，蜀地"汶山之下沃野，下有蹲鸱"。张守节《正义》："蹲鸱，芋也。"巴蜀地区水面广阔，适宜鱼类生长繁殖。《华阳国志·汉中志》说沔阳出鳜鱼和鲋鱼，鱼类等水生类动物应是巴蜀居民常食的肉类食品。巴蜀地区的水果颇多，其中橘子具代表性。《汉书·食货志》说蜀、汉地区有人拥有"千树橘"，其富与"千户侯等"。这虽然说的是汉代，但也涵盖了战国。据《华阳国志》记载，周武王灭商之后，以其宗姬于巴，爵之以子，其地"园有芳蒻、季茗"，"丹、漆、茶、蚕皆纳贡之"。据此传说，

---

① 张正明《楚与吴越文化异同辨》。
② 参李学勤《东周与秦代文明》，第12页。
③ 《汉书·地理志下》。

周代巴、蜀一带，似已饮茶和懂得了种茶。① 巴蜀的居民嗜好腊味食品。《吕氏春秋·本味》高诱注："臭恶犹美，若蜀人之作羊腊，以臭为美。"从高诱的描述看，羊腊应是一种具有怪异味道的腌制羊肉。至于滇地区的饮食，据《汉书·西南夷列传》的记载和考古发现的稻谷痕迹等推断，农作物以稻为主，还有粟，肉类则有牛和羊。

发式是区域文化习俗的重要表征。据研究，当时的巴蜀居民流行"魋髻"或"椎髻"；② 而滇居民分为：椎髻者——百濮系统的靡莫之属；辫发者——氐羌系统的昆明之属；结发者——南中之越；螺髻者——盘瓠之裔。③

在葬俗方面，巴蜀"最具特色的，是其船棺葬仪"。④ 其次是川东巴人中流行的崖葬（或称悬棺葬）。第三是有"西南夷"之称的民族地区出现的石棺葬、石板墓和大石墓。⑤

在民间工艺风俗方面，柳叶形剑、短骹式矛、烟荷包式钺、三角援戈、铸有巴蜀符号的兵器、巴蜀图语印章等，具有浓郁的地方色彩。而内容丰富多彩，具有强烈写实风格的滇浮雕扣饰最引人注目。

在歌舞风俗方面，热烈奔放的巴合唱歌、雄健刚劲的巴舞，均特色鲜明。

（七）秦风俗圈

秦人统一全国前，活动在大西北的广阔地带，以今陕西关中、汉中为中心，东起函谷关，西达陇中，南至秦岭，北抵贺兰山。⑥

周代的关中，"膏壤沃野千里"、"好农而重民"。⑦ 肥沃的土地、重农的传统，加以郑国渠为农业提供了充足的水源，使作物品种丰富。

秦人的主食，据《吕氏春秋·审时》和《睡简·仓律》的记载，有麦、稻（分籼稻、糯稻两类）、黍、菽（大豆）、荅（小豆）、禾（即稷，一称谷子，分黄、白、青三种）、麻子、芋等。秦人食肉的品种，有牛、羊、猪、鱼、鸡等，果类有栗、枣、梅、棣、郁（山楂）、蘡（山葡萄）、梨等，蔬菜类有韭、葵、壶（葫芦）、荼（苦菜）、瓜、姜等。从总体上看，由于这里自然环境优越，居民的物质生活水平较高。

在建筑风俗上，战国晚期，伴随着版图的扩大，秦国都城建设亦体现出独特的宏大特色。秦王政兼并天下，每灭一国，就在咸阳原上照他们原来的宫室依样建造。这样一来，在渭河以北，就分布着仿造的东方六国宫殿，以至"南临渭，自雍门以东至

---

① 王玲《中国茶文化》，第240页，中国书店出版社1995年版。
② 《全汉文》卷五十一引《蜀王本纪》。
③ 汪宁生《晋宁石寨山青铜图像所见古代民族》，《考古学报》1979年第4期。
④ 冯天瑜等《中华文化史》，第415页。
⑤ 《新中国考古五十年》，第383页。
⑥ 冯天瑜《中华文化史》，第417页。
⑦ 《史记·货殖列传》。

泾渭，殿屋复道周阁相属"。① 可见宫殿绵延之远。在渭河以南，秦惠文王时已开始建阿房宫，秦昭王又建章台宫和兴乐宫。咸阳宫殿群，在渭河两岸如此广泛的分布，在古代都城形态上是空前的，充分说明秦国统治者"意得欲从"、不可一世的情绪。

在葬俗方面，屈肢葬、洞室墓是秦文化的独特标识。② 又春秋时秦的殉葬墓比较普遍，殉葬人及其中身份为生产奴隶者也较多；战国时期的秦墓依然殉葬较多的生产奴隶。这些都是与山东六国不同的。③

在信仰风俗方面，由于秦国缺乏严格的宗法制度，对周礼乐持冷漠的态度，所以秦文化具有功利主义的特点。《淮南子·要略》称："秦国之俗，贪狼强力，寡义而趋利。""秦人津津乐道的问题都是农战、攻伐、垦荒、开塞、徕民、重本、抑末等对国计民生有直接利害关系的事。"④ 可谓只重现世，不慕往世。

秦国的文字为篆文，其形体有正体和俗体之分。正体在整个春秋战国时代，其字形规整匀称程度不断提高，逐渐演变为笔划简单，易于推行的小篆。而秦国文字的俗体，就是隶书形成的基础。⑤

二、扩布性与融汇性

扩布性是指风俗在空间伸展上的蔓延性，也是指风俗文化的横向传播过程。在两周，这种风俗的扩布性特征，主要表现在以下两个方面：一是七个风俗圈的相互影响和渗透；二是各民族之间的相互影响和渗透。

（一）中原风俗圈的影响

中原风俗在西周时期对周围地区有很大影响，到东周有所减弱，但仍比较重要。如第一流的歌舞艺人"邯郸倡"周游于列国公室贵族、富商大贾之门。又如，这里是纵横家的发源地，原籍周、晋的张仪、苏秦等游说之士，奔走各国，游说诸侯，纵横捭阖，忽而合纵，忽而连横，或背盟相攻，或罢兵修好。他们"出奇谋异智"，可以折服千军万马，可以"运亡为存"，可以左右几个国家的局势。

（二）北方风俗圈受的影响

燕国和赵国北部是民族杂居的地区，这里的习俗和文化既受北方民族的影响，又

---

① 《史记·秦始皇本纪》。
② 冯天瑜等《中华文化史》，第420页。
③ 陈绍棣《东周秦国人殉·人牲与社会风貌》，《中原文物》1989年第2期。
④ 李晓东《从〈日书〉看秦人鬼神观及秦文化特征》，《历史研究》1987年第4期。
⑤ 裘锡圭《文字学概要》，第3、65页，商务印书馆1988年版。

受到中原地区的影响。前一影响如燕王对张仪的谈话说:"寡人蛮夷辟处,虽大男子裁如婴儿。"[1] 后一影响如白狄别种鲜虞所建立的中山国"虽仍保留某种程度的戎狄之风,但已经华化"。[2]

（三）齐鲁风俗圈的影响

齐鲁之地在"礼崩乐坏"的春秋时期，还保存相当完整的周礼，因此成为新的华夏文化中心，在这里孕育、诞生了孔子、孟子等巨匠，他们对中国文化的进程产生了深刻的影响。此外，齐、鲁文化因密切联系而趋向融合。两国相毗邻，同辅周室，春秋时两国屡次会盟，又王室间联姻，这就为两国互相学习，取长补短创造了条件。于是两国的共同点日益增多。如两国皆好"文学"（文化典籍）。又在经商致富的子贡身上，可以看见齐国重商之风的影响；而在倡导礼治的晏婴那里，则反映出了齐人对鲁文化尊崇礼义的趋同。尤其是稷下学宫的学术争鸣，使齐鲁文化得以相互融通，于是鲁国的原始儒学转型为博大精深的儒学体系。[3]

（四）楚风俗圈的影响

楚是南方的大国，随着楚人势力的强大和楚国版图的扩张，楚国的风俗和文化的影响殊为深远。

1. 楚对越的影响

担任越国执政大夫的范蠡和文种都是越国从楚国引进的人才。在越国文化中，有不少方面与范蠡、文种两人的建树密不可分。越都山阴大城就是由范蠡规划、设计的，故称"蠡城"，清代屈大均也在《广东新语》一书中明确认为"越宫室始于楚庭"。在葬俗方面，越国也同样受到楚文化的浸染，如在春秋晚期以后，流行受楚俗影响的竖穴土坑墓。"在战国早期和中期的越墓所出文物中，都打上了楚文化的烙印。绍兴市出土的属战国时代的绍兴坡圹乡狮子山306号墓，里面就曾出土楚式的汤鼎、圜底鼎和鐎盉等明器。至于这一时期越国墓葬中椁周填白膏泥、青膏泥，则无疑是仿效楚人的习俗。"[4]

2. 楚对滇的影响

滇池地区青铜文化中的一些典型器物，如月口铜斧、靴形铜钺、宽刃短剑和弯援铜戈，近年在湖南、湖北一带屡有发现。[5] 这从一个侧面说明在战国或战国以前，楚、滇之间已有文化上的联系。战国末年，楚将庄蹻入滇，导致了楚滇文化的进一步交融，这已为考古发现所证实。如：晋宁石寨山出土一种青铜虎耳细腰贮贝器，器耳呈双虎

---

[1]《战国策·燕策一》"张仪为秦破从连横谓燕王"条。
[2] 王钟翰主编《中国民族史》，第144页。
[3] 冯天瑜等主编《中华文化史》，第407—408页。
[4] 方杰主编《越国文化》，第346页，上海社会科学院出版社1998年版。
[5] 汪宁生《滇楚关系初探》，《民族研究》1982年第1期。

"成周"铭铜戈

上攀状,与楚国同类器物极为相似。石寨山滇族墓葬出土的豆、熏炉、平底罐、圈足陶盒等陶器形制,与楚国陶器也十分接近。①

(五)吴越风俗圈的影响

吴、越两国,原本各具有独特风格和文化内涵,由于接土邻境,在立国之初便开始了文化交流,经过长期的通融,到春秋战国时期终于合二为一,有共同的语言、共同的习俗、共同的生产、生活方式、共同的民族性格,一言以蔽之:具有共同的文化特征,后人概括为"吴越文化"。

1. 吴越与中原在风俗与文化上的相互影响

吴越受中原华夏文化的影响,表现在越国使用华夏文字,并以华夏语为官方语言。因此,有学者指出:"至少从春秋后期起,越族已开始与华夏族融合。"②自然,越国对中原华夏文化也有影响。如《竹书纪年》说:周赧王时,"越王使公师隅来献舟三百"。由此可知,中原王朝借鉴了越国的技术和经验。

2. 越风俗对楚风俗的影响

越楚两国壤土相接,当然在风俗上相互影响较深。据学者研究,越国的青铜冶铸、陶瓷等工艺美术风俗、建筑风俗和音乐舞蹈风俗均浸染楚国,并为楚国所吸收。如从楚地出土的铜剑看,当时楚国的铜剑铸造完全仿照吴越双箍剑和空首剑的做法。又如楚国"层台累榭"中的"累榭",多少受到了越人干栏式建筑的启迪。复如,战国时期越式鼎对楚式罐形铜鼎和陶鼎形态演变产生了催化作用。③再如,据《说苑·善说》,越族民歌在当时颇受楚人喜爱。

---

① 方铁、方慧《中国西南边疆开发史》,第24页,云南人民出版社1997年版。
② 李学勤《东周与秦代文明》,第156页;杨宽《战国史》,第267页,上海人民出版社1980年版。
③ 贺刚《论越文化的物质及其与楚文化的相互浸染和融合》,载彭适凡主编《百越民族研究》,江西教育出版社1990年版。

3. 吴越风俗对台湾风俗的影响

据《太平御览》卷七八〇引《临海水土记》的记载，台湾土著居民断发文身、凿齿、猎头、犬祭、从妻居、喜食生鱼等习俗，与大陆东南沿海的古越族基本相同，可见他们在历史上同属百越族的一支。① 正因为如此，蒙文通先生在《越史丛考》一书中更是认为："台湾、澎湖早在春秋末世或已为大陆建国之吴、越所统属。"

（六）巴蜀滇风俗圈的影响

滇与周围地区之间，在东周时期，已有经常性的联系和交换。与滇关系最密切的是蜀。蜀王杜宇与滇东北地区的僰族联姻。滇与蜀在风俗上也相互影响。滇流行的无格圆茎剑与巴蜀常见的无格扁茎剑，有着相当接近的风格。洱海地区常出土三叉格式铜剑。这种式样的剑，在四川甘孜、阿坝一带也有发现。②

滇还受到中原文化的辗转影响。这表现在云南青铜文化中，有一些华夏文化的因素。如早期滇墓出土的戈、矛、斧等铜兵器，在形制上与商周时中原的兵器有程度不等的相似。滇池地区出土的周代一些武器和器物上的云雷纹，应是模仿中原地区而来。

（七）秦风俗圈的影响

秦国与周围国家和少数民族的相互影响是与秦国版图不断扩大的态势相一致的。如秦穆公将秦国一些年轻、貌美、能歌善舞的"女乐"，送给戎王。戎王欣然接受，从此沉醉于酒色之中，"设酒听乐，终年不迁"，甚至"马牛羊半死"，他都不顾，终于被秦击败，"亡其国，由离质朴也"。③ 西戎之所以亡国，是因为"淫于乐"，失去了质朴的本色和坚强的战斗力。这虽然讲的是秦穆公的灭戎策略，但也反映了在秦国影响下西戎风尚的变迁。

公元前316年，秦灭巴、蜀，由张若任蜀郡守。在张若任郡守时期，修筑了郡治所成都城。据记载，当时修建的成都城，街道间里一切规模，均与首都咸阳相同。

到战国末期，随着秦统一战争的胜利、社会的剧烈变化、各地文化交流的增多，秦国的文学、音乐、美术都发生了变化。在文学上，李斯的《谏逐客书》多用排句，善用比喻，语言形象，富有文采，显然是受了《战国策》中一些文章的影响。又云梦秦简《为吏之道》讲究形式和韵脚，和《荀子·成相篇》有惊人的相似之处。由此可以看出秦同别的诸侯国在文章格调上相互影响的痕迹。至于文学水平高超的《吕氏春秋》，更是集中各国各派学者编写而成。在音乐上，秦国传统的音乐是比较粗犷的，所谓"夫击瓮叩缶，弹筝搏髀，而歌呜呜快耳目者，真秦之声也。"这种呆滞森严的声乐，在统

---

① 方杰主编《越国文化》，第348页。
② 方铁、方慧《中国西南边疆开发史》，第23页。
③ 《说苑·反质》。

一中国前已被真性流露,热情奔放,甚至相当华丽,激越动人的"郑、卫"之声所代替,而在统治阶级中流行起来了。"弃击瓮叩缶而就郑卫、退弹筝而取昭虞"，①就是对秦国音乐这一变化的概括。而造成这一变化的缘由正是各地音乐相互交流的结果。在美术上,春秋时期,秦国多因袭和模仿西周,风格凝重而古板。至战国末则起了显著变化,变得姿态生动,形象逼真。这与秦国广泛地吸收各地艺术风格和艺术人材不无密切关系。②

（八）民族融合

以上我们主要讨论了诸侯国之间在风俗和文化上的相互影响，同时对民族关系也有所涉及。以下我们对华夏族与少数民族之间的彼此影响作一些补充。

春秋战国的少数民族，有的已建立了国家。她们主要分布在中原大国的周围，少数杂居在中原大国之间，杂居使各民族之间在政治、经济、语言、文化以及风俗习惯等方面发生更广泛、更深入的交往和影响，而其集中表现则是通婚联姻。如春秋时晋国的国君和卿大夫不少人娶了戎女为妻，这不仅引起了人种乃至语言、风俗方面的变化，也直接影响到当时的政治生活。③又如《睡虎地秦墓竹简·法律答问》载："何谓夏子？臣邦父，秦母谓也。"秦律规定：凡父亲是臣属于秦的少数民族，母亲是秦人，其子称谓"夏子"。"夏子"也就是华夏人。秦简的时代虽属战国末期，但这条规定显然是春秋以来秦国民族融合进程的反映。

当时，各民族之间为征服而发生战争，战争虽有残酷和灾难的一面，但又有推动民族融合，促进民族进步的一面。从这个意义上说，战争仿佛是民族融合大磨房的动力，在战争中几乎把一切民族界限和壁垒碾得粉碎。

少数民族虽然和华夏族之间发生过战争，但彼此和平相处的时间更长。他们都受到中原地区先进经济、文化的影响，这对他们社会的进步和经济、文化的发展起了积极作用。如春秋时迁到晋南的陆浑戎君长戎子驹支在与范宣子的对话完结以后，赋了《诗经·小雅》中叫《青蝇》的一首诗，藉以表达自己的情绪和要求，这是他们学习华夏族，将华夏族部分礼俗吸收过来掺和到他们风俗习惯中来的生动写照。④又如战国时的中山国在魏、赵、燕的影响下，其青铜器不仅有很高的工艺水平，而且有很长很出色的铭文。又如中山国的王族攀附姬姓或子姓，是鲜虞华化以后一种与诸夏认同的表现。⑤当然，少数族对中原华夏族也有一些影响。

---

① 《谏逐客书》，载《史记·李斯列传》。
② 参林剑鸣《秦史稿》，第296—297、300、302页，上海人民出版社1981年版。
③ 李孟存、常金仓《晋国史纲要》，第259页，山西人民出版社1988年版。
④ 李孟存等《晋国史纲要》，第260页。
⑤ 王钟翰主编《中国民族史》，第144页。

结语

战国彩色串连

伴随着经济联系的加强,伴随着各族之间文化认同观念的增进,华夏族和少数民族之间的互相借鉴和吸收加快进行,从而使他们彼此之间日益接近,于是就出现了如荀子所说的"四海之内若一家"①的情景,产生了使天下"定于一"②的共同心理。《吕氏春秋》的出现,并称"善学者,假人之长,以补其短,故假人者遂有天下",打算容纳百家思想取长补短,以此统一天下舆论。这是春秋以来由列国争雄,走向全国统一,完成民族融合,实现以华夏族为主体的多民族统一国家的先导。

三、传承性与变异性

传承性是指风俗文化在时间上传衍的连续性,即历时的纵向延续性。这是因为风俗具有相对的稳定性,它的发展并不会由于朝代的更替而迅速发生变化。因此,前代的许多风俗,在后世往往依然存在,并像及时的春雨一样,发生"润物细无声"的影响。两周风俗亦不例外。当然,风俗在传承的过程中,由于受社会、政治、经济以及军事等因素的影响,使其为适应周围环境而做出相应的变化,即机能的自身调适。两周风俗在传承中也是这样。

周代凡825年,是中国整个历史上历时最长久的一个朝代。西周为一统一王朝。东周虽然充满了战乱和分裂,然而在文化史上,这一时代却是前所未有的群星灿烂、繁花绚丽的黄金时期,可与西方历史上的古希腊媲美。因此成为中国史册上厚重而多姿多彩的篇章,对后世产生了巨大而深远的影响。

西周是中国古代文明大厦的创建时期,中华饮食礼俗的主体部分便是在这一时期奠基的。见于战国文献记载的"五谷为养,五果为助,五畜为益,五菜为充"③的饮食结构成为两千年传统社会的饮食结构。

在服饰风俗上,周代已有的深衣在秦汉时期被传承,并得到人们的喜爱。而秦代的一套冕服制度就是对周代冕服制度的整齐划一。④西汉大致承袭秦制,变化不大。到东汉明帝时,冠服制度始臻完备。又周代绚丽多彩的楚服色彩为西汉所沿袭。西汉初年庶民富者可以"绣衣丝履",民间服饰色彩比较多样化。又受赵武灵王引入胡服的影响,到东汉末年,胡服在汉地重新抬头。在佩物方面,佩剑在周代原为自卫武器,到

---

① 《荀子·王制》。
② 《孟子·梁惠王上》。
③ 《黄帝内经·素问·脏气法时论篇》。
④ 龚书铎总主编《中国社会通史·秦汉魏晋南北朝卷》,第280页。

秦汉演变成一种显示特权地位的礼器,而周代华夏人佩玉的风气也遗传给了秦汉人。如在鸿门宴上,范增举所佩玉玦示意项羽下定决心杀死刘邦。

在居住风俗方面,战国以来的高台建筑,从秦代西汉时期的宫室看,得以基本延续。又受战国平民标准住宅为"一宇二内"①的影响,西汉普通人家的住宅规格为"一堂二内",②即一堂二室。周代中原华人视箕踞为无礼得到秦汉时期人们的认同,他们的起居普遍采用传统的跪坐形式。又周代的家具床为秦汉所传承,但有变异,即最初只是卧具,后兼为坐器。

在交通风俗方面,周代黄河中下游发达的陆上交通和车骑以及舟楫之用为秦代建立以关中为中心的陆路、水路交通网打下了良好的基础。春秋时期邗沟、鸿沟的凿通,成为秦代凿成灵渠,沟通长江和珠江两大水系,开辟日益完善的国内水路交通线的前奏。周代开辟的海上交通,为秦代航海事业的进一步发展创造了某些条件。而周代中国通过新疆的中西贸易大道,与西部周邻民族的交往,③则成为汉代张骞通西域,使贯穿中亚、西亚直达欧洲的丝绸之路正式形成的先驱。

在交通工具上,盛极三代的战车在战国时期地位开始下降,到汉代以后被淘汰。与之同时,在周代曾经盛极的独辀车,在战国晚期、秦和西汉初期逐渐衰落下去,而为新崛起的双辕车所取代。④此外,周代贵族以马车为贵、以牛车为贱的风尚,到秦汉犹存。

在婚姻礼俗方面,周代婚俗的"六礼"之制为秦汉所传承。

在丧葬风俗方面,周代中原华夏人主要实行土葬葬法为秦汉人所承袭,但一部分汉族人由于信仰的原因实行崖葬、水葬的葬法。周代的屈肢葬到秦汉时期已成凤毛麟角,而仰身直肢葬却广为流行。周代贵族夫妻异穴合葬在西汉前期和中期似更为普遍;西汉中期以后,除帝陵外,一变而为夫妇同墓合葬。⑤周代大墓的人殉在汉代已经见不到了,作为奴婢替身的是木俑和陶俑。中原地区出现于春秋中期的坟丘,到秦汉时期普遍起来。碑在周代随棺埋入土中,到汉代则立于墓前。

在游艺风俗上,周代中原的音乐、舞蹈和杂伎到秦汉时期得到传承,但同时又杂糅进了胡族文化的因子。⑥值得注意的是,雅乐渐衰,舞风更盛,能随意而起。杂伎在汉代被称为百戏,被引进宫廷和贵族家中供娱乐用。周代的投壶到秦汉成为风行的娱

---

① 《睡虎地秦墓竹简·封诊式》,文物出版社 1978 年版。
② 《汉书·晁错传》。
③ 参《中华文明史》2,第 711—712 页,河北教育出版社 1992 年版。
④ 阴法鲁、许树安主编《中国古代文化史 1》,第 346 页,北京大学出版社 1989 年版。
⑤ 《中国大百科全书·考古学卷》,第 667 页,中国大百科全书出版社 1986 年版。
⑥ 龚书铎总主编《中国社会通史·秦汉魏晋南北朝卷》,第 333 页。

乐活动之一。

在社会组织风俗方面，以血缘纽带、亲族关系为本质的周代宗族组织，到秦汉时期，从衰微走向恢复和发展。[①]宗法活动开始下移，降于庶人阶层。

此外，在中国几千年"风教文化"形成的因素中"周孔之力最大"，称之为"周孔教化"。周指周公，孔指孔子。孔子儒家和周初周公等政治家是师承关系。梁漱溟先生指出："周公及其所代表者，多半贡献在具体创造上，如礼乐制度之制作等。孔子则似是于昔贤制作，大有所悟，从而推阐其理于人。"[②]换言之，周初周公等人是两千多年来中国思想文化中占主导地位的儒学思想的奠基人，而孔子是继承和宣传者。从这个意义上说，在后两千多年的影响上，孔子又远大过周公。

四、开放性

周代是一个相对开放的时代。这种开放性一是表现在地域上，二是表现在观念上。地域上的开放，主要是可以开放地吸收少数民族地区的文化风俗，如赵武灵王大力提倡胡服骑射，同时中原地区的华夏文化也向周边各族扩散辐射，本来属于"四夷"的楚、秦、吴、越，在发展中接受华夏先进文化，整个社会并不存在对交流的禁锢。其次，当时齐人可以入魏，魏人可以入秦，燕人能够南下，楚人能够北上，各诸侯国间并没有不可逾越的鸿沟。观念上的开放性，突出表现在对妇女的束缚较松，妇女享有较多的自由，如相对自由的社会交往（聚会、游春等），相对自由的谈情说爱。

---

① 冯尔康等《中国宗族社会》，第91页，浙江人民出版社1994年版。
② 梁漱溟《中国文化要义》，第102页，学林出版社1996年版。

【第二节　两周风俗的精神风貌】

一、奋发进取

努力向上，自信自强，顽强进取，创业建树，是两周时代人们普遍具有的精神。

周人原处黄土高原，是一个经营农业的部落。公刘时定居于豳。到古公亶父时迁居到岐山之南的周原，逐渐强大起来，遂立志"翦商"。及至季历时周取得征伐附近戎狄部落的胜利，成为商朝西方的一个强大方国。文王采用臣属于商的策略，继续扩大其势力，一面争取方国，一面对敌对的方国部落发动了一系列的战争。文王晚年，三分天下有其二，灭商的基本条件已经成熟了。武王继位的第二年，在孟津（今河南孟津东）大会诸侯，作伐商的演习。两年后率兵大败商军于牧野（今河南淇县南），灭商，建立了周王朝。有学者认为："周人历经数代，最终得以灭商兴周，原因固然很多，但其积极进取、奋斗不息精神所起的作用，无论如何也是不可低估的。"[①]

春秋战国时期奋发进取者不乏其人，如越王勾践、魏文侯、秦孝公、苏秦等。现以带有传奇色彩的苏秦为例予以说明。作为纵横家中"合纵"一派旗手的苏秦，出身低微，家境贫寒，他打算凭游说权谋之术博取尊荣，改变自己的地位，因而不知疲倦地从事游说活动。他以"连横"游说秦王，但"书十上而说不行"，只得狼狈不堪地离秦回家。"归至家，妻不下纴，嫂不为炊，父母不与言"。[②]苏秦不禁百感交集，喟然叹息道："妻不以我为夫，嫂不以我为叔，父母不以我为子，是皆秦之罪也。"[③]他没有责怪

---

① 黄留珠主编《周秦汉唐文明》，第931页，西北大学出版社1999年版。
② 《战国策·秦策一》"苏秦始将连横"条。
③ 同上。

家人，而是自责不争气，他认为："安有说人主不能出其金玉锦绣、取卿相之尊者乎？"于是发奋攻读，"简练以为揣摩"，即用心钻研，把握要领，反复推敲，领会精神实质，"读书欲睡，引锥自刺其股，流血至足"。①一年之后，终于学成，以"合纵"游说赵王，一说成功；被封为武安君，接受相印，地位显贵，且极富有。

二、敬贤和养士

周人敬贤的典型，首先要推周文王。《史记·周本纪》说他"礼下贤者，日中不暇食以待士，士以此多归之"。意思是周文王能屈节礼遇贤能，为了接待士人，每天到中午还顾不上吃早饭，士人纷纷投奔他。文王在渭水北岸遇到博学多闻的姜尚，"与语大悦……载与俱归，立为师"。②这堪称敬贤的大手笔。

周人敬贤的另一典型是周公，他为了建立功业，巩固周朝统治，很注意殷勤接待贤才。《韩诗外传》卷三载周公曰："吾文王之子，武王之弟，成王之叔父也。又相天下。吾于天下亦不轻矣！然一沐三握发，一饭三吐哺，犹恐失天下之士。"正因为周公如此敬贤礼士，才取得了"天下归心"的成效。

春秋时期，奴隶主贵族为了巩固自己的统治地位，争先"招贤纳士"。春秋初期，养士之风已开始出现。如齐桓公养游士八十人。③又"季孙养孔子之徒，所朝服与坐者以十数"。④

及至战国时期，随着列国间战争的频繁和争夺天下的日渐激烈，人才问题越来越成为群雄间争胜的关键，所谓"夫争天下者，必先争人"，⑤"尚贤者，政之本也"⑥的观念，就反映了那个时代诸侯对人才的渴求。为了进行政治改革，富国强兵，有作为的国君纷纷招徕并敬重贤士，一些有见识的大臣也常常向国君推荐人才，"因而在战国初期，就出现了布衣卿相之局和'礼贤下士'之风"。⑦《韩非子·外储说左下》说：养士"不在所与居，在所与谋也"。即招纳、供养士，以士为师友，使其发挥智囊的作用。当魏文侯进行政治改革时，翟璜荐举了乐羊、吴起、李克、西门豹等人，魏文侯就委派他们到

---

① 《战国策·秦策一》"苏秦始将连横"条。
② 《史记·齐太公世家》。
③ 见《国语·齐语》。
④ 《韩非子·外储说左下》。
⑤ 《管子·霸言》。
⑥ 《墨子·尚贤》。
⑦ 杨宽《战国史》（增订本），第464页。

地方政权上任要职或担任攻取中山的主将。魏文侯尊重知识和知识分子，善待魏成子推荐的三人，"师卜子夏，友田子方，礼段干木"。①鲁缪公曾任命博士公仪休为鲁相，②用子柳、子思为臣。③燕昭王为了恢复燕国，励精图治，求贤若渴，为郭隗筑宫而师之，于是"乐毅自魏往，邹衍自齐往，剧辛自赵往，士争凑燕"。④齐国从齐桓公时起，就在国都临淄的稷下置学宫，"设大夫之号"，招待学者。⑤到齐威王、宣王时，在那里建立了高门大屋，"招致贤人而尊崇之"。《史记·田敬仲完世家》中记载："宣王喜文学游说之士，自如驺衍、淳于髡、田骈、接予、慎到、环渊之徒七十六人，皆赐列第，为上大夫，不治而议论，是以齐稷下学士复盛，且数百千人。"如此等等，不一而足。各国君主的招贤纳士，或直接委士人以政治、军事重任，或养士以立楷模于国人。⑥

此外，到战国中期以后，齐的孟尝君田文、赵的平原君赵胜、楚的春申君黄歇、魏的信陵君魏无忌、秦的文信侯吕不韦，都以国王的亲属，靠着有封地和做卿相高官所得的大量财富，来招揽天下的贤士为食客，都多达三千人。这些食客，"往往为主人出谋划策，或奔走游说，或经办某项事务，也有代替主人著书立说的"，和"因此被引荐进入仕途的"。⑦

"养士"的盛行刺激了私学的发展。不少庶民把读书作士，视为跻身仕途的捷径，踊跃投师向学。私学与养士形成了相互依托，相辅而行之势，有时甚至两者又合二为一，战国时期荀子就曾带徒依附春申君门下，公孙龙率弟子充当平原君的宾客。二者都是依养士之门而立教的例证。

三、从尚文到尚武

社会风尚是由社会大环境决定的。西周时期，国家统一。虽曾发生王室征伐犬戎、狁和淮夷的局部战争，但全局呈现和平安定的局面。从总体上看，西周社会是尚文的。《论语·八佾》载孔子曰："周监于二代，郁郁乎文哉！"《礼记·表记》云："殷周之

---

① 《吕氏春秋·开春论·察贤篇》。
② 《史记·循吏列传》。
③ 《孟子·告子下》。
④ 《战国策·燕策一》"燕昭王收破燕后即位"条。
⑤ 徐幹《中论·亡国篇》。
⑥ 参王长华《春秋战国士人与政治》，第8页，上海人民出版社1997年版。
⑦ 杨宽《战国史》（增订本），第465页。

民国杭稚英绘《吴宫教战》

文,至矣。"秦、汉以后的人也每每有此类的说法。如"周人尚文"、①"周贵文"② 等。

周代社会盛行尚文风,实由文王开其端,周公奠其基。文王在德行、为政上堪称周人楷模。周公制礼乐,修文教,在精神层面上教育周人。

文的含义广泛,核心是礼乐制度下培育出的一种美好的精神品质,即以德行、知识修养为内涵、以文雅、雍容、裕如为外现的气度和风范。

尚文的突出表现是"文德"政治,主要是以文化来治理天下,用德操来协调各种关系。《尚书·康诰》称周文王"克明德慎罚,不敢侮鳏寡,庸庸,祗祗,威威,显民,用肇造我区夏";《国语·周语下》云:"文王质文,故天胙之以天下。"《诗经·大雅·绵》毛传载文王以"文"治虞芮质成,国俗丕变,"天下闻之而归者四十余国"。都是说文王以德行、文略使天下归心。

周人早在立国过程中就定下了"亲文匿武"的大政方针,着力推行文教。周朝建立后,继承并发掘了"文德"政治。成王会合诸侯在成周筑城,以作为东都,尊崇文治。③宣王"矢其文德,洽此四国。"④意即施其文德于天下,协和四方国家。史称"宣王中

---

① 《史记·梁孝王世家》索引。
② 《礼记·王制》孔颖达疏。
③ 《左传·昭公三十二年》。
④ 《诗经·大雅·江汉》。

兴"。此外，周人认为先王之所以能够"保世滋大"，利益于"耀德"、"修文"、"怀德"，这正是西周时期"文德"政治的体现。

历史进入春秋时代，周平王东迁，王室衰微，周天子逐渐失去天下共主的地位，日益变成小国。国家由统一走向分裂，宗法解体，嫡庶互戕，社会动乱。诸侯坐大，以武力争霸。尽管重视文的观念依然存在人心，尚文之风不止，如《左传·僖公三十年》载周公阅的聘辞云："文足昭也，武可畏也"，意即治国应当文武并重。文以怀远，武以震慑。又如在争霸斗争的同时，进行频繁的盟会、朝聘等外交活动，言辞重文采。在许多礼仪场合，金声玉振，贵族风度优雅，举止雍容。在日常生活中，讲究人的美化（如注重服饰的华美）和艺术化（如以乐侑食）。并认为"德"（德行修养）是"文"的内涵和依据。但是，起码到春秋中期，伴随着作战兵器和装备的进步，伴随着争霸战争的持续进行，尚武已风行全国。因此，威武勇敢的人得到重用。《管子·君臣》云："武勇者长，此天之道、人之情也。"

斗转星移，到了"大争之世"[①]的战国时代。随着兼并战争的规模扩大和日趋激烈、残酷，各国都加快了改革的步伐，从实利、时效出发。治国重在"耕战"、"富国强兵"。把"文德"政治抛在九霄云外。有的谋略家甚至主张"废文任武，厚养死士，缀甲厉兵，效胜于战场"。[②] 于是战争成了时代的主旋律，各诸侯国无不加紧训练士卒，选拔猛将，增加军费开支。社会风气就从西周的"尚文"，经过春秋初期的过渡，实现了到尚武的历史转变。[③]

春秋战国的尚武风气表现于下。

首先，各国君臣中尚武者多。齐庄公"陈武夫，尚勇力"。[④] 齐僖公伐宋伐鲁；齐襄公侵鲁伐卫灭纪；齐桓公伐山戎救燕，败狄存邢、卫；齐惠公两次伐莱；齐顷公与晋争霸；齐灵公灭莱（今山东昌邑东）；齐威王大败魏军于马陵（今河北大名东南）；齐宣王五旬而得全燕；齐湣王败楚，败秦，败燕，灭宋。齐臣管仲把尚武精神作为国策之一。

楚国君主积极倡导尚武精神。如据《左传·宣公十二年》，楚庄王经常向臣民进行居安思危，警戒御敌的战备教育。楚君选拔官吏，主要以晓畅军事、善于指挥为标准，如子重、子西均以战功升令尹。楚君屡屡奖胜惩败。如公孙宁以胜巴师受封，子玉因城濮战败被迫自杀。楚君还身体力行，争做尚武的楷模。春秋十三楚君戎马倥偬，征

---

① 《韩非子·八说》。
② 《战国策·秦策一》"苏秦始将连横"条。
③ 本书从尚文到尚武采用了罗新惠《尚"文"之风与周代社会》（载《中国社会科学》2004年第4期）一文一些观点，特此说明。
④ 《晏子春秋·外篇》。

战疆场。有病死军中者，如武王；有身先士卒者，如庄王；有因战败而自责者，如共王。楚臣承担外出统兵作战等军事任务。在几乎每次重大战役中，都可看到楚令尹和司马的勇武形象。据《左传》统计，在春秋二百多年间，令尹、司马外出征战达六十三次。① 甚至文官也能率军征战。这说明楚臣经军重武带有普遍性。楚臣在征战中有勇敢壮烈的上乘表现。有力挽狂澜者，如养由基；有壮烈殉国者，如史皇；有因失职内疚而自杀者，如司马子反。

在晋国历史上，晋文侯、晋武公、晋献公、晋文公、晋襄公、晋景公、晋悼公等都是颇有作为的君主，同时又多是尚武的枭雄。如晋献公灭耿（今山西河津东南）、霍（今山西霍州西南）、魏（今山西芮城北）、虢、江、黄、虞等国。晋文公率兵大败楚国于城濮（今山东鄄城西南），称霸诸侯。晋襄公胜秦于崤（今河南三门峡市东），败狄于箕（今山西太谷东）。晋悼公欲复文公霸业，多次与郑、楚交战。晋国的三家卿大夫在春秋末战国初，瓜分晋国，各立为国。三国国君中亦不乏勇武者。如魏文侯西败秦国，占有西河（今黄河与北洛河间），东越赵境，攻取中山，遂使魏成为战国首强。又如赵武灵王改革军事，行胡服骑射，攻灭中山，破林胡、楼烦，扩地北至燕、代，西至云中（治今内蒙古呼和浩特西南）、九原（治今内蒙古包头西北）。

秦穆公"修德行武"，灭国十二（一说二十），开地千里，"西霸戎翟"。② 秦孝公用商鞅实行变法，奖励耕战，兵革大强，诸侯畏惧，有窥周室、席卷天下之势。秦武王性喜武，好勇有力，重用力士任鄙等为大官。秦昭王伐三晋，攻齐、楚，大败赵军于长平（今山西高平西北），为秦统一六国奠定了基础。"秦王扫六合，虎视何雄哉。"③ 秦王政充分运用上述有利条件，"奋六世之余烈，振长策而御宇内"，④ 果断地发动大规模兼并六国的战争，仅用了十年时间，便"初并天下"。

此外，燕国国君亦尚武。如燕昭王曾遣乐毅率军联合三晋及秦之师攻齐，大破齐军，占领齐城邑七十余座，齐湣王败死。又吴、越之君"皆好勇"。⑤ 两国都不属大国之列，然而吴能攻入郢都，越能迁都琅琊，纯是以武力取胜。

上行下效。列国君臣的尚武尚勇之风吹遍社会，成为各国的社会风气。《管子·五辅》说齐国士民总是重视勇武而鄙视财利。《史记·张仪列传》说齐国"地广民众，兵强士勇"。楚国"卒民勇敢"，⑥ 好武乐斗。《楚辞·国殇》就是楚国士民坚毅、刚强品格

---

① 详见宋公文《楚史新探》，第137—142页，河南大学出版社1988年版。
② 《史记·秦本纪》。
③ 李白《古风五十九首》之三。
④ 贾谊《过秦论》。
⑤ 《汉书·地理志》。
⑥ 《淮南子·兵略训》。

和勇于献身精神的写照。秦地"迫近戎狄,修习战备,高上气力,以射猎为先",[①]"民勇于公战"。[②]"秦之俗,大抵尚气概、先勇力,忘生轻死。"[③]"秦晋之兵,弯弓而带剑,驰骋上下,咄嗟叱坚。"[④]魏国上党地区的人们"皆疾习射,日夜不休。及与秦人战,大败之,以人之善战射也"。[⑤]赵国代地"自全晋之时固已患其剽悍,而赵武灵王益厉之"。[⑥]燕人"好勇义",[⑦]"轻疾而易死"。[⑧]而吴越"士有陷坚之锐,俗有节概之风"。[⑨]"其民至今好用剑,轻死易发。"[⑩]

在尚武风俗广泛传播的背景下,列国君臣聚集天下最好的物材,研制各种兵器;春秋两季进行比试,锐利的列为上等。《国语·齐语》载管仲曾说:"美金以铸剑戟。"其意是用优质金属铜制造武器。《韩诗外传》卷八称:"齐景公为弓,三年乃成。"齐国之外,楚国以制造钢铁兵器技术发达著称。一些国君和政治家常常在讲话中赞扬楚国铁兵器锋利。秦昭王就曾慨叹过楚国的铁剑利,荀子在议兵时也讲到楚国的"宛钜铁铊,惨如蜂虿"。又《左传·成公十六年》载:晋侯伐郑,楚子救郑,"潘尫之党与养由基蹲甲而射之,彻七札焉"。潘尫之子潘党和养由基均能射透七重甲,从一个侧面说明楚国弓箭制造之精良。此外,吴、越两国,产剑闻名当时。《周礼·考工记》:"吴、粤之剑,迁乎其地而弗能为良。"《战国策·赵策》:"夫吴、越之剑,肉试则断牛、马,金试则截盘、匜,薄之柱上而击之则折为三,质之石上而击之则碎为百。"虽然有些夸张,但也有事实作根据。

此外,春秋战国时代,人们佩剑成风,击剑盛行,民众的习射活动具有普遍性。

四、尚游侠、尚游说

(一)尚游侠

什么是游侠?太史公在《史记·游侠列传》里是这样说的:说到游侠,他们的行为

---

① 《汉书·地理志下》。
② 《史记·商君列传》。
③ 《朱子·诗传》。
④ 苏轼《蜀论》。
⑤ 《韩非子·内储说上》。
⑥ 《汉书·地理志》。
⑦ 《吴子》。
⑧ 《汉书·地理志》。
⑨ 左思《吴都赋》。
⑩ 《汉书·地理志》。

虽然不合于大道理，可是他们言必信，行必果，忠诚地履行自己的诺言，不惜自己的身躯去解救别人的苦难，等到出生入死救助了别人，反而不显示自己的能力，不夸耀自己的恩德，这些是应该大大地称赞的啊！

"游侠之风，倡自春秋，盛于战国"①。苏轼据史籍记载，描述当时游侠盛况如下：

> 春秋末，至于战国，诸侯卿相，皆争养士。自谋夫说客谈天雕龙，坚白同异之流，下至击剑扛鼎鸡鸣狗盗之徒，莫不宾礼，靡衣玉食，以馆于上者，何可胜数。越王勾践有君子六千人。魏无忌、齐田文、赵胜、黄歇、吕不韦皆有客三千人，而田文招致任侠奸人六万家于薛，齐稷下谈者六千人，魏文侯、燕昭王、太子丹皆致客无数。②

游侠的人数确实甚多。

春秋中期以后，西周宗法制的宗法血缘纽带对社会上各个阶层的束缚已经削弱，使作为贵族最低阶层的士，尤其是侠士，浮游于社会之上。到春秋后期，伴随着深刻的社会变革，各国统治者和公卿贵族为了加强自己的政治和军事实力，以便在激烈的兼并战争和统治阶级内部倾轧中立于不败之地，就竞相"聚士"，即好施养士。这在《左传》等史籍中不乏例证。当时所聚之士有三种作用与游侠有关：一是保护主人的安全，如越王勾践所养的君子；二是替主人除掉政敌或仇人，以便夺取政权或巩固政权，如专诸之刺王僚，要离之刺庆忌；三是凭借勇武以维护国家的利益或增加主人的威势，前者如曹沫（即曹刿）为了报答鲁庄公的信任，在前681年齐鲁会盟于柯（今山东东阿）时，手执剑劫持齐桓公，使其尽归侵鲁之地。③后者如齐国有"以勇力搏虎闻"的三勇士——公孙接、田开疆、古冶子，他们都是齐景公的爪牙。

战国时期，韩非把侠列为危害国家的"五蠹"之一，他说："儒以文乱法，侠以武犯禁，而人主兼礼之，此所以乱也。"④这从反面说明当时养侠风尚之盛。那时的游侠可分两类：一类是由君主卿相所豢养的士；另一类是散居民间的平民。前者如豫让、聂政、荆轲、冯谖；后者如侯嬴、朱亥、毛公、薛公、高渐离等。

战国时期，魏国的信陵君、赵国的平原君、齐国的孟尝君、楚国的春申君，皆以招养侠客闻名。他们招养侠客甚多，固然靠的是显赫的政治地位和雄厚的经济实力，

---

① 张亮采《中国风俗史》，第33页，东方出版社1996年版。
② 苏轼《东坡志林》卷5，《游士失职之祸》。
③ 《史记·刺客列传》。
④ 《韩非子·五蠹》。

同时也与他们一诺千金、不耻下交的个人品质有关。正如《汉书·游侠传》所说:"皆供王公之势,竟为游侠,鸡鸣狗盗,无不宾礼。"

(二) 尚游说

春秋之时,伴随着宗法制度松弛,列国逐渐多用客卿。如巫臣适吴以病楚,伍子胥强吴以入郢,越用楚人文种为相、范蠡为大夫,晋用楚之亡臣,而声子感叹楚材晋用。

历史跨入战国,周公之礼乐荡然扫地。列国之间的攻伐争斗,较春秋尤甚。诈力权谋公行,弱肉强食惨烈。在这种情况下,人才的竞争达到了白热化的程度。《论衡·效力篇》谓"六国之时,贤者之臣,入楚楚重,出齐齐轻,为赵赵完,畔魏魏丧"。有学者指出,那时"惟以得人才为第一义。故苟有一技一艺之长,能利于国家者,则不论贵贱,不问亲疏,皆招之为国家之顾问。就中有说士,有剑客,有力士,其种类虽不少,要皆留意于政治上。盖评论政治之得失,为民间之政谈家也。其能力可以裁决政务,及画种种之计略,是故以宾礼待之,则常收非常之效。否则煽动民间,或去而益资敌国。因此一时说客势力,轰震天下,随处惟恐其奉养之不足。国君卿相以多致贤能之士为名誉"。①

在这种背景下,战国时代文人学士的游说风气逐渐兴盛起来。一个士人,通过游说,得到国君赏识,便可被提拔为执政的大臣。例如公孙鞅(亦称卫鞅)初为魏相公孙痤家臣,后入秦以强国之术游说秦孝公,得孝公亲任,官至大良造,被封为商君。范雎初在魏事中大夫须贾,后至秦说秦昭王强公室,逐魏冉、华阳君等,官至秦相国,被封为应侯。蔡泽亦因游说秦昭王而取代范雎为秦相国。

在"游说权谋之徒"中,最著名者为苏秦、张仪。苏秦力主山东各国合纵攻秦,而张仪则策动秦国采取连横策略,瓦解合纵阵营,他们常佩数国相印,一跃而成为当时国际政治舞台上显赫的风云人物,正所谓"一怒而诸侯惧,安居而天下息"。②又由于三晋有适宜纵横家诞生的社会、政治土壤,③三晋成了纵横家的摇篮,"三晋多权变之士,夫言纵横强秦者大抵皆三晋之人也"。④

---

① 张亮采《中国风俗史》,第34页。
② 《孟子·滕文公下》。
③ 冯天瑜等《中华文化史》,第423页。
④ 《史记·张仪列传》。

后　记

　　上海文艺出版社鼎力支持学术著作的出版。徐华龙先生多次长途跋涉，从上海到北京等地，与主编和作者切磋《中国风俗通史》修订的难点、热点。又担任《两周风俗》的责任编辑。他殚精竭虑，为提高拙著的质量作了大量细致而富有成效的工作。徐吉军先生在百忙中抽出时间为拙著插图。在此一并致以深挚的谢意。

陈绍棣
2016 年秋于北京

图书在版编目（CIP）数据

两周风俗/陈绍棣著.-上海：上海文艺出版社.2017.4
（全彩插图本中国风俗通史丛书/陈高华,徐吉军主编）
ISBN 978-7-5321-6200-0
Ⅰ.①两… Ⅱ.①陈… Ⅲ.①风俗习惯史—中国—周代
Ⅳ.①K892
中国版本图书馆CIP数据核字（2017）第006922号

出 品 人：陈　征
责任编辑：徐华龙
封面设计：王志伟

书　　名：	两周风俗
作　　者：	陈绍棣
出　　版：	上海世纪出版集团　上海文艺出版社
地　　址：	上海绍兴路7号　200020
发　　行：	上海世纪出版股份有限公司发行中心发行
	上海福建中路193号　200001　www.ewen.co
印　　刷：	山东省临沂新华印刷物流集团有限责任公司
开　　本：	787×1092　1/16
印　　张：	40.25
插　　页：	5
字　　数：	773,000
印　　次：	2017年4月第1版　2017年4月第1次印刷
Ｉ Ｓ Ｂ Ｎ：	978-7-5321-6200-0/K·364
定　　价：	330.00元
告读者：	如发现本书有质量问题请与印刷厂质量科联系　T:0539-2925888